城市研究 · **高铁系列**

# 高铁：HIGH-SPEED RAIL

## 欧亚大陆经济整合与中国21世纪大战略

Eurasia Economic Integration and China's Grand Strategy in the 21st Century

**甄志宏　高　柏　等**／著

社会科学文献出版社
SOCIAL SCIENCES ACADEMIC PRESS (CHINA)

本书为上海大学“十二五”内涵建设项目“都市社会发展与智慧城市建设”资助的“高铁：欧亚大陆经济整合与中国21世纪大战略”课题研究成果

# 课题组成员

**课题总负责人**

甄志宏　　上海大学社会学院

**课题总顾问**

高　柏　　美国杜克大学社会学系

**课题组成员**

刘玉照　　上海大学社会学院

梁　波　　上海大学社会学院

严　俊　　上海大学社会学院

王雨琼　　上海大学影视学院

余　洋　于　伟　　上海大学党政办公室

刘长喜　　上海财经大学经济社会学系

张虎祥　　上海财经大学经济社会学系

王鲁峰　　上海财经大学经济社会学系

吴淑凤　　上海财经大学经济社会学系

臧得顺　　上海社会科学院社会学研究所

李国武　　中央财经大学社会发展学院

崔延虎　　新疆师范大学民族学与社会学学院

马海霞　涂　伟　　新疆师范大学法经学院

程鹏立　　重庆科技学院法政与经贸学院

常　宝　　内蒙古师范大学社会学民俗学学院

连雪君　　内蒙古工业大学人文学院

马　莹　易　茜　苏　亮　杨艳文　万颖颖　上海大学社会学院研究生

沙　力　纪世超　上海财经大学经济社会学系研究生

# 目　　录

# 绪　论

## 一　研究问题

自2004年初国家提出大力发展高速铁路战略以来，在非常短的时间里，中国高速铁路实现了跨越式发展。中国把从几个国家引进的高铁技术系统加以整合，将运行速度提高到每小时350公里。除了在国内加速建设之外，中国还与美国、俄罗斯、英国、沙特阿拉伯、巴基斯坦、伊朗、土耳其、保加利亚、老挝、泰国、马来西亚以及数个中亚国家就高铁建设进行谈判或者签约。据《金融时报》报道，中国计划在15年内把北京与伦敦用高铁连在一起，两地间的旅行时间将被缩短到48小时以内。

过去一段时间，中国高铁事故频发，反对高铁发展的声音越来越多，尤其是温州动车事故以来，很多专家和学者从技术、财务、管理等方面针对中国高铁发展提出了尖刻的质疑和批评，展开了大规模的讨论。本课题组认为，关于高铁事故的讨论和反思有助于研究者认清中国高铁发展过程中存在的制度设计和管理体制方面的缺陷，但是这些体制和制度设计方面的问题绝对不应成为放弃发展高铁这一能够改变整个21世纪国际、国内政治经济基本格局的战略产业的理由；相反，进一步认清高铁发展的战略意义，不仅有助于增强我们改进中国高铁建设模式和变革铁路管理体制的勇气与决心，还能够充分利用高铁发展的战略机遇，确定新的历史时期中国的国家竞争力所在。

本研究将中国高铁发展的政治、经济、社会、外交的意义作为研究重点。换句话说，本研究以高铁的发展为前提，研究它发展后对其他相关领域的带动和影响。这是一项前瞻性的研究，试图从更为宏观的国家战略高度，探讨高铁发展对21世纪中国国际地缘关系战略与国内发展战略所具有的特殊意义。本研究的主要问题在于思考：高铁带动下的向西开放能否从战略上带来由中国所主导的欧亚大陆的经济整合，实现从单一“蓝海战略”向陆权战略与海权战略并重的发展态势的转变？能否推动国内经济社会发展格局从“东重西轻”向东西部共同发展格局的转变？尤其是能否促成新疆等少数民族地区经济和社会协调健康发展的新局面？如何从制度与政策上积极有效地推动这一系列重要转变的实现？尤其是上海市作为海权时代中国经济发展的中心城市，如何为向陆权战略的转变提供动力和支持？

## 二　研究目标

本研究旨在探讨发展高铁对中国的潜在意义。本研究基于这样一种认识：高铁是改革开放以来中国发展出来的唯一可以改变整个21世纪国际、国内政治经济基本格局的战略产业，它的建设与发展可以对中国未来的发展走向产生深远影响。

其一，就国际层面而言，建设由中国通往中亚、南亚、中东、东欧、俄国直至西欧的各条高铁路线将有力地带动欧亚大陆的经济整合。贯通欧亚大陆的交通大动脉将把沿线各国的生产要素重新组合，在各国制造出新需求，吸引新投资。这将为地域经济一体化打下基础。利用建设高铁来推动欧亚大陆经济整合将帮助中国利用独特的地理优势建立与环太平洋经济整合之间的对冲，这将使中国在国际政治经济的大格局中处于一个十分有利的战略地位。

其二，就国内层面而言，它将帮助中国从根本上摆脱过去“蓝海战略”路径依赖的惯性，在交通技术革命带来的新的外部环境中为中国经济的长期发展重新布局，把开发西部作为中国经济新的增长极，把中国经济发展的动力由过去只依靠海权战略的单向驱动变成同时依靠海权战略与陆权战略的双向驱动。这样一种陆权战略将把开发西部的意义提升到一个前所未有的高度：开发西部将不再是继沿海地区经济发展之后的一个自然延伸，也不是一种单纯的解决地域发展不平衡问题的社会政策，更不是为了“维稳”而不得不采取的必要措施，它将成为中国21世纪国际对冲战略的重要支柱，它将成为中国经济均衡发展的驱动力。这一向西开放的陆权战略在长期内将从根本上解决，至少在中期内将大幅度缓解过去30多年来由于单纯依赖“蓝海战略”而导致的经济结构不平衡以及一系列政治和社会问题。

因此，本研究的主要目标就在于：通过对改革开放以来“蓝海战略”下中国经济社会发展的基本路径、特征、格局以及由此带来的一系列问题与挑战（比如，中国的崛起日益受到传统的地缘政治经济格局的制约，中国西部地区的经济产业发展不能形成“普惠式”的发展绩效，进而带来了诸多机遇不平等的社会问题，等等），进行具体而深入的历史经验的分析、考察，为探寻高铁带动下的向西开放对中国未来发展战略格局转变的重要意义提供实证性的研究支持以及理论层面的战略构想。

## 三 研究意义

本研究从国家战略的高度思考高铁发展对中国21世纪地缘政治经济与国内经济社会发展的重要影响。毫无疑问，无论是在实践与战略层面，还是在理论层面，都具有特别重大的意义。

第一，近年来，随着全球化浪潮的兴起，中国经济发展取得了令人瞩目的成就，但是长期以来所形成的以大规模投资拉动、以出口导向型目标为特色的经济发展，在越来越依赖全球市场与全球经济发展的同时，日益受到传统的“蓝海战略”弊端的影响，比如大规模的能源对外依赖，以美国为主导的世界政治经济秩序、环太平洋地缘政治战略等使中国在国际政治经济格局中越来越处于不利地位，面临严峻的挑战。而高铁的发展，尤其是高铁带动下的向西开放，能够推动中国重建欧亚大陆经济整合格局的进程，这将极大地改变中国在国际政治经济格局中所处的不利地位，使中国能够在21世纪的全球竞争中占据较大的优势。在此意义上，本研究能够为国家实现从“蓝海战略”向陆权战略的转变提供重要的启发与支持。

第二，在传统的区域经济发展格局中，由于受到“蓝海战略”的影响，中国经济发展较快的地区主要分布在东南沿海地区，这里聚集了绝大部分资金、技术、原材料、劳动力、政策支持等要素。但是这一发展格局并没有自然而然地带动中国西部地区的发展；相反，近年来，东西部地区的发展差距越拉越大，严重地影响了中国经济社会的均衡发展，尤其是不能让西部地区的人口分享到经济发展的成果，进而为一系列的社会矛盾冲突提供了潜在的基础。而高铁带动下的向西开放能够推动东部地区的各种要素向西转移，能够在西部地区（铁路沿线城市）逐步形成较大规模的制造业与服务业的产业集群和面向当地市场乃至中亚、西亚地区消费市场的专业市场，从而能够较好地带动西部地区人口，尤其是少数民族人口进入新兴的工业生产体系，实现在中国西部地区再造一个未来中国经济发展中心带和西部地区新型城市化的发展目标。在此意义上，本研究能够为国家加快推进西部大开发战略、促进西部少数民族地区发展提供战略与理论上的支持。

第三，作为中国最大的经济中心城市，上海的发展具有重要的标志性意义。近年来，上海提出了率先建成“四个中心”的战略目标。然而，在传统的发展格局下，如果仅仅从上海自身出发来建设“四个中心”，而忽略了上海与长三角区域、上海与长江流域、上海与中西部地区乃至全国的协调发展的关系，就很难实质性地推动“四个中心”的建设。上海要想形成更强的中心辐射能力，扩大影响力，就需要从战略上更加关注其与广大的中西部地区乃至全国市场的关系。而高铁的发展，能够使上海与中西部地区建立更加快捷、更高频率、更高水平的经济与社会联系。上海的发展不能仅仅依赖西部地区的能源供给，同时还需要将上海的技术、资金等向西部地区转移，形成上海与中西部地区的经济整合、协调均衡发展，这样才能更好地凸显上海的“四个中心”的特征。在此意义上，本研究能够为上海经济社会的发展提供更具前瞻性的战略支持。

第四，本研究在探讨高铁与中国发展战略的关系时，坚持了这一基本的理论推论逻辑：高铁带动下的向西开放与欧亚大陆经济整合，能够推动东部地区的产业向西转移和西部地区产业升级；一方面能够将绝大多数西部少数民族人口纳入以劳动密集型的制造业与服务业为主的产业结构中，实现西部地区包括少数民族在内的绝大多数人口的较充分就业，进而缓解西部地区的社会矛盾与族群间的紧张关系；另一方面能够带动西部地区城市化的发展，降低东西部地区发展的不平等程度。在此意义上，本研究能够为区域间均衡发展、产业转移与升级、社会发展不平等、城市化、族群关系等方面的研究提供新的较充分的实证支持，能够推动相关的地缘政治、经济战略和社会学的理论研究的发展。

## 四　研究主要内容

本研究主要从欧亚大陆经济整合、（新疆）产业结构升级、西部城市化、社会不平等、族群关系、宗教与文化等维度，深入考察和分析高铁带动下的向西开放与地缘政治经济、区域经济社会发展战略间的关系，因此，本研究的主要内容如下。

第一，中国的“蓝海战略”及其弊端。重点梳理改革开放以来所形成的“蓝海战略”的基本特征，以及由此带来的诸多问题。主要包括：①“蓝海战略”下的城市化发展与土地资源利用；②东西部地区的区域不平等问题；③东西部地区的能源分布与利用效率；④土地资源利用与粮食生产、生态环境的关系；⑤人口与边疆安全；⑥传统发达国家市场出口驱动的极限；⑦中国内需与经济发展的关系现状。

第二，重点分析新疆代表性产业的发展现状与问题，以及高铁带动下的向西开放对新疆产业发展的重要意义。主要包括：①新疆能源产业链（从原油、石化到塑料、日用品的生产）的发展状况；②新疆农业产业链（棉花、棉纺织、服装等产业链）的发展状况；③新疆物流系统的发展状况；④新疆贸易基础设施建设与制度建构（包括跨国合作的贸易渠道以及参与国际贸易的企业发展状况）；⑤新疆产业集群与专业市场（主要如风电产业、太阳能产业、石油石化产业、粮食加工业等产业集群，以及相关的消费品专业批发市场）现状。

第三，重点考察和分析新疆经济结构与社会发展关系的现状，并由此讨论高铁带动下的向西开放对新疆族群关系、宗教信仰、水资源利用、城市化发展等方面的重要影响。主要包括：①关于新疆发展的主要争论；②新疆族群关系的历史状况；③新疆少数民族的就业状况与社会稳定间的关系；④新疆地区少数民族的宗教信仰；⑤新疆农业、能源产业发展与水资源利用的关系；⑥新疆历史上的移民状况及其对族群关系的影响；⑦新疆或中国西部地区城市化发展的现状与制约因素。

第四，重点梳理西方国家现代化发展过程中，铁路发展对其经济社会的影响。比如，19 世纪美国铁路发展对其经济发展的影响，欧洲高铁发展对欧洲一体化和经济整合的影响，日本新干线发展对日本经济社会发展的重要意义。

第五，重点分析中亚区域经济整合状况及其与高铁发展的关系。高铁带动下的向西开放对中国西部地区经济发展具有重要的推动作用，其重要前提是要成功打通欧亚大陆，实现中国西部与中亚、南亚、中东地区经济发展的区域整合，形成一体化的区域市场。因此，本部分的研究具体包括：①中亚、西亚、中东等国家的经济结构、贸易结构现状，尤其是中国出口产品在这一市场的占有情况；②中亚区域国家石油、天然气的输出方向与 OPEC 国家的能源战略对中国经济发展的影响；③上海合作组织国家间的经济联系与发展。

第六，重点考察中国已建成的高铁对沿线地区经济社会发展的拉动效应，主要包括长三角、武广高铁、京津高铁、京沪高铁等线路对沿线地区产业、物流、人口、城市化、旅游等产业的拉动和提升作用。

第七，通过梳理国家实施西部大开发战略以来的政策演变，来分析国家的西部产业政策对西部地区经济社会发展的影响，并由此分析高铁带动下的向西开放对西部大开发战略的影响。

## 五 研究方法、研究思路与资料收集

从方法论意义上讲，本研究主要采用国际比较政治经济学、地缘政治经济学、文化人类学等多学科的分析方法与分析概念，对高铁发展、欧亚大陆经济整合、西部产业发展、城市化等方面的具体问题进行实证性分析。

本研究试图对高铁发展与中国地缘政治经济战略、国内经济社会发展战略的关系进行系统性的社会学分析，总体思路可以表述为图0-1。

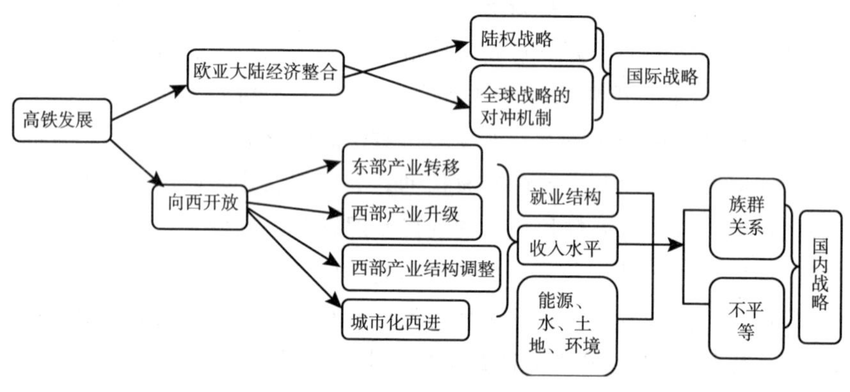


**图0-1 研究总体思路**

在实证材料收集与获取方面，本研究主要采用文献法获取实证性的经验资料，主要资料类型包括：①政府关于西部地区经济、社会发展的政策、文件，领导人的重要讲话，相关部门的工作总结汇报材料，等等；②各类型的经济统计年鉴资料与行业发展报告、商业研究报告，以经济产业发展等方面的经验材料；③相关重要的专业期刊中的研究文献以及专门的研究著作；④各类型媒体的相关报道材料（如门户网站提供的信息）；等等。

此外，本研究作者还利用中外学术交流的机会，前往中亚、西亚、南亚等相关国家进行资料收集与田野调查，以获取大量的一手、二手经验材料；另外，本研究作者还运用深度访谈、问卷调查等形式在新疆等西部地区进行数次调研，以获取大量关于西部地区（以新疆为主）经济和社会发展的一手经验材料。

## 六 研究创新点

### （一）研究问题的创新

本研究不局限于对高铁发展的单纯技术与成本收益的分析，而是从战略的高度分析高铁发展与中国地缘政治经济战略与国内经济社会发展战略的关系，因而超越了高铁争论中（经济上）的“值与不值”的讨论，更加关注高铁发展的战略性价值。同时，本研究也不局限于地缘政治理论，强调国家间的利益冲突的基本立场，而是从地缘经济学的基本视角出发，探讨了高铁发展推动区域间经济整合的可能性，更加强调区域间经济合作的积极意义。

### （二）研究方法与理论视角的创新

本研究注重跨学科、跨视角的研究方法的运用。本研究综合运用新制度主义、地缘政治经济学、产业经济学、文化人类学的理论分析方法，从多维角度分析高铁发展的政治与社会效应，而不仅仅局限于对高铁发展的经济效应进行分析。

### （三）基本观点的创新

本研究的基本观点或基本假设是，高铁带动下的向西开放能够推动中国与中亚等区域的经济整合，促进欧亚大陆桥的重建，进而促使中国在战略上摆脱传统的“蓝海战略”的限制，形成一种新的陆权战略以及国际政治经济格局中的对冲机制；在西部开放的前提下，高铁向西延伸也能带来西部经济产业结构的调整与升级，促进城市化向西延伸，并进而降低东西部区域发展的不平等，促进各族群间关系的融合。这一基本判断超越了简单地从力量对比、要素禀赋等标准出发，对中国当前面临的国际政治经济格局挑战以及中国西部地区低水平发展等进行解释的基本观点。

# 第一章　“蓝海战略”与国内、国际发展困局

1978 年 12 月，中国共产党十一届三中全会召开，这是一次注定载入史册的历史性会议，会议抛弃了“以阶级斗争为纲”的错误口号，决定把工作重心转移到社会主义现代化建设上来，并做出实行改革开放这一影响中国历史进程的重大决策。在此大背景下，中国正式加入全球生产链，通过逐步开放市场，引进外资，发展出口贸易，实现了经济的快速增长。改革开放 30 多年来，中国一直奉行“蓝海战略”，借助中国东部沿海便利的航运条件，凭借廉价劳动力优势在沿海地区大举发展加工制造业，以“中国制造”创造了世界瞩目的“中国奇迹”。随着世界经济局势的逆转，“蓝海战略”面临前所未有的挑战。

作为吸纳中国出口的世界主要发达国家在金融危机后，经济前景黯淡，未来对于中国出口的吸纳能力将降低；中国常年高额的贸易顺差，致使国际贸易摩擦频发，人民币升值压力增大，未来中国出口优势将会受到削弱。与此同时，“蓝海战略”所带来的内需不足和国内区域发展不均衡等问题也愈演愈烈。“蓝海战略”正面临来自国内和国际两方面的挑战。对此，中国亟须寻找一种新的战略来对冲现有的风险。未来，中国高铁网的建成将打开中国西大门，这将形成一种新的陆权战略，与现有“蓝海战略”形成对冲格局，有助于中国实现由海权单向驱动向海陆双向驱动的转变。

## 第一节　“蓝海战略”与国内环境

“蓝海战略”是指积极引进外资，利用廉价劳动力优势集中各种资源，在沿海地区发展加工制造业，依托向发达国家市场出口产品带动国内

经济增长的战略模式。[①] 改革开放30多年来，中国依托出口与外资以及以廉价劳动力为导向的“蓝海战略”实现了经济增长的飞速发展，创造了举世瞩目的中国经济增长奇迹。

## 一 中国经济高速发展的主要表现

“中国奇迹”亦即中国经过30多年的发展所取得成就的总称，它代表中国在过去30多年里发生的巨大变化，总体来说，从经济成就的角度来分析主要有以下几个方面。

### （一）国民经济实现了跨越式发展

1978年，我国国内生产总值只有3645.2亿元，在世界主要国家中居第10位。人均国内生产总值只有381元，位居全世界最不发达的低收入国家行列。改革开放的推进，不断为发展注入生机和活力，我国经济迅速走上快速发展的轨道。改革开放初期，党和中央政府按照改革开放的总体要求，确立了“三步走”的伟大战略，1987年提前3年实现国民生产总值比1980年翻一番的第一步战略目标，1995年实现再翻一番的第二步战略目标，提前5年进入实现第三步战略目标的新的发展阶段。

如图1－1所示，1978年，国内生产总值为3645.2亿元，到2010年，增长为401202亿元，超过日本成为世界第二大经济体。其中，从1978年上升到1986年的1万亿元用了8年时间，上升到1991年的2万亿元用了5年时间，此后10年到2001年平均每年上升近1万亿元，2001年超过10万亿元大关，从2001年的10万亿元到2010年的40万亿元，只用了10时间。同时，人均国内生产总值从1978年的381元人民币增长为2010年的29992元人民币。

经济的快速发展和规模的扩大，带来了国家财力的增加。1978年，国家财政收入为1132亿元人民币，到2010年增长到83101亿元人民币，增长了72倍。财力的增加对促进经济发展、加强经济和社会中的薄弱环节、切实改善民生、有效应对各种风险和自然灾害的冲击提供了有力的资金保障。此外，外汇储备实现由短缺到富足的历史性转变。1978年，我国外汇储备仅1.67亿美元，人均只有0.17美元，折合成人民币不足1元钱，短缺是当时外汇储备的基本特征，出口创汇是发展对外贸易的基本动力。外汇储备在2007年实现同比增长43%，2000～2010年平均年增长

---

① 高柏等：《高铁与中国21世纪大战略》，社会科学文献出版社，2012。

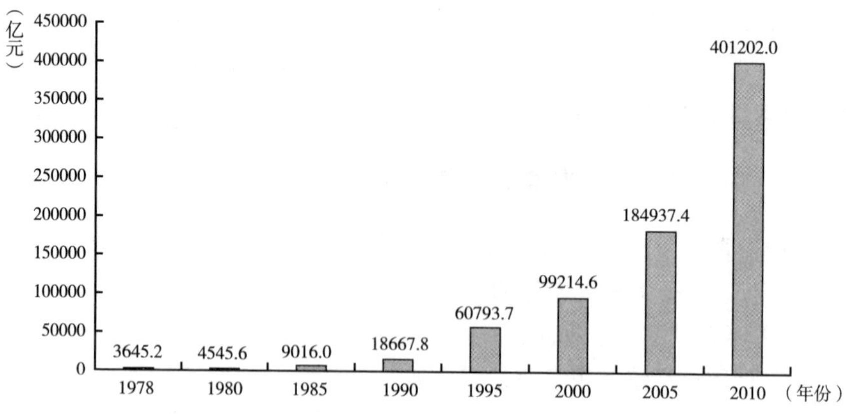


**图1－1　1978～2010年中国国内生产总值变动情况**

资料来源：根据《中国统计年鉴（2011）》（国家统计局编，中国统计出版社，2011）相关数据绘制而成。

30%左右，2006年超过1万亿美元，超过日本居世界第一位，2007年我国外汇储备扩大到15283亿美元，稳居世界第一位。

世界银行与国务院发展研究中心联合发布的《2030年的中国：建设现代、和谐、有创造力的高收入社会》的研究报告指出，如果将中国大陆的31个省级行政区视作独立的经济体，那么它们都将跻身于全球经济增长最快的32个经济体之列，① 中国这个庞大的经济体，由30多个全球经济增长最快的区域组成。

此外，煤、钢、水泥和化肥等主要工业产品产量也位居世界第一，主要农业产品产量也多为世界第一。农村居民纯收入从1978年的133.6元增长到2010年的5919元；1978年，农村绝对贫困人数为2.5亿人，绝对贫困发生率为30.7%，2010年，农村绝对贫困发生率降低为2.8%，绝对贫困人数下降到2688万人；在此期间，城镇居民家庭人均可支配收入从1978年的343.4元增长到2010年的19109.4元，农村居民家庭恩格尔系数由1978年的67.7%下降至2010年的41.1%，城镇居民家庭恩格尔系数从1978年的57.5%下降到2010年的35.7%。② 人民生活水平大大提高，实现了从温饱不足到总体小康的历史性跨越。据《财富》中文网发

① 转引自世界银行、国务院发展研究中心《2030年的中国：建设现代、和谐、有创造力的高收入社会》，《世界银行报告专刊》，安邦集团研究总部译，2012年3月15日。

② 以上数据均引自国务院发展研究中心信息网统计数据。

布的2011年《财富》世界500强企业最新排名，中石化、中石油和国家电网都进入500强的前十强，中国的上榜公司数量达到69家，超过日本，仅次于美国的133家，其中中国大陆地区比上一年增加了15家。①

**（二）经济结构大调整，产业结构不断优化**

30多年来，改革进程的加快和经济的快速增长，促进经济结构不断优化升级。改革开放的30多年，是经济结构大调整的30多年，是经济发展方式和增长模式不断呈现新格局的30多年。第二、三产业快速发展，产业结构基本实现从以工农业为主向第一、二、三产业协同发展的转变。30多年来，三次产业在调整中均得到长足发展，农业基础地位不断强化，工业实现持续快速发展，服务业迅速发展壮大。

**表1-1 1978~2010年城乡结构、就业及GDP产业结构分布变动**

单位：%

| 指标 | 1978年 | 1990年 | 2000年 | 2010年 |
|---|---|---|---|---|
| 城乡结构 | | | | |
| 城镇 | 17.9 | 26.4 | 36.2 | 49.9 |
| 乡村 | 82.1 | 73.6 | 63.8 | 50.1 |
| 就业 | | | | |
| 产业结构 | | | | |
| 第一产业 | 70.5 | 60.1 | 50.0 | 36.7 |
| 第二产业 | 17.3 | 21.4 | 22.5 | 28.7 |
| 第三产业 | 12.2 | 18.5 | 27.5 | 34.6 |
| 宏观经济 | | | | |
| 国民经济核算 | | | | |
| 国内生产总值产业结构 | | | | |
| 第一产业 | 28.2 | 27.1 | 15.1 | 10.1 |
| 第二产业 | 47.9 | 41.3 | 45.9 | 46.8 |
| 第三产业 | 23.9 | 31.6 | 39.0 | 43.1 |

资料来源：根据《中国统计年鉴（2011）》（国家统计局编，中国统计出版社，2011）相关数据绘制而成。

第一、二、三产业在整体产业结构中所占比重从1978年的70.5%、17.3%、12.2%优化为2010年的36.7%、28.7%和34.6%，第一产业比重下降33.8个百分点，第三产业比重上升22.4个百分点。在国内生产总

① http://news.xinhuanet.com/fortune/2011-07/08/c_121638703.htm.

值中，第一、二、三产业从1978年的28.2%、47.9%、23.9%优化为2010年的10.1%、46.8%和43.1%，国家经济结构不断优化升级。农村人口从改革初的82.1%降为2010年的50.1%，并在2011年低于50%，中国历史上第一次出现城镇人口多于农村人口。

**（三）对外经济大开放，实现了全方位开放的历史性转折**

改革开放前，我国基本上处在封闭半封闭状态，对外贸易规模较小，1978年，进出口总额只有200多亿美元，利用外资基本是空白。30多年来，我国对外开放的广度和深度不断拓展，对外经济呈现加速发展态势。

进出口贸易总额实现跨越式增长（见图1－2），由1978年的206亿美元增长到2005年14219亿美元，在2004年超过1万亿美元后，到2007年仅用三年时间就实现了从1万亿美元到2万亿美元的突破。截至2010年，进出口总额达到29740亿美元。进出口贸易总额居世界位次由1978年的第29位跃升到2009年的第2位，仅次于美国，其中出口总额世界第一，进口总额世界第二，我国成为一个名副其实的对外贸易大国。

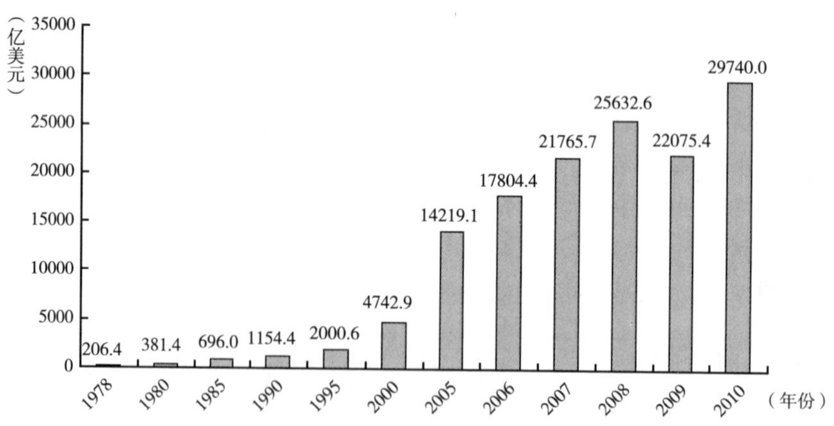


**图1－2　1978～2010年中国进出口贸易总额变动情况**

资料来源：根据《中国统计年鉴（2011）》（国家统计局编，中国统计出版社，2011）相关数据绘制而成。

如图1－3所示，我国利用外资规模在不断扩大。1978年以来，为了弥补国内资金、技术、设备、管理以及人才方面的不足，外资利用迅速进入扩张时期，而且外资进入领域不断拓展，贡献也不断扩大。1979～1984年实际利用外资总共181亿美元，进入90年代后，外资“疯狂”地进入中国市场，1988年突破百亿美元，2010年突破千亿美元。1979～2010年，中国实际利用外资共12504亿美元，平均每年实际利用外资接近400亿美元。在实际利用外资的构成中，外商直接投资逐渐占据绝对地位，从1979～1984年的22%上升到1985年的41%，到2010年这一指标达到97.16%。

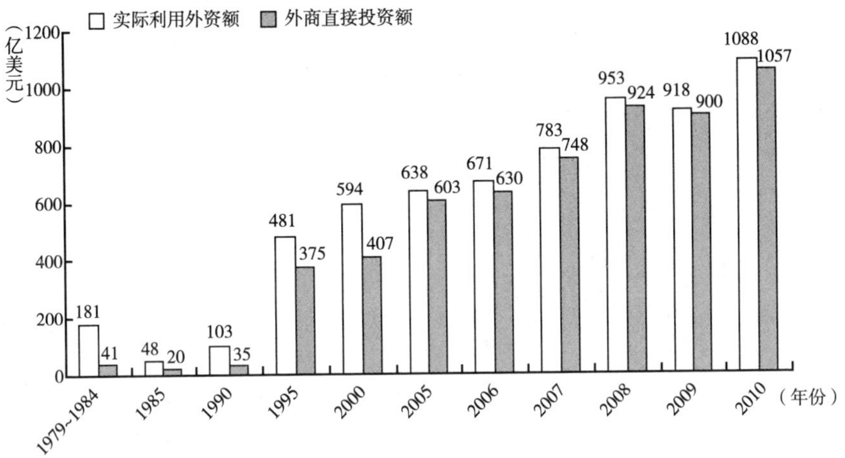


**图1－3 1978～2010年中国利用外资变动情况**

资料来源：根据《中国统计年鉴（2011）》（国家统计局编，中国统计出版社，2011）相关数据绘制而成。

## 二 “蓝海战略”下中国经济快速发展的结构性条件

中国在过去30多年所取得的成就不胜枚举，而这一切都离不开“蓝海战略”的实施，“蓝海战略”是依靠制造业和外贸加工、通过海洋出口的一条发展道路，它的践行有赖于一系列结构性条件的支撑，这些结构性条件主要有劳动力比较优势、外贸出口、投资驱动以及地区非均衡发展策略，这些结构性条件共同促使“蓝海战略”得以实施。

### （一）利用人口红利，采用劳动力比较优势战略

比较优势理论是古典贸易理论和新古典贸易理论的核心，它认为产生国际贸易的原因是各国在产品生产上存在着比较优势，这种比较优势用相对劳动生产率和劳动成本衡量。大卫·李嘉图对国际贸易模式的研究被认为是比较优势理论的起点，随着经济全球化进程的加快，世界经济逐渐成为相互联系、不可分割的一个整体，国际贸易也发挥着愈加重要的作用。国际分工是进行国际贸易的前提条件，就目前的国际分工格局而言，比较优势理论认为这是由国际政治经济秩序和各国资源的禀赋差异决定的。林毅夫

等把经济发展战略区分为遵循比较优势的和逆比较优势的，发展中国家按照自身的比较优势来发展本国经济，能够更快地实现经济增长和与发达国家间的经济收敛。[①] 纵观中国改革开放的发展路径，不难发现，中国正是利用了本国的劳动力比较优势，通过劳动密集型的加工制造业来发展经济的。

我国是世界第一人口大国，从1982～2010年的第三到第六次人口普查结果来看，我国人口从10亿增长到13.4亿，15～64岁劳动人口占总人口比从61.5%增长到74.53%，每十万人中拥有高中及以上学历的受教育人口从7349人增长到22962人。[②] 根据比较优势理论，参与世界分工的各个国家应充分利用本国的资源禀赋，这些资源禀赋就是这些国家和地区的比较优势，国家应该根据自己的比较优势将其转化为自己的竞争优势。中国也充分实践了利用比较优势的理论。在缺乏资本、没有技术的情况下，中国政府采取了“三来一补”等方式利用劳动力，发起劳动力密集型产业。我国现阶段制造业的出口产品主要由两部分组成：一是传统优势制造业，如鞋袜、打火机、衬衫以及小饰品等；二是国外企业的代工生产，然后销往世界。

以上产业在中国得以进行下去的一个重要因素就是中国大量的廉价劳动力，因为中国过去到现在是处于一段较长时间的“人口红利期”。所谓“人口红利”是指一个国家的劳动年龄人口占总人口比重较大，抚养率比较低，为经济发展创造了有利的人口条件，整个国家的经济呈高储蓄、高投资和高增长的局面，学术界一般认为总抚养比小于50%（14岁及以下少儿人口与65岁及以上老年人口之和除以15～64岁劳动年龄人口）为人口红利期。

从表1－2中可以看出，自1990年开始，中国的总抚养比就已经低于50%，进入学术界所认为的人口红利期，之后总抚养比逐年下降，到2010年只有34.2%，这体现着我国是一个劳动力资源十分丰富的国家。蔡昉教授研究发现，中国总抚养比每降低1个百分点，将促使经济增速提高0.115个百分点，而1982～2000年，总抚养比下降了20.1%，推动人均GDP的年均增长率提高2.3%，同期人均GDP年增长速度在8.6%左右，其中抚养比下降的贡献为26.8%。[③]

---

① 郭界秀：《比较优势理论研究综述》，《社科纵横》2007年第1期。

② 国家统计局编《中国统计年鉴（2011）》，中国统计出版社，2011。

③ 蔡昉：《人口红利消失之后》，《财经》2010年11月10日。

表 1-2 1982~2010 年中国人口变动情况

单位：万人，%

| 年份 | 总人口 | 按年龄分组 | | | | | | 总抚养比① | 少儿抚养比② | 老年抚养比③ |
|---|---|---|---|---|---|---|---|---|---|---|
| | | 0~14 岁 | | 15~64 岁 | | 65 岁及以上 | | | | |
| | | 人口数 | 比重 | 人口数 | 比重 | 人口数 | 比重 | | | |
| 1982 | 101654 | 34146 | 33.6 | 62517 | 61.5 | 4991 | 4.9 | 62.6 | 54.6 | 8 |
| 1987 | 109300 | 31347 | 28.7 | 71985 | 65.9 | 5968 | 5.5 | 51.8 | 43.5 | 8.3 |
| 1990 | 114333 | 31659 | 27.7 | 76306 | 66.7 | 6368 | 5.6 | 49.8 | 41.5 | 8.3 |
| 1995 | 121121 | 32218 | 26.6 | 81393 | 67.2 | 7510 | 6.2 | 48.8 | 39.6 | 9.2 |
| 1996 | 122389 | 32311 | 26.4 | 82245 | 67.2 | 7833 | 6.4 | 48.8 | 39.3 | 9.5 |
| 1997 | 123626 | 32093 | 26.0 | 83448 | 67.5 | 8085 | 6.5 | 48.1 | 38.5 | 9.7 |
| 1998 | 124761 | 32064 | 25.7 | 84338 | 67.6 | 8359 | 6.7 | 47.9 | 38 | 9.9 |
| 1999 | 125786 | 31950 | 25.4 | 85157 | 67.7 | 8679 | 6.9 | 47.7 | 37.5 | 10.2 |
| 2000 | 126743 | 29012 | 22.9 | 88910 | 70.1 | 8821 | 7.0 | 42.6 | 32.6 | 9.9 |
| 2001 | 127627 | 28716 | 22.5 | 89849 | 70.4 | 9062 | 7.1 | 42 | 32 | 10.1 |
| 2002 | 128453 | 28774 | 22.4 | 90302 | 70.3 | 9377 | 7.3 | 42.2 | 31.9 | 10.4 |
| 2003 | 129227 | 28559 | 22.1 | 90976 | 70.4 | 9692 | 7.5 | 42 | 31.4 | 10.7 |
| 2004 | 129988 | 27947 | 21.5 | 92184 | 70.9 | 9857 | 7.6 | 41 | 30.3 | 10.7 |
| 2005 | 130756 | 26504 | 20.3 | 94197 | 72.0 | 10055 | 7.7 | 38.8 | 28.1 | 10.7 |
| 2006 | 131448 | 25961 | 19.8 | 95068 | 72.3 | 10419 | 7.9 | 38.3 | 27.3 | 11 |
| 2007 | 132129 | 25660 | 19.4 | 95833 | 72.5 | 10636 | 8.0 | 37.9 | 26.8 | 11.1 |
| 2008 | 132802 | 25166 | 19.0 | 96680 | 72.8 | 10956 | 8.2 | 37.4 | 26 | 11.3 |
| 2009 | 133474 | 24663 | 18.5 | 97502 | 73.0 | 11309 | 8.5 | 36.9 | 25.3 | 11.6 |
| 2010 | 134091 | 22259 | 16.6 | 99938 | 74.5 | 11894 | 8.9 | 34.2 | 22.3 | 11.9 |

资料来源：国家统计局编《中国统计年鉴（2011）》，中国统计出版社，2011。

中国不仅拥有丰富的劳动力，同时拥有廉价的劳动力，可能劳动力总量丰富是价格低廉的一个重要原因。从国内来看，1999~2009 年小时劳动生产率增长了近 5 倍，同期小时劳动报酬相比十年前只增长了 1 倍，这意味着中国劳动力报酬一直处于一个增长幅度很小的区域，尽量保证劳动力的低廉价格。①

### （二）出口导向型发展模式

改革开放以来，我们也学习了东亚的做法，确立了改革和开放的策

① 具体请参考王燕武、李文溥、李晓静《基于单位劳动力成本的中国制造业国际竞争力研究》，《统计研究》2011 年第 10 期。

略，成功地抓住了全球化的历史性机遇，采取出口导向战略，特别是1994年的外汇改革，全面执行了出口导向政策，形成了出口导向模式。实施出口导向战略的国家通常采取以下政策。

第一，维持一个使国内生产者在世界上出售其农产品、制成品和劳务时有利可图的汇率，为此，实行出口导向战略的国家往往采取政策手段，保持本国货币的低汇率。

1993年，100美元兑换576.2元人民币（此为年平均价），100日元兑5.2020元人民币，100港元兑74.41元人民币，1994年，100美元、日元、港元可兑人民币分别陡升至861.87、8.4370、111.53元人民币，人民币汇率大幅下调，此后十几年一直比较稳定地维持在这个水平上。

第二，对某些出口产品提供津贴，以诱使生产者在扩大出口能力方面进行投资。同时，用免税、出口退税、进口税返还、降低利率以及其他办法对企业给予补助，帮助潜在的出口者克服进入世界市场的障碍。1985年3月，国务院发布《关于批转财政部〈关于对进出口产品征、退产品税或增值税的规定〉的通知》，规定从1985年4月1日起实行对出口产品退税政策。自1994年以后，国家财政税收体制改革，改革了已有退还产品税、增值税、消费税的出口退税管理办法，建立了以新的增值税、消费税制度为基础的出口货物退（免）税制度。

第三，适度降低对某些有利的工业产品实行的高度保护性关税，同时避免对进口商品实行数量限制。因为这种战略要求国内的公司能按世界标准有效地生产，如果进行高额关税或配额制保护，企业出口就不如在国内销售自己的产品有利。中国自2005年1月起全部取消对424个税号产品的进口配额、进口许可证和特定招标等非关税措施，仅仅保留了依据国际公约以及在世界贸易组织规则下为保证生命安全、保护环境实施进口管制产品的许可证管理。2010年，中国关税总水平已经降至9.8%，其中农产品平均税率降至15.2%，工业品平均税率降至8.9%。关税约束率自2005年起一直维持在100%。

得益于一系列配套政策的落实，中国的进出口总额从1978年的206.4亿美元增长到2010年的29740.0亿美元，后者为前者的144倍，其中出口总额从1978年的97.5亿美元蹿升为15777.5亿美元，增长了160倍。[①] 世界银行和国家发展银行的研究认为，2010年，中国出口总量会超

① 以上数据引自国家统计局网站数据。

过美国，成为第一大出口国。①

### （三）GDP锦标赛制，投资驱动型增长

拉动经济增长的“三驾马车”是消费、投资和出口。在中国，投资和出口是最重要的两驾马车，拉着中国这个庞大的经济体前进。刚开始，国内资金缺乏时，就以优惠政策吸引外资，发展到后来，中央政府有了稳定而又庞大的财政来源，便开始各种投资建设，固定资产投资中，外资利用所占比重越来越少，由1997年最高时的11%降为2011年的1.8%，2011年投资总额为311021.9亿元，占当年GDP（471564亿元）比重为66%。

从对GDP的贡献率来看，投资对于经济的拉动作用是非常明显的，自1978年以来，除了个别年份外，投资对GDP的贡献率都维持较高水平，基本都在50%左右，个别年份甚至达到80%乃至90%以上；投资拉动GDP增长基本在5个百分点左右，最高的是2009年，达到8.7个百分点（见图1-4）。

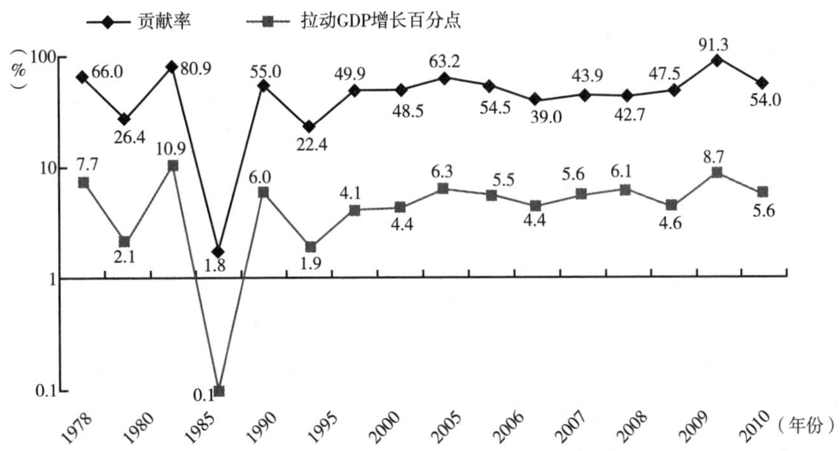


**图1-4 1978年以来投资对GDP的贡献率和拉动GDP增长情况**

进一步分析发现，如图1-5所示，改革开放以来，投资率的变动趋势和GDP的增长率基本保持一致。两者保持同步的周期性变化规律。投资率下降，GDP增长率也下降；投资率上升，GDP增长率也上升。“1992

① 世界银行、国务院发展研究中心：《2030年的中国：建设现代、和谐、有创造力的高收入社会》，安邦集团研究总部译，世界银行报告专刊，2012年3月15日。

年前，除少数年份外，投资率低于年均值时，经济增长率达到10%以上；1993年以后，投资率低于年均值时，经济增长率都在10%以下，这表明，我国的经济增长越来越依赖于投资的增长和拉动作用。”①

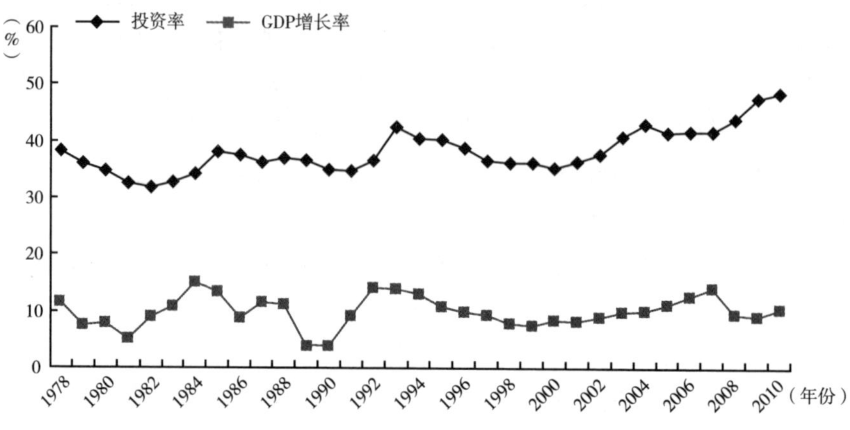


**图1－5　1978年以来投资率和GDP增长率变动情况**

中国投资驱动型增长与GDP锦标赛体制的形成是分不开的。中国产生出这一套竞赛体制，不完全是因为追赶发达国家，跟其他的发展中国家相比，中国的政治经济条件与晋升锦标赛模式有“内在亲和性”。首先，中国政治体制的人事制度规定了上级政府对下级政府在人事任免权方面具有重要的地位；其次，地方官员掌握一个地方最重要的资源——行政审批、土地征用、优惠政策等，使得这些官员对地方经济发展拥有了巨大的控制力和影响力②；最后，如何激励地方官员成了问题，于是简单直接且易于衡量和比较的量化经济数据就成了衡量指标，并作为官员们升迁的重要参考。当上级政府提出对经济发展速度的预期时，下级政府往往选择更高的发展目标，第三级政府再次拔高目标。对于经济发展指标来说，最简单、最安全的实现方法是投资，投资只要跟上，各种数据自然不会难看。各个地方政府疯狂引进外资，并不惜银行借贷进行大规模的基础设施建设等投资活动，虽营造了各地上项目、赶进度的一片繁荣景象，但也造成中国经济一定的“空心化”。

---

① 蒲晓晔：《我国东西部地区经济发展方式转变中的动力结构优化研究》，西北大学博士学位论文，2011。

② 周黎安：《中国地方官员的晋升锦标赛模式研究》，《经济研究》2007年第7期。

### (四) 优先发展东南沿海地带，采取非均衡发展策略

增长极（Development Poles）理论认为，经济非均衡发展有利于把有限的资源投入自然条件优越、发展潜力大、生产率及投资回报率高的部门和地区，并形成具有规模经济效益和强大辐射、扩散作用的“增长极”，推动经济实现快速发展。[①] “梯度发展理论”认为各个国家之间以及每个国家的不同区域之间都处于不同的发展梯度上，新的技术和产业是由高梯度地区向低梯度地区不断转移的动态过程。这种梯度转移一方面导致区域非均衡发展的必然存在；另一方面也为一国（和地区）经济的持续、稳定发展注入不竭的动力。政府应引导各区域充分利用自身比较优势，充分合理地实现生产力的发展。从实践看，通过运用“增长极”“梯度发展”等非均衡发展战略，法国、英国、意大利等国家都较好地完成了落后地区的现代化问题。因此，从某种意义上说，适度的区域非均衡化有利于发展中国家和落后地区经济的跨越式增长，是经济增长的伴生现象，因此非均衡发展往往成为宏观决策者在特定时期的发展战略。

邓小平在1988年提出“两个大局”的思想，即“沿海地区要加快对外开放，使这个拥有两亿人口的广大地区带较快地发展起来，从而带动内地更好地发展，这是一个事关全局的问题，内地要顾全这个大局。反过来，发展到一定的时候，又要求沿海拿出更多力量来帮助内地发展，这也是个大局。那时沿海也要服从这个大局”。国家采取的非均衡发展策略，主要体现在两个方面：一是沿海地区优先发展，二是沿海地区的城市优先发展。这样做，既是因为沿海地区有地域优势，也是因为国家的资金有限，必然要有重点发展的对象。在非均衡发展战略的指导下，国家不仅在沿海地区实行投资、财税、信贷、价格等政策倾斜，还在沿海地区设立经济特区和经济开放区，逐步建立起外向型的经济结构。

中央政府在固定资产投资上，给予城市和东部地区很多“照顾”，在2005、2006年时，东部地区固定资产投资总额达到全国总额的一半；而城市在固定资产的投资上始终占据七八成。沿海地区的城市优先发展，给予更多的资金和政策支持，然后沿海带动内地，城市带动农村，是我国改革开放的一个重要举措，正是由于集中力量发展，国家的经济面貌才能够快速改变。

追溯更长的一段时间，情况亦是如此。东部地区在“七五”期间开

---

① 谭崇台主编《发展经济学》，上海人民出版社，1990，第373～379页。

始，一直占据国家投资总额的半壁江山，虽然随着西部大开发战略的实施、东北老工业基地开发和中部崛起等一系列政策的出台，东部地区投资的比重虽略有下降，但仍占全社会固定资产投资的 50% 以上，而中西部及东北地区投资的加总还低于东部。

通过利用劳动力比较优势、大进大出的出口导向型发展战略、以投资驱动来拉动经济增长和采取非均衡发展的策略，中国经济创造了长达 30 多年快速发展的奇迹。

## 第二节 “蓝海战略”与国际环境

中国经济在过去的 30 多年里表现出惊人的增长势头，世界银行和中国国家发展研究中心 2012 年联合发布的研究报告显示，在过去的 30 多年间，中国经济保持着每年 10% 的惊人增长速度，入世后的十年间取得了其他国家需要 20 或 30 年才能取得的成绩。2009 年中国出口总额超过德国成为全球第一大出口国。2010 ~ 2011 年，中国制造业产值超过美国，成为世界第一大产品制造国。中国现今已经从 1995 年世界第 11 大经济体发展成为全球第二大经济体，仅次于美国。

如图 1 -6 所示，自改革开放以来，中国年均 GDP 增长率先后超过日本、韩国，成为亚洲经济发展最快的国家。2011 年 3 月花旗集团发布《全球增长引擎》研究报告预测，到 2020 年中国国民生产总值将超过美国成为全球最大的经济体。

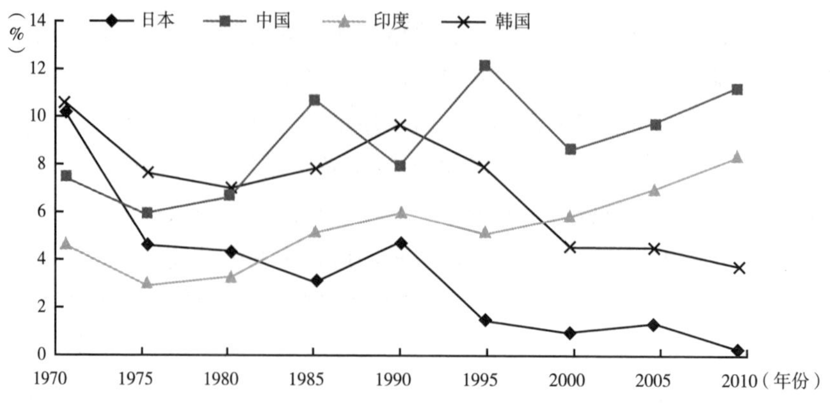


**图 1 -6 中、日、印、韩亚洲四国 GDP 年均增长率**

资料来源：根据世界银行相关数据绘制。

纵观中国经济高速发展的30多年，出口与外商投资已经成为拉动中国经济前进的两大引擎。中国出口总额占GDP的比重高达30%以上，远远超过日本、印度等其他国家，成为中国经济增长的主要推动力。与此同时，从20世纪90年代开始大量进入中国的外资也已经成为拉动中国经济的一大引擎。外商在中国加工贸易领域的大额投资直接拉动了中国的出口贸易，进而推动中国经济快速增长。“蓝海战略”下，中国经济的高速发展主要得益于外需的拉动，然而这种外需导向型经济增长模式也使得中国经济受到世界经济形势、人民币汇率以及世界油价等外部结构性条件的影响。

## 一 出口

“蓝海战略”下，出口成为中国经济增长的重要推动力。如图1-7所示，中国经济对于出口的依存度远远超过日本和印度。日本和印度作为两大以出口为导向的亚洲国家，其经济对出口的依存度仅为10%左右。然而根据统计局的数据显示，中国经济对出口的依存度从1978年的4.6%上升至2010年的26.68%，并且自加入WTO以来出口依存度常年保持在25%左右，最高达35%。剖析中国的出口市场格局可以发现，欧、美、日等发达国家已经成为中国出口的主要市场，自1993年以来，中国出口到欧盟、美国、日本等发达国家市场的份额占到中国出口总额的50%以上，尤其是在中国加入WTO后，发达国家市场份额曾经一度高达60%。

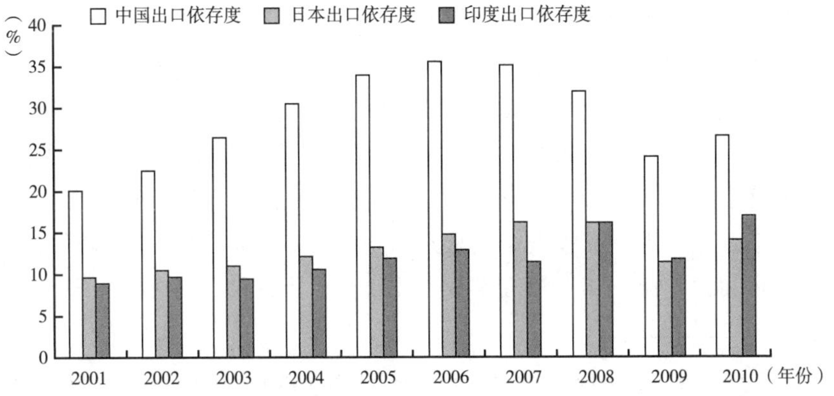


**图1-7 中国、日本、印度三国出口依存度**

资料来源：根据世界银行相关数据测算绘制而成。

世界银行2011年发布了中国出口总额与世界发达国家进口总额关联程度报告，称中国的出口总额与发达国家进口总额密切相关，换言之，这就意味着发达国家的进口吸纳力直接影响中国的出口，进而直接影响中国未来的经济发展，因而世界主要发达国家经济的景气程度就成为中国经济增长的重要结构性条件。在金融危机之前，世界经济发展良好，主要发达国家经济繁荣发展，因而对于中国的出口吸纳能力较强，直接推动了中国经济的快速发展。[①] 然而这一良好的结构性条件随着全球经济形势的逆转开始恶化，中国经济增长所奉行的“蓝海战略”也开始面临挑战。

除此之外，中国作为出口导向的发展中国家，其本币汇率的稳定直接影响本国的出口优势。20世纪90年代，中国大力维持人民币汇率稳定，保障了中国在出口方面的绝对优势。然而随着中国经济的发展，人民币升值的压力不断增加，这就使得中国原有“蓝海战略”下的出口优势开始逐渐减弱，汇率这一结构性条件开始发生变化。

## 二　外资

改革开放以来，中国外商投资额不断攀升，从1991年的46.66亿美元直升至2010年的1057.35亿美元，20年间中国外商直接投资额提升了22倍。中国的外商投资额主要集中于制造业，而这一产业也是中国出口的主力。中国统计公报的数据显示，近十年来中国加工贸易出口额占中国总出口的比重一直维持在50%左右。2010年的数据显示，中国外商直接投资占中国出口总额的55%，[②] 占中国贸易顺差额的68%，外资已经成为拉动出口的重要动力。

近年来，外商对华投资迅猛提升，一方面得益于国内廉价的劳动力优势和政府的优惠政策。20世纪90年代中国为了吸引外资来华投资，先后出台了一系列的优惠政策，其中以税收优惠政策最为突出。1991年7月1日正式施行的《中华人民共和国外商投资企业和外国企业所得税法》规定，对经营期在十年以上的生产性外商投资企业施行“两免三减半”的优惠税收政策，即外商投资企业从开始获利的年度起，第一年和第二年免征企业所得税，第三年至第五年减半征收企业所得税，另外许多省市和地

---

① Theo Janse Van Rensburg，“East Asia：Growth to Moderate as Economies Hit Full Capacity”，http：//www.blogs.worldbank.org. 最后访问日期：2014年11月19日。

② 意思是指外商在华跨国投资，推动强国的生产能力发展，因而中国对外出口总额中外商投资额（比如资本、技术专利）的份额相对较高。

区为了吸纳外资还推出了一系列的土地优惠政策。这些政策在吸引外资来华方面取得了显著成效，自 1993 年以来，中国的外商直接投资额一直居于发展中国家的首位，其中一度超过美国，成为世界外商投资额最大的国家。

另一方面，国际原油价格的稳定与低廉是保障外资大量进入的外部条件。2005 年前世界原油价格一直保持在 50 美元/桶的低价位上，即使在 2005 至 2007 年间油价有所上涨，但是增幅也相对较小。国际油价的稳定与低廉保证了中国“蓝海战略”下海运成本的低廉，这使得外商对华投资成为可能。然而金融危机之后，国际油价出现大幅上涨，国际航运成本也随之大额上涨，中国“蓝海战略”下原有的海运优势开始逐渐减弱。

改革开放 30 多年来，中国一直推行“蓝海战略”，凭借出口与外资的拉动实现了经济的迅猛增长。中国这种以外需为导向的经济发展模式使得中国经济严重依赖外部结构性条件，发达国家经济繁荣、稳定的汇率以及低廉的国际油价成为中国经济发展的保障。然而，随着金融危机的全面爆发，世界经济局势扭转直下，中国经济所依托的外部条件开始发生转变，“蓝海战略”面临前所未有的挑战。

## 第三节 “蓝海战略”与国内困局

中国过去取得的成功，有赖于四个结构性条件的因素，但这四个因素面临在一定时期内发生变化的可能。劳动力比较优势、出口导向、以投资驱动来拉动经济增长以及采取地区非均衡发展策略等，这些结构性条件是依赖于利用人口红利、以能源和原材料消耗为支撑、有一个庞大的欧美国家的市场和牺牲中西部地区发展为代价的。当这些依赖的因素逐步消失，“蓝海战略”的持续性将面临严峻的挑战。同时，随着“蓝海战略”的实施，自身的弊端越来越凸显。

### 一 实施“蓝海战略”的结构性条件面临的挑战

#### （一）人口红利期即将结束，劳动力比较优势衰退

中国是人口大国，并不代表中国一直都有丰富的劳动力，也不代表中国的劳动人口会一直是中国的比较优势。中国人口迅速膨胀得益于政府鼓励人口生育政策、稳定的国内外环境和日益提高的人民生活水平，但 20 世纪 70 年代开始推行并在 1979 年被确立为基本国策的“计划生育”政

策，以及人们思想观念和生活成本等各种因素导致的中国新生儿的锐减，使得中国的人口结构发生巨大转变，这些转变如今已有部分显现。

中国长期享受人口红利，使得国家的人力资源具有巨大优势，劳动力成本的低廉，使得一些劳动密集型企业得以存在和发展，从另一方面看，中国的出口商品都是低端的“代加工”，中国又被“冠以”“世界工厂”，这就印证了中国的比较优势之一就是人口。然而，这样的人口红利可以一直延续下去而不发生改变吗？蔡昉的研究发现，从现有的人口发展变化曲线来看，中国人口总量和人口结构变化趋势如下：人口总量将在2030年到达最高点，为14.06亿；劳动人口在2020年左右达到顶点，为9.23亿；劳动年龄人口增长率，已经开始快速下降，并将一直下降到2013年。同时，研究还发现，中国的劳动人口平均增长率并不像人们认为的那样高，今后一段时间内，甚至不如发达国家的1.1%的年增长率，而仅仅是0.4%。同时，在人口结构中，儿童比例将会一直下降，老年人口比重会一直升高。抚养比每上升1个百分点，中国人均GDP上升0.116个百分点；反之亦然。蔡昉认为，届时，我国由从事经济活动的人口不断提高带来的高生产率与高储蓄率导致较高的资本积累将不复存在。[①] 蔡昉教授预测，中国人口在2030年前后达到峰值，随后绝对值将减少。

2010年以后，中国的人口情况体现为老龄化速度明显加快，少儿数量保持低位，劳动人口增量少于减量，经济将面临持续的劳动力供给问题。中国的人口红利窗口即将关闭。这表现在：第一，从劳动力总量来看，中国劳动人口增速持续下降，劳动人口存量在2015年左右达到最高点，随后便下降，中国劳动力的供给将开始减少（见图1－8）。第二，从人口结构来看，少儿占比持续下降，老年占比逐渐上升，且老年人口增速超过少年人口减少，总抚养比将持续上升。联合国数据预测2015年中国少儿抚养比为27%，老年抚养比为13%，而第六次人口普查数据显示少儿抚养比为23.7%，老年抚养比为18.9%（见图1－9）。因此，实际情况比预测情况更为严重，中国将可能更早面临人口红利结束的现实。

### （二）民工荒日益加剧，劳动力成本不断上升

自20世纪80年代末以来“民工潮”成为描述中国农村劳动力向城镇尤其是东南沿海城市流动的专用名词，然而从2004年开始，“民工荒”

---

① 蔡昉：《我国人口总量增长与人口结构变化的趋势》，《中国经贸导刊》2014年第13期。

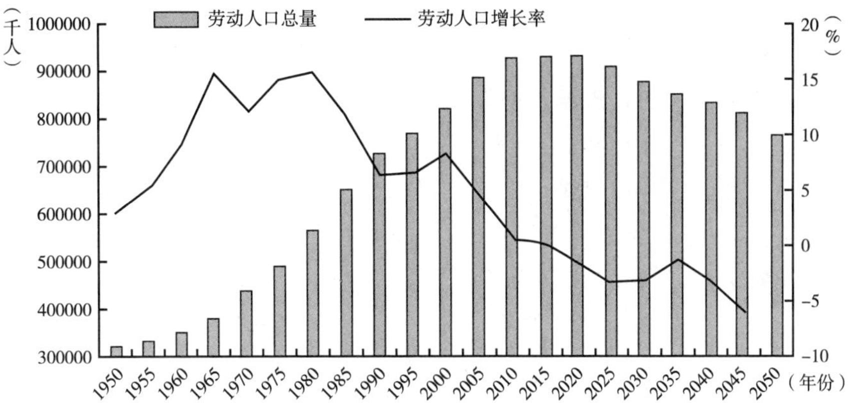


**图 1-8 中国劳动人口总量及劳动人口增长率变动趋势**

资料来源：巴曙松《人口结构变化决定中国经济未来走势》，http：//www. cf40. org. cn/html/CF40guandian/xingming4/201107/12-4144. html，最后访问日期：2013 年 7 月 5 日。

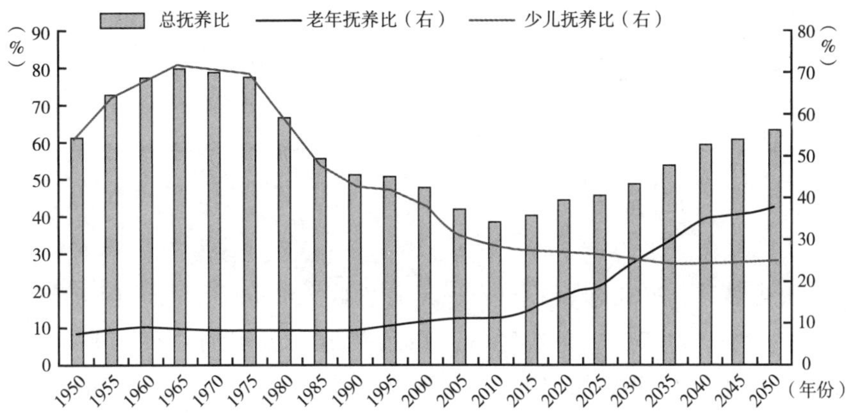


**图 1-9 中国抚养比变动趋势**

资料来源：巴曙松《人口结构变化决定中国经济未来走势》，http：//www. cf40. org. cn/html/CF40guandian/xingming4/201107/12-4144. html，最后访问时间：2013 年 7 月 5 日。

现象开始出现在劳工市场。用工荒问题突出表现在长三角和珠三角这两个传统用工大区域，据国家统计局 2012 年 4 月发布的《2011 年我国农民工调查监测报告》显示，2011 年在长三角地区务工的农民工为 5828 万人，比上年增加 18 万人，增长 0.3%，在珠三角地区务工的农民工为 5072 万人，比上年增加 7.4 万人，增长 0.1%，在长三角和珠三角地区务工的农民工增加数量和增幅均明显低于 2010 年的水平。在长三角和珠三角地区务工的农民工分别占全国农民工的23.1%和20.1%，分别比2010年下降0.9和0.8个百分点。随着中西部地区的快速发展，东中西部地区农民工工资水平趋同，长三角和珠三角地区对农民工的就业吸引力在逐步下降。

2011年，在外出农民工中，在省内务工的农民工为8390万人，比上年增加772万人，增长10.1%，占外出农民工总量的52.9%（见表1-3）；在省外务工的农民工为7473万人，比上年减少244万人，下降3.2%，占外出农民工总量的47.1%。2011年，去省外务工人数减少，改变了多年来跨省外出农民工比重大于省内务工比重的格局。

**表1-3 2011年与2010年农民工区域分布变动情况**

单位：%

| 地　　区 | 2011年 | | 2010年 | |
|---|---|---|---|---|
| | 省内 | 省外 | 省内 | 省外 |
| 全　　国 | 52.9 | 47.1 | 49.7 | 50.3 |
| 东部地区 | 83.4 | 16.6 | 80.3 | 19.7 |
| 中部地区 | 32.8 | 67.2 | 30.9 | 69.1 |
| 西部地区 | 43.0 | 57.0 | 43.1 | 56.9 |

资料来源：国家统计局《2011年我国农民工调查监测报告》，http://www.stats.gov.cn，最后访问时间：2013年6月6日。

报告显示，2011年，外出农民工月均收入2049元，比2010年增加359元，增长21.2%。分地区看，在东部地区务工的农民工月均收入2053元，比2010年增加357元，增长21.0%；在中部地区务工的农民工月均收入2006元，比2010年增加374元，增长22.9%；在西部地区务工的农民工月均收入1990元，比2010年增加347元，增长21.1%。近两年外出农民工的收入增速加快，中西部地区的增幅高于东部地区，东部和中西部地区的收入差距缩小。

中西部地区受基础设施建设等投资拉动政策措施的影响，对农民工就业的吸纳能力增强，加之中西部地区农民工的工资有了较大提高，与东部工资相差不多，在中西部地区务工的农民工增加，在长三角和珠三角等东部沿海地区务工的农民工减少，农民工开始从东部地区向中西部地区转移，东部地区出现了“民工荒”。这对利用廉价劳动力、发展劳动密集型产业的东部地区来说，无疑是巨大的灾难。

### （三）能源和原材料需求巨大，难以持续

拥有大批廉价、较高素质的劳动力，具有比较完整的工业体系，在融入世界经济体系后，中国成为“世界工厂”，于是中国需要源源不断地输入原材料特别是能源材料才能“堪此大任”，确保中国经济的高速增长。改革开放30多年来，随着我国经济的跳跃式发展，我国的能源消费也巨幅增长。《中国统计年鉴（2010）》显示，我们国家年能源消费总量从1978年的57144万吨标准煤增长至2009年的306647万吨标准煤，是改革开放之初的5.37倍，成为仅次于美国的世界第二大能源消耗国。对原材料的需求也是如此，尤其是对于矿产品的需求，进出口总额呈一路上升趋势（见图1－10）。矿产品进出口总额也一直占中国进出口总额的20%～27%，进出口总额从2001年的1000亿美元增长到2011年的近10000亿美元，矿产品成为重要的进出口货物。

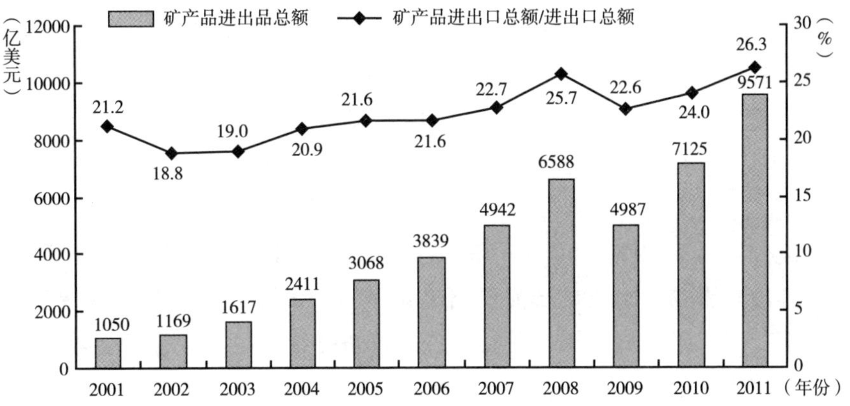


**图1－10　2001年来中国矿产品进出口总额及占进出口总额的比例变动情况**

资料来源：国土资源部《2011中国国土资源公报》，http://www.mlr.gov.cn，最后访问时间：2012年4月3日。

《2011中国国土资源公报》显示，目前我国大宗矿产品对外依存度居于高位。石油、铁矿石对外依存度均达56%以上，其中，石油对外依存度为56.7%，铁矿石对外依存度为56.4%，从图1－11可以看出，石油对外依存度增长了一倍，有超过一半的石油消耗依赖进口，铁矿石对外依存度也一直在高位徘徊，略有浮动。2011年，全国矿产品对外贸易进出口总额为9571亿美元，同比增长34.3%。其中，进口额同比增长34.5%；出口额同比增长33.9%。原油、煤炭、铁矿石、铝土、锰、铬铁、

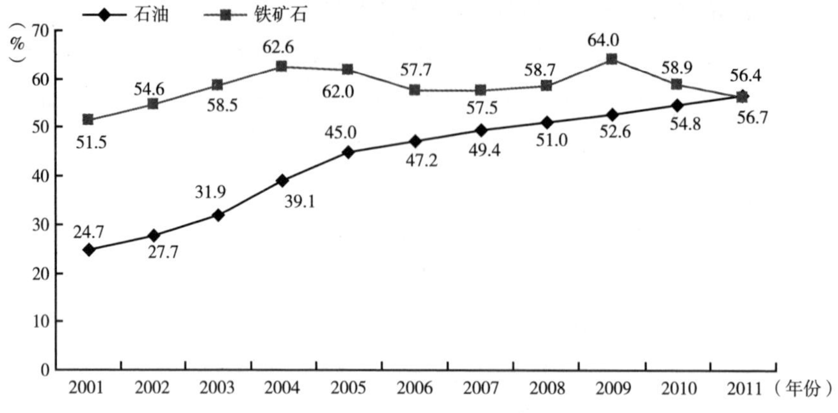


**图 1－11　2001～2011 年石油与铁矿石对外依存度变动情况**

资料来源：国土资源部《2011 中国国土资源公报》，http：//www. mlr. gov. cn，最后访问时间：2012 年 4 月 3 日。

镍等矿产品进口量较 2010 年均有不同幅度增长。特别是煤炭，继 2009 年净进口之后，2011 年进口量达 22228 万吨，较 2010 年增长 20. 3% 。

另据《中国矿产资源报告（2011）》显示，2006～2010 年，石油进口由 1. 82 亿吨增至 2. 76 亿吨，年均增长 10. 3% ；铁矿石由 3. 25 亿吨增至 6. 19 亿吨，年均增长 17. 4% 。2010 年，中国铜、铝和钾等大宗矿产对外依存度分别为 71. 0% 、52. 9% 和 52. 4% 。2006 年以来，受矿产资源需求旺盛等因素影响，重要矿产品价格高位运行，石油和黄金价格大幅攀升，铁、铜、铝、铅、锌、镍等重要矿产品价格持续走高。尽管受金融危机的冲击，矿产品价格一度大幅回落，但在短期内迅速弹回至高位，经济发展的资源成本进一步加大。

2009 年中国消耗了 1537. 4 百万吨标准石油的煤，占世界所有煤消耗的将近一半，西方国家在大幅减少使用煤作为能源的同时，中国却“逆势”同比增长了 9. 34% ；在 2009 年中国共消耗 2177 百万吨标准石油的能源，其中煤占总能源消耗的 70. 62% ，石油占 18. 59% ，两者合计为 89. 21% ，而天然气和核能两种清洁能源所占比仅为 4. 40% 。相比于日本，2009 年日本全年仅消耗了 463. 9 百万吨标准石油的能源，为中国全年消耗量的 21% ，其中煤的使用量占总体使用量的 23. 45% ，天然气和核能两种清洁能源占比为 30. 35% ，比例远远高于中国；美国全年使用的能源中，煤的使用量占 22. 82% ，天然气和核能两种清洁能源所占比为 35. 70% 。（见表 1－4）

表 1－4 中国能源消耗国际比较

| | 石油 | | 天然气 | | 核能 | | 电能 | | 煤 | |
|---|---|---|---|---|---|---|---|---|---|---|
| | 2009 年（百万吨） | 同比% | 2009 年（百万吨） | 同比% | 2009 年（百万吨） | 同比% | 2009 年（百万吨） | 同比% | 2009 年（百万吨） | 同比% |
| 中国 | 404.6 | 6.40 | 79.8 | 9.10 | 15.9 | 2.50 | 139.3 | 5.20 | 1537.4 | 9.34 |
| 美国 | 842.9 | －5.13 | 588.7 | －1.80 | 190.3 | －0.93 | 62.2 | 6.79 | 498.0 | －11.72 |
| 日本 | 197.6 | －10.94 | 78.7 | －6.72 | 62.1 | 9.09 | 16.7 | －0.77 | 108.8 | －15.45 |
| 德国 | 113.9 | －4.21 | 70.2 | －3.99 | 30.5 | －9.34 | 4.2 | －7.65 | 71.0 | －11.36 |
| 英国 | 74.4 | －4.57 | 77.9 | －7.71 | 15.7 | 31.83 | 1.2 | 1.59 | 29.7 | －16.13 |
| 印度 | 148.5 | 3.42 | 46.7 | 25.54 | 3.8 | 10.41 | 24.0 | －7.67 | 245.8 | 6.48 |
| 巴西 | 104.3 | －0.51 | 18.3 | －19.39 | 2.9 | －6.94 | 88.5 | 5.8 | 11.7 | －13.18 |
| 世界 | 3882.1 | －1.95 | 2653.1 | －2.36 | 610.5 | －1.56 | 740.3 | 1.21 | 3278.3 | －0.25 |

资料来源：任泽平等《中国能源消耗的国际比较与节能潜力分析》，《发展研究》2011 年第 11 期。

### （四）东部发展瓶颈凸显

东部地区引领中国“赶超世界”赶了 30 多年，固然取得相当成就，尤其是各种经济上的成就，成绩喜人。但这种依靠廉价劳动力、投资驱动经济增长，并以大进大出的贸易为支撑的“蓝海战略”带来的不仅是成绩，也有各种问题。如今东部地区遭遇的最大的问题就是，发展遭遇到了瓶颈。

截至 2006 年，中国东部十个省市中已有河北、上海、江苏、浙江、山东、广东六个省市 GDP 破万亿元，2008 年又有北京市和福建省加入“万亿俱乐部”，2011 年天津市 GDP 总值也过万亿元。至此，除了海南省外，东部九省市 GDP 已达万亿元。

这些地区人均 GDP 都已超过 4000 美元，根据巴西、阿根廷、墨西哥等国家的“国际经验”，在跨越 4000 美元这个“坎”后，将迎来一个非常痛苦的时期，这就是“中等收入陷阱”，东部地区除了京、津、沪三个直辖市人均 GDP 达到中上等发达国家水平并接近富裕国家水平，其他的省市都处于中等或中下等发达国家水平，这将是一段“阵痛期”。在这期间，我国东部地区已经面临困难局面，劳动力成本持续上升，此时单靠传统制造业生产、大量投资拉动已难以支撑经济的再增长，这就要求新的价值创造和新产业的出现，转型升级势在必行。

在经历了长期的快速发展之后，东部地区GDP增速明显放缓，2011年实际增长速度普遍低于10%，中西部地区2011年实际增速和2012年预期增幅都不低于10%，甚至有15%和16%的，远高于东部平均水平的增幅。对于2012年GDP预期增幅，预期最高的是陕西、重庆、贵州、内蒙古和海南，除海南外，其余四个省市均为中西部地区，东部地区的京、沪、浙、粤、鲁、苏等省市2012年GDP预期增速均不高于10%。可以说这与东部地方政府淡化单纯的GDP数字，“故意放慢脚步”有关，意图转方向、调结构。国际金融危机的影响还在持续，东部地区出口导向型的发展模式还没有彻底改变，在这个过程中不可避免地受到更大的冲击。此外，东部地区目前处在经济结构转型的过程中，一方面传统产业不断向其他地区转移，增速放缓，另一方面新兴产业发展还不成熟，没有接续起来。

但客观现实是，20世纪70年代像巴西、阿根廷、墨西哥、智利、马来西亚等进入了中等收入国家行列，但直到2007年，这些国家仍然挣扎在人均GDP 3000~5000美元的发展阶段，并且见不到增长的动力和希望，这是这些“中等发达”省市的前车之鉴。东部地区正在进入一个“自我升华”时期，同时也意味着这些省市在经历发展的“瓶颈”和“阵痛”。

当人口结构发生变化，大量廉价的劳动力不再，老年人代表社会保障成本日益增加，能源和原材料减少带来的生产成本增高，欧美市场又因金融危机等原因不再那么庞大，国内消费市场尚未完全培育完成，东部地区代表着的中国“蓝海战略”发展遭遇瓶颈。中国的比较优势已经在慢慢消失，中国正面临一场形势严峻的强大挑战。

人口结构发生变化使得劳动力优势渐渐丧失，能源和原材料消耗巨大而难以继续，东部地区经过30多年的发展也遭遇了“升级的痛苦”和各种发展受限，“蓝海战略”的施行所依赖的几个结构性条件都开始面临挑战。所幸的是，这些挑战现在只是初露端倪，尚未到完全发挥破坏性作用的时候。

## 二 “蓝海战略”的弊端凸显

“蓝海战略”作为中国发展经济、试图与国际接轨的一条道路选择，自身就存在许多弊端。过去，人们一直关注“蓝海战略”取得的骄人成绩，却忽视了“蓝海战略”发展路径的本身缺陷。当一波疯狂的增长趋势渐行渐远，“蓝海战略”以前为成绩所掩盖的弊端也开始显现。

### （一）处于全球价值低端，缺乏竞争优势

改革开放后，我国沿海地区出现了大量以加工贸易为主的劳动密集型企业，其中大部分企业是为跨国公司进行贴牌生产，或者是自行生产一些低附加值的衣服鞋帽类的小商品，或者是承接国际订单进行生产，所有的这些企业嵌入的只是全球价值链（Global Value Chain，GVC）的低端环节。实践证明，定位于“GVC 低端”的增长战略是具有高度成效的，它有利于把比较优势转化为国际市场上的竞争优势，通过不断的学习和发展要素的积累，逐步形成经济起飞的基础，这也被韩国、台湾地区、新加坡等国家或地区的发展经验所支持。

但这种发展模式产生的负面影响也是显然的。一方面，容易陷入“低端锁定”的局面，收益的分配、产业发展方向等受 GVC 主导国控制，发达国家主导的这条全球价值链，会设计各种参数来控制以代工者身份参与其价值链体系的中国企业的技术赶超和价值攀升过程。[①] 国内企业则由于路径依赖而陷入低端锁定的不利局面。当下游市场出现萎缩或受到冲击时，代工企业无法自我消化这种外部冲击，或者无法向控制品牌和销售终端的国际大买家和发包商传导生产成本上涨的压力，结果在危机爆发后以国际代工为主的行业受到了强烈冲击。另一方面，以切片式融入 GVC 弱化了地区间产业联系和区域一体化的动力。代工企业与国际主导企业在 GVC 纵向上进行分工，但与国内其他产业内企业形成了横向分工，它们之间形成的竞争关系强于合作关系，同时“两头在外”的生产网络造成国内市场和先进服务业投入的双重脱节，这些问题反映在区域经济活动上，地区间“产业同构”、“重复建设”、“恶性竞争”等现象便比比皆是。[②] 中国处于全球价值链的底端，可以从以下三个方面显示。

第一，我国出口国际竞争力强的产品，主要是初级资源、鞋类、服装、玩具、家具、消费类电子等传统的劳动密集的产品。这些企业多为外资企业的加工企业，即为外企简单的代加工，制成品在世界市场销售。

加工贸易又是我国贸易失衡的最主要的组成部分，尤其是 1999 年以后，占我国贸易失衡的绝大部分，一般贸易的失衡经过了 2001～2004 年

---

① 刘志彪、张杰：《全球代工体系下发展中国家俘获型网络的形成、突破与对策——基于 GVC 与 NVC 的比较视角》，《中国工业经济》2007 年第 5 期。

② 刘志彪、于明超：《从 GVC 走向 NVC：长三角一体化与产业升级》，《学海》2009 年第 5 期。

的逆差之后，在2005年转为顺差，但这种趋势在2009年又进入逆差模式，其他两种贸易方式的失衡几乎可以忽略不计。[①] 从我国从事贸易的主体结构来看，国有企业的比重下降较快，外资企业和私营企业均在稳中攀升，但不同的是，外资企业进出口总额自2000年开始一直占据“半壁江山”，这些外资企业的进出口多为原材料、能源输入和代加工产品输出。

第二，产业的附加价值不断下降。1981～1987年，增加值率为0.44～0.48，相当于英国和澳大利亚的水平。20世纪90年代以来，这个比率一直保持着下降的趋势，2003年已下降到0.3384。[②] 在外贸产业结构方面，我国三次产业产品结构比例不合理，贸易出口主要是以货物贸易为主，在外贸总额中货物贸易和服务贸易的比例严重失衡。我国服务贸易增长速度比货物贸易低6个百分点，货物贸易出口与服务贸易出口的比例为10.2∶1，远远高于世界平均4.2∶1的水平，而且服务贸易逆差很大，服务业附加值高。服务贸易代表一国参与国际分工层次的高低，而我国服务贸易却在世界第十位左右，远落后于其他贸易大国，表明我国处于国际分工的底层。[③]

第三，我国利用的外资从1995年的3145个项目、102.69亿美元增长到2006年的41473个项目、1982.16亿美元，项目增长了12倍，利用金额总额增长了18倍。外商直接投资从1995年的63亿美元到2006年增长将近30倍，达到1937亿美元，外商直接投资金额占利用外资总额的比重从1995年的61.7%增长到2006年的97.7%，增长了36个百分点左右。截至2007年，有50多万家外资企业在中国制造产品，大部分在中国沿海地区加工组装的产品，是以满足国外订单的出口为主，主要涉及技术水平较高的生产中需要大量利用密集劳动的生产作业部分，如电子产品的装配等。[④]

20世纪90年代中期以来，由于接受了大量的FDI（外商直接投资，Foreign Direct Investment，FDI），信息产业成为我国第一大工业部门；相应的，出口结构中以IT产品为主的高新技术产品比重2006年达29%，超过OECD（经济合作与发展组织，Organization for Economic Co-operation and Development）国家平均水平。[⑤]

---

① 参见熊芳、刘德学《我国对外贸易失衡的结构分析》，《学习与实践》2012年第4期。

② 沈利生、王恒：《增加值下降意味着什么?》，《经济研究》2006年第3期。

③ 宋祥莉、郭志群：《我国对外贸易结构失衡分析》，《经济评述》2011年第2期。

④ 刘志彪：《中国贸易量增长与本土产业的升级——基于全球价值链的治理视角》，《学术月刊》2007年第2期。

⑤ 刘志彪：《中国贸易量增长与本土产业的升级——基于全球价值链的治理视角》，《学术月刊》2007年第2期。

由于处于产品内国际分工的低端被动地位，中国企业处于高度的竞争状态；同时东欧、中南美洲与亚洲特别是印度等许多后进国家与地区也开始加入国际代工的行列，它们也都在积极地寻求自己的劳动密集型产业的国际竞争优势，因此争夺国际外包订单的市场竞争将越来越激烈，利润也必然越来越薄。一旦当同类产业出口竞争者急剧进入导致贸易下降的时候，它们反而会日益遭受报酬持续下降的损失，这是劳动密集型的产品生产者必须长期面对的现实问题①。

### （二）劳动报酬占 GDP 比例逐年下降，劳动者弱势地位凸显

在社会主义初级阶段，由于劳动力作为商品的特殊性、劳动力供给的绝对剩余和社会保障制度的不完善，劳动者在市场交换中往往处于不利的弱势地位，劳动者合法权益经常受到侵害，大量劳动者长期忍受恶劣的劳动环境和极其低廉的劳动报酬。国际经验告诉中国内需的重要性，尤其在经历了 2008 年蔓延开来的金融危机后，学界和政府都经常将扩大内需作为重要的“谈资对象”，却依然不见我国经济发展动力由出口向内需的转变，对外贸易依旧成为贡献 GDP 的重要增长量。内需是指国内需求，既包含国内的消费需求，也包含国内的投资需求，国内投资同样占据 GDP 总量的较大部分，只有消费算是“未完全开发领域”。

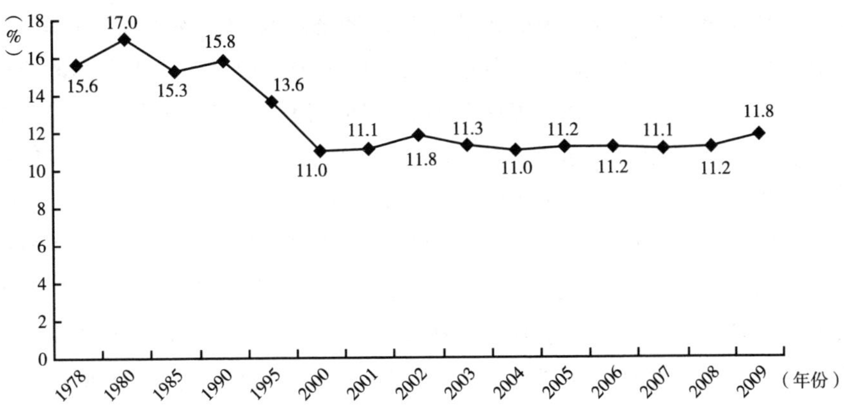


**图 1－12 1978 年以来中国职工工资总额占 GDP 比重变动情况**

资料来源：根据中国国家统计局网站相关数据绘制而成。

① R. Kaplinsky and M. Morris, “A Handbook for Value Chain Research”, Prepared for the IDRC, http://www.ids.ac.uk/global, 2006.

2010年5月，中华全国总工会集体合同部部长张建国列举了一系列数据显示，从1983年开始，我国居民劳动报酬占GDP的比重连续22年下滑。张建国称，我国居民劳动报酬占GDP的比重，在1983年达到56.5%的峰值后，就持续下降，2005年已经下降到36.7%，22年间下降了近20个百分点。而1978～2005年，与劳动报酬比重的持续下降形成了鲜明对比的，是资本报酬占GDP的比重上升了20个百分点。网站文章继续指出，中华全国总工会一项调查显示，23.4%的职工5年未增加工资；75.2%的职工认为当前社会收入分配不公平，61%的职工认为普通劳动者收入偏低是最大的不公平。[①] 在2010年初，陈志武教授发表文章《把失去的财富效应归还给百姓》，文章指出，在过去半个多世纪，总体上，中国居民消费（即民间消费）占GDP比重一直在持续明显下降：1952年这一比例为69%，到1978年改革开放初已下滑到45%，2004年缩减至35%；与之相对照的是政府开支占GDP比重持续上涨，从1952年的16%攀升至2004年的30%左右。[②]

中华全国总工会官员称中国居民劳动报酬占GDP的比重22年间下降了近20个百分点，这引起人们的质疑和不满，这些人声称劳动报酬占GDP比重被低估，但可能的原因在于，把不同参照系、不同口径、不同分配层次的数据放在一起，只会引起认识的混乱，当下的一个明显事实就是，劳动报酬在初次分配中的占比过低，经济增长的成果正在向资本家、政府和权力阶层过度倾斜。世界银行发布的报告也指出，造成中国消费长期低迷的症结不是老百姓热衷储蓄不愿花钱，而是工资水平跟不上经济发展速度。有数字显示，我国工资总额占GDP的比重一直在下降。1980年、1990年和2000年分别为17%、16%和12%。

长期以来，人们一直认为“要素收入占比是稳定的”，并把它视为经济增长的“特征事实”之一，但中国的数据却推翻了这个结论。劳动收入占比下降是否是劳动力谈判力量被地区间竞争弱化的结果。劳动收入占比下降已成为一种全球性现象，这与金融市场一体化时代，资本相对于劳动力的流动性更大、谈判力量更强有关。然而，中国的情况稍有不同，它每年吸引的FDI流入量达到了500亿～700亿美元。按道理，外资源源不

---

① 邓美玲：《劳动报酬占GDP比例连续22年下滑》，http://www.eeo.com.cn/Politics/beijing_news/2010/05/12/169745.shtml，最后访问时间：2013年3月6日。

② 陈志武：《把失去的财富效应归还给百姓》，http://www.21ccom.net/articles/zgyj/ggzhc/article_201001203998.html，最后访问时间：2013年6月5日。

断地流入，资本稀缺性得以降低，劳动力的“讨价还价”能力和劳动收入占比应有所改善。但实际情况却刚好相反，这可能与中国财政分权和政治集权所激起的地方政府间的 GDP“竞赛”有关。为了招商引资，地方政府在基础设施、要素价格和环境保护方面不惜“竞争到底”。劳动收入占比下降是这种竞争引起劳动力谈判力量被弱化的结果。相对于其他国家，中国凭借低廉的劳动力成本、广阔的市场、稳定的政治环境和优质的基础实施，成为全球资本流动的重要目的地。在中国，外资的主体是从事加工贸易的劳动密集型企业，它们将这里作为组装基地和出口平台。伴随供给的不断增长，这类企业面临的贸易条件日益恶化，为了维持已经摊薄的利润，它们会进一步压低劳动力成本。可见，地区之间的激烈竞争具有两面性，在加速外资流入的同时，也使中国丧失了很多福利改善的机会，劳动收入占比恶化便是其中之一。

**（三）以牺牲环境和资源代价，生态失衡加剧**

中国只有一个，世界上再也没有一个地方可以容纳下 13 亿人口，过去粗放型的“两高一低”增长方式——高消耗、高污染、低效率，带来的环境破坏日益严重，世界卫生组织在 2006 年发布的一份报告中指出，全球空气污染最严重的 20 个城市中，中国占据 16 席，首都北京也名列其中；2009 年，我国酸雨面积、二氧化碳和二氧化硫排放量均居世界第一，虽然也做了大量环境整治工作，投入了不少人力、物力，但我国环境处于“局部改善，整体恶化”的阶段，世界银行研究报告显示，2008 年我国环境损失占当年 GDP 总量的 3%，如果不改变发展方式，2020 年将上升到 13% 以上。[①] 环境保护部环境规划院针对生态环境恶化状况而公布的报告指出，2008 年因泄漏污染、土壤恶化、湿地消失及其他影响造成的损失已增加到 1.3 万亿元人民币（约 1300 亿英镑）。这相当于国内生产总值的 3.9%。这些损失大多没有出现在公司资产负债表或政府预算中，但是的确是在年复一年地积累，最终成为环境赤字，威胁到国家的长期繁荣。中央政府已经加大了治理污染的力度，但是报告指出，在截至 2008 年的 5 年间，泄漏污染及其他环境损害增加了 74.8%。实际数字甚至可能更高，因为报告作者承认他们的统计数字是不全面的。

我国稀土资源约占全球总量的 36%，却长期承担着全球 90% 以上的

---

① 胡磊：《我国传统经济发展方式的弊端与转变途径》，《党政干部学刊》2010 年第 9 期。

稀土供应。① 长期以来，我国稀土资源的开发力度不断加大，目前已处于严重超负荷状态，特别是在环境方面付出了巨大代价。从国外稀土资源勘探反馈的信息看，美国、俄罗斯、澳大利亚的稀土储量分别占世界的13%、19%和5.4%。但受制于环境压力，这3个国家2009年的稀土产量都为零。目前，我国的稀土储量正以惊人速度下滑。同时，在稀土资源的开采和生产过程中，稀土元素开发过程中的废渣、废水、废气给环境带来了巨大的破坏。要对此进行修复，则要付出高昂的治理成本。专家估算，在赣南，如果要对开采稀土等矿产破坏的土地进行生态修复，资金投入预计在380亿元以上。

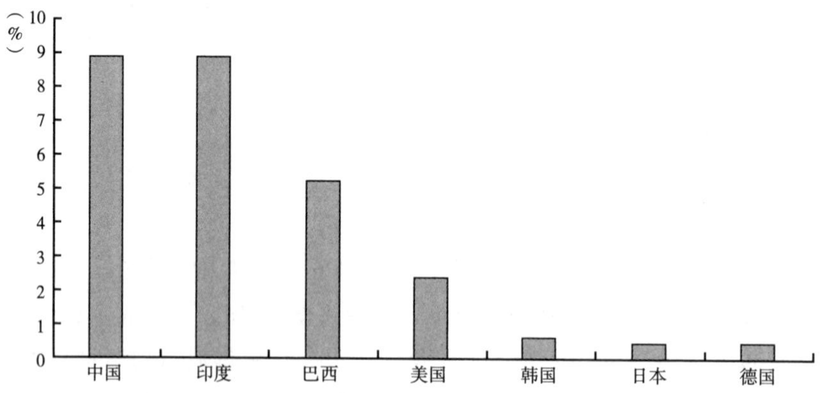


**图1－13　2008年部分国家环境退化和自然资源的损耗占国民总收入的比例**

资料来源：世界银行、国务院发展研究中心《2030年的中国：建设现代、和谐、有创造力的高收入社会》，《世界银行报告专刊》，安邦集团研究总部译，2012年3月15日。

由中国财政部、国务院发展研究中心和世界银行联合组织实施，耗时15个月完成的题为《2030年的中国：建设现代、和谐、有创造力的高收入社会》的研究报告指出，中国在2008年环境退化和自然资源的损耗占国民总收入（GNI）的近9%，是各个国家里相当高的一个数据，相比较韩国、日本和德国，这三个国家的比例还不及1%，中国为发展付出的资源和环境代价实在太大了。

《中华人民共和国2010年国民经济和社会发展统计公报》显示，近岸海域298个海水水质监测点中，达到国家一、二类海水水质标准的监测

① 中华人民共和国国务院新闻办公室：《中国的稀土状况与政策》，人民出版社，2012。

点占62.8%，比上年下降10.1个百分点；三类海水占14.1%，上升8.1个百分点；四类、劣四类海水占23.2%，上升2.1个百分点。2002年国家环保总局公布的调查表明，西部地区每年因生态破坏所造成的直接经济损失达1500亿元，占到当地同期国内生产总值的13%；西部水土流失面积占全国水土流失面积的62.5%，土地沙化面积超过16000万公顷，占全国沙化面积的90%。①

2004年，国家环保总局和国家统计局联合发布了《中国绿色国民经济核算研究报告2004》，研究结果表明，2004年全国因环境污染造成的经济损失为5118亿元，占当年GDP的3.05%。虚拟治理成本为2874亿元，占当年GDP的1.80%。其中，水污染的环境成本为2862.8亿元，占总成本的55.9%；大气污染的环境成本为2198.0亿元，占总成本的42.9%；固体废物和污染事故造成的经济损失为57.4亿元，占总成本的1.2%。根据《中国环境经济核算研究报告2008》（公众版），2008年的生态环境退化成本达到12745.7亿元，其中环境退化成本8947.5亿元，生态破坏损失（森林、湿地、草地和矿产开发）3798.2亿元，分别占生态环境总损失的70.2%和29.8%。2008年，生态环境退化成本占当年GDP的3.9%。2008年，利用污染损失法核算的环境退化成本为8947.5亿元，比上年增加了1613.5亿元，增长了22.0%，增幅略高于2007年。2008年，环境退化成本分别占地区合计GDP和行业合计GDP的2.73%和2.98%。②

**（四）东西差距依然巨大，西部陷入依附性发展陷阱**

改革开放发展之初，我国根据区域地理位置和经济发展形式将全国划分为东中西三个地带，除了台湾和港澳两个特别行政区，东部有12个省市，中部有9个，西部有10个省市。经过30多年的发展，东中西地区在现阶段无论是GDP总量、人均GDP数据、经济结构还是经济环境都呈现巨大差距，正如孙立平教授所言，今天的中国，已是一个断裂的社会：不同人群之间、城乡之间、行业之间等，犹如一场马拉松，每跑一段，都有人会掉队，被甩出队伍之外。如今，中国的东部和西部已经断裂，在东西部的发展之路程中，西部已经“掉队”了。

① 余渔：《生态破坏使西部年损失千亿元》，《福建环境》2002年第6期。

② 《中国环境污染代价大年“折损”近万亿》，http://www.hbzhan.com/News/Detail/16265.html，最后访问时间：2012年6月10日。

区域发展不平衡现象古已有之，秦汉至隋唐，关中地区是我国的经济政治中心，“安史之乱”后全国政治、经济、文化重心开始向东、南转移。新中国成立后，一段时期内国家采取均衡发展战略，区域差异并不是那么明显，但改革开放后，为了尽快缩小与发达国家差距，国家开始实施区域非均衡战略。在“一部分人，一部分地区先富裕起来，然后先富带后富”的思想指导下，东部地区占尽改革发展的先机，经济迅猛发展，造成地区差异总体扩大趋势。虽在20世纪90年代后期，国家开始促进区域协调发展，先后启动西部大开发、东北老工业基地振兴和中部崛起战略，收到一些效果，但整体差距还是很明显，甚至有扩大趋势。

2011年，中国统计学会根据《综合发展指数编制方案》，对2000～2010年各地区综合发展指数（CDI）进行了测算，测算结果表明，2000～2010年各地区综合发展指数稳步提升，但东部地区明显高于其他地区。①

如图1－14所示，各个地区在2000～2010年综合发展指数都有明显提高，但是东部和西部地区的综合发展指数差距反而拉大了。2000年，西部地区综合发展指数为34，东部地区为45，差值为11；而到了2010年，西部地区综合发展指数增长为52，东部地区增长为66左右，差值为14，两者水平差距明显增大了。

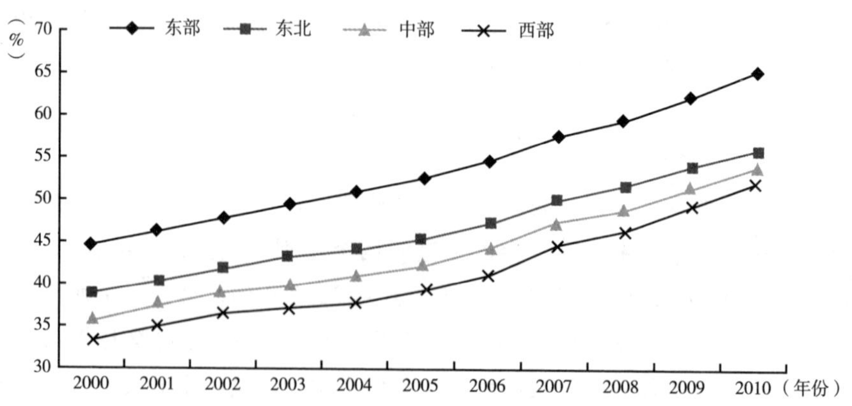


**图1－14　2000～2010年中国四大区域综合发展指数**

资料来源：国家统计局《2010年地区综合发展指数报告》，http：//www.stats.gov.cn/tjfx/fxbg/t20111222_402774765.htm，最后访问时间：2013年4月10日。

---

① 国家统计局：《2010年地区综合发展指数报告》，http：//www.stats.gov.cn/tjfx/fxbg/t20111222_402774765.htm，最后访问时间：2013年3月6日。

细分来看，综合发展指数由“经济发展”、“民生改善”、“社会发展”、“生态建设”和“科技创新”五大类分项指数组成。

除了“社会发展”这一指标，“经济发展”、“民生改善”、“生态建设”和“科技创新”这四个指标数据，东部地区都领先西部地区至少15个百分点（见图1－15）。在31个省（区、市）综合发展指数单独看来，排名前十的地区分别是北京、上海、天津、浙江、江苏、广东、福建、辽宁、山东和重庆，东部地区占据9席，重庆作为直辖市，之前发展指数一直都不怎么高，而是近几年才发展起来的。

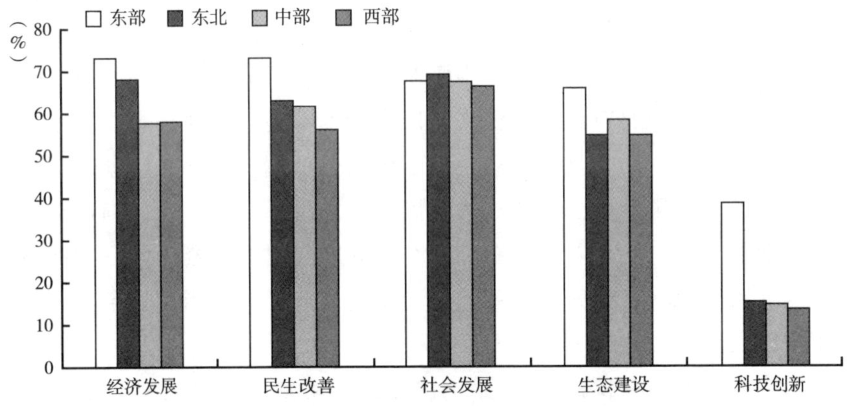


**图1－15 2010年四大区域综合发展分项指数**

资料来源：国家统计局《2010年地区综合发展指数报告》，http：//www. stats. gov. cn/tjfx/fxbg/t20111222_ 402774765. htm，最后访问时间：2013年4月10日。

从直观数据来说，2000～2008年，东部与西部人均GDP绝对值差距从6105元扩大到21213元，GDP总量差距从4833亿元扩大到27109亿元。另外，在人均受教育年限、卫生医疗、社会保障水平等方面仍有较大差距。2008年，西部地区文盲人口占15岁及以上人口的比重为10.4%，比东部地区高3.7个百分点；西部地区人均预算内教育经费仅为东部地区的73.5%；西部地区农村参加社会养老保险人数覆盖率不到5%，仅为东部地区的1/10，不到全国平均水平的20%；目前全国4007万低收入以下贫困人口中，中西部地区所占比重高达94.1%。①

① 杨荫凯等：《我国区域发展不平衡的基本现状与缓解对策》，《中国经贸导刊》2010年第13期。

另外，西部可能面临的一个危险就是陷于拉美国家式的依附性发展。依附发展理论是对古典依附理论的继承与发展，同古典依附理论不同的是，后来者将前人的“不发达的发展”修改为“和依附相联系的发展”。依附发展理论认为拉美国家虽然依附，但发展也是存在的，并且是以比被占领及半殖民的情况更有活力的依附形式存在。尽管比以前有更有活力的形式存在，依附中存在着发展，但依附发展依然存在鲜明的剥削性、单向性和被动性，使得附属国在国际竞争中存在明显的劣势。中国之于欧美，西部之于东部，就有依附发展的痕迹。欧美从中国进口大量原材料，利用廉价劳动力和特殊优惠政策在中国开设代工厂，从事简单低级的加工，然后将成品返销欧美市场，中国从中只赚取低廉的加工费，却要从欧美进口昂贵的设备和其他工业制成品。中国东西部的关系亦然，东部的廉价劳动力和一些必要的原材料以及能源来自广大的西部地区，西部却要从东部引进技术和设备。中国在世界市场中处于价值链低端，西部在国家内部市场中亦处于低端位置；中国已经成为名副其实的世界工厂，西部则正在承接东部产业的转移，不正是当年东部从东亚和欧美引进外资的同一发展道路吗？因此可以说，西部就是改革初期的中国，如处理不当，如今的西部有依附东部发展的可能。

因为处于 GVC 底端而缺乏竞争优势，劳动者的弱势地位又逐渐显现并被社会关注，生态环境破坏造成的危机和治理生态的巨大成本影响着战略的进一步实施，以非均衡发展为策略果然造成东西部差距巨大。这些危险信号都是“蓝海战略”自身弊端开始显现的标志，相比外部结构性条件的变化，这是一个更为致命的问题，它迫使人们不得不重新审视过去的发展道路。

得益于外向型的“蓝海战略”，中国在改革开放后的 30 多年里的确取得了巨大成就，但随着劳动力比较优势的渐渐消失，能源和原材料消耗巨大而难以为继，以及后投资时代的增长动力不足和东部发达地区的瓶颈凸显，使得持续了 30 多年之久的“蓝海战略”面临严峻挑战。而之前实施的“蓝海战略”造成一些问题：一直处于全球价值链低端，缺乏竞争优势并始终难以突破、劳动者弱势地位没有改变、生态环境的破坏情况严重、非均衡发展战略导致的东西部差距进一步扩大而未有减小趋势等，这些问题伴随着“蓝海战略”的践行愈加突出，已然渐渐成为中国发展不可承受之重，中国应该寻求新的出路，改变“蓝海战略”下国内的发展困局。

## 第四节 “蓝海战略”与国际困局

“蓝海战略”下，中国经济平稳快速发展得益于发达国家对中国出口的吸纳能力、人民币汇率的稳定以及低廉的国际油价等结构性外部因素。然而随着金融危机的爆发，国际经济局势发生逆转，中国经济所依赖的外部结构性条件开始发生转变。首先，随着国际经济环境的恶化，世界发达国家/地区市场对于中国出口产品的吸纳能力开始减弱。其次，中国以出口为导向的“蓝海战略”致使世界各国/地区尤其是主要发达国家/地区常年存在对华贸易逆差。当世界经济局势发生逆转时，各国/地区贸易保护主义抬头，中国与主要发达国家/地区贸易摩擦不断。与此同时，人民币的升值压力也在不断提升。最后，近年来中国的崛起使得周边邻国感到危机，中国与周边国家领海摩擦不断，直接影响海运安全。

### 一 发达国家/地区对中国出口吸纳能力下降

“蓝海战略”下，中国以出口为导向的经济发展模式严重依赖发达国家/地区的进口市场。美国、欧盟、日本及中国香港地区作为中国内地主要出口市场，其进口总额占中国出口比重的58%左右。其中香港地区作为中国内地出口的主要转口地，其来源于中国内地转口的商品占总转口贸易的60%左右，而且其30%以上的产品转口至欧、美、日等发达国家市场。[①] 因而中国出口主要依赖美国、欧盟及日本等发达国家/地区的进口市场，这就使得中国出口总额受到发达国家/地区经济形势的严重影响。当世界主要发达国家/地区经济繁荣时，发达国家对中国出口的吸纳能力较强；然而当发达国家经济一旦出现危机之时，其对中国出口的吸纳能力将明显减弱。如图1－16所示，随着世界经济形势的逆转，美国、欧盟、日本三大出口市场对中国出口产品的吸纳能力开始下降，对华进口增长率逐年下降。2009年3月中国首次出现月度外贸逆差，2010年2月再次出现逆差，时隔两年后2012年2月中国第三次出现月度贸易逆差，逆差额高达314.9亿美元，创9年来最高。

金融危机后，日益恶化的国债危机、居高不下的失业率以及产业空洞

---

① 数据来源于香港特别行政区政府统计处。

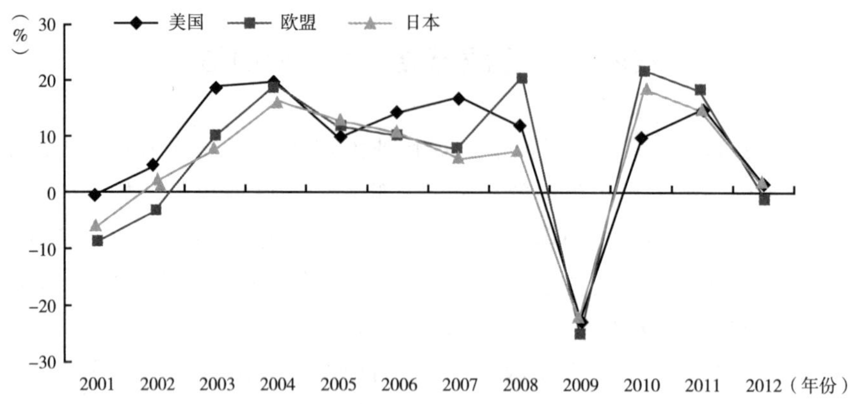


**图1-16　美、日、欧对华进口增长率**

资料来源：世界银行。

化问题一直阻碍着美国经济的发展，随着世界主要评级机构对美国主权评级的下调，使得美国未来经济发展堪忧，直接影响其对华的进口吸纳能力。作为中国现今第一大进口市场的欧盟经济前景同样堪忧。2009年底爆发的主权债务危机致使欧盟主要成员国经济发展滞缓，各成员国主权信用评级连遭下调，欧元区面临解体风险，欧盟未来对华进口前景同样堪忧。日本作为中国在亚洲的主要出口国，在经历了2011年的地震、海啸以及核泄漏等一系列灾害后，其经济发展遭受重创，未来对中国出口的吸纳能力必将大幅下降。由此看来，金融危机后，出口这一支撑中国经济发展的主要支柱出现严重问题，未来中国所奉行的“蓝海战略”面临来自国际经济环境恶化的巨大挑战。

**（一）美国：国债危机、失业率居高不下、产业空洞化**

自“二战”以来，美国一直作为世界经济秩序的引领者，以美元为关键货币的国际金融秩序使得美国成为世界的最终消费者。然而自次贷危机爆发以来，美国经济发展一再受阻，GDP增长率连续三年呈下降趋势。2011年主权债务危机所带来的政治分裂更增加了美国未来经济发展的不确定性。[①]

美国现今国债总额占GDP的比重高达100.8%，直逼“二战”时期的制高点121.7%。“美国国会预算办公室（CBO）发布的数据显示，美

① 高柏等：《高铁与中国21世纪大战略》，社会科学文献出版社，2012，第129页。

国在2009年以后正式踏入高赤字时代，并且美国这一高赤字问题在可预测的时间内难以克服。CBO指出，美国的高赤字时期可分为两个阶段，第一阶段为2009～2012年，此阶段的赤字是由于金融危机对财政造成的负面冲击产生的，因而是阶段性的。2012年以后的第二阶段则与金融危机无关，而是由于政府医疗和社保账户的‘盈余逆转为支出’造成的，是长期性的。”[①] 美国进入高赤字时代必将带来财政支出的增加，2010年6月CBO发布的美国未来25年收支方案预测指出，预计2021年美国财政赤字增加至1.32万亿美元，2035年增加至3.99万亿美元。巨额的财政支出带来的将是美国国债利息负担的不断加重。2010年美国国债利息支出为4130亿美元，预计到2021年，国债利息支出将升至1.13万亿美元，而2021年预计美国的财政收入约为4.96万亿美元，利息支出约占当年财政收入的22%左右。[②] 当一国的国债利息支出超过当年财政收入的20%，该国未来的经济将陷入危机。美国CBO的预测数据显示，未来美国国债利息支出必将超过当年财政收入的20%，美国未来经济前景堪忧，对中国出口的吸纳能力必将受到影响。

随着美国国债利息支出的不断攀升，世界三大评级机构先后下调美国主权信用评级预期。2011年8月5日，标普公司宣布下调美国国债信用评级，从AAA评级下调至AA+，同时决定把美国信用前景维持在“负面”，这是自1917年评级机构诞生以来美国国债信用等级首次被调降。2011年11月惠誉、穆迪两大评级机构先后将美国信用评级展望定为负面，并且惠誉指出如果未来美国预算赤字不予改善，其将于2013年下调美国主权债务评级。三大评级机构对美国国债评级的下调无疑是对惨淡的美国经济的雪上加霜。一方面，美国国债评级遭下调，美国未来融资将更加困难，这就使美国巨额的财政赤字问题难以得到缓解；另一方面，随着美国国债风险增加，国债收益率在未来将不断攀升，导致未来美国国债利息支付额度再次提升，这就使美国经济的前景愈加惨淡。面对这样庞大的债务压力，未来美国将难以长期成为中国出口商品的吸纳地。

美国主权信用评级的下调使得外部投资难以成为美国经济的救生圈，

---

① Cliff Kuang，“Infographic of the Day：Who Created This Debt Nightmare?” http：//www.fastcodesign.com/1664855/infographic - of - the - day - who - created - this - debt - nightmare，最后访问时间：2013年7月2日。

② 中国战略思想库：《美国国债评级为何需下调》，《第一财经日报》2011年8月8日。

然而，金融危机以来高企的失业率使得内需也难以改善美国经济惨淡的前景。众所周知，美国是一个依靠内需拉动经济增长的国家，美国的 GDP 中 70% 来源于个人消费，然而失业率的居高不下致使美国人均消费能力减弱，难以实现对 GDP 的拉动。[①] 另外，美国自 20 世纪 80 年代中叶以来，金融、保险等虚拟经济已经取代制造业成为美国经济发展的支柱。美国统计局的数据显示，在过去的 60 年间，美国制造业占 GDP 总值的比例从 1947 年的 25.6% 下降为 2009 年的 11.2%，然而与此同时，美国的金融、保险和房地产业则呈现快速发展态势，从 1947 年占 GDP 的 10.5% 上升为 2009 年的 21.5%。美国这样一种产业结构比例，导致美国制造业的空洞化，2009 年制造业对美国就业人口的吸纳能力仅为 10% 左右，整个美国对就业的吸纳主要来自金融、房产等虚拟经济行业。[②] 然而随着金融危机的爆发，美国的虚拟经济受到了重创，华尔街大量员工面临失业压力，金融、房地产等虚拟经济行业短期内将难以再创造出大量的就业机会，这就使得美国未来失业人口数量将会不断攀升，本国个人消费能力不断下降，未来美国经济前景堪忧，美国对中国出口商品的吸纳能力必将下降。

**（二）欧盟：主权债务危机**

相比于美国，欧盟作为中国出口第一大市场，其经济前景更为堪忧。2009 年底开始于希腊的主权债务危机迅速波及意大利、葡萄牙、西班牙等欧洲国家，致使欧元区面临解体或重组的威胁。2009 年 11 月希腊财长宣布该年希腊财政赤字占 GDP 的比重为 13.7%，远远超过之前 6% 的市场预期。2010 年第一季度，希腊国债占 GDP 的比重高达 115%，引发投资者大量抛售希腊国债，希腊筹资困难，最终爆发主权债务危机。危机迅速波及西班牙、意大利、葡萄牙等国，一时间受主权债务影响国家的 GDP 占整个欧元区 GDP 比重的 37% 左右，严重影响到欧元区的经济发展。

如图 1－17 所示，2011 年第四季度欧元区高负债成员国出现不同程度的经济萎缩，相比于第三季度，整体欧元区 GDP 下降 1.3%，其中除法国在第四季度 GDP 有所回升以外，德国、西班牙相比于第三季度 GDP 均

---

① 资料来源：美国劳工统计局（Bureau of Labor Statistics）。

② 资料来源：America's FIRe Economy，http：//macromon. wordpress. com/2011/02/03america－fire－economy/，最后访问时间：2013 年 4 月 5 日。

下降 1% 左右，意大利则下降近 3%，葡萄牙 GDP 降幅超过 5%，而希腊则下降 18%。欧盟统计局发布的数据显示，2011 年希腊已经进入第五个衰退年头，全年经济收缩 6.8%，而作为欧元区的第三大经济体的意大利也正式步入衰退期，西班牙 23% 的失业率高居欧元区之首，使其也难逃经济衰退的厄运。①

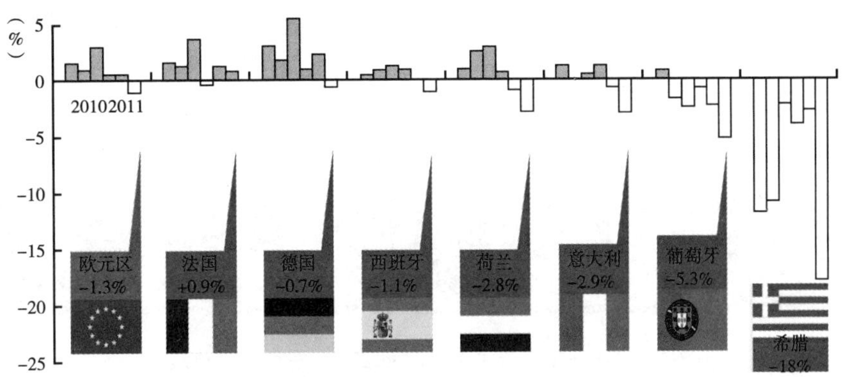


**图 1－17 2011 年第四季度欧元区主要国家经济增长率**

资料来源：Brian Blackstone，“Germany，Others Saw Fourth-Quarter Decline but Drops Were Smaller than Expected”，*Europe News*，2012。

面对欧元区日益深化的主权债务危机，世界三大评级机构先后下调欧元区主要高负债国家的主权信用评级。2011 年 12 月标普公司将欧元区 17 个成员中的 15 个国家列入负面观察名单，并于 2012 年初下调了法国在内的 9 个国家的信用评级（见图 1－18）。至此，德国成为欧元区内唯一保留优质评级的国家。欧元区各成员国先后遭降级，致使其本国融资更加困难，未来欧元区面临解体或重组的高风险。欧盟各成员国经济萎缩致使欧盟对中国进口吸纳能力下降。

**（三）日本：经济发展滞缓，企业债务增加**

2011 年日本先后经历了三重磨难，首先是 9 级的大地震致使日本多地一夜之间成为废墟，其次是“千年一遇”的海啸吞噬了日本，最后则是“前所未有”的核泄漏致使日本几乎成为一座死城，经过三重灾难的日本其未来经济发展不容乐观。如图 1－19 所示，刚从 2008 年金融危机中开始复苏的日本经济在经历了 2011 年的灾难之后再次呈现下降趋势，

① 陈听雨：《欧元区经济前景多面承压》，http：//finance.591hx.com/，2012 年 2 月 21 日。

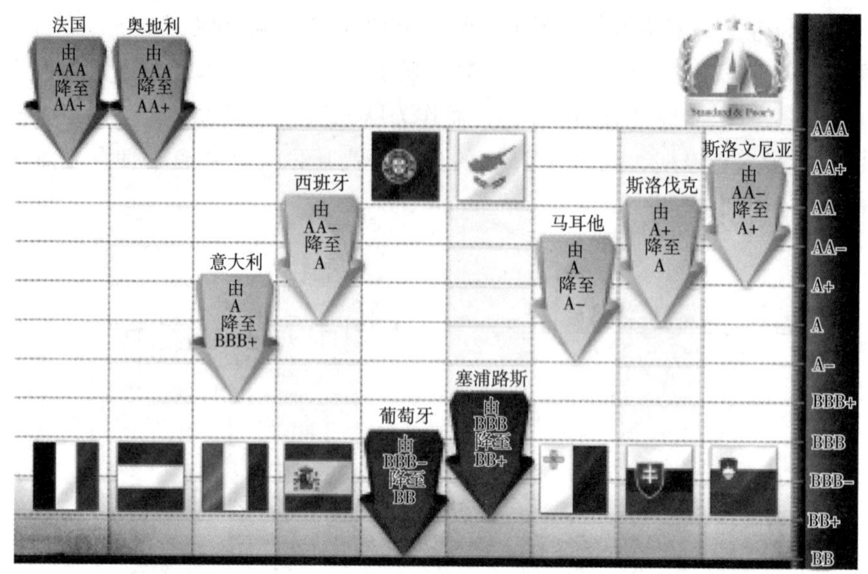


**图1-18　标普公司下调欧元区九国主权信用评级**

资料来源：方利平等《标普投"炸弹"金价骤跌1%》，《广州日报》2012年1月16日。

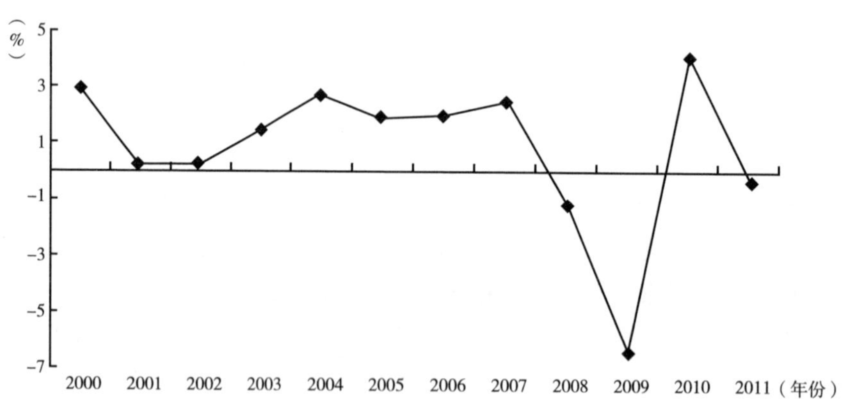


**图1-19　日本GDP增长率（2000~2011年）**

资料来源：欧盟统计局（Eurostat）。

未来难以乐观的日本经济增长态势致使日本对中国出口的吸纳能力难以提升。

另外，日本高企的国家债务也是其难以在短期内实现经济复苏的原因之一。根据国际货币基金组织2010年数据显示，日本国家债务总额已占其国内生产总值的229%，位列经合组织所有成员国之首。由于这一高企的国家债务，标普、穆迪以及日本本土信用评级机构先后下调日本的主权信用评级。一方面，灾难过后的日本未来需要大量的财政支出用于灾后重建，致使日本财政赤字难以降低；另一方面，各大评级机构对日本主权评级的下调，使得日本未来融资更加困难。国际货币基金组织称，“日本国债平均收益率每上升1个百分点，就可能要多付至少相当于日本经济总量2%的债务利息。”① 现今的日本在自然灾害和巨额债务的双重压力下，政府财政已经捉襟见肘，未来日本经济难以在短期内重现昔日的繁荣。随着日本经济发展的停滞，未来对中国出口商品的吸纳能力也必将下降。

金融危机后，美国、欧盟和日本都面临巨大的债务违约风险，世界三大评级机构对其评级等级的下调使这些国家未来融资更加困难。昔日全球经济的领军国家正在面临经济萎缩甚至停滞的风险。全球经济格局正在发生一场大的逆转。全球经济神话的破灭致使中国“蓝海战略”下出口市场的主要支柱相继衰退，未来发达国家对中国出口的吸纳能力逐渐减弱，中国以出口为导向的“蓝海战略”将难以为继。

## 二 人民币升值与油价高企使出口与外资优势减弱

自中国推行“蓝海战略”以来，出口与外资一直是拉动经济增长的两大引擎，然而金融危机后，世界经济局势发生逆转，发达国家对于中国出口的吸纳能力大幅下降，直接威胁着中国未来的发展。与此同时，保障出口与外资的两大结构性因素——汇率与油价也先后发生变动，人民币的大幅升值与国际油价的高涨，致使中国原有优势减弱，出口与外资两大经济引擎受到威胁。

### （一）人民币升值，出口优势减弱

如图1－20所示，20世纪90年代至21世纪的头五年，人民币兑美元汇率一直平稳地保持在一个相对低位的水平，这为中国“蓝海战略”下以出口为导向的经济增长模式提供了有力保障。然而随着中国出口贸易的不断增多，人民币升值压力越来越大。近五年来，人民币兑美元名义汇率增幅达31%，② 2006年、2007年、2008年和2011年人民币兑美元汇率先后突破8元、7.6元、7元和6.5元大关。随着人民币的不断升值，国内

---

① 李春：《财政状况不佳，日本主权信用评级遭降级》，http：//news. xinhuanet. com/fortune/2011－08/24/c_ 121901230. htm，最后访问时间：2012年5月25日。

② 罗伯特·库克森：《人民币不再低估?》，http：//www. ftchinese. com/story/001044513，最后访问时间：2013年3月1日。

企业的出口产品价格提升，降低了中国制造产品在国际市场上的价格优势。

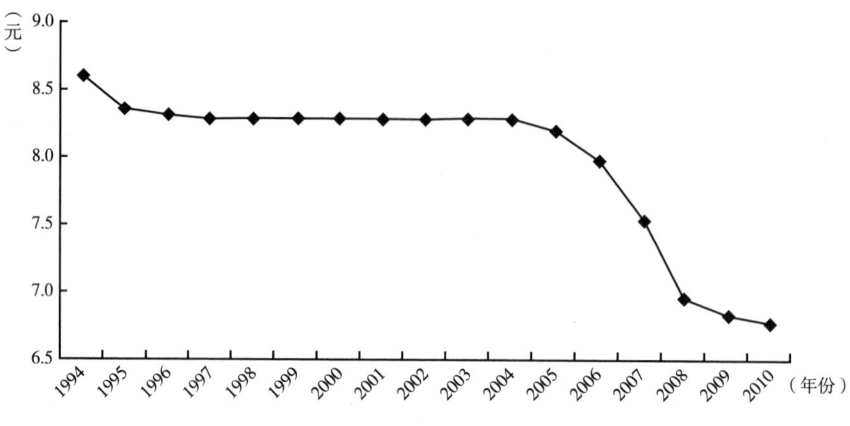


**图1－20　人民币汇率变化趋势图（1994～2010年）**

资料来源：根据1994～2010年《中国统计年鉴》（国家统计局编，中国统计出版社）相关数据整理而成。

自推行“蓝海战略”以来，出口一直是中国经济增长的有力保障，然而这使得世界各国尤其是主要发达国家对华贸易逆差常年居高不下。由于中国贸易顺差的常年存在，世界各国尤其是发达国家一致认为人民币长期存在低估问题。国际货币基金组织对华2011年第四条款（Article IV）指出，人民币汇率低估幅度在3%～23%之间。随着IMF报告的公布，世界各发达国家先后对人民币升值施压，人民币升值国际压力再度提升。众所周知，中国自推行“蓝海战略”以来，依托加工贸易出口创造高额利润，然而随着人民币的升值，中国出口企业将受到严重影响，出口优势减弱。另外，由于中国出口主要集中于加工贸易，而全国加工贸易出口企业中85%来源于外商直接投资。随着人民币的升值所带来的出口优势减弱，外商对华投资也将出现衰退。“蓝海战略”下拉动中国经济增长的两大引擎在人民币升值后都将面临巨大的挑战，致使未来中国经济增长堪忧。

**（二）国际油价上涨，航运成本增加**

“蓝海战略”所依托的一个重要因素是中国丰富的海运资源。改革开放30多年来，中国优先发展东部地区，依托东部航运的便利条件实现中国产品的大量出口。在东部海运便利条件的驱使下，截至2010年东部吸引外商投资总额占全国的82.75%，远远超过中西部的总和。然而近年来随着国际局势的动荡，世界主要产油国内外冲突不断，国际油价受到严重影响。如图1－21所示，2005年前国际油价一直维持在50美元/桶的平稳价格区间，此时航运成本较为低廉，中国凭借廉价劳动力优势以及作为临海国家的海运优势吸引了大量外商投资进入中国东部地区。但是金融危机后，国际原油价格直线上涨，尤其近两年来海湾及北非地区的主要产油国相继出现政治危机，致使国际原油供应量减少，国际油价上升，海运燃油成本上涨，外商对华直接投资开始下降。中国商务部的最新统计数据显示，自2011年11月开始，中国实际利用外商投资额已经连续6个月出现下降，2012年1至4月实际利用外资额下降2.38%。①

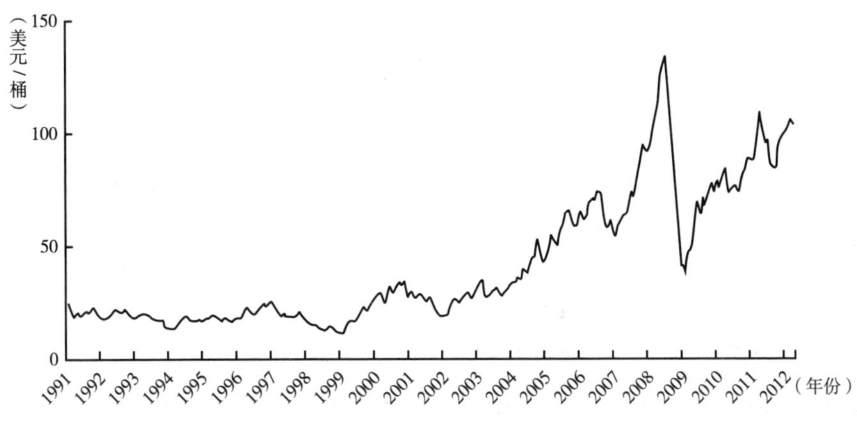


**图1－21 WTI原油价格**

资料来源：美国能源情报署（EIA）。

自20世纪90年代中国推行“蓝海战略”以来，人民币兑美元稳定的汇率以及国际低廉的原油价格已经成为中国经济发展的保障。中国本土廉价的劳动力优势以及优惠的税收政策吸引大量外资进入中国，外商投资主要集中于东部沿海的制造产业，并且通过汇率优势将中国制造的产品大量出口至发达国家市场，以此赚取丰厚的利润。但金融危机后，随着人民币升值压力的不断提升以及国际原油价格的大幅上涨，“蓝海战略”下的出口价格优势和低廉航运成本优势逐渐减弱。再加之中国国内人口红利的降低，大量外资开始撤出中国，转向劳动力优势更加突出的国家，如越

① 崔鹏：《实际利用外资连续六月下降1～4月我实际利用外资下降2.38%》，人民网，2012年5月16日。

南、泰国等南亚国家。随着外商投资额的不断减少，“蓝海战略”下拉动中国经济的两大引擎面临挑战。

## 三 国际贸易新格局制约中国经济发展

2008年以来，美国经济受到金融危机的重创，美国国内高企的失业率以及产业空洞化现象致使其不得不通过开发外部新市场来转嫁本国矛盾。亚太市场在过去的十年间表现出良好的发展态势，美国出口市场的前19位中有9位来自亚太市场，其中印度、中国内地、中国香港、新加坡等六个国家和地区成为十年间美国出口市场增长速率前六的国家和地区。[①] 美国商务部的统计显示，自2001年以来，美国在亚太市场的出口率增长了89%，这些增长主要来自双边贸易协定的拉动。以越南为例，在美越双边贸易协定的推动下，美国越南的出口率增长了七倍以上。

美国在亚太市场表现优异的同时，欧洲的出口市场却表现平平。数据显示，自2001年以来的十年间，美国向欧洲市场的出口量累计增长了48%，仅为亚太市场的一半。美国在亚太市场的出口量增幅在一定程度上缓解了美国的贸易逆差，美国经济分析署的统计数据显示，2011年4月美国的贸易赤字降低了11%，其中在中国香港、新加坡和澳大利亚分别出现了贸易顺差。这一贸易平衡的逆转得益于20亿美元的出口增长量。另外，美国政府同时注意到对于亚太市场的出口在很大程度上缓解了美国国内的就业压力，极大地推动了国内经济的复苏。美国总统奥巴马在其2011年6月的国情咨文报告中指出，美国如果想降低高企的失业率，推动美国经济的快速平稳复苏，就需要开拓更多的国外市场，将美国的产品送往世界各地。亚太市场已经成为美国出口市场中增速最快的市场。在未来的发展中，亚太市场将必然成为美国开拓市场的重点。因而，美国重返亚太，与环太平洋国家签订跨太平洋伙伴关系协议（TPP）也就成为必然。

但是美国重返亚太后，首先是将越南、澳大利亚、文莱、秘鲁、日本等环太平洋国家邀请加入TPP谈判，却一直没有邀请中国加入。这主要是因为美国重返亚太的一个主要目的就是要缓和国内压力，降低国际贸易过程中大幅的贸易逆差。2010年美国贸易在亚洲市场的贸易逆差高达3700亿美元。世界贸易组织总干事指出，在从1985年至2010年间，美

---

① 资料来源：Grace Ruch，“Fast and Furious：Asia-Pacific Fastest Growing Market for US Exports”，2011。

国在亚太市场的贸易逆差占全美 GDP 的 2% ~3%，2010 年亚太市场的贸易逆差占全美 GDP 的 2.5%。然而在所有亚太市场中，中国是美国贸易逆差最主要的来源国，2010 年美国对中国的贸易逆差为 2730.7 亿美元，占美国总贸易逆差的 74%，创造了美国历史贸易逆差的最大值。在近十年间，美国在亚洲大多数国家的贸易逆差额均有所下降，在日本、韩国等国家还相继出现了贸易顺差，然而唯独中国例外，贸易鸿沟不但没有缩小，反而迅速扩大。

美国重返亚太后形成的 TPP 协议组织与中国在太平洋领域主导的东盟组织直接形成对冲格局。TPP 形成后在环太平洋国家间建立起一种新的环太平洋经济整合模式，该模式以美国为主导，通过双边贸易协定加强太平洋国家与美国的贸易关系。这种经济新格局的形成直接影响中国在环太平洋地区的经济地位，同时威胁到中国“蓝海战略”下以出口为导向的经济增长模式。

美国重返亚太后，中国在亚太地区国际贸易受阻。与此同时，随着金融危机的爆发，贸易保护主义开始抬头。中国在“蓝海战略”下一直依托出口拉动经济的发展，因而常年存在高额的贸易顺差，这使得中国与世界主要进口国家贸易摩擦不断。据 WTO 统计，中国已连续 14 年成为被发起反倾销次数最多的成员。仅在 2008 年全球新发起的 208 起反倾销调查和 14 起反补贴调查中，涉及中国的分别占总数的 35% 和71%。[①] 仅 2012 年第一季度就有 11 个国家和地区对华发起 19 起贸易救济调查，同比增长 90% 左右。随着贸易保护主义的不断抬头，中国“蓝海战略”下拉动经济的出口引擎不断受阻，未来经济发展面临严峻的挑战。

20 世纪 90 年代以来，中国一直奉行“蓝海战略”，依托本国廉价劳动力优势以及沿海便利的海运航线，形成了出口与外资两大经济增长引擎。改革开放以来，世界主要发达国家繁荣的经济前景、人民币稳定的汇率以及国际油价的稳定成为中国出口型经济发展模式的可靠保障。然而随着世界经济形势的逆转，全球主要发达国家经济开始出现萎缩，中国主要出口市场都不同程度地出现对华产品吸纳能力下降的现象。世界主要发达国家经济前景黯淡的同时，中国本身也面临自身经济发展优势减弱的问题。一方面，随着中国出口贸易的不断繁荣，贸易顺差常年存在，人民币

---

① 《中国为何频遭贸易保护主义侵扰》，《人民日报》（海外版）2009 年 10 月 8 日。

面临升值压力，致使出口优势减弱；另一方面，国际政治局势动荡，世界主要产油国相继出现危机，国际油价一路飙升，致使“蓝海战略”所依托的海运成本上涨，降低外商对华投资。金融危机以来，美国为了转嫁本国危机，缓解国内矛盾，正式重返亚太，在太平洋地区建立新的经济贸易格局，对冲原有中国主导的东盟10+3模式。同时，世界贸易保护主义的抬头，使得中国在出口贸易方面频遭反倾销调查，严重阻碍中国经济未来的发展。

现今全球经济环境开始发生逆转，原有“蓝海战略”所依托的出口与外资两大支柱随着外部结构性条件的恶化，其优势开始消失。在外部结构性条件恶化的同时，中国内部的结构性条件也在发生转变，内需难以成为未来拉动经济的新增长极。因此中国现今迫切需要提出一种全新的战略用于应对“蓝海战略”未来所面临的挑战。

## 第五节　高铁推动下的对冲战略

金融危机后，中国“蓝海战略”下原有的内外部结构性因素开始发生变化，因而需要提出一种全新的战略与现有战略形成对冲格局，应对现行“蓝海战略”在未来可能遇到的挑战。以高铁为代表的陆权战略就是一个很好的选择。未来横贯欧亚的铁路大动脉将推动整个欧亚经济圈的整合，这一整合未来将与美国在太平洋主导的海权经济格局形成对冲。横贯东西的国内高铁大动脉的打通将推动整体产业由东向西的转移，通过打开中国西大门实现由原有的海权单向驱动向未来海陆双向驱动的经济发展模式的转变。

### 一　对冲战略

“对冲”的思想最早来源于金融领域，其主要是指用一组金融投资来降低另一组金融投资风险的方式。现今，这种对冲的思想也越来越多地应用于政治和经济领域。一国的发展战略常需要通过形成对冲格局来降低由于外部环境的转变而带来的风险。

对比中美原油进口模式，可以充分体现对冲的思想。如图1－22所示，中国的原油进口地80%以上集中于中东与非洲地区。现今中国原油对外依存度高达55%，按照中国现有经济发展速度，未来中国原油日进口量将达到1000万桶，而中国80%以上的原油进口依赖于海运，未来每日 1000 万桶的原油净进口量就意味着中国未来每日有数以千计的船只将往来于霍尔木兹海峡、马六甲海峡和南海海域。这样一来，原油进口的过度集中将造成阿拉伯国家局势稳定与否直接影响中国原油供应安全的风险，与此同时严重依赖海运路线运输原油，将造成海运航线安全直接影响中国能源安全的风险。

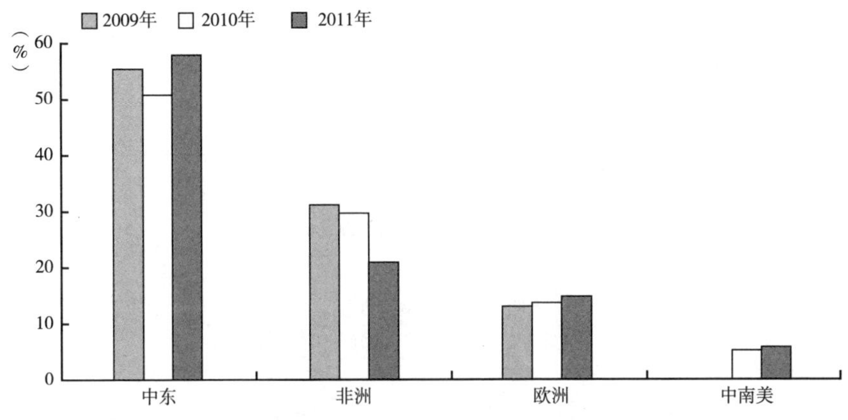


**图 1－22 中国原油进口来源地**

注：欧洲包括西欧及欧亚大陆地区。
资料来源：中国石油和化工网。

相较于中国原油进口的高度集中，美国的原油进口呈现多元化分布，奉行就近进口原则。美国 45% 以上的原油来源于美洲，从中东和非洲进口的原油量占总进口量的 40% 左右（见图 1－23）。美国这种相对平均的原油进口格局就形成了一种对原油风险的对冲战略。随着各国经济的发展，原油已经成为保障一国经济平稳发展的重要能源，但是原油能否稳定供应依赖于原油产地的平稳局势。美国这样一种多元化原油进口模式，形成了一种美洲进口源与中东、非洲进口源的对冲格局，有效地降低了由于原油产地动荡所带来的能源供应风险。

## 二 高铁技术推动陆权与海权对冲格局形成

金融危机后，中国一直奉行的“蓝海战略”面临来自国际和国内的多重挑战。随着世界经济环境的恶化，中国围绕环太平洋经济整合所形成的以出口为导向的经济发展模式将难以持续发展，而短时期内中国又难以完成由外需型经济发展模式向内需型经济发展模式的转变，因而中国未来

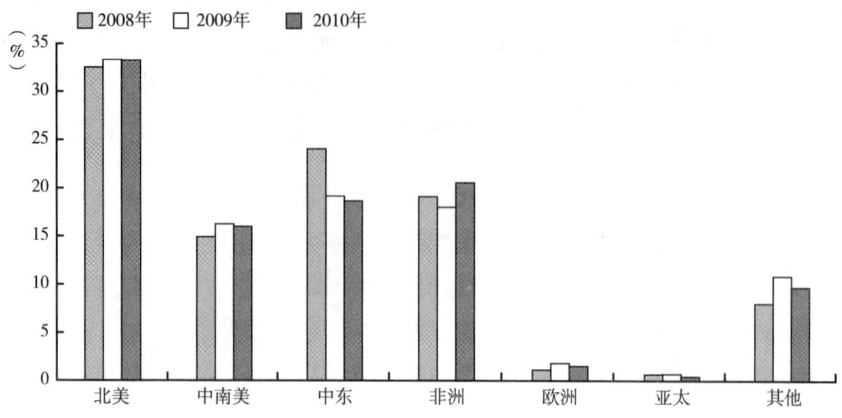


**图1－23　美国原油进口来源地**

注：欧洲包括西欧及欧亚大陆地区。

资料来源：《2009年美国原油进口量及来源地》，《当代石油石化》2010年第4期；《2010年美国原油进口量及来源地》，《当代石油石化》2011年第4期。

发展需要一种与现有海权战略形成对冲格局的新战略——陆权战略来降低由于国际环境变化所带来的经济发展风险。

陆权战略的形成并非代表彻底替代原有的海权战略，而是形成一种海陆双向驱动的经济发展模式。根据中国铁路“十二五”规划，未来中国将形成五纵五横的铁路网。其中包括天津至喀什、青岛至拉萨、连云港至阿拉山口、上海至成都、上海至瑞丽五条横贯东西的铁路大动脉，这些线路将与未来中巴铁路、中吉乌铁路、中印铁路、渝新欧铁路和泛亚铁路相连。这些铁路规划未来一旦实现将打开中国的西大门，与现有的欧亚铁路共同构成一张欧亚铁路网，有效地对冲现有的环太平洋海运网。欧亚铁路网的形成将有效地整合欧亚大陆经济，形成与环太平洋经济圈的对冲格局。在陆权战略下，未来中国西部将形成以新疆为中心的西部新经济增长极，来对冲现有以东南沿海为增长极的海权战略。

## 结　语

以出口导向带动中国经济高速发展30多年的“蓝海战略”时刻受到来自世界主要经济体波动的巨大压力，在此战略下也导致中国产业结构畸形化和东西部区域经济社会发展不平衡。美国等世界大国介入亚洲的态势日趋增强，对于重点依托“蓝海战略”发展的中国，“和平崛起”的海洋战略空间将面临更多的困难和不确定性，中国可能在未来一段时间要经受来自世界各大力量在西太平洋角逐的巨大考验。简而言之，中国正面临来自海权国家制定的国际政治秩序的威胁和内部经济结构失衡的双重困局，中国应该找到新的筹码，平衡地缘政治和经济带来的诸多挑战。回顾近几个世纪的两个世界大国——美国和俄罗斯（包括苏联）的发展轨迹，这两个大国无不采取了东西兼顾的国际战略，美国通过“双洋战略”来发挥其在欧洲大陆和环太平洋地区的影响力，俄罗斯通过“双头鹰”战略来制衡欧洲和美国东扩对其战略空间的挤压，以及发展东西伯利亚地区的经济来应对日本和中国等东亚地区国家对其带来的压力。① 从整体经济规模来看，作为21世纪新型崛起的经济体，显然，中国依靠传统的“蓝海战略”已不再能够应对凸显的国际政治经济秩序的变化和内需不足以及东西部发展不平衡等带来的日益复杂的国际和国内问题。对此，中国急需向西部纵深更广阔的腹地转移经济和政治注意力，建立“陆权”来对冲“蓝海战略”带来的压力。②

① 连雪君：《传统的发明：“新丝绸之路经济带”观念与实践——社会学新制度主义在地区国际合作中的应用》，《俄罗斯研究》2014年第2期。

② 高柏：《高铁可以为中国带来一个陆权战略》，《经济观察报》2010年3月14日。

# 第二章　俄罗斯与中亚的区域经济整合

在“蓝海战略”面临封闭和围堵的国际环境下，中国的向西开放战略为中国打开世界开辟出一条可能的道路。但在这条向西开放的道路上，俄罗斯所积极主导的欧亚区域经济整合战略成为中国向西开放战略的主要阻碍之一。但俄罗斯主导的欧亚区域经济整合战略存在先天和后天的缺陷和弊端，为中国“向西开放”战略提供了发展契机；同时，中国向西开放战略和俄罗斯主导的欧亚区域经济整合战略也有着共存和互补的可能，在竞争的同时，可以找到二者部分领域合作的空间。如何处理与俄罗斯主导的欧亚区域经济整合战略的关系，具有现实而迫切的研究意义。

## 第一节　俄罗斯主导的欧亚区域经济整合战略

虽然苏联解体，但俄罗斯一直没有放弃成为独联体领袖的努力，试图建立以俄罗斯为主导的政治、经济、军事的欧亚一体化。20 多年来，在经过从独联体一体化和独联体经济一体化的区域整合战略，到欧亚经济共同体和四国统计经济空间等次区域整合战略的摸索与抉择，最终俄罗斯选择通过在欧亚经济共同体内首先实现此区域的关税同盟和经济统一化，逐步实现欧亚区域经济整合，在此基础上最终实现独联体区域经济一体化和整个区域一体化的最初（始于独联体成立时）和最终的战略整合目的。俄罗斯积极倡导、各成员国共同利益需求，是俄罗斯主导的欧亚区域经济整合战略实施的有利条件。

### 一　俄罗斯主导的欧亚区域经济整合的历史

从独联体一体化到欧亚经济共同体，俄罗斯为实现欧亚区域经济整合走过了一段曲折的道路，付出了大量的精力和财力。目前，俄罗斯主导的欧亚经济共同体正向实现俄罗斯与中亚经济一体化目标逐步迈进，最终成为俄罗斯与中亚区域经济整合的最有效机制。

### （一）从独联体的一体化到独联体经济一体化

对俄罗斯来说，独联体是有着直接政治、经济、文化、军事及其他方面特殊利益的地缘战略区，尤其是从经济角度考虑，独联体地区是俄罗斯必需的原材料基地和巨大的商品市场。[①] 苏联解体后的一段期间（尤其是在 1993 ~ 2000 年），俄罗斯试图通过独联体强化其在苏联地区的地位，加强俄罗斯与中亚的经济联系。自 1991 年组建以来，独联体先后经历了初期（1991 ~ 1993 年）的“重独轻联”到独联体发展的“抑独促联”时期（1993 ~ 1995 年）、“整独局联”时期（1995 ~ 2000 年）和 2000 年至今“局联发展”时期的“分 – 合 – 分”的发展阶段。俄罗斯发展独联体的方针政策以《独联体章程》（1991 年）、《俄罗斯联邦对外政策构想基本原则》（1993 年）、《俄罗斯联邦对独联体国家战略方针》（1995 年）、《独联体至 2005 年的发展行动计划》（2000 年）为主。俄罗斯在经历了苏联解体所带来短暂的甩掉“包袱”的兴奋后，迅速调整对独联体国际战略方针，把与独联体的关系摆在对外政策的优先地位，还提出要多速度、多层次、多形式地发展独联体一体化的方针，并为维系与其他独联体国家的经济联系，多年来一直采取诸如对其实行贸易贷款政策、以低于国际市场价向独联体国家提供能源等优惠政策。但独联体从诞生之日起，就面临一个“独”与“联”的问题，即各成员国既要保持自己的政治、经济独立，又要在独立的基础上，组建有利于自己的联合体。[②] 这使得独联体一体化进程颇为坎坷，近几年来，独联体一体化发展首先表现在加强独联体体内的各种区域性经济合作与联盟上。

### （二）俄罗斯与中亚区域经济整合伴随着独联体经济一体化进程而发展

苏联解体后俄罗斯与中亚的区域经济整合的历史、模式与政策，主要体现在俄罗斯倡导下的独联体经济一体化进程上，并随着独联体经济一体化的分化而具体表现在各个分散的独立区域性经济联盟中。独联体经济一体化总体上经过了叶利钦时期和普京时期两个时期，分四个发展阶段。

独联体初创的“重独轻联”阶段：独立后的各国对内都忙于巩固政

---

① 赵宇：《独联体何去何从》，《瞭望新闻周刊》2003 年 9 月 29 日。

② 戚超英、杨雷：《独联体的“独”与“联”探析》，《东北亚论坛》1999 年第 4 期。

权、发展经济，对外则加紧争夺苏联遗产、划分国界，至1993年春，独联体各成员国关系陷入僵局，经济上也呈现出非一体化的特征，独联体作为经济一体化集团尚未形成。①

“抑独促联”时期：俄开始在独联体内大力“抑独促联”，独联体各成员国也把合作重点从处理“分家”事宜转向探讨和加强彼此间的合作上，此间独联体共签订约300项的协议，但绝大部分协议仍是一种摆设，一体化尚未出现转折性突破，在经济合作上各成员国虽签署了《经济联盟条约》、《关于建立自由贸易区的协议》、《关于建立支付联盟协定》和一系列经济合作协议，但经济一体化尚处在方案探讨阶段。

“整独局联”时期：各成员国开始在新的基础上调节各国经贸关系，“但由于受到宏观经济形势和环境恶化的影响，有效的协调机制尚未真正建立起来，独联体经济一体化仍处于停滞不前的状态”，② 出现了更加重视发展“次地区合作”的趋势，俄白联盟、中亚经济共同体、五国关税同盟相继在此期间建立，俄罗斯通过俄、白、哈、吉、塔五国关税同盟加强同中亚的经济整合。但在1997～1999年，由于西方势力渗透和扩张，再加之俄罗斯1998年金融危机，引发了独联体层面上和次地区的一体化联盟内部贸易战。独联体内部出现了新的反一体化浪潮，俄罗斯在独联体内地位受到严重挑战。

“局联发展”时期：随着2000年普金当选总统，独联体经济一体化发展进入新的加强阶段。俄罗斯利用独联体次地区经济整合，巩固和加强俄罗斯在独联体的中心地位和与各国的经济联系，通过更坚决地走多边合作之路实现真正一体化。俄罗斯在《独联体至2005年的发展行动计划》中提出在2005年建立自由贸易区是经济一体化的首要任务，但由于种种原因，自由贸易区协议未能执行。在俄罗斯的积极推动下，俄、白、哈、吉、塔于2000年10月宣布建立“欧亚经济共同体”，取代先前的五国关税同盟，俄白联盟国家的合作进一步深化，并在2003年开始建立俄、白、乌、哈四国统一经济区。

### （三）独联体框架内的次区域经济组织与俄罗斯中亚区域经济整合的关系

自20世纪90年代中期以来，独联体内部相继成立了众多的次区域组

① 李建民：《独联体经济一体化十年评析》，《东欧中亚研究》2001年第5期。

② 王新俊、王用林：《独联体十年发展与俄罗斯的选择》，《俄罗斯研究》2001年第4期。

织，其中中亚经济共同体、俄白联盟国家、“古阿姆”集团、欧亚经济共同体和“四国统一经济空间”是五个公认的具有一定影响力的次区域经济组织。

中亚经济共同体是最早在独联体范围内出现的区域性经济合作组织之一，它是苏联解体后，中亚国家为联手应对可能出现的政治、经济危机而建立起来的，2005 年与欧亚经济共同体合并。俄白联盟是双方在保留各自国家主权的同时建立邦联国家，实行经济一体化，但 2006 年底能源战后遗症难消，并随着俄罗斯出口线路的多元化，一方面白俄罗斯极端依赖俄罗斯市场，另一方面俄罗斯减少了对白俄罗斯运输管道的依赖，导致两国经济相互依赖的不对称性加大，使得俄白联盟深入发展困难重重，近期难有实质上的突破。“古阿姆”集团由是阿塞拜疆、乌克兰、摩尔多瓦、格鲁吉亚于 1997 年 10 月 10 日成立的非正式地区联盟，集团表面上是为了加强成员国之间的经济与政治合作，但实际上是为了限制俄罗斯在后苏联空间的影响，曾经在俄罗斯的分解下一度中止活动，但以格鲁吉亚和乌克兰“颜色革命”为标志，重新被激活。作为对抗俄罗斯控制的手段，成员国们努力寻找可以依靠的外部力量，这与美国力图深入这一地区的愿望不谋而合。美国对“古阿姆”集团表现出极大的热情，无论是与“古阿姆”联盟整体，还是与其各个成员国的关系都发展很快。“古阿姆”集团的重新活跃加速了独联体非一体化的进程。①

俄罗斯与中亚区域经济整合主要通过欧亚经济共同体和“四国统一经济空间”来实现。“四国统一经济空间”是独联体中经济规模最大的俄罗斯、乌克兰、哈萨克斯坦和白俄罗斯四国旨在保障公平竞争、维护宏观经济稳定的前提下奉行一致的对外贸易政策，最终实现区内商品、服务、资本和劳动力的自由流动而成立的，是俄罗斯为改善同独联体国家关系，挽救和巩固独联体一体化而采取的重要措施。由于俄、白、哈、乌是独联体乃至全球有重要影响的国家，四国建立的统一空间在成立之初受到广泛关注，但乌克兰在去留问题上的不确定性和俄乌关系的敏感性，增加了统一经济空间的发展难度。

在俄罗斯与中亚区域经济整合中真正发挥积极作用并不断深入发展的次区域经济组织是欧亚经济共同体。欧亚经济共同体成功地建立了俄白哈关税同盟，在统一运输空间、统一能源市场和统一社会经济空间的建设以

---

① 石婧：《独联体框架内的次区域经济组织发展动态》，《新疆社会科学》2008 年第 3 期。

及在金融和货币领域的合作都有实证性进展，是独联体中发展势头最好且最具发展前景的次区域经济一体化组织。在欧亚经济共同体框架下，2010年俄白哈关税同盟正式启动，2012年俄、白、哈三国统一经济空间恢复运行，欧亚区域经济整合已进入第二发展阶段。

## 二　欧亚经济共同体深化区域经济合作

### （一）欧亚经济共同体内的自由贸易区和独联体内的“五国关税同盟”

在欧亚经济共同体内建立自由贸易区的问题早已在2000年欧亚经济共同体成立之前已解决。1993年9月24日，独联体成员国签署了《建立经济同盟条约》，旨在建立独联体自由贸易区、关税同盟和货币同盟。到2000年吉尔吉斯斯坦和塔吉克斯坦签署最后一个双边自由贸易区协定为止，独联体成员国又签订了诸如《建立独联体自由贸易区协议》等多个相关协议。但事实上，由于各种原因，自由贸易区协议未能在独联体内执行。当欧亚经济共同体成立时，在其成员国（俄、白、哈、吉、塔）间建立自由贸易区的问题已经基本解决，随后开始建立关税同盟。

独联体内的“五国关税同盟”是欧亚经济共同体建立的基础。1995年，俄罗斯提出新的一体化建议，成立了俄白关税同盟，由俄罗斯与白俄罗斯签署双边一体化协议；1996年扩充成员，吸纳哈萨克斯坦，成立俄白哈关税同盟；同年，俄、白、哈、吉四国签订了《在经济和人文领域深化一体化合作条约》，并确定成立区域合作组织关税同盟。1999年塔吉克斯坦加入关税同盟，成为五国关税同盟，并同其他成员国一起签订了《关税同盟和统一经济空间条约》。“五国关税同盟”历经5年，最终艰难成立，但大部分仅限于合约的层面。

### （二）欧亚经济共同体框架内的俄白哈关税同盟

为实现欧亚经济共同体一体化，从而实现欧亚区域经济整合和区域整合的最终目的，关税同盟是实现整个战略的第一步。目前在欧亚经济共同体次区域框架内，已正式启动俄白哈关税同盟，初步实现商品的自由流动。

欧亚经济共同体是俄、白、哈、吉、塔五国于2000年在独联体五国关税同盟的基础上成立的。其过程是由成员国先建立自由贸易区取消成员国内部的关税，再建立关税同盟，统一成员国的对外关税，其目标是在关税同盟的基础上建立统一货币市场和劳动力市场，进而建立统一经济空间。摩尔多瓦和乌克兰（2002年）以及亚美尼亚（2003年）被接纳为该组织的观察员。2005 年 10 月 6 日，中亚合作组织并入欧亚经济共同体。乌兹别克斯坦虽于 2006 年加入又于 2008 年退出，但并未对共同体造成大的损失。相反，在国际金融危机中成员国表现出了空前的向心力，启动了一系列重大一体化措施，引起世人的普遍关注。

2002 年 9 月 20 日，欧亚经济共同体通过了《欧亚经济共同体对外经济共同商品名录协议》，确定了统一的、取消与独联体内非共同体成员间关税壁垒的商品名录，解决了同独联体内其他非欧亚经济共同体成员间的关于取消关税壁垒和数量限制的问题，解决了建立共同体框架内关税同盟的主要难题。

2004 年，欧亚经济共同体跨国委员会制定了《2006 ~ 2012 年取消与非成员国间关税壁垒的统一时间表》。同时，为了保护成员国国内市场稳定，2002 年 3 月 30 日成员国签订了《关于在欧亚经济共同体成员国领土上生产和流通酒精、含酒精成分商品和烟草等商品的海关和税务监管协议》（2005 年又将白糖列入其中）。

由于“欧亚经济共同体”在建立由所有成员国参加的关税同盟时阻力较大，所以欧亚经济共同体中的俄、白、哈三国自 2006 年 8 月起开始先行建立关税同盟。2009 年 11 月 27 日俄、白、哈三国签署了《关税同盟海关法典》，标志着“俄白哈关税同盟”正式成立。从 2010 年 1 月 1 日起，三国对外实行统一进口税率（部分商品有过渡期）。关税同盟的《海关法》于 2010 年 7 月 1 日生效，取消俄白之间的边境海关，2011 年 7 月 1 日取消俄哈之间的边境海关。

在目前已正式生效的俄白哈关税同盟中，尽管须待解决的问题很多，但欧亚经济共同体已在实力最强的俄、白、哈三国之间初步实现商品的自由流动，俄罗斯在向欧亚区域经济整合的道路上迈出了实质性的一步。

**（三）欧亚共同体区域经济整合的深化**

俄罗斯在欧亚区域整合的二十多年实践中，最终摸索出通过欧亚经济共同体区域经济整合战略，来逐步实现俄罗斯主导的欧亚区域经济整合和欧亚区域整合的最终目的的道路。在利用俄白哈关税同盟实现三国商品自由流动基础上，俄罗斯力图通过建立俄、白、哈三国统一经济空间实现欧亚经济共同体的经济一体化。随着俄白哈关税同盟的缔结，在实现商品货物在三国内自由流动的基础上，俄、白、哈三国统一经济空间于 2012 年正式启动，初步实现了能源、商品贸易、服务、资金、人口在三国内的自由流动。具体表现在以下三方面。

1. 建立统一运输空间和统一能源空间，实现商品与服务的自由流动

在建立统一运输空间方面：成员国在统一铁路货物运输标准和收费标准、建立和发展共同体运输走廊等方面已签署了相关协定；此外，在联合国欧洲经济委员会交通运输领域中的20个主要文件中，共同体已参加了其中的15个公约和协定。最主要的进展是各成员国已开始实施2005年3月制定、2008年1月通过的《建立欧亚经济共同体统一运输空间构想》。根据该构想，统一运输空间将分三个阶段建成（2007～2010年、2010～2015年、2015～2020年），其优先发展的方向是：建立统一的运输服务市场，建立统一的运输体系，实现欧亚经济共同体成员国的过境运输潜力，发展欧亚经济共同体物流中心。该构想的实施将大大改善各国间的运输关系，促进运输价格统一，降低运费在商品价格中的比重，提高成员国商品的竞争力。

在统一能源市场方面[①]：2003年2月，共同体制定并批准了《共同体成员国能源合作纲要》和《2003～2005年成员国建立统一能源市场的共同行动计划》。纲要和行动计划确定了能源合作的基本目标、任务、原则以及合作的主要方向和实施机制等，将合作内容扩大到了石油、天然气和煤炭三种产品。2006年8月16日，共同体通过了《建立统一能源市场、开发中亚水资源以及建立欧亚水利能源财团的构想》。2008年12月12日，成员国首脑批准了《建立统一能源市场构想》。目前，最重要的任务是建立统一的能源过境体制，其中在统一成员国的能源过境费方面，协调难度较大，各方仍在商讨中。

2. 建立统一社会经济空间，实现人口的自由流动

为此目的，共同体制定了统一的经济和社会发展政策，采取了有助于更充分地满足五国公民在教育、文化、医疗和社会权利保障等方面所需的一系列具体措施。成员国先后签署了《成员国公民相互免签协议》、《简化成员国公民国籍注册程序协议》、《欧亚经济共同体成员国公民在共同体区域内临时劳动协议草案》、《学历平等和相互承认协议》、《成员国公民入学平等权协议》。但目前关于调节劳动移民的政府间协定主要是俄与塔、吉、白签署的双边协议在起作用。

3. 推动欧亚经济共同体在金融和货币领域合作，实现资本的自由流动

共同体2001年就成立了中央银行行长委员会。2005年9月共同体金

① 潘广云：《欧亚经济共同体经济一体化及其效应分析》，《东北亚论坛》2010年第7期。

融经济政策委员会开始运行，以协调各国间金融和银行体系、推动资本自由流动、建立多边结算体系。成员国于2008年12月12日签署的《关于调节和监管欧亚经济共同体资本流动协定》已于2009年在哈、白获得批准。共同体在金融领域最务实的合作有两点：其一，成立欧亚发展银行，参与成员国投资项目；其二，建立欧亚经济共同体反危机基金，促进共同体的经济一体化进程。

## 三　俄罗斯推进欧亚区域经济整合的有利条件

俄罗斯选择欧亚经济共同体模式发展与中亚区域经济整合并非偶然，俄罗斯积极倡导、各国共同利益需求是发展欧亚经济共同的有利条件。①

第一，由于独联体在经济上无法发挥预期的作用，所以用欧亚经济共同体取代独联体经济功能。独联体实际上是有约不履、效率低下的官僚机构，独联体的经济功能将会日益萎缩，虽然它的政治和军事功能还将继续保持甚至加强，但独联体的经济功能正在被数个更具效力的小规模集团替代。俄罗斯将在独联体中选择几个重点国家来发展更加紧密的经济合作，从上而下建立起小规模集团，如欧亚共同体、中亚合作组织、统一经济空间，以替代独联体那种在经济上一视同仁的做法。

第二，俄罗斯积极推动成员国间的一体化进程，并在欧亚经济共同体制度变迁的过程中始终起着解决“搭便车”问题的领导作用。实际上，这也是俄罗斯获取国家利益、建立自身在独联体和世界范围内威望的手段。

第三，成员国之间相互依赖。由于独联体国家间存在经济发展水平、法律制度和政治观点上的差异，独联体的建立并不能阻止各国间经济联系的减少。为了加强经济合作，相互依赖的国家间开始出现次一级的合作组织。由于各成员国间存在着相互依赖的经济关系，欧亚经济共同体能给各成员国带来更大的经济利益，实现区域经济一体化成为各国的共同愿望，而中亚国家撇开俄罗斯的区域一体化没有实际的进展，欧亚经济共同体成为取代中亚经济共同体的少数选择之一。由于欧亚经济共同体能给各成员国带来更大的经济利益，所以实现区域经济一体化成为各国的共同愿望。

① 杨雷：《论欧亚经济共同体》，《俄罗斯中亚东欧市场》2004年第11期。

## 第二节 俄罗斯的“统一运输空间”规划

俄罗斯试图通过构建欧亚经济共同体框架下的“统一运输空间”来实现与中亚交通的整合战略，进而为区域经济一体化奠定发展的基础。“统一运输空间”定义为：无障碍运输旅客、行李、货物和运输物质的综合交通体系，保障运输过程中技术和技术设备协同一致，合理配套交通法律法规、统一的竞争规则。[①] 欧亚经济共同体运输一体化的构建主要是通过在俄罗斯主导下成员国所签订的《建立欧亚经济共同体统一运输空间构想》来实现，并有着交通整合的实际基础，包括现有运行的、正在修建的和改建的铁路、公路以及内河运输网络。为与之相呼应，俄罗斯在《俄罗斯至2030年交通战略》中，把欧亚经济共同体交通整合问题作为2030交通战略的一大注重点，区域交通整合的关键方向是在欧亚经济共同体内建立全面的交通联盟和统一交通体系，同时，“1520宽轨合作伙伴”也出台相应的交通整合规划。

### 一 贯穿欧亚经济共同体的欧亚国际陆运通道组成巨大的陆运网络

俄罗斯的“统一运输空间”规划并非是空中楼阁的空想：贯穿欧亚经济共同体的欧亚国际陆运通道所组成的巨大陆运网络、欧亚运输整合发展规划中的欧亚运输整合在建项目是运输一体化构建的现实基础；各成员国签署的《建立欧亚经济共同体统一运输空间构想》为已有欧亚交通网络整合和改建提供法律支持；俄罗斯在共同体内及本国内为实现运输一体化大力积极倡导、推进，并正式以国家重要发展规划形式在国内积极实施。这些为欧亚经济共同体统一运输空间提供了有力而现实可行的构建基础。

欧亚共同体内现有的国际陆运交通网主要由泛欧运输通道及其延长线、铁路运输网、汽车运输通道和MTK南北线组成，是构建交通一体化的现实基础。由于共同体幅员辽阔，汽运大多用于短途运输，空运主要承担客运任务，铁路承担了主要的国际陆运任务。

#### （一）欧亚经济共同体内的泛欧运输通道及其延长线

泛欧运输通道由10条主要运输路线组成，保证西欧各国之间与波罗

---

① Единое транспортное пространство ЕврАзЭС, http://loginfo.ru/issue/109/937, 2012-06-12.

的海各国、独联体欧洲国家、黑海和土耳其的交通运输。泛欧运输通道直通乌拉尔山脉，亚洲（主要是中国）货物可以通过独联体各地区的运输网畅通无阻地运往西欧各国，在欧亚国际运输中起着重要作用。

泛欧运输通道中有三条直通俄罗斯，两条直通白俄罗斯，另外还有其延长线通往其他中亚国家。俄罗斯将它们进行了延伸，成为俄罗斯陆运交通的重要组成部分。

泛欧运输通道的第二条线路（柏林—华沙—明斯克—莫斯科—下诺夫哥罗德）长 1830 公里，在欧亚国际陆运的作用尤为重要。其延长线下诺夫哥罗德—乌拉尔（叶卡捷琳堡—车里雅宾斯克）2010 年全线通车，对俄罗斯、白俄罗斯的国际运输意义重大。此外，它还承担着中亚国家的亚太地区货物转运业务以及向西欧的贸易运输业务。哈萨克斯坦和俄罗斯共同利用该运输通道向西欧—中国、西欧—日本/韩国/马来西亚/印度尼西亚/新加坡/泰国/等东亚与东南亚国家进行货物转运服务。欧亚货物还可经由莫斯科—叶卡捷琳堡—奥姆斯克—新西伯利亚—伊尔库斯科线经天赐和瓦尼诺港出运，或经外贝加尔斯克、格罗杰科沃和纳昊什基站往中国发运。随着友谊—阿拉山口边境铁路运输线的开通，连云港—莫斯科、香港—莫斯科的运程分别缩短 670 和 860 公里。从塔吉克斯坦、吉尔吉斯斯坦、土库曼斯坦和乌兹别克斯坦运往莫斯科以及西欧的货物也通过该线路运输，主要是哈萨克斯坦、乌兹别克斯坦和土库曼斯坦的传统出口商品——棉花和石油罐车。

**（二）铁路运输通道**

独联体境内的铁路运输通道主要由苏联时期发达的铁路运输网组成，承担着独联体国家大部分的陆运任务，其中国际铁路货运量占俄罗斯铁路货运总量的 90%，占哈萨克斯坦的 72%。独联体境内货运在技术上基本可以由以下铁路完成。

西伯利亚大铁路（布列斯特—明斯克—芬兰边境—乌克兰边境—莫斯科—叶卡捷琳堡—新西伯利亚—海参崴—乌兰巴托—北京），总长 9288 公里，连接中国、朝鲜、蒙古、哈萨克斯坦国家的铁路，并通过白俄罗斯连接西欧各国铁路，2002 年实现全程电气化。目前年货运量达 25 万 ~ 30 万 TEU，其中近 20 万 TEU 是国际货运物质，列车运行速度为 1200 公里/天，实现现代化改造后，年运输量可达 100 万 TEU。

北亚运输通道（基辅—莫斯科—契梁宾斯克—多斯托克—阿拉山口—连云港），被称为欧亚第二大陆桥，从中国连云港到哈萨克斯坦，并经俄罗斯通往西欧，总长10900公里，至2008年89%为双轨铁路，29%已实行电气化，并继续现代化改造进程。2008年，在中哈边境多斯托克—阿拉山口的换轨和过货量是620个车皮/天，总过货量1400万吨。

中亚运输通道（基辅—伏尔加格勒—阿尔马特—阿克塔干—多斯托克—阿拉山口—连云港）。

南亚运输通道〔伊斯坦布尔—安卡拉—塔布利斯—杰格朗（Tегеран）—马莎特—谢拉克斯—塔什干—阿拉木图—阿克托盖（Актогай）—多斯托克—阿拉山口—连云港〕。

TRACECA通道（康斯坦察—瓦尔纳—伊里伊切夫斯克—波季港—巴统—巴库—塔什干—阿拉木图—阿克托塔依—拉斯杜克—阿拉山口—连云港）。

### （三）汽车运输通道

目前主要的欧亚汽运通道是亚洲洲道：亚洲国际公路，贯穿欧亚大陆的各地区，连接欧亚运输通道中的各国首都，主要工农业中心，主要空运、海运和河运港口，主要集装箱站点和基地，主要旅游景点，保障俄罗斯、哈萨克斯坦及其他中亚各国欧亚运输的畅通。亚洲洲道运输网主要由AH7、AH60、AH61、AH63、AH64、AH70公里干线组成。从中国通往俄罗斯和中亚各国边界的公路有：AH5—上海—南京—新疆—西安—乌鲁木齐—奎屯—金谷—霍尔果斯，两车道公路干线，长4815公里；AH5分支—AN 67—奎屯市—巴科达，390公里双车道公路和94公里长的AN68金谷—阿拉山口道路。

### （四）MTK南北线

以铁路为主，由陆运交通铁路和公路、水运交通海运和内河航运组成的多种交通工具联运运输通道，连接伊朗、印度、俄罗斯、哈萨克斯坦、土库曼斯坦。南起印度孟买港，北到圣彼得堡，全程7200公里，在里海地区有多种运输方式可供选择：海运；利用伏尔加—顿河运河、贯通里海—伏尔加—波罗的海和黑海的河运；铁路和公路陆运。MTK南北线铁路线情况详见下文介绍的在建项目乌津—哈土边境铁路干线相关内容。

## 二　欧亚运输整合规划中的在建项目

欧亚运输整合发展规划包括欧亚经济共同体、独联体、“1520宽轨合作伙伴”等组织的整合欧亚运输系统的各项倡议和方案，尽管困难重重，但各参与国都在不断实施中。目前主要有以下两个欧亚运输整合在建项目。

**表 2－1　欧亚经济共同体至 2020 年交通实施发展规划的实施情况**

单位：项，十亿美元

| 欧亚经济共同体成员国 | 完成提议项目的数量 | 完成项目的支出 |
| --- | --- | --- |
| 白俄罗斯 | 4 | 1.5 |
| 哈萨克斯坦 | 5 | 8.7 |
| 吉尔吉斯斯坦 | 2 | 0.42 |
| 俄罗斯 | 56 | 40.52 |
| 塔吉克斯坦 | 2 | 0.62 |
| 合　计 | 69 | 51.76 |

资料来源：欧亚经济共同体整合委员会。

### （一）新欧洲大陆运输通道 NELTI（汽运）

新欧洲大陆运输通道 NELTI（汽运）项目旨在为独联体、欧盟等国家进行货物运输而建，路线为北京—乌鲁木齐—Bakhty—阿斯塔纳—莫斯科—里加—维尔纽斯—华沙—柏林—布鲁塞尔。该运输通道每年可扩大哈萨克斯坦和俄罗斯境内的国际汽运运输量 5.2 百万吨。该项目在哈萨克斯坦境内总长 2787 公里，经过 5 个州，一级 4 车道公路 1391 公里（克孜勒奥尔达州—土耳其斯坦—奇姆肯特—塔拉兹—阿拉木图—霍尔果斯），其余是 2 级公路 1061 公里总造价 23 亿美元，哈萨克斯坦政府向五个国际经济组织借贷 30.02 亿美元，其中欧洲复兴发展银行 1.8 亿美元、国际复兴发展银行 2125 万美元，亚洲发展银行（I、II 档）527 亿美元、美洲发展银行 1.7 亿美元。工程项目 2007 年动工，计划在 2012 年底完工。

目前许多媒体都有关于实施新欧洲大陆运输通道 NELTI 项目的报道和论述，但欧亚经济共同体分析家们对汽车运输在国际货运中的作用持保守态度，原因如下。

第一，欧亚经济共同体各国国际汽运市场规模目前还不大。俄罗斯的国际汽运发展相当稳定，并承担了 26% 的内贸运输量，市场总量仅为 30 亿～32 亿美元，非常有限。俄罗斯运往哈萨克斯坦的汽运总量不超过 1.3 百万吨；俄罗斯国际汽运量占白俄罗斯汽运量的 15%、芬兰的 8%、乌克兰的 7%、波兰的 7%、立陶宛的 6%、拉脱维亚的 4%、德国的 0.2%、意大利的 0.03%。在国际货运量的分配上，哈萨克斯坦与白俄罗斯国际货运量比例通常是3.5∶1。产生差距的原因在于：白俄罗斯的国际汽运带有较强的“目标”性，只有往西欧和波罗的海的国际汽运才途经白俄罗斯。

第二，发展途经中亚和欧亚经济共同体各国通往西欧的汽车运输在现阶段还存在一些问题，如在欧亚经济共同体各国和其他中亚境内汽运的费用昂贵；受技术、设备设施、货运结构等因素影响，汽车运输效率极低；昼夜、路况、公路质量等因素影响、制约着汽车运输速度。欧洲货运汽车在一个白天通常要行驶1000公里，这样才会赢利，但因安全等因素，欧洲汽车公司不会在夜间行驶，而中亚幅员辽阔，汽运速度受昼夜影响大，不适合进行长途运输。

### （二）乌津—戈尔甘铁路项目

“乌津—戈尔甘”铁路具体指乌津—克热尔卡（Kyzylkaya—贝雷克特—叶特列克（Etrek）—戈尔甘，总长650公里，计划2012年底建成。其中，乌津—哈土边境铁路干线是其中一段，始于2009年，由哈萨克斯坦、伊朗和土库曼斯坦共建。由哈萨克斯坦的乌津站到土库曼斯坦的戈尔甘站，在那儿与伊朗铁路相接，最终通往伊朗海港阿巴斯港。该铁路建成后，中亚中心地带到伊朗各海港可缩短600公里路程，预计年过货量1.7百万吨。该铁路还将给俄罗斯带来巨大利益，可使欧亚经济共同体的“南北MTK”运输通道（从圣彼得堡到波斯湾的阿巴斯港）得以贯通，“通过历史上第一座长度4500公里的铁路桥，贯通圣彼得堡到波斯湾港口，并以更短距离连接西北欧、中欧和中东、南亚各国。”① 此外，该铁路还将促进伊朗—亚美尼亚—格鲁吉亚—乌克兰铁路建设项目的实施，使其成为哈萨克斯坦—土库曼斯坦—伊朗铁路干线的延长线。

## 三　俄罗斯构建欧亚交通整合战略

### （一）俄罗斯整合国内交通发展战略

作为对欧亚经济共同体统一交通空间的支撑和呼应，俄罗斯国家交通发展战略也把交通整合和建立统一交通空间作为一项主要任务，以国内交通发展战略的实际行动来积极推进欧亚交通的整合。

2005年5月俄交通部通过了《俄罗斯至2020年交通战略》，仅过了三年，又在2008年10月通过了《俄罗斯至2030年交通战略》。俄罗斯几

① Тулкин Ташимов，“Строительство международной железной дороги Узень - Горган,” Эксперт Казахстан，№4（200）/2 февраля 2009.

年内连续制定和实施了两个交通发展战略，世界经济状况急剧变化是导致俄罗斯紧急修正交通发展战略的主要原因，也反映出国家对交通建设高度重视的态度。在2005～2008年三年的交通战略实施中，俄罗斯只是努力致力于通过发展交通来促进经济发展和提高国家福利，而在2008年的“2030战略”中，交通部门已被赋予“为提高国家经济竞争力和居民生活质量创立条件”① 的国家使命。国家将为发展交通发挥更积极和原则性的作用。

“2030战略”着重强调发展新型交通体系，确定了国家交通体系的主要发展目标和任务：在平衡发展高效交通基础设施的基础上，形成统一的俄罗斯交通网络；与世界交通网络接轨，实现国家交通潜力；以满足客户要求为质量标准，确保交通的通畅、运输量和竞争力；把交通服务上升到满足国家经济改革要求的水平。

“2030战略”还计划就主干线物流和到达速度、到达率、发展交通后勤技术等问题进行广泛的科研工作。参加发展国际区域（包括欧亚地区）交通的国际项目和计划，发展国际交通通道和扩大过境货物规模。出口交通服务是俄罗斯国民经济非常重要的环节，将得到大力发展。至2030年，出口交通服务运营额计划将扩大至6.8倍（为800亿美元，与2007年相比），运输量扩大到4倍，达100百万吨。

交通整合问题是“2030战略”的另一关注重点。区域交通整合的关键方向是在欧亚经济共同体内建立全面的交通联盟和统一交通体系。为实现此目标，确定以下基本发展方针。

（1）统一交通管理法律法规，统一欧亚经济共同体的技术标准和交通技术，包括可以以交通领域内的国际标准、多国协议和公约为基础；

（2）在交通服务领域、在统一交通体系的欧亚经济共同体境内开办交通公司、分公司和办事处时的执照办理环节，清除对欧亚经济共同体成员国的任何歧视和等级划分，即向欧亚经济共同体成员国提供国民待遇；

（3）保障客运和货运的自由过境，有效使用欧亚经济共同体成员国的过境交通潜力；

（4）最大限度使用独联体国家交通系统整合的正面经验，特别是在铁路交通、民用航空及航空运输使用方面的正面经验；

（5）统一运输价格的定价制定。

---

① Транспортная стратегия Российской Федерации до 2020 года，Минтранс РФ，2008.

### （二）1520宽轨合作战略

俄罗斯把构建“统一运输空间”上升到国家重要发展规划上来，在平衡发展高效交通基础设备的基础上建设俄罗斯统一交通空间，并以1520宽轨合作战略积极辅助推行，进而延伸至欧亚经济共同体乃至独联体的运输一体化，构建以俄罗斯为主导的欧亚交通整合战略。

欧亚经济共同体境内的铁路以宽轨为主，形成了一个天然的对外封闭、对内开放的交通网络整体——1520宽轨铁路网，是俄罗斯实现与中亚铁路整合的天然优势。“1520宽轨合作伙伴”是这个封闭而统一整体的合作组织，是统一运输空间的关联组织。该组织所倡导的1520宽轨合作战略的交通整合构想，紧密配合俄罗斯的“统一运输空间”规划，与欧亚经济共同体经济一体化的目标对接。

2006年5月在俄罗斯铁路公司的倡议下召开第一届“1520宽轨合作战略”国际铁路经济论坛，旨在讨论1520宽轨铁路国家的交通整合问题。有17个国家（包括苏联各加盟国、过去属于苏联阵营的各国、波罗的海三国、芬兰、蒙古），1520宽轨铁路长共23万公里，有70%位于俄罗斯境内。至2012年6月已举办了7届。俄罗斯总统普京向第7届论坛发了贺电，并明确指出，在论坛中提出的有关发展交通运输状况和实施、改善运输安全保障的建议，将会得到实施。

每届论坛由一系列讨论管理、技术问题和给出专家建议、解决方案的圆桌会议组成，与会代表不仅局限于实行1520宽轨制的地区，由于对实行1520宽轨制地区的投资兴趣，论坛还吸引了西欧和亚洲—太平洋国家的代表团，借此也扩大了1520宽轨铁路网在欧亚大陆和洲际间的意义和影响。依据实行1520宽轨制地区的交通所面临的问题和发展前景，所有实行1520宽轨制的地区被归结成两大次区域板块——波罗的海地区和亚洲中心区，为所有实行1520宽轨制的地区构建了两个整合的概念。

各参会国家签署商业合作协议也是论坛的主要内容。2008年9月在哈萨克斯坦阿斯塔纳的论坛期间，俄罗斯铁路公司和哈萨克斯坦国家铁路公司签署合作计划，并积极探讨在发展交通车辆和后勤基础设施方面的相互投资。

实施1520宽轨合作战略的构想是整合宽轨铁路交通网的基础，所召开的商业论坛（包括讨论区域铁路网发展问题的亚洲中心区区域论坛）为消除欧亚经济共同体（以及独联体）铁路网人为和非人为障碍起着积极作用。

欧亚经济共同体交通整合的初级阶段是实现共同体各国家内部的交通整合，同时俄罗斯通过1520宽轨铁路继续巩固和扩展欧亚经济共同体铁路交通的统一运输空间。在《俄罗斯至2030年交通战略》中明文规定了俄罗斯铁路公司的国际拓展任务是建设几条1520毫米国际宽轨铁路线：莫斯科—布拉迪斯拉瓦（Братислава）—维也纳，并在维也纳建设物流——货物供应中心；在远东的各个宽轨枢纽建立物流中心，以确保俄罗斯与日本、韩国、其他亚太国家/地区及欧亚国家间的货物流动；将朝鲜哈桑—罗津铁路（1520宽轨铁路）的出口端与西伯利亚大铁路相连，并在朝鲜罗津市建立集装箱中转站。

**（三）《建立欧亚经济共同体统一运输空间构想》，推动共同体的运输一体化**

为解决欧亚经济共同体内交通整合的现实阻碍，各成员国在以下领域内共同协作。

（1）共同规划和发展连接欧亚国家的国际交通通道。

（2）采取一致措施发展国际交通通道的基础设施，统一各项技术参数。

（3）在规划和建设国际交通通道方面采取一致的外资引进政策。

（4）完善各成员国的交通过境法律法规。

（5）统一国际交通通道的客货运运价和过境关税。

（6）在政策上鼓励和促进国际运输业的发展，如鼓励成立国际联合公司，从事国际客货运输和发送业务，并为之提供便利条件；加强运输的安全保障；发展和完善混合运输；建设国际后勤供给中心；等等。

欧亚经济共同体的这些措施，旨在建立统一的运输空间。2008年1月通过了《建立欧亚经济共同体统一运输空间构想》，根据该构想，统一运输空间将分三个阶段建成（2008～2010年、2010～2015年、2015～2020年）。

其优先发展方向是：建立统一的运输服务市场，建立统一的运输体系，挖掘欧亚经济共同体成员国的过境运输潜力，发展欧亚经济共同体物流中心。该构想的实施将大大改善各国间的运输关系，促进运输价格统一，降低运费在商品价格中的比重，提高成员国商品的竞争力。2008～2010年规划目标主要定位在以下几方面。[①]

---

① Международные транспортные коридоры ЕврАзЭС, Отраслевой обзор Евраийского Банка Развития, 2009, p. 50.

(1) 建立统一的运输服务市场。主要是消除人为因素所造成的障碍,[①] 计划用两年的时间完全实现共同体各成员国和第三国之间的客货运输管理法规，并建立统一的运输服务保障信息体系，采取措施保障旅客、行李、货物在国际运输中的无障碍运输。

(2) 共同发展共同体内部的交通基础设施和建设后勤体系。主要是消除非人为因素所造成的交通技术障碍。

(3) 发展共同体国家的交通运输潜力，并推出与之配套的交通法规及统一的运输保险。建立关税同盟是共同体的基本方针之一，也是消除人为障碍、实现高效运输整合规划的保障。首先建立俄罗斯、哈萨克斯坦和白俄罗斯的关税同盟，实现交通体系整合和过境政策统一。构想的初步阶段已在2010年7月随着俄白哈关税同盟的正式生效而成为现实。

2010~2020年规划，将对从事货物运输和相关服务的经济单位和个人的转运站进行经营场地的合并，形成统一的物流中心。计划至2012年建立27个，未来还将建330个，各国总投资120亿美元。统一运输空间共计划建设72个基础设施投资项目，总耗资527.8亿美元，2015年基本建成，2020年全部完工。届时，在共同体国家生产的货物成本中，运费成本将降低7%~8%之多，过境货物总运量增加1.5亿吨，将增加10万个就业岗位，减少15%的有害物质排放量。

**表2-2 《建立欧亚经济共同体统一运输空间构想》的投资预算**

单位：亿美元

| 国家 | 投资额(按2008年汇率) |
|---|---|
| 俄罗斯 | 405.2(56个项目) |
| 哈萨克斯坦 | 87.0(5个项目) |
| 塔吉克斯坦 | 62.0(2个项目) |
| 白俄罗斯 | 15.0(4个项目) |
| 乌兹别克斯坦 | 10.2(5个项目) |
| 吉尔吉斯斯坦 | 4.2(2个项目) |

资料来源：Единое транспортное пространство ЕврАзЭС，2012-06-12，http://loginfo.ru/issue/109/937，最后访问时间：2013年4月3日。

① 王雨琼：《独联体陆运市场的现状、新动态与发展前景分析》，载上海大学社会发展院主编《世界政治经济社会新动态》，上海大学出版社，2012，第180页。

## 第三节　俄罗斯在欧亚区域经济整合过程中面临的挑战

为最终谋求在独联体境内政治、经济、军事的领袖地位，经过长期探索，俄罗斯在欧亚区域整合的实践中寻找到先通过欧亚经济共同体经济一体化，逐步推进到独联体经济一体化和整个独联体区域一体化的道路。目前已初步实现欧亚三国关税同盟，进入经济一体化的第二阶段，并积极构建欧亚交通一体化。欧亚区域经济整合战略，不仅关乎俄罗斯巩固欧亚（独联体）领袖地位，向东还有助于在上海合作组织的框架内影响中国的政策，向西加强对“古阿姆”联盟建立的回应。对于俄罗斯，此举措意义深远，一举几得，俄罗斯势必极力推行；而共同体各成员国间存在着相互依赖的经济关系，经济整合可以给各成员国带来更大的经济利益，同时也是其他各成员国共同利益需求。在俄罗斯利益、欧亚经济共同体其他成员国利益与中国“向西开放”战略发生矛盾与冲突时，俄罗斯主导的欧亚区域经济整合势必成为中国“向西开放”战略的严峻阻碍；但俄罗斯的欧亚区域经济整合战略并非铁板一块，有着先天和后天的缺陷和弊端，这为中国“向西开放”战略提供了发展契机；同时，中国“向西开放”战略和俄罗斯的欧亚区域经济整合战略也有着共存和互补的可能，在竞争对抗的同时，可以找到合作的空间。

尽管欧亚经济共同体模式发展与中亚区域经济整合事关俄罗斯国家战略的长远发展，俄罗斯势必坚以据守，但俄罗斯的欧亚区域经济整合战略在成为各成员国共同利益需要的同时，还是面临着各国不同利益难以协调的矛盾：在已生效运行的统一经济空间和俄白哈关税同盟中实际存在诸多政治、经济、技术问题有待解决；在欧亚经济共同体经济一体化进程中，因为俄罗斯积极主导，俄方在经济整合中常常以牺牲本国经济利益为代价，以实现这两个组织的整合意图；而与此同时，其他成员国往往主要以本国实际需要为目的，进行相应的配合，这在欧亚交通一体化战略中就已显露端倪。

欧亚交通整合是欧亚区域经济整合的重要环节，俄罗斯在此区域国际合作的层面上，以同欧亚经济共同体各成员国签署《建立欧亚经济共同体统一运输空间构想》，并在俄罗斯国内将其作为重要的国家发展战略积极推进。这一构想的现实实施过程中，除其他成员国未显示过高的积极配合外，交通网络的先天和后天缺陷，也严重制约着整合战略的进程，需要大量的时间、人力和物力、法律与技术等方面的支持与完善。

## 一　各国利益难以协调是发展经济一体化的阻力①

欧亚经济共同体内部贸易持续增长，增速较快，但成员国相互间的贸易依存度不平衡，不能取代各成员国与其他国家的贸易往来。共同体成员均对俄市场依赖性很强，而俄对其他成员国市场依赖小；在成员国间的贸易中，俄、白、哈三国间的贸易联系最为密切；共同体内部贸易差额反差较大，俄罗斯一直呈顺差状态，其他成员国则始终处于逆差。作为独联体框架内次区域组织的欧亚经济共同体，虽然会扩大区内的贸易往来，但区内的贸易不会很大程度地取代原来各自与区外国家的贸易往来，内部贸易比重达到很高的水平几乎是不可能的。欧亚经济共同体一体化的贸易创造效应不明显。

投资、劳务合作呈单向性趋势。经济技术合作取得新进展，相互投资规模不断扩大，但相互投资合作水平依然较低，投资主要以俄向其他成员国投资为主，且主要集中在白俄罗斯。欧亚经济共同体成立以来，先后签署了《成员国公民相互免签协议》和《成员国公民在共同体区域内临时劳动协议草案》等文件，成员国在劳动移民领域的合作不断加强。但由于目前关于调节劳动移民的政府间协定主要是俄与塔、吉、白签署的双边协议在起作用，加之与其他成员国相比，俄在就业机会和工资待遇等方面均有明显的优势。因此，在共同体内劳动力自由流动这一过程实际上具有单向性，即主要流向俄罗斯，而移民主要来自吉、塔、乌三国。

能源合作出现分散趋势。能源合作一直是成员国合作的重点，其中油气合作是重中之重。在能源合作中，合作形式更加多样，合作的深度和广度不断扩展，各成员国在加强一般能源贸易的同时，开始逐步向生产合作和相互投资方向发展，但目前面临与国际资本竞争、共同体成员国间能源过境运输的依赖程度有所减弱的局面。由于共同体在建立统一能源市场和统一运输空间方面一直没有实质性进展，共同体中油气资源丰富的国家（俄、哈）出于本国经济、政治和安全利益的考虑，都在采取措施使油气输出路线多元化。

成员国各方的意图和态度难以统一。各成员国大多从自身利益考虑，

---

① 潘广云：《欧亚经济共同体的经贸合作现状及其前景》，《俄罗斯中亚东欧市场》2010年第5期。

发展与成员国之间和其他国际经贸关系，也使得欧亚经济共同体发展不畅。在俄白哈关税同盟方面，由于俄罗斯占据利益分配的绝大多数，所以其他国家对关税同盟持观望态度。

## 二 俄白哈关税同盟和统一经济空间发展中的问题①

俄罗斯、白俄罗斯和哈萨克斯坦 2010 年 7 月 1 日开始正式实施的关税同盟，涉及大多数商品，是广泛和深层次意义上的关税一体化，也标志着欧亚经济共同体进入经济一体化的第二阶段。但值得注意的是，俄白哈关税同盟是在三国遭受严重经济危机和三国领导人政治意愿的基础上建立的，而不是经济一体化进程第一阶段成熟后自然的结果。在还未充分考虑经济整合第二阶段各种因素的情况下，快速启动关税同盟和统一经济空间，仓促且条件不成熟。三国带着诸多问题缔结了关税同盟，在关税同盟生效的第一天起，就显现出大量的政治、经济和技术问题，有些问题是不可能解决的原则性问题，并不排除危及关税同盟的可能。在此基础上的俄、白、哈统一经济空间，也是问题丛生。事实证明，关税同盟对成员国并不意味着永远的利益，也有负面的作用，有时还可能对国民经济产生严重的负面影响。

### （一）在经济上的负面影响

关税同盟初期实行的不完全关税统一制度，导致各国产生不同的经济问题。能源关税延期使俄罗斯经济蒙损。在 2012 年白俄罗斯加入俄、白、哈统一经济空间前，俄罗斯保留原油和石油产品的出口关税，但自 2011 年起俄罗斯提前以国内价格向白俄罗斯供应相关产品，俄罗斯为此所支付的直接和间接补贴达 63 亿美元。汽车关税延期曾导致白俄罗斯一度外汇短缺。至 2011 年下半年，白俄罗斯继续保持原有的小汽车进口税，这导致在白俄罗斯掀起了从欧盟进口二手小汽车再转卖到俄罗斯和哈萨克斯坦的狂风，其规模如此庞大，按照白俄罗斯总统卢卡申科的说法，它致使白俄罗斯国家外汇短缺，甚至使经济停滞，使整个国民经济遭损。

成员国同时加入其他国际经济组织，影响了关税同盟和统一经济空间的职能发挥。国际局势对关税同盟有着重大影响。俄罗斯认为，2008 年

---

① Андрей Суздальцев:《Проблемы формирования Таможенного Союза и Единого экономического пространства в рамках ЕврАзЭС》. Доклад на XII международной научной конференции по проблемам развития экономики и общества (Москва, 5 – 8 апреля 2011 г.), Politoboz. com.

俄罗斯－格鲁吉亚战争将无限期推迟其加入WTO，这是恢复关税同盟的根本原因。但随着俄罗斯加入WTO的日程临近，一个重要的矛盾产生了，即俄白哈关税同盟不可能作为统一的关税组织使其所有成员国加入WTO。由于关税同盟是非排他性的，其成员国都有随时加入其他经济组织的可能性，这是将来不可避免的矛盾。如白俄罗斯声明要加入欧盟的“东方伙伴”计划，和欧盟建立统一贸易区，只是结果未成功。但欧盟对白俄罗斯和哈萨克斯坦的诱惑存在，如不能在它们与欧盟进行经济整合之前，帮助这两国提高经济，那么，白、哈待在欧亚经济共同体的关税同盟和统一经济空间，只是暂时的权宜之举。

成员国在统一能源空间中的受惠不均的矛盾导致关税同盟和统一经济空间有潜在危机。在欧亚经济共同体乃至独联体境内，能源分布不均。欧亚经济共同体的关税同盟和统一经济空间中，俄罗斯和哈萨克斯坦是世界大的石油输出国，白俄罗斯是石油输入国和前两国向欧洲市场输出石油的过境中转国。白俄罗斯坚决要求俄罗斯无关税供应石油，最终成员国之间能源问题上的矛盾只能通过复杂的关税商补贴制度来解决，而结果是白俄罗斯在统一能源空间中获利最多。

对白、哈经济模式的冲击。为建立关税同盟和统一经济空间，成员国需要签署数十种合作协议，其中包括宏观经济调控政策或高度协调下的成员国统一财政制度，这会对哈萨克斯坦和白俄罗斯的经济模式造成革命性的冲击。特别是白俄罗斯，有75%是国有资产，所有大型企业归属总统管控，经济还是按照苏联模式管理。而统一经济空间中的商品、劳动力、服务和资金的自由流动，将会造成白俄罗斯经济休克，其结果可能会引起国家政权的变更。只有完全实现统一经济空间后，才可能实现统一能源空间（比如在俄罗斯与哈萨克斯坦之间），这单单是能源整合的复杂性。此外，只是俄罗斯的倡导和大力推动，哈萨克斯坦和白俄罗斯从国家领导层到各政治阶层、国民、商界、银行是否准备好进入如此广泛的统一经济空间整合计划？

国外出口商利用白俄罗斯和哈萨克斯坦进入关税同盟国家市场，使俄罗斯在关税同盟中利益受损。俄罗斯市场占关税同盟市场的90%以上，共同体外商品利用哈、白为跳板，以各种形式大量进入俄罗斯市场，冲击了俄罗斯的本国经济。白俄罗斯正变为中国商品独特的仓库和最终生产地，这些商品可以零关税进入俄罗斯市场。白俄罗斯还计划建立大型中国汽车组装厂，这会给在俄罗斯的西方汽车企业带来竞争。中国积极利用哈萨克斯坦进入关税同盟的机会，以哈萨克斯坦作为日用商品的转运基地，从而对俄罗斯小规模批发业的小型企业造成巨大的冲击。俄罗斯国内已有这样的呼吁：该结束俄罗斯在轻工业乃至农业中的遗留问题了；俄罗斯对白、哈经济并不感兴趣，它们的经济份额太小，且市场不大，俄罗斯不期待与白、哈整合所带来的协调效应；通过白、哈这两个邻国逐步进入中国经济圈，这才是俄罗斯最现实的选择。

### （二）俄白哈关税同盟在技术上的缺陷

内部机制设置缺陷导致各成员国权力分配不公。2010 年成立的关税同盟委员会受三国委托，全权处理关税制度的问题，其中包括制定税价，在处理分歧时采取三分之二票通过制，俄罗斯占表决权的 60%，白、哈各占 20%。俄罗斯在关税同盟中的市场份额超过 90%，但在关税同盟委员中只有 60% 的表决票数，这与俄罗斯的市场地位严重不符，为使关税同盟得以实施，许多问题只有以默许的方式解决。在俄罗斯完全的纵容中，不利于俄罗斯的问题与日俱增。

关税同盟体内各国海关监督效率不高、力度不强，成为关税同盟发展的严重隐患。俄罗斯是同盟的主要市场，在关税同盟协议下，可以说是向白、哈两国敞开了本国市场大门，但由于存在白、哈海关人员监督不得力的现实，统一关税信息体系（数据库）难以建立。

为建立关税同盟和统一经济空间，成员国面临政治上的诸多问题。建立关税同盟和统一经济空间需要成员国之间广泛和高度的整合，单单在建设统一能源空间这一个方面，就呈现出重重的复杂性，并且只有完全实现统一经济空间后，才可能实现统一能源空间（比如在俄罗斯与哈萨克斯坦之间）。此外，白俄罗斯和哈萨克斯坦的国家管理处于高度的专制制度下，哈萨克斯坦和白俄罗斯从国家领导层到各政治阶层、国民、商界、银行是否准备好进入如此广泛的统一经济空间整合计划？再加之在复杂的后危机经济环境中，匆忙建立关税同盟和统一经济空间，并且没有榜样和经验可供参考学习（模仿欧盟模式显然是错误的）。

## 三 俄罗斯完成欧亚地区的整合需要付出更多的努力①

关税同盟和统一经济空间对于俄罗斯来说，其政治、军事意义更大于

① Андрей Суздальцев：《Проблемы формирования Таможенного Союза и Единого экономического пространства в рамках ЕврАзЭС》. Доклад на XII международной научной конференции по проблемам развития экономики и общества（Москва，5 – 8 апреля 2011 г.），Politoboz. com.

经济利益，单就经济利益来说，带给俄罗斯的是过多的负担和无谓的多余。关税同盟和统一经济空间的最终命运如何，关键要看俄罗斯是否可以担负起这个经济重任，并通过这个经济组织达到政治、文化、军事上的利益最大化，最终走到由经济同盟到政治同盟的终点。

俄罗斯整合欧亚经济的目的在于确保俄罗斯经济稳定与和谐发展，为此，俄罗斯在其邻国进行了大量的资金投入。但事与愿违，俄罗斯与白、哈的经济整合也存在着许多问题。俄罗斯感兴趣的哈萨克斯坦境内的商务早已归属美国、欧盟、中国、韩国和日本，这些国家的商品充斥共同体市场，占领了主要的投资领域，使得俄罗斯的许多经济初衷难以实现。白俄罗斯境内属于俄罗斯的投资项目基本无任何经济利益，更侧重于政治目的。这些成员国国家的工业设备陈旧，亟待更新；加之这些国家高度专制管理，无法保障长期投资的安全性。历史已给了俄罗斯这方面沉痛的教训。

为了维系与独联体各国的关系和经济联系，1991～2002年12年间，俄罗斯不惜血本，对其实行贸易贷款政策，做出了巨大的经济牺牲。仅1992年，这种货款贸易就占俄罗斯对独联体国家贸易总额的70%，贷款金额超过50亿美元。后来，这些货款有的被俄勾销，有的抵冲俄租用所在国科技、军事基地的费用，更多的则被长期拖欠甚至根本不被承认。另外，独联体各国企业欠俄企业50亿～80亿美元的高额债务和苏联解体以来涌入俄罗斯的近700万独联体国家移民也成为俄经济振兴的制约因素。除此之外，俄罗斯还有一项最大的牺牲：它多年以来一直以远低于国际市场的价格向独联体国家提供能源。据保守的估算，12年来俄罗斯能源销售的直接损失达310亿美元。[①]

俄罗斯希望通过关税同盟提高俄罗斯的交通过境转运地位（从太平洋口岸到白俄罗斯布里斯托）。但俄罗斯在共同体内的交通过境转运地位早已存在，只是需要解决统一运价等技术问题，如为此专门建立关税同盟和统一经济空间，未免显得浪费。对于俄罗斯来说，白俄罗斯的主要资源是国际过境运输的地理位置，但随着NORD北溪天然气管道和BTS－2管道的铺设，以及拉脱维亚发展轨道转运石油，白俄罗斯对于俄罗斯的国际过境运输作用大大降低。

俄罗斯希望借关税同盟消除与白、哈在各经济领域内的竞争，但结果

---

① 赵宇：《独联体何去何从》，《瞭望新闻周刊》2003年9月29日。

是，为建立关税同盟和统一经济空间，俄罗斯在市场方面对白、哈做出了更多的、战略性的让步。俄罗斯本意是以俄、白、哈经济整合的整体力量，争取更多的世界市场特别是世界能源市场的利益，关税同盟和统一经济空间也理应提高世界资本对它们三国经济的兴趣，但疑问在于：世界能源市场是否觉得俄罗斯和哈萨克斯坦能源市场整合的效率比俄罗斯独立的能源市场更高?

俄罗斯的另一个目的是从白、哈两国获得劳动力。通常来自哈萨克斯坦的劳动力不多，哈萨克斯坦的国内经济情况也显示出这个趋势不会有太大的变化。因白俄罗斯国内经济问题，人民生活水平不高，所以主要是白俄罗斯劳动力大量流向俄罗斯，在 2011 年已达 60 万人。但至 2011 年俄罗斯在统一经济空间正式启动前，俄罗斯已提前使用完了这个预期，来自这两个国家的劳动力短期内很难有大幅提升。

苏联的铁路网通常被视为关税同盟和统一经济空间成员国经济整合的重要因素之一，但关税同盟国家的基本交通网主要用于出口原材料和能源，只有一部分可以承担共同体内交通运输的功能。俄罗斯要想成为领袖，只有利用自身的资源（财政、原材料、市场）来吸引其他两位合作伙伴。

## 四　其他主要中亚成员国的交通发展战略主要以本国实际需要为出发点①

欧亚经济共同体将所构建的交通一体化，由俄罗斯积极倡导和推进，而其他其中亚成员国对待“统一运输空间”的态度，主要是从本国利益的角度出发予以配合和推进，如中亚主要成员国哈萨克斯坦的《哈萨克斯坦至 2015 年交通发展战略》的战略目标是：“大力发展交通体系，使之符合国家经济发展战略的要求”，未见其刻意与俄罗斯“统一运输空间”战略接轨。

哈萨克斯坦主要是从实际国情出发，进行交通现代化建设和改造。具体确定了以下几方面的任务和发展方向。

（1）将哈交通体系与世界交通体系接轨；

（2）建立可持续发展的国家现代化交通基础设施；

（3）发展和有效使用交通运输潜力；

---

① 《Транспортная стратегия Республики Казахстан до 2015 года》, http：//invest. nauka. kz/law/transportnaya%20strategiya. php.

（4）在交通领域内形成良好的投资环境。

2015年哈萨克斯坦交通发展战略的目标是使哈国家交通体系从根本上与世界交通体系接轨、完全更新交通体系的资本结构，将商品最终价格中的交通成本降低至6.9%。2015年过境运输规模计划扩大3倍以上（与2005年比，达到3.22亿吨），货运速度提高15%～20%，国际交通运输通道的货运速度将提高20%～30%。

## 五　欧亚经济共同体交通一体化构建的阻碍

### （一）共同体内的陆运网络整合度低，流通不畅

虽然共同体境内已存在可以辐射各地区的陆运网，但网络建设存在着严重的弊端，且整合度低导致运输效率低下，亟待改进。俄罗斯交通系统状况在共同体中具有代表性，所以下面将以俄罗斯交通系统所存在的弊端与改善方案为例，说明共同体的陆运交通系统负面状况。

历史遗产的沉重性。现有交通体系形成于苏联时期，地区发展不平衡。交通设施建设时，主要以当时的工业中心和国家重点生产项目基地为导向，按照它们重要性的顺序排列，分配必需基础设施建设的规模。因此，离建设中心越远、项目越小的地区，其交通密度越低、质量越差。据俄交通部统计，直到现在，仍有75%俄罗斯居民的流动性处在极低的水平（远古定居流动性）。超过10%居民在春秋交替时期，由于没有硬路面道路而完全失去与外界的交通联系。这种交通状况远远落后于经济发展的要求。交通路线还表现出明显的辐射状特征，地区间交通不通畅。公路主要以地区或大型工业中心为发射点，缺少连接线路和支线。在苏联时期布局合理的交通系统，却很难符合俄罗斯新经济格局的要求。

交通的不通畅性。陆运交通存在着严重的基础设备陈旧和行驶速度缓慢的问题。铁路是俄罗斯主要的交通工具，承担85%的国内运输任务。有近30%的铁路，尽管它们承担了80%的铁路运输任务，但年久失修。由于公路车速缓慢，2008年一年流失3%的GDP（460亿美元）。

发展的缓慢性。根据至2030年俄罗斯交通发展战略，将有620千亿美元的巨额资金投入交通建设和改造中，而2011年用于交通系统的投资预计为230亿美元，达历史最高纪录。尽管政府已注重交通状况的改善工程，但因现存交通状况太差，需要修缮、改造、新建的项目数量庞大，资金仍然不足。还由于其他人为因素（如腐败等），使俄罗斯新建公路铁路

的造价昂贵。俄罗斯铁路公司（РЖД）普通铁路（非高铁）的平均造价为600万美元/公里，复杂地形和永久性冻土的铁路造价更是空前昂贵。作为比较，雅库特铁路公司在永久性冻土地区的铁路造价是120万美元/公里，俄罗斯铁路公司自己在沙特阿拉伯的铁路投标造价为150万美元/公里。

针对俄罗斯交通现状，许多专家提出：在发展铁路的同时，要发展铁路－公路联合交通网；根据国家实际地域情况发展交通，应着重发展那些目前尚未有交通运输地区的交通，对运输繁忙的地段应建设第三条交通路线；推广电气化运输和建设复杂地形区域的运输线。

**（二）发展欧亚铁路运输的障碍**

现有发达的铁路网，是欧亚经济共同体各国发展国际陆运的优势，但如不有效解决这些铁路运输通道所存在的基本问题，将严重阻碍欧亚铁路运输的发展。

来自海洋货运的激烈竞争。某一运输方式的商业优势无外乎体现在“时间－服务－价格”等方面的综合实力上。海运公司提供高质量和针对客户的便利的海运运输服务，有着国际服务质量行业标准：如门到门、运输保险（确保运输时间和货物质量）、长期客户的优惠服务；再加上低廉的运价，使得欧亚货物海运在“服务”和“价格”上有着绝对优势。与海运相比，欧亚陆运理论上虽存在着时间上的优势，但除了易腐蚀货物或快递货物需要快运外，在运费成本和时间成本相比上，客户选其优，陆运因其高昂的运价在一定程度上减弱了其在时间上的优势，欧亚陆运的时间优势在实际运输中并未有明显的决定作用。

人为因素造成的障碍。各边境过境站上烦琐的海关手续，导致交通运输工具长时间的滞留；途中的突然检查，并在检查中往往要求打开已封装的集装箱；独联体国家运输价格体系的不完善。尽管已签署国际协议，但沿途各国家的运输价格常常不一致；时差和工作时间的不同。独联体不同国家的运输司机会遇到时差问题。

非人为因素造成的障碍。运输车厢或集装箱、机车的陈旧和不足；现存基础设施和技术明显落后于国际质量标准（运行速度等）；边境过境能力的不足；缺乏先进的后勤和通信系统、沿途服务站点；不同的轨道。独联体国家统一使用1520宽轨铁路，而欧洲和亚洲国家（中国、伊朗、东南亚）国家普遍使用1435轨道，因转轨中心的不足，这又额外增加了转轨所带来的困难；转运、拼装、散装能力的不足。

《建立欧亚经济共同体统一运输空间构想》的实现，并非完成多少基础设施建设这么简单，在交通整合中要求高度的协调一致性：要采取定位一致、协调的发展和改进交通设施投资政策并兼顾共同体各国的利益。

俄罗斯所积极构造的经济统一空间（关税、经济、交通、能源）并非铜墙铁壁，独联体以及次地区经济一体化建立在各国互利基础上，同时存在各国利益的纷争，在实际的运作中也已呈现出各种矛盾。欧亚区域经济整合战略和规划实施中所面临的政治、经济、技术方面的障碍和挑战，并且有些是来自组织自身的缺陷，或是客观存在的难以调和的矛盾。尤其在各国利益分配上的不可调和的矛盾和经济结构上的缺陷，是中国可以利用的发展空间。可以通过单个国家利益的最大化的方面化解欧亚经济共同体所造成的壁垒。同时，作为主导国的俄罗斯，和中国存在着在资源投资、商品市场上的竞争，但同时又想进入中国经济圈，直接从中国市场而非通过白、哈转手获得利益。利用俄罗斯对中国的矛盾心理，争取俄罗斯与中国在向西开放战略的部分领域合作。

## 结　语

中国通过实施向西开放战略和互联互通规划，试图构建的欧亚大陆经济整合，进一步建立陆权战略能够对冲海权。中国的向西开放战略与俄罗斯所力求推动的欧亚经济一体化战略势必形成利益上的冲突与优缺势的互补关系。俄罗斯主导的欧亚经济共同体框架下经济一体化战略的优势，是中国向西开放的严峻阻碍。中国的向西开放战略如何与俄罗斯以及其他欧亚经济共同体成员国利益互动？如何应对虽矛盾重重但已初步成熟的俄罗斯主导的欧亚区域经济整合战略？

尽管阻力重重，俄罗斯仍会重点打造欧亚经济共同体，继续推进欧亚区域经济整合进程，这给中国“向西开放”战略带来客观上的严峻挑战。但关税同盟和统一经济空间并非铜墙铁壁，存在着诸多缺陷，并承受着世界其他组织所给予的外部压力。俄罗斯是以暂时牺牲自己的经济利益来换取关税同盟和统一经济空间的建立与启动，在某些情况下其政治意义远远大于经济意义，这对于一个经济组织而言，是个致命的硬伤。在实现俄罗斯所倡导的经济一体化之前，俄罗斯到底能撑多久，是决定俄罗斯领导下欧亚区域经济整合命运的关键。

对此，中国应利用欧亚经济共同体现存的制度上的缺陷和空当来开拓中国“向西开放”的空间，这只是权宜之举，还会有增加与俄罗斯和其他国家经济摩擦的可能；并且随着问题的显现，当新政策修补这些缺陷时，发展的空间也随之关闭。在充分研究各国不同对外政策的基础上，发展中国“向西开放”战略中的不可替代的独特优势和实力（包括在产品结构、生产技术、地缘优势、资金、国际影响等方面），才是长远发展的上策。哈萨克斯坦是欧亚经济共同体中继俄罗斯之后的综合实力第二大成员国，并与中国和俄罗斯同时有着紧密的地缘、经济与政治交往，也是中国“向西开放”必经的通路之一，应寄予足够的重视。

# 第三章　中国与中亚的贸易往来：以中哈为例

中亚国家独立以来，中国与本地区的贸易往来日益密切，特别是与中亚大国——哈萨克斯坦的经济合作正在迈向一个新的台阶。本章从中哈经贸现状分析中发现，中国在哈萨克斯坦市场的占有率不够理想——俄罗斯仍然是哈萨克斯坦贸易的主体，中国的主体地位不够突出。然而，这里说“不够理想”是指与预期相比。因为，目前中国作为最大的出口国，出口商品竞争力不断提高。加之，中国也像俄罗斯一样与哈萨克斯坦处于特殊的地理位置。因此，中国在哈萨克斯坦市场的地位，应不亚于俄罗斯，明显强于意大利、德国等国家。由此笔者提出本章将探讨的问题——为什么中国在哈萨克斯坦市场的占有率不够理想？本章围绕此问题，分析其原因，特别指出交通瓶颈问题，并且提出一些针对性的措施，其中交通的发展对于中哈两国的贸易发展将起到重要的作用。

## 第一节　中哈经贸现状

### 一　哈萨克斯坦贸易现状

#### （一）对外贸易增长较快且长期保持顺差

独立后，哈萨克斯坦对外贸易增长较快，呈现逐年增长趋势，且长期保持顺差。尤其从2000年起，哈萨克斯坦的对外贸易额平均每年以30%以上的速度稳定增长。2009年，受金融危机的影响，哈萨克斯坦对外贸易陡然下降，之后又出现恢复性增长。2011年，得益于能源产品出口额大幅增加，哈萨克斯坦对外贸易保持全年快速发展，摆脱了恢复性增长，超过2008年，创历史新高（见图3-1）。

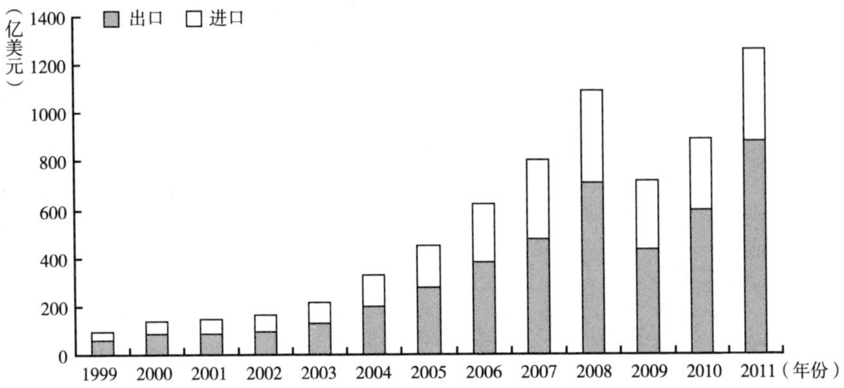


**图 3－1　1999～2011 年哈萨克斯坦进出口贸易增长图**

2011 年哈萨克斯坦对外贸易总额为 1261.6 亿美元，比上一年增长 40.2%。其中，出口 881.2 亿美元，同比上升 48.8%；进口 380.4 亿美元，同比上升 27.8%。外贸顺差达到 500.8 亿美元，同比增长 70%。表 3－1 为 1999～2011 年哈萨克斯坦进出口贸易额走势，整体来看哈萨克斯坦对外贸易状况整体良好。

**表 3－1　1999～2011 年哈萨克斯坦对外贸易额一览表**

单位：亿美元，%

| 年份 | 进出口总额 | 出口 | 进口 | 贸易顺差 | 比上年增减 | | |
|---|---|---|---|---|---|---|---|
| | | | | | 进出口 | 出口 | 进口 |
| 1999 | 95.27 | 58.72 | 36.55 | 22.17 | －7.2 | 2.0 | －15.3 |
| 2000 | 138.52 | 88.12 | 50.40 | 37.72 | 38.7 | 55.1 | 21.2 |
| 2001 | 150.85 | 86.39 | 64.46 | 21.93 | 7.5 | －1.8 | 20.1 |
| 2002 | 162.54 | 96.70 | 65.84 | 30.86 | 7.8 | 11.9 | 2.1 |
| 2003 | 213.36 | 129.27 | 84.09 | 45.18 | 31.3 | 33.7 | 27.7 |
| 2004 | 328.77 | 200.96 | 127.81 | 73.15 | 54.1 | 55.5 | 52.0 |
| 2005 | 452.01 | 278.49 | 173.52 | 104.97 | 37.5 | 38.6 | 35.8 |
| 2006 | 619.27 | 382.50 | 236.77 | 145.73 | 37.0 | 37.4 | 36.5 |
| 2007 | 805.11 | 477.55 | 327.56 | 149.99 | 30.0 | 24.9 | 38.4 |
| 2008 | 1090.70 | 711.80 | 378.90 | 332.90 | 35.5 | 49.1 | 15.7 |
| 2009 | 716.00 | 432.00 | 284.00 | 148.00 | －34.4 | －39.3 | －25.0 |
| 2010 | 889.80 | 592.20 | 297.60 | 294.60 | 24.3 | 37.1 | 4.8 |
| 2011 | 1261.60 | 881.20 | 380.40 | 500.80 | 40.2 | 48.0 | 25.0 |

资料来源：A. E. Meshimbaeva（Edit），*Statistical Yearbook Kazakhstan in* 2007，Astana，Agency on Statistics of the Republic of Kazakhstan 2008，p. 192；A. A. Smailov（Edit），*Statistical Yearbook Kazakhstan in 2010*，Astana，Agency on Statistics of the Republic of Kazakhstan，2011，p. 214；*Statistical Yearbook of Kazakhstan*，Almaty，Agency on Statistics of the Republic of Kazakhstan，2003；赵常庆编著《哈萨克斯坦》，社会科学文献出版社，2004，第 87 页。

### （二）对外贸易市场呈现多元化，俄罗斯仍然是哈萨克斯坦贸易市场的主体

目前，哈萨克斯坦已与180多个国家和地区建立了贸易关系，已呈现市场多元化的特征。中国、意大利、俄罗斯、法国和荷兰是哈萨克斯坦的主要出口市场，俄罗斯、中国、德国和意大利是哈萨克斯坦的四大进口来源国。俄罗斯仍然是哈萨克斯坦贸易市场的主体，在哈萨克斯坦进口市场中占很大的比例。

中国、意大利、俄罗斯、法国和荷兰是哈萨克斯坦的主要出口市场，2010年哈萨克斯坦对上述五国的出口额分别为101.2亿美元、95.8亿美元、53.9亿美元、44.3亿美元和41.6亿美元，较上年分别增长71.9%、43.2%、51.88%、31.1%和87.2%，分别占哈萨克斯坦出口总额的16.9%、16.0%、9.0%、7.4%、7.0%，合计占哈萨克斯坦出口总额的56.3%。

俄罗斯、中国、德国和意大利是哈萨克斯坦的四大进口来源国。2010年哈萨克斯坦自上述四国的进口额分别为120.6亿美元、39.6亿美元、18.3亿美元和15.8亿美元，其中自中国进口的份额增长11.1%，自其余三国进口的份额分别下降38.3%、10.4%和17.5%，四国分别占哈萨克斯坦进口总额的39.1%、12.9%、5.9%和5.1%，四国合计占哈萨克斯坦进口总额的62.9%。

2010年哈萨克斯坦的主要贸易逆差来源地依次是俄罗斯、乌克兰和美国，逆差额分别为24.7亿美元、6.9亿美元和4.5亿美元。贸易顺差主要来自意大利、中国和法国，顺差额分别为80亿美元、61.6亿美元和39.3亿美元。

另外，毋庸置疑，随着俄、白、哈组成的关税同盟的实行，俄罗斯在哈萨克斯坦市场的主体地位将会进一步上升。就从关税同盟刚实施的2011年的数据来看，俄罗斯在哈萨克斯坦进口市场的占比从2010年39.1%上升到42.8%。

### （三）出口商品结构单一，进口商品种类相对较多

哈萨克斯坦出口商品结构单一，以资源性产品及初级产品出口为主。且近几年来出口的商品结构并未出现大幅调整和改善。从2010年出口商品结构看，矿产品、贱金属及制品、化工产品是哈萨克斯坦的主要出口商品，出口额分别为435.2亿美元、72亿美元和27亿美元，较之上年分别增长36.2%、31.3%和21.7%，三类商品分别占哈萨克斯坦出口总额的76.0%、12.6%、4.7%，合计占哈萨克斯坦出口总额的93.3%（见表3-2）。

**表 3－2 2010 年哈萨克斯坦主要出口商品构成表**

单位：亿美元，%

| 海关分类 | 商品类别 | 金额 | 同比 | 占比 |
|---|---|---|---|---|
| 类 | 总值 | 572.42 | 32.5 | 100 |
| 第 5 类 | 矿产品 | 435.17 | 36.2 | 76.0 |
| 第 15 类 | 贱金属及制品 | 72.03 | 31.3 | 12.6 |
| 第 6 类 | 化工产品 | 27.00 | 21.7 | 4.7 |
| 第 2 类 | 植物产品 | 16.08 | 18.1 | 2.8 |
| 第 14 类 | 贵金属及制品 | 12.13 | 28 | 2.1 |
| 第 16 类 | 机电产品 | 2.08 | －23.8 | 0.4 |
| 第 4 类 | 食品、饮料、烟草 | 1.86 | 28.1 | 0.3 |
| 第 17 类 | 运输设备 | 1.38 | 25.4 | 0.2 |
| 第 11 类 | 纺织品及原料 | 1.20 | 5.3 | 0.2 |
| 第 1 类 | 活动物、动物产品 | 1.01 | 1.6 | 0.2 |
| 第 8 类 | 皮革制品、箱包 | 0.58 | －81.8 | 0.1 |
| 第 7 类 | 塑料、橡胶 | 0.53 | －5.5 | 0.1 |
| 第 3 类 | 动植物油脂 | 0.50 | 40.3 | 0.1 |
| 第 10 类 | 纤维素浆、纸张 | 0.28 | 12.5 | 0.1 |
| 第 18 类 | 光学、钟表、医疗设备 | 0.27 | 61.2 | 0.1 |
| | 其他 | 0.32 | 11.4 | 0.1 |

哈萨克斯坦进口商品相对于出口商品，种类多，范围广，金额比重比较平均（见图 3－2、表 3－3）。机电产品、运输设备、贱金属及制品和矿产品是目前哈萨克斯坦的主要进口商品。2010 年分别进口 68.5 亿美元、27.6 亿美元、27.0 亿美元和 26.1 亿美元，同比分别下降 11.3%、3.4%、52.7% 和 14.4%，分别占哈萨克斯坦进口总额的 28.5%、11.5%、11.3% 和 10.9%。此外，化工产品进口 23.3 亿美元，增长 0.9%，占哈萨克斯坦进口总额的 9.7%。

**（四）哈萨克斯坦五大类进出口商品的国别构成**

哈萨克斯坦 2010 年五大类进口商品为：机电产品、运输设备、贱金属及制品、矿产品、化工产品。其中，机电产品主要来自中国、意大利、德国、俄罗斯、美国，中国所占的比例最大，为 25.5%，其次是意大利，为 12.9%。且 2010 年进口的机电产品，除从中国进口的增长 47.9% 外，从其他几个国家的进口都有下降。运输设备主要来自英国、德国、中国、乌克兰、俄罗斯，每个国家占比都较平均，均为 11% 左右。矿产品进口市场主要由俄罗斯掌控，占比高达 79.4%；在贱金属及制品、化工产品进口中俄罗斯居首位（详见表 3－4）。

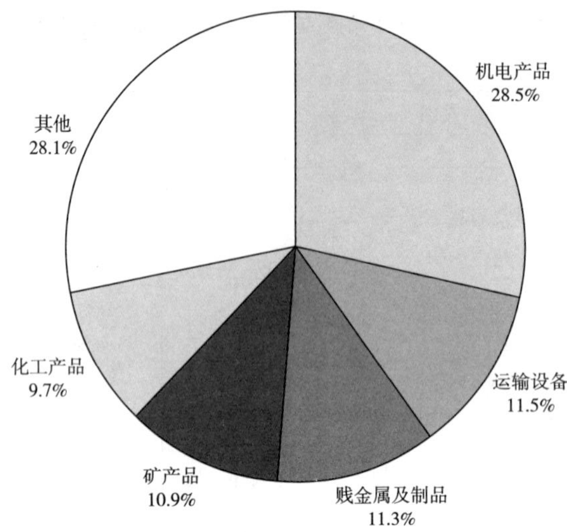


**图 3-2 2010 年哈萨克斯坦主要进口商品构成**

资料来源：《2010 年哈萨克斯坦货物贸易及中哈双边贸易概况》，http：//win. mofcom. gov. cn/yanjiu/index. asp，最后访问时间：2013 年 12 月 1 日。

**表 3-3 2010 年哈萨克斯坦主要进口商品构成**

| 海关分类 | 商品类别 | 金额(亿美元) | 同比% | 占比% |
|---|---|---|---|---|
| 第 16 类 | 机电产品 | 68.54 | -11.3 | 28.5 |
| 第 17 类 | 运输设备 | 27.57 | -3.4 | 11.5 |
| 第 15 类 | 贱金属及制品 | 27.03 | -52.7 | 11.3 |
| 第 5 类 | 矿产品 | 26.07 | -14.4 | 10.9 |
| 第 6 类 | 化工产品 | 23.28 | 0.9 | 9.7 |
| 第 4 类 | 食品、饮料、烟草 | 12.48 | -12.2 | 5.2 |
| 第 7 类 | 塑料、橡胶 | 11.14 | -2.2 | 4.6 |
| 第 18 类 | 光学、钟表、医疗设备 | 7.73 | 21.5 | 3.2 |
| 第 20 类 | 家具、玩具、杂项制品 | 7.38 | 29.7 | 3.1 |
| 第 13 类 | 陶瓷、玻璃 | 5.57 | -5.7 | 2.3 |
| 第 10 类 | 纤维素浆、纸张 | 5.50 | 2.4 | 2.3 |
| 第 2 类 | 植物产品 | 4.99 | 19.6 | 2.1 |
| 第 1 类 | 活动物、动物产品 | 4.56 | 0.1 | 1.9 |
| 第 11 类 | 纺织品及原料 | 3.38 | 11.4 | 1.4 |
| 第 9 类 | 木及木制品 | 2.35 | -34.6 | 1.0 |
|  | 其他 | 2.67 | -10.8 | 1.1 |

资料来源：《2010 年哈萨克斯坦货物贸易及中哈双边贸易概况》，http：//win. mofcom. gov. cn/yanjiu/index. asp，最后访问时间：2013 年 12 月 1 日。

**表 3－4　哈萨克斯坦五大类进口商品的国别/地区构成（2010 年）**

| HS84－85:机电产品 | | | |
|---|---|---|---|
| 国家和地区 | 金额(亿美元) | 同比% | 占比% |
| 中国 | 17.46 | 47.9 | 25.5 |
| 意大利 | 8.87 | －26.0 | 12.9 |
| 德国 | 6.76 | －15.5 | 9.9 |
| 俄罗斯 | 5.74 | －52.0 | 8.4 |
| 美国 | 5.23 | －12.0 | 7.6 |
| HS86－89:运输设备 | | | |
| 国家和地区 | 金额(亿美元) | 同比% | 占比% |
| 英国 | 3.28 | 99.8 | 11.9 |
| 德国 | 3.19 | 9.1 | 11.6 |
| 中国 | 3.00 | 98.3 | 10.9 |
| 乌克兰 | 3.00 | 29.3 | 10.9 |
| 俄罗斯 | 2.84 | －41.9 | 10.3 |
| HS72－83:贱金属及制品 | | | |
| 国家和地区 | 金额(亿美元) | 同比% | 占比% |
| 俄罗斯 | 8.44 | －47.0 | 31.2 |
| 中国 | 6.08 | －51.1 | 22.5 |
| 乌克兰 | 1.82 | －83.3 | 6.7 |
| 意大利 | 1.61 | －48.8 | 6.0 |
| 德国 | 1.40 | －58.0 | 5.2 |
| HS25－27:矿产品 | | | |
| 国家和地区 | 金额(亿美元) | 同比% | 占比% |
| 俄罗斯 | 20.69 | －17.8 | 79.4 |
| 乌兹别克斯坦 | 2.41 | 17.7 | 9.2 |
| 中国 | 0.80 | 122.2 | 3.1 |
| 吉尔吉斯斯坦 | 0.48 | 16.6 | 1.8 |
| 芬兰 | 0.27 | －3.7 | 1.0 |
| HS28－38:化工产品 | | | |
| 国家和地区 | 金额(亿美元) | 同比% | 占比% |
| 俄罗斯 | 3.61 | －42.0 | 15.5 |
| 德国 | 2.65 | 1.0 | 11.4 |
| 美国 | 2.01 | 35.0 | 8.6 |
| 中国 | 1.88 | 6.9 | 8.1 |
| 法国 | 1.66 | 10.9 | 7.1 |

资料来源：《2010 年哈萨克斯坦货物贸易及中哈双边贸易概况》，http：//win. mofcom. gov. cn/yanjiu/index. asp，最后访问时间：2013 年 12 月 1 日。

哈萨克斯坦2010年五大类出口商品有矿产品、贱金属及制品、化工产品、植物产品、贵金属及制品。其中，矿产品主要出口给意大利、中国、法国、荷兰等国家，意大利占比最大（为21.4%），其次是中国，占比16.0%。贱金属及制品主要出口到中国、英国、俄罗斯、伊朗、日本，中国占比最高，达30.0%。化工产品出口中所占的比例较大的国家有中国、俄罗斯、加拿大、法国、美国，中国占比也是最大的，为35.0%。贵金属及制品主要出口给瑞士（详见表3-5）。

**表3-5 哈萨克斯坦五大类出口商品的国别/地区构成（2010年）**

| HS25-27:矿产品 | | | |
|---|---|---|---|
| 国家和地区 | 金额(亿美元) | 同比% | 占比% |
| 意大利 | 93.16 | 43.4 | 21.4 |
| 中国 | 69.48 | 99.9 | 16.0 |
| 法国 | 41.39 | 40.3 | 9.5 |
| 荷兰 | 40.17 | 90.2 | 9.2 |
| 奥地利 | 25.23 | 111.1 | 5.8 |
| HS72-83:贱金属及制品 | | | |
| 国家和地区 | 金额(亿美元) | 同比% | 占比% |
| 中国 | 21.64 | 42.0 | 30.0 |
| 英国 | 6.64 | -4.8 | 9.2 |
| 俄罗斯 | 6.52 | -8.8 | 9.1 |
| 伊朗 | 6.50 | 40.3 | 9.0 |
| 日本 | 5.35 | 117.5 | 7.4 |
| HS28-38:化工产品 | | | |
| 国家和地区 | 金额(亿美元) | 同比% | 占比% |
| 中国 | 9.44 | 62.7 | 35.0 |
| 俄罗斯 | 4.77 | -24.6 | 17.7 |
| 加拿大 | 2.95 | 318.9 | 10.9 |
| 法国 | 2.86 | -31.3 | 10.6 |
| 美国 | 2.52 | 24.7 | 9.4 |
| HS06-14:植物产品 | | | |
| 国家和地区 | 金额(亿美元) | 同比% | 占比% |
| 乌兹别克斯坦 | 2.82 | 10.4 | 17.6 |
| 阿塞拜疆 | 2.45 | 519.0 | 15.2 |
| 阿富汗 | 2.11 | -32.7 | 13.1 |
| 塔吉克斯坦 | 1.69 | 11.5 | 10.5 |
| 土耳其 | 1.60 | 92.4 | 9.9 |

续表

| HS71:贵金属及制品 | | | |
|---|---|---|---|
| 国家和地区 | 金额(亿美元) | 同比% | 占比% |
| 瑞士 | 10.25 | 35.0 | 84.5 |
| 德国 | 1.34 | 505.5 | 11.1 |
| 意大利 | 0.36 | -7.9 | 2.9 |
| 英国 | 0.16 | -87.2 | 1.3 |
| 土耳其 | 0.01 | 177.4 | 0.1 |

资料来源：《2010 年哈萨克斯坦货物贸易及中哈双边贸易概况》，http：//win.mofcom.gov.cn/yanjiu/index.asp，最后访问时间：2013 年 12 月 1 日。

## 二　中哈贸易现状

### （一）双边贸易发展趋势向好，贸易额一直保持稳定的增长

自中哈两国建交以来，两国的贸易额一直保持稳定的增长，哈萨克斯坦已经成为中国在中亚地区最主要的贸易合作伙伴。尤其 1999 年以来，双边贸易连年以 30% 以上的速度增长。2007 年，中哈贸易继续得到快速发展，达到 138.8 亿美元，提前 3 年实现两国领导人提出的 2010 年双边贸易额达到 100 亿美元的目标。

2011 年中哈双边贸易额为 213.1 亿美元，比 2010 年增长 51.2%。其中，中国从哈萨克斯坦进口额为 162.9 亿美元，同比增长 61.0%；中国对哈萨克斯坦的出口额为 50.21 亿美元，同比增长 26.8%。2011 年哈萨克斯坦对中国的贸易顺差 112.7 亿美元，同比增长 83.0%（详见表 3-6、图 3-3）。

**表 3-6　1999～2011 年中哈贸易额统计**

单位：亿美元

| 年份 | 中哈进出口总额 | 中国进口 | 中国出口 | 差额 |
|---|---|---|---|---|
| 1999 | 5.50 | 4.70 | 0.80 | -3.90 |
| 2000 | 8.25 | 6.74 | 1.51 | -5.23 |
| 2001 | 8.32 | 6.60 | 1.72 | -4.88 |
| 2002 | 13.36 | 10.23 | 3.13 | -7.10 |
| 2003 | 21.77 | 16.53 | 5.24 | -11.29 |
| 2004 | 27.26 | 19.68 | 7.58 | -12.09 |
| 2005 | 36.76 | 24.24 | 12.52 | -11.72 |

续表

| 年份 | 中哈进出口总额 | 中国进口 | 中国出口 | 差额 |
|---|---|---|---|---|
| 2006 | 55.17 | 35.93 | 19.25 | -16.68 |
| 2007 | 91.47 | 56.40 | 35.07 | -21.32 |
| 2008 | 122.42 | 76.77 | 45.65 | -31.12 |
| 2009 | 94.59 | 58.89 | 35.70 | -23.19 |
| 2010 | 140.90 | 101.20 | 39.60 | -61.60 |
| 2011 | 213.10 | 162.90 | 50.21 | -112.70 |

资料来源：*Statistical Yearbook of Kazakhstan*, Almaty, Agency on Statistics of the Republic of Kazakhstan, 2003; K. S. Abdiyev (Edit), *Statistical Yearbook of Kazakhstan/Statistical compendium*, Almaty, Agency on Statistics of the Republic of Kazakhstan, 2005; A. E. Meshimbaeva (Edit), *Statistical Yearbook of Kazakhstan in 2007*, Astana, Agency on Statistics of the Republic of Kazakhstan, 2008, p. 192; A. A. Smailov (Edit), *Statistical Yearbook Kazakhstan in 2010*, Astana, Agency on Statistics of the Republic of Kazakhstan 2011, p. 214；部分数据来自2008、2009、2010、2011年中国海关统计。

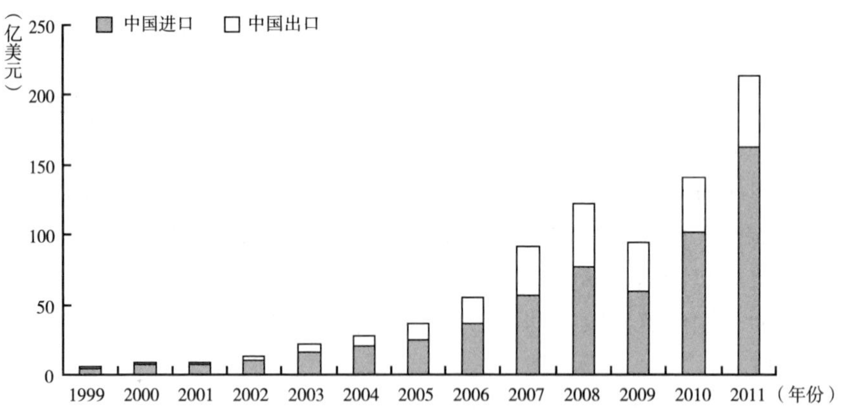


**图3-3　1999～2011年中哈两国进出口贸易额变化图**

## （二）虽然中国在哈的贸易地位不断上升，但主体地位还不够突出

随着两国之间的贸易逐年增加，中国在哈的贸易地位不断上升，但主体地位还不够突出。中国已经成为哈萨克斯坦稳定的主要贸易合作伙伴之一，在哈萨克斯坦近几年的主要贸易伙伴中的排名基本都保持在前三位。2010年，中国为哈萨克斯坦的第二大贸易伙伴，出口第一，进口第二。但是中哈贸易额占哈萨克斯坦总贸易额比例仍然较低。尤其在哈萨克斯坦的进口贸易中，俄罗斯一直是主体，相比之下，中国的地位更

加不突出。

2010 年中哈双边贸易额为 140.8 亿美元，在哈萨克斯坦外贸总额中的占比为 15.84%。其中，中国从哈萨克斯坦进口的数额为 101.2 亿美元，在哈萨克斯坦出口总额中的占比为 16.9%；中国对哈萨克斯坦的出口额为 39.6 亿美元，在哈萨克斯坦进口总额中的占比为 12.9%，而俄罗斯占比高达 39.1%。图 3－4 为 1999～2011 年中哈贸易额与哈总贸易额对比图。

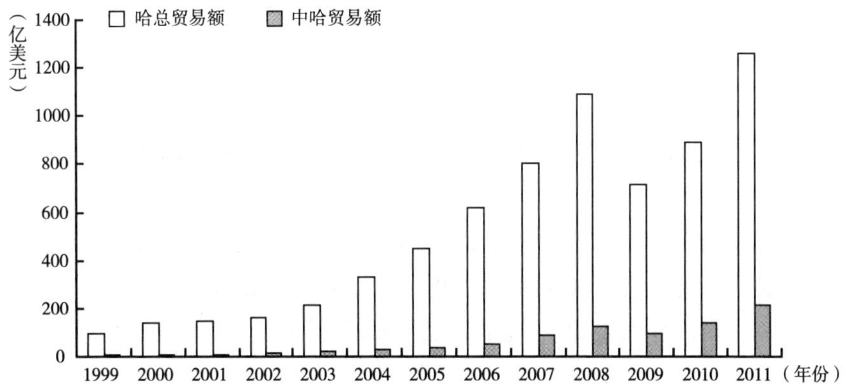


**图 3－4　1999～2011 年中哈贸易额与哈总贸易额对比图**

**表 3－7　1999～2011 年中哈贸易额与哈总贸易额对比**

单位：亿美元，%

| 年份 | 哈总贸易额 | 中哈贸易额 | 所占比例 |
|---|---|---|---|
| 1999 | 95.27 | 5.496 | 5.77 |
| 2000 | 138.52 | 8.247 | 5.95 |
| 2001 | 150.85 | 8.316 | 5.51 |
| 2002 | 162.54 | 13.36 | 8.22 |
| 2003 | 213.35 | 21.768 | 10.20 |
| 2004 | 328.78 | 27.255 | 8.29 |
| 2005 | 452.01 | 36.757 | 8.13 |
| 2006 | 619.27 | 55.174 | 8.91 |
| 2007 | 805.2 | 91.469 | 11.36 |
| 2008 | 1090.7 | 122.42 | 11.22 |

续表

| 年份 | 哈总贸易额 | 中哈贸易额 | 所占比例 |
|---|---|---|---|
| 2009 | 716 | 94.59 | 13.21 |
| 2010 | 889.8 | 140.9 | 15.84 |
| 2011 | 1261.6 | 213.1 | 16.89 |

资料来源：*Statistical Yearbook of Kazakhstan*, Almaty, Agency on Statistics of the Republic of Kazakhstan, 2003；K. S. Abdiyev（Edit）, *Statistical Yearbook of Kazakhstan/Statistical Compendium* Almaty, Agency on Statistics of the Republic of Kazakhstan, 2005；A. E. Meshimbaeva（Edit）, *Statistical Yearbook of Kazakhstan in 2007*, Astana, Agency on Statistics of the Republic of Kazakhstan, 2008, p. 192；A. A. Smailov（Edit）, *Statistical Yearbook Kazakhstan in 2010*, Astana, Agency on Statistics of the Republic of Kazakhstan 2011, p. 214；部分数据来自2008、2009、2010、2011年中国海关统计。

### （三）中国从哈萨克斯坦进口的商品以原材料为主，以工业制成品出口为主

中国与哈萨克斯坦进出口商品的结构不断趋于完善，初级产品的出口比重呈逐年下降趋势，工业制成品出口比重则逐年提高。目前，中国对哈萨克斯坦出口的主要商品有机电产品、贱金属及制品、运输设备。其中，机电产品占比最大，2010年出口额为17.46亿美元，增长47.9%，占中国对哈萨克斯坦出口总额的44.1%。贱金属及制品出口6.08亿美元，下降51.1%，占中国对哈萨克斯坦出口总额的15.3%。此外，运输设备出口3亿美元，增长98.3%，占中国对哈萨克斯坦出口总额的7.6%。

**表3-8　2010年中国对哈萨克斯坦出口主要商品构成（类）**

| 海关分类 | 商品类别 | 金额（亿美元） | 同比% | 占比% |
|---|---|---|---|---|
| 类 | 总值 | 39.63 | 11.1 | 100.0 |
| 第16类 | 机电产品 | 17.46 | 47.9 | 44.1 |
| 第15类 | 贱金属及制品 | 6.08 | -51.1 | 15.3 |
| 第17类 | 运输设备 | 3.00 | 98.3 | 7.6 |
| 第7类 | 塑料、橡胶 | 2.27 | 32.3 | 5.7 |
| 第13类 | 陶瓷、玻璃 | 2.05 | 39.2 | 5.2 |
| 第6类 | 化工产品 | 1.88 | 6.9 | 4.7 |
| 第20类 | 家具、玩具、杂项制品 | 1.29 | 9.5 | 3.3 |
| 第18类 | 光学、钟表、医疗设备 | 1.25 | 78.0 | 3.2 |
| 第11类 | 纺织品及原料 | 1.08 | 48.2 | 2.7 |
| 第2类 | 植物产品 | 0.93 | 5.0 | 2.3 |
| 第5类 | 矿产品 | 0.80 | 122.2 | 2.0 |

**续表**

| 海关分类 | 商品类别 | 金额(亿美元) | 同比% | 占比% |
|---|---|---|---|---|
| 第10类 | 纤维素浆、纸张 | 0.51 | 106.5 | 1.3 |
| 第4类 | 食品、饮料、烟草 | 0.35 | 5.9 | 0.9 |
| 第12类 | 鞋靴、伞等轻工产品 | 0.24 | 57.1 | 0.6 |
| 第9类 | 木及木制品 | 0.21 | -2.1 | 0.5 |
|  | 其他 | 0.23 |  | 0.6 |

资料来源：《2010年哈萨克斯坦货物贸易及中哈双边贸易概况》，http：//win.mofcom.gov.cn/yanjiu/index.asp，最后访问时间：2013年12月1日。

中国从哈萨克斯坦进口的商品以原材料为主，中国市场的需求对哈萨克斯坦部分商品的出口有一定的影响力。近些年来，中国从哈萨克斯坦进口的主要产品是矿产品，2010年进口额为69.48亿美元，增幅高达99.9%，占中国从哈萨克斯坦进口总额的68.6%，是中国从哈萨克斯坦进口的第一大类商品。2010年进口额大且增长较快的还有贱金属及制品，进口额为21.64亿美元，增长42.0%，占中国从哈萨克斯坦进口总额的21.4%。此外，还进口化工产品9.44亿美元，增长62.7%，占中国从哈萨克斯坦进口总额的9.3%（详见表3-9）。

**表3-9　2010年中国从哈萨克斯坦进口主要商品构成（类）**

| 海关分类 | 商品类别 | 金额(亿美元) | 同比% | 占比% |
|---|---|---|---|---|
| 类 | 总值 | 101.22 | 71.9 | 100.0 |
| 第5类 | 矿产品 | 69.48 | 99.9 | 68.6 |
| 第15类 | 贱金属及制品 | 21.64 | 42.0 | 21.4 |
| 第6类 | 化工产品 | 9.44 | 62.7 | 9.3 |
|  | 其他 | 0.66 | 85.8 | 0.7 |

资料来源：《2010年哈萨克斯坦货物贸易及中哈双边贸易概况》，http：//win.mofcom.gov.cn/yanjiu/index.asp，最后访问时间：2013年12月1日。

### （四）中国对哈萨克斯坦出口的十大类商品及其竞争对手

中国对哈萨克斯坦出口产品主要有机电产品、贱金属及制品、运输设备。另外，还有塑料、橡胶，陶瓷、玻璃，化工产品，家具、玩具、杂项制品，光学、钟表、医疗设备，纺织品及原料，植物产品，等等。在上述商品上，中国的竞争对手主要是意大利、俄罗斯和德国等国家。从2010年的数据来看，中国在机电产品、纺织品及原料等一些产品上市场占有率相当高，而其余产品的市场占有率都较低，或相比意大利、俄罗斯和德国等国家竞争优势较弱，尤其是运输设备，化工产品，光学、钟表、医疗设备等产品。

**表 3－10　2010 年哈萨克斯坦自中国进口的十大类商品及其国别/地区构成**

| HS84－85：机电产品 | | | | HS28－38：化工产品 | | | |
|---|---|---|---|---|---|---|---|
| 国家和地区 | 金额（亿美元） | 同比% | 占比% | 国家和地区 | 金额（亿美元） | 同比% | 占比% |
| 中国 | 17.46 | 47.9 | 25.5 | 俄罗斯 | 3.61 | －42.0 | 15.5 |
| 意大利 | 8.87 | －26.0 | 12.9 | 德国 | 2.65 | 1.0 | 11.4 |
| 德国 | 6.76 | －15.5 | 9.9 | 美国 | 2.01 | 35.0 | 8.6 |
| 俄罗斯 | 5.74 | －52.0 | 8.4 | 中国 | 1.88 | 6.9 | 8.1 |
| 美国 | 5.23 | －12.0 | 7.6 | 法国 | 1.66 | 10.9 | 7.1 |
| 乌克兰 | 2.71 | －9.5 | 4.0 | 奥地利 | 0.90 | 26.0 | 3.9 |
| HS72－83：贱金属及制品 | | | | HS94－96：家具、玩具、杂项制品 | | | |
| 国家和地区 | 金额（亿美元） | 同比% | 占比% | 国家和地区 | 金额（亿美元） | 同比% | 占比% |
| 俄罗斯 | 8.44 | －47.0 | 31.2 | 意大利 | 2.89 | 150.2 | 39.2 |
| 中国 | 6.08 | －51.1 | 22.5 | 中国 | 1.29 | 9.5 | 17.5 |
| 乌克兰 | 1.82 | －83.3 | 6.7 | 俄罗斯 | 0.67 | －45.8 | 9.0 |
| 意大利 | 1.61 | －48.8 | 6.0 | 乌克兰 | 0.46 | 33.1 | 6.3 |
| 德国 | 1.40 | －58.0 | 5.2 | 土耳其 | 0.31 | －14.5 | 4.2 |
| 日本 | 1.00 | 26.9 | 3.7 | 德国 | 0.21 | 40.4 | 2.9 |
| HS86－89：运输设备 | | | | HS90－92：光学、钟表、医疗设备 | | | |
| 国家和地区 | 金额（亿美元） | 同比% | 占比% | 国家和地区 | 金额（亿美元） | 同比% | 占比% |
| 英国 | 3.28 | 99.8 | 11.9 | 美国 | 1.48 | 47.4 | 19.1 |
| 德国 | 3.19 | 9.1 | 11.6 | 德国 | 1.42 | 42.6 | 18.4 |
| 中国 | 3.00 | 98.3 | 10.9 | 中国 | 1.25 | 78.0 | 16.2 |
| 乌克兰 | 3.00 | 29.3 | 10.9 | 俄罗斯 | 0.51 | －45.9 | 6.6 |
| 俄罗斯 | 2.84 | －41.9 | 10.3 | 英国 | 0.36 | 15.6 | 4.7 |
| 日本 | 2.65 | －33.3 | 9.6 | 日本 | 0.36 | 37.1 | 4.6 |
| HS39－40：塑料、橡胶 | | | | HS50－63：纺织品及原料 | | | |
| 国家和地区 | 金额（亿美元） | 同比% | 占比% | 国家和地区 | 金额（亿美元） | 同比% | 占比% |
| 中国 | 2.27 | 32.3 | 20.4 | 中国 | 1.08 | 48.2 | 31.8 |
| 俄罗斯 | 2.23 | －39.2 | 20.0 | 土耳其 | 0.43 | 68.7 | 12.6 |
| 韩国 | 1.13 | 42.5 | 10.2 | 俄罗斯 | 0.36 | －49.0 | 10.5 |
| 德国 | 0.99 | 15.8 | 8.9 | 意大利 | 0.18 | －18.0 | 5.3 |
| 土耳其 | 0.57 | 23.4 | 5.1 | 乌兹别克斯坦 | 0.13 | 146.0 | 3.8 |
| 白俄罗斯 | 0.40 | －19.6 | 3.6 | 德国 | 0.13 | －9.4 | 3.8 |

续表

| HS68－70：陶瓷、玻璃 | | | | HS06－14：植物产品 | | | |
|---|---|---|---|---|---|---|---|
| 国家和地区 | 金额（亿美元） | 同比% | 占比% | 国家和地区 | 金额（亿美元） | 同比% | 占比% |
| 中国 | 2.05 | 39.2 | 36.8 | 中国 | 0.93 | 5.0 | 18.7 |
| 俄罗斯 | 1.70 | －36.0 | 30.5 | 乌兹别克斯坦 | 0.77 | 1579.1 | 15.4 |
| 乌克兰 | 0.28 | 34.3 | 5.1 | 印度 | 0.47 | 31.4 | 9.5 |
| 土耳其 | 0.24 | －4.7 | 4.2 | 肯尼亚 | 0.47 | 26.9 | 9.5 |
| 德国 | 0.23 | －15.2 | 4.2 | 俄罗斯 | 0.38 | －61.9 | 7.5 |
| 拉脱维亚 | 0.10 | 640.4 | 1.9 | 厄瓜多尔 | 0.32 | 2.8 | 6.4 |

资料来源：《2010年哈萨克斯坦货物贸易及中哈双边贸易概况》，http：//win.mofcom.gov.cn/yanjiu/index.asp，最后访问时间：2013年12月1日。

总之，中国在哈萨克斯坦市场的占有率不够理想。哈萨克斯坦对外贸易迅速发展的今天，俄罗斯仍然是哈萨克斯坦贸易市场的主体，在哈萨克斯坦进口市场中掌握着很大的比例。虽然中哈贸易发展趋势向好，也保持稳定增长，但是，与俄罗斯、意大利、德国等竞争对手相比，中国在哈萨克斯坦市场的主体地位还不够突出，中国商品在哈萨克斯坦进口市场的占有率还不够理想。而且，随着俄、白、哈组成的关税同盟的实行，这种情况将会进一步加剧。那么，为什么中国在哈萨克斯坦市场的占有率不够理想？

## 第二节　中哈贸易中的问题与分析

为什么中国在哈萨克斯坦市场的占有率不够理想？本节把原因归纳为历史因素和现实因素两方面，来分析阻碍中哈经贸进一步发展，即导致中国在哈萨克斯坦市场的占有率不够理想的根源。

### 一　历史因素

俄罗斯与中亚国家有近三百年生活在一个国家的历史，仅苏联时期就长达70年。中亚五国长期与俄罗斯生活在一起，经济、政治、文化各方面存在千丝万缕的联系和广泛的共同利益。共同的过去在现在的俄罗斯和中亚关系方面，尤其是在决定双边未来的发展前景方面发挥着重要的作用。今天，依然存在着许多能够拉近双边关系的契合点，即俄罗斯对中亚的政治、经济和文化的影响一直存在。在中亚五国对外关系中，俄罗斯被置于最优先考虑的地位。这是其他国家无法与俄罗斯相比的。

**（一）在经济上，苏联各国的产业分工导致哈萨克斯坦经济结构单一，对俄罗斯的依附性很大**

在苏联分工体系中，中亚被看作苏联的原材料供应基地，加工工业很不发达。哈萨克斯坦重点发展粮食供应和有色金属开采、冶炼及初级加工。因此，独立后，中亚五国经济发展的共同特点是经济结构较为单一，经济相对落后，对俄罗斯存在严重的依附性。独立之前，哈使用的67%的石油、29%的石油制品、2/3的木材及其制品、90%的机器制品和60%的日用消费品来自俄罗斯。哈国内最终产品生产只占27%，而这27%产品中靠俄罗斯予以配套的又占42.5%。目前，虽然已经过20多年，但这种经济结构至今没有完全改变。

另外，苏联的遗产之一是在铁路、公路、油气管道等将俄罗斯与中亚国家联系在一起。原来以俄罗斯为中心安排的经济布局虽然有些已经被打乱，但在一些部门仍存在密切的联系。经济管理方式相近，技术标准统一，这是俄罗斯企业进入中亚国家的优势。俄罗斯仍控制着中亚国家的部分资源和油气运输管道，仍是中亚国家对外经济合作的重要伙伴。

然而，独立后，哈萨克斯坦一直力图改变这种依附状态。但由于仍处于建国初期，经济处在危机状态，与其他国家的关系刚刚建立，因此，哈萨克斯坦不可能很快改变这种格局，与俄罗斯的关系仍然非常密切。从而，具有相当经济实力和领先技术的俄罗斯仍然是经济孱弱的中亚国家的依靠对象。

**（二）文化历史传统在俄罗斯与中亚关系上发挥着重要的作用**

在苏联时期，统一的经济活动和社会生活使中亚地区与俄罗斯人在政治、经济、意识形态、文化等方面依然保留着共同的看法。中亚国家与俄罗斯的往来较其他国家便捷。很多哈萨克居民都懂俄语，了解俄罗斯文化。同时，大批俄罗斯人仍继续生活在哈萨克斯坦。目前，在哈萨克斯坦约有370万人俄罗斯人，占哈萨克斯坦人口的22.3%，主要居住在与俄罗斯相邻的北部地区。

迄今，俄语仍是中亚国家的通用语言，俄罗斯报刊在一些国家仍在公开出售，俄罗斯电视节目仍是中亚国家民众获取信息的重要来源。尽管中亚国家独立后都在推行“去俄罗斯化”政策，但俄罗斯影响在中亚国家社会、文化、教育、媒体等各方面无处不在。另外，历史记忆，例如在抗击德国法西斯战争中并肩作战，增加了中亚各国与俄罗斯彼此的亲近感。因此，可以肯定地说，在相互影响方面，在源远流长和形式多样的交流方面，在中亚地区，没有哪一个国家可以跟俄罗斯相比。

**（三）哈萨克斯坦与俄罗斯的政治关系也相当密切，皆为很多组织的共同成员**

1991 年苏联解体后，俄罗斯和中亚国家虽然都成为独立主权国家，但拥有相同或相近的政治体制、人权观和民主观。哈萨克斯坦与俄罗斯皆为很多组织的成员国。例如，1992 年 5 月，哈、乌、塔三国皆加入了以俄罗斯为主组成的《集体安全条约》。1993 年 1 月，哈、吉、乌、土四国一道签署了独联体章程。1993 年 9 月，哈、吉、乌、土四国加入了“经济联盟”。1995 年 1 月，哈与俄、白俄签署了“关税同盟”。1996 年 3 月，哈、吉与俄、白俄一道签署了《关于加深经济和人文领域一体化条约》。这样下来，俄哈之间形成的完整的组织和会议机制，将它们紧密联系在一起。从而，毫无疑问，俄罗斯必定是哈萨克斯坦对外经贸中的最优先方向之一。

然而，值得一提的是，俄哈两国签署这么多条约、加入这么多组织的原因在于两国之间同样存在利益冲突，从而可以推测中国存在介入发展的契机。

## 二　现实因素

**（一）哈萨克斯坦对中国过于强调国家经济安全，贸易政策更偏向于保护贸易**

哈萨克斯坦政府特别强调国家经济安全，对他国防范和歧视性政策较多。尤其对中国过于强调国家经济安全。例如，哈对我国人员进出境的限制明显比西方、日本、韩国等亚洲合作伙伴多，人员出入境手续繁杂。这是由于哈处于与中国相邻的特殊地理位置，这使哈对中国存在一种危机感。加之，近些年来中国经济的不断崛起以及中国在哈市场上所占份额的不断上升，加剧了这种危机感。哈担心本国经济受中国等经济强国的侵扰。另外，哈国内也存在一些政治势力和新闻媒体对中国有敌意，认为本国政府“让步过多”将会损害国家利益、中国正在通过对中亚非法移民实施“静悄悄的殖民化”等。所以哈政府对与中国经贸合作持保守态度，贸易政策更偏向于保护贸易。因此，相比中国，哈萨克斯坦更愿意跟俄罗斯、欧洲地区等国家和地区进行经贸合作。

### （二）“商品质量上的缺陷”弱化了中国商品在哈萨克斯坦市场的竞争力

中国在哈萨克斯坦市场上虽占有重要地位，但在产品质量、产品的精加工程度等方面与众多竞争对手相比实力相对不足。由于中哈经贸合作中，新疆企业占主要地位，我国经济发达地区有实力的企业与哈萨克斯坦极少有直接联系。新疆企业本身普遍规模偏小，工业落后，竞争力弱，造成中国向哈萨克斯坦出口的产品存在质量差、档次低、品种少等问题。这样下来，中国产品给中亚各国消费者留下的是“质量差、档次低”的较坏的印象。而随着哈萨克斯坦国民经济的恢复和发展，以及其国内低质量、低档次商品市场渐趋饱和，哈萨克斯坦对进口消费品的质量和档次要求不断提高。过去中国向哈萨克斯坦出口的“质次价廉”的产品在哈萨克斯坦市场上不再占优势，与众多竞争对手难以竞争了。

### （三）交通运输问题一直是阻碍双边开展贸易的瓶颈问题

交通运输问题一直是阻碍双边开展贸易的瓶颈问题。作为中哈贸易的前沿，新疆目前主要起到一个贸易通道的作用。在中哈贸易中，进口原材料基本都运往内地，出口的商品也有相当大的部分来自内地省份。加之，目前新疆外贸发展的边境小额贸易仍然占主导地位。2008 年，边境小额贸易额达 176.42 亿美元，占新疆外贸总额的 79.4%。这种作为新疆最主要的贸易方式的边境小额贸易的开展都是通过新疆企业从中亚接单，之后采购沿海发达地区的商品，再转卖给中亚国家，实质上进行的是中国境内转口贸易。这样，将面临国内运输线路长、道路设施落后等因素的制约，严重影响货物流通，影响边贸的进一步发展。还耗费大量运费、运输时间，极大地提高了产品成本。

与此同时，中国通往各周边国家的运输线路很长、公路失修严重，又设置了许多收费站，使运输成为经济发展的重要制约因素。特别是由于技术标准不统一，中国与哈萨克斯坦之间的铁路运输往往需要通过换装或列车换轮的方式来完成。这样做既费时间又要购置大量的适合各种不同货物的换装机械和设施。在货物品类发生变化或某一品类集中到达时，换装设施不能充分发挥作用，运输就会出现堵塞。

虽然，近年来哈在新疆以及与周边国家交通运输基础建设方面做了不少的工作，已基本建成了公路、铁路、民航、管道为一体的多元运输网，但仍然与实际需求有很大差距。另外，口岸基本设施也不适应双边经贸合作快速发展的形势。客商出入境面临很多障碍，通关查验不顺畅、口岸通关效率低、货物积压时间长等现象也经常发生。所有这一切都极大地限制了中国与哈萨克斯坦的贸易规模的扩大。

## 第三节　中哈贸易改善的条件和可能性

中哈双边贸易前景广阔，一方面是因为两国经济结构有着很强的互补性，合作潜力巨大；另一方面两国经济目前仍保持着较好增长势头，有着巨大的经济发展潜力。

### 一　中哈经济结构互补性极强，具有分工合作的条件和可能性

从目前进出口商品结构看，哈萨克斯坦主要出口矿产、能源等资源性产品，进口轻纺、机电等制成品；而正好中国能源需求很大，且出口轻纺、机电等制成品具有优势。

#### （一）哈萨克斯坦产业结构不合理，需要进口大量的工业制成品

哈萨克斯坦受到苏联经济发展方式的影响，经济结构不均衡，重工业较发达而轻工业相对落后，对外来商品依存度很高，每年需要进口大量的消费品。特别是高科技产品、生活日用品、轻工产品等市场需求旺盛。现有市场基本被美国、德国、日本、韩国、中国、土耳其等国瓜分。近年来，哈萨克斯坦政府进行了经济结构调整，开始提出进口替代型战略，但成效甚微。相对而言，中国经过30多年的改革开放，加工工业比较发达，工业门类齐全，轻纺、机电等制成品已具备出口竞争力，且这种优势将在相当长的时间内保持。

#### （二）从资源禀赋结构看，哈萨克斯坦丰富的资源与中国日益增长的能源需求相匹配

中国日益增长的能源需求与自身相对有限的能源供给能力之间矛盾日益突出。中国在较长时间内都以煤为主要能源，但随着经济的发展，石油和天然气所占比例逐步提高，正在接近世界的平均水平。然而，中国的石油、天然气储量远不能满足中国的消费需求。1990~2005年，按吨标准煤计算，中国能源消费总量中对进口的依赖从1.3%上升到12.1%，其中石油消费的进口依赖从6.6%上升到52.8%。海关统计2006年我国原油进口14528万吨，成品油进口3638万吨，是世界上仅次于美国和日本的第三大石油进口国，同时也是仅次于美国的第二大石

油消费国。

与之相对，哈自然资源十分丰富，矿物种类多且储量大。其中石油远景储量130亿吨，在独联体国家中仅次于俄罗斯，天然气储量11700万亿立方米，煤储量540亿吨，享有能源和原材料基地之誉，尤其是尚未开发的里海，被誉为“第二个波斯湾”，油气储量惊人。显然，哈有如此丰富的资源、能源，可以为中国提供可靠的能源保障，满足中国国内日益增长的能源需求，也可为哈增加一项稳定、安全的能源出口。中哈天然气管道、中哈石油管道开通是中哈两国能源合作的典范，标志着中国在获取中亚能源方面迈上新台阶。

因此，中哈经济结构互补性极强，具有分工合作的条件和可能性。中国如果能有效地利用这种经济结构的互补性，在相应产业和领域上取得一定优势，就能进一步促进中哈经贸的持续快速发展。

## 二　中国商品与其他国家相比还是具有竞争力的

中国商品与其他国家商品相比还是具有竞争力的。一方面，中国在仍然保持劳动密集型产品的优势的同时，资本和人力资本密集型产品的竞争力也在迅速提高；另一方面，中国能提供一些其他国家无法提供的产品。

过去30多年，中国依靠相对低廉的劳动力成本优势，大量出口劳动密集型产品，并从1994年起持续出现贸易顺差。近年来，尽管劳动者的工资不断上升，但是由于劳动生产率的增长快于工资的上升，劳动力成本依然较低。因此，即使劳动力成本有所上升，估计在相当一段时间里，中国的劳动力成本优势还会维持，劳动密集型产品出口还会具有竞争力。加之，近年来，中国在仍然保持劳动密集型产品的优势的同时，资本和人力资本密集型产品的竞争力也迅速提高。资本密集的机械和运输设备产业都以更快的速度增长。

对于哈萨克斯坦这种新兴市场，中国产品的竞争力表现得更为突出。毋庸置疑，发达国家的产品在技术上是十分先进的，但问题是，其是否能够适应发展中国家的经济发展，满足它们的市场需求。事实表明，发达国家的产品在这些方面确实逊色于中国产品。中国不仅在经济发展上与广大发展中国家十分相似，并且能提供良好的互补性。因此，相对于发达国家产品，中国产品可以通过各种贸易模式与发展中国家市场实现更紧密的结合。

另外，中国能提供一些其他国家无法提供的产品。比如，有些订购量较大、交货时间较紧迫的产品，必须依靠延长劳动力工作时间，加大工作强度来实现。目前来看，只有中国能满足上述要求，而其竞争对手——俄罗斯、意大利、德国等其他国家是不可能做到的。

因此，总的来说，中国的商品还是具有竞争力的。即使存在欧美国家先进的技术水平和俄白哈关税同盟的挑战，中国产品还是很难被从哈市场挤出。

## 三　哈萨克斯坦市场成长较好，有着巨大的发展潜力

### （一）经济保持着较好增长势头，有着巨大的经济发展潜力

哈萨克斯坦2011年GDP达1800亿美元，是中亚最发达的国家。独立后，哈萨克斯坦也经历了经济衰退等困难时期，但由于哈萨克斯坦自身资源丰富，经济恢复较快。尤其是2000年后，哈经济进入平稳发展期。2000~2008年国际金融危机之前，哈萨克斯坦经济迅速发展，平均增长速度达到了两位数。国内生产总值（GDP）一直保持着9%以上的增长，人均GDP由1000美元迅速提高到6000美元，进入高收入国家行列，人民生活水平也得到显著改善。由于金融危机的影响，哈萨克斯坦2009年经济有所下滑。2010年开始得到恢复，到2011年GDP总计1800亿美元、人均GDP达11000美元，均居中亚五国之首。哈总统纳扎尔巴耶夫在出席哈第17届外商投资会议时表示，预计到2015年，哈国内生产总值将达到3000亿美元。可见，哈国内市场潜力较大，对哈继续扩大出口仍有巨大空间。

哈政治与社会的逐步稳定为经济的发展提供了良好的基础。哈是中亚国家里政治相对稳定、动乱发生最少的国家。哈近10年来经济的持续增长并非偶然，而是地区政治经济局势日趋稳定的必然结果。因此随着目前哈局势的进一步稳定，其经济持续增长应该是可以预见的。

**表3-11　1999~2010年哈萨克斯坦GDP及人均GDP一览表**

| 年份 | GDP总值(亿美元) | 比上一年(%) | 人均GDP值(美元) | 比上一年(%) |
|---|---|---|---|---|
| 1999 | 168.71 | 2.7 | 1130.1 | 3.7 |
| 2000 | 182.92 | 8.4 | 1229 | 8.8 |
| 2001 | 221.52 | 21.1 | 1490.9 | 21.3 |
| 2002 | 246.37 | 11.2 | 1658 | 11.2 |
| 2003 | 308.33 | 25.1 | 2068.1 | 24.7 |

续表

| 年份 | GDP 总值(亿美元) | 比上一年(%) | 人均 GDP 值(美元) | 比上一年(%) |
|---|---|---|---|---|
| 2004 | 431.5 | 40.0 | 2874.2 | 39.0 |
| 2005 | 571.24 | 32.4 | 3771.3 | 31.2 |
| 2006 | 810.04 | 41.8 | 5291.6 | 40.3 |
| 2007 | 1049 | 29.5 | 6771.6 | 28.0 |
| 2008 | 1334 | 27.2 | 8499.4 | 25.5 |
| 2009 | 1092 | 18.1 | 6865.1 | -19.2 |
| 2010 | 1460 | 33.7 | 8885.3 | 29.4 |

资料来源：哈萨克斯坦统计署编《哈萨克斯坦 1991～2002 年》，第 50、200 页；A. E. Meshimbaeva（Edit），*Statistical Yearbook of Kazakhstan in 2007*，Astana，Agency on Statistics of the Republic of Kazakhstan，2008，p. 192；哈萨克斯坦统计署公布的 2008 年宏观经济数据，2009 年 GDP 数据；赵常庆编著《哈萨克斯坦》，社会科学文献出版社，2004，第 86～88 页。

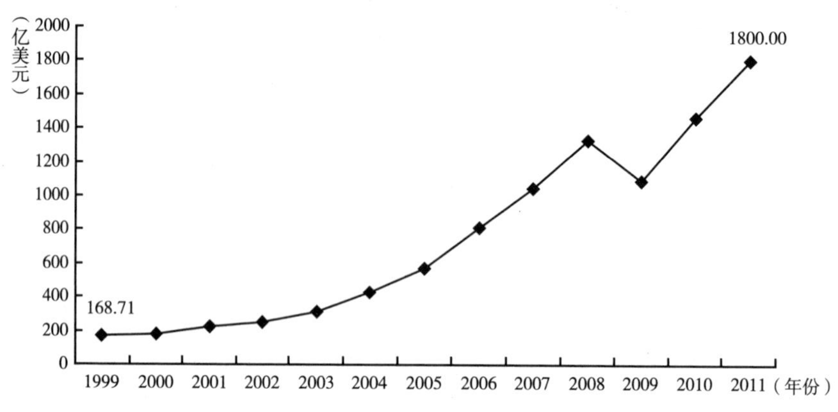


**图 3-5　1999～2011 年哈 GDP 总额变化图**

## （二）从人口和消费水平来看，哈萨克斯坦将能提供巨大的潜在市场

目前，哈萨克斯坦有人口 1696 万（2011 年），根据其近几年的人口发展趋势，以及独立后实行的人口政策和当前的人口自然增长率，之后将持续增长（详见表 3-12）。

**表 3-12　2000～2011 年哈人口数量变化及增长率**

单位：万人，%

| 年份 | 人口 | 人口增长率 |
|---|---|---|
| 2000 | 1488.4 | -0.30 |
| 2001 | 1485.8 | -0.17 |
| 2002 | 1485.9 | 0.00 |

续表

| 年份 | 人口 | 人口增长率 |
|---|---|---|
| 2003 | 1490.9 | 0.34 |
| 2004 | 1501.3 | 0.70 |
| 2005 | 1514.7 | 0.89 |
| 2006 | 1530.8 | 1.06 |
| 2007 | 1548.4 | 1.15 |
| 2008 | 1567.4 | 1.23 |
| 2009 | 1592.5 | 1.60 |
| 2010 | 1631.6 | 2.46 |
| 2011 | 1696 | 3.95 |

就消费水平来看，哈萨克斯坦目前已成为独联体国家中仅次于俄罗斯的第二大消费大国。随着哈萨克斯坦经济的进一步恢复，消费水平肯定会继续提高。哈萨克斯坦总统2005年国情咨文显示，哈萨克斯坦社会经济发展水平已超过东南欧国家，正向中欧国家靠近。按世界银行的标准，哈萨克斯坦已进入中等偏上收入国家之列。如果是这样，中等偏上的消费水平加上众多的人口，哈萨克斯坦将成为重要的消费市场，中哈贸易将进一步扩大。

## 第四节　推动中哈贸易发展的路径

目前，为促进中哈贸易的进一步扩大，国家投入不少的资金，进行了不少的工作。近几年来，我国将重点放在霍尔果斯国际边境合作中心的建设工作上。目前建设工作基本到位，已开始正式投入运营。霍尔果斯国际边境合作中心，横跨中哈两国边境，是中国与其他国家建立的首个跨境自由贸易区。作为国际化的区域合作平台，中哈霍尔果斯国际边境合作中心的建设为我国企业开拓哈及中亚市场提供更为有利的合作平台，将全面带动面向中亚的商贸。在自由贸易区的框架下给双方具有互补性产品更多的政策优惠，诸如进出口关税的大幅度递减，进出口贸易壁垒大量减少等。如果两国增加具备互补性产品的贸易规模，将互补性转化成为共同的利益，这对今后进一步加强双方经贸合作，扩大经贸规模具有重大的意义。因此，要继续做好中哈自由贸易区建设工作，加强双方经贸合作。

除此之外，针对以上所说的，制约中哈贸易发展的历史因素与现实因素，需要做好以下几个方面的工作。

## 一 加强文化交流与人员往来，促进两国经贸发展

促进两国经贸发展，文化交流、人员往来起到很大的作用，正如，在哈萨克斯坦与俄罗斯经贸关系中，文化历史传统发挥的作用一样。

上文通过现状原因分析，发现问题的根源在于双方缺乏“互相了解”。一方面，哈萨克斯坦因为缺乏对中国的全面了解，一直对中国政府、中国人有一种偏见，总怀疑中国跟自己交流是带着其他目的，从而对与中国经贸合作持保守态度。另外，由于他们在贸易关系中最直接面对的是新疆企业、新疆产品，他们不了解沿海地区大企业的实力，不熟悉这些企业的知名品牌，所以一直对中国产品持一种偏见认识——消费者印象中，中国产品都是质量差、档次低的。另一方面，中国对哈市场环境与需求缺乏了解，不了解他们的文化背景、消费习惯等。

因此，加强文化交流、人员往来，对消除彼此的偏见，推动两国政治互信与市场认识具有深远意义。这样，不仅能消除哈萨克斯坦人民对中国人、中国产品的偏见，而且使中方能够深入了解哈经济发展水平、消费习惯、文化背景等方面，进一步熟悉哈市场环境及需求状况，从而可以做好产品定位，树立品牌，完善售后服务，强化品牌战略。而铁路是使这种交流成为可能的最基本的条件。

## 二 引进沿海大企业，提高出口产品质量，提供具有国际竞争力的产品

长期以来，我国面向哈市场的企业多是一些新疆中小规模企业。而新疆企业本身工业落后，且新疆的产业结构与哈萨克斯坦有着相似性。单独靠新疆的产业无法实现中哈贸易的深度发展。而在东部沿海地区，尤其长三角地区有众多大企业已具备自己知名品牌。

因此，我们有必要考虑通过加强物流业的发展，引进东部沿海大企业到新疆参与中哈贸易。引进我们的知名品牌，提高对哈出口商品的档次，创造良好的品牌形象，改变目前中国产品留给中亚各国消费者的“质量差、档次低”的印象。提高产品知名度与档次，提供具有国际竞争力的产品，进一步扩大出口，增强我国在竞争日益激烈的哈市场上的占有率。比如，近几年来，机电产品、运输设备、建材等产品在哈市场有十分旺盛的需求。针对这种出口有望大幅增长的商品，中国应积极引进沿海相关企

业，引进它们知名的品牌，做好延边开放地区的产业布局，在新疆建设几个针对哈方需求的出口加工基地。

### 三　改善交通运输条件，加强口岸基础设施建设

目前，无论是中哈贸易中进口原材料基本都运往内地，出口的商品也来自内地省份的这种格局也好，还是引进沿海企业参与中哈贸易，吸引内地产业向新疆转移，将新疆建设成为向西出口加工基地这种今后要努力的方向也好，都只能通过铁路的大量运输才能成为现实的。

因此，中国要迫切进一步加大国内——特别是西部地区运输投入，改善交通运输设施，重新抓住目前那些由于运输问题而丧失的很多经贸机遇。另外，也要与周围各国合作，改善与各国之间的运输条件，减少商品运输成本，使中国商品在哈市场有更多的优势。目前，哈不少进口商品来自美国、英国、德国等遥远国家和地区。如果中国能提供运输上更便利的条件，将能一定程度上减弱以上这些发达国家由于产品本身优势所占有的优势，分散它们对哈市场的影响，从而进一步提高中国在哈市场上的占有率。另外，良好的交通运输条件也有利于两国的文化等方面的交流，以实现中哈贸易的深入发展。

随着作为中国能源大通道和东联西出区位优势的逐步提升，新疆口岸功能得以显现。因此，除了改善地区内的交通运输之外，还要加强口岸基础设施建设，提高服务水平。加强边境口岸建设，为中哈经贸合作创造良好条件。新疆与哈萨克斯坦目前有 7 个边境口岸，具有国际联运地位，为中哈两国进行直接的边境贸易创造了条件。当前需要加强边贸口岸的基础设施建设管理，特别是要加快阿拉山口和霍尔果斯等重点口岸的基础设施建设，尽快提高其管理与服务水平，优化和改善边贸市场环境，逐步与周边国家口岸市场条件实现协同与对接。

# 第四章　上海合作组织在中亚区域经济整合中的作用

中亚作为中国西北边境紧邻的地区，优越的地理位置、丰富的能源和矿产资源、对中国西部边境存在威胁的“三股势力”[①] 都提高了中亚地区对中国战略转移的重要性。中亚地区的经济整合也成为中国实现陆权战略和推动欧亚大陆经济整合的关键地区。中国在中亚地区的能源利益、地缘政治和经济利益正在从单一利益向复合利益发展，这些不同的利益不是相互隔绝而是有着内在紧密的联系，相互影响，共同构成了中国在中亚的整体利益。[②] 虽然中国与中亚地区在历史上曾有过一段长时间的经贸和文化的往来，但是自从20 世纪 90 年代初中亚各国独立后，在政治制度的选取、经贸互动和文化的交往上，中亚各国都与中国保持了一定的距离，对中国的认知产生了一定的偏差。

21 世纪初由中国发起成立的致力于共同应对威胁本地区安全的“三股势力”的上海合作组织，为中国和中亚地区的合作提供了一个重要的平台。上海合作组织在经济合作上也取得了一定的成绩，成为中国沟通中亚地区和实现欧亚大陆经济整合的一个重要机制。但目前上海合作组织作为整合中亚地区经济的工具也受到了诸多的挑战，本章将就上海合作组织推动中亚地区的经济整合遇到的问题和如何发挥高铁的建设在上海合作组织推动中亚地区的经济整合过程中的作用进行分析。

## 第一节　上海合作组织区域经济合作的现状

### 一　上海合作组织的性质与功能

上海合作组织成立于 2001 年，前身是旨在解决中国与俄罗斯和中亚

① 三股势力是指暴力恐怖势力、民族分裂势力和宗教极端势力。

② 赵华胜：《中国的中亚外交》，时事出版社，2008，第 85 页。

相邻国家边界问题的“上海五国”，随后乌兹别克斯坦加入，上海合作组织成了具有六个成员国、为共同应对该地区存在的“三股势力”、在安全与政治领域合作的区域组织。随着各成员国经济的快速发展，彼此在经济上的需求不断增加，也相应地向经济领域合作迈进。“经贸与安全合作相辅相成、相互促进，是推动区域合作与上海合作组织发展的两个轮子。”① 对于上海合作组织经济合作，俄罗斯科学院远东研究所的米亚斯尼科夫认为，“现阶段上海合作组织发展的主要任务就是——不仅要转向解决安全及同国际恐怖主义斗争的问题，而且还要解决中亚这个大区的经济问题。上海合作组织应当在经济上成为对潜在的新成员富有诱惑力的组织。”② 经济合作对于一个致力于非军事合作的区域组织是非常重要的，正如欧盟领导人曾指出经济合作对于欧盟一体化进程中的重要性，“不首先把西欧各国的经济连接在一起，任何政治上加强一体化的努力结果必然是徒劳的。”③

2001 年六个成员国在阿拉木图签署了《上海合作组织成员国政府间关于区域经济合作的基本目标和方向及启动贸易和投资便利化进程的备忘录》，对上海合作组织区域经济合作提出了基本的要求。2003 年六个成员国在北京签署的《上海合作组织成员国多边经贸合作纲要》（以下简称《纲要》）进一步确立了上海合作组织区域经济合作的目标，并做了具体的说明，具体来看④：①短期目标是推动贸易投资便利化进程。将共同制定落实本《纲要》所必需的多边协议和各国法律措施清单，确定其制定顺序和办法；在现代化的组织和技术水平上建立和发展经贸投资的信息空间；确定共同感兴趣的经贸合作有限领域和示范合作项目并付诸实施。②中期（2010 年前）目标是共同努力制定稳定的、可预见和透明的规则和程序，在上海合作组织框架内实施贸易投资便利化，并以此为基础在《上海合作组织宪章》和《上海合作组织成员国政府间关于区域经济合作的基本目标和方向及启动贸易和投资便利化进程的备忘录》规定的领域内展开大规模多边经贸合作，将共同制订规划方案和确立优先发展方向，

---

① 江泽民：《“弘扬‘上海精神’，促进世界和平”——2002 年 6 月 7 日在上海合作组织圣彼得堡峰会上的讲话》，《人民日报》2002 年 6 月 8 日。

② 崔颖：《上海合作组织区域经济合作：共同发展的新实践》，经济科学出版社，2007，第 16～17 页。

③ 白英瑞、康增奎：《欧盟：经济以一体化理论与实践》，经济管理出版社，2002，第 34 页。

④ 《上海合作组织成员国多边经贸合作纲要》，http://www.crc.mofcom.gov.cn/crweb/scoc/info/Article.jsp?a_no=568&col_no=50，最后访问时间：2012 年 5 月 1 日。

支持体系以加强区域经济合作。③长期发展目标是（2020年前）致力于在互利基础上最大效益地利用区域资源，为贸易投资创造有利条件，以逐步实现货物、资本、服务和技术的自由流动。从2001年至今，上海合作组织签订了一系列有关区域经济合作的协议（见表4－1），也确立了相关的法律框架、组织制度和优先的发展领域，为上海合作组织区域经济合作奠定了良好的发展基础。

**表4－1 上海合作组织区域经济合作的基本文件**

| 文件名称 | 签署时间 | 签署地 |
| --- | --- | --- |
| 《上海合作组织成员国政府间关于区域经济合作的基本目标和方向及启动贸易和投资便利化进程的备忘录》 | 2001.9.14 | 阿拉木图 |
| 《〈上海合作组织成员国政府间关于区域经济合作的基本目标和方向及启动贸易和投资便利化进程的备忘录〉的议定书》 | 2002.5.28～29 | 上海 |
| 《上海合作组织成员国多边经贸合作纲要》 | 2003.9.22～23 | 北京 |
| 《关于建设“上海合作组织区域经济合作网站”的谅解备忘录》 | 2004.9.14 | 莫斯科 |
| 《关于〈上海合作组织多边经贸合作纲要〉落实措施计划》 | 2004.9.23 | 比什凯克 |
| 《上海合作组织实业家委员会章程》 | 2005.10.25 | 莫斯科 |
| 《关于上海合作组织银行间合作（联合体）协议》 | 2005.10.26 | 莫斯科 |
| 《上海合作组织银行联合体成员关于支持区域经济合作的行动纲要》 | 2006.6.15 | 上海 |
| 《上海合作组织实业家委员会成立大会决议》 | 2006.6.15 | 上海 |
| 《上海合作组织银行联合体和实业家委员会合作协定》 | 2007.8.16 | 比什凯克 |
| 《上海合作组织成员国关于加强多边经济合作、应对全球金融危机、保障经济持续发展的共同倡议》 | 2009.10.14 | 叶卡捷琳堡 |

## 二 上海合作组织区域经济结构特征：互补性与不平衡性

有学者指出上海合作组织区域经济结构是一种“雁行模式”，即“以中俄为雁首，中亚四国为雁身，通过要素禀赋互补性分工建起‘雁行’国际分工体系，并在此基础上形成‘上海合作组织雁行发展模式’，由中国和俄罗斯共同推动区域经济合作向前发展”。[①] “雁行模式”（Flying Geese Paradigm）理论最早是由日本学者赤松要于1932年就日本工业成长模式提出的。他认为日本的产业发展实际经历了进口、进口替代、出口和重新进口四个阶段，因这四个阶段呈现倒“V”字形，在图标上酷似依次

① 崔颖：《上海合作组织区域经济合作：共同发展的新实践》，经济科学出版社，2007，第106页。

展飞的大雁而得名。随后小岛清教授在70年代将该理论进一步拓展，将东亚地区国际分工体系和经济发展过程也喻为一种“雁行形态”或“雁行形态”，其具体内涵是：战后以来，以美国市场的开放状态吸引了出口导向型的日本和其他东亚和东南亚国家的劳动密集型的产品为大的国际经济秩序背景，率先实现工业化的日本通过投资和技术转让，将成熟的具有比较劣势的产业转移到“亚洲四小龙”来获取贸易扩大带来的经济福利，后者又将其成熟的产业转移到东盟诸国和中国东部沿海地区，勾勒出一幅以日本为“领头雁”，东南亚和中国等亚洲国家为“雁翼”的东亚经济发展模式，在地区之间形成了技术密集型与高附加值产业—资本技术密集型产业—劳动密集型产业的阶梯式的产业分工体系。[①] 区域经济合作的“雁行模式”实质上是一种在生产要素领域利用比较优势原理对外进行投资和技术转移的经济合作，前提条件是区域经济国家在某一领域具有相似的优势生产要素和产业结构，比如日本纺织业转移到东南亚、台湾地区和中国沿海地区，是因为这些国家和地区具有了类似早年日本战败后廉价的劳动力比较优势。[②] 上海合作组织区域的国家，特别是中国与俄罗斯和中亚国家在产业结构上虽然具有互补性，但是并不具备相似产业结构转移的条件，所以用“雁行模式”来定位上海合作组织区域经济结构欠妥。

上海合作组织区域经济结构从区域间国内产业结构和外贸结构的分布来看：中国是以对其他成员国出口具有产业结构优势的劳动密集型纺织产品和高技术、高附加值的机电产品为主；俄罗斯和中亚四国对外出口的产品主要集中在能源、矿产等原材料和农牧业领域，可见上海合作组织成员国之间的贸易优势互补性较强（见表4－2）。其中，中俄和中哈之间的贸易额相比中国与其他成员国之间的贸易额要高，中国从这两个国家进口的主要是能源和矿产品等原材料产品（见表4－3），而俄和哈以及其他中亚国家进口的中国商品是机电和纺织品等。比较优势贸易理论认为，区域间各国产业结构和对外贸易结构互补性越强，通过经济合作可以形成垂直性分工，有助于区域经济的合作。

---

① 胡俊文：《“雁行模式”理论与日本产业结构优化升级——对“雁行模式”走向衰落的再思考》，《亚太经济》2003年第4期；张帆：《论“后雁行模式”时期的东亚区域经济一体化》，《国际贸易问题》2003年第8期；Li Xing，East Asian Regional Integration：From Japan-led “Flying-geese” to China-centred “Bamboo Capitalism”，CCIS Research Series Working Paper，2007，No.3.

② 车维汉：《雁行形态——理论研究评述》，《世界经济与政治论坛》2004年第3期。

**表4－2　2010年上海合作组织成员国大类商品出口情况（优势产业）**

单位：%

| 国别 | 商品名称 | 占出口比重 |
| --- | --- | --- |
| 俄罗斯 | 能源商品 | 66.0～67.0 |
| 哈萨克斯坦 | 矿产品(包括能源产品) | 74.9 |
| 吉尔吉斯斯坦 | 矿产品(黄金) | 45.2 |
| 塔吉克斯坦 | 棉花和铝锭 | 80.0 |
| 乌兹别克斯坦 | 皮棉、黑色和有色金属 | 42.9 |
| 中国 | 机电产品、高新技术产品、纺织品 | 77.8 |

资料来源：吴恩远、吴宏伟主编《上海合作组织发展报告（2011）》，社会科学文献出版社，2011，第47页，其中中国的数据依据中国海关总署综合统计司《我国主要进出口商品量值表》（《中国统计》2011年第2期）计算得出。

**表4－3　2010年中国自俄、哈进口大宗商品状况**

单位：亿美元，%

| | 中自俄进口 | 中自哈进口 | 合计 | 占中国全部进口比例 |
| --- | --- | --- | --- | --- |
| 矿产品 | 141.0 | 74.4 | 215.4 | 7.1 |
| 矿物燃料 | 127.8 | 58.1 | 185.9 | 9.8 |
| 木及木制品 | 27.6 | — | 27.6 | 24.5 |
| 贱金属及制品 | 25.6 | 26.6 | 52.2 | 5.1 |
| 合　计 | 194.2 | 101 | 295.2 | — |
| 占进出口总额比例 | 75.2 | 91.1 | 80 | — |

资料来源：吴恩远、吴宏伟主编《上海合作组织发展报告（2011）》，社会科学文献出版社，2011，第48页。

但从另一个侧面也反映出了，俄罗斯和中亚四国经济发展水平还处于发育阶段，国内未能形成一种合理的民族工业体系。从整体上看，上海合作组织区域经济结构呈现出以下基本特征：以中俄的经济规模独大，中亚四国经济规模较小；中亚四国内部的经济实力，哈萨克斯坦较大，乌兹别克斯坦、吉尔吉斯斯坦、塔吉克斯坦依次递减。上海合作组织总体上形成了一个“倒金字塔形”的经济结构，实质上是一种经济规模的不平衡性。

从区域经济的融合角度来看，本区域各成员国之间的经济互动主要是一种双边的贸易往来，还未在投资和生产领域形成有助于经济融合的多边区域市场体制。上海合作组织区域经济结构生产要素的互补性和经济规模的不平衡性决定了区域经济合作的复杂性。

## 三　上海合作组织区域经济合作势头加快

### （一）2001～2010 年上海合作组织成员国国内经济快速增长

上海合作组织从 2001 年建立以来，成员国随着国内市场经济体制不断成熟，在分别经历了 20 世纪亚洲金融危机和俄罗斯 1998 年金融危机后，随着国际能源和矿产等原材料价格上涨，通过实施扩大内需和增加出口，各国的经济都得到了快速的增长，平均增长率达到 7.2%，截止到 2010 年底，该组织成员国 GDP 总值达到 73479 亿美元，是 2001 年的 16676 亿美元的 4.4 倍（世界银行数据库）（详见图 4－1、图 4－2）。在世界经济发展放缓的情况下，上海合作组织地区是世界发展最快的地区之一。一般认为区域经济合作国家的 GDP 越大，各国的市场规模越大，经济合作的程度越高，上海合作组织各成员国经济快速发展有助于推动区域经济合作。

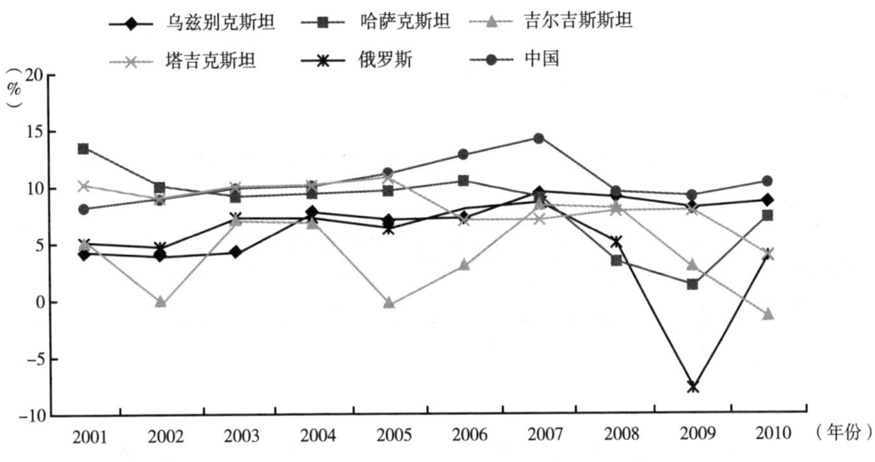


**图 4－1　2001～2010 年上海合作组织成员国 GDP 增幅变化**

注：吉尔吉斯斯坦 2004～2005 年爆发的"颜色革命"与 2010 年"四月政变"和六月流血冲突对其经济发展造成了严重影响；2009 年国际金融危机对以能源出口为主的俄罗斯、哈萨克斯坦等国造成严重影响。

资料来源：世界银行数据库，http：//data. worldbank. org/country。

### （二）2001～2010 年上海合作组织成员国之间的贸易依赖程度逐渐增强

上海合作组织成员国经济的快速发展，极大地推动了成员国对外的贸易额增长。2010 年上海合作组织成员国的外贸额进出口总额达 37175.8 亿美元，比 2001 年增长近 3 倍。同时，各成员国之间的贸易额也在快速增加（见表 4－4），互相的依赖程度不断增强。上海合作组织 2001 年成

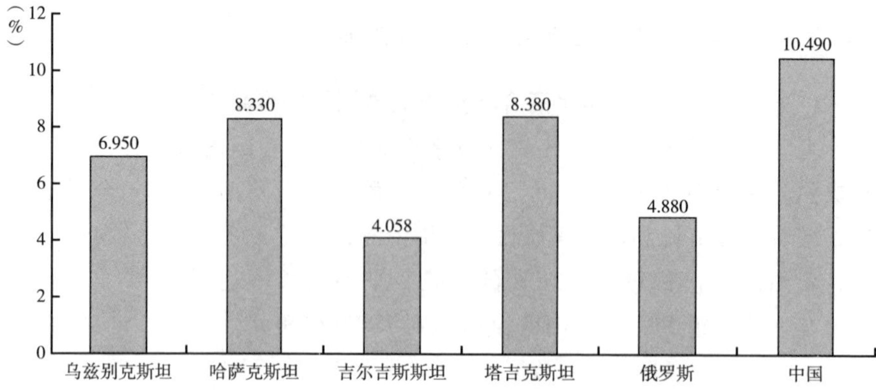


**图4－2　2001～2010年上海合作组织各成员国GDP增长率均值**

资料来源：世界银行数据库，http：//data. worldbank. org/country。

立以来，利用地缘优势，区域经济合作达到了一个新的阶段，除中国外，各成员国之间逐渐成为彼此的重要贸易伙伴（见表4－5），特别是中国在其他成员国对外贸易中逐渐占据了重要的位置。

**表4－4　2001年和2010年与上海合作组织成员国的贸易额占各国对外贸易比重**

单位：%

| | 中国 | 俄罗斯 | 哈萨克斯坦 | 吉尔吉斯斯坦 | 塔吉克斯坦 | 乌兹别克斯坦 |
|---|---|---|---|---|---|---|
| 2001年 | 2.4 | 9.3 | 43.2 | 53.4 | 43.2 | 25.4 |
| 2010年 | 2.8 | 12.8 | 36.4 | 70.2 | 53.6 | 48.0 |

资料来源：吴恩远、吴宏伟主编《上海合作组织发展报告（2011）》，社会科学文献出版社，2011，第45页。

**表4－5　2010年和2010年上海合作组织成员国前五名贸易伙伴**

| 国别 | 2001年主要贸易伙伴国/地区 | 2010年主要贸易伙伴国/地区 |
|---|---|---|
| 中国 | 日、美、欧盟、中国香港、东盟 | 欧盟、美、日、东盟、中国香港 |
| 俄罗斯 | 德国、白俄、乌克兰、意、美 | 中、荷、德、意、乌克兰 |
| 哈萨克斯坦 | 俄、意、德、瑞、美、 | 俄、中、意、法、荷 |
| 吉尔吉斯斯坦* | 俄、德、乌兹别克、中、哈 | 俄、哈、中、瑞、美 |
| 塔吉克斯坦 | 乌兹别克斯坦、俄、荷、哈、土耳其 | 俄、中、哈等 |
| 乌兹别克斯坦 | 俄、韩、乌克兰、哈、美 | 俄、中、哈、韩、土耳其 |

＊据吉方统计，2011年1～11月中吉贸易额为6.95亿美元，比上年增长8.1%。其中中方出口6.66亿美元，增长6.8%，中方进口2860万美元，增长50%。中国为吉第二大贸易伙伴国，第二大进口来源国和第9大出口目的国。（中国驻吉尔吉斯斯坦大使馆经济商务参赞处，http：//kg. mofcom. gov. cn/aarticle/ztdy/201202/20120207952456. html，2012年2月5日。）

资料来源：吴恩远、吴宏伟主编《上海合作组织发展报告（2011）》，社会科学文献出版社，2011，第46页。

### （三）2001～2010年上海合作组织成员国相互投资额度不断增加

相比同期中国对其他地区的投资增幅来看，中国对上海合作组织的投资规模也在不断加大。据中方统计，截至2008年底，中国对上海合作组织成员国投资额累计超过120亿美元；俄罗斯对华投资总额为20.2亿美元，实际投入7.2亿美元；哈萨克斯坦对华投资总额为2亿美元，实际投入2440万美元；其他成员国也有数量不等的对华投资。随着各国经济的快速发展，投资领域也正在逐步从能源和原材料、基础设施等主要领域向农业、服务业、加工业等领域扩展。相互投资的规模和经济融合度不断增加，为上海合作组织的经济整合奠定了重要的基础。

## 第二节 上海合作组织区域经济合作的问题分析

上海合作组织区域经济合作虽然目前已经得到了快速的发展，但主要是集中在双边领域的合作，除了俄罗斯和中亚四国在欧亚经济共同体内部和俄哈在俄白哈关税同盟内的经济合作，中国与其他成员国之间的双边贸易往来强于多边合作。无论是在资源领域还是非资源领域，双边合作的效率都要高于多边合作，这致使上海合作组织区域经济整合力度弱化。多边合作项目和机制发展缓慢，客观上造成了双边合作大于区域经济合作的印象。[①]

上海合作组织框架下签署的经济合作的一系列具有一定法律效应的协议和相关工作组的成立，其意义在于为上海合作组织的经济合作提供了基本的准法律框架和制度保证，为经济合作提供了一个可对话的平台，降低各成员国双边与多边经济合作中的不确定性和成本，有助于推动本区域经济投资便利化的初期任务和长期目标的实现。具体表现在海关领域（简化过境货物和监管程序）、质检领域（技术规范、标准和合格评定程序）、人员签证、电信领域、金融领域、能源和交通合作领域都取得了一定的进步，促进了贸易与投资便利化的进程。[②] 但这些领域除了能源和交通领域有具体合作外，其他领域的经济合作只限于经验交流、论坛和文本形式，在实践中并没有取得实质性的进展。

比如在贸易领域中，由于除中国和吉尔吉斯斯坦外的其他成员国均为

① 刘华芹：《新时期进一步推进上海合作组织区域经济合作的思考与建议》，《国际贸易》2011年第5期。

② 徐同凯：《上海合作组织区域经济合作——发展历程与前景展望》，人民出版社，2009，第116～121页。

没有加入WTO和欧亚经济共同体部分成员已达成的关税同盟，所以在降低关税和非关税壁垒问题上还存在较大的分歧，而高关税和非关税壁垒的存在是阻碍区域组织经济一体化进程的最主要的因素。尽管在2004年在比什凯克通过的《〈上海合作组织成员国多边经贸合作纲要〉实施计划》中详细地列出了在海关程序、监管、贸易过境、签证、动植物检疫、专利、各国贸易法律协调等非关税壁垒问题上采取的具体措施和部分完成期限，但就目前来看，还没有取得进一步的发展。2003年商务部欧洲司和国际贸易经济合作研究所联合课题组对上海合作组织六个成员国投资便利化的研究结果表明，海关程序、标准一致化、商务流通等方面存在的各种非关税壁垒严重阻碍了区域内各成员国间的贸易规模的扩大。[①] 随后在2008年前后该课题组再次对上海合作组织成员国贸易与投资便利化进行调查研究，结果表明，对外资的数量限制、资格限制、经营范围、地域限制等指标成为影响企业经营活动的重要因素。在外资存在行业准入的限制评价指标上，中资企业在金融、矿产资源、电信、汽车组装和维修等行业的投资等均受到限制，有些企业认为这严重阻碍了行业的发展。“工作签证办理不畅”是中资企业面临的共同问题，也是对企业经营活动影响最大的一项评价指标。[②]

**表4-6 上海合作组织各成员国“海关手续负担”指标评估***

| | 2007年 | 2010年 |
|---|---|---|
| 中　国 | 4.2 | 4.5 |
| 俄罗斯 | 2.8 | 2.9 |
| 哈萨克斯坦 | 3.0 | 3.5 |
| 乌兹别克斯坦 | — | — |
| 吉尔吉斯斯坦 | 2.9 | 3.0 |
| 塔吉克斯坦 | 2.9 | 3.6 |

*“海关手续负担”用于衡量企业高管对其所在国海关手续的效率的看法，打分范围为1～7，分数越高表示效率越高。

资料来源：世界银行数据库，http://data.worldbank.org/country。

不可否认，由于中亚国家的经济发展水平发展相对落后、产业结构单一、成员国之间政治经济利益诉求不同、次经济区域组织的存在

① 商务部欧洲司和国际贸易经济合作研究院联合课题组：《上海合作组织区域经济合作研究》，《俄罗斯中亚东欧研究》2004年第1期。

② 刘华芹：《上海合作组织区域经济合作》，载邢广程主编《上海合作组织发展报告（2009）》，社会科学文献出版社，2009，第104页。

和外部经济力量的介入等因素的存在，导致中亚乃至俄罗斯对于上海合作组织的关注度和投入力度都有所欠缺。同时，各成员国关税税率和非关税壁垒差异较大，使得上海合作组织协调贸易过境问题分歧严重。这些因素限制了工作组在落实上海合作组织已达成的相关协议的行为，表现出了在组织和监管各成员国落实相关规定方面行动乏力，导致一些重要的早期协议决而不定与组织机构工作效率低下。[①] 对于上海合作组织相关组织工作效率低下的原因，部分原因是该组织成员国的政治制度和法律制度的差异使得其向组织委托和让渡的权力相对较少，削弱了组织的资源提取能力。[②] 直接原因在于上海合作组织通过的这些经济合作文件并不具备严格意义上的区域国际组织的法律效应，各项协议文件中没有相应的惩罚和约束机制的条款规定，无法严格地约束成员国履行达成的相关协议所规定的责任和义务。[③] 因此，现实与在 2010 年前实现上海合作组织区域经济投资便利化的早期设想存在一定的差距，还需要进一步提高上海合作组织签订的相关协议的法律地位和该组织各相关机构的工作效率。

2012 年上海合作组织北京峰会签署的《上海合作组织中期发展战略规划》对区域经济合作的重新规划就是对这个问题最好的解读。该规划对《上海合作组织成员国多边经贸合作纲要》2020 年之前预期的长期目标做出了相应调整，更加突出地区多边合作项目和短期经济利益的实现。对此，本次峰会对未来十年地区经济发展规划做出的调整，既反映了成员国对于区域经济合作的实际利益的需求，也表明各国在区域经济合作中存在的利益分歧和合作的复杂性。

## 第三节　上海合作组织交通合作与地区经济整合

中亚国家独立以来，与中亚地区相关的区域经济合作组织和计划不断涌现，发表了众多相关宣言，签订了大量的合作协议，但就目前来看，中

① 徐同凯：《上海合作组织区域经济合作——发展历程与前景展望》，人民出版社，2009，第 126 页。

② 肖德：《上海合作组织区域经济合作问题研究》，人民出版社，2009，第 146 页。

③ “上海合作组织规定，有效文件必须‘全票通过’，但不对签字国具有刚性约束力，这就增加了形成共同文件的难度，并共同文件随时可能成为一纸空文。”（王晓泉：《俄罗斯对上海合作组织的政策演变》，《俄罗斯中亚东欧研究》2007 年第 3 期。）

亚区域经济一体化正面临巨大的考验，区域经济合作被竞争与防范代替，出现了“逆向一体化”的趋势。[①] 究其原因，根本上在于中亚国家在地区经济一体化上存在利益分歧和缺乏一个具有中亚国家与地区和其他大国共同认同的权威性地区组织。上海合作组织在中亚地区经济整合过程中遇到了同样的难题，[②] 在具体的合作领域，交通合作一直是区域经济合作中的一个重要基础，交通合作能够为区域经济一体化带来一种最为基础性的经济联系。2013 年 9 月中国提出了重建“新丝绸之路经济带”的提议，试图通过在上海合作组织区域范围内加强经济合作，而交通合作则是“新丝绸之路经济带”建设的基本要素。[③]

## 一　交通合作在中亚地区经济整合中的地位与作用

中亚地区的重要性不仅是由于其存在的丰富的能源储备和影响地区甚至世界稳定的极端势力，更重要的是该地区位于欧亚大陆中的地理位置和贸易活动的“十字路口”。美国前南亚与中亚事务助理国务卿费根鲍姆认为，从全球经济一体化和亚洲的整合的更广阔的视角来审视这个地区，其具备了再次成为一个具备战略性的经济整合空间。当谈到本地区“整合”的时候，本质上是指向地区间国家经济的联系，特别是注重在贸易、投资、劳动力和便利化的基础设施的建设，这意味着道路、电力线路、通信等在地区整合中的重要性。[④]“对于中亚地区长期的发展，发展基础设施，促进地区间以及与它们的大国邻居之间的非能源领域的交通运输和贸易是非常重要的，潜在的优势是巨大的。根据亚洲发展银行和联合国开发计划署的估计，如果具备了完善的交通运输体系，相比中亚从主要的海港出口货物，陆路交通的运输成本和时间将会减半，本地区的 GDP 也将增加两倍。”[⑤]

---

① 石泽：《中亚“逆一体化”给上合带来的挑战》，《环球时报》2013 年 5 月 9 日。

② 有学者通过计量模型分析了上合组织经济合作中遇到的问题，具体参见张恒龙、谢章福《上海合作组织区域经济一体化的条件与挑战——基于二元响应模型的计量分析》，《俄罗斯研究》2004 年第 2 期。

③ 昆都：《丝绸之路的连通和地区运输走廊》，《俄罗斯研究》2013 年第 6 期。

④ Evan A. Feigenbaum, “Central Asian Economic Integration: An American Perspective”, Remarks to the Central Asia-Caucasus InstituteNitze School of Advanced International StudiesJohns Hopkins University, Washington, DC, http://www.silkroadstudies.org/new/docs/publications/2007/0702Feigenbaum－CACI.pdf，最后访问时间：2013 年 4 月 3 日。

⑤ Johannes F. Linn, “Central Asia: A New Hub of Global Integration”, http://www.brookings.edu/articles/2007/1129_central_asia_linn.aspx，最后访问时间：2013 年 4 月 3 日。

在发展中国家市场上，运输费和保险费用占货物和劳务出口总额的3.7%，而中亚国家的平均运输费比这个指标高出4~8倍，中亚地区各国进口货物的运输费高出进出口货物价值的60%~65%。[①] 因此，解决中亚国家的交通运输的困局，已成为中亚各国经济持续增长的重要因素。交通的沟通意味着拓宽了中国与中亚地区的经济贸易往来途径、降低运输的困难以及加快产品、资本、技术、劳务、旅游等的流动频率。正如高柏教授最近在一篇颇有战略高度的文章中所表述的："建设由中国通往中亚、南亚、中东、东欧、俄国最后直至西欧的各条高铁路线将有力地带动欧亚大陆的经济整合。贯通欧亚大陆的交通大动脉将把沿线各国的生产要素重新组合，在各国制造出新需求，吸引来新投资。这将为地域经济一体化打下一个基础。"[②] 同时，中亚交通运输体系的加强和完善，将有助于改善中亚的基础设施和物流体系，能够为中亚树立良好的国际投资形象，降低投资者的运输成本和风险。

地区间区域集团化快速发展的经验表明，交通的便利和地理位置的相邻是开展区域经济合作的一个重要因素。以中亚地区为中心的上海合作组织成员国的国土面积达到3017万平方公里，占欧亚大陆总面积的3/5，如此辽阔的地理空间将会使各国经济交往变得十分困难，将经贸往来局限在相邻的边境地区，比如中国新疆与中亚各国的贸易往来占到了中国对中亚地区外贸的80%以上，而中国内陆沿海地区与中亚地区的经贸往来的缺乏，很大程度上与地理位置和交通所能够延伸到的地区有关。地理空间之间缺乏一定的联系将会加大经济合作的交易成本，空间的制约会延缓上海合作组织区域经济合作的进程，各国需要加大交通道路的建设，改善交通设施，以确保经济合作的效率。[③]

进一步来看，交通运输特别是铁路建设对于欧亚大陆的经济整合也具有重要的作用，地缘政治学的鼻祖哈·麦金德对此曾做了富有远见的表述，"在一个世纪前，蒸汽机和苏伊士运河的出现，增强了海上强国相对于陆上强国的机动性。铁路的作用主要是远洋贸易的供应者，但是现在横贯大陆的铁路改变了陆上强国的状况；铁路的作用在任何地方都没有像在闭塞的欧亚心脏地带，像在没有木材或不能得到石块的修筑公路的广大地区内所发挥的这种效果。……诚然，横贯西伯利亚的铁路仍然是一条单一

① 哈希莫夫：《上海合作组织与中亚交通运输》，《俄罗斯中亚东欧市场》2004年第11期。

② 高柏：《高铁与中国21世纪大战略》，《经济观察报》2010年3月15日。

③ 杨洁勉等：《大整合：亚洲区域经济合作的趋势》，天津人民出版社，2007，第269页。

的不安全的交通线，但是在20世纪结束以前，整个亚洲将会布满了铁路。在俄罗斯帝国和蒙古境内的空间如此辽阔，他们在人口、小麦、棉花、燃料和金属方面的潜力如此巨大，一个多少有些分割的广阔的经济世界将在那里发展起来，远洋通商将被被拒于门外，这是必然的。”[①] 虽然现实与麦金德所预想的在20世纪末欧洲铁路会遍布欧亚大陆还有一定的距离，但铁路建设正在逐步由欧亚各国国内向区域和洲际之间延伸，欧亚大陆经济整合初露端倪。

从交通运输与地区社会广义的关系来看，海洋交通与大陆交通的不同之处在于，海洋交通穿越的是没有人烟的浩瀚海洋，而大陆交通通过的是不同的地域、文明和社会。[②] 如果仅将对方当作廉价产品的销售地和原材料的供应地，那么这些谋求经济利益的国家也必将被视为霸权主义，引发区域国家的抗议。在中亚甚至俄罗斯的媒体和民众中一直存在着“中国威胁论”和“中亚地区会成为中国的附庸国”的舆论。在上海合作组织成员国中，俄罗斯和中亚四国在政治、文化、经济、意识形态等领域都有着历史的亲和性，彼此之间有着很强的认同感。相对来说，中亚地区的人民对于中国的印象并不如意。一项来自哈萨克斯坦的民调显示，69.0%的哈萨克斯坦居民认为中国是对哈经济安全威胁最大的国家。来自吉尔吉斯斯坦的一项调查显示，52.67%的被调查者认为俄罗斯对吉是最友好的国家，其后依次是哈萨克斯坦（13.48%）、白俄罗斯（10.21%）、美国（5.11），中国排名第七（1.36%），低于与吉有民族、领土纠纷的乌兹别克斯坦（2.2%），仅高于地理上相距遥远的欧盟国家，而中国2010年底已经成为吉尔吉斯斯坦第二大外贸伙伴国。在没有共同文化属性和彼此市场高度“嵌入”的情况下，如果再没有交通的直接联系，中国与中亚的贸易联系与中国同南美洲、非洲等远距离的地区的联系是没有任何区别的。[③]

由此我们也必须承认，在中亚“软实力”的竞争中，拥有地缘政治、经济优势和与中亚有着源远流长的友好交往历史的中国，在中亚民众的心中认知程度较低。[④] 近几年中国与上海合作组织其他成员国在政治、安全

---

① 哈·麦金德：《历史地理的枢纽》，林尔蔚等译，商务印书馆，2010，第66~67页。

② 汪辉：《大陆-海洋与亚洲的区域化》，《21世纪经济报道》2012年3月21日。

③ 连雪君：《传统的再发明："新丝绸之路经济带"观念与实践——社会学新制度主义在地区国际合作研究中的探索》，《俄罗斯研究》2014年第2期。

④ 孙壮志：《中亚新形势与上海合作组织的战略定位》，载吴恩远、吴宏伟主编《上海合作组织发展报告（2011）》，社会科学文献出版社，2011，第121~122页。

和经济领域内合作的进程在不断加快，但这并不等于上海合作组织各成员国国内的民众认同中国的身份。区域组织的凝聚力不仅包括政治和经济的融合度，也包括身份的认同。从20世纪中亚国家政治体制的转变、各大势力的介入和中国的崛起，中亚国家对于中国的印象也随着国际政治经济环境的变化发生了重大的改变，一个重要的原因在于中亚地区与中国特别是中国内陆地区的交流不足。大陆交通不仅是经济交往的沟通工具，也会增进不同国家和不同文明之间的社会联系，是实现中国与中亚地区各国经济、社会和文化融合的一个现实的便捷途径。同时也有助于加强地域之间的民间社会交往，从而提高中国与中亚地区的文化与社会融合度以及政治互信度，为经济合作奠定社会基础。

“因此，从地缘政治考虑，按新的建筑学建设中亚交通运输网将是决定该地区中期、长期地缘政治和地缘经济发展趋势、决定该地区在世界经济一体化进程中的作用和地位的基本因素之一。”① 地区间交通联系和多元化是一个国家发展的关键因素之一，也是提升地区内和区域间经济组织整合的一条重要发展路径。中亚地区整体的地缘政治和经济整合重要性在未来很大程度上依赖该地区交通联系能否将该地区有效地沟通起来。② 从某种程度上讲，交通是地区一体化空间重构的一个极为重要的因素。

## 二　中亚连接欧亚大陆的主要铁路网的分布情况与存在的问题

中亚地区现在主要的对外的交通联系方式是苏联时期留下的通往俄罗斯和其他独联体国家的铁路和高速公路。预计未来，中亚地区短期内交通运输网将快速发展，铁路年增率为5%～6%，公路将达到6%～8%，而公路的发展还将以中亚各国国内为主。③ 贯通欧亚大陆的主要公路是由国际道路联盟（IRF）发起的“新丝绸之路”项目，该线路不仅是一条从东到西，从中国沿海延伸到欧洲的公路，也包括从北至南，覆盖了中亚、俄罗斯、中国、中东和阿拉伯整个地区。截至2007年已恢复了20000公里的路线，预计到2020年货物流量达到1200万～1500万标准箱（TEU）

① 哈希莫夫：《上海合作组织与中亚交通运输》，《俄罗斯中亚东欧市场》2004年第11期。

② Gulnara Karimova, Potential and Prospects of Development of Central Asian Transport Corridor, From the Report at the International Conference Central Asia as Transcontinental Transportation Bridge: Potential and Prospects of Development, Tashkent, http://gulnarakarimova.com/en/pages/research-materials-transport-corridor/，最后访问时间：2013年5月2日。

③ Manmohan Parkash, Connecting Central Asia: A Road Map for Regional Cooperation, Asian Development Bank Report, 2006.

的货物，比2004年增加三倍到四倍。[①] 在整个“新丝绸之路”中，中亚地区的地理位置对于欧亚大陆的公路网贯通起着关键的作用。中亚地区间的主要公路有阿特拉乌—别伊涅乌、阿拉木图—比什凯克、奇姆肯特—克孜勒—奥尔达、安集延—塔什干、塔什干—撒马尔罕、昆格勒—别伊涅乌—阿特拉乌—阿斯特拉罕、杜尚别—库利亚布、铁尔梅兹—库姆库尔干—舍拉巴德、哈萨克斯坦—土库曼斯坦—伊朗、中国—吉尔吉斯斯坦—乌兹别克斯坦等。中国与中亚国家已开通87条公路客货运输线路，其中，中哈间64条（客运33条、货运31条），中吉间21条（客运10条、货运11条），中塔间2条（客运1条、货运1条）。[②] 其中，中国连接欧洲大陆最重要的公路是中国的连云港经西安至霍尔果斯的国家高速公路，与穿越中亚的欧洲E40号公路相连。

然而中亚地区复杂的地理位置和自然环境，决定了中亚地区铁路运输是便利性、经济性的基本运输方式。中亚的铁路网连接着东亚、哈萨克斯坦北部工业中心、俄罗斯南部、南亚和欧洲，而公路则在吉尔吉斯斯坦、塔吉克斯坦和乌兹别克斯坦与俄罗斯、哈萨克斯坦南部和欧洲之间扮演着主要的角色。从整体上来看，在地区内（intraregion）贸易运输更多的是依靠卡车，而铁路主要是地区国际（interregion）进出口贸易的主要运输工具。[③] 截至2009年底，本地区相关国家国内铁路总长分别为：哈萨克斯坦：14205公里；乌兹别克斯坦：4230公里；塔吉克斯坦：616公里；吉尔吉斯斯坦：417公里；中国：65491公里；俄罗斯：85194公里。铁路的发展对于中亚地区乃至整个欧亚大陆的经济整合具有重要的作用，下面我们将着重介绍围绕中亚地区的主要欧亚大陆铁路网的发展情况。

1. 连接欧亚大陆的主要铁路网

（1）欧洲—高加索—亚洲（欧亚大干线，主要多边协定，1998年）

欧亚大干线计划由中亚8个国家于1993年在布鲁塞尔外贸部长会议上制订。该计划规定，通过高加索建设欧洲和亚洲之间的新的运输桥梁。欧亚大干线计划以1998年9月8日的主要多边协定为规范性法律文件，

---

① Financing Developing Road Infrastructure，http：//www. roadtraffic – technology. com/features/feature44493，/28 October 2008.

② 秦放鸣、毕燕茹：《中国新疆与中亚国家区域交通运输合作》，《新疆师范大学学报》（哲学社会科学版）2007年第4期。

③ Manmohan Parkash，Connecting Central Asia：A Road Map for Regional Cooperation，Asian Development Bank Report，2006.

摩尔多瓦、罗马尼亚、保加利亚、土耳其、乌克兰、阿塞拜疆、亚美尼亚、格鲁吉亚、哈萨克斯坦、吉尔吉斯斯坦、塔吉克斯坦和乌兹别克斯坦等国的首脑在协定上签了字。据评估，欧亚大干线的吸引力在于它能保障以最短的线路运输亚洲和欧洲之间的货物，这要比其他可选择的线路缩短1500公里。本线跨越高加索的通道的东线是“塔什干—阿什哈巴德—土库曼巴希—巴库—波季”，然后通过轮渡跨越黑海到康斯坦察港和瓦尔纳港，走这条线路要比走远东线路近1/3～1/2，比走波罗的海线路近24%～45%。西线是“土库曼巴希—阿什哈巴德（和/或阿克塔乌—别伊涅乌—昆格勒—塔什干）—塔什干—奥什—喀什”，进而进入中国的中部和东部省份。[①]

（2）中国（喀什）—吉尔吉斯斯坦（奥什）—乌兹别克斯坦（安集延）（中国、吉尔吉斯斯坦、乌兹别克斯坦国际公路交通协定，1997 年）

该铁路段于 2012 年正式开始建设，建成后中吉乌铁路将改变新疆乃至整个中国西部的交通格局，可构成第二欧亚大陆桥的南部通道，形成东亚通往中亚、西亚和南欧的新的便捷通道。具体来看，以南疆铁路喀什站为终点，经中国与吉尔吉斯斯坦边境的吐尔尕特山口，再经吉尔吉斯斯坦的卡拉苏，至乌兹别克斯坦的安集延。该条铁路全长约 504 公里，其中中国境内 175.9 公里，吉尔吉斯斯坦境内 278.1 公里，乌兹别克斯坦境内约 50 公里。[②] 该铁路的建成，可将乌吉铁路与中国铁路网的距离缩短约 1400 公里（相当于北京、上海之间的距离），并在喀什与中国内地的铁路大动脉接轨，可使中亚国家通过该条铁路线走向中国及东南亚等国的港口，每年可运输商业物资 2000 万吨。[③] 另外中国计划在 2010 年左右建成另一条铁路直通中亚，与哈萨克铁路接轨的精（精河）伊（伊宁）霍（霍尔果斯）铁路，并延伸霍尔果斯至萨雷奥泽克铁路，届时将缓解阿拉山口的过货压力，成为继阿拉山口铁路之后第二条中哈国际铁路通道。[④]

（3）哈萨克斯坦—乌兹别克斯坦—土库曼斯坦—伊朗（谢拉赫斯协定，1996 年）

本线西段土库曼斯坦与伊朗段于 1992 年 5 月开始修建，1996 年 5 月土库曼斯坦部分与伊朗部分实现对接，1997 年开始过货，全线长 295 公

① 哈希莫夫：《上海合作组织与中亚交通运输》，《俄罗斯中亚东欧市场》2004 年第 11 期。

② 《中吉乌跨境铁路明年开建西部资源大通道正打通》，《第一财经日报》2011 年 11 月 30 日。

③ 《“中亚经济核心圈”铁路枢纽启动》，中国交通新闻网，2004 年 8 月 30 日。

④ 《我国计划在 2010 年前建成两条铁路直通中亚》，中国公路网，2004 年 8 月 30 日。

里。它的修建和运营对中亚国家的意义不仅是扩展了与伊朗的联系，打开了土库曼斯坦到波斯湾的阿巴斯港和霍梅尼港的通道，更为重要的是开辟了通过伊朗铁路网和港口直达世界市场的通道，且可进一步通过土耳其到达黑海，与整个欧洲铁路网相联结。谢拉赫斯现已建成土伊边境的大型铁路枢纽，设计年过货量为300万吨。①

（4）第二欧亚大陆桥

东亚与西亚、中东、东欧和欧盟的经济联系主要依赖海上运输，由于海运的距离较远、成本较高和风险较大，所以通过加强新欧亚大陆桥的建设将是一种可能的替代贸易途径。新欧亚大陆桥在中国境内东起连云港，同时长江三角洲地区徐州铁路段也连接到了新欧亚大陆桥铁路网，且徐州至陇海铁路段复线已实现了电气化，在中哈边境站阿拉山口和多斯特克相接，与哈萨克斯坦德鲁日巴站接轨，西行至阿克套，进而分北中南三线（北线为途经俄罗斯境内的西伯利亚大陆桥，中线穿越哈萨克斯坦，南线为从中国喀什经过吉尔吉斯斯坦和乌兹别克斯坦），在莫斯科与第一欧亚大陆桥接轨，穿越东欧平原，抵达荷兰的鹿特丹，全长10800公里的钢铁运输大通道，将太平洋东岸与大西洋西岸通过铁路贯通整个欧亚大陆连接起来。这也是中亚国家与中国开展经贸合作能够直接通往太平洋港口和亚太市场最便捷最主要的铁路通道。自1991年开始过货，至2006年通往阿拉山口站和多斯特克站的年货物运输量已达1350万吨。新欧亚大陆桥在中国境内有四千六百多公里，承担着中国东中西部的国内运输和中国与中亚等国的进出口运输，以及日本、韩国等与中亚等国的大陆桥过境运输，是中国与中西南亚连接的唯一的大通道，也是连接欧洲最近的陆路通道。

新疆通往中亚国家的铁路通道目前有兰新线西段和南疆铁路两个分支。从乌鲁木齐西至阿拉山口口岸的兰新铁路西段为单线铁路，目前兰新铁路西段运送能力已经达到饱和，甚至出现货物堆积在口岸无法运出的现象。根据《中国铁路网中长期规划》，兰新铁路干线近期将全线改造。主要包括奎屯—阿拉山口段和精河至霍尔果斯铁路，前者为国家一级铁路，货物运输能力为475万吨/年；后者已于2004年9月开工，成为新疆的第一条电气化铁路，为欧亚运输走廊增加新的联络路线。南疆铁路由吐鲁番分支，经库尔勒和阿克苏地区，已经连通至喀什，为单线铁路。其中吐鲁

① 秦放鸣：《中亚国家铁路运输的现状、问题与发展探析》，《开发研究》2007年第4期。

番至库尔勒段为国家一级铁路，货物流量为665万吨/年~1267万吨/年。根据《中国铁路网中长期规划》，吐鲁番至库尔勒铁路将于2020年前改建为复线。库尔勒至喀什段为国家二级铁路，货物运输能力为475万吨/年~824万吨/年，目前铁路达到运力的60%左右。[①] 2010年，新疆完成国际道路客运量0.01亿人次、旅客周转量1.17亿人公里，分别比“十五”末增长206.8%和271.9%；完成国际道路货运量0.02亿吨、货物周转量6.25亿吨公里，分别比“十五”末增长46.7%、41.0%。在全区15个一类公路口岸中，霍尔果斯、阿拉山口、巴克图、都拉塔、老爷庙、吐尔尕特、伊尔克什坦、卡拉苏8个一类公路口岸年过货量超过10万吨；霍尔果斯、阿拉山口、巴克图、吉木乃、老爷庙5个一类公路口岸年旅客出入境人次超过1万人次。以乌鲁木齐为中心、通达周边国家大中城市的国际道路运输网络逐步形成。[②]

（5）“渝新欧”铁路——“第三条欧亚大陆桥”

“渝新欧”铁路线是被称作继第一欧亚大陆桥和第二欧亚大陆桥后的第三欧亚大陆桥。[③] “渝新欧”作为欧亚大陆桥的南线，是一条跨国的欧亚洲际铁路联运大通道，从重庆出发，经西安、兰州，进入新疆，经过哈萨克斯坦、俄罗斯、白俄罗斯和波兰，抵达德国的杜伊斯堡港，全长11179公里。这是一个由沿途六个国家铁路、海关部门共同协调建立的一条铁路运输通道。本线路比第一欧亚大陆桥（长度约13000公里）短了近2000公里，运行时间也缩短了近六天。全程运行16天左右，其在重庆和德国两点之间的运行时间比海运节约24天左右、比经满洲里出境少1000公里，且运费较低和安全程度较高。2011年9月六国相关部门在渝签署《共同促进“渝新欧”国际线路常态开行》合作备忘录，明确将共促“渝新欧”国际铁路联运线路常态化开行。同时六国铁路部门联合确定的五定班列（五定班列在货运列车中等级是最高的，相当于特快列车，其他的货运列车都必须为其让行）。目前“渝新欧”铁路线每1~2周就有一班列车从重庆开往欧洲，待物流等环节全面成熟后，有望实现每天一

---

① 高美真：《上海合作组织的交通合作》，载邢广程主编《上海合作组织发展报告（2009）》，社会科学文献出版社，2009。

② 《2010年新疆维吾尔自治区公路水路交通运输行业发展统计公报》，2011年7月5日，http://subsite.xjjt.gov.cn/ghs/show.aspx?ID=24027，最后访问时间：2013年6月2日。

③ 《“渝新欧”打通欧亚经脉》，《时代周报》2011年10月13日。

班。2011年9月开行到三月份短短半年时间，“渝新欧”已发出班列17列，发送集装箱达到1404个标准集装箱。[①]“渝新欧”铁路线相比其他两条欧亚大陆桥更为成功，关键在于本条线路在海关和铁路管理等领域在各国共同签署“安智贸”（重庆港是继深圳港后新加入中欧安全智能贸易航线试点计划的城市，是中国内陆首个安智贸试点港口）协议基础上，实现了沿途海关监管互认，一次申报、一次查验、一次放行的便利模式，货物在重庆海关申报，查验放行，到其余五个国家都可以放行，反之亦然。[②] 这些通关便利将极大地提升企业在欧盟市场的竞争力。作为“渝新欧”铁路的出发站，重庆吸引着世界各地投资者的目光，全球最大的集装箱运输公司马士基、全球最大的工业及物流基础设施提供商和服务商美国普洛斯公司等国际物流巨头亦纷纷布局重庆。因此，“渝新欧”线路从某种程度上真正贯通了欧亚大陆两端，实现欧亚大陆桥的沟通东西方陆路经济联系的作用。正如英国《泰晤士报》评论称，这条新铁路将会使更多货物直接运至西欧消费者手中，重庆和中国西部也将相应成为推动这个世界第二大经济体发展的一台“更重要的发动机”。[③]

（6）欧亚大陆交通运输走廊拟建的和正在建设的铁路和公路还包括以下的项目。

中国—哈萨克斯坦—俄罗斯联邦—乌克兰—波兰—德国；印度—伊朗—俄罗斯—欧洲（印度、伊朗、阿曼和俄罗斯协定，2000年）；德国—波兰—乌克兰—俄罗斯联邦—哈萨克斯坦—乌兹别克斯坦—哈萨克斯坦—中国（“E－40”国际技术委员会）；跨越阿富汗的新的运输走廊；乌兹别克斯坦—阿富汗—伊朗（阿富汗、伊朗、乌兹别克斯坦协定，2003年）；中国—哈萨克斯坦（吉尔吉斯斯坦、塔吉克斯坦）—乌兹别克斯坦—阿富汗—伊朗，走向印度洋港口；中国—塔吉克斯坦—乌兹别克斯坦—阿富汗—伊朗；中国—塔吉克斯坦—乌兹别克斯坦；中国—哈萨克斯坦—土库曼斯坦—伊朗（铁路干线新方案）。[④]

2. 中亚地区区域铁路网发展存在的主要问题

中亚地区作为欧亚大陆的枢纽中心，在欧亚大陆的经济整合中占据重

---

① 《“渝新欧”班列再掀亚欧国际物流运输新篇章》，http：//finance. people. com. cn/GB/17556239. html，最后访问时间：2013年6月3日。

② 《黄奇帆详解“欧亚大通道”》，《财经国家周刊》2011年11月14日。

③ 《“渝新欧”打通欧亚经脉》，《时代周报》2011年10月13日。

④ 哈希莫夫：《上海合作组织与中亚交通运输》，《俄罗斯中亚东欧市场》2004年第11期。

要的地位。中亚铁路网（哈、吉、乌、塔）总长为19600公里，但四国拥有的规模各不相同，哈萨克斯坦的铁路网在中亚地区内是国际合作水平最高的，而其他国家规模较小，能够沟通整个中亚地区的铁路网还没有建立起来。整体来看，地区交通网络绝大部分基础不好，轨道标准不一致，缺乏资金维修，边境运输管理混乱，国家利益分歧和不信任等严重限制了中亚地区国家间的交通合作进程。①

中亚地区国家间彼此的不信任和地区间交通运输网络缺乏整体区域规划是整个中亚地区交通合作低水平的主要原因，国家利益肢解了地区合作的整体利益。地区国家间彼此不信任导致彼此互相增加额外的过境运输费用，比如穿越连接费尔干纳盆地的别卡巴德—卡尼巴达姆的塔吉克线，乌塔之间在铁路运价问题上一直存在着争议。从吉尔吉斯斯坦南部炼油厂出口的石油要经过乌、塔和哈境内，过境费用占到出口价格的27%～30%，整体运输成本占到50%。由于过境难等问题，中亚的部分国家更多地投资了公路来发展区域贸易，比如作为中亚地理交通枢纽的乌兹别克斯坦，主要的交通运输工具是汽车，2009年大约占了整合交通运输工具投资的80%。② 虽然各国签署了大量的国际和地区交通合作协议，但由于受国内法律制度和行政管理水平限制，都不能完全执行已签署的这些交通合作协议。如这些国家都参与了两个重要的交通协议：国际铁路关税协定（MTT）和统一运输关税协定（UTT），这两个运输关税协定起着协调铁路运输经过其他国家关税等问题的作用，但中亚国家在铁路改革中在获取商业利益的铁路管理和有效率的激励制度以及政府的责任和义务之间缺乏明确的界限，使得中亚地区内部交通运输始终无法有效落实有关国际和地区交通协议的内容和要求。③

中亚交通运输的不畅通，还存在两个客观的原因。一是中亚国家经济基础薄弱，限制了国家对于交通建设的投入力度。吉尔吉斯斯坦和塔吉克斯坦在苏联时期并没有得到很好的建设，基本是“白手起家”，经济发展

---

① Manmohan Parkash, Connecting Central Asia: A Road Map for Regional Cooperation, Asian Development Bank Report, 2006.

② Asia Development Bank (ABD), "Second Central Asia Regional Economic Cooperation Corridor 2 Road Investment Program - Tranche 1: Uzbekistan", Loan Number2772, Project Number 44483 - 02, 2011, http://pid.adb.org/pid/LoanView.htm? projNo = 44483&seqNo = 02&typeCd = 3，最后访问时间：2013年6月2日。

③ Manmohan Parkash, Connecting Central Asia: A Road Map for Regional Cooperation, Asian Development Bank Report, 2006.

的落后更加限制了这两国的铁路建设。二是地理环境的复杂（吉塔两国被高山环抱）、人口分布的不均衡（哈萨克斯坦地广人稀）和国家边界的相互交错（如乌、吉、塔三国），都提高了交通建设的成本。主观原因是缺乏统一的关税和边境管理能力，相关的边境进出关的文件极其烦琐，每个国家的文件和制度要求都不同。低效率的边境贸易管理体系和运输体系的容量有限，增加了运输的车次，提高了运输时间和成本，从而延后了货物到达目的地的时间，加大了供货商的成本与风险。

## 三 上海合作组织推进交通运输合作，加快中亚地区和欧亚大陆经济整合进程

中国经济快速发展，加工制造业和高附加值的机电产品的优势是中亚乃至欧亚大陆国家市场所缺乏的，这些国家市场对这些产品的未来需求旺盛。中国作为新欧亚大陆桥东亚与西太平洋的主要起始地，正在成为新欧亚大陆桥北线（中国沿海至鹿特丹）和南线（“渝新欧”）最重要的贸易进出口国。随着中国向西开放，横贯中国东中西部的新欧亚大陆桥对中国整体经济发展格局未来将起着举足轻重的作用。然而，中亚作为新欧亚大陆桥的必经之地正面临着上述诸多的问题困扰而难以发挥沟通整个欧亚大陆经济整合的作用。中国在重构欧亚大陆经济整合必须借助地区的相关组织来协调中亚国家间的利益纠纷和相关的问题，并在这一过程中发挥中国在铁路技术，特别是高铁技术的出口和高额的外汇储备的战略作用，加速中国向西开放的步伐。

上海合作组织为中国推进中亚地区的交通整合提供了一个可靠的工具。上海合作组织在政治和经济两个层面已经建立起了相对完善的组织制度框架，并就经济、能源、电信、农业和交通等领域达成了合作的协议，具有一定的法律效应，具备了协调各成员国就多边项目合作的可能性。相对于其他领域，交通领域的合作一般都会途经部分成员国，因此更适合在多边框架内协调。中国应充分利用上海合作组织和在交通领域已达成的协议推动中亚地区交通道路设施的建设，增进中亚乃至欧亚大陆的经济整合。

上海合作组织交通部长会议是本组织内交通协调与磋商的主要机制，共举行了四次会议，起草了数个交通领域的合作协议（见表4-7），为上海合作组织地区协调国家间利益分歧、提高贸易流量、完善过境能力和协调非关税壁垒等问题奠定了指导协议框架。未来在上海合作组织框架下将

建成“三横三纵”战略规划布局[①]。横向通道：中国—中亚—欧洲（中国—哈萨克斯坦—俄罗斯—欧洲；中国—哈萨克斯坦—里海—欧洲；中国—中亚—伊朗—土耳其—欧洲）。纵向通道：中国—中亚—中东和中亚出海通道〔霍梅尼港（伊朗）—中亚—中国；阿巴斯湾（伊朗）—中亚—中国卡拉斯港（巴基斯坦）；中国—中亚—俄罗斯〕。同时，中亚地区的交通运输领域的合作已经在整个地区达成一致的认同，得到了包括美国、欧盟、中国、俄罗斯、联合国经社会、亚洲发展银行、世界银行、独联体等大国和国际组织的大力支持，在利益协调上并不像其他领域利益分歧那么严重。上海合作组织应积极地与欧亚大陆特别是中亚地区现存的主要组织进行协商，才能进一步推动中亚地区的交通整合进程，这并不是不可能实现的，“新渝欧”线路的成功就是欧亚大陆国家协商成功的一个典型案例。

**表 4－7　上海合作组织交通运输多边合作协议**

| 签署地点 | 时间 | 上合组织交通运输合作文件(含正在起草的文件) |
| --- | --- | --- |
| 比什凯克 | 2002－11 | 《上海合作组织成员国交通部长第一次会议纪要》和《上海合作组织成员国交通部长第一次会议联合声明》 |
| 圣彼得堡 | 2003－09 | 各成员国加入《欧洲综合运输重要干线协定》 |
| 杜尚别 | 2004－11 | 落实联合国亚洲及太平洋经济社会委员会 2004 年 4 月 26 日在上海签订的《亚洲公路网政府间协定》的国内批准手续,呼吁各有关国家采取措施完成有关程序,并保障在各成员国领土内执行该协定,各成员国一致同意在 2005 年上半年制订完成《为国际公路运输创造有利条件政府间协议》草案,其中包括 8 个议定书 |
| 北京 | 2009－11 | 推进《上海合作组织成员国政府间国际道路运输便利化协定》的制定 |

中亚地区间交通运输方面的合作困难，除了国家间的利益纠缠和一些海关执行过程中存在的低效率问题，有两个因素是最重要的——铁路技术和资金。中亚国家铁路技术还停留在苏联留下的基础设施和铁路运输设备层面上，这些设施和设备已经非常落后和老化，缺乏高科技的特别是电气化的铁路设备。近几年中国的铁路技术，特别是高铁技术得到了快速的发展，甚至已经达到国际水平。但是，中国高铁技术在科研投入和实际被投入使用之间还存在着较大的距离，某种程度上降低了高铁的经济和社会效

① 徐同凯：《上海合作组织区域经济合作——发展历程与前景展望》，人民出版社，2009，第 190～192 页。

益。中亚地区乃至整个欧亚地区铁路网快速发展，巨大的地理空间距离潜在地增加了对电气化铁路设备的需求。就目前来看，中国对中亚以及欧亚大陆的其他地区铁路设备出口规模还是比较小（见表4-8）。中国应首先在上合组织的范围内推进高铁技术的出口，将高铁视为一种区域经济发展的“经济软实力”（soft power for economy），积极推动中亚地区的国家使用中国的高铁技术，既促进了中国高铁技术的经济效率，也可为中国推动欧亚大陆经济整合提供一个有力的战略工具。同时，中国高额的外汇储备也时刻面临世界经济动荡带来的风险，高额的外汇储备如何保值、增值和为促进中国经济发展提供强有力的保证都面临巨大的技术难题。在中国经济战略转型和西部大开发以及高铁向欧亚大陆延伸这一大背景下，高额的外汇储备应该成为中国推进欧亚大陆整合的另一个强有力工具。正如高柏教授所言：“中国可以输出长期资本，向其他国家提供建设高铁的资金。通过这种金融中介的作用，中国可能获得其他国家高铁的参股权，或者通过对方以能源作为贷款偿还获得对能源与资源的控制。”① 中亚国家和其他欧亚大陆的国家在铁路建设和铁路维修等方面都存在着资金不足的问题，中国可以通过多种渠道使用高额外汇储备，解决该地区交通建设中资金匮乏的问题，特别是在上海合作组织内支持中亚地区的交通建设，这也将为中国和上海合作组织赢得中亚国家更多的信任。

**表4-8 中国向中、西亚地区* 国家出口铁路设备（铁轨、电车车头和电气装备）的贸易状况**

| 指标 | 2001年 | 2008年 | 2009年 | 2010年 | 2011年 |
|---|---|---|---|---|---|
| 出口份额(%) | 0.01 | 0.54 | 3.26 | 1.47 | 2.49 |
| 出口增长率(%) | -98.13 | -59.77 | 67.47 | 39.53 | 171.51 |
| 出口总贸易额(百万美元) | 0.19 | 56.22 | 94.15 | 131.37 | 356.68 |

* 该数据库所指的中、西亚地区是由阿富汗、巴基斯坦、“中亚五国”、亚美尼亚、阿塞拜疆和格鲁吉亚构成的。

资料来源：Asian Development Bank：Asia Regional Integration Center（ARIC）database，http：//aric.adb.org/indicator.php。

中国通过加强在铁路技术和资金方面的投入推动中亚地区乃至欧亚大陆交通运输网的整合，发挥上海合作组织的协调作用，提高中亚地区的经

① 高柏：《高铁与中国21世纪大战略》，《经济观察报》2010年3月15日。

济发展水平，推进地区经济整合进程。也只有将长期预期利益现实化和短期化后，才能有效地防止中亚国家因外部因素的介入和出于自身狭隘的国家利益销蚀上海合作组织在该地区的经济整合的作用。

## 结 语

作为中国向西部拓展，促进欧亚大陆经济整合的一个重要地区，中亚地区的地缘政治和地缘经济战略地位在当今国际政治经济社会中尤为突出，这很大程度上决定了中国战略中心转移和建立陆权的难易程度。上海合作组织作为由中国发起且努力在主导的唯一一个地区区域政治和经济组织，有助于中国借助该组织实现战略中心的转移，然而由于各成员国的利益诉求的不同和诸多客观因素的存在，导致在区域经济合作中整合力度不够。交通合作有助于提高上海合作组织在中亚地区经济整合中的推动作用，道路交通不仅可以降低地理空间分割导致的运输成本、加强技术、资本、劳务和产品的流动，同时，也可以促进各成员国之间的文化和社会交流，增进不同文化、社会和政治等领域的互信。进一步来看，上海合作组织作为一个区域合作组织为在中亚地区进行道路交通建设提供了一种多边协调机制，有助于实现道路交通合作的进程，进而为中国战略重心的转移提供了一条可行的路径。

在中亚地区的经济整合给我国对冲“蓝海战略”带来的国际和国内经济发展压力的背景下，实施向西开放战略具有重要的地缘战略意义。长期以来，中国对中亚地区的发展缺乏更明确的战略目标和实施途径，以至于在中亚复杂的地区环境中，上海合作组织作为中国试图整合中亚地区的一个战略工具，区域经济整合功能并没有凸显反而受到诸多不确定的短期利益的限制。高铁作为现代化的交通工具，便捷快速的运输功能，有助于整合中亚地区的生产要素，促进生产要素更广泛更快的流动，将全面提升上海合作组织在中亚地区的经济整合功能。中国应借助上海合作组织现有的交通领域、已有的合作平台，发挥中国先进的高铁技术和高额的外汇储备优势，加强高铁在中亚地区沟通经济联系的功能，推动中亚地区乃至欧亚大陆的经济整合进程，以缓冲“蓝海战略”带来的困境。

# 第五章 中国与中东及中亚国家贸易结构和中国出口战略研究

根据中国铁路“十二五”规划，未来中国将形成五纵五横的铁路网与未来中巴铁路、中吉乌铁路、中印铁路、“渝新欧”铁路和泛亚铁路相连。这些铁路规划未来一旦实现将打开中国的西大门，与现有的欧亚铁路共同构成一张欧亚铁路网，有效地对冲现有的环太平洋海运网。欧亚铁路网的形成将有效地整合欧亚大陆经济，形成与环太平洋经济圈的对冲格局。在中国西部以及上海合作组织地区交通网络的建设下，特别是在“新丝绸之路经济带”建设的推动下，中国西部将有助于形成以新疆为中心的西部新经济增长极，来对冲现有以东南沿海为增长极的“蓝海战略”。

“新丝绸之路经济带”的实践需要欧亚大陆交通的畅通，高铁的延伸以及欧亚铁路网的形成缩短了原来经航马六甲海峡到达北非、欧洲的航线，途经地区又将“蓝海战略”面对的美国、日本等主要市场拓展到中亚、中东国家。中亚、中东国家所处的地理位置具有国际公认的重要战略地位，但由于中国一直采取的“蓝海战略”使得对这些地区的市场并没有给予充分的重视和开拓。高铁战略对开拓这两大地区市场具有特别的意义。因此，本章将对中亚和中东国家的贸易结构以及与中国的贸易现状进行研究，并通过贸易数据的分析呈现这两大地区市场的巨大发展潜力。

## 第一节 中亚、中东基本情况概述

中亚五国指哈萨克斯坦（Kazakhstan）、吉尔吉斯斯坦（Kyrgyzstan）、塔吉克斯坦（Tajikstan）、乌兹别克斯坦（Uzbekistan）和土库曼斯坦

(Turkmenistan)。哈萨克斯坦、吉尔吉斯斯坦、塔吉克斯坦三国又与我国新疆直接接壤，地缘亲近，是中国的西部邻居中亚地区，还是连接欧亚两个大陆的接合部，地理位置十分重要。苏联时期，中亚地区的这种战略接合部的作用并没有完全体现出来，苏联解体后这种作用则凸显出来。而哈萨克斯坦在中亚地区战略接合部中占有极其重要位置。从地缘政治上看，哈萨克斯坦不仅是一个中亚国家，还是一个欧亚国家；不仅领土横跨欧亚大陆，而且从国家属性上具备欧亚国家的双重属性。同时，中亚地区是一个十分复杂的地区，这里汇集了各种文化、宗教，民族成分十分复杂，这既给中亚地区民族融合和民族之间的相互促进提供了有利的前提和条件，也会带来很大的问题，非常容易出现大规模的宗教冲突和民族骚乱。①

另外，中亚地区蕴藏着丰富的战略资源，例如石油、天然气等。中国是一个能源短缺的国家，中国希望能够在平等互利的基础上从邻居那里得到所需的能源，以满足国内需求。中亚和哈萨克斯坦的独立为中国开辟了广阔的经济合作空间和条件，这更有利于中国西部地区的发展和繁荣。中亚地区对于中国来说具有重要的经济战略利益。与此对应的是，中亚各国尽管是欧亚大陆的枢纽，但处于内陆地区，没有出海口。中亚各国如果想输出丰富的战略资源则必须经由其他国家。这就使中亚各国与周边国家的关系显得极为重要。中国可以成为中亚地区通向亚太的桥梁。因此，中亚地区与中国具有密切的联系，并有充分合作的可能性。近几年中国与中亚地区政府外交关系和经济贸易的合作都取得了快速的发展。

中东一般可近似理解为泛指西亚、北非地区的一些国家。广义上说，一般可包括埃及（Egypt）、沙特阿拉伯（Saudi Arabia）、卡塔尔（Qatar）、阿联酋（UAE，United Arab Emirates）、科威特（Kuwait）、也门（Yemen）、叙利亚（Syria）、约旦（Jordan）、巴勒斯坦（Palestine）、利比亚（Lybya）、苏丹（Sudan）、突尼斯（Tunisia）、阿尔及利亚（Algeria）、摩洛哥（Morocco）、毛里塔尼亚（Mauritania）、伊拉克（Iraq）、巴林（Bahrain）、阿曼（Oman）、黎巴嫩（Lebanon）、伊朗（Iran）、土耳其（Turkey）、阿富汗（Afghanistan）、以色列（Israel）、塞普勒斯（Cyprus）等。索马里（Somali Democratic Republic）、吉布地

① 邢广成：《中国和新独立的中亚国家关系》，黑龙江教育出版社，1996，第18页。

(Djibouti)、科摩罗（科摩罗联盟，Union of Comoros）三国因为都是阿盟成员国，经常也被包括在内。其中，除以色列、塞普勒斯外，都是伊斯兰国家。而在这些中东伊斯兰国家中，土耳其、伊朗和阿富汗为非阿拉伯国家。

中东国家所属区域又被称为MENAP（即Middle East and North Africa，Afghanistan，Pakistan）。这里还有重要的区域性组织：海湾合作委员会(Gulf Cooperation Council)，全称海湾阿拉伯国家合作委员会（简称海合会），包括巴林、科威特、阿曼、卡塔尔、沙特阿拉伯、阿联酋6国。成员国总面积267万平方公里，人口约3400万，主要资源为石油和天然气。2001年12月，也门被批准加入海合会卫生、教育、劳工和社会事务部长理事会等机构，参与海合会的部分工作。

中东地理位置的重要性，素有“五海三洲之地”之称。中东地区是亚欧非三洲的接合部，且正好位于东半球大陆的中心。中东周围环绕着黑海、地中海、红海、阿拉伯海、里海和波斯湾等国际海域，这些海域大大便利了中东与世界各地的联系。沟通上述海域的博斯普鲁斯海峡、达达尼尔海峡、苏伊士运河、曼德海峡和霍尔木兹海峡等，是重要的国际航道，也是扼守这些航道的重要门户。中东地区这种适中、临海的地理位置，使之成为沟通大西洋和印度洋、东方和西方、欧洲经西亚到北非的联系纽带和十字路口，从而在世界政治、经济、军事方面具有十分重要的战略地位。

现今世界经济的高速发展，使得能源需求总量在世界能源需求总量中所占的比重不断提高。这导致中东地区的轻微变动都会给世界的政治经济关系带来重大影响。对中国而言，随着中国国民经济的快速发展，全国石油消费量迅速增长，产量增长低于消费增长，因此石油资源的进口对中国也有极其重要的战略意义。另外，美国对中东的某些国家的经济制裁，使得中东国家把出口瞄准了中国，这是欧美不能容许的事情，也给中国与中东国家建立紧密合作创造了机会。在从中东国家进口能源的基础上，如果能够拓展中东国家的制造产品市场，可以为中国进一步拓展海外市场，将会对推动中国的经济增长起到重要的作用。高铁的修建，将进一步加快这一进程。

中东、中亚是中国大周边战略的重要组成部分，是我国利益攸关的大后方。在高铁作为运输方式的背景下，中东中亚国家将与我国实现更加快速和密切的连接。因此，对中东、中亚国家市场与贸易结构的研究及其市场潜力的预测成为我们关注的主题。

## 一　中亚五国概况

中亚五国总人口为59.76百万，2010年GDP为2133亿美元，人均GDP为3569美元。中亚经济区是苏联的19个大型经济区之一，包括苏联的乌兹别克加盟共和国、土库曼加盟共和国、吉尔吉斯加盟共和国和塔吉克加盟共和国（当时哈萨克加盟共和国单独成为一个经济区——哈萨克斯坦经济区）。这个经济区面积共计127.7万平方公里，水利资源丰富，且开发条件好，具有利用地方资源的综合工业（天然气、有色金属开采、化学工业、轻工业和食品工业）和发达的农业（苏联主要的棉花、生丝、羊毛、羔皮生产基地）。植棉业、畜牧业及其产品初级加工业，燃料和其他矿产原料的采掘工业，是核心生产部门。在苏联总产量中籽棉和皮棉均占87%左右，生丝占70%以上，羔皮占55%左右，天然气占18%以上，锑和汞数一数二，轧棉设备占90%左右，棉田机械独家生产，但经济发展水平落后于当时全苏平均水平，经济结构上有明显缺陷，日用工业品和某些工业原料以及不少设备依赖外部，每年的货物输入比输出多近一倍。

该地区工业表现出两个基本特点：一是以农畜产品为原料的工业部门发达，如棉毛纺织工业、地毯编织业和畜产品加工业；另外，该地区煤、铁、石油、天然气等矿产资源丰富，特别是油气。近年来里海沿岸的俄罗斯、哈萨克斯坦、土库曼斯坦、阿塞拜疆、伊朗五国境内不断有新的油气资源被发现，这里已成为仅次于海湾地区的世界第二大油气分布区。在丰富的矿产资源基础上，中亚地区的采矿工业、冶金工业和军事工业非常发达。但该地区木材缺乏，许多机械制品和轻工业产品需进口。

**表5-1　中亚五国概况描述**

| 国家 | 人口（百万） | 国民生产总值（亿美元） | 人均国民生产总值（美元） | 劳动力（百万） | 主要产业 |
|---|---|---|---|---|---|
| 哈萨克斯坦 | 16.316 | 1449.350 | 8883 | 8.70 | 石油、煤、锰 |
| 吉尔吉斯斯坦 | 5.365 | 46.354 | 864 | 2.70 | 小型机械、纺织品、食品加工 |
| 塔吉克斯坦 | 6.879 | 50.973 | 741 | 2.10 | 铝、锌、铅；化工产品 |
| 土库曼斯坦 | 5.042 | 198.604 | 3939 | 2.32 | 天然气、石油、石油产品 |
| 乌兹别克斯坦 | 26.160 | 361.008 | 1380 | 12.56 | 农业、矿产及采矿业、服务业 |

## 二　中东国家基本概况

根据2010年WTO统计数据，中东国家总人口为7.076亿，总GDP为30570.48亿美元，人均GDP为4320美元。根据2011年世界银行数据，中东国家整体GDP年增长率为3.9%，其中石油出口国的GDP年增长率为4.9%，石油进口国的GDP年增长率为2.3%

从经济发展的历史看，中东国家过去依赖传统的农业和畜牧业，在该地区发现石油之后，石油工业兴起，对产油国的经济产生了重要的影响。这些国家又可以分为石油出口国（Oil exporters）和石油进口国（Oil importers）（Afghanistan, Djibouti, Egypt, Jordan, Lebanon, Mauritania, Morocco, Pakistan, Syria, Tunisia）。随着各国经济的不断发展，中东国家一方面不断发挥其石油产出和相关工业的优势，同时也在寻找其他方面的经济发展领域，如服务业、先进制造业、银行业等。

**表5－2　MENAP国家概况描述**

| 中东国家 | 人口（百万） | GDP（亿美元） | 人均国民生产总值（美元） | 劳动力（百万） | 主要产业 |
|---|---|---|---|---|---|
| 阿尔及利亚 | 34.895 | 1406 | 4435 | 9.748 | 石油、天然气 |
| 阿富汗 | 29.803 | 118 | 517 | | 小规模纺织生产、肥皂、家具、鞋、化肥、服装、食品、非酒精饮料、矿泉水、水泥；手工编织地毯；天然气、煤、铜 |
| 巴林 | 0.791 | 206 | 20475 | 0.463 | 石油加工与精炼、铝熔炼 |
| 赛普勒斯 | 0.871 | 249 | 28599 | 0.407 | 轻工业、农业、服务业 |
| 吉布提 | 0.864 | 10 | 1.383 | 0.282 | 服务业 |
| 科摩罗 | 0.659 | 5 | 833 | 0.145 | 服务业，农业 |
| 埃及 | 82.999 | 1884 | 2789 | 26.100 | 纺织、食品加工、旅游业、化工产品、五金 |
| 伊拉克 | 31.494 | 658 | 2564 | 8.500 | 石油、化工产品、纺织业、皮革制品 |
| 伊朗 | 72.904 | 3310 | 4741 | 25.700 | 石油、石油化工产品 |
| 以色列 | 7.442 | 1954 | 26255 | 3.010 | 高科技项目、木材与纸产品 |
| 约旦 | 5.951 | 251 | 4500 | 1.615 | 服装、磷酸盐采矿、化肥 |
| 科威特 | 2.795 | 1480 | 36412 | 2.200 | 石油、石油化工产品 |
| 黎巴嫩 | 4.224 | 345 | 10044 | 1.500 | 银行业、旅游业、食品加工、珠宝 |
| 利比亚 | 6.355 | 624 | 11314 | 1.640 | 石油、钢、铁、食品加工、纺织业 |
| 毛里塔尼亚 | 3.460 | 36 | 1195 | N/A | 农业与畜牧业 |
| 摩洛哥 | 31.993 | 914 | 3249 | 11.630 | 磷酸盐、岩石开采与加工、食品加工 |

续表

| 中东国家 | 人口（百万） | GDP（亿美元） | 人均国民生产总值（美元） | 劳动力（百万） | 主要产业 |
| --- | --- | --- | --- | --- | --- |
| 阿曼 | 2.845 | 461 | 18657 | | |
| 巴基斯坦 | 173.593 | 1748 | 1050 | 55.770 | 纺织品与服装、食品加工、药物、建筑材料、纸制品、化肥 |
| 卡塔尔 | 1.409 | 983 | 76168 | 1.124 | 原油生产与精炼、氨 |
| 沙特阿拉伯 | 25.391 | 3692 | 16996 | 6.922 | 原油生产、石油精炼 |
| 索马里 | 10.090 | 59 | 600 | N/A | 农业与畜牧业 |
| 苏丹 | 42.272 | 547 | 1705 | N/A | 农业、原油生产 |
| 叙利亚 | 21.092 | 523 | 2877 | 5.527 | 石油、纺织业、食品加工、饮料 |
| 突尼斯 | 10.433 | 396 | 4201 | 3.740 | 石油、矿业、旅游业 |
| 土耳其 | 74.816 | 6146 | 14611 | 25.300 | 纺织业、食品加工、汽车、电子、旅游业 |
| 阿联酋 | 4.599 | 2303 | 59717 | 3.168 | 石油与石油化工产品 |
| 也门 | 23.580 | 264 | 1282 | 6.494 | 原油生产和石油精炼 |
| 巴勒斯坦 | 2.963 | 57 | 1924 | 0.872 | 水泥、采石、纺织和制皂 |

## 三　MENAP 国家与中亚五国的贸易情况

MENAP 国家与中亚五国中，13 个国家最多出口品类为资源，特别是石油、天然气以及其他矿产；2 个国家的最多出口品类为农产品；12 个国家的最多出口品类为制造业产品。有 10 个国家的最大出口伙伴为欧盟，其中 4 个国家出口的最多品类是石油及矿产。15 个国家的三大出口伙伴中有欧盟。科威特、苏丹和也门三个国家的最大出口伙伴是中国，除也门外，其他两国的主要出口产品均为石油和矿产。中国（包括中国香港和中国台北）在其三大出口伙伴中的国家有 7 个国家。

从进口看，MENAP 国家和中亚五国中，除阿富汗和巴林两国以外，其他国家最多的进口品类均为制造业产品（Manufactures）。其中 18 个国家的最大进口伙伴为欧盟，除阿富汗和吉尔吉斯斯坦外，欧盟均列在其他国家的三大进口伙伴之中。中国是苏丹的最大进口伙伴，除此之外，中国列在 18 个国家的三大进口伙伴之中。中国已经成为中东及中亚国家的重要贸易伙伴。

**表 5－3　MENAP 国家与中亚五国进出口额、最多进出口品类以及主要贸易伙伴***

| | 国家 | 出口总额（亿美元） | 主要出口目的地 | 最多出口品类 | 进口总额（亿美元） | 主要进口来源地 | 最多进口品类 |
|---|---|---|---|---|---|---|---|
| 中国作为主要进出口贸易伙伴的国家 | 哈萨克斯坦 | 593 | 欧盟(27)<br>中国<br>加拿大 | F | 298 | 欧盟(27)<br>俄罗斯<br>中国 | M |
| | 沙特阿拉伯 | 78 | 中国<br>阿联酋<br>加拿大 | F | 97 | 中国<br>欧盟(27)<br>日本 | M |
| | 土耳其 | 63 | 中国<br>印度<br>泰国 | M | 92 | 欧盟(27)<br>阿联酋<br>中国 | M |
| | 毛里塔尼亚 | 21 | 欧盟(27)<br>中国<br>瑞士 | F | 19 | 欧盟(27)<br>阿联酋<br>中国 | M |
| | 以色列 | 479 | 美国<br>欧盟(27)<br>中国香港 | M | 483 | 欧盟(27)<br>美国<br>中国 | M |
| | 伊朗 | 788 | 日本<br>中国台北<br>欧盟(27) | F | 505 | 欧盟(27)<br>中国<br>印度 | M |
| | 卡塔尔 | 1923 | 日本<br>中国台北<br>美国 | F | 956 | 欧盟(27)<br>美国<br>中国 | M |
| 中国仅作为主要出口贸易伙伴的国家 | 科威特 | 519 | 中国<br>阿联酋<br>沙特阿拉伯 | F | 203 | N/A | M |
| | 也门 | 116 | 中国<br>泰国<br>印度 | F | 85 | 欧盟(27)<br>阿联酋<br>沙特阿拉伯 | M |
| | 阿曼 | 277 | 中国<br>阿联酋<br>日本 | F | 180 | 阿联酋<br>欧盟(27)<br>日本 | M |
| 中国仅作为主要进口贸易伙伴的国家 | 阿尔及利亚 | 452 | 欧盟(27)<br>美国<br>加拿大 | F | 393 | 欧盟(27)<br>中国<br>美国 | M |
| | 阿富汗 | 4 | 巴基斯坦<br>印度<br>伊朗 | A | 33 | 乌兹别克斯坦<br>中国<br>日本 | M |

续表

| | 国家 | 出口总额（亿美元） | 主要出口目的地 | 最多出口品类 | 进口总额（亿美元） | 主要进口来源地 | 最多进口品类 |
|---|---|---|---|---|---|---|---|
| 中国仅作为主要进口贸易伙伴的国家 | 埃及 | 830 | 欧盟(27)<br>印度<br>美国 | M | 449 | 欧盟(27)<br>美国<br>中国 | M |
| | 黎巴嫩 | 42 | 瑞士<br>欧盟(27)<br>阿联酋 | M | 166 | 欧盟(27)<br>美国<br>中国 | M |
| | 摩洛哥 | 141 | 欧盟(27)<br>印度<br>美国 | M | 329 | 欧盟(27)<br>中国<br>美国 | M |
| | 约旦 | 6375 | 伊拉克<br>美国<br>印度 | M | 142 | 欧盟(27)<br>沙特阿拉伯<br>中国 | M |
| | 赛普勒斯 | 13 | 欧盟(27)<br>黎巴嫩<br>埃及 | M | 78 | 欧盟(27)<br>以色列<br>中国 | M |
| | 索马里 | 109 | 欧盟(27)<br>伊拉克<br>黎巴嫩 | F | 153 | 欧盟(27)<br>俄罗斯<br>中国 | M |
| | 叙利亚 | 1021 | 欧盟(27)<br>伊拉克<br>瑞士 | M | 1409 | 欧盟(27)<br>俄罗斯<br>中国 | M |
| | 苏丹 | 144 | 欧盟(27)<br>利比亚<br>阿尔及利亚 | M | 191 | 欧盟(27)<br>中国<br>美国 | M |
| | 突尼斯 | 1850 | 印度<br>伊朗<br>伊拉克 | M | 1500 | 欧盟(27)<br>印度<br>中国 | M |
| | 阿联酋 | 2850 | 印度<br>伊朗<br>伊拉克 | F | 2050 | 欧盟(27)<br>印度<br>中国 | M |
| | 吉尔吉斯斯坦 | 18 | 瑞士<br>阿联酋<br>俄罗斯 | M | 32 | 俄罗斯<br>中国<br>哈萨克斯坦 | M |
| | 巴基斯坦 | 410 | 日本<br>韩国<br>新加坡 | F | 249 | 欧盟(27)<br>日本<br>美国 | M |
| | 巴林 | 119 | 沙特阿拉伯<br>美国<br>欧盟(27) | F | 73 | 欧盟(27)<br>澳大利亚<br>日本 | F |

续表

| 国家 | 出口总额（亿美元） | 主要出口目的地 | 最多出口品类 | 进口总额（亿美元） | 主要进口来源地 | 最多进口品类 |
|---|---|---|---|---|---|---|
| 巴勒斯坦 | 5 | N/A | A | 38 | N/A | M |
| 吉布提 | 0.77 | 埃塞俄比亚<br>欧盟(27)<br>索马里 | N/A | 5 | 欧盟(27)<br>阿联酋<br>沙特阿拉伯 | N/A |
| 葛摩 | 0.16 | 欧盟(27)<br>新加坡<br>印度 | A | 2 | 阿联酋<br>欧盟(27)<br>巴基斯坦 | M |
| 伊拉克 | 419 | 叙利亚<br>约旦<br>伊朗 | F | 370 | N/A | M |
| 利比亚 | 474 | N/A | F | 105 | N/A | M |
| 塔吉克斯坦 | 12 | N/A | N/A | 29 | N/A | N/A |
| 土库曼斯坦 | 65 | N/A | N/A | 56 | N/A | N/A |
| 乌兹别克斯坦 | 119 | N/A | N/A | 84 | N/A | N/A |

注：F——供给燃料和矿业产品；A——农业产品；M——制成品。

资料来源：根据 WTO 公布统计资料（2010）整理而得。

## 第二节　中国与中亚和中东贸易结构

### 一　进出口数额

#### （一）中国对中亚五国的出口数额（2010 年）

2010 年中国对中亚五国的出口总额为 165.31 亿美元，占中国出口总额的 1.0%。中国从中亚五国进口商品总额为 135.83 亿美元，占中国进口总额的 0.97%。2011 年中国对中亚五国的出口总额为 185.85 亿美元，比 2010 年增长 12.43%，占中国出口总额的 0.98%。中国从中亚五国进口商品总额为 211.10 亿美元，比 2010 年增长 55.43%，占中国进口总额的 1.2%。

中国与中亚五国之间的贸易额总体上呈增长趋势，在 2009、2010 年出口额减少，2009 年进口额出现减少。2003 年之前，中国从中亚五国的进口额一直超过对其出口额，呈现贸易逆差。2003 年，出口额（20.63 亿美元）首次超过进口额（20.11亿美元）。之后一直到2010年，中国对中亚五国一直保持贸易顺差。2011年，中国从中亚五国总的进口额（211.10亿美元）再次超过出口额（185.85亿美元），再次呈现贸易逆差（见图5－1）。

表5－4　中亚五国与中国进出口数额（2010、2011年）

| 国家 | 从中国进口贸易价值(亿美元) | | | 对中国出口贸易价值(亿美元) | | |
|---|---|---|---|---|---|---|
| | 2010年 | 2011年 | 增长率(%) | 2010年 | 2011年 | 增长率(%) |
| 哈萨克斯坦 | 93.20 | 95.67 | 2.65 | 111.09 | 154.40 | 38.99 |
| 吉尔吉斯斯坦 | 41.28 | 48.78 | 18.17 | 0.72 | 0.98 | 36.11 |
| 塔吉克斯坦 | 13.77 | 19.97 | 45.03 | 0.56 | 0.72 | 28.57 |
| 乌兹别克斯坦 | 11.81 | 13.59 | 15.07 | 13.01 | 8.07 | -37.97 |
| 土库曼斯坦 | 5.25 | 7.84 | 49.33 | 10.45 | 46.93 | 349.09 |
| 总　额 | 165.31 | 185.85 | 12.43 | 135.83 | 211.10 | 55.41 |

资料来源：根据UNcomtrade数据计算制作而得。

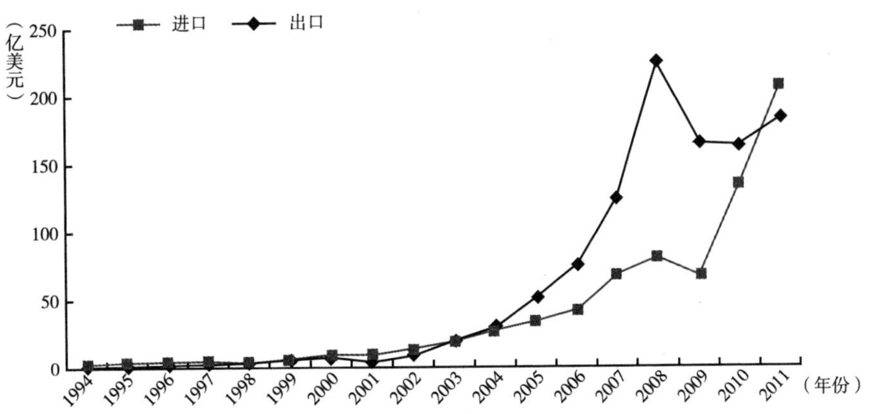


图5－1　中国与中亚五国进出口贸易数额趋势描述（1994～2011年）

资料来源：根据UNcomtrade数据计算制作而得。

### （二）中国对MENAP国家进出口数额（2010年）

2010年中国对MENAP国家出口总额为1004.96亿美元，对世界的总出口额为15777.60亿美元，对中东国家出口额占中国总出口额的6.37%。中国从中东国家的进口总额为1064.57亿美元，从世界的总进口额为13960亿美元，从中东国家的进口额占总进口额的7.63%。

**表5-5 MENAP国家对中国进出口数额（2010年）**

| 国　　家 | 从中国进口贸易价值（亿美元） | 对中国出口贸易价值(亿美元) |
|---|---|---|
| 阿联酋 | 212.35 | 44.52 |
| 耳其 | 119.42 | 31.64 |
| 伊朗 | 110.92 | 183.01 |
| 沙特阿拉伯 | 103.66 | 328.29 |
| 巴基斯坦 | 69.38 | 17.31 |
| 埃及 | 60.41 | 9.18 |
| 以色列 | 50.37 | 26.07 |
| 阿尔及利亚 | 40.00 | 11.77 |
| 伊拉克 | 35.90 | 62.75 |
| 摩洛哥 | 24.84 | 4.52 |
| 利比亚 | 20.61 | 45.16 |
| 约旦 | 18.89 | 1.64 |
| 苏丹 | 19.51 | 66.72 |
| 科威特 | 18.49 | 67.09 |
| 叙利亚 | 15.46 | 0.81 |
| 赛普勒斯 | 13.48 | 0.17 |
| 黎巴嫩 | 13.19 | 0.27 |
| 也门 | 12.24 | 27.79 |
| 突尼斯 | 9.95 | 1.25 |
| 阿曼 | 9.45 | 97.79 |
| 卡塔尔 | 8.55 | 24.56 |
| 巴林 | 8.00 | 2.52 |
| 吉布提 | 4.44 | 0.0069 |
| 毛里塔尼亚 | 2.85 | 9.67 |
| 阿富汗 | 1.75 | 0.04 |
| 索马里 | 0.72 | 0.02 |
| 科摩罗 | 0.13 | 0.00024 |
| 巴勒斯坦 | N/A | N/A |
| 总额 | 1004.96 | 1064.57 |

资料来源：根据UNcomtrade数据计算制作而得。

如表5-6所示，2010年中国第一大出口贸易伙伴是欧盟［EU(27)］，中国对欧盟出口额为3108亿美元，占中国对世界总出口额的19.7%。中国第二大出口贸易伙伴是美国，中国对美国出口额为2840亿美元，占中国对世界总出口额的18.0%。中国第三大出口市场是中国香港特别行政区，中国对中国香港特别行政区出口额为2177亿美元，占中国对世界总出口额的13.8%。中国第四大出口贸易伙伴是日本，中国对日本出口额为1215亿美元，占中国总出口额的7.7%。

表 5－6　中国对主要贸易伙伴的进出口份额（2010 年）

| 前 5 位出口目的地 | 份额（%） | 价值（亿美元） | 前 5 位进口来源地 | 份额（%） | 价值（亿美元） |
|---|---|---|---|---|---|
| 欧盟（27） | 19.7 | 3108 | 日本 | 12.6 | 1758 |
| 美国 | 18.0 | 2840 | 欧盟（27） | 12.0 | 1674 |
| 中国香港特别行政区 | 13.8 | 2177 | 韩国 | 9.9 | 1381 |
| 日本 | 7.7 | 1215 | 中国台北 | 8.3 | 1158 |
| MENAP | 6.3 | 1005 | MENAP | 7.6 | 1065 |
| 韩国 | 4.4 | 694 | 中国 | 7.6 | 1060 |

资料来源：根据 UNcomtrade 数据计算制作而得。

中国第一大进口贸易伙伴是日本，2010 年进口额为 1758 亿美元，占中国总进口额的 12.6%。第二大进口贸易伙伴是欧盟，进口额为 1674 亿美元，占中国总进口额的 12.0%。第三大进口贸易伙伴是韩国，进口额为 1381 亿美元，占中国总进口额的 9.9%。

从目前的出口额看，与几大贸易伙伴的贸易数额相比，中国对中东国家出口总额为 1004.96 亿美元，占对世界总出口额的 6.37%。中东国家市场规模与中国的第四大出口市场日本相近。从进口额考量，中国从中东国家的进口总额为 1064.57 亿美元，占对世界总进口额的 7.63%，可排在中国第五大进口来源地。中东国家在中国进出口贸易中处于重要的位置。

## 二　中国对 MENAP 及中亚国家出口产品结构

在对国际贸易的研究中，除了贸易价值外，贸易产品的结构在不同国家地区也有很大的差异。接下来，将对中国对中亚五国、MENAP 国家以及全世界的出口商品品类（HS 分类系统的 2 位代码类目）进行比较，以呈现中国对这两大地区的出口贸易结构特点。

### （一）中国对中亚五国出口前 10 位的商品品类（2010 年）

中国对中亚五国出口前 10 位的商品品类：①编织类服装；②鞋类及其部件；③核反应堆、锅炉、机械装置和机械设备和零件；④非编织类服装；⑤其他纺织物品、套装、内衣和内衣织品；⑥电气机械和装备及其零件，电视影像及声音录制和复制设备，及其零部件；⑦除铁路外的运输车辆及部件；⑧钢铁制品；⑨塑料和其制品；⑩玻璃和玻璃器皿。

### （二）中国对 MENAP 国家出口前 10 位的商品品类（2010 年）

中国对 MENAP 国家出口前十位的商品品类有：①电气机械和装备及

**表5－7　中国对中亚五国出口前10位的商品品类（2010年）**

| 顺序 | 代码（HS－2位） | 商品描述 | 贸易价值（亿美元） | 占五国总进口额的百分比(%) | 中国在总进口国家中的排名 |
|---|---|---|---|---|---|
| 1 | 61 | 编织类服装 | 37.51 | 94.7 | 1 |
| 2 | 64 | 鞋类及其部件 | 15.65 | 93.5 | 1 |
| 3 | 84 | 核反应堆、锅炉、机械装置和机械设备和零件 | 14.27 | 21.2 | 1 |
| 4 | 62 | 非编织类服装 | 10.82 | 84.1 | 1 |
| 5 | 63 | 其他纺织物品、套装、内衣和内衣织品 | 10.43 | 94.2 | 1 |
| 6 | 85 | 电气机械和装备及其零件，电视影像及声音录制和复制设备，及其零部件 | 9.94 | 28.1 | 1 |
| 7 | 87 | 除铁路外的运输车辆及部件 | 6.86 | 20.7 | 2(韩国居第一,9.26) |
| 8 | 73 | 钢铁制品 | 6.32 | 25.8 | 2(俄罗斯居第一,6.43) |
| 9 | 39 | 塑料和其制品 | 5.64 | 34.2 | 1 |
| 10 | 70 | 玻璃和玻璃器皿 | 3.70 | 67.6 | 1 |

资料来源：根据UNcomtrade数据计算制作而得。

其零件，电视影像及声音录制和复制设备，及其零部件。②核反应堆、锅炉、机械装置和机械设备和零件。③钢铁制品。④除铁路外的交通车辆及零件。⑤家具、床品和床垫，床垫支撑结构，靠垫及类似填充穿戴用品；灯具和照明配件（他处未列或未包括）；照明标志，照明名牌或其他类似品；预制安装结构。⑥编织类服装。⑦塑料制品。⑧人造丝/带和人造纺织品材料。⑨钢铁。⑩非编织类服装。

**（三）中国对世界出口前10位商品品类（2010年）**

中国对世界出口前10位商品品类为：①电气机械和装备及其零件，电视影像及声音录制和复制设备，及其零部件。②核反应堆、锅炉、机械装置和机械设备和零件。③服装（包括编织和非编织类）。④光学仪器、电影、摄像与测量及检查仪器、医疗和手术仪器。⑤家具、床品和床垫；床垫支撑结构，靠垫及类似填充穿戴用品；灯具和照明配件（他处未列或未包括）；照明标志，照明名牌或其他类似品；预制安装结构。⑥轮船、客轮和浮式结构。⑦钢铁制品。⑧除铁路外的运输车辆及其零件。⑨鞋类及其部件。⑩塑料及其制品。

**表 5-8　中国对 MENAP 国家出口前 10 位的商品品类（2010 年）**

| 顺序 | 代码（HS-2 位） | 商品描述 | 贸易价值（亿美元） | 占 MENAP 国家总进口额的百分比（%） | 中国在总进口国家中的排名 |
|---|---|---|---|---|---|
| 1 | 85 | 电气机械和装备及其零件，电视影像及声音录制和复制设备，及其零部件 | 148.42 | 21.6 | 1 |
| 2 | 84 | 核反应堆、锅炉、机械装置和机械设备和零件 | 165.62 | 15.2 | 1 |
| 3 | 73 | 钢铁制品 | 49.09 | 18.9 | 1 |
| 4 | 87 | 除铁路外的交通车辆及零件 | 45.92 | 60.2 | 1 |
| 5 | 94 | 家具、床品和床垫，床垫支撑结构，靠垫及类似填充穿戴用品；灯具和照明配件（他处未列或未包括）；照明标志，照明名牌或其他类似品；预制安装结构 | 33.03 | 44.2 | 1 |
| 6 | 61 | 编织类服装 | 38.60 | 90.6 | 1 |
| 7 | 39 | 塑料制品 | 28.88 | 95.7 | 1 |
| 8 | 54 | 人造丝/带和人造纺织品材料 | 26.51 | 49.4 | 1 |
| 9 | 72 | 钢铁 | 26.02 | 5.5 | 5（前四位分别为阿联酋、俄罗斯、乌克兰、土耳其） |
| 10 | 62 | 非编织类服装 | 24.59 | 34.2 | 1 |

资料来源：根据 UNcomtrade 数据计算制作而得。

**表 5-9　中国对世界出口前 10 位的商品品类（2010 年）**

| 顺序 | 商品代码（HS-2 位） | 商品描述 | 贸易价值（亿美元） |
|---|---|---|---|
| 1 | 85 | 电气机械和装备及其零件，电视影像及声音录制和复制设备，及其零部件 | 3890 |
| 2 | 84 | 核反应堆、锅炉、机械装置和机械设备和零件 | 3100 |
| 3 | 6162 | 服装（包括编织和非编织类） | 1211 |
| 4 | 90 | 光学、电影、摄像与测量及检查仪器、医疗和手术仪器 | 521 |
| 5 | 94 | 家具、床品和床垫；床垫支撑结构，靠垫及类似填充穿戴用品；灯具和照明配件（他处未列或未包括）；照明标志，照明名牌或其他类似品；预制安装结构 | 506 |
| 6 | 89 | 轮船、客轮和浮式结构 | 403 |
| 7 | 73 | 钢铁制品 | 391 |
| 8 | 87 | 除铁路外的运输车辆及其零件 | 384 |
| 9 | 64 | 鞋类及其部件 | 356 |
| 10 | 39 | 塑料及其制品 | 347 |

资料来源：根据 UNcomtrade 数据计算制作而得。

对比中国对中亚五国、MENAP国家以及对世界的出口贸易品类，对MENAP国家的出口贸易结构与对世界的出口贸易结构更加类似，以电气、电子设备和机械装备、服装、车辆及其配件为主。而对中亚五国的出口贸易结构则不同，虽然排在前十位的品类类似，但排序中服装、鞋类、纺织品等更靠前。这与中亚国家的经济结构和经济发展水平有密切的联系。

现阶段中亚五国经济发展水平开始出现差异。哈、乌、土经济实力相对更强，发展速度更快。塔、吉两国资源禀赋较差，经济实力弱，发展严重依赖外援。独立后，中亚五国经济发展的共同特点是结构较为单一，以能源、原材料出口为主，制造业和加工业相对落后，虽经18年发展，这一经济结构至今没有发生变化：哈萨克斯坦经济以石油、采矿和农牧业为主，石油装备制造业和加工工业相对落后，经济发展对外部市场的依赖性较大。吉尔吉斯斯坦电力工业和畜牧业比较发达。塔吉克斯坦经济比较落后，经济结构相对单一，对外部经济的依赖性较强。1998年以来，塔吉克斯坦与中国的贸易额很小，这种情况一直到2004年才有所改变。土库曼斯坦以石油和天然气作为主要经济支柱，中国与其主要是能源贸易。中国极具比较优势的纺织品并没有成为向土库曼斯坦出口的主要商品，这与中国与中亚其他国家的贸易结构明显不同，说明土库曼斯坦针对中国的纺织品征收了高关税，或者是设置了其他非关税壁垒，这是中国出口商品数量无法提高的重要原因之一。乌兹别克斯坦自然资源丰富，是中亚五国中经济实力较强的国家，但经济结构单一，加工工业落后，国民经济的支柱产业是石油和天然气出口。纺织品属于中国出口商品中的优势产品，但2009年中国出口乌兹别克斯坦的纺织品仅为0.677亿美元，而中国自乌兹别克斯坦进口的纺织品规模则为1.86亿美元，两国之间的纺织品生产互补性非常明显。①

从贸易的发展来看，中国对中亚出口的商品结构在不断改善，除传统的纺织、服装、日用轻工产品外，机电、高新技术产品比重稳步上升（接近40%）②，成为推动双边贸易快速增长的新动力。

---

① 王志远：《中国与中亚贸易关系的实证分析》，《俄罗斯中亚东欧市场》2011年第6期。

② 《中国与中亚国家经贸合作现状、问题及建议》，商务部欧洲司凌激副司长在上海外国语大学中亚研究中心成立大会上的发言，2011年3月18日。

## 三 中国对中东及中亚国家出口商品贸易份额研究

由于品类结构较为笼统，所以进一步选取商品品类（HS 分类系统中的 6 位编码类目）加以研究。中国对中亚五国出口前 10 位的商品见表 5－10。

中国对中亚国家主要出口的产品则全部为鞋类、服装、纺织品等基本制成品，其贸易份额分别占中国对世界的此类产品总出口额的 76.63%（640590）、28.74%（610342）、12.71%（620193）和 51.47%（630221）。这一方面体现了中国的这些商品品类在中亚五国的市场上已经获取了比较高的份额，伴随着高铁的拓展，中国与中亚国家的贸易互动将更加频繁，产品品类也会进一步丰富。另一方面也说明出口到这些国家的商品需要进一步升级才能更好地拓展未来市场。

**表 5－10 中国对中亚五国出口前 10 位商品的价值及其占世界总出口价值的份额**

| 顺序 | 商品编码（HS－6 位） | 商品描述 | 贸易价值（亿美元） | 占对世界出口价值的份额（%） |
|---|---|---|---|---|
| 1 | 640590 | 除皮革或合成皮革材料外的鞋类 | 15.47 | 76.63 |
| 2 | 610342 | 编织棉质男裤、儿童背带裤、工装裤、背带裤、马裤、短裤（除游泳衣外） | 5.32 | 28.74 |
| 3 | 620193 | 人造材质男式风帽夹克（包括滑雪夹克衫），风镜，防风夹克衫和类似物品（除 62.03 外） | 3.88 | 12.71 |
| 4 | 630221 | 编织类床上棉质印花织品 | 3.84 | 51.47 |
| 5 | 611030 | 人造材质编织运动衫、套头衫、毛线衫、马甲及类似物品 | 3.51 | 4.42 |
| 6 | 611020 | 棉质编织运动衫、套头衫、毛线衫、马甲及类似物品 | 3.22 | 4.42 |
| 7 | 610343 | 编织合成纤维男裤、儿童背带裤、工装裤、背带裤、马裤、短裤（除游泳衣外） | 3.05 | 20.80 |
| 8 | 630260 | 棉质毛巾材质卫生间织品 | 3.01 | 12.91 |
| 9 | 610423 | 合成纤维编织女套装 | 2.74 | 28.81 |
| 10 | 611596 | 合成纤维编织品（其他不再另外说明 61.15 类中女裤袜、短袜等） | 2.14 | 11.69 |

资料来源：根据 UNcomtrade 数据计算制作而得。

中国对 MENAP 国家出口前 10 位的商品见表 5－11。

**表5－11　中国对MENAP国家出口前10位商品价值及其占世界总出口价值的份额**

| 顺序 | 商品编码（HS－6位） | 商品描述 | 贸易价值（亿美元） | 占对世界出口价值的份额（%） |
|---|---|---|---|---|
| 1 | 847130 | 便携自动数据处理机器，重量不超过10公斤（由至少一个中央处理器、键盘和显示器组成） | 31.22 | 3.27 |
| 2 | 851712 | 手提电话 | 20.57 | 4.37 |
| 3 | 851762 | 接收、对话机器，传输/复制声音、图像或其他数据，交换和发送设备 | 13.96 | 6.29 |
| 4 | 841510 | 窗机、壁挂式空调 | 13.05 | 21.38 |
| 5 | 540752 | 编织品（包括重量85%以上的尼龙纤维，染色） | 11.82 | 35.92 |
| 6 | 890190 | 运送货物和人的船只（除去8901.10～8901.30） | 10.35 | 3.67 |
| 7 | 640299 | 不超过脚踝的橡胶底、面鞋类 | 10.19 | 8.69 |
| 8 | 401120 | 公共汽车和卡车用的新充气橡胶轮胎 | 10.16 | 20.13 |
| 9 | 420212 | 汽车车尾的行李箱，行李箱、文件箱、学生书包及类似容器 | 7.87 | 8.94 |
| 10 | 848180 | 用于管道、锅炉壳体、水箱等的龙头、阀门及相似配件（包括自动调温控制阀门），在84.81内不再另外说明 | 7.44 | 11.19 |

资料来源：根据UNcomtrade数据计算制作而得。

中国对MENAP出口的产品主要为手提电脑、手机、空调等电器产品，以及纺织产品等与中国对欧美主要贸易伙伴的出口优势商品结构类似；但其份额在中国对世界此类商品总出口额中的比例并不高，如手提电脑（847130）占3.27%，手提电话（851712）占4.37%，多媒体设备（851762）占6.29%，窗机/空调（841510）占21.38%。这些数据表明中国在对外出口的优势商品品类在MENAP国家的市场中还有更多的成长空间。

## 第三节　趋势和前景

比较中国主要的贸易伙伴欧盟、美国、日本和中亚五国以及MENAP国家的人口与GDP（见表5－12），可以看到MENAP国家的人口数高于欧盟、美国和日本，市场广大，但中国对其的进出口贸易额在世界总贸易额中的占比是7.14%，远低于欧盟（16.08%）、美国（13%）和日本

(10%)。从人均 GDP 指标来看，MENAP 国家和中亚五国均比较低，但人均 GDP 超过 3000 美元的时候正是经济进入高增长的重要时期，在美、日、欧等发达国家和地区的经验和国际经济发展轨迹中，可以看到这些国家在向高收入国家和地区行列迈进时，经济发展有总体经济保持高速增长、经济结构进一步优化、城市化进一步发展等许多显著的共性特征①。因此，中亚五国和 MENAP 国家的市场需求也将随着经济的持续高速增长而不断增加，中国对其贸易也有继续拓展的空间。

**表 5-12 欧盟、美国、日本、MENAP 国家、中亚五国的人口、GDP 和与中国的进出口贸易总额（2010 年）**

| 市场 | 人口（百万） | 占世界人口比例(%) | GDP（亿美元） | 占世界总 GDP 的份额（%） | 人均 GDP（美元） | 与中国的进出口贸易总额(亿美元) | 占中国总贸易额的比例(%) |
|---|---|---|---|---|---|---|---|
| 欧盟(27) | 502 | 7.34 | 162.229 | 25.70 | 32316 | 4.782 | 16.08 |
| 美国 | 309 | 4.52 | 145.867 | 23.11 | 47206 | 3.865 | 13.00 |
| 日本 | 127 | 1.86 | 54.588 | 8.64 | 42983 | 2.973 | 10.00 |
| MENAP 国家 | 708 | 10.35 | 30.570 | 4.84 | 4318 | 2.123 | 7.14 |
| 中亚五国 | 60 | 0.88 | 2.133 | 0.34 | 3554 | 0.301 | 1.01 |

资料来源：根据 WTO Statistic Data 和 UNcomtrade 数据计算制作而得。

接下来，我们将就中国对世界、欧盟、美国和日本的主要出口商品在对中亚五国和 MENAP 国家的出口贸易份额进行研究。中国目前的主要出口商品已经在世界上主要的贸易伙伴市场获得认可并形成了一定的优势，因此，在拓展中亚五国和 MENAP 市场时这些商品具有很强的竞争力。伴随着高铁的成功修建，运送线路和频次将不断增加，这对现有成熟市场中的优势商品进入新市场具有直接的推动作用。

## 一 中国对世界出口前 10 位商品在对中亚五国和 MENAP 国家出口中所占的比例

中国对世界出口前 10 位的商品见表 5-13。从表 5-13 看，这 10 种商品对 MENAP 国家和中亚国家出口额在对世界总出口额中所占比例比较

① 李萍、夏沁芳、刘黎等：《人均 GDP 3000 美元后北京市社会经济发展趋势分析》，2001。

低，特别是中亚五国。如果综合MENAP国家和中亚五国的人口和GDP在世界中所占比例进一步分析，发现这些产品在两个区域中所占比例都比较低，从另一方面看，这两个市场中都有较大的开拓空间。

**表5-13 中国对世界出口前10位商品在对MENAP和中亚国家出口中所占的比例**

| 顺序 | 商品编码（HS 6位） | 商品描述 | 贸易价值（亿美元） | 对MENAP国家出口所占比例（%） | 对中亚国家出口所占比例（%） |
|---|---|---|---|---|---|
| 1 | 847130 | 便携自动数据处理机器，重量不超过10公斤（由至少一个中央处理器、键盘和显示器组成） | 953.38 | 3.27 | 0.07 |
| 2 | 851712 | 手提电话 | 470.62 | 4.37 | 0.07 |
| 3 | 847330 | 84.71标目中的数据处理和转换器的零件和附件 | 306.88 | 0.79 | 0.04 |
| 4 | 851770 | 电话、手机等零件 | 304.71 | 0.76 | N/A |
| 5 | 890190 | 汽车（除8901.10-8901.30外） | 282.09 | 3.67 | N/A |
| 6 | 901380 | 液晶元件（不构成在其他标目中更多明确提供的物品）；其他光学器件和仪表（在Ch90中不再另外说明） | 266.13 | 1.83 | 0.0008 |
| 7 | 854140 | 用于制成面板的光敏半导体元件（包括光伏电池）；发光二极管 | 251.79 | 0.66 | 0.02 |
| 8 | 851762 | 接收、转换、传输、再生声音、图像的器件 | 221.78 | 6.29 | 0.67 |
| 9 | 854231 | 电子集成电路、处理器、控制器 | 154.27 | 0.19 | 0.003 |
| 10 | 852872 | 电视机的其他彩色接收器件 | 145.31 | 4.98 | 0.23 |

资料来源：根据UNcomtrade数据计算制作而得。

## 二 中国对欧盟［EU·（27）］出口前10位商品在对MENAP和中亚国家出口价值及其在世界对该地区总出口中所占的比例

欧盟是中国最大的贸易伙伴，中国对欧盟出口前10位的商品见表5-14。

在中国对中亚国家出口这10类产品中，笔记本电脑占到71.27%；接收、转换、传输、再生声音、图像的器件占63.33%；三轮车、踏板车、娃娃等玩具占59.26%；用于制成面板的光敏半导体元件（包括光伏电池）、发光二极管占48.45%；84.71标目中的数据处理和转换器的零件和附件占26.62%；手机占25.39%；印刷器械的其他零件和附件（8443.91除外）占19.34%；电话、手机等零件占8.33%；录放音设备的零件（除拾音器外）

**表 5-14 中国对欧盟［EU（27）］出口前 10 位商品在对 MENAP 和中亚国家出口价值及其在世界对该地区总出口中所占的比例**

| 顺序 | 商品编码（HS 6 位） | 商品描述 | 贸易价值（亿美元） | 对 MENAP 国家出口价值（亿美元） | 在世界对该地区总出口中所占比例（%） | 对中亚国家出口价值（亿美元） | 在世界对该地区总出口中所占比例（%） |
|---|---|---|---|---|---|---|---|
| 1 | 847130 | 笔记本电脑 | 272.24 | 26.42 | 72.74 | 0.64 | 71.27 |
| 2 | 854140 | 用于制成面板的光敏半导体元件（包括光伏电池）、发光二极管 | 196.25 | 1.11 | 35.65 | 0.04 | 48.45 |
| 3 | 851712 | 手机 | 137.52 | 21.63 | 39.76 | 0.30 | 25.39 |
| 4 | 890190 | 汽车（除 8901.10～8901.30 外） | 82.49 | 1.61 | 22.70 | 0 | 0 |
| 5 | 847330 | 84.71 标目中的数据处理和转换器的零件和附件 | 75.98 | 6.48 | 33.19 | 0.11 | 26.62 |
| 6 | 950300 | 三轮车、踏板车、娃娃等玩具 | 67.31 | 5.46 | 79.14 | 0.13 | 59.26 |
| 7 | 851770 | 电话、手机等零件 | 67.04 | 6.57 | 38.56 | 0.09 | 8.33 |
| 8 | 851762 | 接收、转换、传输、再生声音、图像的器件 | 56.67 | 8.17 | 39.20 | 1.50 | 63.33 |
| 9 | 852290 | 录放音设备的零件（除拾音器外）和适合单独/主要用在 85.19～85.21 装置的附件 | 56.24 | 0.26 | 46.37 | 0.0006 | 6.74 |
| 10 | 844399 | 印刷器械的其他零件和附件（8443.91 除外） | 41.86 | 1.61 | 23.72 | 0.06 | 19.34 |

资料来源：根据 UNcomtrade 数据计算制作而得。

和适合单独/主要用在 85.19－85.21 装置的附件占 6.74%。汽车（除 8901.10－8901.30 外）出口价值为 0。

在 MENAP 国家总进口额中，笔记本电脑和三轮车、踏板车、娃娃等玩具所占份额较高，分别为 72.74% 和 79.14%；其他产品所占份额并不高，依次为：录放音设备的零件（除拾音器外）和适合单独/主要用在 85.19－85.21 装置的附件占 46.37%；接收、转换、传输、再生声音、图像的器件占 39.20%；手机占 38.76%；电话、手机等零件占 38.56%；84.71 标目中的数据处理和转换器的零件和附件占 33.19%；录放音设备的零件和附件占 26.15%；印刷器械的其他零件和附件（8443.91 除外）占 23.72%；汽车（除 8901.10－8901.30 外）占 22.70%。

## 三　中国对美国出口前10位商品在对中东和中亚国家出口中所占的比例

美国是中国第二大贸易伙伴，中国对美国出口前10位商品见表5－15。

**表5－15　中国对美国出口前10位商品在对中东和中亚国家出口中所占的比例**

| 顺序 | 商品编码（HS 6位） | 商品描述 | 贸易价值（亿美元） | 对MENAP国家出口价值（亿美元） | 在世界对该地区总出口中所占比例（%） | 对中亚国家出口价值（亿美元） | 在世界对该地区总出口中所占比例（%） |
|---|---|---|---|---|---|---|---|
| 1 | 847130 | 笔记本电脑 | 315.00 | 26.42 | 72.74 | 0.64 | 71.27 |
| 2 | 851712 | 手机 | 170.13 | 21.63 | 39.76 | 0.30 | 25.39 |
| 3 | 950300 | 三轮车、踏板车、娃娃等玩具 | 104.19 | 5.46 | 79.14 | 0.13 | 59.26 |
| 4 | 847330 | 84.71标目中的数据处理和转换器的零件和附件 | 101.53 | 6.48 | 33.19 | 0.11 | 26.62 |
| 5 | 851762 | 接收、转换、传输、再生声音、图像的器件 | 85.79 | 8.17 | 39.20 | 1.50 | 63.33 |
| 6 | 950410 | 使用电视接收的电子游戏 | 65.68 | 1.58 | 72.87 | 0 | 0 |
| 7 | 852872 | 电视机的其他彩色接收器件 | 52.35 | 2.67 | 17.68 | 0 | 0 |
| 8 | 640399 | 不超过脚踝的橡胶底、面鞋类 | 50.10 | 1.74 | 31.00 | 0 | 0 |
| 9 | 852851 | 自动数据处理系统的显示屏（单独或主要用在标目84.71中的自动数据处理系统） | 40.57 | 2.77 | 69.48 | 0 | 0 |
| 10 | 852580 | 电视摄像机、数码相机和录像机 | 39.50 | 0 | 0 | 0 | 0 |

资料来源：根据UNcomtrade数据计算制作而得。

在中亚五国进口总额中，三轮车、踏板车和娃娃等玩具（950300）占到59.26%，使用电视接收的电子游戏（950410），电视机的其他彩色接收器件（852872），不超过脚踝的橡胶底、面鞋类（640399），自动数据处理系统的显示屏（单独或主要用在标目84.71中的自动数据处理系统）（852851），电视摄像机、数码相机和录像机（852580）比例均为0。

在MENAP国家的进口总额中，三轮车、踏板车和娃娃等玩具（950300）占79.14%，使用电视接收的电子游戏（950410）占72.87%，电视机的其他彩色接收器件（852872）占17.68%，不超过脚踝的橡胶底、面鞋类（640399）占31%，自动数据处理系统的显示屏（单独或主要用在标目84.71中的自动数据处理系统）（852851）占69.48%，电视摄像机、数码相机和录像机（852580）比例为0。

## 四　中国对日本出口前10位商品在对中东和中亚国家出口中所占的比例

日本是中国最大的进口贸易伙伴，也是中国第四大出口目的地。中国对日本出口的前10位商品见表5－16。

**表5－16　中国对日本出口前10位商品在对中东和中亚国家出口中所占的比例**

| 顺序 | 商品编码（HS 6位） | 商品描述 | 贸易价值（亿美元） | 对MENAP国家出口价值（亿美元） | 在世界对该地区总出口中所占比例（%） | 对中亚国家出口价值（亿美元） | 在世界对该地区总出口中所占比例（%） |
|---|---|---|---|---|---|---|---|
| 1 | 847130 | 笔记本电脑 | 60.36 | 26.42 | 72.74 | 0.64 | 71.27 |
| 2 | 851712 | 手机 | 42.46 | 21.63 | 39.76 | 0.30 | 25.39 |
| 3 | 852872 | 电视机的其他彩色接收器件 | 38.04 | 2.67 | 17.68 | 0 | 0 |
| 4 | 852990 | 录放音设备的零件（除拾音器外）和适合单独/主要用在85.19~85.21装置的附件 | 24.77 | 0.26 | 46.37 | 0.0006 | 6.74 |
| 5 | 847330 | 84.71标目中的数据处理和转换器的零件和附件 | 23.82 | 6.48 | 33.19 | 0.11 | 26.62 |
| 6 | 611030 | 人造材质编织运动衫、套头衫、毛线衫、马甲及类似物品 | 20.73 | 0 | 0 | 0 | 0 |
| 7 | 851770 | 电话、手机等零件 | 20.02 | 0 | 0 | 0.10 | 9.66 |
| 8 | 847150 | 除分支标目8471.41/8471.49的处理单元（不论是否包含在同一装置内，一/两个如下类型单元：储存单元、输入单元、输出单元） | 19.04 | 0 | 0 | 0 | 0 |
| 9 | 852190 | 录像/并联有效电阻装置（除磁带类型外，不论是否包含视频调谐器） | 18.19 | 0 | 0 | 0 | 0 |
| 10 | 851762 | 接收、转换、传输、再生声音、图像的器件 | 18.14 | 8.17 | 39.20 | 1.50 | 63.33 |

资料来源：根据UNcomtrade数据计算制作而得。

在中亚五国的进口市场中，中国出口的录放音设备零件（852990）占6.74%；人造材质编织运动衫、套头衫、毛线衫、马甲及类似物品（611030），除分支标目8471.41/8471.49的处理单元（不论是否包含在同一装置内，一/两个如下类型单元：储存单元、输入单元、输出单元）（847150），录像/并联有效电阻装置（除磁带类型外，不论是否包含视频调谐器）（852190）的比例均为0。

在MENAP国家的进口市场中，中国出口的录放音设备零件（除拾音器外）和适合单独/主要用在85.19～85.21装置的附件（852990）占46.37%；人造材质编织运动衫、套头衫、毛线衫、马甲及类似物品（611030），除分支标目8471.41/8471.49的处理单元（不论是否包含在同一装置内，一/两个如下类型单元：储存单元、输入单元、输出单元）（847150），录像/并联有效电阻装置（除磁带类型外，不论是否包含视频调谐器）（852190）的比例均为0。

## 五 四种代表性商品在几大主要出口市场与中亚五国和MENAP国家市场中占比的综合比较

在表5－17中，我们选取了中国对美国、欧盟和日本三大主要出口市场的四种代表性商品，搜集其在美国、欧盟、日本、中亚五国和MENAP国家的进口价值和在各个地区或国家所占的比例，以呈现中国比较成熟而有实力的商品在中亚五国和MENAP国家的市场现状。

通过以上数据我们看到，中国的笔记本电脑、手机和电子游戏及其零配件在三大出口市场内所占份额非常高。如笔记本电脑，在美国市场该类商品进口额中占到93.3%，在欧盟占94.6%，在日本占98.1%。再比如手机，在美国市场该类商品进口额中占45.4%，在欧盟占65.4%，在日本占84.4%。电子游戏及其零配件也是如此，在美国占到94.6%，在欧盟占到91.0%，在日本占到83.2%。更需要关注的是，这些成熟优势产品，在中东国家和中亚五国进口份额中所占比例均低于这三大市场。如笔记本电脑在中东国家笔记本电脑的总进口额中占74.1%，在中亚国家笔记本电脑的总进口额中占到77.9%，与三大市场相比，这些市场内的竞争产品相对较少，因此中国这些商品在这些市场内均有很大的发展空间。

**表 5－17　美国、欧盟、日本、MENAP 国家和中亚五国从中国进口的四种商品贸易价值及其在各地区所占份额**

单位：亿美元，%

| 商品[①] | 美国 | 欧盟 | 日本 | MENAP 国家 | | | | | | 中亚五国 | | | | | |
|---|---|---|---|---|---|---|---|---|---|---|---|---|---|---|---|
| | | | | 总进口价值(27 个国家)[②] | 巴基斯坦 | 伊朗 | 土耳其 | 伊拉克 | 沙特阿拉伯 | 总进口价值(5 个国家) | 哈萨克斯坦 | 吉尔吉斯斯坦 | 土库曼斯坦 | 乌兹别克斯坦 | 塔吉克斯坦 |
| 笔记本电脑 | 93.3 | 94.6 | 98.1 | 74.1 | 21.3 (2)[③] | 2.3 (2) | 96.4 | 23.6 | 87.7 | 73.9 | 75.9 | 81.4 | 5.4 (6) | 13.3 (3) | 10.7 |
| | 326 | 273 | 60 | 26 | 0.18 | 0.07 | 11 | 0.02 | 9 | 0.66 | 0.63 | 0.02 | 0.0014 | 0.0025 | 0.0004 |
| | | | | | 1. 美国 25.5%[④] | 1. 阿联酋 94.8% | | | | | | | 1. 德国 42.4%<br>2. 美国<br>3. 英国<br>4. 捷克<br>5. 土耳其 | 1. 德国 41.2%<br>2. 美国 | 1. 美国 40.7%<br>2. 荷兰 |
| 手机 | 45.4 | 65.4 | 84.4 | 36.3 | 85.5 | 55.4 | 28.4 (2) | 50.0 | 37.6 | 43.2 | 23.4 (2) | 67.4 | 81.6 | 54.5 | 99.5 |
| | 170 | 142 | 42 | 18 | 0.36 | 0.10 | 4 | 1 | 8 | 0.52 | 0.26 | 0.22 | 0.0064 | 0.03 | 0.0086 |
| | | | | | | | 1. 匈牙利 31.4% | | | | 1. 芬兰 38.4% | | | | |
| 电子游戏及其零配件 | 94.6 | 91.0 | 83.2 | 66.7 | 75.2 | 65.8 | 96.3 | 53.2 | 88.0 | 40.0 | 47.4 | 96.8 | 0.05 (8) | 17.2 (3) | 0 |
| | 67 | 49 | 14 | 2 | 0.0158 | 0.0049 | 0.55 | 0.0014 | 1 | 0.0123 | 0.0109 | 0.0014 | 0.0000028 | 0.00001 | 0 |
| | | | | | | | | | | | | | 1. 法国 54.7%<br>2. 英国<br>3. 土耳其<br>4. 意大利 | 1. 韩国 39.4%<br>2. 荷兰 | 1. 苏联 98.3%，<br>2. 土耳其 |

续表

| 商品① | 美国 | 欧盟 | 日本 | MENAP国家 | | | | | | 中亚五国 | | | | | |
|---|---|---|---|---|---|---|---|---|---|---|---|---|---|---|---|
| | | | | 总进口价值(27个国家)② | 巴基斯坦 | 伊朗 | 土耳其 | 伊拉克 | 沙特阿拉伯 | 总进口价值(5个国家) | 哈萨克斯坦 | 吉尔吉斯斯坦 | 土库曼斯坦 | 乌兹别克斯坦 | 塔吉克斯坦 |
| 电子游戏及其零配件 | | | | | | | | | | | | | 5. 拉脱维亚<br>6. 爱沙尼亚<br>7. 俄罗斯 | | 3. 芬兰 |
| 平板彩色电视屏幕 | 27.1%（2） | 62.0 | 39.1 | 36.8 | 78.1 | 87.0 | 43.6 | 37.7 | 38.1（2） | 42.4 | 40.8 | 91.0 | 0 | 21.7（2） | N/A |
| | 0.18 | 0.28 | 0.03 | 0.06 | 0.0012 | 0.01 | 0.0073 | 0.0005 | 0.0095 | 0.0014 | 0.0013 | 0.00009 | 0 | 0.00011 | N/A⑤ |
| | 1. 日本 45.9% | | | | | | | | 1. 美国 53.4% | | | | 1. 土耳其55.7%<br>2. 英国<br>3. 荷兰<br>4. 苏联 | 1. 英国 58.1% | 2009年土耳其100%，2008年俄罗斯100% |

注：①表5－17中四种商品是从2010年美国从中国进口的前10位商品中选择出来的。

② MENAP国家共包括28个国家（见本文前面的表格），因巴勒斯坦的贸易数据不可得，故在此用27个国家的数据进行计算。

③表格中未加括号的数字表示该商品在该国从中国进口的商品价值在其总进口价值中居首位；加括号的数字表示从中国进口此类商品在总进口价值中的排名。

④此类数据序号表示此项对应国家从序号后国家进口相应商品的价值在总进口贸易价值中所占的比例。

⑤ 2010年数据不可得，下面表格注明2009年仅有自土耳其的记录，价值290美元，2008年仅有自俄罗斯的数据，进口价值177美元。

资料来源：UNcomtrade大部分数据为2010年数据。伊朗、伊拉克、哈萨克斯坦、乌兹别克斯坦、塔吉克斯坦和土库曼斯坦的进口报告数据不可得，因此这些数据均由其贸易伙伴的出口报告数据计算而得。吉尔吉斯斯坦的进口数据与其他国家报告对其出口数据有较大出入，通过比较，本文也选取了其他国家对其的出口数据进行计算。

# 结　语

基于以上对中亚五国及中东国家与中国的贸易数额和贸易结构的分析，再加之与目前中国的主要贸易伙伴的优势商品贸易数额对比，同时考量两大地区的人口、人均 GDP 等影响市场发展的重要因素，我们可以非常明确地看到中亚五国和中东国家拥有广大的市场空间。高铁网一旦建成将途经中亚五国并与中东地区建立更直接更日常的运输连接，可以将中国的优质制成品运送到中亚五国和中东国家，又可以在回程运送中国所需要的能源及其他制成品，这使得拓展这两个地区市场的发展空间变得更为切实可行。

# 第六章　欧亚大陆经济整合与中国国际能源新战略

自 20 世纪 90 年代中后期以来，随着经济的快速发展，中国开始面临能源短缺与能源安全的问题，中国经济发展对国外能源供应的依存度与风险日渐提升①。在此背景下，中国开始积极建构“走出去”的国际能源战略，以获取海外能源资源的供应。然而，尽管中国政府及国有石油企业在建构和实施国际能源战略的过程中付出了诸多努力，如大规模海外资本投资、能源外交等，但是由于受到全球与地缘政治经济格局等结构性原因影响，中国国际能源战略仍然表现出了明显的被动性特征，受到多方面的制约，比如能源供给对海外资源市场的高度依赖，石油资源的获取高风险、高成本和高不确定性，海外石油市场准入困难，海外石油资源进口渠道的非均衡性，尤其是海外能源资源汲取的政治化色彩浓厚，等等。这种被动性的国际能源战略对中国经济社会发展的能源供应安全的消极影响已经日益显现，也使得中国的经济社会发展越发受制于外部市场环境。而且，这一被动性的能源安全格局及能源战略将会在未来较长的时间里继续对中国经济社会发展施加重要的影响。因而，实现中国经济的可持续健康发展，需要突破传统的能源战略思维，建构和发展新的中国国际能源战略。

反映到国家战略层面，在经济持续高速增长的背景下，近些年来国家日渐关注和重视国家的能源安全与国际能源战略的建构和实施。和那些单纯强调能源供需张力、地缘政治、国家海外市场行动能力等因素对于中国国际能源战略影响的观点有所不同，本研究将试图从区域经济整合的视角

---

① 国务院 2012 年发布的《中国的能源政策》白皮书指出，近年来中国能源对外依存度上升较快，特别是石油对外依存度从 21 世纪初的 32% 上升到了目前的 57%。

出发，借用社会学新制度主义的相关理论工具，探寻和分析造成中国国际能源战略困境的深层结构性根源与因果机制，并尝试性地提出在高铁带动下的向西开放和欧亚大陆经济整合（尤其是中国与中东中亚区域经济整合）的条件下，中国国际能源战略积极变化的可能性。

## 第一节　中国国际能源战略的发展历程及现状

在目前全世界能源构成体系中，以煤炭和石油为主的化石能源占了绝大部分。国际能源署（IEA）有数据表明，全球能源需求增长量约有一半用于发电，另外有1/5用于满足交通运输需求，其中大部分是基于石油的燃料。对化石能源的需求趋势导致与能源相关的二氧化碳排放量持续增长，并且使能源消费国更加依赖石油和天然气进口①，这种发展趋势使人们对经济发展中的环境问题和能源安全更加关注。国际能源属（IEA）在《世界能源展望2007》对未来世界能源消费的预测中指出：化石燃料，如石油、天然气和煤炭，依然是全球一次能源的主要来源，它们在2005～2030年全球能源需求增长总量中占84%，在全球能源需求中的比例将从2005年的81%上升到2030年的82%。因此，对中国这样一个能源消费规模大，却不能完全实现自给自足的新兴经济大国来说，从20世纪90年代开始，中国政府就开始提出国际能源战略。而这种战略的本质与核心就是要通过各种途径尽可能获取海外能源资源（尤其是石油）的充分供应，以满足我国经济和社会发展的需要。

### 一　从“引进来”到“走出去”和“多元化”

新中国建立以来的很长一段时间里，我国能源消费结构以煤炭为主，国际能源战略以自产自销兼有少量出口的战略为主。改革开放后，经济快速发展，加工制造业崛起，能源消耗量迅速上升，尤其是对石油能源的消费量不断增加。相对于发达国家的石油产业而言，我国石油工业发展水平较低，在原油的勘探技术、开采作业和石油化工等方面技术水平也比较低。20世纪80年代末到90年代中期，我国的石油产业进入了一个困难期。各主要油田的原油生产增速减缓，生产难度加大，成本急剧上升，债

① 参见http：//info. china. alibaba. com/news/detail/v0 - d1008189792. html，最后访问时间：2013年6月24日；目前新能源无法替代化石能源，石油仍是最重要的燃料。

务负担沉重，国家有效投入不足，石油产业发展遭遇到了较严重的瓶颈，尤其是1993年中国成为石油净进口国之后，如何保障石油供应安全，实施有效的国际能源战略的问题就显得更为迫切。在此背景下，国家适时提出了在石油能源产业实施从“引进来”到“走出去”的国际能源战略——逐步从主要引进外国资本与技术向积极对外扩展、对外输出资本与技术的方向发展。

早在1992年中国政府就曾提出“充分利用国内外两种资源、两个市场”发展中国石油工业的战略方针，并提出“稳定东部、发展西部、油气并举、实施国际化经营”的石油战略，开启了中国石油产业“走出去”的序幕。1993年，国家正式提出要在石油能源领域实行“走出去”的国际化战略，要求在海外建立起稳定可靠的石油生产和供应基地。但整体上这一阶段的中国石油“走出去”的国际能源战略还仅处于初级阶段，其主要特征是：海外石油项目一般规模较小，投资额度不大；在海外项目合作方式中，我国石油企业参与水平较低，大多从事石油开采施工、工程服务等，以合作开采、产量分成的形式与资源国合作，而且投资收益并不明显。①

中国石油领域加速实施“走出去”的国际战略是在1998年之后，中国石油企业的海外扩展增速，输出的资本规模和占有的市场份额开始扩大。从早期只停留于石油上游小规模的石油开采项目向上下游一体化的大规模项目发展，尤其是通过风险投资和兼并收购等方式，通过激烈的国际竞争收购了一些重要的石油项目和石油公司，并且逐步形成覆盖中东、北非、俄罗斯、中亚、东南亚和拉美等区域的海外石油投资带。截至2005年底，我国累计实现对外投资572亿美元，其中中石油、中石化和中海油等三大国有石油公司的海外投资就达到70多亿美元，投资比例接近1/8。②

在“走出去”战略思想的指导下，我国能源国际化战略有了初步的轮廓，即主要在立足国内能源资源的基础上，从国家长远利益出发，统筹规划，积极引导，实现利用国外能源资源在全球范围内的优化配置，提高利用国外能源经济合理性，促进能源安全体系的建立；遵循国际石油行业

① 张宁：《走出去：中国石油企业的战略思考》，《中国经贸》2009年第6期。

② 梁波：《权力游戏与产业制度变迁——以中国石油产业外部合作战略转型为例（1988~2008）》，《社会》2012年第1期。

资本运作规律，到海外进行石油开发，占领和拓宽资源渠道，保证中国原油进口的稳定供应，将产油国的政治风波及地区冲突对中国石油安全的干扰及影响降到最低。[①]

“走出去”的国际能源战略强调能源供应渠道与供应方式的“多元化”特征并得到了国家一系列的政策支持。2001 年，《国民经济和社会发展第十个五年计划纲要》正式提出“多元化”的国际能源安全战略。《纲要》明确规定：“积极利用国外资源，建立海外石油、天然气供应基地，实行石油进口多元化，把“走出去”的开放战略作为我国“十五”时期重要的任务。同时，为维护能源安全，国家也开始着手建立石油战略储备体系。2002 年，中共十六大明确提出，要适应经济全球化和加入世界贸易组织的新形势，在更大范围、更广域和更高层次上参与国际经济技术合作和竞争，充分利用国际和国内两个市场，优化资源配置，拓宽发展空间，为中国能源国际化经营进一步指明了方向。2004 年，国家发改委起草了《能源中长期发展规划纲要（2004～2020 年）》，并获得国务院批准。同年全国第十次使节会议上进一步明确，驻外使领馆要为国内企业“走出去”提供主动服务。2006 年，国家发改委会同商务部、财政部、海关总署、国家税务总局、国家外汇管理局等部门，联合制定了《境外投资产业指导政策》及《境外投资产业指导目录》，明确将石油、天然气作为对外投资优选项目。外交部也将促进能源外交关系、帮助能源企业开辟国际市场作为外交工作的重点之一。在“走出去”与“多元化”思想的指导下，经过近 20 年的探索与发展，我国的国际能源战略已经基本成熟，能源安全意识以及国际合作意识也在不断增强。

## 二　中国国际能源战略的基本格局

### （一）以石油为主的能源进口结构

目前，我国的能源进口以石油为主。在我国的国际能源进口结构中，石油天然气等能源资源始终占据着最重要的位置。有数据显示，2006 年我国能源产品进出口贸易额为 1001.87 亿美元，其中石油贸易额为 917.54 亿美元，占我国能源产品进出口贸易额的比重高达 91.6%，而煤炭贸易额仅为 50.7 亿美元，比重为 5.1%，天然气 33.63 亿美元，占 3.4%。石油能源的进出口贸易在我国能源产品进出口贸易中占绝对的

① 夏义善：《中国国际能源发展战略研究》，世界知识出版社，2009，第 14 页。

优势。[①] 与此同时，石油能源的进口规模逐年增长，中国的石油能源对外依存度不断提高。国际能源署的统计表明，2010年中国已经成为世界第一大石油消费国。[②]

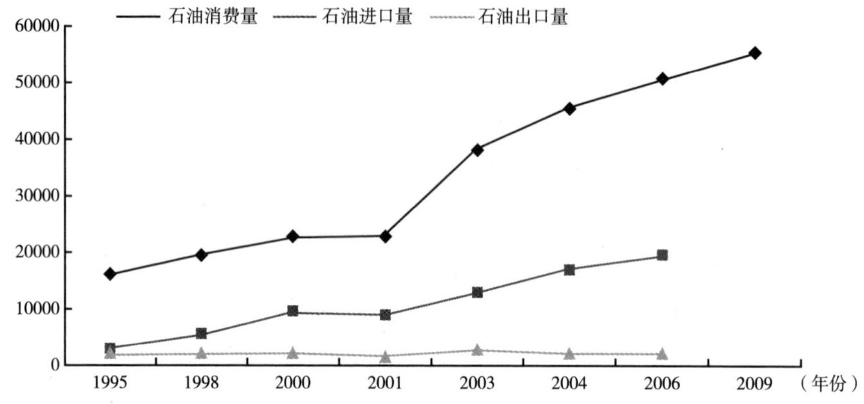


**图6－1　1994年之后中国石油消费量、进出口量**

资料来源：根据历年《中国能源统计年鉴》整理。

从石油进口的来源国家看，中东阿拉伯地区的富油国是我国原油进口的主要来源。一直以来，中东地区的伊朗、沙特阿拉伯、阿曼为我国的主要石油供应国。1997～2000年阿曼取代印度尼西亚成为中国最大原油进口国，占中国能源进口总量的26%。2000年之前阿曼和也门是中国从中东和阿拉伯世界进口原油的前两位国家。2001年伊朗和沙特阿拉伯超过阿曼成为中国前两大原油供应国，2002～2009年沙特阿拉伯始终以明显的优势一直是中国最大原油供应国，2008年和2009年沙特阿拉伯分别占当年中国原油进口量的20.3%和20.6%。[③]

从我国原油进口的地区结构来看，大体呈现中东、非洲、亚太地区三足鼎立的局面。1999年，中国从中东地区进口的石油约占进口总量的46.2%，从非洲的进口量占19.8%，从亚太地区进口的石油约占总量的18.7%。2000年我国进口的石油54%来自中东地区，24%来自非洲，14%来自印度、

① 《中国能源进出口贸易分析》，http：//cn.cwestc.com/news/disp.asp？id＝55489，最后访问时间：2013年8月5日。

② 《中国超过美国成为第一大能源消费国》，http：//finance.sina.com.cn/g/20100720/03568324755.shtmlh，最后访问时间：2013年8月5日。

③ 田春荣：《2009年中国石油进出口状况分析》，《国际石油经济》2010年第3期。

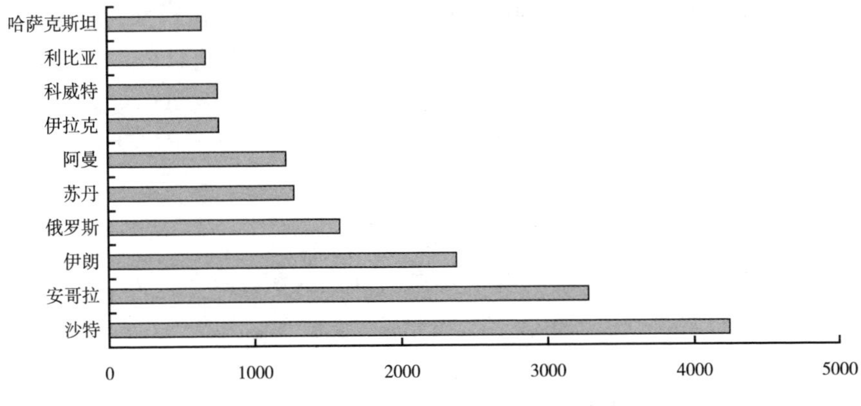


**图 6-2 2009 年排名前十位的对华供应原油的国家**

资料来源：田春荣《2009 年中国石油进出口状况分析》，《国际石油经济》2010 年第 3 期。

越南等亚太地区。而到了 2009 年，中亚（独联体）地区开始取代亚太地区成为我国石油进口的“第三足”。这三大主要进口来源地分别占我国原油进口总量的 47.8%、30.1% 和 10.5%，来自美洲和亚太地区的份额分别仅占 6.7% 和 4.7%。显然，这依旧是一个偏重于中东和非洲的不平衡的多元化格局（见图 6-3）。虽然我国与中亚地区既有地理位置上的毗邻

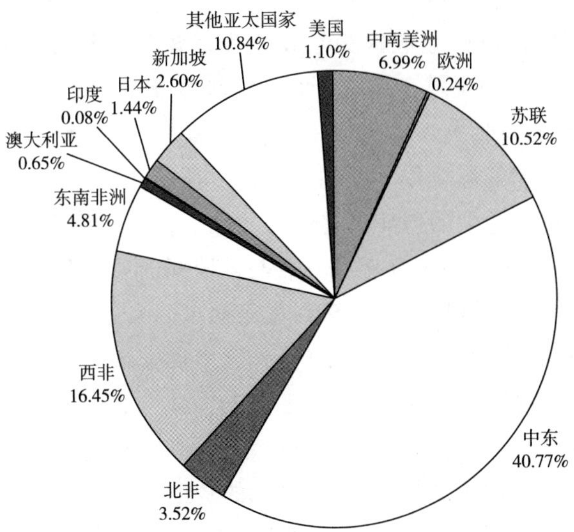


**图 6-3 2009 年我国石油进口来源地构成**

资料来源：田春荣《2009 年中国石油进出口状况分析》，《国际石油经济》2010 年第 3 期。

优势，但是中国从中亚进口的能源规模并不大，从独联体国家进口的石油仅占全部进口量的10%左右（这说明了我国同中亚在能源合作方面还有很大的潜力）。更为重要的是，我国石油能源的进口国家集中度高，会给中国的能源安全及国际能源战略的实施产生潜在的消极影响，不利于能源风险在区域间的分散化。

### （二）初步朝向多元化的海外能源区域合作

在国家的政策支持下，近年来中国石油企业积极参与海外石油合作，无论是在合作方式，还是在合作区域上都力图实现多元化，以降低中国国际能源战略实施的风险。中国在海外石油能源投资的方式除了通过石油企业在国际市场上进行期货或现货贸易外，还包括在勘探、开采等领域与外资企业合作，或者是海外的国有油气田采取以分成合同的形式参与油气田的勘探开发，或是以完全私有化的油气田采用收购原有股东股权的方式介入油气田的开采。大多数的合作项目均采用“份额油”的方式。近年来，除“份额油”的方式外，海外能源合作以合作开采、产量分成为主。[①]

让人印象更为深刻的是中国国际能源战略的多元区域化战略。从海外能源市场的区域结构来看，中国已经初步实现了与包括俄罗斯、中东、中亚及拉美等石油主产国的石油合作。从与中国开展能源合作国家和地区的地理位置来看，总体上有三大块能源合作区：以俄罗斯为主要合作对象的北线能源合作区；以中亚五国为主要合作对象的西线能源合作区；以中东、非洲、拉美等为主要合作对象的南线能源合作区。

#### 1. 进展缓慢的北线能源合作

中国在北线的能源合作，主要是与俄罗斯的能源合作，但是由于中俄两国在地缘战略利益上的博弈，北线的能源合作并不顺利。中国一直想和俄罗斯建立长久的能源伙伴关系，尽管与俄罗斯的油气合作早在20世纪90年代初就开始酝酿，但是由于国家利益等众多因素的影响，能源合作的计划一直受到阻碍，两国在石油领域的合作大多仅仅停留在贸易油的买卖上。

1994年，俄罗斯首先提出了修建“安大线”的计划，并且与中方签署了一系列的协议。但后来日本经过一系列的赴俄游说，提出协助俄罗斯开发东西伯利亚新油田并提供75亿美元的赞助，结果在2003年俄自然资源部副部长扬科夫宣布否决“安大线”，转而偏向“安纳线”[②]。2004年

---

① 隋舵：《国际石油资源博弈与中国的石油外交战略》，《学习与探索》2005年第3期。

② “安纳线”的终点纳霍德卡距离日本西海岸仅800公里。

12 月俄罗斯政府通过了“泰纳线”[①] 原油管线工程方案。近来，通过一系列外交活动，中俄能源合作才开始取得微弱进展。2008 年 10 月俄总统梅德韦杰夫访华，与胡锦涛主席达成协议，决定修建东西伯利亚—太平洋石油管道中国支线。2009 年两国签订正式协议，中国支线动工，计划 2010 年底全线贯通，2011 年起稳定供油。[②]

2. 竞争激烈与高风险的南线能源合作状况

中国的南线能源合作相对广泛，主要包括了与中东地区、非洲国家、拉美国家、澳大利亚以及印度等国家和地区的合作。迄今为止，中东地区一直是中国海外能源进口的重镇，但是在合作对象上我国仅仅是同富油国之间合作，与美国、日本、欧盟等世界上主要的石油消费国之间并没有深入的合作，因此与它们在南线有着激烈的竞争，此外，中东地区由于大国角逐，地区政治很不稳定，这些都给中国的能源战略的稳定和中国的能源安全带来了一定的威胁。

从历史上看，尽管中国的国际能源合作首先是从拉美起步的。[③] 但整体上讲，中国与拉美国家的能源合作并不顺利，主要是因为拉美与中国的距离遥远，从能源安全和运输成本的角度来说，这都成为与拉美能源合作的障碍。而且，拉美是美国传统的势力范围，拉美国家的石油也主要是面向美国市场的，美国为维护自己的利益，在一定程度上也破坏或阻碍了中国与拉美的合作。

中国在南亚的能源战略主要表现为与东南亚诸国、印度、印度尼西亚、澳大利亚等国的能源合作。尽管中国政府希望通过与东南亚国家的能源合作，在一定程度上达到减少对中东的能源依赖并实现能源进口的多元化，也希望改善与这些国家的关系，在一定程度上确保中国海上能源进口的安全。但是政治纷争、领土纠纷、资源分配、大国角逐等一系列因素，给中国与东南亚的能源合作增加了不确定因素。[④] 例如，2010 年中国西南地区和东南亚地区同时发生干旱，中国与东盟一些长期未解决

---

① “泰纳线”从东西伯利亚城市泰舍特到太平洋沿岸城市纳霍德卡。“泰纳线”较之“安纳线”只是线路不一样，而对中国的供油量并未减少。

② 夏义善：《中国国际能源发展战略研究》，世界知识出版社，2009，第 146 页。

③ 中国与拉美国家的能源合作最早从秘鲁开始，1993 年中石油的一子公司以 2500 万美元取得秘鲁塔拉拉油田 20 年的开采服务作业权，这是中国的石油公司第一次进入国际石油业的上游领域。

④ 杨世新、江灏锋：《中国与东南亚国家能源合作的脆弱性——从 2010 干旱时期谈起》，《湖北经济学院学报》（哲学社会科学版）2010 年第 5 期。

的问题进一步激化，一定程度上再次凸显了中国与东南亚在能源合作上的脆弱性。

此外，南线最大的危险是能源运输必须依靠海运。能源运输路线比较单一，高度依赖霍尔木兹海峡和马六甲海峡，我国85%左右进口的石油都要途经马六甲海峡。而马六甲海峡是美国军方提出的必须控制的全球16条海上咽喉要道之一。如果某些大的海权国家控制了马六甲海峡，中国的石油进口就会中断。[①]

3. 潜力巨大的西线能源合作

西线主要是与中亚五国的合作。目前中国已与哈萨克斯坦、乌兹别克斯坦和土库曼斯坦合作。中国与中亚是陆地邻国，早在古代丝绸之路开通的时候，双方就开始了贸易往来。中亚五国拥有丰富的油气资源，哈萨克斯坦是世界上重要的能源生产国和出口国，石油和天然气是其主要的出口商品，被誉为“能源和原材料基地”，是世界第十一大油气资源国，在苏联国家中居第二位，是里海地区的第三大油气资源国（仅次于俄罗斯和伊朗），其能源产业的发展也越来越成为国家经济发展的主要动力。乌兹别克斯坦和土库曼斯坦也蕴藏着丰富的油气资源，近年来出口量在不断增加，[②] 但是中亚地处内陆，出海口的缺乏制约了其能源的出口。

20世纪90年代末，中国与中亚的油气合作就开始取得一定的进展。近年来，中国与哈萨克斯坦、土库曼斯坦和乌兹别克斯坦在石油勘探开发以及天然气的运输等众多方面开展了广泛的合作。目前，中国与中亚国家加快开展了一系列的合作——在上游产业领域和中下游领域都进行较广泛合作。在上游，主要是指与中亚国家进行合作勘探能源，取得油气的开采权，与国际能源公司共同合作，也包括向中亚的能源公司提供工程技术等方面的服务。在中下游领域，即石油天然气资源的运输系统方面，主要是指与中亚国家共同修建石油天然气管道，向中国输送石油天然气。例如，中哈石油管道已于2006年对华输油。我国与乌兹别克斯坦和土库曼斯坦的合作也主要集中在修建天然气管道上，目前已经全部建成并投入运营。总体上看，中国与中亚国家的能源合作，前景广泛，具有较大的发展潜力。

---

① 《中国的可持续发展与能源政策和国际战略文献综述》，http://www.tt65.net/zonghe/lilun/lilun/keti/mydoc018.htm，最后访问时间：2013年9月23日。

② 张耀：《中亚安全局势辨析——现状和趋势的解读》，中国战略与管理研究会，2006年6月4日，http://www.cssm.gov.cn/view.php?id=9748，最后访问时间：2013年9月24日。

## 第二节　“蓝海战略”格局下我国国际能源战略面临的挑战

实施积极“走出去”与“多元化”的国际能源战略是我国经济市场化发展与全球化背景下的一项重大战略。在这一战略思想的指导下，国家有效推动了我国能源企业走向世界、积极参与国际能源合作和竞争，为保证国家的能源供应安全做出了重要贡献。然而，“走出去”的国际能源战略的建构是在所谓的“蓝海战略”大背景下建立起来的；而近年来“蓝海战略”的弊端及其对中国国际能源战略的负面影响日益凸显：一方面是经济发展的高能源消耗需求，另外一方面是国际经济政治与能源竞争格局严重地限制了中国国际能源战略的有效实施，中国的国际能源汲取态势越来越严峻，中国国际能源战略的被动性与被掣肘问题日益显现。从区域经济整合的视角来看，正是由于“蓝海战略”下的欧亚经济不整合（具体而言是中国与能源资源丰富的中东、中亚地区经济不整合），在很大程度上使得中国的国际能源战略实施很难取得良好效果，中国对海外能源资源的获取受到限制。

### 一　分散的产业与市场导致中国对外单向度的能源依赖

以石油资源丰富的中东地区为例，尽管中东等新兴市场对我国的贸易与投资潜力巨大，近年来我国与这些地区的贸易往来也越来越紧密，据商务部统计，中国－土耳其双边贸易额由2000年的10亿美元增长到2008年的125.7亿美元，中国已连续三年成为土第四大贸易伙伴。[①] 中国－沙特阿拉伯双边贸易则由2000年的27亿美元增长到2008年的407亿美元，目前已经成为我国在西亚、北非和中东地区最大的贸易伙伴，中国则成为沙特阿拉伯在全球的第三大贸易伙伴。但是，正如某研究所指出的：我国在中东地区新兴市场开拓过程中遭遇到了越来越多的贸易障碍，如高额关税、技术性贸易壁垒、不合理的反倾销和贸易便利化力度不足等贸易障碍不断显现，在一定程度上阻碍了我国与上述国家和地区双边贸易的开展。

尽管从统计数据上看，近年来，中国与中东地区重要能源国家的贸易

---

① 陈德铭：《中土两国经贸合作前景广阔》，中国贸易救济信息网，2010年1月11日。

额总量较大，但是这种双边的贸易关系是不均衡的，主要表现为中国对这些国家石油能源的高单向度依赖。比如，沙特阿拉伯一直以来是我国石油贸易的第一大伙伴，但双方的贸易地位不对等。商务部最新数据显示：2011年中国对沙特阿拉伯出口149亿美元，同比增长43.2%；进口495亿美元，同比增长50.8%，其中进口原油5027万吨，同比增长一成多。[①]可见我国在经济结构，尤其是产业结构上，与主要石油出口国之间没能形成有效的市场整合与较高的产业互补。相互之间除了石油贸易外似乎很少有其他经济利益之间的关系。这种单向度的能源依赖关系使我国的国际能源供应来源不稳定并带来其他能源风险。

尽管能源进口地来源多样化在一定程度上缓解了能源来源地单一所带来的风险，但是，在与众多石油输出国家和地区的往来中，中国目前的能源战略是“为了石油而石油”，“走出去”纯粹是为了获取能源来源，缺乏以经济产业和市场整合为支撑的双边均衡经济合作。这种分散的产业与市场导致中国对石油输出国单向度的能源依赖。由于石油不是一种普通商品，而是一种重要的原材料和战略物资，其全球供应链和价格形成机制除了受市场经济规律影响外，往往受国际政治因素的制约以及人为的操纵，以至于石油价格在某种情况下常常表现为所谓的“政治价格”。例如，从1973年世界爆发“第一次石油危机”到2003年美英等国再次对伊拉克发动战争的30年间，世界石油价格经历了多次暴涨和暴跌，其中几次石油价格的暴涨都是由政治事件引起的。2004年5月初，国际原油价格上升到每桶40美元，创下自1990年10月海湾战争以来的新高，其重要原因之一仍然是政治因素——以伊拉克为中心的中东产油区的地缘政治风险在增大。

最后，尽管中东是世界上石油资源最丰富的地区，拥有世界其他地区所不可比拟的资源优势，但该地区一直是政治、经济、民族利益、宗教问题错综复杂的地区，其石油供应必然会受到地区局势的影响。而我国从中东地区进口石油最多，对中东地区的石油进口依赖最大，而我国与中东地区国家之间的其他贸易往来不多。一旦石油出口国因某种政治干预或不确定因素而中断对我国的能源供给，我们手头根本没有筹码与对方进行讨价还价；从另外一个角度来看，这也导致我国在国际能源市场上缺乏规则制

① 数据来源：《2011年中国和沙特阿拉伯贸易额突破600亿美元》，http：//news.cqnews.net/html/2012-01/29/content_12349467.htm，最后访问时间：2013年8月7日。

定与控制的主动权，议价能力不堪一击。因而，在单向度的石油能源依赖情况下，经常发生的情况是，一旦中国大量进口石油，国际油价就会高涨。

## 二　以马六甲海峡为主的海上能源运输线带来能源汲取的高风险、高成本

在欧亚经济不整合的情况下，中国石油进口的来源结构，决定了其在输油路线和输油方式上也没有多少自主选择权，自身掌控不了石油贸易的航线。如前文所提及，我国海外能源供给的地理位置和输油路线总体上呈现出“三足鼎立”的局面；从输油权重上看，以中东、非洲、拉美等为主要合作对象的南线能源合作区一直是中国海外能源进口的主要区域。中国除了从俄罗斯、哈萨克斯坦和蒙古进口的石油可以从陆上运输外，其余全靠海上运输；而且海上运输线路十分单一，85%以上要经过印度洋—马六甲海峡—中国南海一线。这一输油路线不仅运输成本高，运输风险大，而且受政治因素、地区不稳定和国际争端的影响大，输油安全有很大不确定性。①

近年来，美国在西太平洋沿日本群岛、台湾岛、菲律宾群岛构筑围堵中国的“锁链”，并借阿富汗战争加紧向南亚和中亚地区渗透，美国还在新加坡设立军用港口，进而与新加坡扼守马六甲海峡的交通要冲；印度力图“有效控制”印度洋，并试图将其控制范围扩大到中国南海；这种区域政治格局非常不利于中国的海洋石油运输。此外，经由马六甲海峡的海运，也受到越来越猖獗的组织严密的海盗活动的威胁，该航段一直是海盗和恐怖分子“青睐”的目标。西非沿岸、索马里半岛、红海、亚丁湾、孟加拉湾及马六甲海峡等附近水域为海盗经常出没的地区，其中包括马六甲海峡在内的东南亚水域是目前世界上海盗活动最猖獗的地区。1991～2001年，在全世界发生的2000多起海盗袭击中东南亚有多起，占总数的三分之一左右。② 猖獗的海盗活动不仅对船舶通行构成严重威胁，而且货物与人员的损失、高额保险金的赔付也给相关国家造成了重大损失。③ 所有这些，都直接威胁到中国对外贸易和石油进口安全。

---

① 张洁：《中国能源安全中的马六甲因素》，《国际政治研究》2005年第3期。

② 赵宏图：《“马六甲困局”与中国能源安全再思考》，《现代国际关系》2007年第6期。

③ 张洁：《中国能源安全中的马六甲因素》，《国际政治研究》2005年第3期。

尽管中国已经拥有了航空母舰等先进的海军设施，党在十八大上也提出了要建设强大海洋国家的战略，但目前的现实是中国海军还没有足够的力量确保海上能源交通线的安全，过分依赖中东和非洲地区的石油和单一的海上运输路线使得中国石油安全的脆弱性比较明显。如果遇上特殊情况，正常的石油进口可能无法得到保证，国内的人民生活、经济运行乃至国防都会受到重大影响。因此，中国政府需要关注石油能源运输线上的国家形势的变化及其对中国能源战略、能源安全的影响。

此外，从运输能力上来说，马六甲海峡是世界上最繁忙的海峡之一，是全球原油、石油制品和液化天然气的主要输送通道，运输能力已处于饱和状态。目前，马六甲海峡年通过大型、巨型轮船约7万船次，输送量为5亿~6亿吨。根据预测，到2020年，通过海峡的物资需求量将增至10亿~12亿吨，这将大大超过海峡的运输能力。从目前的情况来看，海峡的交通秩序比较混乱，穿越海峡的客货运输以及随意性极大的渔船已经严重影响了船舶航行安全，① 并极大地增加了中国国际石油进口的成本与风险。

## 三 政治性协作关系带来的“政治搭台，能源唱戏”问题

为了获得海外能源的稳定和充足供给，保证经济社会发展所需的能源安全，中国政府通过政治、外交等多种途径展开与多个能源出口国的合作，实现了中国能源进口来源的多元化。这些能源外交实践，确保了中国石油的稳定进口，一定程度上保障了中国的石油安全。但是，以能源外交为代表的国际能源战略也存在诸多难以回避的问题和隐患。

### （一）能源外交方式的强政治性

中国政府为保证能源安全，采取了多种方式从国外获得石油进口：以加强政治友好为先，重视经济贸易并辅以经济援助等。但从中国能源外交的实践中可以发现，这些方式之间其实是不平衡的，在多种方式中，政治上的高层互访是最主要的方式，经济方式运用较少，确切地说是通过直接的能源经济合作来获得能源进口的方式运用较少。每次中国政府与石油生产国互访后，总会在两国政府间的一些联合声明中出现一些表达双方进行能源合作的愿望的文字，这使得中外能源合作及中国的国际能源战略具有更强的政治色彩，比如中国三大国有石油公司的海外经济行为总会被怀疑

① 张洁：《中国能源安全中的马六甲因素》，《国际政治研究》2005年第3期。

是否有特定的政治目的，而受到相应的限制，典型的案例如 2005 年中海油收购美国 UNOCAL 石油公司失败就受到政治考量的影响。①

**（二）多边能源外交的单一性**

总体上，中国在获得石油进口，保障能源安全方面开展的外交多为双边外交，而地区性的多边外交与多边合作较少；中国在对石油生产国开展一系列外交活动的同时与石油消费大国的合作却较少。此外，中国与国际能源机构合作也非常少。这种外交模式与全球化时代国际能源政治的特点是不相符的。

作为全球第三大石油进口国，中国长期游离在全球石油市场和供应体系之外。由于全球石油市场和石油工业主要由美国以及其他工业化国家的跨国石油公司所操控，中国难以通过全球石油市场确保自己稳定的石油供应。另外，作为全球石油需求增长最为迅速的亚洲地区，如果没有能源政策协调和对话的技术性合作组织，中国也难以通过地区合作机制实现能源安全战略。国家主义导向的双边战略成为中国确保能源供应的唯一选择。而国家主义的双边战略常常带有更强的地缘政治色彩，采用的方式主要有以下三种：第一，通过中国政府积极的外交手段，包括政府对政府的贸易、经济和金融援助，争取这些石油出口国对中国的石油供应；第二，积极开拓发达国家不愿或者基于政治原因拒绝进入的领域，包括利用中东地区以及其他富油国出口多样化的愿望，扩大石油供应基地的选择范围；第三，参与到石油出口国的石油勘探、开采、管道铺设等基础设施建设和投资中，直接对中国进行石油供应。通过这些双边途径，中国石油战略已经涵盖到了中东、中亚、俄罗斯、非洲和拉丁美洲，开始建立起多样化的石油供应网络。②

然而，由于美国、日本等发达国家的长期经营，他们已经在主要的富油国和地区建立起了石油进口基地，中国的双边石油战略多少带有游击战的特征，难以进入一些主要的石油储藏地。在非洲，中国以安哥拉、苏丹和刚果为基地，而在探明储量更为丰富的利比亚、尼日利亚和阿尔及利亚，中国的进口相当有限；在中东，中国以沙特阿拉伯、阿曼、伊朗和也门为基地，而探明储量非常丰富的伊拉克、科威特和阿拉伯联合酋长国处

① 梁波：《权力游戏与产业制度变迁——以中国石油产业外部合作战略转型为例（1988～2008）》，《社会》2012 年第 1 期。

② 何帆、覃东海：《中国能源政策的国际战略》，《21 世纪经济报道》2005 年 11 月 14 日。

于美国的垄断性控制下，中国也难以取得突破；在欧洲和西半球以俄罗斯和巴西为基地，而探明石油储量非常丰富的委内瑞拉和哈萨克斯坦，中国的进口也非常有限。因此，虽然中国在进口地多样化上面取得了显著成绩，但是在一些重要的富油国并没有建立起稳固的石油供应基地，美国、日本等工业化国家的大型石油公司已经控制了这些国家和地区的石油供应。

**（三）“中国石油威胁论”有所抬头，中国公平合理参与全球油气资源的竞争受到少数大国的误解，海外能源拓展空间受到挤压**

近年来，中国能源进口数量不断增加，这种增加与中国经济快速增长的势头及其对世界经济发展的积极影响是相一致的，也是大国工业化发展过程中的正常现象。然而，某些国家对中国日益增长的石油进口量和海外油气资源的拓展行为表示“高度关注”和“忧虑”，甚至明里暗里挤压中国的海外油气拓展空间。

早在1996年，塞缪尔·亨廷顿在其名著《文明的冲突与世界秩序的重建》中，就曾别出心裁地提出一个假设，即2010年中国和越南在南中国海为石油发生战争，美国为了自身利益与中国交战。“对于美国来说，为了维护国际法、抵抗侵略、保卫海洋自由、保证获取南中国海的石油，以及阻止东亚为一个国家所控制，这样的干预是必要的。但是对于中国来说，美国的干预是完全不能忍受的。”这段话背后所反映的美国部分人对中国合理利用世界石油资源的偏见和戒心。

2002年美国美中防务委员会呈交给美国国会的一份报告指出：美国在世界能源市场上正面临来自中国日益有力的竞争；[①] 同年6月美国安全政策研究中心主任 Frank J. Gaffney 在众议院国际委员会的证词中指出，中国能源需求量的不断增加已构成对美国能源安全的威胁和挑战，美国与中国争夺能源供应方面的竞争会更加激烈。[②] 日本也有人认为中国未来大量进口石油将引起世界石油市场的混乱，为了维护石油安全，中国可能采取军事手段，从而威胁地区稳定与安全。[③] 近年来，美、俄、日等国在国际石油市场上有意无意地干扰、排挤中国石油企业的对海外石油开发权公平竞争的几个实例就充分说明了这一点。[④]

---

① 常泽鲲、李新华：《美国“倒萨”的战略意图》，《西亚非洲》2003年第3期。

② 车长波等：《世界石油资源格局及应对策略》，《天然气经济》2003年第3期。

③ 舒先林：《中俄关系中的能源因素》，《国际论坛》2003年第4期。

④ 朱兴珊：《莫畏“里海”遮望眼》，《中国石油企业》2003年第6期。

### （四）高替代性竞争者带来的市场准入门槛高、不确定性高和零和博弈

中国为实现石油安全目标而采取的“走出去”和“多元化”国际能源战略，在亚太地区遇到的最强的竞争对手主要是美国、日本、印度和韩国等，特别是与美、日的油气战略竞争尤为激烈。

近十年来，亚太地区已成为仅次于北美洲的新的能源消费中心。北美洲作为世界第一大石油消费区，其石油消费量在世界石油消费总量中所占比重在1989～1999年下降了0.2%，而此间亚太地区的石油消费量却由19.9%增加到26.9%，猛增了7个百分点，成为世界石油消费第一增长大户。[①] 美国、中国、日本、韩国、印度等作为世界经济中的经济强国、大国或增长潜力巨大的发展中国家，都是石油消费大国和净进口国，其国内生产的石油和天然气远远赶不上需求的巨大增长，石油需求和消费的自给能力很低，对外依存度不断增高。目前，北美消费的石油约为每天2400万桶，亚太2000万桶。美国、日本进口石油占其石油消费总量的比重分别为60%和80%。其中中东原油占进口比重分别为：美国22%、日本98%、中国44%，其他亚太国家73%。[②] 这些国家都是世界能源消费大国，特别是中国、印度等国日益成为亚太地区新的能源消费中心，其快速增长的经济体以及独特地缘政治经济联系将不可避免地使它们之间以及它们与美、日等传统消费大国之间在世界石油市场上展开激烈的竞争。

例如，2002年12月中国石油集团收购俄罗斯斯拉夫石油公司部分股权“搁浅”：中国石油应俄方有关部门邀请，原定于2002年12月18日参加俄斯拉夫石油公司部分股权的公开招标。然而，就在招标的前一天，俄国家杜马投票对1993年私有化条例做出补充，把在私有化过程中不允许国有股份超过25%的公司参与私有化这一规定的适用对象扩大到外国的法人和自然人，中国石油只得宣布退出竞标。原计划2003年底开工的中俄石油管道“安大线”（俄安加尔斯克—中国大庆）因日本的多次介入（力促建一条通向太平洋沿岸纳霍德卡的“安纳线”）而至今“去向不明”：由于日本对俄罗斯许以“重金”和美日关于“安大线”不利于俄罗斯国家安全战略的蛊惑，俄方在时而“安大线”、时而“安纳线”、时而又二线合一为“折中线”的几个方案中摇摆不定。此

---

① 张文木：《中国能源安全与政策选择》，《世界经济与政治》2003年第5期。

② 宿景祥等：《国际石油的战略影响》，《现代国际关系》2003年第2期。

外，2003 年 5 月中国海洋石油公司和中国石化集团欲购买英国天然气集团在哈萨克斯坦里海北部油田的股份，由于现有股东“行使”优先收购权而先后“惜败”。

2001 年 2 月，美国战略和国际问题研究中心发布了经过三年研究得出的报告《21 世纪能源地理政治学》。其中指出：“今后 20 年，亚洲日益增长的能源需求可能产生深远的地缘政治影响。亚洲地区对现有能源储备的争夺可能会激化，演变成各国之间的武装冲突；中国对中东石油的依赖日益增强，从而可能促进北京与该地区的一些国家形成军事联系，这将使美国及其盟国感到忧虑。”① 中国作为联合国安理会常任理事国和世界经济发展最快的国家，在国际政治经济舞台上具有越来越重要的地位。美国布什政府成立之初即认为中国的崛起会对美国形成最大威胁，在新世纪中国是美国战略竞争对手而不是战略伙伴，因此防范和遏制中国曾一度是布什政府对华政策的基点。虽然这一政策基点在“9·11”事件后转向了与中国合作反恐层面，但美国政府内心深处遏制中国的长期战略并未消失，为此，美国试图将能源特别是石油作为遏制中国的重要战略手段。

尽管世界上越来越多的国家赞赏中国一如既往地实行独立自主的和平外交政策和作为负责任大国对国际公共问题所做的巨大贡献，但“树欲静而风不止”，中国对能源需求进口的正常商业行为常常被过分“政治化”。在未来的中美关系中，石油可能成为另一个重大的、影响到双边或多边关系的不确定性因素。② 因此，不管自觉不自觉、愿意不愿意，在全球化浪潮之中，中国别无选择，已经并将继续卷入世界油气资源领域的激烈竞争。

## 第三节　高铁带动下的向西开放与欧亚大陆经济整合的可能前景

### 一　中国与中亚五国经济的强互补性与潜力

一般来说经济互补性，可以分为市场互补性与经济技术互补性两种类

① 吕建中、冯连勇：《“9·11”事件后的世界石油形势透视》，《石油大学学报》（社会科学版）2001 年第 6 期。

② David Plott, “The Quest for Energy to Grow”, *Far Eastern Economic Review*, June 20, 2002.

型，正是由于这两种经济互补性的存在，使得双方都有经济合作的需求和愿望：前者是双方贸易往来的前提，双方可以通过贸易合作互通有无；而后者则为双方产业合作提供巨大空间，双方可以通过技术合作取长补短。中国与中亚五国的经济合作有着很强的市场互补性和合作潜力，这已是国内众多学者的研究结论，比如，有研究者通过长期对中国与中亚五国的产业合作互补性进行研究发现：中亚五国与中国新疆可以开展互补性合作的领域很多，最重要的是工业类、农牧类、资源类、生态类、环保类及旅游类领域的合作。①

苏联解体、东欧剧变后，中亚五国的独立使欧亚地缘政治格局发生了结构性变化，中亚地区的地缘战略意义凸显。尽管中国与中亚五国经济合作已发展到多个领域，但总体上仍属初级阶段，经济合作过程中还存在着诸多难点和制约因素。有研究曾将这些难点和制约因素归纳为两方面：首先，从中国方面来看，企业缺乏寻求与中亚国家主动合作的强烈意识，缺乏一批有实力的从事跨国投资经营的企业；政府的引导、推进作用发挥不够；银行未能为企业提供良好的境外融资和业务咨询服务；缺乏支持区域经济合作发展的法律保障和政策支持；对与中亚国家开展经济合作的潜力和经济效益认识不足；缺乏一大批适应发展区域经济合作的高层次专业人才；全社会推动和支持企业主动拓展中亚国家市场的大环境还没有形成；边境城市的基础设施建设还比较落后，不能适应发展的需要；等等。其次，从中亚五国方面来看，当前政治不稳定、法制建设滞后、市场规范性差、社会稳定问题突出等因素是影响其与新疆之间经济合作的主要障碍。②

与之类似，有研究明确指出，中国与中亚五国政策性问题突出、边贸发展严重不平衡、产业合作水平低、地区性协调组织的作用没有充分发挥等构成了双方进一步合作的障碍。另外，边贸秩序混乱、经济技术合作明显滞后、领域狭窄、缺乏整体性和长期性战略、信息体系不完善导致决策滞后、中亚国家投资环境不理想等也都是双方在经济合作过程中存在的问题或制约因素。

这也就意味着，如果能够进一步消解当下限制中国与中亚地区经济合

---

① 王海燕：《中国新疆在中国与中亚诸国经贸合作中的定位》，《俄罗斯中亚东欧市场》2006 年第 2 期。

② 顾华详：《新疆与中亚国家加强经济合作的战略思考》，《新疆社会科学》2006 年第 3 期。

作的影响因素和机制，在未来较长的发展阶段里，中国与中亚地区的一体化合作将会有巨大的潜力。

## 二 中国高铁带动下的向西开放对欧亚大陆经济整合的积极影响

高柏教授在其具有战略前瞻性的文章中曾指出：高铁可以推动欧亚大陆的经济整合。[①] 建设由中国通往中亚、南亚、中东、东欧、俄国最后直至西欧的各条高铁路线，一方面将有力地带动占世界人口三分之二的欧亚大陆经济整合，将使中亚与中东一些至今被隔离在世界经济发展潮流之外的发展中国家获得加入全球化过程的机会。一条贯通欧亚大陆的高铁带来的将不仅仅是古代丝绸之路的复兴，它也将使几个像伊朗、土耳其，甚至埃及这样在历史上曾经有过辉煌的古代文明大国有机会再现当年的繁荣。另一方面，对中国而言，推动以高铁为基础的欧亚大陆经济整合具有积极的现实意义和长远的战略意义。首先，它将为中国向内需转型赢得宝贵的缓冲时间。其次，它有助于防止全球化的逆转，并为自由贸易的发展提供新的动力。2008 年的全球金融危机使战后的国际经济增长机制失灵，如果中国继续向发达国家市场增加出口，很可能招致强大的政治反弹。而推动欧亚大陆经济整合可以说是为全球化开辟一个第二战场，它可以为国际经济创造新的需求，为目前正在减速的全球化注入新的动力。它不仅可以把目前被排除在全球化进程之外的中亚和中东国家带进全球化进程，也可以为正在经历人口下降的俄国和西欧提供新的活力。在以高铁建设为核心的陆权战略格局下，我们认为，高铁带动下的向西开放可通过两方面促进中国和中亚中东地区的经济整合。

### （一）高铁带动下的向西开放将促进中国中东中亚地区产业结构调整和市场整合

从发达国家的历史和经验来看，交通方式的革命，不仅能大幅度降低物流成本，而且能有效整合区域经济。例如 1825～1855 年，美国运河和铁路的修建，使得“运输费用降低了 95%，而运输速度却增加了五倍”[②]，使得美国北部、南部和西部之间的经济联系更加密切起来，“三个各具特色的经济地带因为交通革命而提高了商业效率”[③]，一个贸易三

---

① 高柏：《高铁可以为中国带来一个陆权战略》，《经济观察报》2011 年 3 月 11 日。

② W. J. Davidsion, *Nation of Nations*: *A Narrative History of the American Republic*, *Volume I To 1877*, McGraw-Hill, Inc. 1990, p. 345.

③ L. Pitt, *We Americans*, *Volume I*, *Colonial Time To 1877*. Kendall/Hunt Publishing Company, Dubuque Iowa, 1984, p. 210.

角形成了，即北部的工业品、西部的农产品和南部的棉花交易频繁起来。

高铁带动下的向西开放带来的中国—中东中亚经济圈的区域效应，将使众多地区和企业在高铁经济中找寻到新的动力。业内专家认为，“高铁必然会对区域经济产生长期的影响，引导地区间产业转移和产业结构升级，推动区域和城乡协调发展，增加旅游、餐饮、购物等相关服务业及住房需求的快速增长”。东盟商务研究中心主任郭建军表示，高铁影响下的转口贸易、过境贸易发展，将带动保险、金融、仓储、加工等整个产业链发展。“对于有着较多能源、资源以及农产品资源的国家来说，修建便捷的铁路设施将极大强化货物运输效率。这对于前往投资的企业而言也是一个双赢的事情。”

高铁带动下的向西开放将会更好地激发中国和中东中亚诸国在产业结构和市场结构上的强互补性。中东中亚丰富的自然资源为中国经济发展所需要，而中国质优价廉的轻工产品、食品、家用电器满足了这些国家巨大的市场需求。刘建蒲等通过对新疆与中亚五国工业产品结构比较分析发现，新疆与中亚五国的资源及产品互补领域广泛，新疆一大批自给有余的食品、纺织品及日用消费品如糖、罐头、白酒、纺织品、服装、民族特需品等，在中亚五国缺口较大；新疆铁矿、钢材、磷肥缺口大，可以从中亚五国大量进口。[①] 胡颖、李道军运用 RCA 指数（显示性比较优势指数）方法，分析了中国与中亚国家的贸易互补性，研究显示：中国与中亚国家间存在贸易互补性，双方在能源矿产类产品、纺织服装、民用品和机械类产品等方面都具有较强的互补性，因此双方的贸易潜力巨大。[②] 中国人民银行喀什地区中心支行课题组的一项研究也认为随着国内改革和经济政策调整的逐渐深入，中亚国家与中国经贸往来的快速发展，区域间的经济互补性日益凸显，主要表现在：一是中亚五国轻工业基础薄弱，80%的生活日用品和耐用消费品来源于中国；二是中亚五国的石油、天然气、矿产、有色金属、皮毛及煤等自然资源极为丰富，而这些恰恰是中国经济发展所急需的资源。[③]

---

① 刘建蒲：《关于新疆开拓中亚市场的对策研究》，《新疆财经》2000 年第 1 期。

② 胡颖、李道军：《中国新疆与中亚诸国贸易竞争力与贸易互补性研究》，《商业研究》2006 年第 17 期。

③ 中国人民银行喀什地区中心支行课题组：《新疆喀什与中亚国家周边地区经济互补性的领域项目及金融配套支持情况调查》，《新疆金融》2007 年第 5 期。

### （二）高铁带动下的向西开放将为中国与中东中亚诸国间战略契合带来便捷的交通物流网络

交通运输方式是经济效益能够充分发挥的前提条件之一，高速铁路的延伸将意味着商路的延伸和物流成本的缩减。新疆社会科学院经济研究所所长王宁认为，高铁带动下的向西开放“面对着塔吉克斯坦、阿富汗、巴基斯坦、吉尔吉斯斯坦、乌兹别克斯坦、印度六个国家和近13亿人口的大市场”，“中巴铁路和亚铁路一旦建成，一个连接中国新疆与中亚、西亚各国的铁路网就将出现。西出喀什经济特区，取道中亚可前往欧洲，陆路、空间的距离与时间都会大大缩短”。国务院发展研究中心发展战略与区域经济研究部研究员刘勇指出，建立喀什通往巴基斯坦的能源运输安全通道，较绕道好望角的海运缩短两万公里，运费节省约25%，运输周期缩短一个多月，将极大提高中国能源进口能力，确保能源安全。“这条铁路将改变中国西部地区的地缘政治。而中巴铁路和油气管线的建设开通，将成为促进中国西部高速发展的战略大动脉，其政治、经济和战略意义毋庸置疑。”①

尤其是对中亚诸国来说，随着中国由高铁带动下的向西开放战略的实施，新的“丝绸之路”及“欧亚大陆桥”的建设，便利的交通物流网络恰恰弥补了中亚诸国实施“资源兴国”战略所遇到的输出路线的缺陷——地处内陆，出口不便。独立后的中亚五国都将油气资源开发作为其经济发展的支柱产业，并积极实施能源出口多元化战略。但中亚是一个典型的内陆区，四周被陆地包围，没有出海口。因此要获得出口通道或出海口，与世界市场建立紧密的联系，就必须借助其他国家的力量。目前，中亚的油气管道几乎全部依赖俄罗斯，而俄罗斯利用这一垄断优势收取高额的过境费，中亚国家急于寻找其他合作伙伴，以保证其能源出口安全。中国是中亚国家油气资源向东流动的必经之地，并有可能将日本和韩国的市场与中亚连接，同时中国本身又是亚太地区最大的新兴市场，这一特点对中亚国家有着巨大的吸引力。② 在这样的背景下，中国的能源进口多元化战略与中东中亚国家能源出口多元化战略能够形成国家利益的互补，也能为双方能源合作提供良好的基础。

---

① 顾安安：《泛亚高铁网打造黄金通道》，《香港商报》2011年2月11日。

② 罗晓云：《试论中国与中亚能源合作的机遇与挑战》，《东南亚纵横》2003年第6期。

## 第四节　从被动到主动：欧亚大陆经济整合造就中国国际能源新战略

### 一　中国与中亚五国能源合作的现状及制约因素

随着国际政治格局的深刻变化和全球性能源紧张化，中国与中亚国家的能源合作开始成为双方经济合作的核心内容。近年来，随着上海合作组织合作范围的进一步扩展和能源多元化战略的实施，中国开始重视西线的能源战略建设，积极参与中亚国家的能源合作，与相关国家达成了一些能源合作的框架协议。比如，与哈萨克斯坦、吉尔吉斯斯坦等国家已有一些具体的合作：一方面，1997 年 6 月，中国和哈萨克斯坦的石油合作正式启动，中国石油天然气集团公司开始参与哈萨克斯坦油气资源的开发；另一方面，被称为“世纪合同”的中哈原油管道于 2005 年底建成。中哈原油管道西起哈萨克斯坦里海沿岸的阿特劳，向东经过哈萨克斯坦肯基亚克和阿塔苏，最终到达新疆独山子石化公司。中哈石油管道不仅使哈萨克斯坦向中国出口石油更加便利，石油输送不再经过第三国，也不用铁路和油轮运输，安全系数高，而且也将改变中亚国家在石油出口方面严重依赖俄罗斯的被动局面。哈萨克斯坦不仅可以向中国和亚洲其他国家输出石油，还可以输送包括俄罗斯、土库曼斯坦等在内的其他国家的石油。

尽管双方合作已经取得了一定的进展，但总体上看目前中国和中亚国家在石油合作方面涉及的领域不多、深度不够，还存在诸多制约因素，主要体现在以下几个方面：第一，以美国为首的大国的地缘政治和地缘经济压力构成了中国与中亚五国能源合作的主要威胁。美国和日本等国从全球战略和自身能源安全利益出发积极介入这一地区，试图控制里海及中亚地区的能源开发和利用权，强化自己在该地区能源争夺战中的地位，以牵制俄罗斯和中国在这一地区的影响力。第二，多重矛盾相互交织、安全形势十分脆弱，影响了双方的能源合作。里海是中亚地区多民族、多种信仰的交汇地带，民族、宗教问题凸显，危机四伏，各种争端时有发生，“三股势力”活动猖獗，安全形势十分脆弱，这些问题的存在极大地影响了中国与中亚国家的能源合作进程。第三，由于双方在经济发展水平、国情等方面存在差异，目前，双方在能源合作方面还存在诸如技术、投资、规范、协调等具体问题，这些问题同样需要各方共同努力予以解决。[①]

## 二　欧亚大陆经济整合带来的中国国际能源战略新变化

正如高柏教授曾指出的，高铁带动下的向西开放战略将彻底打通与南亚、中亚、西亚、中东、北非以及东欧的陆上通道。[②] 届时，东亚和东南亚以及环太平洋地区对中国的战略意义必然将随马六甲海峡一起下降。中国既可以与东亚、东南亚实现进一步的经济整合，也可以把注意力放在欧亚大陆，甚至连印度也将改变对中国的看法，不得不考虑自己如何才能加入欧亚大陆的经济整合中来。俄罗斯既能由于周边国家的市场扩大获得经济发展的机会，同时它在能源方面与中国的讨价还价的能力也将进一步下降。此外，高铁向西延伸后中国将可以向中亚、西亚、中东、北非投资制造业，建立以中国为核心的全球生产体系。在西部发展制造业也将会大大缩短能源与制造业之间的距离，避免在长途输送能源时的浪费。在丝绸之路战略下，中国将以欧亚大陆经济整合为战略依托，大力推动向西对外开放，新疆将造就中国改革开放史上的第二个广东，成为新的经济增长点。在此格局下，就我国的能源战略来看，高铁带动下的向西开放所带来的区域经济整合，将为我国国际能源新战略的建构提供有利的条件。本研究认为，高铁带动下的向西开放将有可能推进中国与中东中亚地区的经济市场一体化进程，并进而使得中国国际能源战略极大地扭转“蓝海战略”格局下的被动局面，呈现出一些积极的新变化。

### （一）整合的产业与市场带来双向的经济依赖，改变以往单向度的能源依赖，增强中国在海外的石油定价权

据统计，1992年，中国与中亚五国建交的第一年，双方的贸易总额仅为4.6亿美元，2000年双方贸易总额为18.6亿美元，仅占中国对外贸易总额的0.31%，而到2010年达到300.93亿美元，比1992年增长65倍。[③] 中亚五国与我国之间的贸易依存度在不断提高（见图6-4、图6-5）。

在高铁向西延伸与欧亚区域经济整合的背景下，中国与中亚诸国高度的经济、产业和贸易互补性将更加重要，这会使得中国从中东中亚诸国获

① 李琪：《“丝绸之路”的新使命：能源战略通道——我国西北与中亚国家的能源合作与安全》，《西安交通大学学报》（社会科学版）2007年第3期。

② 高柏：《高铁可以为中国带来一个陆权战略》，《经济观察报》2011年3月11日。

③ 吴宏伟：《中国与中亚五国的贸易关系》，《俄罗斯中亚东欧市场》2011年第6期。

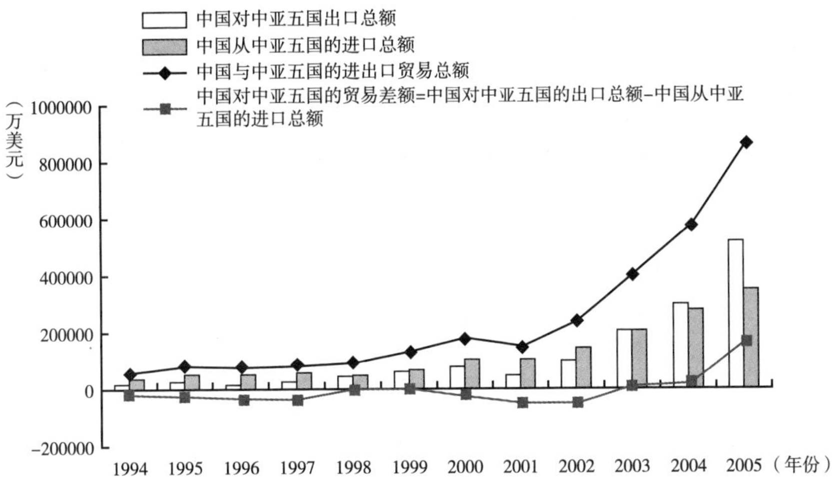


**图 6－4　1994～2005 年中国与中亚五国进出口贸易总额变化**

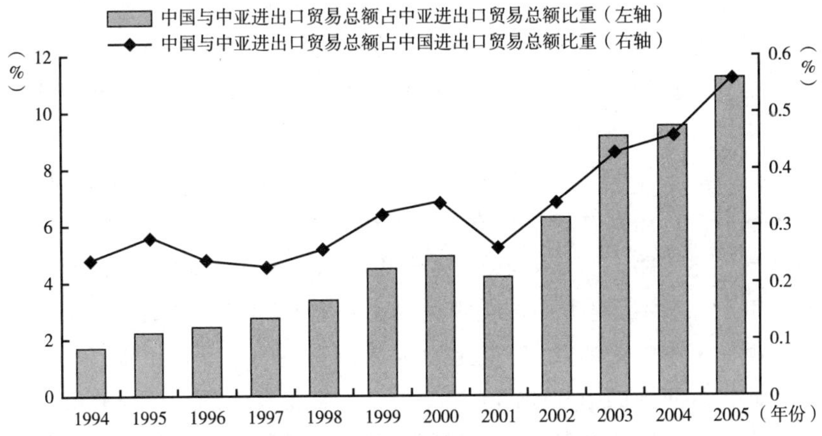


**图 6－5　1994～2005 年中国与中亚进出口贸易总额占中国进出口贸易总额和中亚进出口贸易总额比重**

取能源不再是单向度的依赖，而是有着多向度的贸易往来和经济利益关系。这种基于多层利益基础上的能源合作关系将会更加稳定。而从国际能源竞争格局上看，在高铁带动下的向西开放战略条件下，中国与中亚区域经济整合带来的市场机制的建设，足以在这一地区建立起一个新的能源交易市场，从而缓减与美国等发达国家在其先行主宰的中东石油市场上的激烈竞争。中亚作为仅次于中东和北非的世界第三石油储藏地区，完全有底气在陆权战略的带动下，开辟一个面向东南亚地区的、自我主导的新兴能源市场，中国从而摆脱对中东石油市场的高度依赖性，增强自身的议价能力和制定有利于自己的石油定价机制和规则，摆脱“蓝海战略”格局下因“亚洲溢价”所导致的重大经济损失。而中国也可以依托其与中亚国家更加紧密的经济联系，依托其比重不断增加的石油贸易规模，增强中国作为石油消费大国对世界石油市场定价的影响。

**（二）通畅便捷的交通物流网络降低海外能源获取的成本和风险，实现对马六甲单一能源通道的替代**

有数据显示，在发达国家，物流成本在GDP中所占比例约为6%，在发展中国家则高达近22%。[①] 中国高速铁路的运营，不仅能降低物流成本，最重要的是能刺激沿线物流网络的铺就。从日本及西方等高铁发展较早的国家看，高铁新干线建成带动了沿路地区物流企业产业的升级。高铁的开通运营，将让沿路地区物流网络迈上高铁时代。更为重要的是，高铁带动下的向西开放所建构起来的大陆桥运输（Land Bridge Transport）[②] 体系，将在很大程度上改善国际物流运输体系，缓解目前欧非亚之间洲际往来的“马六甲困局”。中国物流与采购联合会专职副会长蔡进认为，“欧亚大陆桥”，这条线全长10800多公里，和传统的海运相比，至少可节省7天时间。[③] 据测算，中国中西部地区与欧洲之间的路上运输通道比海运近1万~1.5万公里，但目前货物仍要经过长距离铁路或公路运到天津、上海等港口，再运到欧洲。目前，每年有超过400万标箱的中欧贸易货物选择绕行上述海路。[④] 从地缘政治的角度，这无异于“把所有鸡蛋放在一个篮子里”，这种情况下中国也很被动，一旦该地区出现任何风吹草动，就等于扼住了中国的咽喉——这也就是人们常说的“马六甲困局”。

因此，就我国的国际能源战略来说，高铁带动下的向西开放所促成的中国和中东中亚区域经济整合和便利的陆路交通物流网，将彻底改善我国输油路线严重依赖南线海洋运输线路的被动局面，从而摆脱航运封锁、海盗抢劫、漏油污染和高昂的运输成本等各种自然与人为风险，大大提高我国能源供给路线的安全性和稳定性。而对中亚诸国来说，中亚与中国的能

---

① 《中国高速铁路引领现代物流企业“变革”》，《大陆桥视野》2010年第12期。

② 大陆桥运输（Land Bridge Transport）是指以横贯大陆上的铁路、公路运输系统作为中间桥梁，把大陆两端的海洋连接起来形成的海陆联运的连贯运输。

③ 《新欧亚大陆桥让重庆成为世界经济版图圆心》，http：//www.cq.xinhuanet.com/2011－01/21/content_21919380_1.htm，最后访问时间：2013年9月6日。

④ 《欧亚大陆桥纾解马六甲困局》，http：//www.seabay.cn/news/20041109/3940274.shtml，最后访问时间：2013年9月6日。

源合作不仅能够解决我国能源短缺的状况，而且能够打通中亚向韩国、日本等东亚能源消费大国出口能源的运输渠道。高铁的发展会更进一步促进两地之间的经济整合，为新的主动型能源战略格局的形成创造有利条件。

**（三）共生性的合作降低市场准入门槛，减少不确定性，实现互利共赢**

从能源进口来源上，高铁带动下的向西开放所带来的中国与中东中亚地区的区域经济整合将促进我国能源进口结构的改善，彻底改变我国能源进口来源单一的被动局面。中国“走出去”的能源战略与中亚诸国“能源兴国”战略紧密契合，中国的经济发展需要中亚国家丰富的能源，中亚的能源出口同样需要中国作为其出口市场，作为其与东亚大市场联系的跳板。从市场区位来看，中国将是中亚最大的石油、天然气市场。中国改革发展的成就正在提升中国在国际贸易中的地位，也不断提高着中国国民经济和国内市场的活力。对于中亚国家来说，中国这个市场有着巨大的吸引力和潜力；发展与中国的合作意味着将为中亚石油与天然气能源向东亚出口提供一条直接的通道。可以说，深化能源合作是符合双方利益的双赢战略。

更为重要的是，高铁向西延伸条件下中国与中亚地区的经济一体系化，将会极大地改变由于地缘政治与全球经济竞争带来的中国与相关利益竞争国家的力量格局，比如，中国在中亚地区的更高水平的经济合作将使得中亚国家与中国的能源合作更少地受到俄罗斯的干预性影响；中国对于能源的进口也可以降低对俄罗斯能源及能源管道的依赖。与此同时，中国在中亚地区的能源合作还会更少地受到诸如美国、日本、印度等石油进口竞争者的影响。中国与这些国家之间有可能形成一种良性的合作关系，共同进入中亚能源市场，而不是旧格局下的零和博弈的竞争关系。

因此，高铁带动下的向西开放带来的欧亚大陆经济整合将一改以往国际能源市场上市场准入门槛高，产油国、输出国和进口国之间零和博弈的紧张格局，从而实现和谐共处的多赢局面和共生共荣的区域发展模式。

**（四）市场化的协作关系将会有效消解以往国际能源战略的政治化色彩**

从我国能源战略的实现机制上，高铁带动下的向西开放促成的中国与中亚区域经济整合，将极大地消解我国“走出去”能源战略中“政治搭台，能源唱戏”的政治色彩，我们可以通过与富油国之间建立起互利共赢的市场协作关系，实现我国能源战略的去政治化色彩。

高铁带动下的向西开放，可有力地促进“欧亚大陆桥”的贯通，从而促进中国西北地区和中亚诸国的经济发展。“欧亚大陆桥”的概念十年前就被全世界公认，但是“欧亚大陆桥”对推动中国、中亚等相关国家发展的重大作用至今还未能充分发挥出来。高铁带动下的向西开放将进一步打通欧亚大陆桥，中国甚至中亚国家区域经济辐射的市场范围可进一步扩大到俄罗斯、东欧等国家和地区。中国－中亚能源市场一旦形成四通八达的网络，就可极大地提高中亚五国的经济实力，从而增加居民的购买力，促进中国－中亚地区的贸易往来。据测算，仅中亚五国和俄罗斯的市场容量就相当于5.2个广东省或近7个西北五省区的市场容量。[①] 这种建立在双方经济相互依存基础上的能源贸易，不仅来源稳定，而且将一改以往能源战略中的政治和外交色彩，实现我国国际能源战略的市场化。

## 结论与对策

### 一 结论

通过上文的分析，我们的研究结论是：在“蓝海战略”格局下，尽管我国“走出去”的国际能源战略建构取得了很大成就，但是，这主要还是通过政治和外交关系，付出巨大的资本输出代价换来的能源供给，而且这样一条高成本的能源安全战略有着各种潜在的弊端和风险，在许多层面上受到别国的牵制。以高铁带动下的向西开放为根本动力的陆权战略格局的构建，将与“蓝海战略”互为犄角，对“蓝海战略”形成一种对冲机制和力量。在此战略格局下，以中国和中东中亚地区区域经济整合为契机的中国国际能源新战略体系的建构，将以市场机制为核心，通过经济的互补性和利益共生性，来实现我国能源战略的去政治化色彩，进而摆脱“蓝海战略”下的诸多被动性，实现能源战略的自主性。

### 二 对策：建构战略实现的组织与制度条件

全球化的浪潮正不断冲击每个国家保护主义的防线，国际市场与国内市场日趋合二为一成为全球经济社会发展的大趋势。高铁带动下的向西开

① 孙斌：《中日能源博弈中的竞争与合作》，《国际经贸》2007年第11期。

放与欧亚大陆经济整合对中国国际能源的新战略具有不言而喻的重要意义，但是要成功实现这些战略，还需要各国政府、企业和社会多方面的共同努力。因此，我们需要注意四个方面的重要问题。

**（一）国家需要形成新的国际政治经济战略视野，支持和推动以高铁带动下的向西开放为动力的欧亚大陆经济整合以及中国国际能源新战略的建构**

作为一种最为关键的支撑性或前提性条件，在未来国际经济与能源形势更加复杂的情况下，国家需要形成新的战略视野，从战略高度上重视中国与中东中亚地区的经济市场一体化建设，以及这种一体化为中国国际能源战略带来的积极效应。新能源战略的实现离不开国家的根本支持，比较庆幸和值得关注的是，近年来中国政府已经开始意识到并开始积极推动以新疆为桥头堡的欧亚经济一体化战略。比如，时任副总理的李克强在2012年5月召开的第三次全国对口支援新疆工作会议上就明确提出，中亚地区和欧亚大陆许多新兴经济体发展势头良好，新疆地处欧亚大陆腹地和欧亚大陆桥中间地带，是中国向西开放的桥头堡。需要在构筑“向西开放”的战略下，加快新疆的开放发展。

同样，在2012年9月召开的第二届中国－亚欧博览会开幕式上时任总理的温家宝的讲话更显示了中国政府对于推动欧亚经济一体化及深化中国与中东中亚能源合作的战略方向。温家宝总理指出，西亚、中亚国家是中国最重要的能源合作伙伴，欧亚大通道建设的初步进展会使得中国与中亚的能源、经济互利合作进一步深化。

然而，国家的这种战略视野的新变化，尚未形成全社会领域的一种共识，而且也还没有转换成现实的制度化的行动方案，所以，这应该成为将来国家重点努力的方向。

**（二）国家层面要争取和中东中亚等国家尽快建立“扩大市场开放、促进共同发展”的共同原则及具体合作内容**

比如，深化海关、质检、电子商务、过境运输、标准认证、知识产权等方面合作，促进区域内人员、货物、资本、技术和服务自由流动，共同反对贸易保护主义；完善现有区域和次区域合作机制，加快商谈双边和多边自由贸易协定，保护企业合法利益，增强投资者信心；深化金融合作，为重大合作项目提供资金保障；发挥同舟共济、守望相助的精神，为本地区有困难的国家提供必要援助，增强它们的自主发展能力。合作项目要向民生领域倾斜，让更多民众切实分享发展成果。

**（三）加强公共基础设施建设，为统一市场的构建创造便捷的互联互通网络**

中国与中东中亚国家应该积极开展交通运输合作，建立包括管道运输、铁路运输、公路运输在内的立体式运输网络体系。比如：①加快推进中国与中东中亚的交通物流网络建设。进一步“落实好中国—中亚天然气管道项目和中哈原油管道项目，积极推动新的能源管线项目；加快建设中国西部至欧洲西部的公路、中塔公路、中吉乌公路、中吉乌铁路等重大交通项目，推动地区通信网络一体化。”②建立运输网络建设磋商机制，在通关便利、口岸合作、检验检疫、标准化、物流信息共享、交通投资支持等领域建立磋商协调机制。③建立国际合作专项资金，为国际通道建设提供资金和政策支持，消除运输通道建设的资金瓶颈。

**（四）加强合作平台与机制建设，推动框架内能源交易市场和能源共同体的建设**

推进欧亚大陆经济整合，建构中国国际能源新战略，需要重视政府间、企业间以及相关组织间的合作平台与合作机制建设。要提高我国在国际石油市场上的议价能力与规则掌控能力，就必须从国内和国际两方面着手来解决问题。从国内来讲，可以以上海为中心，建立、发展原油期货市场，这也符合上海建设“四个中心”的发展战略[①]。目前欧洲有伦敦国际石油交易所（IPE）、北美有纽约商品交易所（NYMEX），分别形成布伦特（BRENT）原油期货合约和西得克萨斯轻质原油（WTI）期货合约两个定价基准，进而通过套利机制影响世界其他区域油价的涨落。而目前亚洲地区缺乏这样一个类似的原油定价中心，日本和印度先后推出了自己的原油期货，意图争夺定价权和改变亚洲在原油进口贸易中的被动局面。中国也应该积极建立和发展自己的原油期货市场，利用监管权和规则制定权来对石油市场施加影响，从而摆脱能源进口“亚洲溢价”的被动局面。事实上，中国内地巨大的原油需求及由此产生的套期保值和投机需求，足以支撑中国来建立自己的原油期货市场，进而成为亚洲地区的定价中心。

从国际上讲，需要建立能源战略同盟，这对于尽快解决“亚洲溢价”的问题具有十分重要的作用。这就启示我们，可以依托上海合作组织，在

① 张耀：《上海合作组织框架内能源合作与中国能源安全》，华东师范大学博士学位论文，2010。

能源勘探开发、贸易方面良好合作的基础上，扩大合作领域，加深合作意向，更多地进口哈萨克斯坦、土库曼斯坦、乌兹别克斯坦以及俄罗斯等国的石油和天然气，以减少对中东地区原油的依赖。随着合作进程的推进和程度的深入，逐步扩大中亚能源市场规模，从而达成坚持合作能够促进各国经济发展，实现互利共赢的广泛共识，最终建立战略同盟，形成具有独立定价权的“中亚石油定价机制”或“上海合作组织石油定价机制”，使油价的形成能反映中国石油市场的供求关系，从而在石油能源进口贸易中出现中国的声音。

# 第七章　欧亚大陆经济整合与上海转型发展的新路径

改革开放30多年来，尤其是上海浦东开发开放以来，上海的经济社会发展得到了长足进步。1992～2007年，上海经济国内生产总值（GDP）连续16年两位数增长，高于全国平均水平2.2个百分点；在经济高速增长的同时，其经济的市场化程度与现代化程度也在国内居于前列，并由此形成了极具代表性的“上海模式”。[①] 但是自2007年以来，上海的经济增长（GDP增速）连续4年低于全国水平，GDP增速在个位数徘徊。在经济增长减速的同时，行政和社会领域的综合配套改革也面临一系列新的挑战。正是在这样的背景下，上海市委市政府提出了“创新驱动，转型发展”的深化改革思路，力求从转型困境中求得新的发展机会。但是转型向哪里转，创新如何创，仍然是一个值得讨论的问题。

从现有的相关研究来看，研究者大都还是从传统发展经济学的新古典理论和发展社会学的后工业社会理论出发，依据发达国家和既有国际大都市工业化和城市化的过往经验来规划上海的城市发展，并根据所谓的“规范化事实”推演出一般性结论。比如通过比较发现上海在转型过程中存在着的产业结构不合理、服务业落后、高科技人才缺乏等问题，据此提出了调整产业结构、发展高端服务业以及构建人才高地等对策。[②] 虽有一定建设性，但也表现出很浓的“循环论证”色彩。究其原因，盖由于此类研究在很大程度上没有认识到与其他国际大都市相比，上海城市经济社会转型所依托的内外部制度环境完全不同，并且正处在深刻变化当中。缺

① Yasheng Huang, *Capitalism with Chinese Characteristics: Entrepreneurship and the State*, Cambridge, 2008.

② 左学金等：《世界城市空间转型与产业转型比较研究》，社会科学文献出版社，2012。

乏认知和视角上的转变，仍用彼时经验规范指导现时实践，在面对上海转型创新“向哪转、如何创”的问题时，自然无法根据正在发生极大变化的国际、国内和本地实际提出有针对性的对策建议。基于此，本章将在分析上海现有发展模式中存在的深层次问题及其制度性根源的基础上，提出上海应该从面向海洋转向面向内陆（欧亚大陆），从对欧美市场的依赖转向开拓国内和中亚、中东等新兴市场，从外资、外企和外商的输入地转向资本、技术、品牌和服务的输出地，此种转向可以凸显和发挥上海此前30多年开发开放积累起来的竞争优势，借此服务于内陆的制造业和广阔的欧亚大陆市场，获得持续的创新动力和源泉，从而加快形成以服务经济为主的产业结构和加速实现“四个中心”建设战略目标，最终成长为欧亚大陆经济整合的东部推动极，为构建由中国主导的欧亚大陆陆权战略（以对冲美国主导的海上霸权）发挥重要作用。

## 第一节　产业不衔接与创新乏力：上海发展深层次矛盾凸显

作为国内国际化、现代化程度最高的城市之一，上海在改革开放三十多年来经历了两次大规模的经济转型，从而实现了从“计划经济典范”到“改革开放前沿”的转移：80年代中期，经济转型的实践在于产业升级，由纺织等劳动密集型为主导的工业，转为以IT、汽车、装备制造等高新技术产业为主导的工业；而进入21世纪前十年的第二次转型则是转向第三产业为主导，发展现代服务业紧密围绕经济、金融、航运、贸易“四个中心”建设逐步展开。尤其是自从1992年浦东开发开放以来，上海的改革开放走上了快车道，20多年来的发展成就令人瞩目。按照某些学者的观点，在这个过程中，上海从产业结构和形态上基本实现了所谓的“工业社会向后工业社会”的过渡。① 但需要指出的是，20多年来上海经济高速发展的同时，转型过程中的经济社会结构仍然存在着一些深层次矛盾且相互作用，日益制约着上海城市经济社会的进一步发展。在实践中，这些深层次问题主要表现为：产业结构不合理，产业融合度低，对于外资

① 龚仰军：《上海经济发展中的产业结构优化研究》，《上海财经大学学报》2003年第10期；“十五”上海社会发展课题组：《十五上海社会发展：战略与对策》，《社会》2000年第8期。

和外贸的过度依赖，自主创新乏力等方面，而这些问题直接导致经济虚拟化、制造业空心化与创新能力不足，这些问题在2008年金融危机的背景下日益凸显出来，从而使得“转型驱动，创新发展”显得更为迫切。

## 一 产业结构不合理：空心化之困

改革开放以来尤其是浦东开发开放以来，随着上海经济社会改革的进一步深入，产业结构也发生了巨大变动。自从20世纪90年代初，上海市委、市政府提出“三二一”产业的发展战略以来，产业结构得到了进一步调整：第一产业产值比重不断下降，从1999年的1.8%下降到2009年的不足1%；第二产业比重则走出了“倒U形”轨迹，先升后降，2009年降到最低，为44%；第三产业的比重变化趋势与第二产业恰好相反，呈现“U形”，2009年首次超过50%，达到55%。第三产业已经在产业结构中占据主导位置，这也是许多学者得出上海已经进入后工业社会的基本判据。但与此同时，快速的产业结构变动也产生了一些矛盾和问题，主要体现在制造业快速转移过程中，第三产业因其低端化和制造业过快转型所造成的产业断层与空心化。

与金融房地产等上海2001年以来着力发展的新兴服务业相比，以批发零售为代表的传统服务业在第三产业中仍然占有较高的比例；相比之下，制造业发展所必需的生产性服务业如信息传输、计算机服务和软件业，以及科学研究、技术服务和地质勘查业在上海市第三产业中占比不高且呈波动趋势，使得上海的服务业并没有向高附加值提升，创新动力显得不足。

**表7-1 上海市第三产业中主要产业分布情况（2001~2010年）**

单位：%

| 年份 | 2001 | 2002 | 2003 | 2004 | 2005 | 2006 | 2007 | 2008 | 2009 | 2010 |
|---|---|---|---|---|---|---|---|---|---|---|
| 交通运输、仓储和邮政业 | 10.93 | 10.67 | 10.13 | 12.05 | 12.61 | 12.76 | 11.28 | 9.06 | 7.11 | 8.49 |
| 信息传输、计算机服务和软件业 | 6.34 | 7.04 | 7.55 | 7.42 | 7.77 | 8.03 | 7.81 | 7.15 | 6.74 | 6.87 |
| 批发和零售业 | 19.44 | 19.20 | 18.83 | 18.18 | 18.20 | 17.72 | 16.82 | 24.56 | 24.45 | 26.38 |
| 住宿和餐饮业 | 4.69 | 5.02 | 4.59 | 3.68 | 3.64 | 3.70 | 3.42 | 3.10 | 2.67 | 2.71 |
| 金融业 | 24.70 | 21.22 | 20.64 | 14.95 | 14.61 | 15.74 | 18.87 | 17.96 | 20.20 | 19.84 |
| 房地产业 | 12.62 | 13.56 | 15.33 | 16.26 | 14.63 | 13.12 | 12.59 | 11.93 | 13.86 | 10.19 |
| 租赁和商务服务 | 2.54 | 2.84 | 2.73 | 6.18 | 6.32 | 6.35 | 7.42 | 7.75 | 7.19 | 7.89 |
| 科学研究、技术服务和地质勘查 | 2.55 | 2.56 | 2.46 | 4.19 | 4.61 | 4.46 | 4.21 | 4.15 | 4.09 | 3.98 |

资料来源：2001~2010年《上海统计年鉴》（上海市统计局编，中国统计出版社）。

从总体上看，第三产业尚不能成为主导产业，主要是第三产业相对劳动生产率（即第三产业与第二产业劳动生产率之比，第二产业劳动生产率为 1）2002 年起就低于 1，2010 年已经降低到了 0.7，近 6 年平均为 0.76，低于发达国家水平。① 劳动生产率低于第二产业，导致第三产业整体经常被效率低下的第三产业包围，经济陷入低增长怪圈。

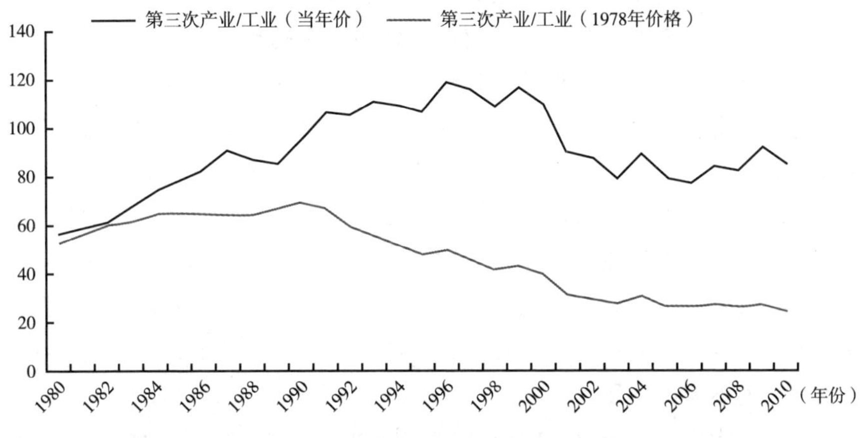


**图 7－1　上海第三次产业与工业的劳动生产率比值（以工业为 100）**

在产业结构不均衡、支柱产业尚不足以支撑经济发展的同时，上海却面临土地资源的制约、综合商务成本和用工成本不断攀升等现实挑战，制造业向外转移成为明显的趋势。有研究指出，随着经济发展，在上海要素成本上升、交易成本下降，商务成本总体上升的背景下，制造业发生产业转移的行业数量比重大于第三产业，制造业发生产业集聚的行业数量比重小于第三产业，制造业产业转移程度高于第三产业，制造业产业集聚程度低于第三产业，发生产业转移的大多是处于产业生命周期成熟阶段的行业和劳动密集型行业，发生产业集聚的主要是产业生命周期处于创新和成长阶段的行业。② 这种制造业快速向外转移的趋势，在第三产业尚不能成为经济支柱产业的背景下，就难免会使人产生所谓“产业空心化”的担忧。其实从实践中来看，正是由于第三产业自身的素质不高，使得 2003 年前后，上海重新开始发展现代制造业，力图避免“空心化”的趋势，但时

① 该数据来自《上海转型发展报告》，中国社会科学院陆家嘴研究基地，2012。

② 苏云霞、孙明贵：《上海市商务成本构成趋势对产业转移的影响》，《当代经济管理》2012 年第 2 期。

至今日，产业结构的调整和优化仍然是上海经济社会发展中无法回避的问题。

## 二　产业融合度低：内生性发展的动力不足

在现代经济中，伴随着制造业服务化和服务业产业化，生产性服务业与制造业的界限越来越模糊，由共生互动逐渐合二为一。这种融合更多地表现为生产性服务业向制造业价值链的延伸、渗透和重组，生产性服务业正加速向制造业的研究、设计、物流、服务等过程展开全方位的渗透，两个产业相互融合，最终形成新型产业体系。按照产业经济学的观点，生产性服务业与制造业之间融合度高，制造业的扩大会增加对相应生产性服务业的需求，同时能够提高制造业的生产效率；而生产性服务业的增长也要依靠制造业部门中间投入的增加。在某种程度上看，产业融合度的提升，将能够有效激发经济体自身的供给与需求，提高内生发展的动力，进而推进经济社会发展。而目前上海在二、三产业的发展过程中，恰恰就存在着产业融合度不高的问题。

有研究指出，上海自 2000 年以来制造业与生产性服务业的产值变化趋势较为一致，但两者的增长趋势也存在差异，制造业产值增长速度要快于生产性服务业（见图 7－2）。同时，研究也表明，产业融合能够对于生产性服务业起到推动作用的假设，在统计上具有一定的显著性，而生产性服务业对于产业融合起反向促进作用的假设，在统计上不显著，假设未被通过。之所以出现这种情况，可能是因为影响产业融合的因素较多，技术水平、政策条件、市场结构因素等，都会对产业融合过程产生影响。也就

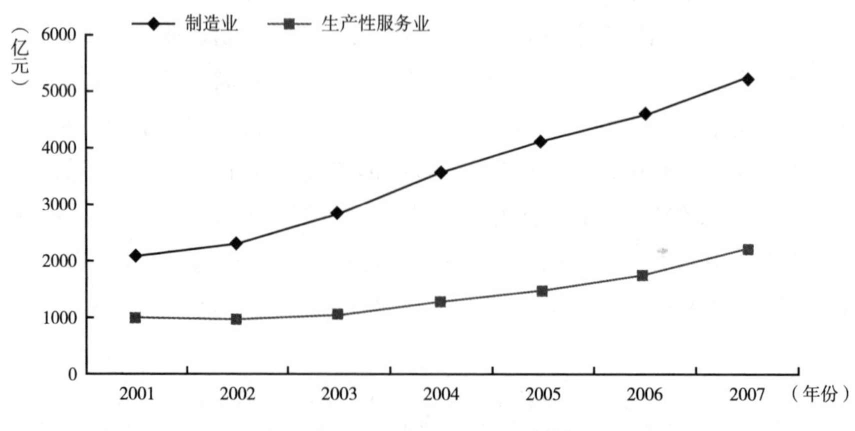


**图 7－2　上海市制造业与生产性服务业产值趋势线**

是说，生产性服务业对于产业融合的促进作用，要受到多方面因素的限制。[①]

相比于国际上成功实现产业转型的国家和地区，上海制造业与生产性服务业之间的融合关系相对不足，这在很大程度上也制约了生产性服务业的发展。从具体的表现来看，主要集中在以下几个方面。

首先，上海的制造业服务化指数相对较低，表明上海的制造业与生产性服务业关联程度仍然较低。制造业服务化指数是一项衡量制造业与生产性服务业关联程度的重要指标。根据测算，2007 年上海的制造业服务化指数为 20.6%，尽管比 2002 年增加了 2.8 个百分点，但北京市的制造业服务化指数早在 2002 年就已经达到了 21.7%。因此，上海的制造业与生产性服务业关联程度仍然较低。其次，传统生产性服务业（包括批发和零售贸易业，交通运输、仓储及邮政业）向制造业提供服务的比重较大，而其他知识密集型服务业（包括金融业、信息传输、计算机服务和软件业、租赁和商务服务业）对制造业的透支比重始终没有超过 50%。所以上海生产性服务业与制造业的融合还处于低层次，高附加值和高端生产性服务业对经济发展的贡献还有待提升。最后，上海市的制造业为生产性服务业创造的需求十分有限。制造业对生产性服务业的需求程度可以反映在生产性服务投入率这项指标上。这项指标的数值越大，意味着制造业对生产性服务业发展的市场支持力度越大。根据测算，2007 年上海整体生产性服务业对整体制造业中间投入仅为 18.9%。而相比美国、英国、日本等发达国家的同项指标可以发现，基本都达到 20% 以上。[②] 因此，这样的格局说明上海市的制造业在很大程度上是依赖于制造业本身，其发展为生产性服务业创造的需求十分有限。

同时，还应该注意的是，相对于浙江和江苏，尽管上海生产性服务业和制造业的总量规模都比较大，但在该地区没有形成很好的融合关系，尤其动态协调性欠佳。同时，上海生产性服务业的国际化导向和区域化导向最为明显，制造业则表现出显著的国际化导向。[③] 上海产业发展的外向型

① 马健、葛扬、吴福象：《产业融合推进上海市生产性服务业发展研究》，《现代管理科学》2009 年第 6 期。

② 杜露萍：《上海生产性服务业与制造业产业关联性研究》，上海师范大学硕士学位论文，2011。

③ 胡晓鹏、李庆科：《生产性服务业与制造业共生关系研究——对苏、浙、沪投入产出表的动态比较》，《数量经济技术经济研究》2009 年第 2 期。

趋势较为明显，由此受外部需求变化的影响较大；此外，还应注意到，上海在区域化产业辐射的特点也较为明显，体现了上海作为改革开放最前沿以及长三角的龙头的地位。

## 三 外向型经济的缺憾：过度依赖外资和外贸

从拉动经济发展的三驾马车来看，上海在浦东开发开放以后呈现出明显的国际化和区域化倾向，其外向化程度达到了很高的水平。据测算，1992年以后上海经济的外向度水平（进出口总额/生产总值）持续快速上升，至2007年甚至高达176.5%，即使2008、2009年连续两年回落，但2010年仍反弹至142.5%，仍然处于相当高的水平。[①] 高度的外向化程度直接体现了上海经济对外较高的依存度，反映在具体生产要素上就是对外来资本、技术和需求的过度依赖。

从图7－3可以看出，自从2000年以来，上海经济的对外依存度一直处于上升趋势，并在2007年达到高点，然后开始逐步下降并于2009年达到最低，然后又开始缓慢上升。由此可见，上海经济发展对外贸的依赖性一直处于比较高的水平。这种较高的外部依存度首先体现在，进出口总额当中外商投资企业的比重最大。以2011年为例，上海市进出口总额4374.36亿美元，比上年增长18.6%。其中，进口2276.47亿美元，增长21%；出口2097.89亿美元，增长16%。在出口总额中，外商及港澳台投资企业出口1424.43亿美元，增长13.1%；外商投资企业进出口总额达到2179.65亿美元，占到全市进出口总额的49.83%，其中出口总额为1137.35亿美元，占到全市出口额的54.21%。其次，对上海对外经济贸易中占重要地位的高新技术产品和机电产品的贸易情况进行考察，也能看出类似的分布：上海机电产品的出口占到全市外贸出口比重的70%，其中外资企业的出口额达到957.08亿美元，占全市机电产品出口总额的81.11%。与此同时，进料加工贸易出口为机电产品主要出口贸易方式，占到全市机电产品出口比重的62.3%。从上海高新技术产品出口的企业类型来看，外商投资企业仍然是上海市高新技术产品出口的主要力量，其出口额为664.22亿美元，占全市高新技术出口总额的93.17%。[②]

与此同时，上海已成为中国内地吸引外资投资（FDI）规模最大，外

---

① 依据上海市统计局编《上海统计年鉴（2011）》（中国统计出版社，2011）测算。

② 张兆安主编《上海经济年鉴（2009）》，上海经济年鉴社，2009。

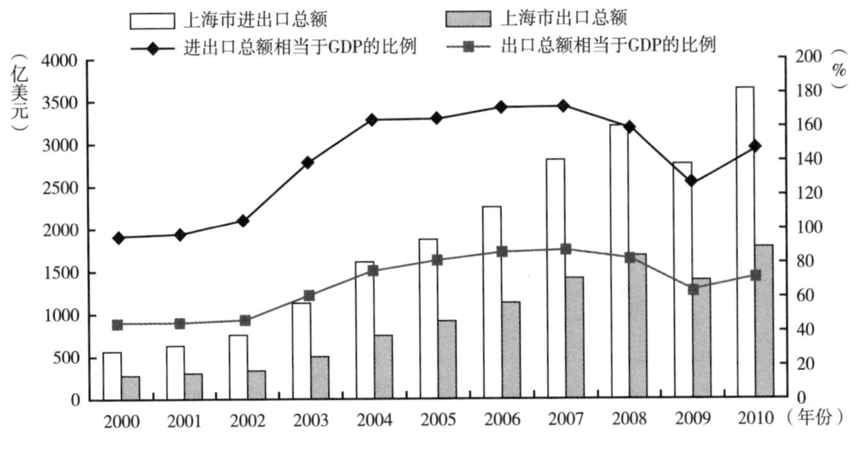


**图 7－3　2000～2010 年上海进出口总额及外贸依存度变化**

资总部机构最多的城市。上海 FDI 真正大规模兴起始于 1992 年，据统计，2011 年，上海外商直接投资合同金额 201.03 亿美元，比上年增长 31.3%。外商直接投资实际到位金额 126.01 亿美元，增长 13.3%。其中，第三产业实到外资 104.3 亿美元，增长 18.1%；第二产业实到外资 21.04 亿美元，比上年下降 2.5%。这种对于国外资本的引进，一方面反映了上海经济的国际化程度在提升，但同时也反映出上海对外资的高度依赖。

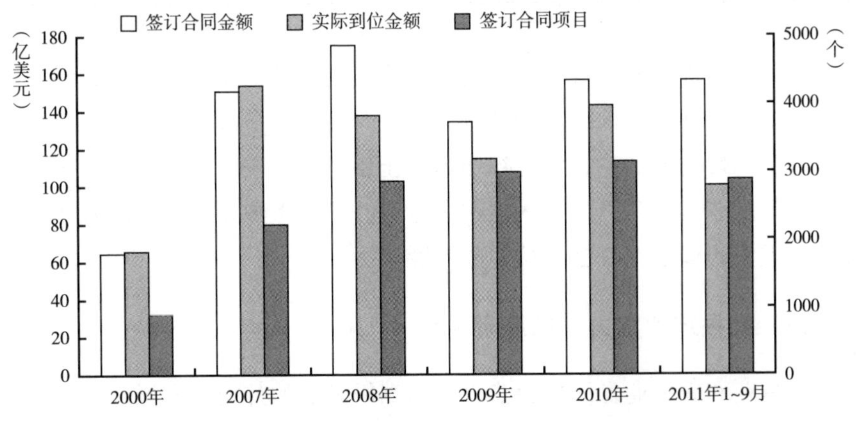


**图 7－4　主要年份上海 FDI 项目数量、规模变动情况**

此外，与对外技术和市场依存度相对应的是，上海在引进技术的消化吸收能力和本土化程度上较低，即把大量的投资放在技术引进上，却相对忽视了对技术的消化吸收和改造创新。2009年，上海工业企业用于技术引进的经费支出为57.08亿元，而消化吸收经费的支出为28.49亿元，两者之比仅为1:0.50，这个比例远低于东亚的日本和韩国，后两者在工业化成长时期的技术引进费用与消耗吸收费用比为1:5~1:8，这一比重为当前上海的10~15倍。

**表7-2 上海创新机制瓶颈的主要表现**

| 体制机制 | 评价指标 | 上海 | 国际经验 |
|---|---|---|---|
| 技术创新 | R&D经费的投入强度 | 0.77%（规模以上企业，2008） | 5% |
| 创新利益分配机制 | 科技成果和知识的资本化 | 资本化程度低 | 科技人员的科技成果和知识变成可以投资的资本 |
| | 企业价值剩余转变为企业家人力资本回报 | 存在过多的约束规定 | 自由度高 |
| 技术创新扩散机制 | 技术引进与消化的投入比 | 1:0.50(2009) | 1:5~1:8(日本、韩国) |
| 企业创新融资机制 | 资金来源渠道 | 85.2%的企业自筹资金（2007）；科技投入的90%以上用于科研单位和大专院校 | 发达国家科技投入的30%用于扶持企业 |
| 人才激励机制 | 高级人才与人口的比例 | 0.51%（2002） | 美国1.65%、日本4.95%、德国2.47%、新加坡1.56% |

这种对外部技术、资金和市场过度依赖造成的严重后果就是，制造业都是主要针对外部需求和市场在进行发展，在外部条件变化时，上海的经济极易受到影响而波动，且忽视国内本土市场的开发与融合，导致生产与需求之间的脱节。且国外技术与本土企业并没有形成良好的外溢效应，由此造成上海难以建立自己的核心技术竞争力。

### 四 支柱产业乏力：经济虚拟化

制造业和服务业发展的脱节以及高端服务业的外向型发展，使得服务业的发展不能够为制造业的转型提供有效的支撑。与此同时，金融业和房地产业的发展，在推高制造业成本的同时，也进一步促使经济虚拟化。

自从“十五”以来，上海着力打造了以信息产业、金融业、汽车制造业、成套设备制造业、商贸流通业和房地产业六大支柱型行业。这六大

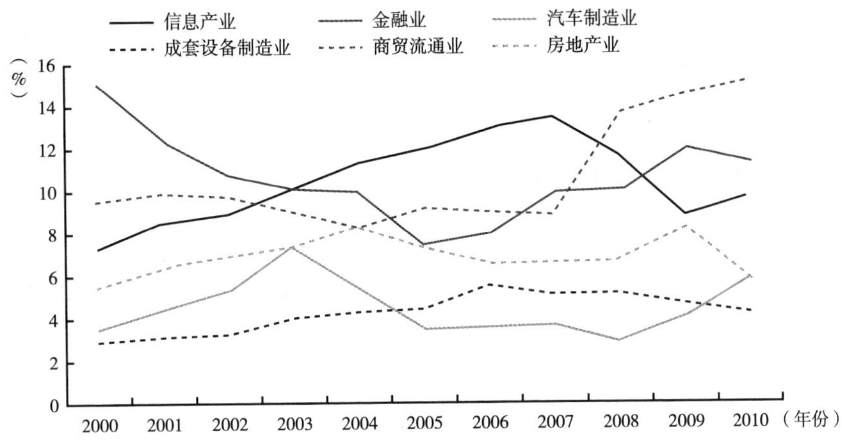


**图 7－5　六大支柱产业增加值占上海市 GDP 比重（2000～2010 年）**

资料来源：2000～2010 年《上海统计年鉴》（上海市统计局编，中国统计出版社）。

行业每年贡献上海市 GDP 的一半左右，但如果分别考察这六大行业每年增加值占上海市 GDP 比重之后，就能发现支柱产业中存在的问题，即各产业增加值极易受到外界环境波动的影响。

**表 7－3　上海六大支柱产业产值规模和利润率情况**

单位：%

| 重点行业 | 占上海工业总产值比重 | 产值利润率 |
|---|---|---|
| 电子信息产品制造业 | 23.3 | 3.0 |
| 汽车制造业 | 12.0 | 17.6 |
| 石油化工及精细化工制造业 | 11.4 | 6.9 |
| 精品钢材制造业 | 5.7 | 9.1 |
| 成套设备制造业 | 11.6 | 7.9 |
| 生物医药制造业 | 2.0 | 14.9 |

资料来源：根据上海市统计局编《上海统计年鉴（2011）》（中国统计出版社，2011）相关数据计算而成。

从总体上看，目前上海的支柱产业中，金融业和房地产业是其最为核心的产业，对 GDP 增长贡献最大，但是同时受外部环境影响也最大，由此给上海市的经济增长制造了很大的不确定性，同时，金融和房地产业的发展如果缺乏其他产业的支撑，还极有可能产生经济的虚拟化、泡沫化的问题，最终抑制整体经济社会结构的内源性发展。信息产业增加值在

2007年之前都呈现上升趋势，但之后却逐年迅速下降，究其原因，在于本市信息产业仍以设备制造为主，这样的结构在面临上海制造业空心化的背景下，其增长动力也显现出不足。

## 五　可持续性不足：科技与社会支撑不力

作为经济发展中的重要因素，科技与人才一直就是推动经济增长及其可持续发展的关键所在。多年来，科技进步对上海高新技术产业、高新技术企业和科技型企业的发展、经济增长的贡献、产业结构优化、经济效益提高和社会发展的作用，已经为人们所认识，而与此相关的社会职业与人才结构则作为经济发展的支撑力量，在实践中发挥着重要的影响。近年来，上海在"科教兴市"政策的指引下，加大了对科技的投入，科技对经济增长的贡献率持续增加，但从横向比较来看，上海在这方面与发达国家和地区仍存在着较大差距；同时，与产业结构的构成相适应的、职业结构中的专业和管理人才相对不足，这也在某种程度上制约了上海经济发展的可持续性。

从上海科技贡献率的具体数据可以看到上海近几年科学技术在经济发展中的作用。根据测算，在1995～2010年的16年间对上海经济增长贡献率最高的首先是技术，高达46%；其次为资本，达到37%；劳动对经济增长的贡献率最低，仅15%，远低于技术要素和资本要素。以上数据表明，在16年间，科技成为上海经济增长的最重要的推动因素，而资本要素对于经济增长的推动作用也远远超过劳动要素。上海的经济增长主要靠科技进步与资本投入带动。人力资本的积累不足，甚至在某些年份对经济增长起到负面效应，这与劳动力素质低下、投资拉动经济增长的发展模式是密切相关的。[①] 还有研究指出，1978～2009年间，上海市除资本和劳动力投入增长之外的广义技术进步对上海市经济增长的平均贡献达42.57%；而将产业结构变动和人力资本积累两个因素从广义技术进步中分离出来后的狭义技术进步在此期间的平均贡献仅为1.78%，且在大多数年份，狭义技术进步对上海市经济增长的贡献率为负值。两者的比较结果表明：改革开放以来，狭义技术进步对上海市经济增长几乎没有任何贡献，其经济增长还是主要依赖于物质资本投入的增加和产业结构变动效应的提高。尽管近年来上海的科技进步对于经济增长的贡献率一直在提升，

① 韦丽娟：《生产要素对上海经济增长的贡献率》，《商业经济》2011年第11期。

并且相关研究显示：上海市科技进步的贡献最大，为 56.35%；资金投入的贡献次之，为 32.20%；劳动贡献份额最小，为 11.45%。这说明，目前上海市经济发展主要靠科技进步和资金投入。① 但需要指出的是，与发达国家相比，上海科技对经济增长的贡献率仍然处于较低的水平，这也在很大程度上制约了上海经济的快速发展。

与此同时，还应该注意到，上海在经济发展的社会支撑上仍然存在着不小的缺陷，现代社会结构尚未形成，就业人口中高层次的专业技术人才和管理人才相对较为缺乏，这也使得经济发展很难获得社会的支撑。

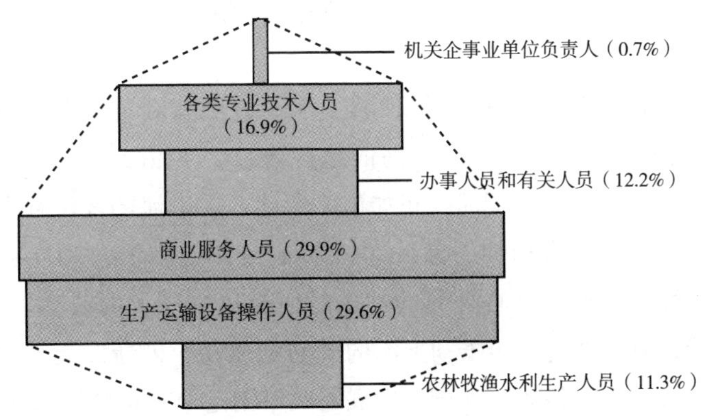


**图 7－6　上海 2008 年社会阶层结构**

资料来源：仇立平《非同步发展：上海现代化发展水平和社会阶层结构》，《中国社会科学报》2010 年 2 月 23 日。

有学者指出，虽然上海社会阶层结构从职业分布来说，开始出现现代社会结构“橄榄型”的雏形，但是其中高级管理人员、科学技术人员还没有得到很大发展。在某种意义上，上海经济尤其是高端经济发展迟滞，核心技术研发能力落后，这与专业技术人员（包括以金融业、市场开发为主的服务业所需的中高端专业技术人员）队伍不够壮大有着密切的关联；第二，办事人员和职员阶层的发展处于停滞不前的状态，管理人员无论在数量上还是在质量上都不能满足上海社会发展的需要；第三，上海的商业服务人员中，大多数从事低端服务业，无论是他们的收入还是生活方式或价值取向，与中产阶层的水平相去甚远，这种现象同样也存在于工人

① 周娜娜、孙克任：《科技进步对上海市经济增长贡献率的分析》，《内蒙古科技与经济》2010 年第 17 期。

阶层（生产设备操作人员）之中。[①]

从某种程度上看，科技对经济增长的贡献率以及社会职业结构的现实状况，可以被看作是当前上海产业结构失衡、融合度不高以及外向型等特点决定的，但同时科技和社会因素也在一定程度上成为约束经济发展的制约因素。从这个角度上看，要实现上海经济社会的创新发展，就必须从更高层次上扭转这一格局。

## 第二节 “蓝海战略”下的认知延续：阻碍转型发展的内在根源

从某种程度上看，改革开放30多年来，伴随着经济社会的快速发展，上海已经成为国内现代化程度最高的地区之一，并由此概括出“上海模式”的发展路径。但与此同时，正如前文所述，在上海的经济社会结构中，仍然存在着许多不尽合理的因素，这也导致上海内生的经济社会结构具有某种不稳定性，在遇到来自外界的冲击时便会出现较大的波动。正是从这个角度来看，要能够进一步推动上海的“转型驱动，创新发展”，就必须追寻其发展模式的内在根源，即产业发展与政策制定及其包含的认知因素。

### 一 经济发展的认知因素：上海模式的内在逻辑

实际上，上海近年来逐渐显现出来的发展速度减慢、增长动力不足等现象与过去20多年来上海秉承的发展思路是息息相关的。从严格意义上讲，上海的改革开放起步于1992年浦东的开发开放。追溯当时的国际国内背景，不难发现，浦东开发开放来自国际和国内两个背景：首先从国际上来看，20世纪90年代初的中国正面临重要的机遇：新科技革命带来经济全球化，世界性产业结构大调整，形成全球性供过于求的买方市场，发达国家正在寻找新的投资市场。以跨国公司为主要载体并在全世界范围内进行的产业结构调整与产业转移如火如荼；[②] 而从国内来看，我国面临“工业发展无法从劳动密集型向资金技术密集型转化、缺乏吸引外资的政策机制”的局面。在这样的背景下，浦东开发开放的目的就在于“要充

① 仇立平：《非同步发展：上海现代化发展水平和社会阶层结构》，《中国社会科学报》2010年2月23日。

② 赵启正：《浦东逻辑：浦东开发与经济全球化》，上海三联书店，2007，第9页。

分利用经济全球化的机会，促进和加快我国产业结构的升级”，“通过引进外资，调整产业结构，提升产业层次，借开放加速从计划经济向市场经济转变，激活经济快速发展”。① 可以说，上海以及浦东的开发开放既要与国际接轨，同时还要辐射长三角，服务全国。这一战略的确立，客观上借鉴了之前中国沿海四个经济特区对外开放的成功经验，同时依据当时全球化进程加快、国际产业转移加速的外部环境进行了调整。

在之后20年的发展中，上海经济社会的发展基本都延续了这一外向型战略：鼓励引进外资和外部技术、大力发展以加工贸易为主的外向型经济，建立国际金融中心和航运中心。在20世纪90年代上海市委和市人民政府向中共中央、国务院上报的《关于开发浦东、开放浦东的请示》中，就提出要“浦东发展以外向型为主，采取各种形式吸引国外资金”。这就在很大程度上决定了上海在后来的发展路径，即不断加大力度引进外资和外企，而相对弱化了对本土中小企业的发展和扶持。以贷款方面为例，大型国有企业和外资企业较容易获得贷款，而本地的中小企业尽管目前也得到了政策的扶持，例如在浦东的张江高科地区，高科技的创业企业可以享受较为优惠的政策和信贷方面的扶持，但其力度却比不上国企和外企。以此方针为指导，上海在以浦东开发开放为契机开始建立的保税区也多是为外资企业准备的，而本地企业却要承受更高的税赋。正如黄亚生所言，所谓的“上海模式”，主要是政府深度干预、控制经济，特别是政府大力发展房地产经济，对外资的偏向性，对民营企业的歧视，和盲目地追求地区生产总值，而不注意家庭收入提高；只追求经济增长，不追求就业增长。上海可以说是中国很多经济问题的一个具体写照。所以“上海模式”不应作为一个城市的问题来谈，而是作为整个中国在20世纪90年代以来的政策取向的样本来分析。②

这一发展路向的形成，在很大程度上还是来自创办浦东新区的初衷。正如国务院在1990年6月《国务院关于开发和开放浦东问题批复》中明确指出，要求上海市政府“在浦东开发和开放中走出一条高效率高效益路子来，开发和开放浦东主要是利用国外资金发展外向型经济，上海市要努力改善投资环境为国外投资者创造有利投资条件”。浦东开发开放之

① 钱运春、郭琳琳：《浦东之路：创新发展二十年回顾与展望》，上海人民出版社，2010，第30、2、30页。

② 黄亚生：《“中国模式”到底有多独特?》，中信出版社，2011。

初，上海在“八五”计划中提出，要“振兴上海，开发浦东，服务全国，面向世界。……力争把上海建设成为外向型、多功能、产业结构合理、科学技术先进、具有高度文明的社会主义现代化国际城市。”此后，在“九五”规划中进一步强化了国际中心城市建设的定位，提出了建设“国际经济、金融、贸易”中心，要形成“国内外广泛经济联系的开放格局，建成沟通国内外资金流、商品流、技术流、人才流、信息流的现代市场体系”，等等。在发展“十五”期间，上海市的发展规划中提出要“着力提高经济运行的质量和效益，努力保持经济持续较快协调健康发展；坚持‘三、二、一’产业发展方针，实现二、三产业共同推动经济发展”的发展方针。这一时期依旧将经济重心从第二产业向第三产业推进作为上海城市发展的重要战略。之后的“十一五”规划，上海也继续秉持相同的发展思路并且将之推向深入：“坚持国际化、市场化、信息化、法治化，聚焦突破，率先推进浦东新区与国际惯例相衔接的体制创新，深入推进政府、企业、市场和社会联动配套改革。转变利用外资与外贸增长方式，坚持扩大‘引进来’与主动‘走出去’相结合，加快建立开放型经济体系。以信息化为基础，以金融、物流、文化等为重点，以现代服务业集聚区为突破口，以大型服务企业集团为载体，集聚高端人才，加强综合集成，积极承接国际服务外包业务，提升服务业的规模与能级。”也就是说，上海一直期望通过外资和外企的进入实现本地的产业结构优化，利用国内人口红利的优势发展以加工贸易为主的对外经济贸易，以达到“用市场换技术”的目的。

从某种程度上看，浦东及上海的开发开放作为国家战略，正是适应国际产业转移和国内对外资金、技术等需求的产物，国家并通过一系列的相关政策不断推进这一进程。可以说，推动上海经济社会发展的核心就在于，国家对国内外形势以及上海发展定位的认知，正是这些认知决定了后来相关外向发展型政策的实践。正如诺思曾指出的，制度变迁是人类知识积累和认知过程的一部分。现实经济的变化导致人的认知的变化，认知的变化又导致人去修改控制结构，从而再一次导致现实经济的变化。① 可以说，正是着眼于外部市场需求，大力引进外资和技术，发展以加工贸易为主的对外经济贸易，才在国际环境发生深刻变化的状况下实现了上海经济

① 道格拉斯·诺思：《理解经济变迁过程》，钟正生等译，中国人民大学出版社，2008，“导言”。

社会的高速发展。但随着2008年前后发生的国际金融危机的进一步深化，上海的这种发展模式遇到了一定的困难，体现为经济增长的缓慢乃至停滞。从这个意义上看，上海模式所遇到的困境具有一定的普遍性，值得我们认真反思。

## 二　转型困境之根源："蓝海战略"的路径依赖

从某种程度上看，上海20多年来的发展过程遵循了改革开放以来我们国家总体上奉行的"蓝海战略"，即高度依赖外部资金、技术、市场，在拉动本土经济增长的同时，借承接国际产业转移之力实现产业发展重心从第二产业向第三产业的转型。实际上，这种以"蓝海战略"为起点的发展思路在一定时期内确实拉动了上海经济的增长，并且从产业结构上来说，第三产业也逐渐占到GDP增加值的半数以上。但如今，在"蓝海战略"弊端（表现为对欧、美、日发达国家市场和外资外贸的高度依赖）日益凸显之时，这样的发展模式反而成为上海持续发展的制约。

首先，上海在这过程中遵循的所谓高端的发展实际上针对的是外部市场的需求，所以虽然引入了大量高科技制造业、服务业企业，但是这种加工贸易模式抑制了制造业与生产性服务业的互动和融合，最终不仅导致制造业发展受阻，也使得生产性服务业缺乏有效内在市场需求支撑。正是由于上海在之前的过程中没有积累其属于本土以及国内的市场需求，制造业和生产性服务业相互脱节、融合度不高，于是，在制造业大量转移之后，上海将面临制造业空心化、服务业难以继续向高附加值发展的局面。这也就是为何上海在商务成本提升、制造业向外转移的过程中出现产业空心化，同时现代服务业的整体素质仍然不高，起不到支撑经济发展的主力军作用的根源所在。

其次，之前20多年发展过程中形成的对外资、外部技术的过分依赖，导致上海并没有形成自己内部核心的创新能力。尽管近年来外企在上海进驻研发中心的数量不断提升，但实际上外企的进驻和大公司研发中心的设立几乎全部是瞄准中国市场，对形成技术外溢和扩散帮助甚少。有研究指出，"跨国公司在华的研发活动以应用性和专业技术的开发为主，其研究方向大多以本地市场为主，开发的技术和解决方案大多针对中国市场的需求，而进行基础性研发的很少，其核心技术绝大部分都被母公司的研发机构所掌控。以IBM为例，每年IBM的技术专利中几乎90%以上的技术专利都是出自IBM在美国的研发中心，而中国的研发中心则连1%都不到。这说明在华的研发中心有别于高新技术的科研机构。”① 因此，大量引进外企和外资所带来的技术溢出效应也不会如当初制定这样的发展战略所设想的那么显著。

基于上文的数据和分析，上海目前正面临一个严峻而紧迫的发展转型困境。尽管对于这一点，从中央到地方的认识都很明确，在转型的必要性和紧迫性上面达成了广泛共识，但是在向哪里转型、如何创新等问题上仍然存在着路径依赖。如在上海的“十二五”规划当中，提到“创新驱动、转型发展，是上海在更高起点上推动科学发展的必由之路”，“必须加快产业结构战略性调整”，并将发展现代服务业和新兴战略产业作为突破重点，并且试图通过“坚持引资和引智并重，加大产业链高端招商引资力度，引导外资投向现代服务业和战略性新兴产业。鼓励跨国公司以上海为基地进行业务整合，大力发展总部经济。积极引进国外智力资源，推进建设开放型自主创新体系。创新利用外资方式，鼓励外资以参股、并购等方式参与境内企业兼并重组，促进外资股权投资和创业投资发展。鼓励有条件的上市企业引进国外战略投资者”。显然，从政策导向上看，这一系列的举措，又将现代服务业和战略性新兴产业以及自主创新的发展寄托在了招商引资和跨国公司之上。从本质上说，仍然是奉行了20多年的“蓝海战略”发展模式的延续。

可以说，这种认知和发展理念上的局限性才是制约上海转型发展的最大障碍。要实现经济增长方式的转变，就必须要跳出“蓝海战略”的思维模式，从东向发展的思路中逐步转向内陆乃至欧亚大陆的经济整合，着眼于长三角、中西部乃至中亚、中东的广阔市场，将20多年来发展当中积累起来的资本、技术、人才、信息、管理优势真正投入服务国内乃至广阔的欧亚大陆市场当中去，促进生产性服务业和制造业的融合，逐渐形成结构更优、效率更高的经济发展模式。

从这种意义上讲，借助于快速发展的高速铁路、航空和信息化网络，重新激活欧亚大陆桥，积极参与和推动欧亚大陆经济整合，为上海的转型发展提供了一个新思路。它既可以减轻由金融危机和欧债危机所引发的欧美市场外需疲软对上海加工贸易出口带来的影响，降低美国重返亚太后支

---

① 陈卓淳：《外商在华设立科研机构的溢出效应分析》，《石家庄经济学院学报》2006年第6期。

持挑起的“南海争端”对海上贸易通道的威胁，又可以为上海的先进制造业和金融、贸易服务业提供广阔的市场和坚实的产业支撑，形成产业、市场的良性互动。此种战略转向如能实现，从短期来看，则上文提到的当前困扰上海转型的产业空心化、经济虚拟化以及“外资依赖症”和“创新乏力症”都可迎刃而解；从长期来看，上海如能通过输出资本、技术和品牌、管理等高附加值产品和服务推动欧亚大陆经济整合，实现大陆经济的陆内循环，则显然能够摆脱中国在当前国际经济大循环中价值链低端锁定的不利处境，迅速爬升到价值链的高端，跨越成为欧亚大陆区域经济一体化的东方领导者。

## 第三节　欧亚大陆经济整合中的上海发展模式转型

其实上海20多年来的发展所取得的成就和当下面临的困境，印证了长期致力于区域经济发展研究的我国社会学家费孝通先生之前的判断。费孝通先生早在20世纪90年代就指出：“如果上海浦东仍像深圳那样吸引外资，以建设工厂为主，哪怕是包括兴建一些高技术的产业，它的扩散能力和辐射能力都将受到很大限制，并可能在市场、产业结构等方面与江浙，甚至沿江城市发生矛盾。即便上海能起到窗口的作用，也无法起到龙头的作用。上海应该更上一层楼，在更高层次上成为全国的贸易、金融、信息、运输、科技的中心。”① 正是基于对“珠三角”外向型发展模式的反思，促使他当时对上海的发展寄予了更高和更多的期望和期盼。基于这一思路，他提出了以上海为龙头、江浙为两翼、长江为脊梁，以南丝绸之路和西出阳关的欧亚大陆桥为尾的经济带的发展设想。从前文的分析来看，费先生当时的判断在20多年后得到了验证。而要使上海走出“蓝海战略”下形成的发展模式的藩篱，在新的层面上真正实现“转型驱动，创新发展”，上海就必须在坐拥东方的同时，向西看，将眼光转向长三角、中西部乃至西出新疆，通达中亚、南亚和中东，直至欧洲。使得上海之前30多年凭借临海优势，依托美、欧、日和东盟市场积累起来的发展经验，能够在华丽转身之后，转化成资金、技术和品牌、管理优势，通过搭建贯通东西的陆上大通道，将国内和更为广阔的欧亚大陆新兴市场纳为腹地，借此成为推动欧亚大陆经济整合的东方引领者。

① 费孝通：《行行重行行》，宁夏人民出版社，1992，第541～542页。

## 一 向西转向：上海转型发展的竞争优势

实际上，在饱受席卷全球的金融危机和愈演愈烈的欧债危机困扰的欧美发达国家市场需求急剧减弱和东部地区进一步发展的约束瓶颈日益凸显的条件下，与上海向西开放“一步三回头”的顾盼姿态截然不同，党中央和国务院已经开始从整体战略布局的高度出发，着力推动“三北”和“中西部”地区的跨越式发展。从2006年开始加速建设的天津滨海新区和2009年设立的重庆两江新区正是这一国家战略转向的具体表现。天津滨海新区依托其优越的地理位置条件（紧邻北京、东北三省，通过便利的陆上交通与西部相连），在建立之初就定位于依托京津冀、服务环渤海、辐射“三北”、面向东北亚，将经济发展的方向重点放在国内市场上，并取得了良好的成绩。2008年全球金融危机爆发，国际经济环境发生重大变化，在严峻考验面前，滨海新区在实现较高速度增长、极大地拉动了天津市生产总值增长的同时，增强了新区服务辐射腹地能力。

在国家进一步推进西部大开发战略、实现经济转型的背景下，重庆两江新区于2010年6月成立，定位于建立内陆重要的先进制造业和现代服务业基地、长江上游地区的金融中心和创新中心以及内陆地区对外开放的重要门户。在自身经济实力迅速增长的同时，两江新区还通过“渝新欧”高速铁路，打通了与欧洲的经济联系，进一步为其先进制造业和现代服务业创造了极大的发展空间。这两个国家级经济新区的创办和迅猛发展，体现了国家战略的转向和开发中西部，并主动融入欧亚大陆经济整合的战略倾向，已经取得了实质性的进展。

但与此同时，我们还应该注意到，虽然滨海新区和两江新区通过先行先试，在加快中西部发展进而连通中亚、中东以参与欧亚大陆经济整合方面迈出了可喜步伐，取得了不错成果，但从长远来看，仍然难以承担起进一步推动欧亚大陆经济整合的要求。由此，上海参与开发中西部并借由欧亚大陆桥参与欧亚大陆经济整合就显得极为必要。从现实情况来看，上海无论是从经济总量还是从生产要素的质量，以及现代经济发展制度经验的积累上，与滨海新区、两江新区相比都有相当的优势。

在产业结构上，前两者尚未实现工业社会的跨越，而上海已经进入向后工业社会过渡阶段。天津滨海新区呈现“二三一”的产业结构，第二产业对经济增长的贡献最大，在2009、2010年占全市生产总值比重分别为67.44%、68.25%，第三产业所占比重较低，分别为32.37%、

31.59%。两江新区产业结构虽然呈现出第二、三产业相对均衡发展的格局，2010年二、三产业生产总值分别为573.66亿元和464.66亿元，但与浦东新区二、三产业产值2036.6亿元、2639.5亿元相比，发展水平不高。另外，两新区二、三产业的发展主要是靠投资拉动，政府作用明显，竞争力较弱。2011年1月至5月，两江新区完成固定资产投资441.42亿元，较上年增幅达101.7%，其中政府主导类投资210.07亿元，占全部投资的47.6%。可以说，上海在发展层次和程度上都要高于天津滨海新区和重庆两江新区，因而具有在发展上的相对优势。

在创新实力上，上海在创新投入、产出以及创新环境方面仅次于北京，位列全国第二，重庆创新能力最弱，天津居于中上游水平；2010年，上海科技成果获奖总数为356项，天津、重庆两市获奖总数分别为227、194项；上海专利申请数和授权数分别为71196、48215件，同年天津为25142、10998件，重庆为22825、12080件；上海各类技术合同成交金额为525.45亿元，天津重庆分别为119.79亿元、147.53亿元。现今上海的科技发展水平已遥遥领先于天津和重庆两市，为经济发展和产业转型提供了重要的科技支撑。两江新区成立之后虽积极推进创新建设，进行理论、金融创新，2011年重庆已成为亚洲最大的笔记本电脑生产基地，但其创新重点放在电脑、通信等行业，领域较为狭窄，综合竞争优势不突出。由此可见，上海所具有的综合性的创新能力在转向西部发展的过程中，能够有效弥补滨海和两江新区的不足。

在人才资源上，浦东新区与滨海新区和两江新区相比，在人才尤其是高新技术以及金融人才方面具有极大竞争优势，滨海新区的人才集聚次之，重庆市的人才资源相对薄弱。在科技人才、研发机构等方面，浦东新区的聚集水平远远高于滨海新区和两江新区。在2005年，浦东新区已经聚集各类研发机构达200多家，成为国内研发创新机构最密集的区域之一，而滨海新区却只有研发机构50家，外资独立研发机构10家左右。2010年，上海专业技术人员总计829507人，约是天津市专业人才数量（419373）的两倍；R&D人员66400人，超过天津（31673）、重庆（30984）两市之和。作为国内人才集聚的主要地域之一，上海在人才资源上相对滨海和两江新区无疑拥有极大的竞争优势，通过人才流动参与西部乃至欧亚大陆的发展成为可能的选择。

除此以外，上海在现代服务业的发展方面具有较为丰富的实践经验。以浦东新区为例，在浦东的开发者们根据自身的战略定位，把服务贸易放在了同等重要的地位，将浦东发展的目标定为金融贸易先行的多功能综合性经济中心。在服务业的发展过程中，重点推动金融业、现代物流业、商品批发和零售业、会展旅游业及房地产的发展，2009年，以金融保险、现代物流、信息服务等现代服务业为主体的第三产业增加值为8902.68亿元，占总增加值的52.2%。2010年，上海现代服务业发展水平远高于天津、重庆两市，具有不能比肩的优势。与生产要素的比较优势相比，在发展现代经济方面的政策、制度以及观念和经验，才是上海相对于滨海和两江新区的最为重要的竞争优势。通过这种与国际接轨的制度优势，上海将能够在西部开发和欧亚大陆整合中弥补滨海和两江新区的不足，在发挥自身优势的同时形成与其他两个新区的合力，强化西向的发展能量。

由此可见，虽然滨海新区、两江新区在地缘上（由于临近或正处于西部、北部）具有一定的比较优势，但是上海无论是在经济发展现状、各种生产要素还是制度经验等方面都具有竞争优势；在此基础上，高铁带动下的向西开放将进一步削弱滨海新区和两江新区的地缘优势，而增强上海的竞争优势，这也是上海能够参与并引领欧亚大陆经济整合的可行性所在。

正是基于以上分析，上海向西参与中西部发展以及欧亚大陆经济整合就成为可能。同时需要注意的是，对于上海而言，通过推进高铁带动下的向西开放，连通中国西部边疆和中亚、中东直至欧洲的欧亚大陆桥，在宏观上加速欧亚大陆的经济整合的同时，还可以摆脱上海对“蓝海战略”的依赖，开辟沿线中亚、中东以及欧洲等地区的新的国际市场，缓解传统市场外需不足的压力，向西的发展将能够与东向的发展形成“东西并举，双核驱动”的发展格局，进一步推动上海的转型驱动和创新发展。同时，在宏观战略上，也契合了中国在欧亚大陆经济整合和环太平洋经济整合中的对冲格局，为实现国家战略奠定了坚实的基础。① 中国社会科学院在2012年《上海转型发展报告》中也指出，“效率持续改进应成为上海转型发展的核心目标，提高服务业的贸易水平，将服务延伸到长三角、全国和全球，通过服务业效率的持续改进来提升现代服务业的比重和扩大服务的规模”。2012年上海市委在第十次代表大会报告中明确指出，要“进一步增强服务全国能力，促进区域经济合作深化与繁荣发展。加强与兄弟省区市的合作，全面提升服务长三角地区、服务长江流域、服务全国的水平。深入实施国家长三角地区区域规划，加速推进长三角地区一体化发展，努

① 高柏等：《高铁与中国21世纪大战略》，社会科学文献出版社，2012。

力为建设具有较强国际竞争力的世界级城市群做出更大贡献。依托长江黄金水道建设，促进长江流域联动发展。积极参与西部大开发、中部地区崛起和东北地区等老工业基地振兴，加强与环渤海、珠三角等地区的互利共赢合作。创新完善帮扶机制和方式，努力帮助对口支援地区增强自我可持续发展的能力”。这反映出决策层对于上海产业积极参与区域经济整合、西部经济发展以及欧亚大陆经济整合的重视和未来的发展思路。

## 二　东西并举：欧亚大陆经济整合下的上海转型路径

由是论之，上海要在欧亚大陆经济整合中实现上海新时期的“转型驱动，创新发展”，就必须着眼于自身的竞争优势，并将其渗入向西开放发展的具体实践中，在开发和满足腹地需求的过程中提升自身发展的可持续性，并由此为上海内源性发展创造必要的时间和空间。具体来看，主要集中在以下几个方面。

第一，必须立足于向西的产业转向，力图挖掘国内需求，并由此打通中亚、中东市场，从而为上海转型发展创造新的内部和外部需求，通过将广阔的欧亚大陆作为自身发展的腹地，重新奠定上海在中国经济社会发展中的龙头地位。在某种程度上看，在全球经济下行趋势越发明显的时刻，覆盖欧亚大陆腹地所有区域的上海合作组织成员国之间的经济联系正日益加强。过去10年，上海合作组织成员国之间的贸易增长了6倍。在金融、运输、能源、电信、农业方面，成员国和外围友好国家之间的发展合作空间，几乎是不可限量的。同时，其中所蕴含的机遇，对于上海而言，就是立足于自身，将其发展腹地从长三角、西部地区一直延伸到中亚、中东乃至整个欧亚大陆，从而为上海未来的发展提供极为宝贵的战略空间。

第二，注重发挥上海在资本、技术、人才、运营管理等方面的优势和经验，确立向西的发展路径，并通过与西部的整合，实现对欧亚大陆经济整合的引领和推动。作为国内现代化、信息化与国际化程度最高的地区之一，上海在30多年的发展过程中积累的较为成熟的经济发展的经验、（金融、物流等现代服务业）制度运作的规范性做法以及在资本、人才、技术等生产要素上的高端地位，决定了上海在欧亚大陆经济整合中有能力扮演至为关键的角色。从实现的方式上来看，结合国家西部大开发战略和高铁带动下的向西开放的发展态势，在向西开放的新欧亚大陆桥沿桥预先进行战略布局尤为必要，通过输出资本、技术和管理服务经验模式等软实力，抢占陆路国际大通道的战略要地。鼓励上海的企业、高校走出去，与西部如新疆等地的企业建立起较为密切的协作关系，推动上海引进和开发的技术在西部进行扩散。当然，政府要提供相应的制度性保障和配套激励措施。

第三，推动上海向西部尤其是新疆的产业转移，结合西部尤其是新疆的土地、资源和劳动力优势，加快上海的汽车、电子和装备制造等优势产业在新疆的产业布局，直接辐射需求强劲的西部乃至中亚和中东市场。目前，上海已经开始推进使上海的人才技术优势与外地的资源优势得到有效结合，形成加工制造在外地、研发设计在上海的产品链分工格局，产业转移已经进入了一个新的阶段。[①] 此外，更为重要的是，上海应该通过合作、托管等方式，充分发挥上海在对外贸易和流通领域开发开放过程积累起来的经验优势、输出管理和服务，诸如可以借助浦东开发开放经验帮助建设喀什和霍尔果斯特殊经济开发区，借助外高桥保税区建设经验托管喀什和阿拉山口保税区，前瞻性地在我国向西开放的制高点提前进行战略布局，实现东西联动的发展格局。由此可以与山东、江苏等制造大省错位竞争，通过开辟高端服务业的市场促进上海产业结构调整和升级。

第四，发挥上海在金融领域内的经验和制度优势，开发金融衍生品和金融服务，通过金融话语权来确立上海在经济整合中的主导地位。在当今世界，金融运作成为经济领域较为高端的实践领域，而上海在这方面处于国内领先地位。[②] 在向西发展的过程中，要注重发挥上海的金融优势，开发与西部发展相关的金融产品，在为西部乃至欧亚大陆的经济整合提供服务的同时确保掌握对西部发展的话语权，比如可以借助新一轮对口援疆的机会帮助新疆乌鲁木齐或者喀什设立人民币结算中心、能源期货交易中心等机构，并通过创立西部产业发展基金等金融创新，服务全国企业和人才在西部创业，由此可以扭转上海金融业的发展因过度依赖外资金融机构导致的创新乏力的被动局面。

第五，从现实角度来看，可以发挥上海在物流方面的经验和制度优势，实现对欧亚大陆经济整合的全面参与。借鉴重庆“渝新欧”铁路开通经验，凭借上海合作组织的优势，建立欧亚大陆桥沿桥国家合作共赢机

---

① 李伟：《上海产业结构调整及产业转移趋势研究》，《科学发展》2011年第6期。

② 2011年度新华－道琼斯国际金融中心发展指数（简称IFCD INDEX）显示，上海国际金融中心发展实力前进两位，位列纽约、伦敦、东京、中国香港和新加坡之后，居于全球第六。与2011年度综合得分都在80分以上的伦敦、纽约、东京等世界顶级梯队的金融中心不同，中国上海在成长发展分指标中仍居全球首位，并依靠在服务水平、产业支撑和综合环境等分指标上排名的提升，综合竞争排名较上年上升两个位次至全球第六。

制，搭建上海贯通欧洲的欧亚大陆陆路通道，加快实现上海海洋航运中心和欧亚大陆陆路物流集散中心的双轮驱动，并凭借航运中心建设过程中积累的制度建设和运营管理经验和国际物流网络发达的优势，助推新欧亚大陆桥人流、物流、信息流的畅通，掌控欧亚大陆经济整合的主导权，由此推动上海服务型经济在更高水平上发展。比如在新疆乌鲁木齐或者喀什建立上海及长三角产品的物流中转总部，并以此作为上海及长三角商品、信息、技术的综合配置中心，在向西部以及中亚、中东输出产品和技术的同时，也能够带动当地的产业发展，通过开辟新的市场，转移由于欧美日经济增长疲软和市场需求下降对上海外向型经济带来的冲击。

# 第八章　上海创新驱动、转型发展之物流个案研究

改革开放带动了中国沿海发展，加入 WTO 促使中国积极参与国际分工，沿海各港口成为我国对外贸易的重要门户。伴随远洋运输快速发展，上海成为我国最大的进出口地，上海港也从 2005 年开始成为世界第一大港。事实证明，过去的 30 多年里，我国开发港口、面向海洋的“蓝海战略”使我国巧妙地利用了第三次全球化浪潮的有利时机，跻身于世界贸易大国之列，成为全球第二大经济体，同时也成为影响全球的最大生产者。

2007 年上海市 GDP 增长率达到近 30 年的顶峰 15.2%。随着后金融危机时代的到来，虽然发达国家工业仍然保持相对较快的增长，但是世界整体经济复苏趋势放缓，上海的发展受其影响，发展速度放缓。2008、2009 年 GDP 增长率出现下滑，虽然 2010 年回升到 10.3%，2011 年又降至 8.2%。上海目前的增长减速实际上也是因为遇到了发达国家的同样问题，城市化水平高达 90%，服务业比重不断上升，制造业比重不断下降，导致 GDP 增长速度下滑，过去的增长方式已不适用于当前的新情况，由此上海提出“创新驱动、转型发展”的战略。

物流业①作为近年来迅速发展的新兴产业，在国际上被认为是企业的“第三利润源泉”，物流效率、物流总费用的高低是衡量一个国家综合实力水平的标准之一。因此，在上海打造国际航运中心的国家战略的背景下，作为现代服务业代表的物流业该以怎样的方式与方向“创新驱动、

---

① 物流（Logistics）是一种通过对原材料、制成品、产成品和信息进行控制，从而创造时间价值、空间价值和一定的加工价值，并实现物品的物流移动的系统。现代物流业作为一个新型的跨行业、跨部门、跨区域、渗透性强的复合型产业，它将运输、仓储、装卸、加工、整理、配送、信息等方面有机结合，形成完整的供应链。

转型发展”就显得尤为重要。然而正如上海转型发展面临的问题一样，物流业也面临转型、创新过程中向哪转和如何创的双重问题。

2012 年上海市人民政府工作报告与上海市“十二五”规划中都着重强调了加强“四个中心”之一的国际航运中心的建设。不可否认航运中心建设是上海市物流发展的重要组成部分，但是只注重航运中心的建设而将物流业其他方面的建设放到相对次要的位置，将会导致上海市物流业未来发展的不平衡状态的产生和抗风险能力的减弱。建设国际航运中心是在面对“蓝海战略”的一个重要的举措，面对国外航运巨鳄我国航运发展仍处于劣势，一味追逐国外航运的步伐虽然能在一定程度上提高航运产业的素质，但是物流业的发展很难实现实质上的创新与升级。因此我们认为上海物流业发展不仅仅要进一步提升航运业的整体素质，更要向西转，转向服务于国内市场，进而开辟中东、中欧市场，这是上海市物流业未来发展的可行出路。

## 第一节　上海“大而不强”的物流业

上海物流业借助上海优越的政策优势和区位优势得到了良好的发展，航运中心是上海打造的“四个中心”之一。近年来，上海港取得了骄人的成绩，已成为世界第一大货运港和世界第一大集装箱港。上海市的物流信息系统的水平在国内处于领先位置，拥有众多物流公司和丰富的物流网络。虽然上海的发展程度与国内其他地区相比处于较高水平，然而与国际同行业相比仍有较大差距。首先，上海物流发展最成熟的上海港大而不强，航运中心的建设在国际上不被认可；其次，物流企业集中于低端物流，进而造成过度竞争，本土高端物流欠缺；最后，陆路运输发展滞后，区域分割严重，真正意义上的多式联运尚未形成。

### 一　海运大港而非航运中心

在以系统化管理为目标的物流运作中，运输是其中一个重要功能，远洋运输在全球国际贸易中的比例几乎达到 80%。自改革开放以来，上海凭借其优越的区位条件和口岸条件，大力发展远洋运输业，上海港在国内各港口中一直处于领先地位。同时，上海市在打造“四个中心”的过程中着重强调了航运中心的建设，从政策层面为上海航运业进一步发展提供便利条件。然而，与国际其他大型港口相比较，上海港是公认的世界大港，而不是世界强港。

入世后，上海港的货运吞吐量和集装箱吞吐量都取得了世界瞩目的成绩。2005年，上海港已完成货物吞吐量4.43亿吨，成为世界第一大货运港。并且，伴随着上海国际航运中心建设各项工作全面推进，航运集疏运体系优化、航运服务功能进一步完善，加之国内经济企稳回升、金融危机后欧美市场复苏、世博会对经济的拉动以及相关政策效应显现，上海港集装箱和货物吞吐量增长显著。2010年上海港完成集装箱吞吐量2905万标准箱（TEU），超过新加坡港50万标准箱（TEU）左右，首次成为世界第一大集装箱港，同年，"枢纽港"重要标志的集装箱水水中转比例达37.7%，标志着上海的海运日趋发展成熟。然而，吞吐量只是衡量一个港口进出货物量的标志，世界第一的吞吐量仅仅意味着上海港已成为世界第一大港，而要成为世界性的强港——取得航运中心的认可，需要现代航运服务业的同步发展。

也要看到，一方面海运吞吐量与国际贸易密切相关，易受国际经济走势影响；另一方面当一个港口的吞吐总量上升到一定高度的时候，增速会趋缓，港口吞吐量也会趋于饱和状态。上海港的货物吞吐量与集装箱吞吐量虽然从数量上总体呈现逐年递增的趋势，但是，受到金融危机及欧美需求减弱的影响，其增长率在2008年下降了13%左右，于2009年更是出现了负增长。虽然在2010年有所回升，但是相比之前增长速度已大幅减缓（见图8-1）。

上海国际航运中心定位为以"资源配置型"为核心模式的第三代航运中心，其本质标志是将集约开发"国际航运生产力"放在诸多功能的

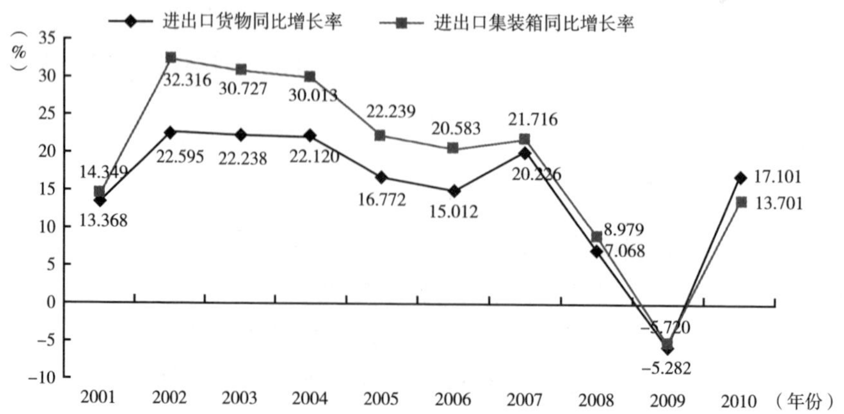


**图8-1 上海港主要年份货物吞吐量/集装箱吞吐量增长率趋势图**

首位。但是，资料显示上海虽然有数目繁多的各类公司，但是现代航运服务企业仍然相对薄弱。浦东新区目前虽然拥有4960家各类航运相关企业，几乎涉及航运产业链的各个主要环节，但是这些企业所提供的服务仅停留在一些基础性货运代理、船舶代理、供应等服务领域，对高端的高附加值的航运服务领域缺乏理性理解和实践经验，航运金融、保险、信息、经纪等附加值较高的高端航运服务领域发展较为滞后，有些领域处在刚刚起步状态，有些还处于空白状态。

## 二　物流业发展水平较低，缺乏本土高端物流

物流从产生到现在经历了一系列变化发展，从分别由卖方和买方控制的第一方物流和第二方物流发展到提供整个供应链提供物流系统设计与整合方案的第四方物流，即供应链物流，物流的专业化水平逐步提高，但目前世界最主流的还是专门从事物流服务的企业组织的物流活动的第三方物流（Third Party Logistics，3PL）。由于我国建立物流业的时间较短，其发展尚处于初级水平，市场规范程度低，本土物流企业仍然停留在起步阶段，面临企业集中在低端层次，依靠价格战低等战略的过度竞争的局面。而随着入世以来越来越多国外发展成熟的综合物流公司进入我国，利用其成熟的物流网络与管理系统，占据高端物流市场。

我国的第三方物流有所发展，但是仍处于起步阶段。按照第三方物流企业完成的物流业务范围的大小和所承担的物流功能，可将物流企业分为综合性物流企业和功能性物流企业，综合性物流企业指能够提供整个物流供应链全程服务的物流企业，而功能性物流企业指仅提供供应链中某个或某几个环节服务的企业。目前我国物流业市场上绝大部分的企业都是功能性物流企业。据2009年全国不完全统计（目前还没有专门针对物流业的统计数据），目前上海市场中有大约10.6万家物流相关企业，仅2009年全年大约有1.8万家新注册的第三方物流企业，其中90%是小型私营企业。而截至2010年底，上海市代表物流行业标准化、现代化、规模化方向发展的A级物流企业仅有107家，其中4A级以上企业有54家，占A级企业比重的50.5%，对比上万家的注册企业，上海A级物流企业仅占0.1%左右。而代表国内物流企业最高水平的4A级物流企业与国际物流企业相比依然相形见绌。

物流小企业数目的迅速增加一方面表明物流行业中存在巨大的利润空间，另一方面也表明物流企业的门槛相对较低。从物流企业的利润率来

看，中小物流企业的盈利能力实际处于劣势地位。2011年数据显示，盈利率中最低的是仓储型企业，利润率只有2.4%，综合型企业收入利润率为7.5%，运输型企业收入利润率最高为15.1%。运输型企业中，水上运输企业受业务量快速增长影响，收入利润率为11.5%，同比提高7.8个百分点。道路运输企业则由于燃油价格、用工成本上涨等因素影响，收入利润率为5.9%，同比下降1.2百分点。从注册类型横向对比盈利水平，外商投资企业收入利润率最高，达46.4%；港澳台商投资企业次之，为29.6%；内资企业最低，仅为9.9%。但从增长情况看，内资企业收入利润率同比提高3.9个百分点，增幅明显高于其他类型企业。[①] 与此同时，2011年底，四大会计师事务所之一的毕马威发布报告称，中国的运输成本占中国GDP的18%，比发达国家普遍高出10个百分点。对企业来说，物流成本可以高达生产成本的30%～40%。与此同时，中国物流成本过高的现状并没有改变，全社会的物流总费用依然在大幅增长。这些数据共同表明，我国物流业有着巨大的发展潜力，但是本土物流企业的发展水平却明显滞后，既无法提升企业自身的盈利率，也无法降低社会总体物流成本。

### 三　陆路运输发展迟缓，多式联运未形成

多式联运[②]简单地说是由两种及其以上的交通工具相互衔接、转运而共同完成的运输过程，现已在世界各主要国家和地区得到广泛的推广和应用，其组织形式主要包括海陆联运和路桥运输等。多式联运有着高效、手续简便、门到门、降低运输成本，提高服务质量、实现合理化运输等优点。然而，真正意义上的多式联运在我国尚未形成。首先，以公路为主的集疏运虽然出现了多式联运的雏形，但无法实现远距离的经济运输；其次，铁路货运不发达与基础设施欠缺双重制约海铁联运发展；最后，上海自身条件不利于发展铁海联运，行政区域分割阻碍上海向周边地区“借力”。

当前公路运输是海运集疏运的最主要形式，上海港公路集疏运与水路和铁路相比占62.5%，而鹿特丹的这个比例为49%。虽然水路集疏运载

---

① 《2011物流企业发展情况调研报告》，http：//www.56products.com/News/2011－12－13/HAEG7JDEAJAH33569.html，最后访问时间：2013年9月6日。

② 国际多式联运采用一次托运、一次付费、一单到底、统一理赔、全程负责的运输业务方法。

的比例呈现出逐年增加的趋势，但公路集疏运仍占据主导地位。然而，这种集疏运模式有其天然的缺陷。一是公路运输的经济里程较短，远距离托运货物会使其成本迅速提高。这种集疏运方式大大限制了上海港经济腹地的范围。受其限制，目前上海港的经济腹地主要是在300公里范围内的江浙沪地区，在上海港的集装箱吞吐量中，长三角的箱量所占比重达85%至90%，其中，约有一半来自本地，另一半主要来自江苏和浙江。① 二是公路运输的运力有限。随着上海港逐步开辟长江中上游及中西部地区货源地，以公路为主的集疏运系统趋于“超负荷”运转，不仅给上海城市交通和环境带来很大的压力，同时这种繁重的交通压力也降低和限制了公路集疏运能力。2010年上海港集装箱吞吐量完成2905万标准箱（TEU），平均每天57000多个标准箱需要集疏运。而单项的出口流向造成返程的集卡运输空车率较高，经高速公路收费站统计，这一比重约占1/3。进一步加重了上海城市道路负担，造成城市交通拥堵，环境污染等问题，影响了整个系统的集疏运效率。

**表8－1 “十一五”期间上海国际航运中心集疏运体系结构变化情况**

单位：万TEU，%

| 年份 | 港口吞吐量 | 公－水中转吞吐量 | | 水－水中转吞吐量 | | 铁－水中转吞吐量 | |
|---|---|---|---|---|---|---|---|
| | | 吞吐量 | 比例 | 吞吐量 | 比例 | 吞吐量 | 比例 |
| 2005 | 1808 | 1316 | 72.8 | 487 | 26.9 | 5.3 | 0.29 |
| 2006 | 2171 | 1463 | 67.4 | 700 | 32.2 | 8.4 | 0.39 |
| 2007 | 2615 | 1657.2 | 63.4 | 947.5 | 36.2 | 10.3 | 0.39 |
| 2009 | 2801 | 1745 | 62.3 | 1046 | 37.3 | 10 | 0.36 |
| 2009 | 2500 | 1492.3 | 59.7 | 999.2 | 40.0 | 8.5 | 0.34 |

海－铁联运虽然有着低成本的优势，但是受到基础设施及标准化欠缺的限制，发展迟缓。由于我国铁路系统的特殊性，我国国内的铁路运输以客运为主，铁路货运运力不足导致铁路运输得不到发展。上海货运总量逐年攀升，而铁路货运比重却在原本甚微的情况下逐年降低，由2000年铁路货运比重占所有货物总运输量的2.20%降至2010年的1.18%。虽然上海港尝试开通了往来于上海和南昌、成都、郑州、西安、合肥、苏州等地间的集装箱“五定”班列，但是由于不能实现托运人需求，业务量极小，

① 王小芹：《上海港发展多式联运存在问题及对策》，《中国水运》2011年第11期。

铁路集疏运比重一直徘徊在0.3%左右。另外，集装箱标准化问题也是阻碍当前海铁联运的另一个重要障碍，目前铁路集装箱的箱型有1T箱、5T箱、10T箱和20英尺箱及少数40英尺箱，但只有20英尺箱和40英尺箱与国际海运集装箱的箱型一致，这致使铁路集装箱在调配使用、各运输方式之间的换装以及管理上存在很大难度。①

此外，上海港自身条件并不适合发展海铁联运。其一，港区没有铁路集装箱装卸线。上海港的两个主要港区——外高桥港区和洋山保税港区的码头都没有铁路集装箱装卸线，通过铁路到达的集装箱必须通过集卡短驳到码头，相反海铁联运进口的集装箱需要从码头短驳到铁路车站装车发运，需增加两次装卸车和一次驳运作业，不但费用增加还延长货物在岗时间，对海铁联运运输组织、“一关三检”作业、安全管理等方面都带来不利影响。其二，铁路集装箱运输能力薄弱。上海集装箱海铁联运通道北、南方向所经铁路分别为：沪宁线—津浦线—陇海线、沪杭线—浙赣线。目前这些线路主要区段利用率接近或超过100%，运能处于全面饱和状态，基本无力再承担集装箱快速增长对铁路集装箱集疏运的需求。其三，集装箱流向不平衡。我国中西部地区外贸进出口货运量不平衡，单向运输现象在继续扩大，集装箱大多数空去重来，导致空箱费用在集装箱整个运输费用中占有较大的比例。② 加之上海是寸土寸金的地方，不可能开辟大量用地修建铁路以满足联运需求。因此，要实现海铁联运就需要向临港“借力”，但是在当前各地利益无法协调的情况下，海铁联运无法实现。

## 第二节 “蓝海战略”下的上海物流业——由机遇变为障碍

上海作为中国最大的经济中心城市，也是中国对外开放、联系世界经济的重要窗口。不断提高对外开放水平、发展外向型经济、引进外资等一系列举措帮助上海迅速成长为初具规模的国际大都市。在上海创建国际经济、金融、贸易中心的新的历史进程中，港口、航运和造船业仍将扮演着重要的角色。这是由于航运是国际贸易的主要载体，世界商品贸易中有80%左右是通过海运实现的，很多国际大城市发展的历史也表明：国际经

① 王小芹：《上海港发展多式联运存在问题及对策》，《中国水运》2011年第11期。

② 李琴：《长江三角洲地区发展海铁联运的探讨》，《铁道运输与经济》2009年第5期。

济、金融、贸易中心的崛起，与国际航运中心的发展互为条件、互相促进，离开发达的航运，不可能有发达的贸易。不可否认，海运发展带来的国际贸易的发展为上海带来了巨大的收益，但是发展海洋经济的单一思路势必阻碍上海未来的发展。一是长时间有选择性地重点发展海洋运输，使陆路运输方式迟迟得不到发展；二是对外资的引进使得强大的跨国物流公司轻易进驻上海，影响高端物流产业；三是对海运收益的争夺使得上海与周边港口的利益冲突，区域分割严重。

从 1984 年 5 月中央决定进一步开放上海等 14 个沿海港口城市开始，上海市以“立足本市，依靠全国，面对太平洋，通向全世界”为方针着眼于充分利用和不断增强全市的综合功能。改革开放以来，为了实现面向全国，面向全世界，多方位开放，进一步打开国际市场的目标，不断加强对上海港的建设。入世之后，上海将打造国际航运中心作为上海发展的“四个中心”之一，大力推进航运相关企业以及进出口的发展，使上海港在短短 30 多年间成为全球吞吐量第一的国际大港。虽然上海市近年来对铁路货运物流发展投入更多的关注度，物流行业“十二五”规划中也将提高铁路货运比重作为“十二五”期间上海市物流业发展的主要指标之一，预计到 2015 年的铁路运输量将增长到 5% 以上。然而，这个比重与海运相比仍显得微不足道，而且伴随着上海城市高速发展，城市用地越来越紧张，为铁路运输修建基础设施将会面临越来越高的成本。

在上海大力推进外向型经济的过程中，引进外资是其中的一项重要组成部分。改革开放以来，对外经济技术交流和合作从过去比较单一的进出口贸易发展到吸引外资、引进技术、承包海外工程和技术劳务输出等多种形式，从以工业项目为主逐步向商贸、金融、房地产、能源、信息等产业拓展。2010 年，外高桥保税港区和洋山保税港区共吸引外资 19.06 亿美元。外高桥保税区新批准外资项目 102 个，增资项目 244 个，与此相比全年新批准内资项目 175 个，增资内资项目 72 个。以阿尔卡特 - 朗讯、克莱斯勒、爱立信、索尼等为代表的面向欧美和亚太的跨国公司分拨配送中心，以及德迅等第三方物流公司进驻洋山保税港区经营；有色金属仓储规模不断增大，荷兰世天威、新加坡 GKE 有色金属保税仓储项目也落户洋山区并运营。[①] 在上海物流业发展“十二五”规划中也明确提出“充分利

① 上海市统计局编《上海统计年鉴（2011）》，中国统计出版社，2011。

用本市吸引外资和总部经济等政策，鼓励国内外大型物流企业到上海设立总部和分支机构，积极引进国外的资金技术和智力支持，学习借鉴国际先进的经营理念和管理模式。”① 通过引入外资，学习和借鉴国际先进技术和管理模式，本土企业得以发展是引进外资的根本目的。然而多年来引入外资的经验并未改变国内物流企业低水平谋生的现状。而且我国高端物流领域的法规建设仍处于“空白”状态，涉及高端物流的法律法规分散在各个方面，缺乏专门法律。② 法律的欠缺也使得部分国内企业不能确保自身利益得到保护而对高端物流望而却步。

行政与部门的条块分割，是造成多式联运系统无法运行的重要原因。1949年以来我国主要是按地区组织国民经济，强调每个省市都要建立相对独立、比较完整的经济体制，省市是重要的利益主体，集装箱港口是以外向型经济为主的地区的最关键基础设施，导致许多沿海城市兴建港口，造成同质性竞争加剧。目前，水运和公路运输由交通部管理，民航由民航总局管理，铁路由铁道部管理。各种运输方式缺乏紧密配合和协调，不能自然形成统一的多式联运网络。缺乏良性分工是长江三角洲集装箱港口市场竞争的总体特点。长江三角洲集装箱港口之间的竞争虽然是市场经济的体现，但缺乏得当的分工，各港未能形成自己的主攻方向，做到有分有合，未能更好地体现整体效益。长三角地区从行政上分属两省一市，存在各地地方政府各自为政、分工不明、政策差异、多度竞争等诸多问题。低层次的货源争夺是长江三角洲集装箱港口经营市场竞争的总体表现。目前长江三角洲集装箱港口群的功能还处于以装卸为主的运输功能，港口服务品种少，缺乏个性化服务，加大硬件设施建设和争夺货源成为竞争焦点。因此，港口运作成本高，服务质量低，港口环节增值少。不同地区的监管部门之间也缺乏合作和协调，如不同关区之间中转手续繁杂、单证的流转效率低。缺少多式联运信息交换渠道和平台。一方面，各种运输方式之间缺少信息交换、共享的通道和平台，多式联运承运人和客户难以掌握全程运输信息；另一方面，不同地区、不同管理部门条线分割、信息化建设自成体系，发展水平也参差不齐，大部分地区的电子信息平台之间相对独立，难以实现实时的数据交换和信息共享。

---

① 《上海市现代物流业发“十二五”规划》，http：//www.shanghai.gov.cn/shanghai/node2314/node25307/node25455/node25459/u21ai628612.html，最后访问时间：2012年6月12日。

② 刘军琦：《我国高端物流的现状分析》，《技术与市场》2009年第1期。

## 第三节　东西双向发展，提高上海物流业发展水平

自1996年上海国际航运中心建设定位国家战略以来，加强以上海为中心，苏浙为两翼的港口群体建设使得区域港口、航运资源发挥最大效用，更好地服务上海、服务长三角、服务长江流域、服务全国经济发展成为其发展目标。2009年国务院的文件中进一步明确了这一发展目标。近年来，长三角地区整合也越来越受到各地区政府的重视，长江三角洲城市响亮地喊出了“接轨上海”的口号，而上海也提出了“主动服务”的理念。上海未来发展放在中央对上海发展的战略定位上，放在经济全球化的大趋势下，放在全国发展的大格局中，放在国家对长江三角洲区域发展的总体部署中来思考和谋划，进一步明确了新形势下合作交流工作的方向、目标与任务。

从区域上看，实现对长江三角洲的整合，有助于规避上海铁路运力不足的弊端，充分使用长三角的铁路运输资源，而这也恰恰符合多式联运的发展条件，能够为促进海铁联运与空铁联运提供条件。从方向上看，上海的关注点不能仅局限在依靠海洋运输打造“航运中心”，而应同时兼顾东西双向发展。服务西部，不仅有助于为本土物流企业提供向高端发展的空间，也有助于实现货物的双向流动，减少空载，提高物流效率。

### 一　打破条块分割，实现长三角整合与海铁联运、空铁联运相结合

扬长避短，明确港口定位。伴随着各港口的发展，上海国际航运中心一体两翼、合作多赢的港口格局逐步形成，长三角港口群的定位逐渐明晰，以上海港等为核心的集装箱运输、以宁波、舟山等港为核心的矿石、原油运输和长江南京以下港口组成的江海中转各司其职。上海与苏浙两省全方位、多形式、宽领域的合作，促进长三角地区生产要素优化配置，产业结构优化升级。上海与浙江共同合作开发的洋山深水港区，进一步推动了上海港与浙江港口的资源合作，对于促进上海浙江的经济发展起到积极作用。长江口航道整治顺利进行，又推动了江苏港口的发展。通过这些优势的发挥，更好地与其他港口的优势叠加，把港口的整体效应发挥得更好。然而，长江三角洲的整合不仅仅是交通网络的整合，更是各种资源的整合。以上海与宁波为例，宁波—舟山港拥有上海所不及的天然深水港，上海所拥有的强大的经济腹地和贸易网络也是宁波所不及的，伴随着长江

三角洲的整合，当各种资源能够共享时，上海可以借助宁波—舟山港的地理优势将货物的承运工作交给宁波，利用本地贸易网络与信息网络集中精力发展高端物流服务、转口服务，由喂给港转变为中转港；与此同时，宁波借助上海的贸易与信息网络，改变当前关区分割的情况，实行海关“大通关”以促进外贸大发展，进一步提升宁波—舟山港吞吐量，提升港口在全球的位置。

打破行政分割，协调利益分配，建立长江三角地区标准化物流网络。实现海铁联运、空铁联运是建立长江三角洲地区标准化物流网络的关键步骤。其必要条件一是实现铁路与码头、空港的无缝对接；二是建立与海运集装箱运输标准一致的铁路集装箱运输体系。物流网络的建立必然要求行政层面的整合，由于长江三角洲地区经济发达，整合后势必会对部分地区的短期经济绩效有所影响。然而从长远的角度来看，整合以后的物流网络能够提升长三角地区的整体竞争实力。依照现有的国际经验，标准化的海铁联运与空铁联运可以大大降低物流成本、提高物流效率，多式联运也是未来物流发展的必然趋势。

## 二 帮助新疆打造陆路运输新门户，开拓欧亚大陆市场

近年来，中西部发展为物流市场带来了新的机遇，位处中国最西端的新疆，面对广阔的欧亚大陆，拥有优越的成为西部进出口门户的区位条件。但是由于当地的经济发展模式单一，多以资源密集型产业为主，同时对物流园区、保税区等建设缺乏经验和技术，迟迟无法打开向西出口的局面。从中亚、中欧地区与国家的进口来源看，世界第一大制造业的中国并不是其主要的进口来源地，而欧洲是中亚部分国家的最主要进口来源国，其中一个重要原因是由于陆路运输没有打通而使得国内出口运输成本居高不下。重庆正是在这一情况下瞄准中亚、中欧市场，开通了“渝新欧铁路”，为其发展创造了一个新的增长点。

上海作为中国经济最发达地区，拥有国内最先进的信息技术和人力资源，在物流中心建设、物流园区打造、城市配送物流、制造业物流等方面拥有丰富的经验。帮助新疆将其打造成为陆路运输的新门户，不仅是上海服务全国经济发展的题中之意，同时也有利于上海打通陆路运输路线，使多种物流运输方式协调发展；有利于开辟中西部以及中亚、中欧市场，实现东西双向发展；有利于分解投资风险，减少欧美市场对国内进出口行业的影响。

### 三　发展本土高端物流企业，将上海打造成为真正的国际航运中心

上海港现已是世界大港，拥有世界第一的货物吞吐量和集装箱吞吐量，但在国际上仍没有被认可为强港，缺少现代航运服务业是上海不能成为国际航运中心的“短板”。根据《国务院关于推进上海加快发展现代服务业和先进制造业建设国际金融中心和国际航运中心的意见》，上海国际航运中心的定位是：到 2020 年，基本建成具有全球航运资源配置能力的国际航运中心、国际航运枢纽港、现代化港口集疏运体系、现代航运服务体系。

上海市已在“十二五”规划建议中明确指出，要显著增强国际航运中心资源配置的能力，并且提出了优化现代航运集疏运体系、拓展和完善航空航运服务产业链和推进国际航运发展综合实验区建设等主要目标。要实现这些目标就必须依靠发展本土高端物流企业，东西两个市场并举为上海发展本土高端物流企业提供了新的机遇。以往面对欧美市场中强大的物流跨国公司时，本土物流企业为了求生存无暇顾及高端服务业技术的开发，绝大多数企业集中在价格竞争中。当目光向西转移之后，由于没有跨国物流公司的干扰，本土物流企业得到了一次重新发展的机遇，拥有一定实力的物流企业能够借助这次机遇开辟现代物流服务。同时，也要看到，上海集中力量发展现代物流服务，也离不开对浙江与江苏地区海港的“借力”，离不开长江三角洲区域的整合。

在“创新驱动、转型发展”的关键时期，改变单一的经济发展方向尤为重要。上海的物流业目前正处于发展上升期，有着巨大的发展空间和潜力。依托物流业，充分利用上海现有丰富资源，实现长江三角洲整合，形成强强联合局面，合理配置资源。长三角的整合与优势互补是东西双向发展的必要条件，这将使上海能更好地服务中西部、服务全中国，打开西部出口门户，为拉动中国经济增长开辟新的增长点。

## 结　　语

上述几章，我们基于“蓝海战略”格局下的中国国内与国际发展的困境，分析了中亚的区域经济发展状况与问题、中国与欧亚大陆国家的经济贸易结构和能源关系以及探索了作为中国经济中心——上海与欧亚大陆经济整合的关系，目标是为中国经济战略转型提供一个新的国际发展路

径。接下来的几章，我们将视野拉回到西部地区，特别是新疆地区。新疆不仅是关乎国家西部边疆稳定的重要省份，也是向西开放的“桥头堡”。对于新疆而言，尽管其具有丰富的自然资源和具备了向西开放的交通枢纽地位，然而新疆在发展过程中也遇到了许多问题，下面我们就这些问题展开详细的研究，并提出了高铁带动下的向西开放对解决这些问题的可能性。

# 第九章　西部大开发战略评估

由于自然、历史、社会等原因，西部地区经济发展相对落后，人均国内生产总值一直低于全国平均水平，而较东部地区差距更大。东西部地区发展差距的历史存在和过分拉大，已经成为一个长期困扰中国经济和社会健康发展的全局性问题，迫切需要加快改革开放和现代化建设步伐。中共中央对西部大开发战略的形成进行了充分的酝酿和完善，[①] 1999 年 3 月"两会"期间，时任国家主席的江泽民正式提出了"西部大开发"战略思想，同年 11 月，中共中央经济工作会议敲定对西部进行大开发的战略决策。"西部大开发"也常被称作"西部开发"。西部大开发的范围包括陕西省、甘肃省、青海省、宁夏回族自治区、新疆维吾尔自治区、四川省、重庆市、云南省、贵州省、西藏自治区、内蒙古自治区、广西壮族自治区 12 个省、自治区、直辖市和 3 个少数民族自治州，面积为 685 万平方公里，占全国面积的 71.4%。2010 年末人口 3.69 亿，占全国的 26.9%。[②] 西部地区自然资源丰富，市场潜力大，战略位置非常重要。

2000 年 1 月，国务院成立了西部地区开发领导小组，由国务院总理朱镕基担任组长，副总理温家宝担任副组长。经过全国人民代表大会审议通过之后，国务院西部大开发办于 2000 年 3 月正式开始运作。2000 年 10 月，中共十五届五中全会通过的《中共中央关于制定国民经济和社会发展第十个五年计划的建议》，把实施西部大开发、促进地区协调发展作为一项战略任务。西部大开发总的战略目标是：经过几代人的艰苦奋斗，到 21 世纪中叶全国基本实现现代化时，从根本上改变西部地区相对落后的

---

① 曾培炎：《西部大开发决策回顾》，中共党史出版社、新华出版社，2010。

② 数据根据 2010 年第六次全国人口普查初步汇总的 11 月 1 日零时数计算得出。

面貌，建成一个经济繁荣、社会进步、生活安定、民族团结、山川秀美、人民富裕的新西部。①

西部大开发作为中共中央在世纪之交做出的一项战略决策，无疑对整个国家和民族尤其是西部地区的社会经济发展方向产生了巨大影响。经过十余年的战略实施，西部大开发战略取得了重大成就，西部地区经济、社会自我发展能力显著增强。然而，同时也应看到，西部地区发展仍然面临部分一直未能克服的困境，而西部地区的长期落后，必然对民族团结、边疆安全、社会稳定乃至整个国家的前途命运产生巨大的负面影响。这引导着我们去思索破解当前西部大开发战略实施困境的有效路径。通过对几种实施路径的比较分析，本章认为从欧亚大陆经济整合的视角来看推进西部大开发战略的进一步实施将是切实可行的有效路径。通过加强以高铁为核心的路网基础设施建设，突破原有的时空限制，促进欧亚大陆经济整合，将中国西部地区变为战略中心和前沿，提升西部地区经济社会发展内生能力，维护边疆地区和谐稳定，充分体现西部地区服务国家民族长远发展大局的战略作用，应是实现西部大开发的战略意图的现实可行之道。

## 第一节　关于西部大开发战略实施路径的一些认识

### 一　比较优势理论和生产要素禀赋论

1817 年，英国学者大卫·李嘉图在其代表作《政治经济学及赋税原理》中提出了比较成本贸易理论，后人称为“比较优势贸易理论”。比较优势理论认为，国际贸易的基础是生产技术的相对差别（而非绝对差别），以及由此产生的相对成本的差别。每个国家都应根据“两利相权取其重，两弊相权取其轻”的原则，集中生产并出口其具有“比较优势”的产品，进口其具有“比较劣势”的产品。1919 年，瑞典学者赫克歇尔在其论文《对外贸易对收入分配的影响》中提出，在两个国家各个生产部门技术水平相同时，两个国家生产要素禀赋的差异会形成不同的比较优势，只要生产不同产品所使用的要素比例不同，就存在分工和贸易的基础。这一观点经瑞典经济学家伯蒂尔·俄林在其经典著作《地区间贸易

① 资料来源：《西部大开发》，http：//baike. baidu. com/view/705231. htm，最后访问时间：2013 年 12 月 25 日。

与国际贸易》一书中的阐释和发展，创立了生产要素禀赋理论，理论学界称其为 H－O 原理，即赫克歇尔－俄林定理。

从比较优势理论和生产要素禀赋论出发，刘加华等学者认为，西部地区丰富的矿产、能源等自然资源为西部形成特色经济和优势产业奠定了重要的基础，由于东西部经济发展的非均衡性，要缩小东西部区际的差距，应充分利用西部地区具有禀赋优势的自然资源，根据比较成本原则分离比较利益，实施优势资源开发战略，较快形成西部优势产业，促进经济快速发展。①

这种观点看似有一定道理，但却忽略了一个地区的经济实力在很多情况下并不取决于自然资源这一点，中国一些资源大省却并非是经济强省说明仅靠西部地区资源禀赋优势，未必能较快形成西部的比较经济优势产业。而当前西部地区存在的部分困境很大程度上是因此种比较优势和生产要素禀赋的发展模式造成的，即西部地区单纯输出资源，而未能形成自身特色的优势产业，从而经济社会不具有良性循环的内生能力。

## 二　增长极理论

经济增长极理论是 20 世纪 40 年代末 50 年代初西方经济学家关于一国经济平衡增长或不平衡增长大论战的产物。增长极概念最初是由法国经济学家弗郎索瓦·佩鲁（Francois Perroux）提出来的，他认为，如果把发生支配效应的经济空间看作力场，那么位于这个力场中的推进性单元就可以描述为增长极。增长极理论的核心内容是："在区域经济发展过程中，经济增长不会同时出现在所有地方，总是首先由少数区位条件优越的点发展成为经济增长极。通过增长极的极化效应与扩散效应，使资金、能量、信息、人才等向发达地区集中。之后再通过上述要素的流动，把经济动力与创新成果传导到广大的腹地。"②

从增长极理论出发，陈德敏等学者认为，应充分发挥经济增长极理论的应用理论即点轴开发理论和网络开发理论，并结合西部地区实际，西部大开发战略实施过程应形成：一个中心经济带（渝蓉经济地带）、两大经济走廊（西安、兰州、乌鲁木齐经济走廊，南贵昆经济走廊）、三级经济

---

① 刘加华、雷俊忠、冉棋文：《推进西部大开发的战略思考》，《经济体制改革》2003 年第 5 期。

② 陈德敏：《论西部大开发中战略重点的抉择》，《中国软科学》2002 年第 2 期。

支点城市群（以西部地区省、自治区、直辖市首府城市为主的，由全国大城市、区域性城市、中等城市构成的经济支点城市群）、四条出海（出境）主通道（东通道、东南通道、西南通道和西北通道）、五梯次分步推进区域（基本为由重庆市、成都市、西安市等经济较发达地区向青藏高原和沙漠地带中可开发的土地、矿产、水能、动植物等自然资源集中区域的梯度转移）。①

就在西部地区内部而非在东西部地区的范畴内运用增长极理论来说，这种观点有一定的借鉴意义，尤其是四条出海通道的论述有较大的应用参考价值。但是，同时也应看到，中心经济带、经济走廊、支点城市群乃至梯次先后的确定，涉及西部地区12个省区市的切实利益，是关系西部大开发战略全局的重大性问题，在确定过程中，不但要切实考虑到各地经济社会发展基础，更需要考虑西部各省区的和谐共生发展，同时还要服从整个国家的通盘发展战略。虽然渝蓉地区经济在西部地区属较发达地区，但如果以渝蓉经济地带作为中心经济带，是否能对缩小中西部差距起根本的作用还需要实践的检验。

### 三　梯度转移理论

梯度推移理论认为，无论是在世界范围，还是在一国范围内经济技术的发展都是不平衡的，地区间客观上存在着经济技术的梯度；生产力的空间推移，要从梯度的实际出发，让有条件的高梯度地区发展或引进先进技术，然后逐步依次向处于二级梯度、三级梯度的地区推移；随着经济的发展，推移速度加快，逐步缩小地区间的梯度差距，实现区域经济的均衡发展。

从梯度推移理论出发，闫志英等学者认为，新中国成立尤其是改革开放以来，我国综合国力的大大增强、东部发达地区经济优势逐步丧失趋势的扭转及其极化效应和扩散效应的发挥都证明了梯度推移理论所具有的重要实践意义。西部大开发战略实施过程中，应继续重视梯度推移理论，充分发挥极化效应，将东部地区发展成为经济增长的发动机；充分发挥极化效应和扩散效应，加快发展西部地区的步伐。②

---

① 陈德敏：《论西部大开发中战略重点的抉择》，《中国软科学》2002年第2期；王作安：《西部大开发战略理论与模式综述》，《山东大学学报》（哲学社会科学版）2003年第6期。

② 闫志英：《从梯度推移理论看西部大开发战略》，《理论探索》2004年第3期。

不可否认，新中国成立尤其是改革开放以来我国的经济社会发展实践，一定程度证明了梯度推移理论所具有的重要意义，在当前中国东部地区普遍产业升级的过程中，中国中西部地区有效承接东部地区的产业转移也是促进中西部地区快速发展的一条有效路径。但同时，不容忽视的是这种梯度发展也造成了东部地区与全国其他地区经济社会发展差距逐步拉大的现实，而这也正是国家推动西部大开发的战略初衷之所在。在充分重视扩散效应的同时，还必须对经济社会发展的极化效应（回波效应）给予充分关注，避免发达地区对落后地区资源、人才等的剥离作用。同时，梯度推移理论对东部地区经济发展的引导作用较为重视，但却忽视了西部地区只要有好的发展方式，也有可能成为经济增长的发动机。

## 第二节　西部大开发战略阶段特征评价

中华人民共和国成立后，东西部地区协调发展就一直是中共中央着重考虑的重要战略问题。1956 年，毛泽东在《论十大关系》中对“沿海工业与内地工业的关系”问题进行了深入阐述，指出“在沿海工业和内地工业的关系问题上，要充分利用和发展沿海的工业基地，以便更有力量来发展和支持内地工业”。而自 1964 年开始，出于严峻的国际政治军事形势，中华人民共和国政府在中国中西部地区的 13 个省、自治区进行了一场以战备为指导思想的大规模国防、科技、工业和交通基本设施建设，即三线建设。三线建设虽存在种种严重问题，但是对中国中西部地区工业化客观上也起到了重要的助推作用，为西部地区经济社会发展奠定了重要基础。改革开放以来，根据西部地区实际发展建设情况，从政策实施及实际后果来分析，基本可以将西部地区经济社会发展分为以下三个阶段。

### 一　重东轻西的非均衡发展阶段（1978～1999 年）

改革开放至西部大开发战略实施前，中国基本采取了非均衡发展策略，即优先发展东部沿海地区，在政策、资金等方面为东部沿海地区提供优厚条件，这种非均衡发展模式在改革开放过程中经济特区的设置以及邓小平对“两个大局”的阐述中有明确的体现。自 1978 年中共十一届三中全会做出了实行改革开放的重大决策后，先后设立了一系列经济特区、经济开放港口城市、经济开放区。1988 年 9 月，邓小平明确提出了“两个大局”的战略构想：“沿海地区要对外开放，使这个拥有两亿人口的广大地带较快地先发展起来，从而带动内地更好地发展，这是一个事关大局的问题。内地要顾全这个大局。反过来，发展到一定的时候，又要求沿海拿出更多力量来帮助内地发展，这也是个大局。”国家在改革开放过程中，采取了非常明显的非均衡发展策略，在政策等方面重点发展东部沿海地区，建立的经济特区、经济开发区以及开发的城市全部处于东部地区，基本没有涉及中西部地区。

经过改革开放20年的发展，截至1999年西部大开发战略实施之前，东西部地区的经济社会发展差距已经极为明显。“从经济总量和发展速度来说，西部地区与东部地区的差距拉大。1979～1999年，西部地区生产总值年均增长率比东部地区低1.4个百分点。经过20年的积累，东部地区的经济总量平均增长7.8倍，翻了近三番，而西部地区仅增长5.7倍。1999年东部地区人均地区生产总值已达10276元，而西部地区只有4171元。”“从人民生活水平来看，西部地区与东部地区相比明显偏低。1999年，东部地区城镇居民家庭人均年可支配收入为7523元，西部地区为5284元；东部地区农村居民家庭人均全年纯收入为2995元，西部地区为1634元。全国尚存的贫困人口大多数分布在地域偏远、交通闭塞、生态环境恶劣的西部地区，脱贫难度很大。到1999年，按人均625元的贫困标准统计，全国3400万农村贫困人口中，60%左右分布在西部地区。全国592个贫困县，西部地区就有307个。”① 而由上海财经大学区域经济研究中心编著的《2008中国区域经济发展报告——西部大开发区域政策效应评估》一书认为，改革开放至西部大开发战略实施这一期间内，东西部地区的差距主要表现在三个方面：第一，是经济发展水平的差距，包括经济总量的差距拉大、人均GDP差距拉大、经济增长速度的落后；第二，是地区基础设施、生产要素储备和生产率之间的差距；第三，是区域产业结构的差距。②

自改革开放至1999年国家实施西部大开发战略前，通过以上的论述可以发现，这一时期，广大西部地区服务于国家“两个大局”的战略，承受了国家经济社会非均衡发展的后果，西部地区较东部地区乃至中部地区的发展差距进一步拉大，迅速扭转东西部地区差距的现实需要非常迫切。

① 曾培炎：《西部大开发决策回顾》，中共党史出版社、新华出版社，2010，第35～36页。

② 上海财经大学区域经济研究中心：《2008中国区域经济发展报告——西部大开发区域政策效应评估》，上海财经大学出版社，2008，第1～3页。

## 二　依靠财政投入加快基础设施建设阶段（2000～2005 年）

1999 年国家确定西部大开发战略，2000 年正式开始实施，西部地区在政策、财政等方面得到了国家的较大倾斜。2002 年 7 月，国务院西部地区开发领导小组办公室制定了《“十五”西部开发总体规划》，对“十五”时期的西部大开发进行了总体规划。该规划确立了“十五”期间西部大开发的六大主要任务，包括“加快基础设施建设”、“加强生态建设和环境保护”、“巩固和加强农业基础地位”、“积极调整产业结构”、“加快发展科技教育”、“促进社会事业发展”。但是在实际操作中，更多地体现在了基础设施建设上，更多地体现在央企主导的能源开发上，因而对西部地区经济内生能力的增强助益不大。

2000～2005 年，西部大开发战略实施过程中，西部地区累计新开工 70 个重大建设工程，投资总规模约 1 万亿元。青藏铁路、西电东送、西气东输等重大建设工程相继开工建设。[①] 此外，重大建设工程的部分附属工程也陆续开工，包括宁夏沙坡头、广西百色、四川紫坪铺、贵州省洪家渡水电站、引子渡水电站、乌江渡水电站扩机工程等水利枢纽工程。

通过对“十五”西部地区发展主要指标的分析可以发现（见表 9－1[②]），“十五”时期，西部地区在公路里程、高速公路通车里程、电话用户数、医疗机构床位数等指标上高于全国水平增速，铁路营业里程和民航运输机场数量的年均增速与东部地区相差不大，反映出了西部地区在基础设施建设上所取得的成就。但同时更值得关注的是，在部分主要经济社会发展指标上，包括 GDP、人均 GDP、进出口贸易总额、城乡居民人均可支配收入等的增速上仍然大部分落后于全国平均增长水平，反映出西部地区经济内生能力仍然没有得到显著增强。

## 三　缺乏内生动力的产业发展阶段（2006～2010 年）

2006 年 12 月 8 日，国务院常务会议审议并通过了由国家发展和改革委员会、国务院西部地区开发领导小组办公室制定的国家《西部大开发“十一五”规划》，对这一阶段的西部大开发进行了规划和部署。

---

① 数据援引自国家《西部大开发“十一五”规划》。

② 数据援引自国家《西部大开发“十一五”规划》。

表9-1 “十二五”西部地区发展指标

| 指 标 | “十五”年均增长(%) | |
|---|---|---|
| | 西部 | 全国 |
| GDP(亿元) | 11.3 | 11.9 |
| 人均GDP(元) | 14.7 | 14.7 |
| 进出口贸易总额(亿美元) | 21.3 | 24.6 |
| 城镇居民人均可支配收入(元) | 9.9 | 10.8 |
| 农村居民人均纯收入(元) | 7.1 | 7.7 |
| 铁路营业里程(公里) | [24.8] | [28.6] |
| 公路里程(公里) | [40.9] | [37.6] |
| 高速公路通车里程(公里) | 23.4 | 20.2 |
| 民航运输机场数量(个) | [13.8] | [17.4] |
| 固定电话用户(万户) | 21.8 | 19.3 |
| 移动电话用户(万户) | 42.1 | 36.0 |
| 医疗机构床位数(万张) | [5.7] | [5.5] |

注：1. 表中“西部”一栏为西部地区各省区市加总量，为保证数据可比性，“全国”一栏为全国各省区市加总量，故表中数据与统计局发布的全国数据不同；2. [ ] 内为“十五”期间累计增幅；3. 除人均GDP、城镇居民人均可支配收入和农村居民人均纯收入三项指标外其他指标增长率均为可比价。

规划中，除提出在“十五”时期建设基础上“继续加强基础设施建设”外，还对“发展特色优势产业”、“引导重点区域发展”等方面进行了特别强调，突出强调了重点地区和重点产业的发展；2009年9月，国务院办公厅印发《关于应对国际金融危机保持西部地区经济平稳较快发展的意见》，对在国际金融危机背景下保持西部地区经济发展提出了政策意见；2010年8月，国务院发布《关于中西部地区承接产业转移的指导意见》，对中西部地区有效承接东部发达地区产业转移做出了政策指导和要求。

客观地说，“十一五”时期，西部大开发战略取得了一定的成就，在综合经济实力、基础设施建设、生态建设和环境保护、特色优势产业方面取得了较大的成绩。[①] 但同时也应看到，随着西部大开发战略的推进实施，西部大开发战略实施初期的大规模财政投入、大规模的基础设施建设对经济的拉动作用已呈现边际效应递减的趋势，随着大规模基础设施建设

① 数据援引自国家《西部大开发“十一五”规划》。

的逐渐收尾，对西部地区经济社会的直接拉动作用已日趋减弱。西部地区输出的能源，在东部进行深加工，西部受益程度有限（只是在最近才准备改变资源税的比例），虽然中央政府迫切希望推动西部地区的产业发展，但是由于西部地区没有完整的产业链，同时市场规模狭小，西部地区的产业发展面临动力匮乏的严重问题。

2006~2010年的五年间，西部地区国内（地区）生产总值占全国比例从17.1%增加到18.6%，仅增加1.5个百分点。2006年，西部地区第一产业占全国比例为25.9%，而到了2010年则不降反升，比例为26.4%，增加0.5个百分点；第二产业由15.5%增加了3个百分点，为18.5%，有一定幅度的增加；第三产业则基本没有变化，由16.8%仅增加0.2个百分点，为17%。西部地区“三产”比例五年内的变化，一定程度上印证了西部地区在较低水平发展。此外，从社会消费品零售总额占比来看，从2006~2010年的五年时间内，西部地区社会消费品零售总额占全国比例增长微乎其微，仅仅增长0.4个百分点；货物进出口总额占比也仅增长了1个百分点；此外，城乡居民可支配收入增幅不大，与东部地区城乡居民可支配收入的绝对差距在拉大（见表9-2）。

**表9-2　2006年与2010年西部与东部经济发展水平比较**

| 指标 | 2006年 | | 2010年 | |
|---|---|---|---|---|
| | 西部 | 东部 | 西部 | 东部 |
| 地区国内(地区)生产总值占比(%) | 17.1 | 55.7 | 18.6 | 53.1 |
| 第一产业占比(%) | 25.9 | 37.8 | 26.4 | 36.1 |
| 第二产业占比(%) | 15.5 | 57.8 | 18.5 | 52.1 |
| 第三产业占比(%) | 16.8 | 57.9 | 17.0 | 58.3 |
| 人均国内(地区)生产总值(元) | 10959 | 27567 | 22476 | 46354 |
| 全社会固定资产投资总额占比(%) | 20.4 | 50.6 | 22.8 | 42.7 |
| 社会消费品零售总额占比(%) | 17.0 | 54.4 | 17.4 | 53.4 |
| 货物进出口总额占比(%) | 3.3 | 89.7 | 4.3 | 87.6 |
| 出口额占比(%) | 3.5 | 89.0 | 4.6 | 87.4 |
| 进口额占比(%) | 3.0 | 90.6 | 4.0 | 87.9 |
| 地方财政收入占比(%) | 16.7 | 59.2 | 19.4 | 56.6 |
| 地方财政支出占比(%) | 25.1 | 44.7 | 29.0 | 40.9 |
| 城镇居民可支配收入(元) | 9728 | 14967 | 15806 | 23273 |
| 农村居民人均纯收入(元) | 2588 | 5188 | 4418 | 8143 |

注：有关数据援引自国家统计局网站。

根据上述分析可以发现，经过西部大开发初期的大规模财政投入和基础设施建设，西部地区受益于国家政策正呈现边际效应递减的趋势，单纯的政策、财政投入拉动经济的局面正面临越来越难以持续的挑战，而产业链的不完整又导致西部地区面临产业发展动力不足的困难，西部地区的产业发展任重而道远。

## 四　新一轮对口援疆阶段（2010年至今）

作为西部地区的重要省份，新疆具有独特的重要战略地位。李学军等学者认为新疆独特的重要战略地位体现在以下方面：①新疆是国家安全的重要前沿阵地。中国反“三股势力”和反分化的斗争主要靠新疆地区来完成。②新疆是经济腾飞的能源“根据地”。新疆以其丰富的石油、天然气和煤炭储量以及通过新疆把中亚国家的石油和天然气输送到我国东中部地区的战略通道的地位，在21世纪将成为我国能源供应的大动脉。③新疆是中国的“战略发展区”。发展新疆是巩固中国国家安全的有效途径，新疆已有具备“战略发展区”的基础和条件。④新疆是防御境外风险的重要门户。新疆在防御毒品犯罪和境外重大动植物检疫性疫情方面肩负着重要的职责。[①] 因此，新疆的发展不仅关系到西部地区的繁荣稳定，还因其广阔的面积和丰富的资源以及作为第二条欧亚大陆桥必经之地的重要区域，关系到国家安全和国家经济发展。

新中国成立后，国家把支援新疆作为促进新疆发展的重要战略。中共中央对各省对口支援新疆的原则是“分片负责、对口支援、定期轮换”。2010年，新一轮援疆工作开始起步，这一阶段的重点集中在保障和改善民生方面。按照中央的总体部署，北京、上海、浙江等19个省市分别结对援助新疆12个地（州）市的82个县（市）和新疆生产建设兵团的12个师。[②]

各省的援疆工作重点在民生项目，这对于新疆各族人民生活水平的提高和新疆的政治稳定作用很大。值得思考的是，如何使新疆当地人民尤其是少数民族群众获得致富能力并没有得到凸显，很多项目经常是谁出钱，谁中标，谁出工人。虽然中央政府努力去帮助新疆发展，但是新疆，尤其

---

① 李学军、刘尚希主编《地方政府财政能力研究——以新疆维吾尔自治区为例》，中国财政经济出版社，2007，第42页。

② 《新一轮对口援疆大幕开启重点集中在保障和改善民生》，http://www.chinaxinjiang.cn/zt2010/09/2/t20100519_592400.htm，最后访问时间：2013年11月5日。

是南疆的少数民族人口直接从这些项目中受惠的机会很少。如果不能在新疆发展劳动力密集型制造业以扩大就业，以央企主导的能源领域发展力度越大，其工资水平的上涨就越容易成为进一步扩大当地居民之间收入不平等的原因。通过被动的扶贫形式让当地少数民族受惠于新疆的发展不能从根本上解决问题。

## 第三节 西部大开发战略实施以来的现实困境及评价

### 一 西部大开发战略实施的重要成就

西部大开发战略实施十余年来，在国家政策、资金投入、中部、东部省市等方面的大力支持下，西部地区综合经济实力显著增强，特色优势产业快速发展，地区生产总值占全国比重由1999年的17.5%提高到2010年的18.6%[①]；基础设施建设取得突破性进展，西部地区闭塞状况初步改观，2000~2009年，累计新开工120个重点工程，基础设施建设取得突破性进展。青藏铁路、西气东输、西电东送、国道主干线西部路段和大型水利枢纽等一批重点工程相继建成，完成了送电到乡、油路到县等建设任务[②]；生态建设和环境保护成效显著，生态屏障作用得到加强，对于减轻华北地区遭受风沙袭击，减少长江、黄河等江河泥沙含量起到了重要的生态屏障作用；社会事业取得长足进步，人民生活水平明显提高，西部地区教育、卫生、文化、体育、社会保障和就业水平大大提高[③]，贫困人口从2001年的5535.3万人，减少到2010年的2370万人，2010年西部地区城镇居民人均可支配收入达15806元，农村居民人均纯收入达4418元，分别是2000年的2.8倍和2.6倍。

### 二 西部大开发战略实施的现实困境

西部大开发战略实施十余年来，虽然取得了一定的成绩，但是西部地

① 《认清形势，明确任务，不断开创深入实施西部大开发战略新局面——2012年国家发展改革委西部大开发工作会议在云南昆明召开》，http：//www.sdpc.gov.cn/xwfb/t20120222_462948.htm，最后访问时间：2013年10月2日。

② 《西部大开发10年成就回顾：开局良好基础坚实》，http：//www.gmw.cn/content/2010-07/08/content_1173864.htm，最后访问时间：2013年10月2日。

③ 《西部大开发取得五大成就年均增速11.9%》，http：//www.gmw.cn/content/2010-07/08/content_1173975.htm，最后访问时间：2013年10月2日。

区“开发而不发展”的问题仍未得到根本扭转，经济内生能力的缺失、自然条件的局限等仍然是西部大开发战略进一步实施的巨大阻碍。

**（一）西部地区经济内生能力较弱，尚未形成规模性高竞争力的优势产业**

西部地区经过十余年的建设发展，虽然经济取得了长足的进步，但是总体来说经济仍然处于较落后的状态，西部地区经济内生能力特别是技术创新能力不高，科技优势与产业发展的脱节现象普遍，科技成果向生产转化的渠道不畅，科技成果的产业化能力较弱，以致其科技优势得不到应有的发挥，人才不足和人才流失现象相当严重；整个区域还没有形成一整套推进大开发战略的制度安排，发展观念和体制机制还不适应市场经济的要求，实施西部大开发在资金投入、人才开发、法制保障等方面的长效机制还不完善；区域经济结构扭曲现象依然明显：农业基础薄弱，工业化程度较低，采掘、原料工业所占比重大，产业链条较短，产品加工层次低，产业配套条件差，产业组织分散，难以形成集聚规模经济效应。[①] 西部地区业已形成的少部分特色产业作用与地位不够突出，在与东部地区尤其是面对国际竞争时优势不够明显。

**（二）东西部地区绝对差距继续扩大，西部地区仍然是中国区域发展的“短板”**

经过改革开放及西部大开发的政策促动，自2003年以来，东西部地区相对差距呈现逐步缩小的态势。2003年，西部地区人均GRP比东部地区低63.0%，2005年该系数下降到60.7%，2007年下降到58.9%，2008年进一步下降到56.9%，比1999年的差距水平低3.3个百分点。同时，2007年之后，东西部地区间城乡居民收入的相对差距也开始趋于缩小。[②]同时，从2000~2009年的十年间，中国西部地区生产总值年均增幅达12%，高于东部地区的增长；西部地区生产总值占全国的比重由2000年的17.1%提高到2009年的18.5%；西部地区的生产总值从1.66万亿元增加到6.68万亿元，增加了3倍；城镇居民人均可支配收入从5648元提高到14213元，年均增长10.4%；农民人均收入由1161元提高到3817元，年均增长8.9%。[③]

---

① 西南财大中国西部经济研究中心：《西部大开发战略前沿研究报告》，2010。

② 魏后凯：《西部大开发的主要成效》，http://www.stdaily.com/special/content/2009-12/28/content_140087.htm，最后访问时间：2013年10月2日。

③ 参见《城市规划通讯》2010年第7期。

但尽管如此，东西部地区的绝对差距却仍在继续扩大。2000 年，西部和东部的人均 GDP 相差 7000 元，2009 年，这一差距拉大到了 21000 元。[①] 此外，东西部地区的 GDP 差距也进一步扩大。据统计，在西部大开发的前十年，西部与东部沿海地区的 GDP 差距是 3 万亿元；而西部大开发的后十年，GDP 差距扩大到了 13 万亿元。同时，由于西部地区缺乏工作岗位和就业机会，且工资和收入水平低，导致大量中壮年劳动力和人才不断流向东部沿海地区，形成了“民工潮”、“孔雀东南飞”现象。不仅加剧了每年春运等交通运输的紧张状况，增加了社会的不安定因素，而且使西部人力资本大量流失，对西部经济发展是釜底抽薪，东西部经济差距表现出明显的“马太效应”。[②] 西部地区仍然是中国区域经济的落后地区，是区域发展的短板，制约着整个国家区域均衡发展的实现。

### （三）水资源短缺和生态环境脆弱的瓶颈仍然存在

由于我国西部地区的 12 个省区市除西南几个省市外，多数处于干旱少雨的地理环境中，水资源短缺是多数西部地区省区市面临的重大环境问题，而干旱少雨的自然环境也导致西部地区普遍植被稀少，从而造成了严重的水土流失问题，加剧了西部地区生态环境的恶化。除此以外，近年来随着西部地区工业化的发展，导致废水、废气等的环境污染加剧，对原本已经非常脆弱的生态环境更是雪上加霜。水资源的短缺和生态环境脆弱的现状将较长时间制约着西部地区的经济社会发展。

### （四）基础设施建设仍较薄弱，带动经济社会发展的作用不明显

尽管西部基础设施建设十余年来进步很大，基础设施的“瓶颈”制约有所缓解，但也仅仅是低水平的缓解，明显带有还账性质，在很多方面仍然大大落后于沿海地区；“西气东输”、“西电东送”、青藏铁路等一些“标志性”重大工程与当地产业的关联度不强，带动作用还不够理想。[③] 西部地区尤其是农村地区、贫困地区、偏远山区和边境地区，交通、通信、医疗卫生、文化、自来水、垃圾处理等基础设施仍然十分薄弱，尤其是信息化基础设施与东部的差距有扩大的趋势。例如，西部地区长途自动交换机容量、本地电话局用交换机容量、移动电话交换机容量、长

① 参见《城市规划通讯》2010 年第 7 期。

② 李敏：《西部大开发反思与人力资本优先开发战略》，《开发研究》2010 年第 4 期。

③ 西南财大中国西部经济研究中心：《西部大开发战略前沿研究报告》，2010。

途光缆线路的密度、每千人互联网宽带接入端口等都远远低于东部和全国平均水平。[①] 基础设施的薄弱，较严重地影响了西部地区经济社会的发展，对经济社会发展的带动作用则更弱。

## 三　西部大开发战略视角评析

就西部大开发战略已施行十余年的历史基础而言，西部地区经济社会发展虽取得了一定的成就，但是东西部地区的绝对差距仍呈进一步拉大的趋势，其深层次的原因值得引起足够的重视。

中国过去30多年的发展依赖的是“蓝海战略”。蓝海在当代中国人的意识里意味着先进文明、自由贸易和国家富强。通过“蓝海战略”，中国义无反顾地加入了世界经济贸易体系，参与国际分工，依靠廉价劳动力的比较优势促进出口，并以国际贸易带动国内经济增长。“蓝海战略”导致中国经济的重心向沿海地区转移，为中国经济带来了30多年的大发展。然而近年尤其是2008年全球金融危机以来，长期奉行的“蓝海战略”开始面临严峻的局面，中国必须为未来寻找新的发展道路。而在“蓝海战略”下，中国的发展重心始终在东南沿海，这种不平衡导致一系列问题的产生：沿海地区的人均GDP和人均收入远远高于中西部，地域之间的两极分化日益严重；西部地区始终改变不了边疆边陲的地位，西部丰富的资源禀赋优势未能形成特色的具有竞争力的产业优势；城市化向沿海地区的集中使农业生产上最有效率的可耕地被大量用于商业开发，人口剧增使得许多东部城市的功能已经不堪重负；生产活动向沿海地区的集中加大了能源资源的储备地与使用地之间的距离并造成极大的浪费；西部人口的相对过疏化进一步发展造成国家安全方面的隐患。

比较优势理论和生产要素禀赋论、增长极理论、梯度转移理论等指导下的发展路径，在西部大开发战略实施的十余年中，虽然有一定的借鉴作用，但是不可否认都存在一定的缺陷。根本问题是没有跳出国内区域的视角限制，把西部大开发放置到国际地缘政治经济整合的、更宏大的视角来思考。

欧亚大陆经济整合将进一步加速过去已经出现的一个国际大趋势：即发展中国家中的人口大国成为世界经济发展的推动者。中国成为世界工厂

---

① 魏后凯：《西部大开发的主要成效》，http：//www. stdaily. com/special/content/2009 - 12/28/content_ 140087. htm，最后访问时间：2013年10月2日。

是上述大趋势因果链条的起点。世界上人口最多的中国由于经济发展对能源与资源需求量的大幅度提高为出口能源和资源的发展中国家提供了重要的发展机遇。由于许多能源与资源的出口大国同时也是人口大国，这就带动了更多的世界人口进入经济发展的过程。在过去的10年里，这种滚雪球的效应越来越明显。当中国和印度满世界找能源资源时，连非洲大陆都实现了年平均4%～5%的经济增长率。这在世界经济史上是前所未有的。

未来的西部大开发战略实施，急需转变发展视角，从宏观的、全局的和整合的视角来思考西部大开发。将西部大开发融汇于欧亚大陆经济整合的全新视角来考虑，或许将是提升西部地区经济内生能力，改变中国东西部地区不均衡发展的有效路径。

## 第四节　以向西开放促进新一轮西部大开发

2012年9月，时任国务院总理的温家宝在第二届中国－亚欧博览会开幕式暨中国－亚欧经济发展合作论坛上指出，“欧亚大陆是全球最具消费潜力和投资潜力的地区之一。只要各国相互开放市场，实现优势互补，就能建立长期稳定的合作关系”。我们认为，实施中国的向西开放，尤其是能以当年建设深圳和上海浦东，或者近年来建设重庆的决心、魄力和速度来重点建设新疆地区，实现中国西部地区与中亚、南亚、中东地区经济发展的区域整合，形成一体化的区域市场，从而使得西部地区变战略边缘为战略中心，将不失为西部大开发战略继续推进的一条有效的实施路径。从地缘政治学与地缘经济学融合的角度来说，占世界人口2/3的欧亚大陆的经济整合将使中亚与中东一些至今被隔离在世界经济发展潮流之外的发展中国家获得加入全球化过程的机会，也将进一步带动非洲大陆的经济发展，同时对中国未来发展的战略意义也是不言自明的。可以说，欧亚大陆经济整合不会是一个零和游戏，而必将是一个双赢、多赢的过程。

重要交通工具的发展可以改变国际政治经济的基本格局。以蒸汽机为动力的近代海洋交通技术曾经把整个世界从“陆权时代”变为“海权时代”。西欧、美国和日本在历史上均处于权力的边缘，直到哥伦布航海发现了美洲新大陆，特别是蒸汽机轮船使以海运为基础的大规模国际贸易成为可能以后，世界才进入海权时代。这个转变改变了许多国家在国际舞台上的地位，西方国家利用其独特的地理优势提供的机会引领时代潮流，建立起一整套的国际政治经济制度，把海权大国的利益固定化。我们至今仍然生活在这些制度下。

从发展基础设施着手，这是世界上许多国家开发欠发达地区经济的一条带有普遍性的经验。[①] 西部大开发战略施行十余年来，虽然从大开发之初国家即将西部地区基础设施建设作为重点加以推动，每年开工一批重大项目，投入的累积资金也达到了极大的规模。但是必须指出的是，当前西部地区的基础设施建设还很不够，西部地区交通不畅、信息闭塞的面貌尚未根本改观，而基础设施对西部地区经济社会发展的带动作用还很不明显，效益还有待进一步提高。更为应引起重视的是，西部地区的基础设施建设仍然没有跳出西煤东运、西气东输的“以西补东”的模式，向西开放的出口仍然没有打开，“东重西轻”的局面仍未能得到扭转。

高铁作为改革开放以来中国发展出来的可以改变整个21世纪国际国内政治经济基本格局的战略产业，它的建设与发展无疑将对中国的未来发展走向产生深远的影响。建设由中国通往中亚、南亚、中东、东欧、俄国最后直至西欧的各条高铁路线，突破原有的时空概念，有力地带动欧亚大陆的经济整合。建设高铁推动欧亚大陆经济整合将帮助中国建立起一个全球战略格局中的对冲。这样一种国际战略将深刻影响中国国内的发展战略，它将使中国摆脱对过去“蓝海战略”的路径依赖，在交通技术革命带来的新外部环境中为中国经济的均衡发展重新布局，把开发西部作为中国经济的新增长极，把发展动力由过去只依靠海权战略的单向驱动变成同时依靠海权战略与陆权战略的双向驱动。这将把开发西部的意义提到一个新的高度：开发西部将不再是沿海地区经济发展的一个自然延伸，也不再是一个单纯解决地域发展不平衡的社会政策，更不再是为了维稳而不得不采取的必要措施，它将成为中国国际大战略的重要支柱，成为中国经济均衡发展的重要驱动力。这一陆权战略将从根本上扭转过去30多年来由于单纯依赖“蓝海战略”而带来的一系列经济结构不平衡以及由此产生的政治与社会问题，必将有效服务于国家民族长远发展的战略大局，必将利于中国边疆地区的长治久安，从而最终服务于中华民族的伟大复兴。

## 结　语

上述对于国家实施的西部大开发的历史与现状做了详细的阐述。西部

---

① 《西部大开发10年成就回顾：开局良好基础坚》，http://www.gmw.cn/content/2010-07/08/content_1173864.htm，最后访问时间：2013年10月2日。

大开发可被视为国家对于西部建设的一系列经济政策，西部大开发所涉及的边疆地区多是少数民族聚居区，通过经济发展推动边疆地区的社会治理是西部大开发的重要目标。[①] 新疆作为一个国家重点治理的地区，不仅对于民族国家的现代化建设极为重要，也在整个国家经济体系中具有重要的地位。后面几章，将着重从国家对于新疆的产业政策与新疆资源环境之间的关系分析新疆的发展问题，并探索高铁带动下的向西开放对新疆发展可能产生的影响。

① 连雪君、甄志宏、李华：《中国西进战略：地区治理与经济政策》，《国际政治研究》2013 年第 3 期。

# 第十章　高铁带动下的向西开放与新疆外向型产业发展

新疆地处我国西北边陲、位于欧亚大陆腹地，独特的地理位置决定了新疆在我国地缘政治经济中的战略地位。不过，在我国长期奉行“蓝海战略”的背景下，新疆只是我国对外开放的战略后方而非战略前沿。在过去很长一段时间，国家主要从边疆安全和资源基地的角度来考虑新疆的发展定位，因此，农业和油气资源开发及其加工产业在新疆经济中占据主导地位。拥有丰富油气资源并得到开发的地区相对比较富裕，而矿产资源贫瘠或者有矿产资源但尚未得到开发的地区则以农业为主，相对比较落后。这种发展定位导致的后果是新疆总体经济社会发展滞后、产业结构不合理、南北疆发展失衡和就业问题较为突出。虽然第二欧亚大陆桥、中哈石油管道及中国—中亚天然气管道的相继开通在一定程度上提升了新疆作为贸易门户和能源通道的作用，但新疆的地缘经济优势并没有得到充分发挥。

随着“蓝海战略”国内外困局的日益显现，党中央和国务院审时度势，提出了向西开放的国家战略，并重新调整了对新疆的发展定位。2007年国务院出台的《关于进一步促进新疆经济社会发展的若干意见》中以及2010年中央新疆工作座谈会上，国家从向西开放和推进欧亚大陆经济整合的高度对新疆的发展给予了新的定位，明确提出“要努力把新疆建设成为向西出口商品加工基地和商品中转集散地，进口能源和紧缺矿产资源的国际大通道，走出去开发能源资源和开拓国际市场的‘新欧亚大陆桥’，建成依托内地，面向中亚、南亚、西亚乃至欧洲国家的出口商品基地和区域性国际商贸中心，形成西部陆上开放和东部沿海开放并进的对外开放新格局”。

要想充分发挥新疆作为中国向西开放的桥头堡作用，在新疆建起内连外通的铁路、公路、航空、电信、电网和能源管道网络是先决条件，其中铁路网络的建设具有特别重要的意义。一方面，新疆地域辽阔、区位独特，特别适合发展铁路这种交通工具，另一方面中国可以借机向周边国家输出自己已经掌握的高铁技术。在新疆建设密集的东联西出的铁路网络，特别是打开新疆喀什地区的对外铁路通道，将对新疆特别是南疆地区的对外贸易发展、产业结构调整和城镇化建设带来积极的促进作用。

对外铁路出口的进一步打通，必然要求新疆发展外向型经济。但在新疆发展外向型产业，既不能照搬东部地区的模式，也不能沿袭新疆过去的路径。也就是说，不能简单地通过招商引资把东部的外向型加工制造业转移到新疆，将新疆作为轻工产品的出口加工基地，也不能单纯地把新疆作为一个向周边国家出口轻工产品、进口资源能源的进出口通道。

在新疆发展外向型产业，不仅要考虑其资源优势和区位优势，更要顾及其生态特点和族群结构。在目前的新疆大开发、大建设过程中，有些地区简单地把提高地方 GDP 和财政收入作为发展目标，将引入外来资本开发当地矿产资源，从而推动经济发展作为一种主要手段，这种发展理念和发展模式不一定有利于当地民众自我发展能力的提升和新疆社会的长治久安。在新疆产业发展和内地企业入疆过程中，政府在制定经济和社会政策时一定要把促进当地民众的就业和创业放在优先考虑位置。

基于这些考虑，我们认为新疆的外向型产业发展要因地制宜、多措并举。首先，要最大限度地发挥本地物质资源和人力资源的价值，不仅要加大对农副产品、矿产资源在本地的深加工程度，延伸产业链，提高附加值；还要重视开发新疆各地的传统产业资源、旅游及文化资源，大力发展富民产业。其次，结合新疆的比较优势和产业基础，适度发展新能源、新材料和先进装备制造等具有地方特色的高新技术产业。最后，要充分发挥新疆的区位优势，兴办面向中西南亚国家的专业市场，发展商贸物流业，鼓励新疆本地企业“走出去”，把新疆作为中国企业走向中西南亚国家的后方服务基地。

## 第一节 新疆经济发展和产业结构的现状与问题

新疆拥有丰富的矿产资源、农畜产品资源、风能和光热资源，与中西南亚的 8 个国家接壤，拥有 17 个一类口岸和 12 个二类口岸。虽然新疆坐拥丰富的资源和良好的区位优势，但是长期以来这些优势并未真正转化为产业和经济优势。

## 一 经济社会发展滞后

虽然近年来新疆的经济和社会发展呈现较快的增长速度，但仍低于全国平均水平。从2010年的人均GDP、城镇人口比重、城乡居民人均收入等指标来看，新疆与全国平均水平存在很大差距（见表10－1）。

1990年以来，在人均GDP、城镇居民人均可支配收入、农村居民人均纯收入等指标上，新疆与全国平均水平的差距呈扩大趋势。1990年，新疆的人均GDP（1713元）略高于全国平均水平（1644元），而到了2010年，新疆的人均GDP则低于全国水平4935元。1990年时，新疆与全国城镇居民人均可支配收入的差距为196元（新疆为1314元，全国为1510元），2010年差距扩大到5465.4元。1990年时，新疆与全国农村居民人均纯收入的差距仅为2元（新疆为684元，全国为686元），而2010年时则扩大到1276元。

**表10－1 2010年新疆与全国主要发展指标比较**

| 指标 | 全国 | 新疆 |
|---|---|---|
| 人均GDP(元) | 29992 | 25057 |
| 城镇人口比重(%) | 49.95 | 39.85(2009年) |
| 城镇居民人均可支配收入(元) | 19109.4 | 13644 |
| 农村居民人均纯收入(元) | 5919 | 4643 |
| 第一产业产值比重(%) | 10.1 | 19.8 |
| 第二产业产值比重(%) | 46.8 | 47.7 |
| 第三产业产值比重(%) | 43.1 | 32.5 |
| 第一产业就业比重(%) | 36.7 | 49.0 |
| 第二产业就业比重(%) | 28.7 | 14.8 |
| 第三产业就业比重(%) | 34.6 | 36.2 |

资料来源：国家统计局编《中国统计年鉴（2011）》，中国统计出版社，2011；新疆维吾尔自治区统计局编《新疆统计年鉴（2011）》，中国统计出版社，2011。

## 二 产业结构不合理

从产业结构来看，与全国相比，新疆的第一产业比重仍较高，第二产业比重已达到全国平均水平，而第三产业比重则低于全国平均水平。虽然新疆的第二产业产值比重略高于全国平均水平，但是在第二产业内部存在着“重工业过重，石油工业超重；轻工业过轻，日用品制造业超轻”的问题。2010 年，新疆重工业比重达到 86.34%，轻工业比重仅为 13.66%，重工业所占比重比全国平均水平以及内地发达省份高出 20～30 个百分点。2011 年前三季度，全疆规模以上的工业实现工业增加值 1953.45 亿元，其中重工业增加值 1821.5 亿元，轻工业增加值 131.96 亿元，全部轻工业产值规模不到重工业产值的 10%。其中，石油石化工业是新疆主导产业，增加值占规模以上工业的六成以上，多年来在新疆经济结构中保持着一业独大的地位。[①] 规模小和发展滞后的轻工业格局从不同的层面制约着新疆多元化工业体系的形成，新疆至今尚未构建起真正意义上的以深加工为基础的现代化工业体系。

从三个产业的就业结构来看，与全国相比，新疆第一产业就业人员比重过高，而第二产业就业人员比重偏低。2010 年，新疆第二产业产值比重为 47.7%，但第二产业就业比重仅为 14.8%，这说明，新疆第二产业吸纳就业的能力较弱。

新疆的棉花、林果、畜牧等农副产品资源优质且丰富，由于缺乏深加工能力和市场营销渠道，这些资源并未带来更高的附加值。同样，新疆丰富的油气、煤炭等资源由于就地加工企业数量不多和产业链延伸不够，大大限制了给新疆带来的就业机会和经济实惠。

## 三　南北疆发展失衡

新疆的经济社会发展存在着严重的南北疆失衡倾向。天山北坡经济带[②]是新疆经济最发达的地区。2010 年天山北坡经济带生产总值占全疆的 53.4%，其中第二产业生产总值占全疆第二产业的 62.1%，第三产业生产总值占全疆第三产业的 59.3%（以上不包括兵团数据）；规模以上工业总产值占全疆的 69.7%，其中轻工业总产值占全疆的 55.2%，重工业总产值占全疆的 72%。其中乌鲁木齐市和昌吉州是天山北坡经济带的核心区域。

与之形成对照的是，在南疆的阿克苏地区、克孜勒苏柯尔克孜自治州（以下简称克州）、喀什地区和和田地区，现代工业基础薄弱，农业人口

---

① 新疆社会科学院主编《2011～2012 年：新疆经济社会形势分析与预测》，新疆人民出版社，2011。

② 天山北坡经济带位于新疆准噶尔盆地南缘天山北坡中段，包括乌鲁木齐市、昌吉市、阜康市、呼图壁县、玛纳斯县、石河子市、沙湾县、乌苏市、奎屯市、克拉玛依市等。

占总人口的比重都超过70%。而且南疆地区集中着大量的少数民族，和田地区、喀什地区和克州三地州，少数民族人口约占94%，83%的县（市）为国家级贫困县，贫困人口约占全疆贫困人口的90%，是最典型的少数民族贫困地区。

新疆绝大部分地市州的人均GDP低于全国平均水平。其中，南疆的阿克苏地区、喀什地区、克州及和田地区人均GDP排名非常靠后，这说明新疆南北地区的经济发展水平差距较大，少数民族人口比重较高的地州，人均GDP较低。

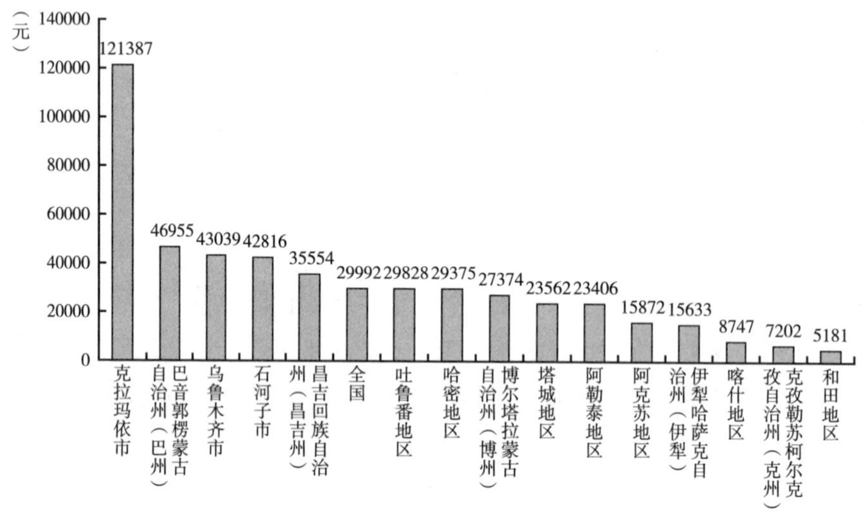


**图10－1　2010年新疆各地州市的人均GDP**

## 四　对外贸易的地缘优势没有充分发挥

新疆发展对外贸易的地缘优势明显，一方面，新疆口岸众多，与其邻近国家的总人口接近16亿，市场潜力巨大；另一方面，新疆维吾尔族具有良好的商贸传统，与周边的伊斯兰国家和地区在语言文字、宗教信仰、生活习俗等方面相近，这些为发展与周边国家的经贸往来提供了文化上的便利。过去20多年来，新疆的进出口贸易总额处于上升态势，获得了极大的增长，从1990年的4.1亿美元，增加到了2010年的171.28亿美元。2010年，与新疆贸易总额排在前五位的分别为哈萨克斯坦、吉尔吉斯斯坦、塔吉克斯坦、乌兹别克斯坦和俄罗斯。但新疆的对外贸易仍存在着规模小、结构不合理、对外辐射能力弱等诸多问题。

新疆虽然是中国向西开放的桥头堡，但实际上对外贸易规模较小。2010年，新疆的进出口贸易总额仅占全国的1.23%，出口贸易额仅占全国的0.82%，进口贸易额仅占全国的0.14%。从经济的外贸依存度（进出口贸易总额与GDP之比）来看，新疆远远低于全国平均水平。2010年，全国经济的外贸依存度为50.25%，而新疆只有21.32%。

实际上，目前新疆的产业结构与中亚国家具有很大的相似性，都是基于资源能源性产业的经济体。新疆自产产品主要以农产品和资源性、高耗能的工业初级产品为主，出口比重较低，附加值也较低，缺少产业支撑。外贸进出口总额的增长对新疆经济增长的拉动作用依然不明显。新疆的对外出口缺少本地产业的支撑，尚未形成大规模的出口加工基地和产业集群。新疆主要还是发挥着贸易通道作用。新疆进口的原材料主要运往内地，出口的商品也大都来自内地。新疆口岸出口的纺织服装、机电产品、鞋类等主要商品，基本上都来自沿海和内地。

边境小额贸易一直是新疆对外贸易的主要方式，而一般贸易和加工贸易在新疆的对外贸易中所占的比重非常低。2010年，边境小额贸易占新疆对外贸易的58.63%，而一般贸易和加工贸易分别仅占21.22%和1.91%。

**表10-2　2010年新疆同周边主要国家的出口贸易状况**

单位：万美元，%

| 国家 | 新疆 | 中国 | 新疆占比 |
|---|---|---|---|
| 哈萨克斯坦 | 682821 | 932007 | 73.26 |
| 吉尔吉斯斯坦 | 258836 | 412751 | 62.71 |
| 塔吉克斯坦 | 106057 | 137650 | 77.05 |
| 乌兹别克斯坦 | 22966 | 118102 | 19.45 |
| 土库曼斯坦 | 10989 | 52512 | 20.93 |
| 蒙古 | 24908 | 144976 | 17.18 |
| 俄罗斯 | 35348 | 2961207 | 1.19 |
| 伊朗 | 2006 | 1109199 | 0.18 |
| 阿富汗 | 438 | 17527 | 2.50 |
| 巴基斯坦 | 12534 | 693760 | 1.81 |
| 印度 | 1668 | 4091496 | 0.04 |

资料来源：国家统计局编《中国统计年鉴（2011）》，中国统计出版社，2011；新疆维吾尔自治区统计局编《新疆统计年鉴（2011）》，中国统计出版社，2011。

**表 10－3　新疆主要边贸口岸的比较分析**

| 口岸 | 通关时间（年） | 开关时间 | 开放类型 | 交通 | 海拔（米） | 设计通关能力 | 周边国家需求 | 加工制造业基础 | 贸易额（美元） |
|---|---|---|---|---|---|---|---|---|---|
| 阿拉山口 | 1991 | 常年（每周6天） | 第三国开放 | 铁、公、管 | 190～340 | 年过货量2500万～3000万吨 | 哈萨克斯坦人均GDP 10951美元 | 综合保税区边境经济合作区 | 118.7亿(2010) |
| 霍尔果斯 | 1983 | 常年（每周6天） | 第三国开放 | 铁、公、管 | 75～840 | 年过货量2000万吨左右 | 哈萨克斯坦人均GDP 10951美元 | 国际边境合作中心、经济开发区 | 70.76亿(2011) |
| 伊尔克什坦 | 1997 | 常年（每周5天） | 第三国开放 | 公路 | 2100 | 年过货量150万～200万吨，年客流量为50万人次 | 吉尔吉斯斯坦人均GDP 970美元 | 喀什经济开发区乌恰园 | 36.33亿(2008) |
| 吐尔尕特 | 1983 | 常年（每周5天） | 将向第三国开放 | 公路 | 2200 | 年吞吐量100万吨，游客过境50万人次 | 吉尔吉斯斯坦人均GDP 970美元 | 喀什经济开发区乌恰园 | 22.5亿(2009) |
| 红其拉甫 | 1982 | 每年5～12月 | 第三国开放 | 公路 | 3200 | 年过货量30万吨，出入境人员15万人次 | 巴基斯坦人均GDP 1164美元 | 喀什经济开发区喀什园区 | 4.56亿(2008) |
| 卡拉苏 | 2004 | 每年5～10月 | 双边季节性 | 公路 | 4368 | 年过货量30万吨，出入境人员4.5万人次 | 塔吉克斯坦人均GDP 862美元 | 喀什经济开发区喀什园区 | 2.5亿(2007) |

资料来源：作者根据相关资料整理制作。

新疆的出口市场过于集中。截至目前，哈萨克斯坦已连续十多年成为新疆第一大贸易伙伴，对哈贸易额占新疆外贸总额的54.1%。新疆边境贸易市场主要集中在哈萨克斯坦，对哈贸易占新疆边境贸易的80%以上。

在与周边主要国家的进出口贸易中，只有与哈萨克斯坦、吉尔吉斯斯坦和塔吉克斯坦三个国家，新疆占全国的比重超过了60%。这说明，新疆尚未成为我国与中亚、西亚、南亚、俄罗斯、蒙古等地对外贸易的主要通道，新疆对周边国家经贸活动的辐射能力仍很低。

北疆地区是新疆出口贸易的主要发生地，而南疆地区占的比重非常低。从2010年新疆各地州（市）的出口贸易总额来看，从高到低排在前五位的是：乌鲁木齐市（34.21%）、伊犁州直属县市（23.17%）、昌吉州（14.78%）、喀什地区（6.88%）、阿勒泰地区（5.24%）。从口岸的进出口贸易额和过货量来看，北疆地区的口岸明显好于南疆地区的口岸，北疆的阿拉山口和霍尔果斯口岸占据新疆口岸贸易的绝大部分份额。

## 五　就业问题突出

新疆的就业问题较为突出，不仅存在大量的农村富余劳动力，而且很多高校毕业生回疆后无法就业。目前，新疆有200多万农村富余劳动力，大部分集中在南疆的喀什地区、和田地区和克州三地州。南疆地区高中入学率仅36%，远低于全国的79%、新疆的66%。① 由于当地非农就业机会缺乏，很多地区把面向东南沿海的劳务输出作为转移农村富余劳动力的重要方式，虽然这种方式能够增加外出务工人员的收入、提高他们的工商技能、转变他们的思想观念，但是也存在一些需要注意的问题，比如，外出务工的少数民族人口面临文化和生活习惯的不适应、对政府目标责任制式的动员和组织方式存在抵触等。

同时，新疆高技能人才流失严重，大量的高校毕业生回疆后找不到工作。新疆维吾尔自治区党委书记张春贤在自治区党委七届九次全委（扩大）会议上的讲话中提到了一组数字：近20年来，新疆流失人才达20多万人，其中高级教师、学术带头人、技术创新骨干、中青年专业技术人才达10万人。新疆近年每年考入内地院校的学生有4万多名，毕业后大概只有27%的人返乡。根据自治区人事部门实名制调查统计，目前新疆约有未就业高校毕业生6万名，同时每年新增高校毕业生7万多名。未就业

① 姜爱玲：《新疆实现跨越式发展　人力资本是第一推动力》，《财政研究》2011年第11期。

高校毕业生中，少数民族占80%左右，女性占60%左右，本科生约1.8万人。① 我们在喀什地区的调查发现，很多大中专毕业生就业求稳心态突出，希望在政府机关和国有企事业单位工作，不愿到非公有制企业就业。

## 第二节　制约新疆外向型产业发展的根源

新疆之所以未能充分地将资源和区位优势转化为产业优势、外向型产业发展较为迟缓、对外经贸辐射能力偏弱，很大程度上与长期以来国家对新疆的发展定位、产业发展方式、中国对中亚的经贸合作方式、向西开放的通道不畅有很大关系。

### 一　单纯资源能源基地的定位制约了新疆加工制造业的发展

改革开放以来，特别是加入WTO之后，中国依靠劳动力和土地等生产要素的成本比较优势，大力吸引和利用外商直接投资，承接发达国家和新兴工业化国家（地区）转移出来的劳动密集型产业和部分技术密集型产业，在东部沿海地区发展出口导向型的加工制造业，成就了“世界工厂”的美誉，也创造了中国经济增长的奇迹。在“蓝海战略”下，中国的主要贸易伙伴是环太平洋国家和欧盟，主要的对外贸易通道是海洋，经济增长的发动机是东部沿海省市，那里分布着大量的外向型产业集群和专业市场。而广袤的中西部地区则主要被定位为为东部地区提供廉价劳动力、资源和能源的大后方，中西部与东部地区的经济发展差距逐渐拉大。

在“蓝海战略”的发展模式下，地处中国西北边陲、欧亚大陆中部的新疆被视为战略后方而非战略前沿，国家主要从边疆安全和能源安全的角度来定位新疆的发展，注重对新疆优势资源和能源的开发，新疆成为向内地输送能源和初级原材料的生产基地，这在一定程度上阻碍了新疆加工制造业的进一步发展。

新疆矿产资源丰富，在已查明资源量的矿种中，储量居全国首位的有5种，居前五位的有27种，居前十位的有41种，特别是石油、天然气、煤炭预测资源量分别占全国陆上资源总量的30%、34%和40%以上。此外，铁、铜、金、铬、镍、稀有金属、盐类矿产、建材非金属等也储量丰

① 毛咏、何军：《新疆两万学子公费赴内地培训再就业》，http://www.xj.xinhuanet.com/zt/2011-04/22/content_22597591.htm，最后访问时间：2013年7月2日。

富。也正是因为此，新疆成为我国重要的资源和能源基地，很多地区的主导产业都是矿产资源开发和加工，石油石化工业更是成为新疆的支柱产业。但是，长期以来，不合理的资源税收制度，使新疆从油气资源开发和向内地能源输送中获益不大。[①] 更重要的是，这些资源和能源在新疆本地深加工的数量有限，导致新疆目前大多数工业产品仍旧以资源初级加工为主，产品附加值低，上下游延伸不够，辅助性和关联性产业不发达，在支柱产业中未能形成完备齐全的产业链。直到最近，国家才开始在新疆建设若干石油化工、天然气化工和煤炭化工基地。

新疆优质的农副产品也面临当地深加工配套能力不足的困境。比如，新疆是全国最大的棉花生产基地，多年来棉花种植面积占到全国的三分之一，具有发展纺织业和服装业的原料优势，但长期以来却没有发展起印染、织造和服装等下游配套产业链，新疆只能作为沿海纺织和服装基地的棉纱棉布原料供应基地。

更令人担心的是，这种“矿产资源依赖型”经济发展模式在新疆各地蔓延。实际上，这种模式并不一定适合新疆某些地区的文化、经济、生态和社会环境。矿产资源开发和加工为主的重工业优先的经济发展战略对中小企业和创新型企业的挤出效应很大，不利于工业产业整体水平的提高，不利于容纳更多劳动力。

## 二　GDP 至上的发展理念导致当地民众自我发展能力不足

新疆是少数民族聚居的边疆地区，当地绿洲生态环境脆弱，因此，新疆的经济发展面临与东部地区不同的生态和社会环境，不能简单地照搬东部发展模式。如果产业援疆不能最大限度地促进当地民众的就业和创业，带动当地中小企业的发展，就无法提升当地民众的自我发展能力，进而无法保证新疆的长治久安，影响当地的可持续发展。

东部模式虽有各种变体，但是归结起来最大的特点是以经济增长为目标（用 GDP 和财政收入作为衡量标准），以招商引资和加工贸易为手段，并通过地方政府间的 GDP 竞赛取得经济增长。此种发展模式确实实现了短期内经济高速增长，但是这种增长是以中西部农民工“任劳任怨”，牺

---

① 从 2010 年 6 月 1 日起国家对新疆开始施行资源税改革，原油、天然气资源税由从量计征改为从价计征，税率为 5%。与此同时，煤炭资源税也将在新疆实行从价计征，税率为 2% ~5%。

牲个人、家庭和社会总体福利以及生态环境为代价换取的，由此造成的后果已经在东部地区产生了很大的社会风险。

大规模援疆开展以后，出现了把东部模式简单移植到新疆的端倪。在援疆省份和地方政府急切促进地方经济增长的政绩压力下，新疆的产业发展方式暴露出一些问题，其中最核心的是“重视外来大企业、轻视本地小企业”的思想倾向。由于新疆自身缺少经济发展所需要的资金，所以无论是援疆省份还是新疆当地政府都把招商引资作为重要任务，只有招来大项目才能带来大发展和快速发展的思想在援疆干部和当地官员中非常流行。一些官员认为提高新疆的自我发展能力就是加快新疆的GDP增长速度和提高当地政府的财政收入，而只有招来大型项目才能尽快地实现这些目标。这种外来大企业主导的产业援疆模式如果忽视了当地民众的就业和参与，不但不会培育新疆的自我发展能力，反而可能会弱化这种能力。大规模地将“园区建设+大项目引资”的发展模式移植到新疆，特别是南疆少数民族聚居地区，不仅会给当地民众的宗教信仰、思想观念、生产方式和生活方式等诸多方面带来巨大的冲击，而且由于没有充分挖掘和发挥当地民众的地域文化、民族特色和产业传统的作用，无法给当地民众创造更多的就业和创业机会，不利于少数民族群众融入现代市场经济体系，最终将会加剧当地民众的相对剥夺感和社会矛盾。

中央企业和外地企业入疆会给新疆带来当地所缺乏的巨额投资，将对新疆的资源转化、现代产业基础完善和基础设施条件的提高产生积极的作用。与此同时，也应该评估和反思这种发展模式给新疆民众福利和中小企业发展带来的溢出效应。长期以来，新疆的产业结构以石油、天然气、煤炭及金属矿产资源的开发和加工为主，而且很大程度上由中央直属企业和大型国有企业主导，为当地民众创造的就业和增收机会有限。2010年中央新疆工作座谈会召开以来，新疆进入大建设、大开发、大发展的新阶段。在产业援疆政策力度加大的背景下，中央企业、内地的大型国有企业和民营企业纷纷大举入疆，主要投资资源开发和基础设施建设领域。但是对入疆企业在吸纳当地劳动者就业方面却缺少严格的制度规定和政策支持。在援疆省份的帮助下，工业园区在新疆遍地开花，现在新疆几乎每一个县都至少建有一个开发区，但很少有专门扶持和促进当地少数民族群众创业的工业园区。地方政府过度超前的土地开发行为不仅引起内地企业入疆开展“圈地运动”，造成新建企业场地和厂房“一人一狗”（看门）空置闲置的局面，迅速推高了新疆当地的房地产价格和消费品价格。

在新疆，大型企业集团的内部一体化倾向尤其明显，对中小企业的辐射和带动作用有限。大企业的投资项目以及上下游产业链及生产性服务项目大多由本系统的内部企业群体包揽，本地中小企业很难进入上下游产业链的服务环节。这不仅造成了对新兴中小企业培育机会的体制壁垒和挤出效应，而且无法实现与地方特色产业的行业连接，导致对地方经济社会的整体促动作用和范围有限。

大企业主导的产业发展战略带来的后果之一是新疆中小企业对 GDP 贡献乏力。目前，新疆共有中小企业 3.25 万家左右，占新疆所有企业总数的 99.8%，全疆中小企业从业人员已达 89.86 万人，占全疆就业总人数的 70% 以上。但是，与内地经济发达地区相比，新疆中小企业发展层次仍旧偏低，其创造的最终产品和服务价值仅占全疆 GDP 的 30% 左右。而在内地经济快速发展的浙江等省市，民营中小企业对 GDP 贡献度已达到 70% 以上，全国平均水平也达到了 50% 以上。①

## 三　进口资源出口轻工产品的对外经贸格局缺乏可持续性

多年来，中国与中亚国家形成了“进口资源，出口轻工产品”的对外经贸格局，这种格局无助于增加中亚经济对中国的长期需求和深层依赖。如果中国只关注从中亚进口自然资源，而忽视对方的长期发展，势必削弱双方长期经济合作的政治基础。

根据乌鲁木齐海关提供的数据，2011 年新疆口岸边境小额贸易进出口值 128.2 亿美元，其中出口值 88.2 亿美元，占进出口总值的 68.8%；进口值 40 亿美元，占 31.2%。2011 年，新疆口岸以边贸方式进口原油 28.4 亿美元，同比增长 70.8%，占新疆口岸同期边贸进口总值的 71%；进口成品油 4.2 亿美元，同比增长 12.1 倍；进口铁矿砂 4 亿美元，同比增长 24.9%。出口依然以传统大宗商品为主，其中出口纺织品（包括服装和纺织纱线）49.9 亿美元，同比增长 18.9%；鞋类 12.7 亿美元，同比增长 16.2%；机电产品 11.7 亿美元，同比增长 3.5%。哈萨克斯坦和吉尔吉斯斯坦为中国新疆的主要贸易国。2011 年新疆口岸上述两国边贸进出口值合计 113.5 亿美元，占新疆口岸同期边贸进出口总值的 88.5%。从中可以看出，中国从中亚国家进口的主要是原油、成品油、铁矿砂等能源和

---

① 新疆社会科学院主编《2011～2012 年：新疆经济社会形势分析与预测》，新疆人民出版社，2011。

资源类产品，这三类产品占到进口总额的91.5%，而中国向中亚出口的主要是纺织品和鞋类等轻工业产品，这两类产品占到出口总额的71%。

中国经济对能源、矿产和其他资源的需求与日俱增。在中国进口能源的海上通道遇到麻烦和中东地区局势不稳的情况下，中亚地区因其丰富的自然资源和邻近中国的地理位置而成为中国进口能源、矿产和其他资源的重要来源地。一个可以预见的趋势是，中国对中亚地区的依赖度提升将是不可避免的。如果未来中国对中亚的依赖增加了，而中亚对中国的依赖没有增加甚至有所减弱，那么中国的向西开放战略将没有可靠的基础。

虽然从目前来看，中亚经济当前对中国轻工业产品的依赖，超过中国对其能源、矿产和其他资源的依赖，因为中亚国家的轻工业落后，对中国的轻工产品有很高的需求。但是从潜在趋势看，上述局面恐怕难以持久。主要原因有四点：①中国主打出口产品的品质不高，主要占据中亚低端市场，在主流商业渠道中的美誉度较低；②中亚一些国家对华关系有“上热下冷”的特点，民众层面对中国及中国产品心存戒备，可能阻碍中国轻工业产品的市场扩展与升级；③随着俄白哈关税同盟的运行，对我国边贸旅购贸易优惠政策的改变，已经并将继续遏制中国小商品边贸；④新疆对中亚地区的铁路运输能力不足束缚了中国的商品出口。2011年，新疆出口同比增长14.8%，但进口同比增长71%，这也许在某种程度上反映了我们所担心的变化。

中国如果一直沿用从中亚地区进口资源，而主要向其出口低端轻工产品的对外贸易方式，将不利于加深中亚国家对中国经济的依赖，反而会在中亚民众心中树立向其倾销廉价商品掠夺开发其国家资源的负面形象。因此，在中国向西开放战略的制定和执行中，要特别关注与中亚市场经济互惠互利的可靠基础，寻求在轻工业产品之外，增加中亚国家对中国依赖的其他来源。

## 四　向西开放通道不畅弱化了新疆经济的对外辐射力

新疆的地缘优势之所以未能转化为对外经贸优势，很大程度上是由于我国向西开放的力度不够。过去30多年来，中国长期奉行“蓝海战略”，注重海上向东开放和推动环太平洋经济整合，而相对忽视了陆上向西开放和推动欧亚大陆经济整合。新疆虽然处于沟通中国同中亚、西亚、南亚乃至欧洲的国际大通道位置上，而且各沿边口岸与周边国家对应城市的距离大都在200~300公里，运距较短，但由于交通不便、口岸的硬件和软件建设的滞后，新疆尚无法形成强大的对外经贸辐射能力。

新疆地域广阔，长期的投入不足，不仅使新疆内部各地之间铁路建设滞后，极大阻碍了新疆各地之间的经济联系，而且使新疆与内地的铁路联系主要依靠兰新线和陇海线，导致新疆通往内地的铁路运力严重不足。更突出的是，尽管新疆与10多个国家相邻，有近30个对外口岸，但这些口岸绝大多数都依靠公路与其他国家相连，交通条件落后，严重限制了新疆与周边国家的经贸往来。

目前新疆只有北疆的阿拉山口和霍尔果斯两个口岸有直接通往中亚地区的哈萨克斯坦一个国家的铁路。第二欧亚大陆桥虽然运距短，但面临来自运价更低的西伯利亚大陆桥的激烈竞争，而且，第二欧亚大陆桥的运力已经不能满足持续增加的过货量的需求。由于中哈两国铁路轨距差异，货物还需要在口岸进行换装，但哈铁路换装能力严重不足，经常发生停限装现象、集装箱积压滞留和大量车辆被占用，增加了客户的运输成本。

南疆的喀什地区虽然拥有“五口通八国，一路连欧亚”的区位优势，但目前南疆的全部外运只能依靠公路和航空。航空运输费用昂贵且运力有限，南疆与中亚国家之间的公路因受各种自然灾害及地质条件的影响，路况差、危险系数大、耗时长，难以满足日益增长的跨国客货运输的需要。跨境铁路的缺乏已经成为制约南疆地区发展的瓶颈。

目前，中国的向西开放战略，不仅受制于对外道路和口岸的基础设施建设滞后，还受到通关规范、国际联运规定、运输协调机制和出入境签证等一系列制度的影响。比如，在霍尔果斯口岸存在由于长期不规范边贸形成的灰色清关现象，口岸交易往往通过低报、瞒报和贿赂通关，当哈方加强监管、规范边贸时通关速度就大大降低。再比如，第二欧亚大陆桥已经运营了近20年，但尚没有建立起一个正式的大陆桥运输协调机制，以指导、协调乃至解决大陆桥国际过境运输中出现的问题。另外，由于尚未出台免签证或者落地签证等出入境政策，中国与中亚国家公民进入对方国家进行短期旅游、商务、开会等活动尚不便利。

通道建设已经成为国家向西开放战略的重要制约因素。如果向西开放的出口打不开，中国就无法真正建立起一个对冲“蓝海战略”的陆权战略，就无法推动欧亚大陆经济整合取得实质性进展，新疆的地缘经济优势就无法充分发挥出来。

单就新疆的产业发展而言，向西开放通道不畅导致的弊端已然显现。在当前新疆大建设和大发展过程中，虽然工业园区和产业项目遍地开花，但是我们在调研中注意到大量入疆企业主要投资于矿产资源开发和加工行业、当前新疆基础设施建设和援疆建设项目所需的建材行业，甚至有些内地企业到新疆“跑马圈地”，具体要干什么尚处于观望状态。在对外国际大通道建设没有取得实质进展的情况下，新疆无法建立起一个外向型的经济体系，中国难以与中亚、南亚、西亚和东欧形成更紧密的经贸合作关系，喀什地区和霍尔果斯两个经济开发区也很难建设成为我国向西开放的重要窗口。

## 第三节　高铁带动下的向西开放与新疆产业发展

新疆地处欧亚大陆腹地，历史上是沟通东西方、闻名于世的“丝绸之路”要冲。如今，它成为我国向西开放的桥头堡和西部大开发的前沿阵地。经贸往来，通道先行。在新的历史条件下，新疆只有进一步建设“东联西出”的铁路、公路、民航、管道等综合交通运输体系，全面提升在全国乃至中西亚地区交通运输格局中的国际大通道和交通枢纽作用，才能实现对内对外两个开放，进而充分利用国内国外两个市场和两种资源，才能构建起一个外向型的经济体系，真正成为21世纪中国经济新的增长极。

### 一　铁路向西延伸势在必行

中国长期奉行的“蓝海战略”面临的国内外困局已然显现，向西开放推动欧亚大陆经济整合进而建构一个与海权战略对冲的陆权战略是对中国十分有利的选择。高铁技术的成熟为中国推动欧亚大陆经济整合奠定了重要的交通基础。加强加速渝新欧、中吉乌、中巴伊等铁路的建设将从北、中、南三个方向全面打通欧亚大陆桥，促进欧亚大陆经济整合，使之与环太平洋经济整合之间形成战略对冲。

新疆是中国与中亚、西亚、南亚、俄罗斯和欧洲连接的重要交汇点，只有新疆与周边国家建立起互联互通的交通通信网络，成为中国西部经济增长和向西开放的火车头，成为欧亚大陆腹地重要的经贸中心，才能保证中国在推进欧亚大陆经济整合中的东部核心地位。

在新疆连接内外的交通网络建设中，铁路具有特殊重要的意义。铁路因其大运量、低成本、快速、安全等特点，已成为大多数国家中远距离运输最主要的交通方式之一。而新疆因其独特的位置和广阔的幅员特别适合发展铁路这种交通工具。

1992 年，东起我国江苏连云港，西至荷兰鹿特丹的亚欧第二大陆桥正式全线开通。第二大陆桥横贯新疆北部不仅使新疆成为连接中国内地与欧洲的国际陆路通道中的“咽喉要地”，而且对于新疆加快摆脱相对封闭的状态，实现对外开放新格局起到了积极的促进作用，特别是支撑了天山北坡经济带的隆起。

2011 年 6 月喀什至和田铁路客运的正式开通，不仅标志着从吐鲁番至和田的南疆铁路全线贯通，而且意味着广大的南疆地区可以通过铁路与北疆及疆外建立联系。特别是喀和铁路的建成开通，从根本上解决了长期以来制约南疆经济社会发展的交通瓶颈，对加快喀什地区、和田地区矿产资源、旅游资源的开发利用，推动区域工业、农牧业的发展，改善沿线地区投资环境具有重要作用。和田坐拥丰富的农产品资源，石膏、水泥等建材产品也有一定的比较优势，但是以往汽运的高昂成本拉高了几乎所有产品的售价。铁路运输运量大、成本低，带动了和田地区产品出疆，为当地建设中心城市打下了基础。除了带活物流以外，喀和线还为和田地区带来了资金流和人流。2011 年前三个季度，和田地区签下 79 个招商引资项目，涉及领域包括农副产品加工、发电、金属冶炼等，资金共计 43.97 亿元，同比增长 42.5%。自喀和铁路全线开通以来，来和田地区旅游的人数也大幅增加。2011 年“十一”期间，3.8 万的外来游客给当地带来了 379 万元的直接收益，比上年同期翻了一番。[①]

不过，随着中央新疆经济工作座谈会之后掀起的大开发、大建设和大发展局面，以及“渝新欧”和“蓉新欧”国际铁路联运的开通，新疆现有的铁路网络已经明显不能满足现实需要。首先，现有的南疆铁路、北疆铁路和兰新线已不堪重负，急需加快复线建设步伐；其次，疆内铁路网还不够完善，一些资源富集地区尚未开通铁路，南北疆之间的铁路没有直接贯通；第三，新疆与内地的对外铁路通道单纯依靠兰新线已远远不够，需要进一步建设哈密至临河、库尔勒至格尔木的铁路，开辟新疆与内地联系的新通道；第四，精—伊—霍铁路开通并与哈萨克斯坦接轨，霍尔果斯口岸成为第二欧亚大陆桥在我国西端的第二个桥头堡，这在一定程度上会缓解阿拉山口铁路口岸的过货压力，但是第二欧亚大陆桥在我国新疆南部的铁路通道迟迟没有打开，不仅影响着中国与中亚、西亚和南亚国家的经贸

① 袁馨晨、齐中熙：《铁路网引领新疆发展进入“快车道”》，新华网，2011 年 11 月 9 日。

往来，而且制约着南疆地区的对外开放和经济发展。

中国国家主席胡锦涛在2012年上合组织峰会上表示，上海合作组织各成员国要努力建成铁路、公路、航空、电信、电网、能源管道互联互通工程，为古老的“丝绸之路”赋予新的内涵。中国高铁技术的成熟和在高铁建设运营中积累的管理经验为中国参与亚欧铁路网一体化进程提供了历史性的机遇。向周边国家输出中国的高铁技术，将提高中国在欧亚大陆高铁制式的制定中和跨国高铁管理体制的建立中的地位。同时，铁路带动下的向西开放也是拓展我国经济和外交空间的需要，是国家实施向西开放和陆权战略的需要。在这些背景下，中国应该加快推动中吉乌、中巴等跨国铁路建设的步伐，尽早启动喀什至吐尔尕特段、喀什至红其拉甫段铁路建设。而一旦境内段开工建设，对于境外部分谈判、双方态度变化都将起到新的推动作用。

## 二　中吉乌铁路对新疆产业发展的影响

交通工具的发展直接带来经济活动地点、出口市场以及物流方向的变化。中吉乌铁路修通后，新疆的国际通道由原来的一条变为二条。这种变化也必将对未来新疆特别是南疆五地州的经济和社会发展带来巨大影响。新疆会日益成为西部乃至全国与中亚、西亚和欧洲联系的桥梁与枢纽，成为中国向西开放的最前沿。中吉乌铁路会改变新疆对外交通和对外开放的格局，对新疆的对外贸易、旅游业、产业结构和城镇化产生重要影响。

首先，中吉乌铁路的修通将大大降低从南疆口岸进行国际运输的成本和风险，提高南疆口岸的过货能力，提升新疆在向西开放中的桥头堡作用。中吉乌铁路修通后会分流一部分从北疆口岸经哈萨克斯坦出口中亚地区的货物，缓解阿拉山口口岸的压力，有助于喀什地区和克州完善口岸功能，发展口岸区域经济，充分发挥口岸整体功能，促进南疆地区边境贸易和加工贸易的发展，喀什地区也将成为向西出口商品加工基地和商品中转集散地。而且，中吉乌铁路自欧亚大陆南部通过，大大拉近了中国与中东地区的关系，有助于中国建立进口能源和紧缺矿产资源的陆上安全大通道。

其次，中吉乌铁路的修通将为国内外游客提供安全、方便的出行方式，带动南疆地区旅游和文化产业的发展，激活古丝绸之路沿线丰富的自然和人文景观。南疆五地州拥有漫长的中亚、南亚边境线和丰富的旅游资源，在发展边境旅游方面具有独一无二的地缘优势。南疆地区自然景观多种多样，以冰峰雪岭、大漠风情和高山草甸景色著称于世。南疆铁路沿线五地州具有旅游知名度的各类主要景点、景区和文物古迹达100多处，有国家和自治区重点文物保护单位80多处，具有很高的文化旅游和考古旅游价值。喀什地区素有“丝路明珠”美誉，是新疆境内唯一一座国家级历史文化名城。而乌兹别克斯坦境内的安集延——规划中的中吉乌铁路终点，也是古丝绸之路上的重要驿站、中亚的经贸中心。新疆少数民族众多，在衣食住行、语言文字、文化艺术、婚丧嫁娶、喜庆节日等风俗习惯和民俗文化方面各具特色，民俗风情文化旅游将会成为该区域旅游经济发展的主流。而且，新疆世居民族与中亚国家诸民族在语言、宗教信仰、风俗习惯、饮食方面具有很大的相同之处，跨国旅游拥有广阔的市场前景。中吉乌铁路修通后，为跨国一日游、三日游等旅游项目创造了有利可行的条件。

再次，中吉乌铁路对于推动南疆地区调整产业结构进行产业升级具有积极的促进作用。目前南疆地区产业结构不太合理，作为支柱产业的农业所占比重比较大，工业刚刚处于起步阶段并稳步发展。新疆产业具有相对于内地的自然资源优势和相对于周边国家的轻工业优势这种双重性优势，中吉乌铁路贯通后，将加速南疆地区与外部之间的物资、商品、资金、人才、技术、信息的流动，加深南疆地区与中亚、西亚和南亚国家之间的经贸关系，会吸引更多的外部资金、技术和人才涌入南疆地区，这必将改变南疆相对封闭落后的状态，使新疆产业发展进入国内、国际分工的大体系，形成外向型经济的格局。中吉乌铁路必将带动南疆地区商贸物流产业、旅游纪念品加工、轻纺、农副产品加工、民族传统手工业、矿产资源加工等产业的发展，可以为南疆地区少数民族群众创造更多参与工商业发展的机会，提高他们的收入水平，进而缩短南北疆的发展差距。

最后，中吉乌铁路将使南疆地区形成新的交通枢纽和经济区域中心，加快新疆城镇化建设步伐，提升新疆在亚欧经济一体化中的地位。交通系统影响着经济活动的空间分布，一条新的铁路会催生新的中心城市或经济增长点。中吉乌铁路始于区位优势明显的南疆重镇喀什，喀什自古就是丝绸之路南道、北道和中道的交汇点。喀什周边国家有近10亿人的人口，市场潜力相当可观，而且邻近资源和能源富集的中亚和中东地区，一旦中吉乌铁路这条钢铁丝绸之路贯通，喀什将因此重振雄风，成为国际性的陆路交通枢纽、物资交流和旅游购物中心、能源和资源进出口通道及商品中转集散基地，以及中国向西开放的窗口。中吉乌铁路修通之后，将为喀什建设国际性区域中心城市提供良好的机遇和投资环境。打造喀什中心城市的地位，不仅可以加快喀什地区的经济发展，而且可进一步加速周围县市经济的发展及现代化进程。同时，中吉乌铁路将南疆铁路与国外铁路连接起来，大大缩短南疆与中西南亚国家之间的运输距离，将有力推进南疆地区阿克苏、库尔勒、和田等大中城市的发展，形成南疆铁路沿线环塔里木盆地经济圈和城市带。另外，中吉乌铁路贯通后，也有助于提升乌鲁木齐对中西南亚国家的经贸辐射力，巩固乌鲁木齐作为国际性商贸中心和中心城市的地位。

## 第四节　新疆发展外向型产业的路径选择和政策建议

铁路带动下的向西开放是新疆将区位和资源优势转化为产业优势，形成外向型经济体系的一个必要条件而非充分条件。在新疆发展外向型产业还要充分考虑其自然生态条件脆弱、少数民族人口众多、高级生产要素不足、产业配套能力不强等因素。

对口援疆举措为内地的人才、资金、技术、管理等优势与新疆的资源、区位等优势结合，内地产业嫁接、转移到新疆提供了很好的机会。不过，在新疆产业发展过程中既要重视对外来资金和人才的引进，也要重视对当地人力资本的投资，最大限度地发挥当地民众的专长和优势；既要重视对矿产资源、农业资源的开发，还要重视对传统手工业、旅游资源和文化资源的开发。

由于当地民众缺乏大规模开展现代工商业的物质资本和人力资本，所以新疆尚不具备单纯依靠市场机制内生性地形成产业集群的条件和能力。如果过度依赖市场机制和外来资金的输入，就可能会产生对当地民众参与发展机会的排斥和挤出效应，因此要充分发挥政府的规划和引导作用，积极培育当地民众的自我发展能力。在开发新疆当地资源和引进外来资金的过程中，如何为当地人创造参与发展的机会、促进当地人就业和创业是需要优先考虑的问题。基于新疆的资源禀赋、产业基础、生态环境和族群结构，我们认为新疆要采取多种模式并举的方式发展外向型产业。

### 一　大力扶持小微企业，发展富民产业集群

在新疆产业发展过程中不应仅仅关注其矿产资源开发，还应关注各地具有民族和地域特色的手工业，这些少数民族群众用来增加就业机会和内

生能力的传统资源和地方知识，但是这些产业具有投资规模小、就业容量大的特点，因此应该大力发展。具体而言，这类产业包括具有地域文化、民族特色的工艺美术制品业，如玉雕、手工地毯、刺绣、丝巾等民特产品、旅游纪念品、手工艺品等；服装服饰、鞋帽靴等加工产业；具有地域、民族特色的小食品产业。

馕是维吾尔族的一种特色食品，阿布拉·迈提托乎提通过引入现代化的生产经营方式，如今已让馕出口国外。1997 年阿布拉·迈提托乎提在乌鲁木齐开办了一家馕店，他不断改进馕的生产工艺、花样口味，并延长保质期，馕生意越做越大。他第一个给馕注册了商标“阿布拉的馕”，第一个把馕带到了乌恰会。在 2011 年首届中国 – 亚欧博览会[①]上获得了来自哈萨克斯坦和马来西亚等国外客户的订单，第一次让馕走出国门。2011 年，阿布拉的馕连锁有限公司在喀什疏勒县新建了现代化的生产车间，使用电馕坑代替传统的土馕坑。[②]

2011 年 8 月新疆出台了《促进新疆特色餐饮产业发展的政策措施》，对特色餐饮企业实行税费优惠、贴息贷款、培训支持等扶持政策。比如，对新疆从事餐饮经营的中小企业、个体经营户和大中专毕业生及农民工新办的餐饮企业，5 年内实行与工业企业用水、用电、用天然气同价政策；对新疆籍人员创办餐饮企业及吸纳的从业人员，按规定给予最长 3 年的社会保险补贴；新疆餐饮企业到内地省市建店设点吸纳的新疆籍就业人员，按合同给予 5 年社会保险补贴；对利用清洁环保工艺在全国各地开设馕店、烤肉店的经营者给予一次性 3000 元补贴。新疆现有餐饮企业单位有 3.7 万家，个体工商户和摊贩约 22 万户，从业人员达 93 万人。这些“含金量”颇高的政策让阿布拉这样的中小型餐饮企业获益良多。

新疆是多民族、多文化汇聚之地，像餐饮和食品这样的具有地域和民族特色的传统产业还有很多。比如，和田地区的手工羊毛地毯是本地区的一大特色传统产业，本地区现已有地毯生产企业 54 家，织毯户约 2.5 万户，阶段性、季节性从业人员达 10.4 万人，年产值达 8 亿元，22% 的产品销往内地省市，18% 的产品远销欧美、中西亚及港澳地区。该地区墨玉县的皮鞋、皮帽产业也已形成了一定的规模。伊犁将传统的手工刺绣和民

---

① 由乌洽会升格而来。

② 《阿布拉的馕出口到哈萨克斯坦》，http://www.ck-port.com/cms/view.php?aid=1406，最后访问时间：2013 年 7 月 5 日。

族服装作为旅游产品开发，带动农牧民增收的效果日益显现。目前，该州共有刺绣协会62个，带动妇女就业2万多人，促进人均年增收5000元。该州计划进一步扩大手工艺品生产规模，形成以尼勒克、新源、察布查尔、伊宁县、温泉等县为依托的富民产业集群，打造新疆手工艺品生产基地和来料加工基地，使民族手工刺绣成为各县的“形象大使”和“文化名片”。[①]

新疆可以结合本地实际，借鉴浙江温州等地原发型产业集群的形成和发展经验，大力发展投资少、见效快、就业容量大、资源消耗和污染水平较低的劳动密集型产业和具有地域文化、民族特色的传统手工业，鼓励各地因地制宜、就地取材，扶持家庭工业、小微企业、专业经济合作组织的创办，完善产业链条，走“一县一业、一乡一品”的差异化发展道路，建设面向中西南亚地区出口的特色产业集群，努力形成“小企业、大集群，小产品、大行业，小商品、大市场”的新格局，打造区域特色产业和品牌。

政府要从小额信贷、税费优惠、社会保险补贴等方面加大对小微企业的扶持力度，鼓励小微企业引进新工艺、开发新产品和创立品牌，并且要拿出专项财政资金支持富民产业集群公共服务平台建设，从职业培训、设计研发、电子商务、技术标准、品牌建设和市场拓展等方面为富民产业集群提供公共服务。据了解，新疆正在制定鼓励和支持民生工业发展的政策措施，计划选择具有一定规模和条件的地区、龙头企业、产业集群或园区，开展民生工业示范基地试点工作，制定示范基地评审标准和发展规划，率先建立8～10个民生工业示范基地；自治区中小企业发展专项资金每年拿出2000万元资金，将着重支持民生工业公共服务平台建设，在乌鲁木齐、阿勒泰、伊犁、喀什等重点旅游城市和地区建设一批集加工、销售及展览展示为一体的特色旅游产品服务平台。

## 二　兴办专业交易市场，建设面向周边国家的商贸中心

在合适的地理位置兴办一批专业交易市场不仅可以为包括特色手工艺品在内的新疆本地产品创造销售渠道，而且可以充分发挥新疆的区位优势。新疆毗邻的周边国家轻工业不发达，而且人口众多，市场潜力巨大。

① 李俊梅、罗红：《帮小微企业发展，助草根品牌立名》，《新疆都市报》2012年3月14日。

而新疆所依托的内地省份恰恰具有庞大的轻工产品加工制造能力，因此可以把东部地区所生产的面向中西南亚市场的产品转移到新疆来销售甚至生产。目前义乌小商品城出口的商品中有三分之一是销往中东地区的。一旦建立起外通内联的铁路网络，新疆的区位优势就会真正显现出来。最终要以新疆为中心，依托内地省份，建设面向中亚、南亚、西亚乃至欧洲的区域性国际商贸中心，即把新疆建设成欧亚腹地区域性的商品交易中心、物流中心、信息与服务中心。

因此，新疆有必要在现有的巴扎和市场基础之上，规划和兴办一批针对周边国家需求的服装纺织、食品饮料、塑料制品、日用品、家具家装、建材、汽车配件、电子产品、仪器仪表、医疗设备、机器设备、农副产品等方面的专业交易市场。现阶段，新疆建设区域性国际商贸中心不可能全面推进，遍地开花，只能突出重点，循序渐进。新疆可以优先考虑在边境口岸，如霍尔果斯、阿拉山口等，以及重点开放城市，如乌鲁木齐、喀什、伊宁等地，大力建设一批面向中亚、南亚、西亚乃至欧洲的专业市场。

新疆可以通过区域性的博览会或交易会扩大专业市场的国际影响。充分发挥“中国 - 亚欧博览会”作用，扩大博览会在中亚、西亚、南亚、欧洲乃至全世界的影响力，提升向西开放的水平。办好中国新疆喀什 - 中亚南亚商品交易会、中国新疆伊宁 - 中亚国际进出口商品交易会、新疆塔城进出口商品交易会，提升沿边区域中心城市的国际影响力，推动形成新疆沿边经济带。

在新疆建设专业市场，发展商贸物流产业，还有助于发挥当地少数民族的人力资本优势。新疆少数民族由于没有语言障碍以及对这些国家文化历史较为了解，在中国与中亚和中东之间的贸易中推销中国产品应该比汉族人更方便，在中国企业向他国投资制造业时也可以成为更为有效的中资企业的管理人员。当然，政府应该提供各种机会，培养他们成为真正合格的国际贸易人才。

浙江义乌小商品城的经验也许可以为新疆各地政府兴办专业市场提供一些有益启示。第一，义乌小商品城的产权始终牢牢掌握在地方政府控股的国有企业手中，这保证了政府对市场规划和升级换代的控制权。第二，政府始终把握着市场摊位的调控权，义乌小商品市场每 5 年使用权的实际含金量可达 100 万元，而义乌市政府却有能力控制在 5 万元，有效控制了盲目的高价炒作。第三，在摊位承租上给予原有租户和当地人以优先权。第四，实行“放水养鱼”政策。对市场经营户收取的管理费很低，而且由市政府统一确定标准，工商局统一收取，严禁其他部门乱收费。第五，物流业经营者是个体私营业主，但各大联合托运物流站场产权归政府所有，从而防止了不少地方发生的经营者为“抢码头、占地盘”的恶性竞争行为。第六是建立完善的配套服务体系。义乌市政府积极发展运输、信息、餐饮住宿、资金结算、外贸代理等服务行业，为商户提供相应的服务。通过免费开办商务英语、外经贸知识、市场营销培训班等方式，提高经营者素质。大力开展诚信教育、道德教育，避免出现侵犯知识产权和销售假冒伪劣产品行为，增强了市场的竞争力。第七，以商促工、贸工联动为市场发展提供产业支撑。义乌市场所销售的商品40%在本地生产，有力地支撑了市场的发展和繁荣。总之，义乌经验表明，兴办专业市场并不一定完全采取私有化和市场化的做法，政府要摆正在其中的角色。对于新疆而言，兴办专业市场一定要把为当地人创造就业和创业机会放在优先位置。

## 三　推进农业产业化，发展特色农副产品加工业

只有推进农业产业化和农副产品精深加工，形成贸工农一体化、产加销一条龙的现代产业化经营体系，才能将新疆的农业资源优势转化为产业和经济优势，才能促进新疆农牧民持续增收。要优化农牧产品加工业布局，规划一批农副产品加工的特色产业园区，形成南疆以特色林果精深加工为主、北疆以特色农副产品和畜产品是精深加工为主的产业格局。

新疆有丰富的水土光热资源，有优越的发展特色农业的条件，棉花、粮油、林果、畜产品以及番茄、枸杞、胡萝卜、啤酒花、甜菜等区域特色农产品优势明显，为大规模发展特色农副产品加工业打下了良好的基础。比如，新疆的棉花种植面积在2000万亩左右，林果种植总面积已达1800万亩，其中南疆环塔里木盆地的林果园艺业总面积已超过1000万亩。但是新疆的农业产业化仍面临如下问题：农产品加工转化能力和市场开拓能力不强；标准化、规范化、商品化的产业化生产基地建设滞后；龙头企业地域分布不均衡、利益联结机制尚不完善；农民专业合作经济组织发展水平不高、农民专业合作社经营规模小，带动能力不强，市场竞争能力较弱、农民有序进入市场组织化程度较低。[①]

据了解，目前新疆农产品初级转化能力只有30%，二次转化能力只

① 《新疆维吾尔自治区农业（种植业）“十二五”发展规划》，http：//cn. chinagate. cn/infocus/2013－09/11/content. 29996076. htm，最后访问时间：2013年12月5日。

有15%。南疆三地州规模农产品加工企业少、带动能力不强的问题更为突出。加工转化率低和产业链条短严重制约了农副产品附加值的提高。通过发展龙头企业带动农业标准化基地建设、推进农副产品精深加工和扩展农副产品销售市场是农业产业化发展的一般路径。因此，要创造有利条件，优化投资环境，支持区内外知名大企业、大集团，通过资本运营、技术合作等形式参与新疆的农业产业化经营，整合、提升和新建一批优势农产品加工企业，大幅提高农产品加工转化率。对具有品牌影响、市场发展潜力大的强势农产品加工企业，在财政、金融、用地等方面给予重点扶持。[①] 同时，各地方政府还要在基地和园区建设、信息服务、科技支撑、品牌建设及市场拓展等方面为农业产业化提供服务，形成“兴一个龙头，建一片基地，强一大产业，带一方农民”的发展格局。

依托丰富的棉花资源，大力发展劳动密集型的纺织工业，可以为新疆优势农副产品转化提供一个样板，也可以为促进当地人的就业和中小企业发展提供更大的空间。新疆要抓住承接内地纺织产业转移的契机，以技术进步为支撑，加快纺织工业产业结构调整，延伸纺织产业的链条，大力发展辅助和关联产业，尽快实现打造“两城七园一中心”的发展规划，即在石河子和阿克苏建设两座纺织城，在奎屯、库尔勒、喀什、博乐、呼图壁、沙雅、巴楚建设七个纺织工业园，而乌鲁木齐将成为国际纺织品商贸中心。以大型棉纺骨干企业（集团）为依托，大力发展棉纱精深加工，加快发展中高档优质面料。在做大棉纺产业的同时，要稳步发展毛纺、麻纺等特色产业。适度发展人造纤维产业，以发展差别化和高性能粘胶纤维为重点，支持玛纳斯和库尔勒两大人造纤维生产基地建设。积极发展针织、印染、服装、家纺、产业用纺织品等深加工产业，构建跨区域、上下游紧密联系、协同发展的产业链，使新疆成为中国纺织产业转移的主要承载地和中国纺织品服装商品向西出口的桥头堡，将新疆建设成为中国西部最具影响力的棉纺织品生产基地及功能较为完备的纺织品服装贸易物流中心。

推进农业产业化，必须要处理好企业和农民之间的利益，防止资本力量对农民利益的伤害，保证农民能够得到合理的利益分配。在推广新品种和标准化种植的过程中，要遵循自愿和协商的原则，做好农民的工作。更

---

① 新疆维吾尔自治区政府于2010年9月已发布了《关于促进农产品加工业发展有关财税政策的通知》。

重要的是，要在龙头企业与农民之间形成“风险共担、利益共享”的机制。可以通过设立农业产业化风险资金，大力发展订单农业，采取保护价收购、利润返还等多种形式，引导企业与农户形成稳定的产销协作关系。同时，鼓励农民成立专业合作社、行业协会等各种农民合作经济组织，提高农民应对大企业和大市场的组织能力。

销售是新疆农副产品价值实现的关键环节。由于新疆远离东部农副产品消费发达省份，陆路交通距离内地中心消费城市都在3000公里以上，运输成本高、市场半径过大严重限制了农产品的销售。发展深加工是解决这个问题的一个出路。对于不宜深加工且保质期短的优质农产品，可以使用空运，定位在内地中高端市场。同时，内地援疆省份要帮助新疆建立和完善农产品外销平台和市场开拓体系。

另外，要利用新疆靠近周边国家的区位优势，实施农产品“走出去”战略，开拓周边国家农产品市场，发展外向型农业。在霍尔果斯、巴克图、红其拉甫、阿拉山口等重点边境口岸建设外向型边民互市农贸市场，带动边境口岸县市和优势区域外向型农业发展，特别是设施农业发展，向周边国家出口反季节果蔬产品。组织外向型企业赴中亚地区进行市场考察、贸易洽谈和项目投资，积极发展以加工番茄、无公害蔬菜、清真牛羊肉等为主的创汇农业，增加新疆农产品在国际市场上的份额。同时，要尽快推动与周边国家建立农副产品绿色通道或签订农副产品贸易协议，为新疆农副产品大量进入中亚市场创造便利条件。

## 四　建设矿产资源深加工基地，加快延伸石油化工产业链

依托新疆和周边国家丰富的矿产资源，在新疆本地建设一批矿产资源深加工基地，延长产业链，从而将更多的附加值留在新疆，为新疆创造更多的就业机会。

新疆矿产资源分布广、种类齐全，部分矿种资源储量大质量好。目前，新疆的优势矿产资源有石油、天然气、煤、膨润土、金、铜、铁、稀有金属、钠盐、镍、石棉、宝玉石等。其中，石油、天然气、煤等能源类资源尤为丰富。据了解，新疆矿业产值占工业总产值的26%～36%，矿业及其相关加工产品产值占工业总产值的60%以上。但是本地深加工程度不够，大大限制了新疆从矿产资源优势中获益的能力。另外，中国每年还利用新疆的陆路通道从中亚国家进口大量的能源和资源类产品。在新疆向内地运力非常紧张的情况下，迫切需要充分利用在地理上靠近资源产地

的优势，在新疆建设一批矿产资源加工基地，提高矿产资源在新疆就地深加工的程度和水平。

作为新疆支柱产业的石油化工业，长期处于头大尾小的不平衡发展状态，上游石油炼制及加工业处于龙头老大位置，形成了规模化、一体化、专业化的良好发展态势；而乙烯和芳烃等化工原料及化学品的制造业则处于规模小、技术落后、基础薄弱的状态，从而制约了下游的塑料制品、合成纤维、合成橡胶和精细化学品等产业的发展。

可喜的是，随着独山子百万吨乙烯、乌鲁木齐百万吨芳烃、疏勒百万吨乙烯等项目的建设，新疆的石油天然气化工产业链开始向中下游领域延伸，这将为新疆的产业发展和民生改善做出重大贡献。在“十二五”期间，新疆将重点建设独山子—克拉玛依、乌鲁木齐、南疆（库尔勒、库车、泽普和和田）和吐哈（吐鲁番和哈密）四大石化基地，抓好大型炼油、大型乙烯、大型芳烃、大型化肥的生产，发展塑料、化纤织品、橡胶制品和精细化学品。其中，独—克石化基地重点发展乙烯、合成树脂及下游产品，乌鲁木齐石化基地重点发展芳烃及下游、化肥等产品，南疆石化基地利用天然气重点发展甲醇、化肥等产品，吐哈石化基地利用天然气重点发展精细化工等产品。另外，以伊犁、准东煤炭基地为重点，大力发展现代煤化工，提高技术含量和深加工程度，形成煤制合成氨、煤制二甲醚、煤制气、煤制烯烃、煤制乙二醇、煤焦化产业链，建成一定规模的现代化煤化工产业集群。①

新疆需要进一步完善乙烯和芳烃下游产业发展所需的基础化工原料项目，进而带动以塑料、化纤、合成橡胶等为原料的轻工、纺织、建材、机电、橡塑制品加工等相关行业的发展。石油石化的上游和中游都是资金、技术、人才密集型产业，中小企业很难参与进去。而如今乙烯和芳烃在新疆的大规模生产，为新疆中小企业介入石化产业链下游产品开发提供了机会。而且，农地膜、异型材、包装用塑料制品、日用塑料制品等各类塑料制品在新疆周边国家有较大的市场潜力。总之，乙烯和芳烃下游产业的发展对于拉动新疆本地的就业，扩大产品出口，增加地方财政收入，解决现有中小企业生存难问题均有益处。

---

① 《新疆维吾尔自治区国民经济和社会发展第十二五年规划纲要》，天山网，http://news.ts.cn/content/2011-05/03/content_5783900.htm，最后访问时间：2013年6月27日。

不过，新疆虽是矿产资源富集区，但生态条件较为脆弱，在发展矿产资源开发和加工产业的过程中，必须要坚持“资源开发可持续，生态环境可持续”的原则。一定要做好矿产资源的合理开发和规范开采，矿产资源加工基地建设要做到布局合理，应用和开发先进的环保技术，注重生态保护，发展循环经济。

## 五 立足新疆产业基础和比较优势，发展具有地方特色的高新技术产业

新疆丰富的光热、风能、金属和非金属矿产资源、农业资源，为重点发展新能源、新材料、先进装备制造等具有地方特色的高新技术产业创造了有利条件。因此，新疆要强化政策支持，依托乌鲁木齐和昌吉回族自治州两个国家级高新技术产业开发区，着力培育形成一批科技创新能力强、具有竞争优势的龙头企业和企业集团，建设国家工程（技术）研究中心、国家重点（工程）实验室和国家高新技术产业化基地。

在新能源产业方面，结合风电、光电等新能源基地建设，加快新能源产业配套延伸，形成完整的新能源产业链。风电产业以研发制造3兆瓦级以上大型风力发电机组及关键零部件为主，加快形成拥有风电机组研发、设备制造、技术、运营管理服务等完整体系的风电产业。太阳能光伏发电产业以发展单晶硅和多晶硅片、太阳能电池组及配套产品为主。

在新材料产业方面，充分发挥有色金属和非金属矿产资源优势，大力发展高纯铝、电子铝箔、电极箔等铝电子材料，加快形成铝电子材料产业链。积极开发以基础锂盐为原料的新型储能电极材料，为高性能储能电池提供配套关键材料。发展以石油、天然气、煤炭为基础的工程塑料、新型高分子材料、聚氨酯、弹性体、有机硅、新型复合材料。积极推动稀有金属材料、光电功能材料、高纯度高性能合金材料、功能陶瓷材料、非金属矿物材料和新型建筑材料的产业化发展。

在先进装备制造业方面，优先发展输变电装备，大力发展先进农业机械、采掘业和矿山机械装备。输变电装备制造业，重点发展750千伏及以上交直流输变电设备、新型特种专用变压器、电线电缆以及智能电网设备等。农业机械装备，重点发展大型收获机械、耕整地机械、精准农业机械、畜牧业机械、饲草料收获机械、林果业机械等。采掘机械装备制造业，围绕石油和煤炭资源开发，重点发展钻探设备、高效采油设备、油田专用设施、化工设备，以及煤炭采掘设备、洗选机械、矿井提升、运输和

通风排水等设备。围绕区内市场和中亚市场需求，积极培育一批专业化的先进装备制造企业，将新疆建成我国西部现代装备生产和向西出口基地。

在发展新能源、新材料等高新技术产业过程中，一定要鼓励民营高新技术企业的发展，避免中央直属企业和大型国有企业垄断格局的形成。另外，要围绕着重点发展领域，培养和引进一批高层次创新型人才和高水平创新团队，加强科技基础条件与创新载体建设，提高科技创新能力。依托全国科技援疆机制，内引外联，促进创新资源的集成配置和高效利用，形成科技创新整体合力。

## 六 加快旅游基础设施建设，将旅游业作为新疆对外开放的先导产业

除了加工制造业之外，新疆还需在旅游业上大做文章。新疆拥有丰富的自然和人文景观，旅游资源种类齐全，并具有连接欧亚、毗邻多国的区位优势，发展旅游业潜力巨大、前景广阔。同时，新疆也是文化资源大区，位于多民族聚居区，民族文化丰富多彩；地处欧亚大陆腹地，融合型文化特性十足；历史文化遗址、文物和文物藏品等点多量大，文化形态多元。目前全区共有5A级景区5家，4A级旅游景区44家。

旅游产业是带动作用大、就业机会多、综合效益好的朝阳产业和富民产业。比如，阿勒泰地区通过喀纳斯国家5A级景区的开发建设，成功解决了景区内牧民就业和脱贫致富问题，带动了区域经济的发展。2011年，阿勒泰地区接待游客397万人次，实现旅游收入近30亿元，占全地区GDP的18%，旅游带动就业达6万多人。而且，特殊的地缘区位环境，决定了旅游业是新疆对外开放和人文交流的重要突破口。以现代文化为引领，加快旅游产业发展，对于实现“让世界了解新疆、让新疆走向世界的目标”，对于构建和谐稳定社会意义重大。但新疆的旅游产业起步较晚，2011年，新疆旅游业收入只有442亿元，占GDP比重仅6.7%，这与旅游资源大区的身份极不匹配。直到最近，新疆政府才决定把旅游业作为战略性支柱产业来发展。

新疆发展旅游业，首先要做好旅游资源的开发建设。政府要加大资金投入，支持各地完善景区的基础设施建设，提升景区建设档次和品位，推动旅游精品化建设，特别要抓好喀纳斯、天池天山、吐鲁番、那拉提、可可托海、喀什赛里木湖等重点景区的基础设施建设。相对而言，南疆地区的旅游资源开发建设要滞后于北疆地区，目前为止尚没有一家5A级景

区。在拥有独特旅游资源的喀什地区，2011年旅游收入仅占当地GDP的4%。同时，也要推进对民俗旅游和边境旅游的开发和建设，尽快与周边国家建立短期出境游免签证制度。

其次，要提升旅游综合吸引力。发展旅游业要在“吃、住、行、游、购、娱”六个方面全方位地下功夫，因此，围绕着旅游景观的开发建设，各旅游目的地还要在酒店、餐饮、旅行社、商贸、娱乐等方面提高档次和服务水平。特别是要加强旅游文化产品、演艺产品、旅游纪念品及手工艺品的开发和生产，通过旅游业带动民族歌舞演艺产业、民族手工艺品产业的发展。

最后，要改善制约旅游业发展的交通“瓶颈”。新疆的旅游线路长，而且远离内地大市场，“天上贵，地上累”，交通成本过高，制约了游客的快速增长。因此，要开辟更多内地大城市到新疆旅游城市的直航航线。以打造乌鲁木齐西部门户枢纽机场为重点，开通更多与国内和境外中心城市的直航、疆内旅游城市间的环线，开辟“空中旅游走廊”；加快喀什国际机场、伊宁国际机场建设步伐，开通更多国际航线。除了改善航空条件之外，也要加快铁路网络建设。

## 七 支持新疆本地企业“走出去”，提升周边国家经济发展能力

当今中国向西开放与30多年前向东开放已不可同日而语。现在中国是全球第二大经济体、第一大外汇储备国，中国与新疆周边国家的经贸往来不能再延续“出口轻工产品，进口资源能源”的老路。

中亚国家资源丰富，但基础设施薄弱，加工制造能力落后。中国可以鼓励企业特别是新疆本地企业走出去，通过向其输出基础设施建设和资源开发加工的经验和技术，甚至在中亚国家投资制造业，形成中亚国家对中国经济依赖的新型增长点，在提高中亚国家自身发展能力的同时，建立以中国为核心的全球生产体系。在这个意义上，新疆可作为中国企业走向周边国家的后方服务基地。

实际上，已经有一批新疆本地企业在向西开放的实践中开创了这一先河。例如，新疆特变电工集团有限公司从出售单机开始，逐步发展成为塔吉克斯坦国家南北电网的总承包商，以管理服务带动制造产品出口，因增强了对方的基础设施能力而在塔吉克斯坦乃至整个中亚地区受到欢迎。塔城国际资源有限公司在塔吉克斯坦建设的阿尔登－托普坎铅锌矿项目，首次实现了外国公司在塔国控股矿山，并在当地建设百万吨选矿厂，不但为

塔国提供了就业和税收，而且为对方培养了爆破、管理人才。新疆三宝实业集团以贸易起步，加入哈萨克斯坦的城市建设和资源开发，将中国的设计、制造、安装业务引入哈，并在阿克陶海港特别经济区承建“中国工业园”，通过提升哈的产能与基础设施建设水平，为中国寻找进口矿产品的机会。新疆中亚食品研发中心自1997年在哈萨克斯坦投资建立番茄酱厂以来，着力实施本土化战略，跟当地高校合作实施大学生实习计划、设立奖学金鼓励中哈学生交流，并组织供应商到中国考察。该公司的“新康”牌系列商品稳定占领哈市场，成为当地番茄酱第一品牌，也为新疆的番茄出口开创了可靠通道。这些经验的共同点，是从出口单一制造产品，转向出口一系列集成产品，再转向工程总承包以至后续管理，深度融入中亚经济，通过为对方培养技术工人，改善对方的基础设施建设能力和产业发展能力，带动中国的产品与服务出口。这些实践表明，中国主动发挥自己在基础设施建设管理和加工制造产业能力方面的优势，帮助中亚国家提高出口能力，有可能在受对方欢迎的情况下，增进中国与中亚经济的长期双向依赖。[①]

围绕增强中亚国家出口能力的目标，鼓励中国企业尤其是新疆企业到对方国家实施综合性开发承包，不仅可以带动中国具有自主知识产权的机器设备的出口，还将带动后续配套服务甚至是质量标准、行业标准的“出口”。充分发挥新疆本地企业熟悉中亚民俗民风和游戏规则的优势。另外，在各类中国企业“走出去”的项目中，要十分重视为对方培养本地人才，特别要让中亚各国民众在与中国的经贸合作中获得实实在在的好处，在物资资本和人力资本两方面得到提升。在增加中亚各国人力资源储备的同时，使他们与中国企业建立信任，从而赢得民心。

但是，要实现中国与中亚国家的经贸模式从“从中亚进口资源、出口轻工业品”向“以增强中亚国家的资源开发能力与进出口能力为第一目标，带动中国金融服务、工程设计建设管理以及相应的制造品出口”的转变，单独依靠个别民营企业的力量是难以做到的。这需要国家资本和金融的介入。国家要采取多种方式为企业进入中亚提供金融支持，对中亚经济发展提供资本支持。

① 这部分内容参考了北京大学国家发展研究院的研究报告《中国向西开放与新疆两个开发区的建设》（2012）。

# 第十一章　高铁带动下的向西开放与新疆“内生 - 外向型”产业扶贫政策的选择

新疆是一个多民族聚居的地方，地域辽阔，与周边 8 个国家接壤，边境线长达 5400 多公里，占全国陆地边境总长度的 1/4，同时也是我国西部地区资源最丰富的地区之一。但是，新疆农村贫困地区的经济和社会条件差异极为显著，发展极不平衡，贫困人口占区域总人口的比重较高，是我国自然地理、人口资源、经济和社会发展差距最大的省份之一。自国家开展以解决贫困地区温饱问题为主要目标的扶贫开发特别是 1994 年实行“八七国家扶贫计划”以来，新疆农牧区贫困人口温饱问题基本得到解决。但是，也必须实事求是地看到，新疆扶贫开发只取得了阶段性成果，扶贫工作的形势仍然相当严峻，任务十分艰巨。①

进入 21 世纪，新疆扶贫政策发生了从原来“以解决温饱为目标的扶贫阶段”向“以达致小康为目标的扶贫阶段”的转型。但从扶贫模式上看，2000 ~ 2009 年十年间，新疆扶贫政策仍倾向于“外生 - 内向型”扶贫，虽取得了不小的成绩，但若要实现 2010 年中共中央政治局“新疆工作座谈会”提出的实现新疆“跨越式发展”的目标，必须向以“内生 - 外向型扶贫”为主的扶贫模式转变，实施内生性发展战略。要实现新疆内生性发展、推动欧亚大陆经济社会整合进而实现中国海权战略与陆权战略双向驱动的格局，② 必须在现有欧亚大陆桥中线基础上建设复线铁路和高铁，打通中国西出中亚、连接欧洲的通道。这一战略布局能否实现，与新疆的产业升级、经济发展模式能否成功转型密切相关；反过来讲，地处欧

---

① 阿班 · 毛力提汗等：《新疆农村贫困问题研究》，新疆人民出版社，2006，第 5 页。

② 高柏：《高铁与中国 21 世纪大战略》，《经济观察报》2011 年 3 月 11 日；高柏：《高铁对国内发展的战略意义》，《经济观察报》2011 年 4 月 8 日。

亚两大市场、作为我国向西开放门户的新疆，其“内生－外向型发展模式”的成功转换不仅是中国西出亚欧战略得以实现的基础，而且对新疆的扶贫工作具有重大意义。

## 第一节　新疆农村贫困的主要特征

### 一　区域性：贫困面大、贫困程度深，位次高

2000 年新疆的低收入贫困人口 329 万，占全区乡村人口的 36.1%，新确定 30 个重点县低收入贫困人口 229.58 万，占总贫困人口的 70%，贫困面大，分布相对集中，呈现明显区域性特征，且区域内贫困程度深、位次高。

首先，从重点县的分布看，27 个国家级重点贫困县①中，有 21 个县分布在南疆地区，占全部贫困县的 78%；其中，南疆的克州、喀什、和田三地州有 19 个重点贫困县，占全部贫困县的 70%，占南疆地区重点贫困县的 91%，这三个地州可以说“见者有份”，重点县比重非常大，负担率高，贫困面广。克州 4 县（市）均为重点贫困县，喀什地区重点贫困县占该地区县（市）总数的 67%，和田地区（除地辖市和田市刚脱贫外）其他 7 县均为扶贫重点县。根据贫困程度测算，贫困程度位次后十位的重点县中和田地区占六席，喀什地区占四席，和田、喀什、克州三地州贫困县贫困程度依次呈梯度逐步增加。

其次，从农村贫困人口区域分布看，30 个重点贫困县的贫困人口占贫困人口总数的近七成，而南疆地区四地州贫困人口占贫困人口总数的 85% 以上，其中，和田地区占 30%、喀什地区占 37%、阿克苏地区占 13%，仅喀什、和田两地州贫困人口就占全部贫困人口的 67%。新阶段自治区确定的扶贫开发工作重点村 3606 个，30 个重点贫困县有 2909 个重点村，占 81%。30 个重点县中的 27 个国家级重点县共有重点村 2836 个，占 79%，3 个自治区级重点县共有重点村 73 个，占 2%。重点村主要集中在重点县。

从南北疆分布来看：南疆重点村 3046 个，占总数的 85%，其中，21 个重点县的重点村 2641 个，占总数的 73%。北疆重点村 560 个，占总数

① 新阶段重新确定的扶贫开发工作重点县 30 个，其中国家级 27 个，自治区级 3 个。

的15%，其中，9个重点县（3个自治区）的268个重点村，占总数的8%。重点村主要分布在南疆地区的重点县。

从行政区域分布看：伊犁州176个，塔城地区126个（自治区级2个），阿勒泰地区155个，哈密地区68个，昌吉州15个，博州6个，乌鲁木齐3个，吐鲁番地区11个，阿克苏地区233个，克州192个，喀什地区1282个，和田地区1305个。重点村主要分布在阿克苏地区、克州、喀什地区、和田地区四地州，达3012个，占84%。

从农牧区分布来看：农业村3084个，占86%，牧业村522个（北疆404个，南疆118个），占14%，重点村主要以农业村为主。

最后，从贫困区域的变化轨迹看：贫困的变动频率将趋缓变慢，贫困区域将进一步集中化、顽固化、持久化。

## 二 民族性：贫困人口的高度民族化

从分县人口民族构成看：30个扶贫开发工作重点县中，少数民族人口占总人口的91.06%。北疆地区重点县中少数民族占63.83%，南疆地区重点县中少数民族占96.85%，其中，和田地区重点县中少数民族占98.62%、喀什地区占95.33%、克州占94.50%，且农村贫困人口以乡村人口为主体，南疆乡村人口中少数民族比重高达99%以上。据贫困统计资料显示：新疆贫困地区的贫困人口中少数民族贫困人口高达96.%，且贫困发生率达22%，贫困强度大，贫困人口分布呈现极强的民族性特征。

## 三 外部环境依赖性：受市场和自然环境的双重影响

新疆农村贫困地区特殊的地理区位特征和单一的产业结构特性，决定了新疆贫困地区经济增长受市场和自然灾害的双重压力冲击。如果一年风调雨顺和主要大宗农副产品价格平稳，这一年的贫困程度就会有较大的缓解，脱贫人口多，返贫人口较少；如果遇到灾害或农产品价格下降，贫困程度将会加剧，返贫人口较多。统计资料显示："八七"期间，新疆贫困程度变化分1994~1998年和1998~2000年两个阶段。前一个阶段，贫困面快速缩小，贫困人口平均以每年13.9%的速度递减，贫困发生率由1994年的16.8%下降到1998年的8.8%，下降8.0个百分点；1999~2000年，1999年受棉花价格因素等影响，1999年贫困发生率增加到13.8%，2000年下降到9.9%，2000年贫困程度虽有下降，但贫困程度仍高于1998年的水平。

## 四　经济结构特征：经济结构的超稳定性、经济关系的超封闭性和经济发展的缓慢性

收入结构：收入来源单一，二、三产业收入较少。贫困地区农户的收入主要来源于家庭经营的第一产业，第一产业（农业）纯收入占贫困户纯收入的89.3%，来自二、三产业的纯收入仅为118.81元，仅为全区水平的39.04%。

投资结构：长期投资不足，非农产业投入少。从贫困地区农户生产投资内部结构状况看，用于直接性的生产费用投资占投资总额的90.11%，投资水平仅为全区的33.3%，而用于购置生产性固定资产等长期性的生产投资所占份额仅为9.1%，人均投资水平为41.15元，仅为全区水平的35.7%。从贫困地区农户的产业投资结构看，在家庭经营的一、二、三产业投资中，一产业的投资份额为94.0%，二、三产业的投资比例仅为5.9%，二、三产业的投资水平为全区的60%。

消费结构：贫困地区农户无论是收入功能还是消费功能，其商品化程度都明显低于全区水平。在贫困地区农户的收入中，货币性收入所占比重为60%，比全区低10个百分点，人均货币性收入为682.8元，为全区水平的60%。在贫困户的生活消费中，商品性消费比重为60%，比全区水平低20个百分点，吃、穿、住的商品化比重也都明显低于全区水平，分别低15个、12个和14个百分点。可见，在贫困农户中自给半自给的自然经济成分较大、商品经济成分较低。

效益结构：从贫困地区农户的生产效益看，无论是劳动生产率，还是土地生产率都比较低。从劳动生产率看，每一劳动力所创纯收入为2160元，全区是2819元，低659元；从土地生产率看，人均每亩耕地的种植业纯收入为183元，全区水平为273元，低90元。

体制性特征：城乡隔绝：新中国成立后我国宏观经济政策实施均衡发展战略，一度使新疆与全国经济差距缩小，生产力布局有较大改变。但自“三五”、“四五”以后，我国区域政策改为非均衡发展，实施了城乡隔绝政策，如户口迁移制度、粮油供应制度、劳动用工制度、社会福利制度、“剪刀差”等政策，城乡隔绝政策的推行，严重地阻碍了农村社会经济的发展，这不仅未能消除城乡差别，而且使城乡差别进一步扩大。更为重要的是，它使得大量农村剩余劳动力被束缚在土地上，不能充分转移出来，降低了农村劳动生产率，产量虽有所提高但效率却在下降。再加之新疆作

为边疆地区，在国民经济中军工企业占相当大的比重，城市经济相当脆弱，城市经济对农村经济基本没有起到反哺作用，农村经济基本维持封闭的自然经济状况。以上这些在很大程度上对农村发展产生了严重的影响。改革开放后，尽管国家政策发生了极大的改变，但其影响，特别是对边远、较封闭的少数民族聚居地区（如南疆三地州）的影响短期内还难以消除。①

新疆农村贫困呈现的区域性、民族性、外部环境依赖性、结构性、体制性等五大特征，在西部贫困地区中极富普遍性。从贫困的特征入手，进而深入分析贫困的原因、实施有针对性的扶贫政策，中央政府和新疆地方政府一直做了大量的工作。从1978年中国农村改革初期到现在，新疆的扶贫政策经历了从原来“以解决温饱为目标的扶贫阶段”向“以达致小康为目标的扶贫阶段”的转型，扶贫模式也正在从单纯救济式的“外生－内向型”扶贫向以外援启动、“内生－外向型”扶贫转型。

## 第二节　新疆“内生－外向型”产业扶贫政策的转型

从1978年中国农村改革至今，根据各个不同历史时期的国情、省情等实际情况，新疆的扶贫政策经历了几个阶段的转变。从最初的普遍贫困到后来的局部贫困、从开始的救济式扶贫到后来的开发式、产业扶贫，从原来的外援为主到现在的外援启动、内生发展，每一个历史阶段，国家和政府政策在新疆扶贫的过程中都扮演了极为重要的角色。我们先来回顾梳理改革几十年来的扶贫政策演变及其效果，再来总结分析中国及新疆扶贫实践的特征，进而展望新时期新疆“跨越式发展”新阶段扶贫政策的选择。

### 一　中国与新疆扶贫政策的演变及其效果

1979年以来，与中国扶贫政策的演变相适应，新疆的扶贫政策大致也可划分为四个阶段：1978～1985年农村改革初期，1986～1993年国家有针对性扶贫计划的实施，1994～2000年间实施的《国家八七扶贫攻坚计划》，以及2001～2010年间实施的新时期扶贫策略。

① 阿班·毛力提汗等：《新疆农村贫困问题研究》，新疆人民出版社，2006，第62～65页。

自1978年农村改革以来，中国的农村贫困人口由于政府有针对性的扶贫政策和经济的快速增长而大规模减少，扶贫工作取得了举世瞩目的成就。根据官方的贫困线估计，贫困人口从1981年的2亿减少到2002年的2800万。采用世界银行一天1美元的收入标准来算，同期贫困人口数量从4.9亿减少到8800万，即贫困发生率从1981年的49%下降到2002年的6.9%。如果用世行一天1美元的消费标准来算，贫困人口数量则从1990年的3.6亿减少到2002年的1.61亿，贫困发生率从1990年的31.5%下降到2002年的12.5%。经济的快速增长使中国实现了大规模的贫困减缓。20世纪80年代后期到90年代末中国的扶贫进展相对缓慢，同时伴随着不断扩大的不平等问题。

**（一）1978～1985年：农村改革初期**

如何通过农村改革促进农村经济增长是在改革的头几年面临的最突出问题。十年“文化大革命”的冲击以及长期以来对经济活动的束缚使国民经济全面停滞，到70年代末全社会陷入了普遍贫困的状况。为了促进农村经济增长，中国政府开始对农村生产、分配体系和购销价格体制进行改革。最基本的制度变革是在农村实行以家庭联产承包责任制为主要特征的土地改革。农村改革初期就在扶贫、发展农业生产和农村工业方面取得了可喜的成就。粮食生产（年均5.7%）和农村工业的强劲增长伴随着农产品购销价格的大幅度提高使农村实际收入以每年15%的速度增长。部分曾处于极端贫困的地区，如黄淮海地区、闽东地区，农业生产和农民收入增长得更为迅速。[①] 在1978年改革初期，中国基本上是全国普遍性贫困，农村收入的增长带来了全面的贫困下降。1981～1984年间，按一天1美元的收入标准衡量的贫困发生率从49%下降到24%；按国家贫困线算，贫困人口的数量从1978年的2.5亿下降到1985年的1.25亿。1978年以前，按中国政府确定的国家贫困衡量标准统计的贫困人口达2.5亿人，占农村总人口的33%。就全中国而言，这一时期中国农村改革初步推进并取得令人意外的成就。以联产承包责任制为主要内容的初期农村改革措施，推动了农村经济的超常增长，并带动农村贫困发生率的快速下降。八年间，农村人均年收入增长率显著超过城市人均收入增长水平，城乡人均收入比例从1978年的2.57下降到1985年的1.86。[②] 增长和减贫原因主

① 汪三贵：《贫困问题与经济发展政策》，农村读物出版社，1994。

② 国家统计局编《中国统计年鉴（2000）》，中国统计出版社，2000，第312页。

要有三点：第一，农产品收购价格提高带来了对农民有利的农业交易条件的改变；第二，农村乡镇企业初步发展使农村人口非农收入增长；第三，初步出现农村人口流动到城市获得较高要素报酬的历史性进程。按中国政府贫困标准计算的农村贫困人口在8年间减少了一半。这是借助经济增长推动扶贫进程的典型模式。

具体到新疆维吾尔自治区来讲，据新疆维吾尔自治区扶贫办提供的材料，1985年按人均纯收入200元以下的标准统计，贫困人口总数从1978年的532万人降为1985年的249万人，贫困人口占乡村总人口的比例从1978年的57%降为1985年的32%。由于这一时期的体制变革导致农业土地产出率大幅度提高，缓解了新疆农村的贫困状况。

这一时期新疆扶贫成效主要归结于体制变革，是通过农业生产率的提高和农产品提价实现的。当时还没有专门的扶贫机构，有关扶贫的研究也非常少，而天灾人祸所造成的贫困主要靠民政部门的救济。因为当时在理论上是不承认社会主义存在贫困的。①

**（二）国家有针对性扶贫计划的实施（1986～1993年）**

当改革初期的扶贫效应耗尽后，1986～1993年间的减贫速度也减缓了，而这一时期的扶贫工作主要靠有针对性的农村扶贫项目来推进。到80年代中期，农村经济增长和生活状况改善又陷于停滞，尤其在革命老区、民族地区和边境地区。结果，这些地区在“七五”计划（1986～1990年）期间受到了特别的关注，这也标志着中国有针对性农村扶贫计划的开始。1986年国家确定了331个国家重点扶持贫困县，各省区另外确定了368个省重点贫困县，关注重点是“老革命根据地”和“少数民族地区”等具有特殊政治意义的地区，还制定了“对口帮扶”政策，旨在发动全社会力量缓解农村绝对贫困。② 1989年以后，政府放松了对农民地区间迁徙的行政性限制，支持农村发展劳动密集型产业，③ 对扶贫工作产生了积极效果。实施扶贫政策的重要标志，是政府支出专项资金用于扶贫政策目标。中央政府拿出专项资金（专项扶贫贷款、以工代赈和财政发展资金）对国定贫困县予以支持。专项扶贫贷款覆盖了农户和企业的农业和工业贷款项目，以工代赈项目利用贫困地区富余农村劳动力建设基

① 明拥军：《新疆贫困地区扶贫研究》，新疆农业大学博士学位论文，2006。

② 康晓光：《中国国内扶贫行动评述》，专题研究报告，1998，第1～2页。

③ 国家统计局农村社会经济调查司编《中国农村贫困监测报告（2000）》，中国统计出版社，2000，第51页。

础设施，财政发展资金用来支持贫困县的各项投资。① 在地方一级，大多贫困省、地区和县都设立了扶贫开发领导小组，中央要求地方政府提供配套资金。不同的部门负责不同的扶贫项目和活动（例如，以工代赈中农村道路的修建主要由交通局来负责）。贫困地区还享受到一些税收优惠政策。② 中国农村扶贫进展在这一时期从总体上慢了下来，在个别年份甚至出现反弹，同时农村经济也陷入了停滞。从全国来看，农业生产力的快速增长到80年代中期就停止了，中国农业和农村经济发展陷入停滞。与1978～1985年相比，1986～1993年间农业人均增加值的增长率从9.7%下降到3.4%，农民人均纯收入增长率从12.2%下降到2%。这两方面的下降都与农产品价格的相对下降和80年代末90年代初城乡贸易条件恶化紧密相关。农民年人均纯收入在一些年份甚至出现下降，城乡居民收入不平等差距拉大。根据一些研究估计，扶贫投资对农民收入和消费增长率的贡献为1个百分点。到1994年，按一天1美元的标准估计的贫困发生率为18%，如果用官方贫困线来估计，仍有8000万农村贫困人口，比1985年减少了4500万。

**表11－1　中国政府扶贫资金投入数量和种类（1986～1999年）**

单位：亿元

| 年份 | 总计 | 其中 | | | 总计 | 其中 | | |
|---|---|---|---|---|---|---|---|---|
| | | 贴息贷款 | 以工代赈 | 发展基金 | | 贴息贷款 | 以工代赈 | 发展基金 |
| | （当年价格） | | | | （1985年不变价格） | | | |
| 1986 | 42 | 23 | 9 | 10 | 42.42 | 23.23 | 9.09 | 10.10 |
| 1987 | 42 | 23 | 9 | 10 | 42.42 | 23.23 | 9.09 | 10.10 |
| 1988 | 39 | 29 | — | 10 | 35.78 | 26.61 | — | 9.17 |
| 1989 | 41 | 30 | 1 | 10 | 36.94 | 27.03 | 0.90 | 9.01 |
| 1990 | 46 | 30 | 6 | 10 | 47.42 | 30.93 | 6.19 | 10.31 |
| 1991 | 63 | 35 | 18 | 10 | 66.32 | 36.84 | 18.95 | 10.53 |
| 1992 | 67 | 41 | 16 | 10 | 69.07 | 42.27 | 16.49 | 10.31 |
| 1993 | 76 | 35 | 30 | 11 | 72.38 | 33.33 | 28.57 | 10.48 |
| 1994 | 97 | 45 | 40 | 12 | 84.35 | 39.13 | 34.78 | 10.43 |

① World Bank: China: Overcoming Rural Poverty, Joint Report of the Leading Group for Poverty Reduction, UNDP and the World Bank, Report No. 2000, 21105－CHA, pp. 40－41.

② 国务院扶贫开发领导小组：《中国扶贫开发报告（2000年）》，2005。

续表

| 年份 | 总计 | 其中 | | | 总计 | 其中 | | |
|---|---|---|---|---|---|---|---|---|
| | | 贴息贷款 | 以工代赈 | 发展基金 | | 贴息贷款 | 以工代赈 | 发展基金 |
| （当年价格） | | | | | （1985年不变价格） | | | |
| 1995 | 98 | 45 | 40 | 13 | 89.91 | 41.28 | 36.70 | 11.93 |
| 1996 | 108 | 55 | 40 | 13 | 108.00 | 55.00 | 40.00 | 13.00 |
| 1997 | 153 | 85 | 40 | 28 | 161.05 | 89.47 | 42.11 | 29.47 |
| 1998 | 183 | 100 | 50 | 33 | 198.92 | 108.70 | 54.35 | 35.87 |
| 1999 | 258 | 150 | 65 | 43 | 280.43 | 163.04 | 70.65 | 46.74 |
| 合计 | 1313 | 726 | 364 | 223 | 1335.41 | 740.09 | 367.87 | 227.45 |

资料来源：国家统计局农村社会经济调查司编《中国农村贫困监测报告（2000）》，中国统计出版社，2000，第53页表1。不变价格由农村居民消费价格指数换算得来，物价指数见国家统计局编《中国统计年鉴（2000）》，中国统计出版社，2000。

这一时期，新疆贫困地区由于社会、经济、历史、自然、地理位置等方面的约束，与沿海发达地区及本区内较发达地区之间的经济发展水平差距越来越大，特别是新疆少数民族地区，农民的经济收入不能维持基本的生存。1985年农民人均纯收入最高的县裕民县也只有717.42元，农民人均纯收入最低的塔什库尔干县还不到150元，相差近4倍。大部分的县市农民人均纯收入为两三百元，基本上在国家规定的贫困县标准上下徘徊，大部分农户刚刚解决温饱，还有部分农民仍是食不果腹、衣不蔽体、屋不避雨。当时全区的绝对贫困人口是249万人，占农村总人口的31.97%。①

1986年6月，自国务院成立了中国贫困地区经济开发领导小组（1993年更名为国务院扶贫开发领导小组）后，新疆于1987年10月成立了自治区贫困地区经济开发领导小组，各县市、乡镇都先后成立了“扶贫开发领导小组或扶贫开发办”，主要负责组织、领导、协调和检查贫困地区的经济开发工作。机构的成立标志着：从理论上，执政者承认社会主义国家存在贫困，对贫困问题给予高度的重视，并从务实的角度出发，开始观察贫困，研究贫困与扶贫；在实践中，国家的税收、分配政策及财政投资开始向贫困群体倾斜，开始真正意义上的扶贫历程。根据国家提出的“七五”期间和90年代扶贫开发目标，新疆贫困地区经济开发规划分两

① 明拥军：《新疆贫困地区扶贫研究》，新疆农业大学博士学位论文，2006。

步走。第一步解决温饱。从 1986 年开始，力争“三年大部分脱贫，五年基本脱贫”，即解决贫困地区大多数贫困户的温饱问题，使贫困地区初步形成依靠自身力量发展商品经济，减少绝对贫困。第二步脱贫致富。从 1991 年开始，要在解决贫困地区大多数贫困户温饱问题的基础上，转入以脱贫致富为主要目标的扶贫开发阶段，到 20 世纪末，在生活资料、居住条件、消费结构、文化生活、健康水平和社会服务设施等方面缩小与发达地区间的差距，减少相对贫困。

新疆作为少数民族地区，国家给予了重点扶持。根据 1985 年我国既定贫困线（少数民族地区人均纯收入低于 200 元），新疆国定贫困县是 27 个，占全国国定贫困县的 8%，占新疆总县市的 31.7%。同时，从 1987 年开始，一是每年给南疆三地州（喀什、和田、克州）增拨 2000 万元（1993 年为 2500 万元）资金，用于水、电、路基本设施建设；每年为北疆贫困牧区安排专款，用于牧区水利设施、牧业基地、道路和草原建设，以改善牧区的生产和生活条件。二是建立扶贫周转金，用于全疆 27 个贫困县扶贫贷款贴息和支持贫困户发展生产，安排专款对南疆三地州的流浪儿童收管教育，对中小学生学杂费实行补贴，增加牧区兽医站事业费拨款，对牧区牲畜品种改良以及给贫困牧民补贴口粮。

1985～1993 年，在各级扶贫组织与贫困户的努力下，新疆取得了良好的成效。1993 年底，新疆贫困人口从 1985 年的 249 万人减少到 176 万人，占乡村人口的比例从 1985 年的 31.7% 下降到 20%。

经过 7 年的努力，新疆贫困地区农民人均纯收入年平均增长 9.58%，比全疆农民人均纯收入年均增长率 4.54% 高出 5.04%。在 1985～1993 年间全疆的贫困县都有了不同程度的增长，这与国家的大力支持、各级政府的积极努力和贫困户的奋斗是分不开的。

### （三）《国家八七扶贫攻坚计划》（1994～2000 年）

1994 年政府启动了《国家八七扶贫攻坚计划》，目标是在 1994～2000 年间使剩下的 8000 万贫困人口解决温饱问题（按政府的贫困线统计）。80 年代末和 90 年代初农村贫困人口下降速度的减缓和扶贫难度的增加（见图 11－1），表明要解决这剩下的 8000 万农村贫困人口的温饱问题需要更大的决心和努力。制定和实施《国家八七扶贫攻坚计划》就是为了强化 80 年代后期开始的扶贫政策和措施。

《国家八七扶贫攻坚计划》承诺在 20 世纪最后七年解决农村 8000 万

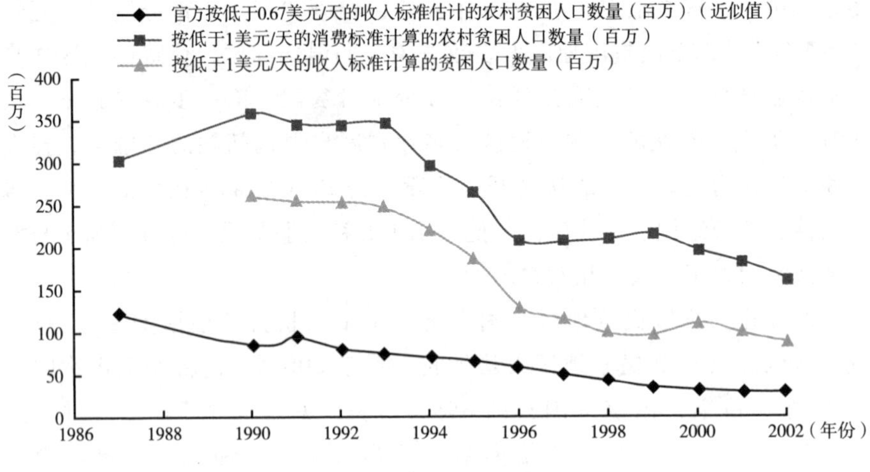


**图 11－1 中国贫困人口的数量（1986～2002 年）**

注：中国的官方贫困线约相当于一天 1 美元收入标准的 2/3。按一天 1 美元的收入标准和消费标准所估计的贫困人口的巨大差距，表明中国的低收入农户进行了大量的储蓄，原因可能是为了应付可预见的和不可预见的昂贵的学费和医疗费用。

资料来源：国家统计局和世界银行。

绝对贫困人口温饱问题。[①]《国家八七扶贫攻坚计划》的主要措施包括：①帮助贫困户进行土地改良和农田基本建设，增加经济作物和果树的种植，增加畜牧业生产，创造更多的非农就业机会；②使大多数乡镇通路和通电，改善多数贫困村的人畜饮水问题；③普及初等义务教育和初级预防与医疗保健服务；④减少对沿海省份贫困县的支持，将扶贫重点进一步放到中西部地区；⑤加强扶贫资金的管理，减少扶贫资金的漏出和提高扶贫投资的可持续性；⑥动员各级党政机关、沿海省份和重要城市及国内外其他机构广泛参与扶贫。扶贫资金自 1997 年起大幅度增加，一年就增加了 50%，扭转了 10 年来实际扶贫资金下降的局面。中央政府的投资主要来源于三个渠道：专项扶贫贷款、以工代赈资金和财政发展及新增财政扶贫资金。在《国家八七扶贫攻坚计划》实施期间，中央政府重新确定了贫困县，并且强化了地方政府领导对所辖地区扶贫工作责任制。为此，中央政府逐年提高了扶贫的投入资金规模。

1996 年 9 月中央召开全国脱贫工作会议，强调了减少贫困的重要性，

① 《国家八七扶贫攻坚计划》（1994～2000 年），http：//www. reformdata. org/content/19940415/5801. html，最后访问时间：2013 年 6 月 18 日。

确立了贫困比较集中的西部省份地区领导人对扶贫工作的责任制。会议还强调扶贫对象要直接瞄准贫困的村庄和农户（“扶贫到户”），同时要求对扶贫工作和资金利用进行更好的监督管理，包括制度建设、年度检查审计、村级发展计划、资金直接划拨到村等措施。1999 年 6 月中央再次召开扶贫工作会议，重申扶贫政策目标，强调扶贫资金应用于解决贫困人口温饱问题方面，优先利用资金的领域包括饲养和养殖业、小额信贷、粮食和经济作物改良品种等，使当时仍然存在的 4200 万贫困人口中的 2000 万人在 2000 年底脱贫。① 实际执行结果表明，到 2000 年底，除大约 2600 万丧失劳动能力的残疾人和居住在不具备基本生产生活条件地区的特困人口外，绝大多数贫困人口都已实现温饱。②

经过 7 年的努力，新疆的绝对贫困人口明显地减少了，贫困问题得到暂时缓解（见表 11－2）。但是剩下的均是较难啃的“硬骨头”。针对这一情况，自治区党委和人民政府按照国务院《国家八七扶贫攻坚计划》的要求，制定了《新疆维吾尔自治区百万人温饱工程计划》，并根据国家“七出四进”贫困线标准，即凡是 1992 年人均纯收入高于 700 元的县一律退出贫困县范围，而人均纯收入低于 400 元的全部纳入国定贫困县。经过调整，1994 年新疆重新确定的国定贫困县是 25 个，占全国贫困县总数的 4%。具体情况如表 11－3。

**表 11－2　中国农村贫困人口数量减少（1978～1999 年）**

| 年份 | 中国官方标准 | | | 国际标准（每人 1 美元/天） | |
|---|---|---|---|---|---|
| | 贫困线（现价）元（人/天） | 农村贫困人口（百万） | 贫困人口占农村人口比例（%） | 农村贫困人口（百万） | 贫困人口占农村人口比例（%） |
| 1978 | — | 250 | 33.6 | — | — |
| 1985 | — | 125 | 15.5 | — | — |
| 1986 | — | 131 | 16.2 | — | — |
| 1987 | — | 122 | 15.0 | — | — |
| 1988 | — | 97 | 11.8 | — | — |
| 1989 | — | 102 | 12.3 | — | — |

① World Bank，China：Overcoming Rural Poverty，Joint Report of the Leading Group for Poverty Reduction，UNDP and the World Bank，Report No. 2000，21105－CHA，pp. 40－41.

② 北京安邦咨询公司研究部《每日经济》研究简报 2000 年 11 月 20 日（总 1328 期）以“形势要点：基本解决温饱问题，但扶贫还没完”为题引述国务院扶贫办主任高鸿宾讲话。

续表

| 年份 | 中国官方标准 | | | 国际标准(每人1美元/天) | |
|---|---|---|---|---|---|
| | 贫困线(现价)元(人/天) | 农村贫困人口(百万) | 贫困人口占农村人口比例(%) | 农村贫困人口(百万) | 贫困人口占农村人口比例(%) |
| 1990 | 300 | 85 | 9.5 | 280 | 31.3 |
| 1991 | 304 | 94 | 10.4 | 287 | 31.7 |
| 1992 | 317 | 80 | 8.8 | 274 | 30.1 |
| 1993 | 350 | 75 | 8.2 | 266 | 29.1 |
| 1994 | 440 | 70 | 7.6 | 237 | 25.9 |
| 1995 | 530 | 65 | 7.1 | 200 | 21.8 |
| 1996 | 580 | 58 | 6.3 | 138 | 15.0 |
| 1997 | 640 | 50 | 5.4 | 124 | 13.5 |
| 1998 | 635 | 42 | 4.6 | 106 | 11.5 |
| 1999 | — | 34 | 3.7 | — | — |

资料来源：1978～1989年及1999年贫困人口数据见国家统计局农村社会经济调查司编《中国农村贫困监测报告（2000）》，中国统计出版社，2000，“前言”附表2。占农村人口比例依据贫困人口与农村人口计算，其中农村人口数见国家统计局编《中国统计年鉴（2000）》，中国统计出版社，2000，第95页。1990～1998年数据依据世界银行数据库（http：//data. worldbank. org/country）整理得出。

**表11－3　1993年底新疆贫困人口分布情况**

| 区域 | 总贫困人口 | | 国定贫困县个数 | |
|---|---|---|---|---|
| | 数量(万人) | 占全疆贫困人口(%) | 数量(个) | 占全疆贫困县(%) |
| 新疆 | 176 | 100 | 25 | 100 |
| 其中：南疆 | 164 | 93.07 | 20 | 80 |
| 北疆 | 10 | 5.83 | 4 | 16 |
| 东疆 | 2 | 1.1 | 1 | 4 |

资料来源：《新疆“八七”扶贫攻坚效益评价课题总报告》表1－2。

从表11－3可以看出，新疆仍属大面积区域性贫困，贫困人口和贫困县基本分布在南疆三地州。根据《新疆维吾尔自治区百万人温饱工程计划》的总体思路，这一时期的扶贫工作分两步走。第一步，1994～1996年稳步攻坚阶段。发展种植业、养殖业、小手工业，确保已脱贫的农户稳定发展，减少返贫，推动未解决温饱的农户尽快解决温饱。扶贫资金主要用于改善农牧区生产和生活条件，解决农牧区水、电、道路和基本农田设施建设。同时，鼓励和扶持农户学科学、用科学，提高粮食、棉花、油料的作物的产量。目的是解决贫困农户的温饱问题。第二步，1996～2000

年加速攻坚阶段。采取小额贷款、移民搬迁、劳务输出、科技扶贫、社会动员、东西对口帮扶和外资引入等多种模式，加大扶贫力度，使贫困地区的贫困农户尽快摆脱贫困，走向富裕。经过7年的攻坚，成效显著。具体情况如表11－4所示。

表11－4 1993～2000年新疆贫困人口情况统计表

| 年份 | 贫困人口(万人) | 贫困人口占乡村总人口(%) | 贫困地区农民人均纯收入(元) |
|---|---|---|---|
| 1993 | 176 | 20.41 | 522 |
| 1994 | 165 | 19.47 | 580 |
| 1995 | 143 | 17.05 | 759 |
| 1996 | 115 | 13.64 | 762 |
| 1997 | 80 | 9.33 | 906 |
| 1998 | 52 | 5.96 | 1023 |
| 1999 | 55 | 6.52 | 1069 |
| 2000 | 44 | 4.8 | 988 |

资料来源：根据新疆扶贫办提供资料整理，贫困人口按国家制定的贫困线测算，1985年206元，1988年231元，1989年262元，1990年300元，1996年586元，1999年625元。

“八七”扶贫攻坚时期，是国家和新疆维吾尔自治区及社会各界投入人力、物力和财力最大的时期。据统计1997～2000年国家先后下达以工代赈资金，累计19.26亿元，自治区各种配套资金和群众投工投劳6.5亿元，共计28.5亿元；从1995年1月到1998年12月，各地接受农业发展银行信贷扶贫贷款共计13.75亿元。[①] 还有社会扶贫，各机关、其他各省市的援助等等，可以说投入是巨大的。这一时期大部分的县人均收入略高于上一时期，但是还有7个县的年均增长率低于上一时期。

从客观上讲，扶贫的难度越来越大。上一个时期主要是解决温饱问题，市场主要属于卖方市场，农牧产品不愁卖不出去，农民增收较容易。这一时期不同，市场经济日趋完善，农牧产品的价格、市场，除了粮食、棉花仍有国家收购外，其他产品基本放开，内地的农牧产品开始大量充斥新疆市场。贫困地区的农牧产品先天不足，与发达地区相比，产品竞争力相对较弱。农民增收相对比较困难。从主观上而言，因为农民人均纯收入是确定贫困县的主要标准之一，这就不能排除贫困县的领导，为了保住贫

① 明拥军：《新疆贫困地区扶贫研究》，新疆农业大学博士学位论文，2006。

困县的帽子，多争取国家援助而人为低报农民人均纯收入的可能，从而造成数据分析与实际观察相悖。

总体来说，这一时期的扶贫成效是显著的，贫困地区农民人均纯收入年均增长2.49%，比全疆农民人均纯收入年均增长的2.57%低0.08%，但是比上一时期的2.22%要高，见表11－5。贫困人口的绝对数由1993年的176万人，减少到44万人。贫困发生率由1993年的20.41%下降到4.8%。

**表11－5　1992～1999年新疆贫困县农民人均纯收入变化情况**

单位：元，%

| 贫困县 | 1992年 | 1999年 | 1985～1992年均增 | 1992～1999年均增 |
|---|---|---|---|---|
| 1. 墨玉 | 409 | 626 | 2.14 | 2.16 |
| 2. 皮山 | 418 | 661 | 2.18 | 2.19 |
| 3. 于田 | 475 | 646 | 2.22 | 2.08 |
| 4. 洛浦 | 441 | 745 | 2.19 | 2.26 |
| 5. 策勒 | 445 | 778 | 2.17 | 2.40 |
| 6. 民丰 | 499 | 1033 | 2.26 | 2.45 |
| 7. 和田 | 450 | 793 | — | 2.30 |
| 8. 和田市 | 466 | 1012 | — | 2.46 |
| 9. 叶城 | 533 | 493 | 2.29 | －1.69 |
| 10. 英吉沙 | 539 | 710 | 2.32 | 2.08 |
| 11. 岳普湖 | 580 | 817 | — | 2.18 |
| 12. 疏附 | 631 | 722 | 2.39 | 2.03 |
| 13. 疏勒 | 610 | 698 | 2.36 | 1.89 |
| 14. 塔什库尔干 | 387 | 468 | 2.19 | 1.87 |
| 15. 阿克陶 | 419 | 1035 | — | 2.50 |
| 16. 阿图什 | 445 | 1147 | 2.21 | 2.55 |
| 17. 乌恰 | 455 | 1107 | 2.13 | 2.52 |
| 18. 阿合奇 | 385 | 1204 | 2.06 | 2.61 |
| 19. 柯坪 | 412 | 1168 | 2.15 | 2.58 |
| 20. 乌什 | 610 | 1107 | — | 2.43 |
| 21. 尼勒克 | 581 | 1648 | 2.27 | 2.71 |
| 22. 木垒 | 477 | 1711 | 2.27 | 2.76 |
| 23. 福海 | 527 | 1569 | 2.22 | 2.70 |
| 24. 托里 | 454 | 1241 | 2.30 | 2.59 |
| 25. 巴里坤 | 522 | 1445 | — | 2.65 |
| 26. 伽师 | 672 | 1105 | 2.41 | 2.38 |

续表

| 贫困县 | 1992 | 1999 | 1985～1992 年均增 | 1992～1999 年均增 |
|---|---|---|---|---|
| 27. 吉木乃 | 517 | 1089 | 2.1 | 2.48 |
| 28. 青河 | 625 | 1522 | 2.3 | 2.64 |
| 29 布尔津 | 745 | 1589 | — | 2.62 |
| 30. 和布克塞尔 | 745 | 1828 | — | 2.71 |
| 贫困县市 | 477 | 1069 | 2.22 | 2.49 |
| 新疆 | 740 | 1473 | 2.31 | 2.57 |

资料来源：根据《新疆统计年鉴（1993）》（新疆维吾尔自治区统计局编，中国统计出版社，1993）、《新疆统计年鉴（2000）》（新疆维吾尔自治区统计局编，中国统计出版社，2000）整理。

### （四）新时期的扶贫策略（2001～2010 年）

在吸取《国家八七扶贫攻坚计划》的重要经验教训之后，中国政府实施了新的《农村扶贫开发纲要（2001～2010 年）》。20 世纪 90 年代，中国的农村贫困人口规模缩小并进一步集中到西部地区（表 11－6 和表 11－7）。但贫困人口在西部地区的分布却越来越分散于贫困村而非集中于贫困县。按照国家统计局的贫困标准，中国的农村贫困发生率到 2002 年已经下降到 3%，即使在贫困县，这一比例也低于 9%。这证明针对贫困县的扶贫方式已经不再有效了。

**表 11－6　1999 年各省农村贫困状况**

单位：%

| | 占全国农村贫困人口份额 | 各省的农村贫困发生率 |
|---|---|---|
| 云　南 | 9.4 | 8.1 |
| 贵　州 | 9.1 | 9.0 |
| 四　川 | 7.4 | 3.4 |
| 河　南 | 6.8 | 2.9 |
| 山　西 | 6.4 | 8.0 |
| 陕　西 | 5.8 | 6.7 |
| 甘　肃 | 4.7 | 7.0 |
| 湖　南 | 4.6 | 3.0 |
| 广　西 | 4.5 | 3.6 |
| 河　北 | 4.1 | 2.6 |
| 江　西 | 4.0 | 3.7 |
| 重　庆 | 3.8 | 5.3 |
| 湖　北 | 3.7 | 2.8 |

续表

| | 占全国农村贫困人口份额 | 各省的农村贫困发生率 |
|---|---|---|
| 新　疆 | 3.7 | 7.7 |
| 安　徽 | 3.4 | 2.2 |
| 内蒙古 | 3.3 | 5.6 |
| 黑龙江 | 3.0 | 4.3 |
| 辽　宁 | 2.9 | 4.2 |
| 吉　林 | 2.4 | 4.8 |
| 山　东 | 2.1 | 1.1 |
| 青　海 | 1.6 | 12.6 |
| 西　藏 | 1.1 | 20.6 |
| 宁　夏 | 1.1 | 9.6 |
| 浙　江 | 0.8 | 0.7 |
| 江　苏 | 0.6 | 0.4 |
| 福　建 | 0.3 | 0.3 |
| 广　东 | 0.2 | 0.1 |
| 北　京 | 0.1 | 0.6 |
| 海　南 | 0.1 | 0.6 |
| 天　津 | 0.1 | 1.1 |
| 上　海 | 0.0 | 0.0 |

注：根据国家统计局家庭调查和官方贫困线计算得来。全国农村贫困发生率平均为3.5%。

**表11－7　1999年"东中西"地区城乡贫困人口**

单位：%

| | 占全国农村贫困人口份额 | 占全国城镇贫困人口份额 |
|---|---|---|
| 西部省份 | 46.6 | 23.0 |
| 中部省份 | 42.1 | 46.2 |
| 东部省份 | 11.3 | 30.8 |

注：根据国家统计局家庭调查和官方贫困线计算得来。

新的扶贫开发纲要以贫困村而非贫困县为基本瞄准单位，注重贫困地区的人力资本开发和社会发展，推行参与式扶贫。2001年中国政府制定和颁布了《中国农村贫困开发纲要（2001～2010年）》。第一，纲要对扶贫工作重点县进行了调整，进一步将工作重点放到西部地区；贫困村成为基本的瞄准单位，扶贫投资将覆盖到非重点县的贫困村。新的纲要注重发展科学技术、教育、文化和卫生事业，并且意识到疾病是使农户陷入贫困的一个主要因素。第二，新的纲要和扶贫规划强调参与式扶贫、以村为单位进行综合开发和整体推进（国务院扶贫领导小组，2001）。第三，新纲要承认城乡间人口流动是扶贫的一条重要途径，并采取新的政策举措使农村居民更容易从城镇新出现的工作机会中受益。

## 二　新疆扶贫政策的经验与局限

过去几十年间，中国的扶贫政策经历了几个阶段的转型、积累了丰富的经验，也存在一些不容回避的问题，这些经验和问题既有与其他国家相比较的类似性，也有与中国国情相联系的特征性内涵。

### （一）经验

一是经济发展是扶贫事业的主动力。30 多年前，我国人民和决策层抛弃了以阶级斗争为纲和强化政治意识形态的路线，确立了以实事求是为原则和以经济建设为中心的方针，大胆实施市场取向的改革开放政策，带动了国民经济高速增长和国民可支配收入快速提高。经济增长与贫困人口降低的关系问题，是学术界和决策部门关注的问题。例如，在 1998 年完成的一份研究报告中，康晓光指出，虽然没有权威研究来定量地说明，市场化改革，国民经济的全面增长，贫困地区的全面经济增长，目标明确的扶贫行动这四个因素，对中国农村 1978 年以来贫困发生率的大幅度下降各自发挥了多大作用，“但是一系列局部调查显示，目标明确的扶贫行动对于贫困发生率的下降几乎没有发生什么作用，扶贫的成就主要归功于市场化改革及其带来的全面经济增长”。①

二是高度重视经济发展与扶贫政策的作用。过去 30 多年间，中国政府实施的改革开放政策，促进了中国经济增长，从而推动了扶贫事业发展。把政策方针重心从政治意识形态转变到经济和社会发展，是取得经济长期持续增长的基本条件之一，也是扶贫事业得以推进的前提条件。除了实行促进经济发展方针以外，中国政府高度关注最贫困人口温饱问题的解决，成立了专门的职能机构，在十几年间投资了 1300 多亿元专项扶贫资金，为扶贫工作制定和实施了专门规划，并从政治承诺高度努力实施扶贫规划。无论从重视程度还是从资源投入规模来看，中国政府对扶贫工作所给予的政策优先程度，在国际比较范围内都是突出的，对中国扶贫事业发挥了重要的积极推动作用。

---

① 康晓光：《中国国内扶贫行动评述》，专题研究报告，1998，第 6 页。

三是强调投资生产性项目和基础设施的开发式扶贫。中国扶贫策略的基本特征是开发式扶贫。在一般政策叙述意义上，开发式扶贫包含从生产加工项目投资，改善生产和生活条件，到改善生态环境，修建基础设施，信息咨询，产品销售与储藏服务，发展教育和卫生事业，直至救济和建立社会安全网的极为广泛内容①。然而，从扶贫工作实际运作来观察，虽然上述方面都有涉及，但是计划实施重点集中在帮助农民和农村企业投资生产性项目（如农产品和工业加工项目）以及基础设施建设，而对教育和卫生等直接关系到贫困农村人口人力资本素质的投资，则由于种种原因比较薄弱。

依据统计分类，扶贫资金支出包括三大项：①用于进行生产性项目投资的扶贫贷款；②用于改善生产条件项目（如修建基础设施）的以工代赈资金；③提供社会化服务项目的发展基金（又称财政扶贫资金）。1986～1999年的14年间，中央财政用于扶贫的专项资金为1313亿元，其中一半以上（约55%）用于进行生产性项目投资的扶贫贷款，近28%用于改善生产条件硬件的项目如修建基础设施等的以工代赈项目，与贫困人口人力资本素质关系较为密切的发展基金投入比例最小，只有总投入的17%。②

**（二）局限**

中国反贫困事业取得了历史性成就，然而也存在一些问题。除了扶贫标准过低外，资金利用缺乏效率和过于依赖行政系统问题在研讨会上引起较多关注和讨论。分析结果确实提示我们，传统扶贫资源利用效率不容乐观。实际上，政府部门和学术界提供的其他研究资料，也提供了不少观察事例，说明传统扶贫资金利用方式存在需要改进的问题。回顾总结我国扶贫政策实践的经验和教训，制约扶贫资源利用效率的原因，可能主要有以下几点。

---

① 开发性扶贫被概括为包含八个方面内容：一是改善生产条件，如建设基本农田特别是修梯田，种植经济林，发展家庭养殖业和农副产品加工；二是改善生活条件，如修建饮水工程；三是开展技术培训，如帮助贫困农民掌握一两门实用生产技术；四是改善生态环境，如植树造林、保持水土；五是修建基础设施，如铺设公路、兴修水利设施、架设供电系统和电话通信系统、建设集贸市场；六是提供生产社会化服务，如技术推广、技术服务、信息咨询、生产资料购买、产品销售与储藏服务；七是发展教育和卫生事业；八是建立社会安全网，为那些由于自然灾害、疾病、伤亡、宏观经济冲击而陷于困境的家庭和个人提供基本的社会保障（见康晓光《中国国内扶贫行动评述》，专题研究报告，1998，第11页）。

② 卢锋：《中国：探讨第二代农村反贫困策略——北京大学中国经济研究中心（CCER）与世界银行研究院（WBI）“扶贫与发展”系列研讨会述评》，2001。

第一，从扶贫对象瞄准环节看，以县为基本资金分配单位，导致实际扶贫资金利用的稀释和遗漏效应。扶贫资金主要运用在592个国定贫困县。然而，据统计，目前国定贫困县的大约2亿人口中，只有2000万~3000万贫困人口，因而绝大部分扶贫资金可能稀释到非贫困人口头上。以前贫困县中贫困人口比例高一些，但是上述稀释作用仍然不同程度存在。反过来，据国家统计局调查，现有贫困人口大约一半位于非贫困县，在现行扶贫资金分配体制下，这些贫困人口能够获得的帮助微乎其微。由于瞄准对象与地区和县级行政区划直接联系，难以排除地方政府出于利益动机挪用资金，或者把资金利用到对财政能力增加最为敏感的领域，这些领域与扶贫目标并非总是吻合。

第二，从扶贫资金利用思路上看，过分注重生产性项目和贴息贷款①方式，出现较多的瞄准错位和项目失败问题。例如，我国扶贫资金一半以上用于给各类生产性项目提供贴息贷款，前期主要用于乡镇企业非农项目，后期集中在农业各个领域，通过帮助农民进行项目投资和发展生产来摆脱贫困。政策动机是好的，但是存在如何确定贷款对象和如何应对市场风险两大难题。扶贫贴息贷款资金利率仅为2.88%，不仅低于市场利率，而且低于国有商业银行的利率，各方面争贷款的压力必然很大。由于存在申请方和审批方信息不对称的问题，加上职能部门人员寻租动机和行为的影响，贷款资源可能出现瞄准错位，甚至发生所谓“穷人带帽子，富人拿票子”“扶假贫，假扶贫”之类现象。

即便贫困人口能够获得贴息贷款，在侧重扶持生产性项目的背景下，也很难保证投资项目的成功。在市场经济条件下，无论在工业还是农业进行项目投资，都存在市场风险和不确定性。由于受到区位、基础设施、金融、法律、会计、人力资源的限制，加上政府兴建的乡镇企业存在较多体制问题，采用补贴贷款方式进行这类投资，难免发生投资失误和贷款回收率低下问题。

第三，从扶贫实施方式上看，政府主导型扶贫策略虽然有利于动员资

---

① 1984年以前，中央政府通过财政支出来支持贫困地区发展。1984年“拨改贷”后，财政拨款改为通过银行贴息贷款，1994年以前由中国农业银行发放。1994年政策性银行中国农业发展银行成立以后，改为由农发行发放。1998年3月以后，又重新划归已经进行商业性银行体制改革的中国农业银行管理。通常管理办法是，扶贫部门负责审定贴息贷款项目，银行虽然也参与项目评估，但是作用比较有限。项目确定后由银行负责对取得地方扶贫领导小组批准项目发放贷款。参见康晓光《中国国内扶贫行动评述》，专题研究报告，1998，第9页。

源，但是由于对非政府组织力量利用不够，对农民自组织力量利用不够，以及行政系统本身的弱点，容易引发效率低下问题。中国政府对非政府组织扶贫和国际组织扶贫虽然也采取了某些积极鼓励政策，还出现了像“希望工程”这样由“政府组织控制的非政府组织（Government Organized Non-Government Organizations：GONGOs）”成功实施的扶贫行动个案。然而，在公共生活仍以政府处于绝对主导地位的大背景下，我国扶贫主要利用行政系统来推动。无论是扶贫动议的产生、政策的制定、制度的建立、资源的筹集，还是具体行动的组织和实施，绝大部分由政府承担，并通过行政部门组织构架来推动，而GONGOs发挥的作用，与政府行政力量相比，仍然处于极为边缘的地位。另外，在贫困地区，缺乏社区性的贫困农户的反贫困互助组织，在扶贫项目的选择、决策和实施过程中，贫困农户大都处于被动地接受和服从地位，缺乏贫困农户的主动有效参与。由于分散、孤立、贫穷农户缺乏可以有效维护自己利益的手段，地方政府滥用扶贫资源的行为得不到来自目标群体的有效制约。在政府主导型扶贫框架内，还存在难以实施有效监督审计的问题。虽然中央非常重视对扶贫资金利用的审计监督工作，在全国扶贫工作会议上一再强调其重要性，然而事实证明，在给定的政府主导型扶贫模式下，通过政府内部一个行政机构审计约束另外一个行政机构的行为，存在很大成本和种种困难。即便审计发现存在问题，也难以通过有效措施从根本上加以治理。

## 三　中国西部扶贫政策的阶段和类型

包括新疆在内的中国西部地区，是贫困人口聚集的主要地区。如何认清贫困原因进而实施有针对性的扶贫开发政策，是摆在国家和政府面前的一项重要工作。

### （一）中国西部贫困的总体原因

第一，中国绝大部分的贫穷人口分布在中、西部资源匮乏的地区，相比较富裕的东部地区，缺乏发展农业的条件，再加上恶劣的自然、生态与社会条件，致使这些地区长期处于贫穷状态。目前的贫穷人口多居住在中西部偏远、边境和少数民族聚居地区，半数以上贫穷地区分布在山区，都存在农业生产量低、生产条件差、耕地不足等问题。[①] 此外，这些地区缺乏基础设施，特别是缺乏饮用水、公路和铁路设施，医疗卫生条件落后，

---

① 国务院扶贫开发领导小组：《中国扶贫开发报告（2000年）》，2005。

缺乏受教育的机会。[①]

第二，地区经济发展不平衡，也是中国贫穷问题的成因之一。改革开放后，中国沿海省区的经济快速发展，致使东西部发展失衡，西部地区的贫穷人口未享受到经济成长所带来的益处。1995 年世界银行发表《中国：区域差异》报告中指出，由于交通、通信、贸易优势为沿海地区带来竞争优势，中国沿海和内陆之间的所得与消费差距加大，且有持续的趋势。

第三，从中国的区域发展政策来看，可以发现除 1953 ~ 1957 年的“一五”计划是针对内陆地区的重工业和国有企业发展外，其他诸如“论十大关系”、梯度理论、门户开放政策和沿海发展与社会主义市场经济改革的政策都是针对沿海地区发展所制定的。[②] 然而，1990 年以后，中国贫穷人口越来越集中于西部省区、山区。西部地区贫穷人口无法持续减少的主因，乃是贫穷人口分布广泛。在大规模贫穷人口减少的同时，返贫现象也同时出现。[③]

第四，中国少数民族的贫穷问题是另一重要成因。2001 年实施的《中国农村扶贫开发纲要》，再次把民族地区确定为重点扶持对象。[④] 少数民族地区有 90% 以上的人口居住在贫穷地区，集中生活在西北和西南地区的深山区是这些民族贫穷的主要原因。[⑤] 由于自然与生态环境恶劣，再加上自然资源缺乏与财政收入少，公共投入和基础设施建设严重不足等因素，造成中国中西部与少数民族地区成为我国贫穷人口的集中地区。

**（二）新疆贫困的具体原因**

1. 交通闭塞、路线长、路况差，通信设施落后

路线长，路况差，通信设施落后，也是新疆贫困地区脱贫难度大的主要原因之一。交通不便、行车条件差、公路技术等级低和通达水平低等，不仅制约了人口的适度集中，而且加剧了人口居住的分散性和封闭性，增

---

① 董焰、樊桦：《中国的交通基础设施、增长与减贫》，上海扶贫大会 - 大规模减贫案例研究（上海，2005 年 5 月 25 ~ 27 日）；另见中国社会科学院农村发展研究所、国家统计局农村社会经济调查总队《2001 ~ 2002 年：中国农村经济形势分析与预测》，社会科学文献出版社，2002，第 139 ~ 140 页。

② Yehua Dennis Wei, *Regional Development in China: States Globalization, and Inequality*, New York: Routledge, 2000, pp. 1 - 13.

③ 唐建、刘志文：《西部地区农村贫困现状、原因及对策探析》，《中国人口 · 资源与环境》2004 年第 14 卷第 4 期。

④ 樊曦：《白皮书：中国不断加大少数民族地区扶贫力度》，http://news.xinhuanet.com/newscenter/2005 - 02/28/content_2628099.htm，最后访问时间：2013 年 6 月 2 日。

⑤ 康晓光：《中国贫困与扶贫理论》，广西人民出版社，1995，第 147 页。

加了扶贫投入的成本，制约了人流、物流、信息流和资金流。许多贫困人口由于信息不灵、预测不准，加之思想守旧，对当前产业结构的调整缺乏审慎分析，因而很容易造成增收难度大的事实，从而严重限制了社会分工的发育和市场经济的发展。

2. 水利设施落后，水资源利用不合理，造成缺水，形成贫困

在新疆，缺水是贫困最主要原因之一，但总体来看，新疆的水资源并不缺乏，主要是利用不合理，浪费水和缺水现象并存。究其原因，是一些主要河流长期未得到有效治理，山区控制性水利枢纽尚未建设，有些贫困地区有水但无调节水库，农牧区骨干灌排工程简陋，气候炎热、蒸发量大，水的利用率低，抵御灾害能力弱。由于缺水和水的利用不合理，使贫困地区生态环境严重恶化，甚至危及人类的生存。新疆现存的农村贫困人口绝大部分集中分布在南疆地区缺乏水资源的区域。

3. 自然条件差，生态环境恶劣，自然灾害频繁

新疆地理环境和气候条件特殊，一遇到旱、洪、地震、风、雪、虫灾害等，就会对贫困地区脱贫致富的步伐产生致命的打击，这是致贫和返贫的主要因素。例如，和田地区的贫困县耕地沙化严重，且风沙多，耕地有机质含量仅有0.9%。喀什噶尔河流域耕地盐碱面积达50%，其中，疏勒和伽师重点县分别达89.5%和91.2%，而且碱化程度仍在加剧。南疆地区的农业县有风天较多，而多数贫困县一般又与沙漠作邻居，风起沙舞，形成风沙和浮尘。和田河中游平原浮尘日达202.4天，严重时会出现远似乌云，近似浓凋，黄沙滚滚，明月无光的“黑风暴”，毁掉农作物，造成庄稼颗粒无收。喀什噶尔河流域，全年大风日20天左右。据统计监测资料显示：每年贫困地区一半以上的行政村遭受过严重的自然灾害，受灾造成减产在三至五成的村高达80%，减产五至八成以上的村占15%。

4. 贫困地区的社会保障体系严重滞后

在社会主义市场经济条件下，社会保障体系是治理贫困也是遏制返贫现象产生和蔓延的一个技术性措施。但由于种种原因，贫困地区的社会保障体制改革却严重滞后。其主要原因：一是人们对保险的意义认识不够，投保的积极性不高，社会保险水平低；二是自治区财力有限，最低生活保障制度推广到广大农村还需要一段相当长的时间；三是人口居住分散，容易形成投入大而受益人口少，加之地方财力有限，经济滞后，目前重点县基本上都是支大于收的财政赤字县，财政自给率一般仅有20%左右，有的重点县甚至更低。长期处于赤字状态，重点县无力增加投入以改善贫困

社区的公共设施。基础设施和社会服务的低水平状态，造成贫困地区社会福利和优待抚恤事业发展滞后。

5. 人口压力过大

人口压力过大是造成贫困地区经济增长缓慢，致贫的又一原因。新疆是少数民族聚居地区，中央对新疆在计划生育方面也有特殊的政策，进入20世纪90年代，新疆农村才开始提出计划生育政策，整整比全国晚了20年。人口增长过快，人口增长率过高，人口密度越来越大，超过了自然界的负荷度和承受能力，农民收入部分被新增人口“吃掉”。例如，返贫问题突出的南疆地区疏附、疏勒、叶城、墨玉、乌什、和田、伽师等县人口出生率均在20‰左右，户均人口一般在6~8人。

6. 贫困地区资金投入不足，集体经济薄弱，农民的相对负担较重

对新疆贫困地区投入的主要是各种扶贫资金，这与贫困地区经济发展实际需要相比，资金投入的力度太小。其次新疆本身为欠发达地区，自身经济发展对贫困地区经济的辐射和带动作用较小。再者贫困地区自身财力和欠账多等诸多因素，造成贫困地区的村级集体经济薄弱，农民相对负担沉重。虽然国家和自治区三令五申减轻农民负担，并对贫困地区的税费实施减免等政策，但实际情况却相反，农民负担相对较重，制约了贫困地区农民收入增长和脱贫的进程。[①]

从以上分析可以看出，中国西部和新疆贫困的主要原因在于交通闭塞、与东部经济强省的隔绝。要使新疆和中国西部贫困地区迅速脱贫走上内生发展的道路，必须通盘考虑东西部地区之间的优势互补，使西部成为中国经济新的增长极。对于这一战略的实现，高铁建设在其中扮演极为重要的角色。高铁的建设不仅将有助于实现欧亚大陆经济整合，为中国建立陆权战略，并帮助中国在全球战略的层面上实现蓝海战略与丝绸之路战略之间的对冲，而且将把新疆变成中国经济第二个增长极，全面解决实施蓝海战略过程中积累的各种地域发展不平衡问题。[②] 向西开放，通过建设东进西出新疆的高铁打通连接欧洲陆路的通道，建立陆权战略，实现环太平经济整合与欧亚大陆经济整合之间的战略对冲是高铁建设为中国带来的战略选择，更为西部和新疆扶贫模式的转变带来新的契机。

---

① 新疆维吾尔自治区扶贫开发领导小组办公室：《新疆维吾尔自治区农村扶贫开发规划（2004~2010年）》，2004年7月。

② 韩玮：《向西开放：高铁为中国带来的战略选择（高柏访谈）》，《时代周报》2012年12月8日。

### （三）扶贫政策的历史阶段与类型划分

根据以上对中国扶贫政策历史演变的梳理，笔者拟以外部市场面向和内部发展动力两大维度进行交互分析，将扶贫政策划分成如表11－8所示的四种类型。2010年之前的中国扶贫政策，基本上属于下面分析框架中的第一阶段即“外生－内向型”扶贫。以2010年3月、2011年5月和2012年5月三次对口援疆会议为标志，新疆扶贫政策进入有意识的“内生－外向型”扶贫新阶段。

**表11－8　扶贫政策阶段与类型划分表**

| 内部 \ 外部 | | 市场面向 | |
|---|---|---|---|
| | | 内向型 | 外向型 |
| 发展动力 | 外生型 | 外生－内向型 | 外生－外向型 |
| | 内生型 | 内生－内向型 | 内生－外向型 |

扶贫政策第一阶段：外生－内向型（2010年之前）

方式：输血式、纯粹救济式；

目标：解决贫困地区的温饱问题；

特点：外援为主、国内甚至是区域内市场，封闭性强，内生发展动力不足。

扶贫政策第二阶段：内生－外向型（2010年之后）

方式：造血式；

目标：达致小康、走向富裕；

特点：外援作为启动器，打通中亚西欧市场，开放性强，内生式增长。

### （四）新疆扶贫进入“跨越式发展”新阶段

在2010年5月17日至19日于北京举行的中共中央、国务院新疆工作座谈会上，胡锦涛强调做好新形势下新疆工作，是提高新疆各族群众生活水平、实现全面建设小康社会目标的必然要求，是深入实施西部大开发战略、培育新的经济增长点、拓展我国经济发展空间的战略选择，是我国实施互利共赢开放战略、发展全方位对外开放格局的重要部署，是加强民族团结、维护祖国统一、确保边疆长治久安的迫切要求。温家宝也指出，为推动新形势下新疆经济社会加快发展，必须加大政策支持力度。以此为标志，新疆扶贫进入“跨越式发展”新阶段，这一阶段的政策部署强调以对口支援为促进新疆内生发展的启动器，以中亚五国、欧洲大陆为外向开放的重要市场，高铁带动下的向西开放成为这一战略中的关键一环。

1. 三次对口支援新疆工作会议进行新部署

2010 年 3 月 29 日至 30 日在北京召开第一次全国对口支援新疆工作会议。中共中央政治局常委、国务院副总理李克强出席会议并发表重要讲话。这次会议是党中央、国务院决定召开的一次重要会议。会议内容是学习贯彻中央关于组织开展新一轮对口支援新疆工作的重要决策，对进一步加强和推进对口支援新疆工作进行动员部署。

第二次全国对口支援新疆工作会议于 2011 年 5 月 27 日至 29 日在北京召开。会前，中共中央总书记、国家主席、中央军委主席胡锦涛做出重要批示。他指出：“一年来，援疆工作取得了显著成绩。要认真总结交流经验，切实贯彻援疆规划，全面实施援疆工作，务求取得扎实成效。”中共中央政治局常委、国务院副总理李克强，中共中央政治局常委、中央政法委书记周永康出席会议并讲话。

第三次中国对口支援新疆工作会议于 2012 年 5 月 30 日在北京召开。时任国务院副总理的李克强在讲话中强调，要坚持工作目标不动摇、工作热情不降低、工作力度不减弱，一要以更高的效率推进住房、就业、医疗、社保等民生项目，二要加强交通、水利等重大基础设施和生态环保建设，三要推进产业援疆发展特色经济，四要加大科技、教育、人才、干部等智力援疆力度，推动新疆与内地之间、各民族之间加深交流交往交融，努力开创对口援疆工作新局面。李克强此次提出的“四个援疆”，给当前和今后做好全方位援疆工作指明了道路和方向。他强调要在实施扩大内需战略、深入推进西部大开发，构筑全方位对外开放格局，特别是向西开放的背景下谋划推动对口援疆工作。

总体来看，中央开展对口援疆工作，是协调区域发展的需要，是实施扩大内需战略的主要措施之一，是深入推进西部大开发的重点所在，进一步做好对口援疆工作、推动新疆实现跨越式发展和长治久安，对于培育西部地区开发开放新的增长极，对于稳定经济增长，对于调整优化区域经济结构，都具有重要现实意义。

2. 新疆跨越式发展的政策支持

中央决定，在新疆率先进行资源税费改革，将原油、天然气资源税由从量计征改为从价计征；对新疆困难地区符合条件的企业给予企业所得税

“两免三减半”优惠；中央投资继续向新疆维吾尔自治区和兵团倾斜，“十二五”期间新疆全社会固定资产投资规模将比“十一五”期间翻一番多；鼓励各类银行机构在偏远地区设立服务网点，鼓励股份制商业银行和外资银行到新疆设立分支机构；适当增加建设用地规模和新增建设用地占用未利用地指标；适当放宽在新疆具备资源优势、在本地区和周边地区有市场需求行业的准入限制；逐步放宽天然气利用政策，增加当地利用天然气规模等。中央制定的这些政策措施，坚持把保障和改善民生作为新疆发展的首要目标，将加快经济发展同发展社会事业、解决关系人民生活的突出问题结合起来；坚持把科学发展作为解决新疆问题的根本举措，将解决短期突出困难同夯实经济长远发展基础结合起来；坚持以改革开放破解发展难题，把有效发挥政府作用与充分运用市场机制结合起来；坚持立足于增强新疆自我发展能力，把中央和各兄弟省市的支持帮助同充分发挥新疆自身的比较优势、后发优势结合起来。中央要加快推进以改善民生为重点的社会建设，着力扶持贫困地区发展；加强基础设施和生态环境建设；大力发展特色优势产业；从战略层面扩大新疆内外开放，努力打造我国向西开放的桥头堡；努力提高新疆生产建设兵团综合实力，发挥其在稳疆兴疆中的特殊作用；举全国之力，把新疆这块伟大祖国的宝地建设得更加美好。

3. 中央十策扶持新疆两大经济开发区

据2011年10月8日《国务院关于支持喀什霍尔果斯经济开发区建设的若干意见》，我国将采取提供财政补助和税收优惠等十大措施，加大对喀什、霍尔果斯经济开发区的政策扶持力度，将这两个经济开发区建设成为我国向西开放的重要窗口和推动新疆跨越式发展新的经济增长点。

总之，以2010年中共中央政治局“新疆工作座谈会”召开为起点，新疆迎来了改革开放30多年来最具实质性战略意义的发展机遇。“跨越式发展”的提出无可置疑地反映了新疆未来发展的方向、趋势和进程。当此之际，拥有全疆30个贫困县70%份额的南疆区域，其“跨越式”的发展势必受到目前尚处于“低谷”的贫困县乡的拖累。贫困县乡大面积并且集中地存在，正是南疆区域“跨越式发展”的“短板”。换言之，南疆区域能否实现“跨越式发展”，取决于能否消除贫困，取决于扶贫的“跨越式发展”。贫困县乡“跨”多高、“越”多远、发展多快，是由扶贫运作的力度和能否取得预期效果来决定的。

## 第三节　高铁带动下的向西开放与新疆特色产业发展

总结回顾2010年之前新疆扶贫开发多年走过的路，总体上属于“外部输血式”的“外生－内向型”扶贫，取得了显著成效，使大多数农民摆脱了极端贫困，贫困地区的生产生活基础设施条件有了较大程度的改善。但是，发展的后劲不足，自有资源廉价流出，人才、资金大量流出，消费资源市场价流入的状况却没有改变。在市场经济环境下，各种生产要素向发达地区流动完全符合经济规律，无可厚非，也因此形成了地域间、城乡间的两极贫富差异，造成的后果是发达地区越来越发达，而贫困地区则更加贫困。消除上述现象的有效办法只能是发展生产、培植产业，实施产业扶贫战略，将之作为新时期扶贫工作的重中之重。实施产业扶贫的积极意义在于，它是从根本上解决农民脱贫致富的长远之策。只有建立起产业优势，才能达到“兴一项产业，脱一村贫困，富一方农民”的良好效果。它将为外地企业寻找到新的发展商机，并通过产业转移获得持续发展，是本地企业全面充分利用资源并创造后发优势的有效途径，也将为城市消费者变成农村投资者和企业家提供广阔的发展空间。①

### 一　高铁带动下的向西开放战略对新疆发展外向型产业的意义

#### （一）打通欧亚两大市场

新疆除东南部连接甘肃、青海，南部连接西藏外，其余均与中国的邻国交界：东北部与蒙古人民共和国毗邻，西北部同俄罗斯、哈萨克斯坦、吉尔吉斯斯坦、塔吉克斯坦接壤，西南部与阿富汗、巴基斯坦、印度接壤。边境线长达5400多公里，占全国陆地边境总长的四分之一，是我国边境线最长的省份。新疆地大物博，蕴藏着丰富的能源资源和矿藏。全国已发现的162种矿种中，新疆有122种。新疆矿产种类全，储量大，开发前景广阔。目前发现的矿产有138种，其中，9种储量居全国首位，32种居西北地区首位。石油资源量208.6亿吨，占全国陆上石油资源量的30%；天然气资源量为10.3万亿立方米，占全国陆上天然气资源量的34%。但是新疆地理位置特殊，远离海洋的位置使得它的经济开放面临地

① 新疆维吾尔自治区党委政策研究室课题组编著《新疆贫困状况及扶贫开发》，新疆人民出版社，2010，第142页。

理条件的限制。

由于新疆是我国西部地区资源最丰富的地区之一，随着资源大规模开发和利用，必然会有大量的资源及成品运输出疆。新疆的开发要依靠市场，特别是海外市场，而市场又必须要有吸引市场要素的环境。无论是人才、技术、资本还是其他生产要素，它的聚集与扩散都需要交通运输来承担，都需要由交通来开创一个良好的环境。新疆的扶贫开发要有一个现代化综合交通体系来支撑，为市场要素的聚集创造良好的条件。新疆地理位置特殊，是西部地区内引外联的主渠道与对外开放的重要窗口。在现有欧亚大陆桥中线基础上建设复线铁路和高铁，打通中国西出中亚、连接欧洲的通道，为新疆特色产业发展提供欧亚市场的陆路交通要道，把新疆变成中国经济第二个增长极，甚至对中国实现欧亚大陆经济整合、建立陆权战略、全面解决实施海权战略过程中积累的各种地域发展不平衡问题具有极其重要的战略意义。

**（二）提升新疆在我国向西开放中的门户地位**

从国内的地理区域来看，新疆是我国西北地区的经济大省，也是中国向西开放的门户。新疆经济的快速增长，与一直以来贯彻的向西开放政策关系密切，特别是新疆向中亚地区的开放以及西出中亚高铁的建成，为新疆经济发展带来了勃勃生机。另外，目前新疆发展特色产业的基础条件已经具备，中亚等周边国家经济迅速的恢复性增长为新疆特色产业的发展带来了历史性的机遇。与中亚国家相比，我国新疆处于产业链的上游，具有向西延伸的可能性，同时也面临来自欧盟等发达国家对中亚及周边市场的激烈争夺。中亚五国承接了苏联产业结构的固有格局，经济发展极不平衡，居民生活消费品大多依赖进口。与之相比，中国新疆处于轻工业发展的上游，产业链和消费品市场层次相对较高，与中亚及周边国家的经济互补性较强，产业链和消费市场向西扩张极具潜力，以上因素决定了我国新疆发展特色产业的必然性。

但是，运输距离过长、运费过高的局面长期困扰着新疆经济社会的发展。新疆境内幅员辽阔，远离内地经济腹地，区内与区外的运输距离很长。由于新疆运输距离长，交通建设资金短缺，投入不足，基础设施差，运输方式不合理，造成各种工农业产品运输成本高，降低了产品市场竞争力，抑制了新疆资源优势的发挥，因此，长期以来交通始终是制约该区国民经济发展的重要因素。运输结构不合理，大量中长途客货运输由高运价的公路运输承担，大大增加了运输成本。按现行费率初步测算，新疆每亿元国内生产总值所需的运输费比全国平均高出 2 ~3 倍。[①] 由于与沿海地区距离较远，因此新疆为避免长距离运输的瓶颈向西发展、依托西出中亚的高铁战略发展“内生－外向型”经济，不但有利于缓解交通运输成本，还有利于拉动我国西北地区经济的快速增长。

## 二　依凭高铁战略调整优化产业结构，做大做强特色优势产业

### （一）改变原来单一的产业结构和种植结构

新疆封闭的环境、单一的以农业为主的产业结构造成其经济相对落后，不能有效地提高经济收入，尤其是广大农牧民的收入；不能带动新疆地方财政收入的增长；不能促进和繁荣新疆边贸经济；不能保障社会福利推行等等，这些情况同时对稳疆固边也会产生不利影响。这些年，贫困人口比较集中的和田、喀什、克孜勒苏三地区，经过广大干部群众多年的不懈努力，艰苦创业，农村面貌发生了巨大变化，农业结构调整取得了明显成效，在确保粮食生产基本稳定，群众基本解决了吃饭问题的前提下，区域性特色产业得到较快发展。从这些年南疆棉花发展的情况来看，尽管棉花为当地农民带来了比较高的收益，但增收的潜力已经不大，大面积种植棉花占用了不少的良田，在一些地方影响了林果业和畜牧业的发展，多年重茬种植棉花还造成地力的下降和环境的污染，严重影响农业的可持续发展。鉴于此，应将棉花发展的着力点从扩大种植面积转变到调整品种结构、提高单产和品质上，不能死盯住棉花不放，要引导扶持三地州发展效益更好的产业。到 2005 年，南疆三地州棉花种植面积达到并稳定在 300 万亩左右，棉花产业已成为当地农民收入的主要来源。近年来，三地州林果业、畜牧业、设施农业和特色种植业发展迅速，林果面积已发展到 524 万亩，牲畜存栏头数达到1305 万头（只），肉产量 31. 53 万吨，设施农业面积十余万亩，这些产业正成为农民持续增收的重要支柱产业。

### （二）发展特色农产品加工产业

一般来说，农产品加工产业是指以农牧业的生物资源为原料加工或生产某种产品，满足消费者的需求，获得利益、求得发展的产业，包括食品加工业、乳制品加工业、肉制品业、纺织业、制酒业、林果制造业等。“十二五”是建设社会主义新农村的重要时期，农产品加工业是构建现代

---

① 麦勇：《中国新疆的特色产业选择与发展战略——与中亚五国的比较研究》，上海财经大学出版社，2010，第 3 页。

农业体系的重要内容，是从根本上解决农业效益低的有效途径，对推动农村经济结构战略性调整作用重大，是促进农民增收和转移农村富余劳动力的重要渠道，对推动社会主义新农村建设具有重要意义。从新疆16个国家扶贫开发重点县的情况来看，当地的水、土、光、热和农业种质资源都比较丰富，具有发展种养业和农副产品加工业的潜力和优势，只要各地坚持以市场为导向，充分发挥比较优势，积极调整农村产业结构，就能把特色产业培育壮大成优势主导产业，为县域经济发展提供重要的产业支撑，为农民实现持续增收奠定产业基础。新疆具有发展特色农产品加工业的优势：土地面积占全国的1/6，水土光热资源丰富，组合条件优越，生态类型多样；人均耕地面积0.19公顷，是全国平均水平的近两倍，可利用荒地98万公顷，可利用草地500万公顷，是我国重要的农牧业后备资源战略基地；农业生产资源优越，太阳总辐射量大，日照时间长，昼夜温差大；拥有一大批在国内外市场具有一定竞争力的特色农产品，诸如棉花、哈密瓜、库尔勒香梨、红花、葡萄、细羊毛、乳品和牛羊肉等，有能力成为我国优质特色农产品的加工创汇生产基地。全区以果树为主的经济林面积达到23.33万公顷，形成了一批有规模的名优特色干鲜果基地，果品产量达到140万吨。每年有50万吨特色瓜果产品外调出疆。以加工番茄、胡萝卜汁、石榴汁（酒）、枸杞和红花为主要内容的红色产业成为新疆特色农业发展新的增长点。①

1. *着力把林果业培育成南疆等贫困地区最重要的支柱产业*

依托南疆优越的自然环境和丰富、知名的林果种质资源，以及当地老百姓历来喜欢种植特色林果的传统，大力发展核桃、香梨、红枣、葡萄、巴旦杏、开心果、杏、石榴等优势果品生产，重点加强林果基地、加工转化、市场开拓和科技支撑四大能力建设，在现有发展规模的基础上，努力实现由面积扩张向提高品质、效益转变，由分散的基地建设向形成优势产业带转变，由生产初级产品向加工增值、开拓市场转变。发展林果业，一方面能够带动地方经济发展，促进农民增收，另一方面能够增加林木植被，改善当地的自然生态环境，达到一举两得的效果。目前，在南疆一些贫困县，林果业已成为农民增收的“摇钱树”和“绿色银行”。例如，和田县把发展以核桃为主的林果业作为农业结构调整的重点，到

① 马玲玲：《企业结构绩效与路径依赖——以新疆农产品加工企业为例》，经济管理出版社，2008，第41页。

2007年已种植各类林果14.57万亩，年总产1.3万吨，年创收1.9亿元，仅核桃一项人均收入就达792.68元，林果业的赚钱效益将随着面积的进一步扩大和盛果期的到来而突显出来，绿洲生态环境也将得到极大的改善。

2. 实行农牧结合，做强做大畜牧业

新疆既是全国重要的畜牧业大省，又是牛羊肉、奶及奶制品的消费大省，所产的各类畜产品品质优良，很受区内外市场的欢迎，发展畜牧业具有很大的潜力和市场空间，是实现贫困地区农业农村经济良性发展的重要突破口。传统农业县要切实转变发展模式，把畜牧业作为促进现代农业、循环农业、生态农业发展的关键一环，摆在更加突出的位置来推动，实行农牧结合，以农促牧、以牧促农。粮食主产县通过畜牧业来促进粮食转化，提高农牧业生产的综合效益，由一业增收变为两业增收。非粮食产区要主动调整种植业结构，变一元种植结构为粮、经、草三元种植结构，发展高效饲草料作物，并充分利用农作物秸秆发展农区畜牧业。北疆贫困牧区要加快传统畜牧业向现代畜牧业的转变步伐，以推进牧民定居半定居为关键环节，加大牧区配套基础设施建设力度，重点抓好人工饲草饲料基地、天然围栏草场和牲畜棚圈建设，切实改变游牧生产方式，优化畜种、畜群结构，提高母畜比例，实行舍饲半舍饲，大规模开展冬羔、早春羔生产，提高出栏率和商品率，加快牲畜周转，努力做到四季均衡出栏，稳定市场供应。这将有利于龙头企业正常组织收购和加工生产，防止畜产品价格的大起大落，确保牧民稳定增收。例如，国家重点扶持县尼勒克县，该县以牧为主，兼有农、林，由于自然条件差，工业基础薄弱，农牧民收入一直维持在2400元左右。该县通过重点实施"5321"产业扶贫工程，即贫困户户均5头牛、30只羊、20只鸡、10亩农作物高产田，做到农牧结合，扶持贫困户发展家庭养殖业，经过几年的努力，闯出了一条扶贫开发的新路子，加快了农牧民脱贫致富步伐。2005年该县农民人均纯收入达到2498元。

3. 大力发展设施农业

设施农业是在环境相对可控条件下，采用工程技术手段，进行动植物高效生产的一种现代农业。设施农业属于资金、技术、劳动密集型产业，具有一年四季可组织生产、单位土地面积产出率高的特点，适于人均耕地少、劳动力充裕的贫困地区发展。市场对反季节瓜果蔬菜的需求量越来越大，设施农业发展较早的一些地区生产的比较效益却越来越低，这就为边远贫困落后地区发展设施农业带来了市场机遇。近些年来，政府通过加大对贫困地区的投入，制约设施农业发展的“颈瓶”问题如交通、水利、农田等基础设施条件都有了明显改善，创造了设施农业发展的硬件条件。贫困地区应抓住新一轮农业结构调整的机遇，乘势而上，把发展设施农业作为农民增收的新渠道，引导当地群众发展设施农业。政府要加大扶持力度，帮扶到户，对温室大棚建设给予资金补助，配套相关设施，加强技术指导，使这项见效快的产业为农民带来可观的收入。南疆三地州已经涌现出一大批通过发展设施农业而实现快速脱贫致富的县、乡、村。例如，民丰县过去是新疆最为偏远和闭塞的贫困县之一，自从民丰至轮台的沙漠公路修通以后，这个县充分利用光照充裕、无霜期长等有利条件，大力引导当地少数民族农民群众建设温室大棚搞反季节蔬菜，从山东、自治区聘请专家和生产能手，开展传、帮、带。从过去的棚无一座发展到2006年的有标准温室大棚1289座，大棚种植的效益日渐提高，每棚的年收益从2300元提高到6000多元，仅设施农业实现全县农民人均增收71元，农民人均纯收入由2004年的1712元增加到2006年的2700元，在很短的时间里就培育出了农民增收的新产业。

4. 大力发展传统名、特、优农产品生产

发展特、优农产品加工业。贫困地区大都有不少的传统名、特、优农作物品种，像西甜瓜、小茴香、恰玛古、打瓜以及家禽等，加上地处偏远，环境隔离好，工业化程度低，工业污染小，有生产无公害、绿色食品甚至有机食品得天独厚的环境条件，只要做好市场开发与营销工作，引入和探索新的栽培模式，按照食品安全标准组织生产，就会有很好的效益。例如，麦盖提县克孜勒阿瓦提乡克孜勒吉村，以种植业为主，人均耕地3.2亩，为提高亩均产出效益，全村围绕当地传统名、特、优农产品如小茴香、西瓜、甜瓜等，积极探索出“四熟制”的种植模式，以双膜小拱棚为主体，根据不同作物的生长期、成熟期和生长条件要求，采取一茬直播西瓜、一茬再生蔓西瓜、一茬小茴香、一茬架子甜瓜的方式，实行套种与复种相结合、平面种植与立体种植相结合，变一年一熟为一年多熟，一年下来，亩均纯收入在5600多元，是单纯种植棉花或粮食的5倍多，不仅提高了土地利用率和产出率，而且打了一个产品上市的时间差，产品不愁卖，还能卖出好价钱，为以种植业为主的乡村找到了致富的新门路。

发展番茄加工业。2007年，中国罐头工业协会向社会发布了《中国番茄产业发展报告》，指出中国以新鲜番茄加工制成的番茄酱等各种制品，其出口份额已从1999年占世界出口市场的7.7%上升至30%左右，中国已成为世界第三大番茄酱生产国和第一大番茄酱出口国，不仅影响了世界市场的走势，而且也影响了世界番茄产业格局的变化。世界番茄组织近期的报告称，中国番茄种植面积已达6万多公顷，是世界三大主要种植区域之一，番茄加工主要分布在新疆、内蒙古和甘肃。其中，新疆因为具有种植番茄的天然条件，在国家西部大开发战略的支持下，2006年，番茄种植面积已达5万多公顷，且其番茄具有质量好、病虫害少、固形物和红色素含量高等特点，因此，新疆加工的番茄产品在市场上很有竞争力，一定要抓住西出中亚的高铁战略机遇和特色产业的资源优势，做大做强番茄加工这一“红色产业”。

**（三）实施农业产业化经营，拉长产业链，提高附加值**

实施产业化扶贫，不但要加快农业产业化基地建设的速度，增加农产品的数量和质量，扩大优质农产品的种养规模，更要重视农副产品加工问题，把培育和发展农业产业化经营的龙头企业作为关键。发展农副产品加工业，可以促进农业结构的调整优化，降低农民生产的市场风险，提高农民的组织化程度，增加非农就业岗位，放大扶贫成效。因此，新时期推进产业化扶贫，必须调整已往的扶贫开发思路和扶贫模式。树立“扶持产业化就是扶持农业，扶持龙头企业就是扶持农民”的思想，把推进贫困地区的农业产业化经营纳入扶贫开发工作的重要日程当中，调整扶贫资金投向。只要龙头企业依托当地的物产资源和劳动力资源，开展农副产品加工业，吸纳农村劳动力就业，就要重点加以扶持，形成以扶贫资金的投入为导向，以企业和农户自身投入为主体，银行、外资和社会资金投入为补充的多渠道、多层次、多元化的良性投资体系，着力培育出一批具有实力、辐射面广、带动能力强，能带领广大农民共同致富的龙头企业，加快建立贫困地区的农业产业化经营体系。在龙头企业的培育方式上，由于贫困地区缺乏资金、技术、人才、信息和市场，宜采用如下方式：一是“见苗施肥式”，政府对有前途的特色产品加工企业进行扶持，创造条件，促其成长，使其成为有实力的龙头企业；二是“移植式”，积极引进外商、城市工商企业和外地特色产品开发企业到本地开发特色产品，贫困县要只求所在，不求所有，只要外地企业在本县建立生产基地，雇用当地劳动力，就要大胆地引进、扶持，使引进的企业为本地带来新的技术、设备、管理经验和市场信息，消化本地剩余劳动力，带动本地特色产品开发和配套产业发展。要摒弃“大而全、小而全”的落后观念，杜绝盲目追求高起点、大规模的落后思想。政府在积极支持龙头企业健康发展的同时，应当特别关注和支持农民提高组织化程度，发展各类专业合作经济组织，建立企业与农户联结的纽带。有了这个纽带，才能有效地建立双方之间稳定、便捷、长期的合作关系，节省交易成本，提高运作效率。这是农业产业化经营健康发展的重要一环。

**（四）大力发展传统特色民族手工业，促进农村二、三产业发展**

随着旅游业的兴起和工艺品收藏热的出现，少数民族手工艺制品越来越受到广大消费者特别是城市消费者的喜爱，市场空间很大。在边远贫困少数民族地区推进产业扶贫，必须充分挖掘这方面的发展潜力，积极引导、组织少数民族群众发展传统特色民族手工业，以此带动农村二、三产业的发展。近年来，在新疆涌现出一批生产少数民族器乐、小刀、花帽、土陶制品、地毯、蒙古包的专业村。这些村通过发展传统特色民族手工业，极大地解决了当地农村劳动力的就业问题，增加了家庭经营收入。例如，英吉沙县素有“小刀”之乡的称谓，该县的芒辛克乡有200多户人家，从事小刀加工的有164户，人均来自小刀加工的收入达900多元，占全乡农民人均纯收入的60%。和田县的手工织毯中外有名，全县农村有3万人从事这项产业，年织地毯28万平方米，创产值1.4亿元，农民人均获得收入600多元。整个和田地区有2.48万户6万多农民从事地毯编织，有1500多户3000多人从事艾德莱斯绸的编织工作，有1000多人从事小刀制作，民族手工业已经成为当地脱贫致富的重要产业。此外，南疆部分少数民族历来就有从事商品贩运、民族餐饮的传统和习惯。建议各级政府要切实贯彻落实国办发〔2007〕14号文件《少数民族事业“十一五”规划》，扶持民族贸易、少数民族特需商品和传统手工业品生产发展，抓紧制定少数民族特许商品产业指导目录和传统生产工艺抢救计划，在税收、金融、财政等方面给予优惠政策。建设少数民族特许商品生产基地和区域性流通交易市场，在鼓励扶持一家一户从事少数民族特需商品、民族工艺品加工生产的同时，也要大力支持重点企业发展，提供资金进行技术改造。

“内生－外向型”产业化扶贫是个大战略，当地老百姓既是战略实施的受益者，同样也是战略实施的承担者。从以上情况看，贫困县具有产业发展的有利条件，同样也存在众多的具有潜能的创业者。要壮大主导产业，促进农民就业，实现产业富民、产业强县，就必须大力倡导农民自主创业，推动全民创业。[①] 一方面要注重发挥农民的创造力，针对许多农民文化素质不高，缺乏就业技术，加之长期在边远地区生活，思想观念不适应现代社会创业要求的现实，加强对农民的指导、教育、培训和服务，增强产业扶贫的内生能力；另一方面要实行倾斜政策，给贫困地区更多的财政、项目支持，充分营造创业氛围与环境，积极开拓中亚、欧洲市场，增强产业扶贫的外向性甚至开放性。各级地方政府既不能对贫困地区农民的创造力缺乏信心，也不能不顾当地群众的实际经济承受力和客观条件限制，违背市场经济规律，急功近利，造成产业项目、投资出现失误，从而挫伤农民的积极性，影响产业化扶贫战略的健康实施。

① 新疆维吾尔自治区党委政策研究室课题组编著《新疆贫困状况及扶贫开发》，新疆人民出版社，2010，第146～147页。

# 第十二章　产业结构与新疆的水资源短缺

新疆“十二五”规划指出，新疆的发展和稳定具有特殊的重要地位和特殊的重要意义。新疆是我国实施西部大开发战略的重点地区，是祖国西北的战略屏障，是对外开放的重要门户，是国家战略资源的重要基地。新疆“十二五”规划提出，新疆要充分利用资源禀赋，加快推进新型工业化、农牧业现代化和新型城镇化，实现跨越式发展。然而，所有发展目标的实现都要受制于一个问题，那就是水资源短缺问题。

位于干旱区的新疆并不是一个天然缺水地区，新疆水资源短缺是伴随着经济社会发展出现的，是人类活动过度消耗水资源的结果，是发展过程中水资源开发利用不合理造成的。要解决新疆水资源短缺问题，必须改变目前水资源利用不合理的局面，降低农业用水量，同时在工业化、城镇化过程中注意水污染的有效治理和水资源的循环利用。

## 第一节　新疆发展与水资源

### 一　新疆在西部大开发战略中的重要地位

西部大开发决策具有重要的战略意义，它不仅有利于实现区域协调发展，缩小地区差异，而且对于加强民族团结、保障边疆安全和社会稳定具有重大而深远的意义。近年，有专家提出，在欧亚大陆经济整合的可能情况下，西部地区将成为中国经济的新增长极，开发西部将成为中国国际大战略的重要支柱。①

① 高柏：《建设高铁推动欧亚大陆经济整合》，《经济观察报》2011 年 4 月 10 日。

迄今为止，西部大开发战略实施已经有10多年了。这10多年来，西部大开发战略的实施效果如何？一些学者对西部大开发战略的政策效果进行了研究。大部分研究表明，西部大开发战略的实施对于缩小东、西部之间发展差距的作用不明显，甚至一些研究还表明，不仅我国东、西部地区之间经济发展不均衡的格局未得到改善，而且两者之间的差距反而呈现进一步扩大的趋势。[①] 虽然政策效果显现有一定的滞后性，过早对西部大开发战略实施效果进行评价并不十分科学，但是从各方面情况判断，西部大开发战略并未使整个西部地区经济发展落后局面得到根本性改观。西部大开发必须有“大动作”，“小打小闹”不管用。

新疆的战略地理位置决定了其在西部大开发及全国的地位。新疆位于我国的最西部，其面积约占全国总面积的1/6，占西部大开发战略中12个省、自治区、直辖市总面积的近1/4。新疆是我国陆上边界最长、相邻国家最多的内陆省份。新疆与8国交界，从东到西依次为蒙古国、俄罗斯、哈萨克斯坦、吉尔吉斯斯坦、塔吉克斯坦、阿富汗、巴基斯坦、印度，占全国陆疆省区毗邻国家的一半多；拥有边界线5600余公里，占全国陆地边境线总长的24.6%。

新疆位于欧亚大陆腹地，与全国各省市区和中心城市都距离较远，这也是长期制约新疆经济发展的不利因素。但从另一个角度看，这种劣势恰恰也是一种优势，只要有足够发达的交通系统，新疆作为新欧亚大陆桥的咽喉地带，必将成为中国特别是内陆省份向西开放的窗口，成为与中亚诸国贸易往来的前哨阵地。随着中亚五国的区域战略地位的日益提高，新疆的地缘优势将更加凸显。

## 二　水资源是影响新疆未来发展的重要因素

### （一）位于干旱区的新疆水资源情况

新疆位于欧亚大陆腹地，受远离海洋和其他综合地理因素的影响，形成典型的大陆性干旱气候。新疆土地面积164.37万平方公里，其中沙漠和荒漠共66.90万平方公里，占总面积的40.21%。沙漠和荒漠区降水量极少，大多为极干旱和极端干旱区。新疆水资源特点是三个“不平均”。一是河道径流年内分配极不均匀，春、秋、冬三季水量只占年水量的30%～

---

① 淦未宇、徐细雄、易娟：《我国西部大开发战略实施效果阶段性评价与改进对策》，《经济地理》2011年第1期。

50%，而夏季的水量占 50% ~70%。二是水资源区域分布不平衡，北多南少，西多东少。若将新疆分为西北和东南面积大致相当的两部分，西北部分的地表水资源占全疆的 93%，而东南部分仅占 7%。三是水资源分布与区域经济发展格局不协调。新疆天山北坡经济带集中了全疆大部分的工业，是新疆经济发展的重点地区，但这一地区严重资源性缺水，地表水总径流量仅占全疆的 7.5%，而且地下水超采，生态环境恶化。

从上述新疆地理气候特征和水资源特点来看，很多人认为新疆是一个极度缺水的地区。然而，干旱区与缺水并不是两个完全对等的概念，干旱区是一个反映区域地理特征的绝对指标，而是否缺水则是一个与人类活动有关的相对指标。专家们通过研究分析认为，新疆虽然位于干旱区，但从三个方面来看，新疆并不是一个天然的缺水地区。首先，从人均水资源占有量来看，新疆 2008 年人均水资源量为 3827 立方米，居全国第 6 位（见图 12－1)，远远高于全国的平均水平（人均约 2066 立方米)。其次，从地均水资源占有量来看，新疆折合径流深仅 50 毫米，为全国平均水平 276 毫米的 1/5，一般人据此认为这说明新疆是一个缺水地区。实际上，新疆有占全疆面积 92% 的地区都没有人类活动，95% 的人口集中分布在占新疆面积 3.5% 的绿洲上。如果按绿洲面积计算，新疆地均水资源量接近全国平均水平。最后，判断一个地区是否缺水的重要指标就是当地水资源量能否满足人类基本生产生活。有资料显示，与人类基本生产生活条件相关

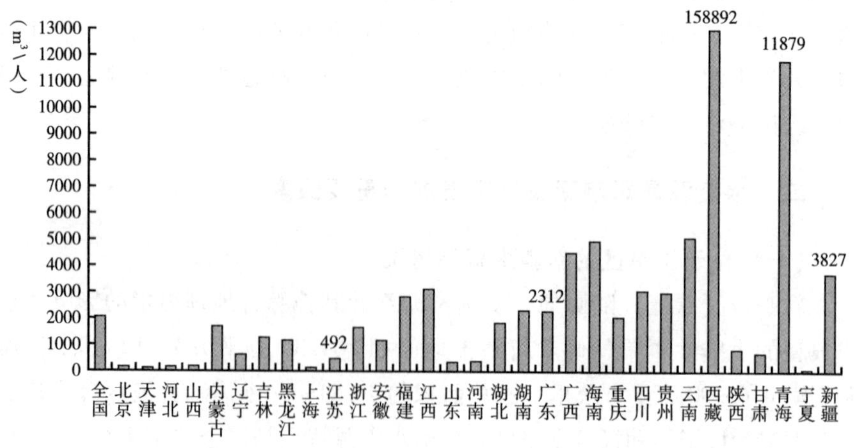


**图 12－1　2008 年全国及各省份人均水资源量分布图**

资料来源：中华人民共和国水利部《2008 年中国水资源公报》，http://www.mwr.gov.cn，最后访问时间：2013 年 5 月 12 日；国家统计局编《中国统计年鉴(2008)》，中国统计出版社，2008。

的主要农产品的人均占有量都高于全国平均水平。以粮食为例，自 1983 年起，新疆的粮食就已经能够自给，2009 年人均粮食占有量为 534 公斤，高于 2008 年的全国人均粮食占有量 404 公斤，而且高于世界平均水平。[①]

**（二）“十二五”规划对水资源开发利用提出了更高要求**

无论是工业化、城镇化，还是发展外向型经济，都对新疆水资源的开发利用提出了更高要求。《新疆维吾尔自治区国民经济和社会发展第十二个五年规划纲要》（以下简称“纲要”或“十二五”规划）指出，“十二五”时期新疆的战略选择是“以现代文化为引领，以科技教育为支撑，加速新型工业化、农牧业现代化、新型城镇化进程；加快改革开放，打造中国西部地区区域经济的增长极和向西开放的桥头堡，建设繁荣富裕和谐稳定的美好新疆。”

“纲要”提出“加速推进新型工业化”，内容包括“做大做强特色优势产业”、“积极培育战略性新兴产业”和“加快产业园区建设”。新疆的特色优势产业主要包括石油天然气工业、煤炭工业及现代煤化工产业、矿业、现代农牧产品加工业、纺织工业、钢铁工业等。“纲要”规划，到 2015 年，新疆原油产量达到 3300 万吨，天然气产量达到 450 亿立方米，而 2008 年两者的数据分别为 2715 万吨、236 亿立方米。“纲要”规划，到 2015 年，新疆煤炭产能达到 4 亿吨以上，而 2010 年新疆煤炭产量刚刚突破 1 亿吨。除了原油、原煤产量大幅度提高以外，“纲要”还在石油化工、煤化工等方面制定了较高的规划目标。我们知道，化工、钢铁等均属于高耗水工业，可以预测，到“十二五”末，如果规划目标基本完成，新疆工业的需水量将会有较大增长。

“推进新型城镇化”和发展外向型经济也会加大水资源开发利用的压力。到 2015 年，新疆城镇化水平规划目标为 48%，这个目标在 2010 年 40% 的基础上提高了 8 个百分点。实际上，新疆“十一五”规划城镇化率的目标是由 2005 年的 37.2% 增加到 2010 年的 42%，可以看出，“十一五”期间，新疆并没有完成城镇化的规划目标。因此，笔者认为，“十二五”规划的目标也比较艰巨。另外，新疆的大多数人口集中在经济相对发达、水资源比较丰富的绿洲地带，城镇化水平的大幅度提高，必将加大这些地区的水资源供给压力。同理，发展外向型经济，建设特殊经济开发区和边境经济贸易区，也会带来工业的发展和人口的聚集，加大水资源供

① 唐数红：《对新疆水问题的基本认识》，《干旱区研究》2010 年第 5 期。

给的压力。

《新疆生产建设兵团国民经济和社会发展第十二个五年规划纲要》同样也提出了较高目标。以城镇化水平为例，新疆生产建设兵团“十二五”规划目标由2010年的50%提高到了2015年的60%，幅度比较大。同新疆“十二五”规划类似，生产建设兵团在工业化等方面也提出了较高目标。虽然规划中都对水资源利用率的提高做出了约束性的指标，但工业化、城镇化，以及经济总体水平的提高都会对水资源的开发利用提出更高的要求。

## 三 新疆缺水的根源与出路

### （一）新疆缺水的根源

新疆是不是一个缺水地区与新疆缺不缺水是两个问题，可以说，新疆不是一个缺水地区，但新疆却的确缺水，而且比较严重。从人均水资源占有量来看，新疆的数据比全国平均水平高出近一倍；从地均水资源占有量来看，新疆的数据与全国平均水平差不多；从当地水资源量能否满足当地人口基本生存需求来看，新疆人均粮食占有量已经高于全国平均水平。从上面三个指标看，新疆不是一个缺水地区，但新疆当前的确面临比较严重的缺水状况。新疆的缺水主要表现在河流、湖泊由于缺水产生的生态问题，这个问题从20世纪70年代开始被广泛关注，之后是越来越严重，其代表是塔里木河的断流和博斯腾湖水位的急剧下降。

一个不缺水地区出现了严重的缺水问题，不仅仅是和水资源的分布特点有关，更重要的是与用水方式有关。众所周知，新疆棉花种植业的兴起是新疆农牧业经济的一个重要历史性变化。1990～2007年短短18年间，新疆棉花种植面积占农作物总面积的比重由14.61%上升到40.57%。农业种植规模的扩大导致新疆农业用水的急剧增加，最终导致新疆严重缺水。

因此，新疆缺水的根源不在于水资源本身，而在于人类的经济社会发展消耗了太多的水资源。

### （二）解决新疆缺水问题的出路

农业是新疆的用水大户，占新疆用水总量的95%左右，因此，农业节水是解决新疆水资源短缺问题的关键。但是，从检索到的文献来看，学术界对农业节水概念的理解过于狭窄，视角都比较微观。实际上，新疆农业节水不仅仅是要提高农业用水的效率，更重要的是减少农业灌溉面积，从而减少农业用水量。

说起农业节水，很多人想到的是与节水有关的工程措施。从相关学术文献来看，对新疆农业节水的研究也存在这样的片面性，现有的研究大多集中在工程科学领域和少数的管理科学领域。工程科学专家解决问题的思路主要采取的是一种技术范式，技术崇拜是工程专家的一个特点。对管理科学研究的相关文献进行分析后发现，对新疆农业节水的非工程措施实际上依然具有"工程措施"的性质。首先，一些文献的作者依然是工程专家；其次，这些文献提出解决问题的视角依然比较局限，体现了技术思路。

实际上，钱正英等认为，农业节水是一个比较广的概念，它包含了三个层次的内容。第一个层次是农业结构的调整，指的是农、林、牧业结构的配置如何更适合于它的自然环境。第二个层次是农业技术的提高，主要是提高植物本身光合作用的效率。① 农业节水的第三个层次才是通过节水灌溉，减少灌溉输水中的损失。具体到新疆的农业节水，第一层次是最重要的，也是最为关键的。

工业化和城镇化被认为是一个社会走向现代化的必经之路，新疆也不例外。对水资源短缺的新疆来说，不能走传统的工业化和盲目的城镇化道路。在工业化的进程中，新疆必须注意有选择地发展工业，走新型工业化道路，在发展工业的同时，特别注意工业用水的治污和循环利用。与农业用水不同，工业用水需求量相对较小，如果污染控制得好，水的循环使用率高，工业化不必然大量增加用水。同理，新疆的城镇化也必须考虑自身的特点，特别是水资源分布情况，走新型城镇化道路。

让人很欣慰的是，新疆"十二五"规划对推进新疆新型工业化和新型城镇化的战略和具体措施都充分考虑了新疆的地域特点和水资源条件。

## 第二节　农业用水太多是新疆水资源短缺的主要原因

新疆农业的发展与新疆历史上的边疆开发密不可分，历朝历代的移民屯田和屯垦戍边促进了新疆的农业发展。改革开放之后，新疆的农业有了长足的发展。虽然经过多年的结构调整，新疆的农业产业结构仍然没有摆脱种植业为主的单一结构。新疆农业产业结构的不合理突出表现为"农业内部，种植业为主；种植业内部，棉花为主"。农业产业结构的不合

① 钱正英、陈家琦、冯杰：《中国水利的战略转变》，《城市发展研究》2010 年第 4 期。

理，特别是近年来棉花种植面积的急剧扩大，导致灌溉面积迅速增加，水资源消耗超过了自身承受能力，带来了严重的水资源短缺问题。在表征上，新疆水资源短缺表现为日益严重的生态问题，农业灌溉的“干旱缺水”，地下水超采严重等。新疆水资源短缺反过来已经开始影响农业可持续发展，也影响了农民收入的持续增加。

## 一　新疆农业发展的历史与现状

### （一）历史上的移民屯田

新疆在我国所有的省区市中占据独特的地位，是我国面积最大、毗邻国家最多、边境线最长的省份，其战略地位十分重要。中国历史上的不同时期的政府都十分重视新疆的稳定和发展，在不同程度上推动了内地向新疆的移民屯田。屯田，又称屯垦。屯是聚集、储存、驻扎军队和村庄名称的意思。垦是开垦荒地。屯垦的含义就是指组织军队开荒种地，进行农业生产。

新疆的移民屯田至今已经有2000多年的历史，从公元前105年开始，先后有17个政府在新疆实行过移民屯田。1949年以前，中国的移民屯田有几个比较重要的历史节点，分别是秦汉时期、唐朝和清代。秦汉时期是中国移民屯田的历史起点。秦始皇统一六国后，立即下令在北部边境修筑长城，同时积极推进移民政策，开发边疆，这是我国最早的移民屯田。公元前104年，西汉军队在大宛战争中取得胜利后，开始在天山南麓的轮台、渠梨（今天的新疆轮台、库尔勒境内）一带屯田。此后，汉朝在新疆的屯田规模逐渐扩大，并有专门的官员负责屯田事务。① 西汉开创了新疆屯垦戍边的先河，一方面保障了部队的军需供给，另一方面也促进了新疆地区社会生产力的发展，为后代开发边疆提供了宝贵的经验。

唐朝充分借鉴了汉代移民屯田的经验，把屯田和戍边紧密结合，推动屯垦戍边事业发展到一个崭新的阶段。唐朝统治新疆时期，兵屯最多时达50多屯，种地28万多亩，遍及天山南北各地。清代是新疆移民屯田发展的集大成时期，其制度完备、人数众多、面积广大，成绩显著。特别是从乾隆时期开始，屯垦戍边成为安边定国的基本政策，提出了军屯与民屯并举的主张，民屯得到大力发展，最终在祖国西北边境形成了一条由屯垦区筑成的“新长城”。多种戍边形式使得新疆的屯垦事业出现新的高潮，不

① 李倩君：《新疆生产建设兵团屯垦制度问题研究》，新疆大学硕士学位论文，2011。

仅巩固了军事边防，建立了统治体制，还开发了农业经济，促进了当地的社会繁荣。

清代，特别是乾隆以后，随着大规模的移民屯田，新疆天山北路农耕土地持续增长。据相关历史表明，截止到 1782 年，新疆农耕土地达到 60 余万亩；截止到 1795 年，除伊犁户屯田面积未统计外，新疆农耕土地达到 129 万多亩。乾隆之后，新疆的耕地拓展速度减缓，但始终保持在 120 余万亩的规模。移民屯田不仅促进了新疆农业的发展，还导致新疆人口的增加和早期城镇的出现。随着大规模的移民屯田，新疆的水利事业也得到发展，较大规模的水利灌溉工程得以兴修，水利事业的发展也反过来促进了农业经济的不断发展。[①]

### （二）生产建设兵团的屯垦戍边

屯垦制度是中国历代政府开发和保卫新疆的成功经验，是维护祖国统一和中华民族团结的重要法宝。新疆生产建设兵团虽然是 1949 年后的创造，但也是历史上新疆屯垦制度的延续和发展。

1952 年，中央命令驻守新疆的 10 多万人民解放军官兵集体就地转业，分别整编为 10 个农业师、1 个建筑工程师、1 个建筑工程处，共约 10.55 万人，担负新疆屯垦戍边任务。1954 年，“中国人民解放军新疆军区生产建设兵团”正式成立，这支由退伍军人组成的生产建设大军，开始了在新疆屯垦戍边的伟大事业。生产建设兵团的农场是按计划经济和屯垦戍边要求创建的，大多分布在边境沿线和沙漠边缘的艰苦地带，特别是几十个边境农场，更是守卫着 2000 多公里的边防线。“文化大革命”时期，新疆生产建设兵团事业遭到破坏，并于 1975 年撤销建制。1981 年，新疆生产建设兵团得到恢复，之后，兵团的农业生产迅速发展。1990 年，国家对兵团经济和社会发展实行计划单列，兵团经济发展的外部环境得到进一步优化。

新疆生产建设兵团发展至今，各项事业取得了巨大进步，特别是农业生产。兵团以占全新疆 1/7 的人口，生产了新疆 1/5 的粮食、2/5 的棉花和 1/3 的棉纱、棉布、食糖，其缴纳的税款约占全区的 1/5。以棉花为例，2007 年新疆生产建设兵团棉花种植面积达到历史最高值 61.306 万公顷，占新疆棉花种植总面积的 34.4%；2008 年新疆生产建设兵团棉花总

---

① 董琳：《清代新疆移民屯田的历史作用与教训》，《新疆师范大学学报》（社会科学版）2001 年第 1 期。

产量为131.34万吨，为历史最高值，占新疆棉花总产量的43.6%。

### （三）新疆农业发展取得的成就

1949年以来，特别是改革开放以来，新疆的农业发展取得了辉煌成就。60年来，新疆农村经济总收入由3.37亿元增加到1176.69亿元，增长了348倍；农牧民人均纯收入由79元达到3503元，增加了43倍；粮食、棉花、油料、甜菜由1949年的84.8万吨、0.5万吨、2.9万吨、0.0027万吨分别增加到2008年的1022.85万吨、301.55万吨、60.44万吨、438.88万吨，分别增产了11倍、602倍、20倍和16万倍。新疆农业的快速发展为经济社会的发展，人民生活水平的提高，政治稳定和民族团结做出了突出贡献。根据新疆2010年统计年鉴，新疆2009年底人口总数为2158.63万人，其中城镇人口860.21万人，乡村人口1298.42万人，乡村人口占全区总人口的60.15%。

## 二 新疆农业产业结构分析

### （一）新疆农业产业结构的变迁

新疆有着独特的自然资源条件，具有发展农业的天然优势。从历史上的移民屯田、1949年以后的屯垦戍边，到改革开放之后的大发展，新疆农业有了长足的进步，新疆已经成为我国重要的农产品供给基地。

1978年农村改革之前，全国的农业生产长期处于计划体制和短缺经济条件下，新疆农业基础比较薄弱，人口增长较快，对粮食的需求量较大。这一阶段农业产业结构的特点是粮食作物的播种面积占农作物播种面积的80%左右，而经济作物播种面积只占15%左右。农业结构可以看成是单一的粮食型结构，这种结构有效地缓解了粮食供给短缺压力。

党的十一届三中全会以后，单一的粮食型结构逐渐发生了调整和改变。调整的初期，新疆提出“绝不放松粮食生产、积极发展多种经营”的战略。特别是在1984年之后，新疆的粮食生产实现了自给自足，种植业结构调整的力度开始加大，粮食作物播种面积逐年下降，经济作物播种面积不断增加。从数据来看，粮食作物播种面积的比重从1979年的74.5%下降到1989年的62.4%，而经济作物播种面积则由14.1%上升到26.2%。畜牧业在这一时期也出现了较快发展。

进入20世纪90年代，新疆农业进入了大调整、大发展的阶段，这一时期农业发展的指导思想是“高产、优质、高效”，新疆农业生产的格局从偏重粮食作物转变为多业并重的新格局。从种植业内部结构来看，粮食作物播种面积持续下降，经济作物播种面积增加较快，特别是棉花。棉花的播种面积1990年还仅有43.52万公顷，到2001年就增加到了112.97万公顷，10年间增长了160%。[①] 棉花成为新疆农业的支柱产业，棉花的播种面积、总产量、单产均居全国首位，确立了国家优质商品棉基地的地位。

### （二）种植业为主的单一结构

经过上述三个阶段，新疆农业生产结构虽然有了较大的调整和发展，但其特色依然明显，在农业产业结构内部，种植业比重偏大，而具有资源优势的畜牧业和林果业的开发和发展都明显不足。

在新疆大农业构成中，以2009年为例，种植业、林业、牧业和渔业产值所占比重分别为69.2%、2.1%、24.5%和0.9%。从相关统计数据来看，新疆种植业产值的比重虽然多年呈下降趋势但比全国55%左右的比重依然高很多，畜牧业生产虽然有很大发展，但以种植业为主的传统格局仍未改变。[②] 畜牧业是大农业中的一个重要部门，2009年新疆畜牧业产值仅占农业总产值的25.5%，近年最高比例也就是27%左右。新疆是我国的重要牧区，20世纪50年代，新疆畜牧业产值在农业总产值中的比重比全国高近1倍，也高于内蒙古和山东，而50年后，新疆畜牧业在农业总产值中的比重甚至比全国平均水平还要低3%左右。

在种植业内部，1990～2009年，粮食作物播种面积比重逐年下降，依次分别为61.3%、52.21%、42.66%和42.32%。在新疆的粮食作物中主要以小麦和玉米为主，小麦和玉米播种面积的减少是粮食作物播种面积比重下降的主要原因（见表12－1）。粮食作物种植面积比重下降的同时，经济作物播种面积的比重逐年上升，例如新疆棉花种植面积的不断增加。

新疆棉花业的崛起是传统的新疆农牧业经济发生历史性变化的基本因素。新疆棉花播种面积从1978年的15.042万公顷增加到2007年的历史最高178.26万公顷，增长了11.8倍。新疆棉花的产量从1978年的5.5万吨增加到2008年的历史最高301.55万吨，增长了53.8倍。一个新的可能趋势是，2008年和2009年新疆的棉花播种面积持续下降，2009年的播种面积比最高年份2007年减少了37.329万公顷，减少了20.9%。棉花产量2008年达到历史高峰后，2009年减少得也比较明显，减少了16.3%。

---

① 方敏：《新疆农业结构战略性调整探讨》，《石河子大学学报》（哲学社会科学版）2007年第3期。

② 李金叶：《对新疆农业发展中存在的几个突出问题的思考》，《新疆大学学报》（社会科学版）2004年第3期。

**表12－1　主要年份农作物种植面积结构**

单位：%

| 年份 | 粮食作物 | | 经济作物 | |
|---|---|---|---|---|
| | 小麦 | 玉米 | 棉花 | 油料 |
| 1990 | 39.61 | 14.85 | 14.61 | 9.04 |
| 1995 | 31.22 | 14.39 | 24.35 | 10.05 |
| 2000 | 24.75 | 11.29 | 29.87 | 9.15 |
| 2009 | 24.49 | 12.7 | 29.92 | 5.73 |

资料来源：新疆维吾尔自治区统计局编《新疆统计年鉴（2010）》，中国统计出版社，2010。

**表12－2　主要年份棉花播种面积及产量**

| | 地区 | 1978年 | 1980年 | 1985年 | 1990年 | 1995年 | 2000年 | 2005年 | 2006年 | 2007年 | 2008年 | 2009年 |
|---|---|---|---|---|---|---|---|---|---|---|---|---|
| 面积（万公顷） | 全疆 | 15.042 | 18.122 | 25.352 | 43.522 | 74.29 | 101.239 | 115.799 | 166.443 | 178.26 | 166.801 | 140.931 |
| | 兵团 | 4.167 | 6.909 | 11.003 | 17.000 | 26.603 | 41.022 | 55.108 | 58.811 | 61.306 | 56.316 | 48.786 |
| 产量（万吨） | 全疆 | 5.50 | 7.92 | 18.78 | 46.88 | 93.50 | 150.00 | 195.70 | 267.53 | 290.00 | 301.55 | 252.40 |
| | 兵团 | 1.95 | 3.48 | 8.27 | 19.48 | 38.19 | 69.39 | 106.85 | 121.82 | 124.72 | 131.34 | 113.43 |

资料来源：新疆维吾尔自治区统计局编《新疆统计年鉴（2010）》，中国统计出版社，2010。

## 三　农业产业结构与水资源短缺

### （一）灌溉面积持续增加

1949年以后，新疆的农业逐渐得到发展，灌溉农业更是飞速发展。相关资料显示，1949年，新疆人口为433万，耕地面积为1815万亩，农田灌溉面积仅有1600万亩，人均耕地4.19亩，人均灌溉面积3.69亩。1980年全疆人口增加到1324.38万，耕地面积达到5204.27万亩，灌溉总面积增加到4835万亩，其中农田有效灌溉面积4100万亩，林草灌溉面积735万亩，人均耕地3.93亩，人均农田灌溉面积为3.09亩。

1980年新疆粮食总产量为381万吨，人均占有粮食仅有287公斤，不能满足本地区人口对粮食的最低需求。为了增加粮食产量，新疆农业发展继续依靠开垦荒地和扩大灌溉面积。1997年新疆人口达到1720万，耕地面积为5978万亩，有效灌溉面积4477万亩，人均耕地面积3.47亩，人均灌溉面积2.56亩。这一年，新疆粮食总产量达到830万吨，人均占有粮食483公斤，已经满足了人口的粮食需求，甚至有所盈余。

2000 年，新疆人口达到 2007 万，耕地面积保持在 5979 万亩，总灌溉面积增加到 6256 万亩，其中种植业灌溉面积为 4677 万亩，林果灌溉面积 1081 万亩，草场灌溉面积 498 万亩，人均耕地 2.98 亩，人均灌溉面积 2.33 亩。这一年，新疆全年粮食总产达到 798 万吨，人均占有粮食 398 公斤。2000 年灌溉面积与 1949 年相比增长了近 3 倍。

2008 年，新疆人口为 2130.81 万，耕地面积为 6187 万亩，总灌溉面积为 5691 万亩，虽然耕地面积总量比 2000 年有所增加，但总灌溉面积却明显减少。

人口增加，灌溉面积迅速扩大，灌溉用水量不断增加，是 1949 年至今新疆农业发展的一个重要特征，也是导致水资源紧缺的主要原因。

**（二）种植业耗水太多**

新疆是典型的灌溉农业区，农作物种植基本上全靠灌溉。从新疆水资源利用情况来看，2001 年新疆总用水量为 487.2 亿立方米，其中农业用水 463.85 亿立方米，工业用水 9.643 亿立方米，城镇生活用水 13.664 亿立方米，农业用水占总用水量的 95.2%。在农业用水总量中，种植业用水量达 377.46 亿立方米，比重达 81.4%。

上一节我们已经分析，新疆耕地面积的持续增加是由于种植业面积的不断增大，而在种植业中，棉花的种植面积是增长最快的。2007 年和 2008 年，新疆棉花种植面积分别为 178.26 万公顷和 166.801 万公顷。按新疆平均用水量每千公顷耕地 9.75 立方米计算，2007 年和 2008 年生产这些棉花耗费水量分别为 173.80 亿立方米和 158.46 亿立方米。2008 年新疆总用水量为 528.22 亿立方米，农业用水总量为 487.78 亿立方米。那么，2007 年和 2008 年的棉花种植耗水量占总用水量的比重分别为 32.9% 和 30%，占农业总用水量的比重分别为 35.6% 和 32.5%。中国目前最大的南水北调工程中线和东线的调水量分别为 141.4 亿立方米和 148.2 亿立方米，可见，新疆棉花种植耗水量比这两条线的调水量还要多。

在新疆，不同流域农业用水所占比重有所区别，表明了不同流域的经济发展特征（见表 12－3）。其中，塔里木盆地农业用水所占的比重最大，为 96.03%，其中，农田灌溉用水所占比重为 80.33%，准噶尔盆地农业用水所占比重最小，为 90.35%，其中，农田灌溉用水为总用水量的 77.88%，而工业和生活用水所占比重较小，分别为 3.45% 和 6.19%，表明天山北坡经济带是新疆二、三产业最发达的地区。额尔齐斯河流域是林牧渔业用水最多的地区，林牧渔业用水占总用水量的 31.09%，而农业用水则相对较少，仅占总用水量的64.66%，这是由地区降水量相对比较多，作物需水较少，并且牧业比较发达所致。

**表12-3 2000年新疆不同地区的用水统计**

单位：亿立方米，%

| 地区 | | 农田灌溉 | 林牧渔 | 农业小计 | 工业 | 生活 | 总用水 |
|---|---|---|---|---|---|---|---|
| 中亚细亚内陆河 | 用水量 | 36.9 | 9.8 | 46.7 | 1.3 | 2.7 | 50.7 |
| | 占总用水量的% | 72.78 | 1.93 | 91.93 | 2.56 | 5.32 | 100.00 |
| 准噶尔盆地 | 用水量 | 76.7 | 12.3 | 89.0 | 3.4 | 6.1 | 98.5 |
| | 占总用水量的% | 77.88 | 12.49 | 90.35 | 3.45 | 6.19 | 100.00 |
| 塔里木盆地 | 用水量 | 243.0 | 47.5 | 290.5 | 6.1 | 5.9 | 302.5 |
| | 占总用水量的% | 80.33 | 15.70 | 96.03 | 2.01 | 1.95 | 100.00 |
| 额尔齐斯河 | 用水量 | 18.3 | 8.8 | 27.1 | 0.1 | 1.1 | 28.3 |
| | 占总用水量的% | 64.66 | 31.09 | 95.75 | 0.35 | 3.88 | 100.00 |
| 新疆总计 | 用水量 | 374.9 | 78.4 | 453.3 | 10.9 | 15.8 | 480.0 |
| | 占总用水量的% | 78.10 | 16.31 | 94.42 | 2.27 | 3.29 | 100.00 |

资料来源：石玉林等编《中国农业需水与节水高效农业建设（中国可持续发展水资源战略研究报告集）》，中国水利水电出版社，2001。

在新疆的不同地区，水资源供需矛盾最为突出的是塔里木河流域。表12-4表明，2000年新疆缺水量最大的地区为塔里木盆地和准噶尔盆地，缺水量分别为12.8亿立方米和10.1亿立方米。其中，塔里木盆地的供水总量最大，为302.5亿立方米，需水量也是最大，为315.3亿立方米，这说明塔里木盆地是新疆人口最为聚集，农业灌溉面积最大的地区。实际上，塔里木河也是新疆河流治理的重点，中央曾投资塔里木河治理项目107

**表12-4 2000年新疆不同地区水资源供需分析**

单位：亿立方米

| 地区 | 供水总量 | 需水总量 | 缺水量 |
|---|---|---|---|
| 中亚内陆区 | 50.7 | 54.6 | 3.9 |
| 准噶尔盆地 | 98.5 | 108.6 | 10.1 |
| 塔里木盆地 | 302.5 | 315.3 | 12.8 |
| 额尔齐斯河 | 28.3 | 28.3 | 0.0 |
| 新疆总计 | 480.0 | 506.7 | 26.8 |

资料来源：中华人民共和国水利部《2001年中国水资源公报》，http://www.mwr.gov.cn/zwzc/hygb/szygb/qgszygb/200101/t20010101_ 29450.html，最后访问时间：2013年4月1日。

亿元，目前已经完成了85亿元。但是，塔里木河的来水不但没有从治理前的36亿立方米增加到规划目标的46亿立方米，反而在2008年减少到28亿立方米，2009年甚至只有14亿立方米。如果剔除气候变化等因素的影响，塔里木河来水的减少主要是因为流域灌溉面积的增加。项目实施期间，塔里木河流域的灌溉面积比规划面积增加了720万亩，新增用水量57亿立方米。

## 四　农业产业结构不合理的负面影响

### （一）日益严重的生态问题

新疆处于内陆干旱区，气候极端干旱，降水稀少，相对恶劣的自然环境使得生态环境十分脆弱。农业产业结构的不合理，特别是种植业比重过大，导致新疆农业耗水量日益增大，已经造成流域下游的生态用水极度短缺，对新疆的生态环境造成了非常严重的负面影响。

在用水量最大、缺水量也最大的塔里木河，由于上中游引水过多，其下游300多公里河道断流30年，不仅台特马湖干涸，塔里木河下游两岸宽1～10公里的绿色带也随之消失。塔里木河下游的5个垦殖团场，因上游来水量减少，植被退缩，沙漠化日益严重。现有耕地土壤肥力降低，部分耕地开始沙化，对农业生产构成了严重危害。2001年，国家开始实施《塔里木河干流水利工程建设和流域生态环境建设一期工程项目》，重点地段抢救工程效果明显。

艾比湖2.5万年前形成时水面积约3000平方公里，1950年时水面积约1070平方公里，1977年湖水面积缩减到522平方公里。艾比湖水面积减少的主要原因是上游来水减少，仅上游奎屯河水源断流就减少入湖水量2亿立方米。1950年的时候，艾比湖湖区地下水位较浅，湖滨植物生长良好，有较大面积的胡杨林、芦苇、草场、河谷林等。40年后艾比湖周围的自然植被面积大为缩小，胡杨林被破坏了72%，河谷林所剩无几。艾比湖湖底多以细沙淤泥为主，湖底出露后成为新的沙尘源。在阿拉山口的风力作用下，有大量的泥沙被吹走，形成沙尘暴天气，致使附近县城生态环境劣变。①

### （二）农业灌溉持续性“干旱缺水”

新疆河流、湖泊出现严重生态问题的背后是新疆农业灌溉规模的持续

① 薛燕：《新疆水问题与对策研究》，《新疆农业科技》2004年第4期。

扩大和用水量的持续增加。20世纪下半叶，为了满足日益增加的农业灌溉面积对水资源的需求，新疆多以新建水库等水利工程的显性方式来增加农业用水量。建设山区水库可以满足高效节水灌溉对供水系统可靠性和均衡度的要求，但往往挤占了下游生态环境用水和下游需求用水。90年代末出现的丰水期为新疆农业用水量创造了条件。2000年之后，新疆农业用水量持续增加，但引水量没有增加，主要是通过大规模的高效节水改造和增加地下水开采量等方式以保证农业用水。这一时期，新疆的农业灌溉面积继续增加。农业灌区规模和用水量的持续扩张，最终导致新疆农业灌溉全面缺水。新疆多数流域的农业灌溉从21世纪初开始出现持续性“干旱缺水”，“旱灾”已经成为新疆农业的常态。

地下水，特别是深层地下水，可以看作是不可再生的资源。新疆中远期地下水可开采量为111亿立方米，2008年已开采72.11亿立方米，地下水开发利用还有一定的潜力，但新疆不同地区情况不同，地下水开采和利用需要区别对待。总体来说，东疆地区和天山北坡东段、中段地下水严重超采，资源枯竭，陷入绝境，部分地区以牺牲环境为代价，打井开荒，大规模发展纯井灌区，大量开采深层地下水，地下水利用不可持续。南疆地区在科学规划的前提下进行合理开采，地下水利用还有潜力。伊犁河流域和额尔齐斯河流域地表水资源丰富，地下水应该限制使用。①

**（三）农民收入增加困难**

农业产业结构不合理，种植业比重偏大，不仅造成了新疆生态环境的恶化，而且导致农民收入增加缓慢，困难重重。2001年新疆农民人均收入1710元，比全国农民人均收入低656元，2009年，新疆农民人均纯收入为3883元，比全国农民人均纯收入低1370元，说明新疆农民人均纯收入的增速低于全国平均水平，并且差距逐年扩大。

有分析认为，农业经济结构状况是新疆农民收入水平较低的原因，农业经济结构的调整是提高农业产出水平的根本途径。在农业经济结构中，林、牧、渔业总产值的增加对农民收入的带动效应最大，这是因为新疆农民收入的主要来源是第一产业，而林、牧、渔业的产品附加值高于种植业的产品附加值。相对于林、牧、渔业来说，粮食产品的增加虽然对农民收入水平的提高也有促进作用，但由于农产品的附加值低、粮食价格偏低等

① 邓铭江：《新疆水资源战略问题探析》，《中国水利》2009年第17期。

原因，粮食产品的增加对农民收入的增加作用明显较小。①

在产品价格上，近年来，我国粮棉油等主要农产品的价格比较优势不断下降。因此，目前，新疆地区单纯依靠扩大种植业面积来增加农民收入不仅是不可持续的，而且将导致农民收入的增加越来越难。调整农业产业结构不仅是生态环境的要求，而且是提高农民收入的必然要求。

## 第三节　减少农业用水的措施及影响分析

解决新疆缺水问题的策略与措施大多体现了工程技术思路。实际上，新建水利工程和发展节水灌溉技术虽然能够改善水资源短缺情况，但不能从根本上解决问题。适当减少农业灌溉面积才是解决新疆水资源短缺问题的根本办法，也是最有效的办法。减少农业灌溉面积虽然会触动各方利益，特别是既得利益者的利益，但不会对新疆的粮食安全、农民收入和新疆的长远发展产生太大的负面影响，即使有影响也是暂时的，长远来看，终究是有利的。

### 一　工程技术措施能否解决新疆缺水问题？

#### （一）新建水利工程

新疆的大部分耕地主要依靠灌溉，因此，新疆农业的发展史实际上也是农田水利工程建设的发展史，农田水利工程建设为新疆农业的发展做出了至关重要的贡献。1949 年以前，新疆仅有 3 座不完整的水库，总库容约 1 亿立方米，坎儿井 1000 多道，土渠 1657 条（总长 3 万多公里），农田灌溉面积 1600 多万亩。1949～2008 年，新疆水利基本建设投资共完成 422.79 亿元，其中，1999～2008 年 10 年间完成的水利基本建设投资总额达 341.62 亿元，是新中国成立以来前 50 年完成的水利基本建设投资总额的 4.2 倍。目前，新疆已经建成各类水库 489 座，总库容 103 亿立方米，灌溉渠道 35 万公里，农田灌溉面积约 6615 万亩，基本形成了覆盖全疆的供水保障体系。②

水利工程建设为新疆农业发展做出了巨大贡献，然而，新疆有希望通

① 王翠翠、龚新蜀：《新疆农业经济结构与农民收入关系的实证研究》，《市场论坛》2011 年第 6 期。

② 新疆维吾尔自治区水利厅：《50 年新中国的新疆水利》，《中国水利》2005 年第 19 期。

过新建水利工程来有效解决新疆的普遍缺水问题吗？答案是否定的。

目前，新疆新建水利工程的重点是大型水利枢纽工程，特别是山区水库等。修建山区水库，虽然对流域的防洪、发电等有重要意义但不能解决新疆的缺水问题，因为，新疆水问题的实质是流域供水量相对需水量的缺乏。就某一流域而言，在上游没有水库的灌区，主要利用春季来水，下游灌区一般建有平原水库，在洪水期和冬季非灌溉期蓄水，供下游灌区调配使用。新建水库能够调节流域的水量，它本身不能产生新的水资源。目前，新疆大部分河流已经没有多余的水可供调节使用，即使在上游新建水库，也会影响到下游水库的蓄水量，不仅减少了下游灌区的供水量，而且进一步减少了下游仅存的少量生态用水，使得河道断流等生态问题更加严重。

另外，修建大型水利工程的另一个重要目的是进行区域间水资源的调度和配置。但新疆地处干旱区，水资源总量有限，水资源区域间的配置不仅工程投资巨大，建设周期长，而且受水资源总量限制也比较大。

综上所述，新疆的水利工程建设，特别是大中型水利工程建设实际上已经达到相对饱和的状态，继续加大投资新建水利工程，不仅不能彻底解决新疆的缺水问题，而且就其投资收益来说也不合理。

**（二）节水灌溉技术的使用**

农业高效节水技术被认为是干旱区农业节水的一个重要方面，一些水资源匮乏的国家和地区通过高效节水技术的使用成功发展了农业。经过20多年的努力，新疆目前应用喷灌、滴灌等农业高效节水技术的农田面积已经达到2440万亩，占灌溉面积的32%，占全国高效节水面积的75%以上，农业节水技术及应用面积居全国之首。渠道防渗也取得了较大成就，防渗灌溉渠道达13万公里，其中干、支、斗三级渠道已经防渗10.98万公里，防渗率达到60.85%，渠系水利用系数从0.41增至0.54，毛灌溉定额由“八五”计划末的794立方米/亩降至680立方米/亩。

推广农业高效节水技术的确能够在很大程度上节约水资源，但却无法从根本上解决目前新疆面临的缺水问题。

新疆目前农业节水技术应用最好的地方分别是天山北坡、吐－哈盆地、阿克苏、巴音郭楞自治州、博尔塔拉蒙古自治州，然而这几个地方也是新疆缺水最严重的地区。农业节水做得最好的地区为何缺水最严重？根本原因是这些地方用水量的增加超过了节水技术节约下来的水量。实际的情况是，这些地区往往是由于农业灌溉面积的增加导致农业缺水，最后只能用节水的方式使新增的灌溉面积得以维持，或者是将节出的水量又用于扩大灌溉面积。这样做的结果是，一个流域的水资源被更加彻底地利用，农业节水技术的推广在总体上并没有节约使用水资源，而是用更高效和节约的方式持续增加对流域水资源的使用和夺取。[①]

新疆地下水资源较为丰富。1995 年新疆地下水开发量为 40 亿立方米，2000 年增至 53 亿立方米，2009 年则增至 89 亿立方米。新疆地下水开采量为 201 亿立方米，虽然地下水开采还有一定潜力，但开采分布极不均衡。天山北坡地下水开采量占全疆的比例高达 50%，东疆占 20% 左右。天山北坡经济带和东疆地区地下水超采现象极为普遍，已经出现大面积区域性地下水位下降。因此，虽然全疆地下水开采尚有余量，但经济相对发达地区的地下水已经出现了超采现象，应该采取限制措施，而不是继续开采。

综上所述，虽然节水技术是新疆农业节水的一个重要方面，但节余的水量却无法满足持续扩大的灌溉面积的需要。节水技术虽然需要进一步推广和提高，但却不是解决新疆水资源短缺问题的根本办法。地下水开采在新疆也面临极大的限制和瓶颈，对地下水应该采取保护性的开发。

## 二　适度减少灌溉面积是解决新疆水问题的唯一途径

### （一）结构调整是农业节水的根本

一方面是大力进行水利工程建设和节水灌溉技术的应用，另一方面却继续扩大农业灌溉面积，新疆农业节水和需水的实践悖论告诉我们，工程技术只考虑到新疆水问题的微观层面，只是“头痛医头，脚痛医脚”的小手术，解决新疆水问题的根本途径是进行产业结构调整，包括三大产业之间结构的调整、农业产业内部结构的调整等，结构调整才真正考虑到了新疆水问题的宏观层面，是彻底解决病症的大手术。

在研究背景部分，我们分析到，目前对农业节水存在一种误区，认为农业节水就是节水灌溉，其实节水灌溉只是农业节水的一个层次。农业结构的调整才是农业节水的第一个层次，也是最重要的一个层次。农业结构内部农、林、牧、渔业之间如何配置，对农业用水量的影响很大；在大农业内部，种植业结构如何配置，对农业用水量的影响也很大。以北京市为例，北京市近年来农业用水大量减少，其中一个重要原因就是取消了种植水稻。从图 12 - 2 可以看出，1980 年和 2000 年前后是北京市稻田面积和

---

① 唐数红：《对新疆水问题的基本认识》，《干旱区研究》2010 年第 5 期。

农业用水量变化较大的时间节点。1980年，北京市稻田面积为5万公顷时，农业用水量达到近30亿立方米；2000年，北京市稻田面积减少到30000公顷时，农业用水量也相应减少到18亿立方米左右。2008年，北京市稻田面积为5000公顷左右，农业用水量为12亿立方米左右。

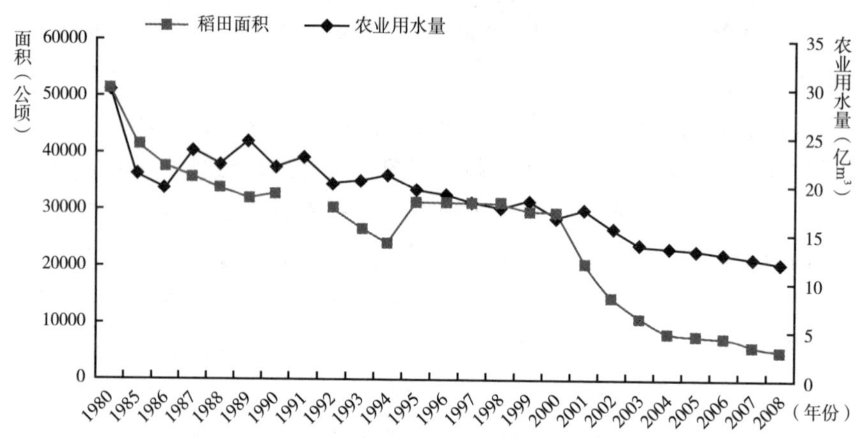


**图12－2 北京市稻田面积及农业用水量年变化图**

资料来源：钱正英《中国水利的战略转变》，《城市发展研究》2010年第4期，第1～5页。

### （二）适度减少农业灌溉面积

当前，新疆经济，特别是县域经济存在过于依赖扩大农业规模实现发展的情况。农业生产规模的持续扩大，一方面对农民收入的贡献率越来越小，另一方面过度消耗了当地水资源，从而导致新疆生态与环境的持续恶化，现有的农业规模也无法维持，这是新疆水问题的根本所在。解决新疆水资源短缺问题的根本途径是适度减少农业灌溉面积，这样新疆农业才可以恢复到可持续发展的规模。节省下来的水资源还可以支持新兴工业化和城镇化，从而推动新疆经济社会的可持续发展。就目前新疆的情况来看，适度减少农业灌溉面积，解决新疆水资源短缺问题，实际上涉及三个层次的问题。

第一个层次是在农业、工业和服务业等三大产业间减少农业用水量。减少农业用水量需要逐步调整三次产业的结构，提高二、三产业的比重，并在此基础上积极推进城市化进程。表12－3显示，2000年新疆总用水量为480.0亿立方米，其中农业用水453.3亿立方米，工业用水10.9亿立方米，城镇生活用水 15.8 亿立方米。农业用水占总用水量的 94.42%，工业用水占 2.27%，城镇生活用水占 3.29%。根据相关资料显示，整个西北地区 6 个省、自治区总用水量为 817 亿立方米，其中农业用水占 89.3%，工业用水占 6.1%，生活用水占 4.6%。很明显，新疆农业用水占总用水量的比重比西北地区还要高 5 个百分点。

第二个层次是调整农业内部产业结构，减少种植业面积，适当提高林、牧、渔业的比重，从而降低农业用水量。在新疆农业结构内部，种植业的产值占农业产值的比重为 70% 左右。表 12－3 显示，2000 年新疆农业总用水量为 453.3 亿立方米，其中农田灌溉用水量为 374.9 亿立方米，林牧渔业三项用水量为 78.4 亿立方米，农田灌溉用水占农业用水的比重高达 78.1%。实践表明，创造相同产值的用水量，种植业比林牧渔业等用水量要大得多。

第三个层次是在种植业内部，减少棉花的种植面积。表 12－1 显示，2009 年，新疆棉花种植面积占农作物种植总面积的 29.92%。前面的分析也已经表明，1990～2009 年，新疆灌溉面积的扩大主要是因为棉花种植面积的扩大。因此，减少新疆农业灌溉面积就是要减少棉花的种植面积。

**（三）灌溉面积缩减多少为适度？**

新疆棉花种植面积的持续扩大导致种植业面积的扩大，最终导致农业灌溉面积的持续扩大。因此，减少新疆农业用水就是要减少新疆的农业灌溉面积。那么，减少的灌溉面积多少合适呢？

减少新疆农业灌溉面积至少要遵循四个基本原则：保证新疆农业可持续发展；可支持新疆新兴工业化的发展和城镇化的建设；遏制新疆生态的持续恶化，逐渐恢复下游的生态水量；遏制新疆地下水超采区水位持续下降的局面。

唐数红认为，新疆减少的灌溉面积应该在 100 万公顷（约 1500 万亩），相应退出约 100 亿立方米的水量。① 笔者认为，唐数红提出的数据比较合理。表 12－2 的数据表明，2007 年、2008 年和 2009 年新疆棉花种植面积分别为 178.26 万公顷、166.80 万公顷和 140.93 万公顷，产量分别为 290 万吨、301.55 万吨和 252.4 万吨。从数据可以看出，2007～2009 年，新疆的棉花种植面积逐年下降，而且下降的幅度较大，2009 年比 2007 年减少了 37.33 万公顷，产量也相应减少了 37.6 万吨。2007 年、

① 唐数红：《对新疆水问题的基本认识》，《干旱区研究》2010 年第 5 期。

2008年和2009年新疆农业总产值分别为628.72亿元、691.07亿元和759.74亿元。2009年的农业总产值比2007年增加了131.02亿元。新疆棉花种植面积的减少和产量的下降并没有很大程度上影响新疆农业总产值。笔者认为，可以通过5年左右的时间，将新疆棉花种植面积从2007年的178.26万公顷减少到2000年的水平，即101.24万公顷，减少的面积为77.02万公顷。再用5年的时间，通过提高林牧渔业的比例，进一步减少农业灌溉面积20万公顷将是一个比较容易完成的任务。这样，新疆在5~10年的时间里，把灌溉面积减少100万公顷是切实可行的，虽然对农业有一定的冲击，但仍然能够保证农业可持续发展。

减少农业灌溉面积100万公顷，可以相应退出约100亿立方米的水量，退出的水量基本可以满足新疆工业化和城镇化建设增长的需要，还可以满足生态需水的需要。2008年，新疆第二产业、第三产业、居民生活、生态环境用水量分别为11.43亿立方米、1.64亿立方米、7.27亿立方米、20.1亿立方米，总共为40.44亿立方米。即使这四项需水增加一倍，农业灌溉退出的水量仍然可以满足需要。同时，天山北坡和东疆地区的地下水开采可以减少约20亿立方米。

减少新疆农业灌溉面积是一个极其敏感，但又无法回避的问题，因此，必须对减少农业灌溉面积产生的可能进行分析。

## 三　减少农业灌溉面积的影响分析

### （一）对新疆粮食安全的影响

笔者认为，适度减少新疆的农业灌溉面积不会对新疆粮食安全产生影响，原因有以下两点。

首先，根据前一节的分析，新疆灌溉面积的减少80%主要依赖棉花种植面积的减少，而不是粮食作物。实际上，近几年，新疆棉花种植面积已经在大幅度下降，而粮食作物的种植面积却在大量增加。2007年、2008年和2009年，新疆棉花种植面积分别为178.26万公顷、166.80万公顷和140.93万公顷，而同年份新疆粮食作物种植面积分别为137.9万公顷、164.99万公顷和199.4万公顷。

其次，新疆灌溉面积的减少不会导致新疆人均粮食占有量的不足。2007年、2008年和2009年，新疆粮食产量分别为867.04万吨、909万吨和1152万吨。2008年和2009年新疆的人口分别为2130.81万人和2158.63万人。那么，2008年和2009年新疆人均粮食占有量分别为427

公斤和 534 公斤。2008 年全国人均粮食占有量为 404 公斤。如果新疆粮食作物种植面积减少到 2008 年的水平，可以减少 34.35 万公顷耕地，则可以相应节省 34.35 亿立方米的水量，而人均粮食占有量仍然高于全国平均水平。

**（二）对农民收入的影响**

农业灌溉面积的减少会直接导致农作物产量的下降，会不会对农民的收入造成比较大的冲击?

相关资料表明，新疆农民承包的耕地大约占总耕地面积的 60% ~ 70%，其余的土地主要为一些大型农场和承包大户所承包。哈密市总灌溉面积为 5.33 万公顷，其中农民土地承包面积仅为 1.40 万公顷；昌吉州呼图壁县军塘湖流域耕地面积 0.60 万公顷，其中农民 30 年承包田为 0.37 万公顷。这些数据说明，新疆农民承包的灌溉面积在农业总规模中的比重并没有内地其他省份那么高。

近 10 年来，新疆新增的灌溉面积很大一部分来自一些非农公司和私人承包大户，这些新增灌溉面积主要以新开垦的荒地为主。这些公司和大户比较注重经济效益，常常超采地下水，造成当地地下水位下降，农民用水成本提高，损害了当地农民的利益。减少的灌溉面积应该考虑以这部分公司和承包大户的以商业利益为重的耕地为对象，这样不但不会影响农民的利益，还维护了农民的利益。

从目前市场来看，由于全国棉花产量处于过剩的状态，棉花的价格一直处于较低状态。如果新疆棉花产量减少了，可能会造成棉花价格的上扬，对普通农民来说，农业收入可能不会有所提高。另外，随着新疆新兴工业化和城镇化程度越来越高，越来越多的农民将进入城镇，成为产业工人和市民，农业收入占总收入的比重将越来越低。

**（三）对新疆经济发展的影响**

2009 年，新疆三次产业对经济的贡献率分别为 18%、45% 和 37%，而 1990 年的数据分别为 40%、32% 和 28%，20 年间农业对经济的贡献率下降了 22%，而工业对经济的贡献率上升了 13%。这说明，当前依靠扩大农业规模去发展地方经济的模式已经被证明是不可持续的，缩小一定的农业规模，总量上不会对新疆经济产生较大影响。新疆的经济发展应该通过发展新兴工业来实现。但是，目前新疆的工业化和城镇化刚刚开始就遭遇水资源紧缺的问题，有的地方因为严重缺水已经限制了当地工业发展。

调整农业产业结构，特别是减少棉花种植面积，同时延长棉花下游产业链来增加经济收入，将会带来数倍于耕地规模带来的效益。在棉花产业利润链中，种植生产为6%、初加工为8%、纺织为38%、服装制造为18%、销售为30%。目前，新疆棉花产业主要集中在上游的种植生产环节，下游所占比重过低。新疆的棉花采摘后绝大部分都是运往江苏、浙江等沿海省市再进行加工，新疆的资源优势并未有效地转变为经济效益和产业优势。多数利润被沿海城市的纺织和服装制造企业获取，新疆的农民只能取得较低的回报。

调整农业产业结构，减少种植业面积，同时适当扩大林牧渔业的面积，对发展新疆农业经济也十分重要。新疆的农产品由于丰富的光热资源，品质相对较好，产量高，相对内地来说有一定的优势。比如，新疆的瓜果，由于其光照时间较长，品质较好，输往内地后往往价格较高。另外，新疆的牧业也有较大的发展空间，畜产品附加值较高。

## 第四节　新型工业化、城镇化与新疆水资源

工业化和城镇化是实现新疆现代化的目标，也是必由之路。新疆的工业化、城镇化水平都比较低，与全国平均水平相比还有较大差距。新疆“十二五”规划提出要加速推进新疆的新型工业化和城镇化。从水资源消耗的比重来看，新疆工业化和城镇化对水资源的消耗占总用水量的比重还比较小，但新疆的工业主要以能源、化工等产业为主，而这些产业均属于高耗水产业，因此，新疆在加快工业化进程中必须充分考虑水资源的制约程度。同样，新疆的人口主要集中在绿洲地带，城镇化必然加重绿洲地带水资源的压力，新疆在加快城镇化进程中也必须考虑合理开发利用水资源。

### 一　新疆工业化水平与“十二五”发展目标

#### （一）当前新疆工业化水平及特征

近20年来，新疆的工业化水平逐渐提高，但与全国相比还有一定差距，新疆仍然需要加快推进工业化进程。由于历史和区域因素，新疆形成了偏重型的工业结构，重工业中的采掘工业比重较大，但附加值低，导致新疆长期以来形成了“资源优势、效益劣势”的局面。

三次产业的构成反映了经济发展的综合水平。20世纪90年代以来，新疆第一产业占GDP的比重持续下降，第二、三产业的比重持续上升，

特别是第二产业的比重上升较快。从表 12－5 可以看出，2009 年新疆第一产业占 GDP 的比重比全国平均水平高 7.47 个百分点，说明新疆是我国主要的农业区域，而农业又是比较效益偏低的产业；第二产业占 GDP 的比重比全国平均水平低 1.14 个百分点，大约相当于 2000 年全国平均水平，说明新疆工业化程度仍然比较低；第三产业比全国平均水平低 6.33 个百分点，说明新疆第三产业发展仍然滞后。但从纵向来看，2009 年新疆第二产业占 GDP 的比重比 1991 年高 13 个百分点，比 2000 年高 5.7 个百分点，说明近 20 年来，新疆工业化建设取得了比较大的进步，与全国平均水平的差距越来越小。同时，2009 年新疆第一产业占 GDP 的比重比 1991 年下降了 15.5 个百分点，但第一产业的比重仍然很高，说明新疆第二产业发展空间仍然十分巨大。

**表 12－5　全国与新疆三次产业结构不同年份对比**

单位：%

| 区域 | 年份 | 第一产业 | 第二产业 | 第三产业 |
|---|---|---|---|---|
| 全国 | 1991 | 24.53 | 41.79 | 33.69 |
| | 2000 | 15.06 | 45.92 | 39.02 |
| | 2009 | 10.33 | 46.24 | 43.43 |
| 新疆 | 1991 | 33.3 | 32.1 | 34.6 |
| | 2000 | 21.1 | 39.4 | 39.5 |
| | 2009 | 17.8 | 45.1 | 37.1 |

资料来源：宋香荣《新疆产业结构现状分析》，《新疆财经》2006 年第 1 期，第 20～22 页。

在第二产业内部，新疆由于历史和自然原因建立了一批重化工企业，特别是能源、原材料工业企业，由此形成了新疆偏重型的工业结构。2009 年新疆轻重工业比例为 13.55∶86.45。从重工业内部结构看，以采掘工业为主的重工业比重大成为新疆工业结构的一个明显特征。新疆重型工业结构决定了新疆主要产业产品大多数属于基础性的产业链上游产品，附加值低。从轻工业内部结构看，以农产品为原料的工业与以非农产品为原料的工业的比例为 95.88∶4.12。这说明新疆轻工业的发展水平总体仍较低，对农业资源的依赖程度较高，附加值也较低，这样就形成了新疆长期以来的“资源优势、效益劣势”的局面。①

① 宋香荣：《新疆产业结构现状分析》，《新疆财经》2006 年第 1 期。

### （二）加快推进新疆新型工业化的目标

新疆“十二五”规划提出“加速推进新型工业化”，内容是“坚持高起点、高标准、高效率推进新型工业化，促进特色优势产业集群化、战略性新兴产业高端化，建设国家大型油气生产和储备基地、国家重要的石油化工基地、大型煤炭煤电煤化工基地、大型风电基地和国家能源资源陆上大通道，建成国家绿色农产品生产和加工出口基地。推进优质棉纱、棉布、棉纺织品和服装加工基地建设”，具体包括“做大做强特色优势产业”、“积极培育战略性新兴产业”、“加快产业园区建设”。

## 二 新疆新型工业化需水分析

### （一）目前新疆工业用水情况

新疆水资源消耗的一个重要特征是农业用水量大，比重高，不仅高于全国平均水平，也高于西北地区平均水平。以2000年为例，新疆总用水量为480.0亿立方米，其中农业用水占94.42%，工业用水占2.27%，生活用水占3.29%（见表12－6）。同年，西北地区总用水量为817亿立方米，其中农业用水占89.3%，工业用水占6.1%，生活用水占4.6%。两者对比可以看出，2000年新疆工业用水占总用水量的比重比西北地区平均水平低3.83个百分点，说明新疆工业用水占总用水量的比重比较低。

从纵向维度来看，2008年新疆工业用水的比重比1998年增加了0.36个百分点，但2000年之后增加幅度较小。

无论是在总量上，还是比重上，新疆工业用水还有较大的提升空间。由于新疆水资源总量相对较大，在合理调整用水结构的情况下，新疆的水资源完全可以支持新兴工业化的发展。

**表12－6 新疆不同年份用水结构**

单位：亿立方米，%

| 年份 | 总量 | | 农业 | | 工业 | | 生活 | |
|---|---|---|---|---|---|---|---|---|
| | 用水量 | 占总用水的% | 用水量 | 占总用水的% | 用水量 | 占总用水的% | 用水量 | 占总用水的% |
| 1998 | 449.40 | 100 | 424.70 | 94.30 | 7.80 | 1.80 | 16.90 | 3.90 |
| 2000 | 480.00 | 100 | 453.20 | 94.42 | 10.90 | 2.27 | 15.80 | 3.29 |
| 2007 | 517.69 | 100 | 478.39 | 92.41 | 10.79 | 2.84 | 8.06 | 1.57 |
| 2008 | 528.22 | 100 | 487.78 | 92.34 | 11.43 | 2.16 | 7.27 | 1.38 |

注：2007年和2008年的总用水量除了农业、工业、生活用水外，还包括生态用水量。

资料来源：中华人民共和国水利部《2001年中国水资源公报》，http：//www.mwr.gov.cn/zwzc/hygb/szygb/qgszygb/200101/t20010101_29450.html，最后访问时间：2013年4月1日。

### （二）新疆能源工业需水分析

新疆能源资源丰富，被誉为“中国第二大原油产区”和“中国煤炭业最后一块宝地”，是未来中国能源开发的黄金地区。新疆作为我国最大的资源后备区，石油和天然气的储量分别为209亿吨和10万亿立方米，约占全国陆上油气资源总量的1/4，煤炭预测储量为2万亿吨，约占全国的40%。[①] 伴随着石油天然气资源的勘探开发，新疆逐步形成以能源资源精深加工为主的完备的工业体系。2008年新疆原油产量达2722万吨，比1951年增长了7776倍，比1978年增长了6.7倍，已经成为我国第二大原油产区。新疆天然气的产量已经位居全国第一，2008年天然气产量为240亿立方米，比1953年增长了9223倍，比1978年增长了95倍。[②]

新疆“十二五”规划提出，“十二五”期间，新疆将“确保油气产量稳步增长，大力推进疆内企业参与石油天然气下游产品开发……形成一批石化产业集群。……到2015年，原油产量达到3300万吨，天然气450亿立方米，油气产量超过6500万吨，原油加工能力3800万吨，石油储备库容1300万立方米”。新疆“十二五”规划还提出，“……加快建设具有国内领先水平的大型现代化煤矿，提高产业集中度。加快煤炭资源开发和转化，延长煤炭产业链。……到2015年，新疆煤炭产能达到4亿吨以上，外运5000万吨。……到2015年，建成煤制尿素260万吨、煤制二甲醚80万吨、煤制天然气600亿立方米、煤制油360万吨、煤制烯烃100万吨、煤制乙二醇100万吨；‘十二五’期间新增煤焦化生产能力800万吨”。

**表12-7　2008年和2015年（规划目标）主要能源产量对比**

| | 石油 | 天然气 | 原煤 |
|---|---|---|---|
| 2008年 | 2715万吨 | 236亿立方米 | 6763万吨 |
| 2015年 | 3300万吨 | 450亿立方米 | 4亿吨 |
| 增长比例(%) | 21.5 | 90.7 | 491.6 |

资料来源：《新疆维吾尔自治区国民经济与社会发展第十二个五年规划纲要》。

---

① 熊聪茹：《资本西进：新疆农业开发条件成熟》，《中国矿业报》2007年3月6日，第C01版。

② 曹志恒、杨维汉：《新疆能源开发实现战略性“换位”》，http：//news.xinhuanet.com/local/2009-06/02/content_1147487650.htm，最后访问时间：2009年6月2日。

无论是石油、天然气，还是煤炭的开采，都需要水资源。从表12－7可以看出，新疆2015年石油、天然气和煤炭的规划产量比2008年实际产量分别增加21.5%、90.7%和491.6%。因此，可以预测，“十二五”期间，仅石油、天然气和煤炭的开采所需水资源将比“十一五”有较大增长。另外，石油化工和煤化工产业将是新疆“十二五”期间的重点发展方向，这些化工产业均属高耗水产业。以煤化工为例，煤直接制油，每吨成品油耗水6吨，间接制油，每吨成品油耗水12吨。仅煤制油一项，如果达到2015年规划产量目标，年需水量将达0.22亿立方米。如果计算其他化工产业的产能增加的耗水量，新疆“十二五”规划后工业需水量将有一个较大增长。

前文已经分析，新疆2000～2008年工业用水增加缓慢，从工业用水占总用水量的比重来看，新疆工业用水还有较大的增长空间。假设2015年底，新疆工业用水比2008年增加10亿立方米，即为21.43亿立方米。按2008年总用水量计算，工业用水量占总用水量的比重将由2008年的2.16%提高到4.06%。2000年西北地区工业用水占总用水量的比重为6.1%，比4.06%仍然要高出2个百分点。

但是，我们应该看到，新疆主要化工基地大多分布在天山北坡经济带和塔里木盆地经济带，这些地区是新疆经济比较发达、人口相对聚集的地区，也是水资源短缺比较严重的地区。新疆在加速推进工业化的进程中，必须着重强调“新型”二字。“新型”不仅代表产业类型，更代表其水资源消耗类型。

### （三）新疆矿产开发及其需水分析

新疆的矿产资源非常丰富，其中优势矿产资源主要是稀有金属锂、铍、钽、铌，其中铍资源量居全国第一位。此外，铜、铅、锌等有色金属也有良好的找矿前景，罗布泊地区盐湖中的钾盐资源十分丰富。新疆的矿产资源为新疆发展建设完整的工业体系提供了物质基础，对促进我国经济发展具有重要战略意义。

1992年新疆已开采矿种74种，生产的各种矿产原料总产值67.93亿元，占全新疆工业总产值的22%，若计算相关加工产业，其产值比重高达45%，新疆矿产资源工业在国民经济中具有重要地位。从矿产资源开发现状来看，铁、铜、镍、铝、金、锂、芒硝、石灰石、石棉等都是新疆目前经济活动中最重要的矿种，这些矿物原料产值都超过千亿元，并且已经形成了拥有一定规模的较为完整的采、选、冶体系。①

2000 年新疆矿产资源开发用水量为 2.18 亿立方米，占新疆总用水量的 0.4%，占新疆工业用水量的 20%。在西北地区，新疆矿业用水量处于西北各省区用水量的第二位，而矿业万元产值用水量处于西北各省区用水量的第一位，说明新疆矿业用水还有比较大的节水空间。另外，由于新疆矿产资源分布和水资源分布不平衡、不协调，新疆矿产资源的开发受水资源短缺制约比较大。

**表 12－8　新疆矿业工业发展与需水量预测**

| 项目 | 2000 年 | 2005 年 | 2010 年(预测) |
|---|---|---|---|
| 总产值(亿元) | 50 | 79.4 | 126 |
| 总产值比 2000 年增幅(%) | | 58.8 | 152.0 |
| 需水量(亿立方米) | 2.18 | 2.6 | 3.14 |
| 需水量比 2000 年增幅(%) | | 19.3 | 44.0 |
| 万元产值需水量(立方米/万元) | 436.0 | 327.5 | 249.2 |

资料来源：潘家铮《西北地区水资源配置生态环境建设和可持续发展战略研究》，科学出版社，2004。

## 三　新疆城镇化水平与“十二五”发展目标

### (一) 当前新疆城镇化水平与特征

城镇化是当代世界各国经济社会发展的一个重要趋势，城镇化水平的高低是衡量一个国家和地区经济社会发展水平的主要标志。总体来说，新疆的城镇化水平一直在提高，但是提高的速度比较缓慢，逐渐落后于全国平均水平。据 2010 年第六次全国人口普查数据表明，新疆 2010 年人口总数为 2181.33 万，城镇人口占总人口的比重为 39.9%，而同年全国平均水平为 46.6%，新疆城镇化水平在全国 31 个省、自治区、直辖市中排位第 24。

简单的城镇化水平计算过于笼统，特别是对新疆来说，新疆的城镇化具有一些和其他地方不一样的特征。首先，新疆城镇结构体系不合理。新疆城镇化发展存在首位城市过大、大城市缺失、中等城市和小城镇比重偏

① 中国工程院西北水资源项目组：《西北地区水资源配置、生态环境建设和可持续发展战略研究项目综合报告》，中国水利水电出版社，2005。

高。新疆现有特大城市仅4.76%，比全国平均水平低9.04个百分点，缺少大城市，中等城市占38.09%，比全国平均水平高17.54个百分点，小城市占57.14%。其次，新疆城镇空间布局与自然地理条件和水资源分布状况相关。新疆的城镇主要分布在准噶尔盆地和塔里木盆地的边缘和河流流域，形成沿河流呈带状狭长分布的状态，以及沿交通运输线呈串珠状线性分布形态。再次，新疆城镇经济发展相对滞后，城镇发展差异较大。相对我国中部、东部地区而言，新疆城市经济发展水平、基础建设水平和居民生活水平都比较落后。中等城市经济实力不济，与特大城市落差较大，小城镇经济实力弱，农村经济特征明显。①

### （二）新疆城镇化“十二五”规模目标

城镇化率是新疆发展规划的一项主要指标，新疆“十一五”规划提出2010年新疆城镇化目标是城镇化率由2005年的37.2%提高到42%，实际上，2010年新疆实际城镇化率为39.9%，未完成规划目标。

新疆“十二五”规划提出“加快推进新型城镇化”，目标是“按照统筹城乡、布局合理、突出特色、以城带镇的要求，以新型工业化为动力，以农牧业现代化为基础，以体制创新为先导，走可持续发展的城镇化道路。进一步优化城镇布局，促进大中小城市和小城镇协调发展。强化城镇功能，提高城镇集聚经济和人口的能力，到2015年，城镇化水平达到48%”，具体内容包括“构建城镇化战略新格局”、“稳步提高人口城镇化水平”和“加快城镇基础设施建设”。可以看出，“十二五”规划在城市规模、城市数量、人口规模等方面都提出了较高目标。

## 四　新疆新型城镇化需水分析

### （一）水资源与新疆城镇化的关系

新疆城镇化必须处理好与生态环境的关系，特别是与水资源之间的关系。历史上，楼兰古城因缺水而被沙漠吞噬，今天新疆必须走新型城镇化道路，充分考虑区域资源环境承载能力，不盲目追求城市化。新疆的城镇化过程中，要高度重视和处理好水资源的开发利用与城市扩张之间的关系，城镇化发展战略要和水资源的开发利用规划相适应，在城镇化发展的过程中，不断提高各种资源，特别是水资源的利用效率。

---

① 王生贵等：《新疆城镇化发展历程、现状与对策研究》，《新疆农垦经济》2011年第12期。

### （二）新疆新型城镇化需水分析

有研究表明，按照中国城市用水总量除以城市人口总数，可以得出每个人一年的综合用水量大约是 100 立方米，这属于相对较低的用水标准。2010 年新疆城镇总人口约为 872.5 万人，按照新疆“十二五”规划目标要求，新疆 2015 年的城镇化率比 2010 年提高 8 个百分点，则 5 年间要新增城镇人口 69.8 万人。那么，到 2015 年，新疆每年城市用水总量将增加 0.7 亿立方米左右。

据媒体报道，新疆乌鲁木齐市城市居民每人每天生活用水 88.34 升。[①] 按此标准计算，2010 年新疆所有城市居民生活用水量为 2.8 亿立方米，如果到 2015 年实现 48% 的城镇化率，则 2015 年新疆所有城市居民生活用水量为 3.1 亿立方米。

## 第五节　水污染防治与新疆水资源

节水和防污是密切关联的两项工作，节水是防污的前提，而防污也是节水的重要措施。同全国平均水平相比，新疆无论是在工业废水的治理，还是城镇生活污水的处理等方面都还处于较落后的水平。新疆“十二五”规划虽然对水污染治理做出了一些指标要求，但很多指标缺乏，明显对水污染的治理还不够重视。新疆在加快推进新型工业化、城镇化和发展外向型经济的过程中，应该更加注重水污染的治理，提高水循环利用率。

### 一　新疆节水防污的重要性及“十二五”规划目标

#### （一）新疆水污染防治的重要意义

节约用水和加强水污染防治是新疆水资源合理开发利用的两个重要方面。节水和防污常被认为是两件互不相关的事。实际上，节水是防污的前提，而防污也是节水的重要措施。工业和生活用水的 70% 以上都转为污水排放。用水量增加，特别是工业用水量的增加，导致水污染治理的任务也随之加重。许多地方筹措了增加供水的资金，改进了农业、工业节水的技术，却没有同时筹措污水治理的资金。结果是，用水量持续增加，污水

---

① 宗合：《新疆乌鲁木齐市城市居民每人每天用水 88.34 升》，http：//news.sina.com.cn/c/2011-03-24/002122169283.shtml，最后访问时间：2013 年 4 月 5 日。

量也持续增加，水资源短缺日益严重。从东部的经验来看，新疆的发展绝对不能走东部的发展道路。东部发展经济的同时也造成了大量水质性缺水，而新疆水资源本来就相对匮乏，大面积的水污染将会造成新疆的生态灾难。目前，新疆的污水治理水平还有很大的提升空间。以工业废水为例，新疆的工业废水达标率仅为51.5%，比全国平均水平76.8%低25.5个百分点。这也说明，新疆工业废水的治理任重道远。

### （二）“十二五”规划有关水污染防治的目标

新疆“十二五”规划提出“建设资源节约型、环境友好型社会”，具体到水环境保护提出了以下目标：

> 加快伊犁河、额尔齐斯河、博斯腾湖、艾比湖等流域水污染治理。严格落实饮用水源地保护制度，加强地下水污染防治，确保城市集中式饮用水源地水质达标率达到90%。……
>
> 加强城市及周边企业的污染治理，对重点排污企业实行挂牌整治，有计划地逐步搬迁城区内的重污染企业。加快城镇污水处理及配套管网、垃圾处理等设施建设。力争到2015年，城镇污水集中处理率达到75%，城镇生活垃圾无害化处理率达到45%以上。
>
> 实施农村环境综合治理，加强农村水源地保护和水质改善，因地制宜开展农村污水、垃圾污染治理和农业面源污染治理。加大矿区环境保护与修复力度，禁止矿山废水、废气、废渣无序排放。

## 二　新疆水污染现状与治理

### （一）点源污染与面源污染

新疆废水、污水排放以生活污水为主，工业废水为辅，表现为新疆地表水的污染类型为有机污染，且首要污染物为粪大肠菌群、氨氮等生活类污染项目。新疆2009年废水排放总量为7.72亿吨，其中工业废水排放量为2.42亿吨，城镇生活污水排放量为5.3亿吨，工业废水和城镇生活污水的排放量分别占废水排放总量的31.3%和68.7%。乌鲁木齐市水磨河曾经是全疆污染最严重的河流，河流沿岸有20多家工矿企业向河中排入废水，使得这条以泉水为主的清流变成了污浊发臭的污水河。2008年，乌鲁木齐市投入3.28亿元对水磨河进行综合治理，到2011年，水磨河综合治理基本完成，水磨河的水质得到了很大改善。

新疆的面源污染主要来自以下几个方面：农药、化肥的大量施用，草场放牧及家禽、家畜的排泄物、生活垃圾等。由于农业生产方式的改变，农业施用大量化肥、农药等，导致新疆河流污染物以总氮、总磷、粪大肠菌群为主，且季节性变化特征明显。另外，面源污染与农业灌溉也有着密切的关系，大水漫灌方式引起化肥等随灌溉排水回流河道。

### （二）水污染治理

点源污染治理的重点在于提高工业废水和生活污水的达标排放率。2005 年，新疆工业废水排放达标率为 58.6%，2008 年为 65.92%，2009 年为 66.74%。工业废水达标排放率的提高说明新疆在工业废水治理方面下了较大力气，取得了较好成果。从新疆污水治理的投入增加也可以看出这一点，新疆 2008 年污水治理投入为 0.98 亿元，而 2009 年为 1.83 亿元，增幅为 83%。然而，新疆工业废水的治理与全国平均水平相比还相当落后，2005 年全国工业废水达标排放率就已经达到 91.2%，而 2009 年更是达到 94.2%。因此，“十二五”期间，新疆还要加大工业废水治理力度，到 2015 年，新疆工业废水排放达标率应该提高到 80% 左右，到 2020 年基本达到全国平均水平。令人遗憾的是，新疆“十二五”规划对此并未提出具体指标。

新疆城镇生活污水排放量占废水排放总量的 68.7%，因此，城镇生活污水处理率是新疆污水治理的重点。相关数据表明，新疆城镇生活污水处理率 2005 年仅为 49.5%，而 2009 年达到 72.1%，[①] 这样大的增长幅度如果真实，当真令人钦佩，离新疆“十二五”规划目标 75% 的差距已经很小。全国城镇生活污水处理率近年也呈戏剧性地增长，2006 年，我国城镇生活污水处理率为 56.31%，而 2009 年为 73%，2010 年达到了 82.31%。[②]

面源污染是水污染治理的难点，新疆面源污染治理首先应该是减少农业灌溉用水，本研究前面提出的减少农业灌溉用水 100 亿立方米将大大减少面源污染。新疆的农业灌溉要不断提高农业用水使用率，减少漫灌面积，加大微灌面积。另外，加强草场、森林植被的保护，也有利于降低面源污染程度。

---

① 李晓玲：《新疆环境污染治理投资增加到 73 亿余元》，http：//www.iyaxin.com/content/2010 - 11/02/content_ 2265017.htm，最后访问时间：2010 年 11 月 2 日。

② 马超等：《新疆水环境质量影响因素浅析》，《干旱环境监测》2007 年第 4 期。

### 三　提高水循环使用率

无论是工业用水还是城镇生活用水，提高水循环使用率都对水资源的节约利用具有重要意义，对缺水的新疆发展工业化、城镇化具有特殊意义。

一般认为，大规模的工业化和城镇化对水资源的需求极大，东部地区经济发展的经验似乎也证实了这一点。其实，如果大力提高水的循环使用率，工业化和城镇化不一定大量增加用水。发展工业需要水资源，但工业用水与农业用水的性质不同。农业用水需要的水量大，而且蒸发量大，不直接回归到地表或地下径流。工业用水需水量相对很小，主要是冷却用水、锅炉用水、输送废渣用水以及少量的化学反应用水。工业用水耗水率低，而且可以重复利用，但工业用水的一个主要问题是废水处理。对工业用水来说，只要愿意付出足够的代价，提高水的重复利用率，就可以减少需水量。美国在1965年第一次水资源评价时，对制造业的用水量预测为13.210亿立方米/日，第二次评价为12.714亿立方米/日，相差不多；但取水量第一次为3.028亿立方米/日，而第二次只需0.744亿立方米/日，因为水的重复利用率由54.3%增至94.1%。实际上，即使不是提高水的循环使用率，就环境友好来说，控制水污染，特别是控制废水中的有毒污染物的排放，也需要进行较高的经济投入。城镇化和工业化一样被认为是必然大量增加城市用水。实际上，和工业用水相似，城市用水中的大部分可以利用对污水的再生利用来解决，例如，绿化、美化和环卫用水，但城市生活饮用水除外。

## 结　语

第一，水资源的合理开发利用是影响新疆未来发展的关键因素。新疆"十二五"规划提出新疆要加快工业化、城镇化进程，并大力发展外向型经济。所有的发展目标都对新疆水资源的合理开发利用提出了更高的要求。

第二，农业产业不合理导致农业用水太多是新疆缺水的主要原因。新疆位于干旱区，但水资源却相对丰富，不是一个天然缺水地区。新疆水资源短缺是人类经济社会活动所致。新疆农业是以种植业为主的单一结构，棉花种植面积的急剧增加导致农业灌溉用水太多，是新疆水资源短缺的根源。

第三，适度减少灌溉面积是解决新疆缺水问题的根本途径。工程技术手段可以提高水资源的利用率，但不能从根本上解决新疆的缺水问题。解决新疆缺水问题需要适度减少农业灌溉面积，具体途径是减少棉花种植面积。棉花种植面积的减少，从长远来看，不会对新疆经济社会发展造成负面影响。

第四，农业节水可以支持新疆的新型工业化和城镇化。新疆工业化、城镇化水平较低，且用水比重也较低。农业节余的水可以支撑新疆的新型工业化和城镇化，并发展外向型经济。

第五，发展工业化、城镇化要加强水污染治理，提高水资源的循环使用率。新疆的工业废水排放达标率和城镇生活污水处理率比全国平均水平低很多，说明新疆的水污染治理任重道远，也说明新疆废水利用的空间很大。加强水污染治理的同时，新疆要提高水资源的循环使用率，节水与治污并重。

上述，我们主要分析了新疆产业政策与资源环境的关系以及高铁的建设对于新疆发展的重要性，下一章，我们主要从劳动力市场、城镇化来探索新疆发展的问题与高铁带动下的向西开放对推动新疆劳动力市场和城镇化发展的可能性。

# 第十三章　战略重心转移与中国劳动力市场和移民

改革开放以来，在东部沿海地区加速城市化的过程中，随着经济体制改革的不断深入，大量农村人口作为剩余劳动力涌入城市，尤其是东部沿海发达地区的大中城市更是吸引了来自全国各地尤其是中西部地区的人力资源。城市化的进程带来了全国范围内的流动潮和移民潮，从而也不断重塑着全国的劳动力市场格局。在这一过程中，中国劳动力市场除却经济层面上日益扩大的地区差距，东西部亦面临不一样的社会发展困境。

第一，劳动力的流动失衡，区域发展不平衡。从理论层面上来说，一个高流动性的劳动力市场有利于实现劳动力的合理配置，进而缩小地区间的不平等。然而，因中国经济发展战略重心的不平衡，中西部地区劳动力人口大量外流，从而导致西部地区人力资本的匮乏，很大程度上影响了中西部地区的发展。

第二，移民融入难，城市内部社会不平等加剧。庞大的外来人口群体在制度上、文化上遭遇城市的排斥，在社会保障、子女教育、住房等方面难以享受平等的福利，在客观上和主观上都较难融入城市社会。未完成“市民化”的第一代、第二代农民工在迁入的城市里无法找到归属感，甚至沦为新的贫困阶层，成为城市里的边缘群体，由此产生的潜在社会矛盾，易引发各群体间的社会冲突。

第三，“空心化”农村中留守人口发展存在困境。对于流出大量劳动力的中西部地区，特别是广大的农村地区，留守儿童、妇女及老人三大群体的社会问题越发凸显。儿童社会化、妇女自我发展和婚姻稳定以及老人的赡养、生存都遭遇严重障碍，对农村社会的整合和稳定存在一定的负面影响，对于整个社会的稳定和发展存有深层的阻碍作用。

本章在揭示改革开放以来中国社会中劳动力移民问题的基础上，试图从国家整体发展战略和经济布局的视角来探寻造成中国劳动力市场和移民困境的深层结构性根源，剖析其具体作用机制，并试图分析高铁带动下的向西开放战略重心的转移对实现中国劳动力市场的良性运行和劳动力合理流动，以及解决当前区域发展困境的可能性。

## 第一节　改革开放以来中国劳动力市场和移民问题

计划经济体制下的中国是否存在真正意义上的劳动力市场尚存争议，因为国家的统一分配以及城乡隔离的政策使得劳动力无法自由流动，也就没有可以合理配置劳动力的市场。而在经济体制改革后，对劳动力市场的国家管制逐渐让位于自由的市场，整体呈现出高流动性的特征。然而加速的流动呈现出极大的地区不平衡性，直接结果是中西部年轻劳动力流失严重，区域间发展失衡问题加剧。庞大的流动劳动力在其流动及迁移的过程中，遭遇的政策歧视和社会排斥等融入问题也突显出劳动力移民的发展困境。更重要的是我们要看到在表面的移民问题之下，深层的社会分化和不平等问题已然成为影响社会稳定和良性发展的消极因素。下面我们将重点分析中国改革开放以来，在劳动力市场和移民上出现的不可忽视的地区发展问题。

### 一　不平衡的劳动力流动格局和不断扩大的地区不平等

#### （一）“孔雀东南飞”——不平衡的劳动力流动格局

自改革开放以来，中国的劳动力市场的计划管制逐渐放开，全国的劳动力市场上呈现出高流动性的特点，劳动力迁移流动的数量迅速增长，且规模逐年扩大。国家人口和计划生育委员会流动人口服务管理司于 2010 年发布的《中国流动人口发展状况报告》显示，2009 年中国流动人口已达到 2.11 亿，流动人口中 78.7% 为农业户口。① 2010 年的第六次全国人口普查结果显示，居住地与户口登记地所在的乡镇街道不一致且离开户口登记地半年以上的人口为 26139 万，其中市辖区内人户分离的人口为 3996 万，不包括市辖区内人户分离的人口为 22143 万。② 2011 年

---

① 曾利明：《中国流动人口平均 27.3 岁，生存发展面临 6 大问题》，http：//www.chinanews.com/gn/news/2010/06－27/2365052.shtml，最后访问时间：2013 年 11 月 5 日。

② 《2010 年第六次全国人口普查主要数据公报［1］（第 1 号）》，http：//www.stats.gov.cn/tjgb/rkpcgb/qgrkpcgb/t20110428_ 402722232.htm，最后访问时间：2013 年 11 月 10 日。

全国人口变动情况抽样调查的数据显示，2011年，全国人户分离的（居住地和户口登记地所在乡镇街道不一致且离开户口登记地半年以上的）人口为2.71亿，比上年增加977万人；其中，流动人口（人户分离人口中不包括市辖区内人户分离的人口）为2.30亿，比上年增加828万人。①

在高流动的总体形势下，最突出的特点是流动的方向向东部集中，这一特点可以从表13-1和图13-1中清楚看到。从表13-1的数据可以清楚地看到，自改革开放以来，迁入东部地区的比重始终在三大地带中处于第一位，且随着时间的推移，迁入比重逐渐增高，在2000年攀升至76.41%，远高于中西部地区。同时，图13-1清晰地描述了2000年以来人口集聚式流入东部发达省份的图景，占了全国30%~40%的流动人口流入广东，其次是浙江、江苏、上海、北京和福建等5个东部地区的发达省份，东部地区吸引了占全国流动人口80%以上的份额，人口的地域流向的空间分布极不均衡。另外，据国家统计局《2009年农民工监测调查报告》显示，2009年，在东部地区务工的外出农民工占全国外出农民工总数的62.5%，在地级以上大中城市务工的外出农民工占全国外出农民工总数的63.3%。② 在2010年“人口流动迁移与城镇化国际研讨会”上发表的报告提供的数据显示：目前中国2.1亿农村劳动力中约有9000万人实际已在城镇生活，流动人口进入城市务工65%流向东部，30%流向中部，5%流向西部。③

网络数据显示，近几年来，普通高校毕业生多倾向于选择到东部沿海发达地区就业，尤其是几个主要的大城市更受其青睐。智联招聘调查显示，2011年应届毕业生十大期望就业城市依次为北京、上海、广州、深圳、成都、南京、西安、杭州、武汉、天津，其中北京以26.1%的比重居于首位。可见，无论是农村劳动力，抑或是智力人才，都呈现出向东部地区流动迁移的集中趋势。

---

① 《2011年全国人口变动情况抽样调查公报》，http://www.stats.gov.cn/，最后访问时间：2013年11月10日。

② 国家统计局：《2009年农民工监测调查报告》，http://www.stats.gov.cn/，最后访问时间：2013年11月12日。

③ 曾利明：《中科院专家：中国劳动力成本依然具有全球竞争力》，http://www.chinanews.com/cj/cj-gncj/news/2010/06-26/2364844.shtml，最后访问时间：2013年10月5日。

表 13－1　改革开放以来中国省际人口迁移的东、中、西三地带差异

单位：%

| 迁移变量 | 期间／地区 | 1982～1987 年 | 1985～1990 年 | 1990～1995 年 | 1995～2000 年 |
|---|---|---|---|---|---|
| 迁出比重 | 东部 | 31.76 | 33.08 | 26.29 | 18.51 |
| | 中部 | 34.83 | 31.39 | 38.74 | 46.95 |
| | 西部 | 33.41 | 35.54 | 34.97 | 34.54 |
| | 合计 | 100 | 100 | 100 | 100 |
| 迁入比重 | 东部 | 52.02 | 54.56 | 65.05 | 76.41 |
| | 中部 | 24.65 | 23.99 | 14.71 | 9.06 |
| | 西部 | 23.33 | 21.42 | 20.25 | 14.53 |

资料来源：王桂新《改革开放以来中国人口迁移发展的几个特征》，《人口与经济》2004 年第 4 期（文献具体根据 1987 年、1990 年 1% 人口抽样调查和 1990 年、2000 年人口普查资料计算而得）。

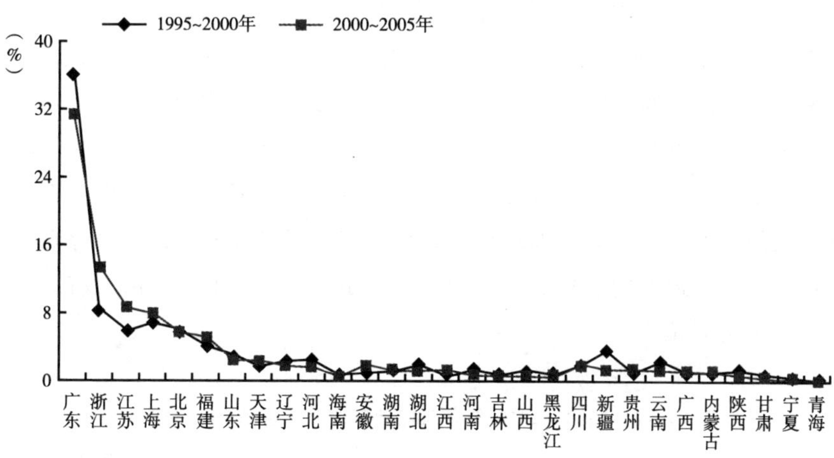


**图 13－1　1995～2000 年和 2000～2005 年劳动力流入地区分布图**

注：采用 2000 年人口普查和 2005 年 1% 人口抽样调查资料中的现住地和 5 年前常住地人口流动矩阵作为依据研究人口流向问题，用 5 年前在其他省份而现居住在本省的人数占总流动人口的比例作为这 5 年平均人口流入份额。

资料来源：杜小敏、陈建宝《人口迁移与流动对我国各地区经济影响的实证分析》，《人口研究》2010 年第 3 期。

### （二）“马太效应”——加剧的地区不平等

在不平衡的流动格局下，大量中西部劳动力集中涌入东部。凭借数量庞大的外来劳动力，东部地区加速了产业发展和城市建设，取得了较快经济发展速度。然而对于中西部地区来说，适龄劳动力的外流造成地区发展乏力、滞后，东西部间的经济差距逐渐扩大，地区间的不平等加剧，社会

分化加剧，出现了不良循环的“马太效应”。

在过去的30多年中，中国的人均收入增长了近十倍。与此同时，中国的地区经济发展差距和人均收入差距也不断扩大。居民收入差距表现为城乡之间、东部沿海和西部内陆之间以及不同规模的城市之间的差距，且这三个差距呈扩大趋势。数据显示中国的收入差距在区域与区域之间要比区域内部的差距更为突出。

从1990年以来的相关数据看，中国人均GDP东中西部相对差系数于2004年登顶，达75%，2004年后开始持续下降，1999年，东部地区人均GDP为10732元人民币，西部地区为4302元；到2005年，东部地区人均GDP为22200元，西部地区为8970元。6年间，东西部人均GDP差距由6430元扩大到13230元，增加了1倍多。据统计，2006年，西部12个省、自治区、直辖市GDP总和不到4万亿元人民币，约占全国GDP的17%；而东部地区GDP达到2万亿元的省份就有3个，其中江苏省为21500亿元，山东省为22000亿元，广东省为25000亿元。2007年，东部地区人均GDP达到了西部的2.2倍，且地区差距继续呈现出不断扩大的趋势。

表13－2以及图13－2和图13－3清楚显示出，尽管西部地区的城镇居民可支配收入以及农村居民的人均年总收入均呈不断增长的态势，但是其增长的幅度依然没有东部地区大，地区间的居民收入差异依然存在。近几年来，东部地区的农村居民人均年收入是西部地区的1.7倍左右，地区间的差距逐渐拉大。

**表13－2　2003～2010年东西部地区农村居民人均年总收入**

单位：元

| 年份 | 2003 | 2004 | 2005 | 2006 | 2007 | 2008 | 2009 | 2010 |
|---|---|---|---|---|---|---|---|---|
| 东部 | 5011.017 | 5510.492 | 6396.542 | 6988.417 | 7896.639 | 8963.558 | 9659.5 | 10850.05 |
| 西部 | 2790.908 | 3149.717 | 3613.825 | 3907.525 | 4522.628 | 5250.858 | 5589.833 | 6373.05 |

资料来源：根据《中国统计年鉴》2003～2010年资料计算得出。

## 二　移民融入难，城市内部社会不平等加剧

### （一）社会管理和城市管理面临新挑战

近年来我国的流动人口日益显现出一些新变化。第一，流动人口的数量规模持续扩大。第二，流动人口的结构日益复杂化。过去的流动人口基

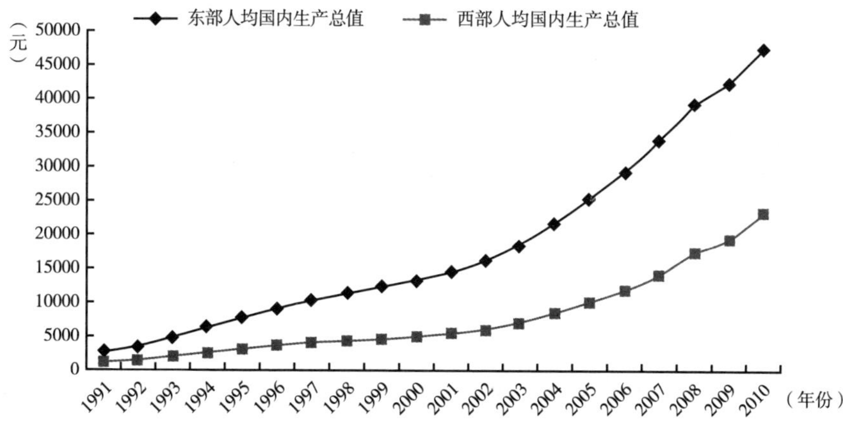


**图 13－2 东西部人均国内生产总值走势图（1991～2010 年）**

资料来源：根据《中国统计年鉴》1991～2010 年资料计算得出。

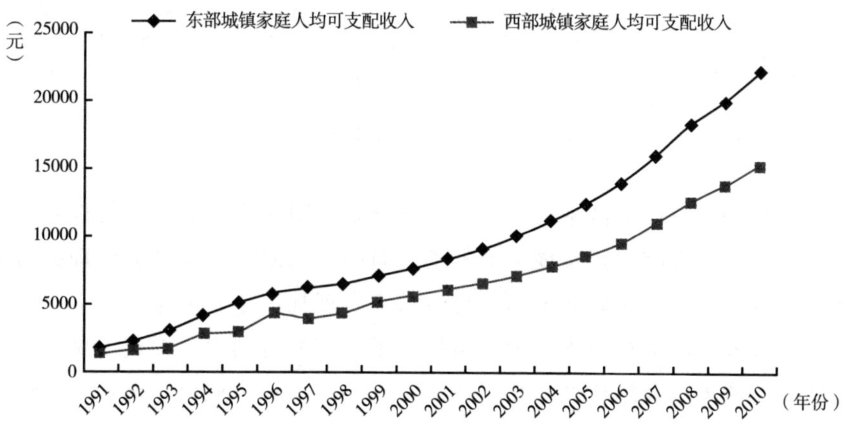


**图 13－3 1991～2010 年东西部城镇家庭人均可支配收入走势图**

资料来源：根据《中国统计年鉴》1991～2010 年资料计算得出。

本上全部为农村人口，现在扩展到城市人口；过去流动的基本上是劳动力，现在扩展到未成年人、未就业人口和退休人员；过去基本是个体流动，现在举家流动的现象不断增加；过去流动人口主要是壮年劳动力，现在主要是青年人，农村青少年正在成为中国流动人口的主体。劳动力流动的移民化和家庭整体化倾向越来越明显。[①] 大量劳动力集中流向东部沿海

① 张翼：《流动人口内部结构的新变化》，http://bjrb.bjd.com.cn/html/2012－04/16/content_72880.htm，最后访问时间：2013 年 11 月 7 日。

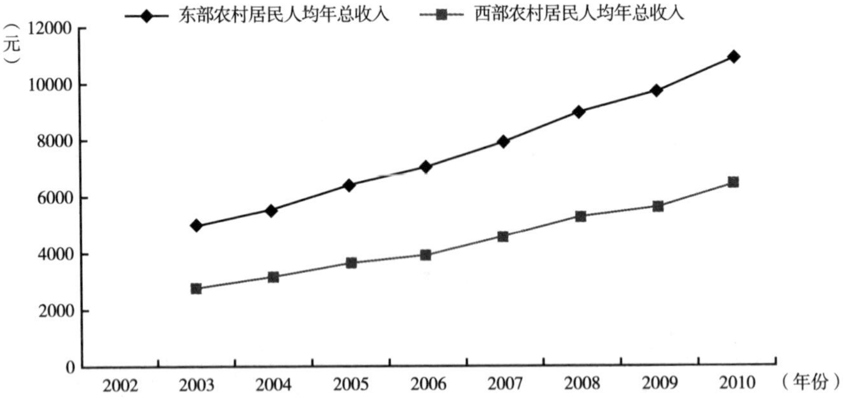


**图 13－4　2002～2010 年东西部农村居民人均年总收入走势图**

注：在本章中，笔者采用国家统计局的地区分类方法，将北京市、天津市、河北省、上海市、江苏省、浙江省、福建省、山东省、广东省、海南省 10 省市划为东部地区，西部地区则包括内蒙古、广西、重庆、四川、贵州、云南、西藏、陕西、甘肃、青海、宁夏和新疆 12 个省、自治区、直辖市。根据该地区分类方式以及各省市的各项经济指标计算东西部地区经济数据。各类原始数据资料可从国家统计局网站（http：//www. stats. gov. cn/）查得。

资料来源：根据《中国统计年鉴》历年资料计算得出。

地区，除了给东部地区带来经济的快速增长，对于当地的社会管理和发展也产生了一定影响。数量庞大的外来人口的涌入对于当地社会管理提出了新的挑战，而移民化倾向的增加也对城市发展提出了新的考验。

外来人口的大量流入，为城市提供了丰富的劳动力，促进了城市经济发展，与城市产业结构调整相互作用和影响，加速了城市化进程，加快了社会保障体系的完善，促进了管理体制改革和社会多元文化的融合。同时，外来人口的突增，也给城市带来一系列问题，大批劳动力长期无序的流动，使得城市就业形势日趋严峻，外来人口对计划生育、社会治安以及流入地公共基础设施、环境保护等均带来了严峻的挑战。

外来人口的增加同时也加大了沿海地区政府的公共财政压力。一方面，城镇人口的快速增长要求城市基础设施扩容。根据城市基础设施建设需求和目前的规划初步测算，到 2020 年，对城市交通运输、给排水、环境保护和防灾安全等工程型基础设施的投资总额最低约为 16 万亿元；如果从 2010 年开始每年按照 GDP 总量 4% 的比例投资于城市基础设施，到 2020 年，累计投资规模将超过 24 万亿元。另一方面，农民工市民化增加了安居住房建设、社会保障、医疗教育等公共服务的支出。据重庆市测算，为了在两年内实现300多万人口转为城镇居民，政府在转户农民养老保险补助、吸纳就业企业社保缴费补差以及公租房、学校等配套设施建设方面需要投入316亿元，每年所需财政投入接近全市地方财政收入的1/10。如此的高成本城镇化抑制了农民向城镇迁移的空间。所谓高成本城镇化，是指中国在过去率先发展大城市和特大城市，且它们主要集中在东部发达地区，目前这类城市化的成本越来越高，当地政府为吸纳外来人口需要在城市基础设施、公共服务、社会保障等方面投入巨资。根据国务院发展研究中心课题组（2011）对重庆、武汉、郑州和嘉兴四个城市的实地调研，一个典型的农民工（包括相应的抚养人口）市民化所需的公共支出成本总共约8万元。[①]

**（二）数量庞大的流动人口生存发展困境多**

国家人口和计划生育委员会流动人口服务管理司发布的《中国流动人口发展状况报告》揭示了当前我国流动人口的现实状况。数据显示，流动人口中78.7%的人为农业户口，以青壮年为主，其中20岁至44岁的被调查者占被调查者总数的2/3，14岁及以下少年儿童占20.8%；男性占50.4%，女性占49.6%。流动人口家庭平均规模为2.3人；16岁至59岁人口中86.8%的人接受过初中教育，人均月收入1942元人民币。主要在制造、批发零售和社会服务领域就业，多集中在低薪或高危行业。报告强调，目前流动人口生存发展面临6大问题：

——高中及以上学历失业比例高，小学及以下学历失业时间长，就业技能培训针对性不强，两者在城市产业升级过程中，难以找到合适的工作。

——收入较低，限制其社会保险参保率，制约其在城市消费。家庭人均收入低于1000元的农业流动人门口中，仅有11.6%参加了养老保险。

——劳动权益维护能力差，对劳动保障政策知晓程度低，约三成未与用工单位签订劳动合同，劳动时间偏长，平均每周工作58.2小时。

——社会保障现状不佳，仍有39%的流动人口未参加任何形式的社会保险。在工伤风险较高的建筑行业，只有23.4%的流动人口参加了工伤保险，超过一半流动人口未参加任何形式的医疗保险。

——医疗服务供给不足，异地报销困难。患病后去流入地县以上医院

① “城镇化进程中农村劳动力转移问题研究”课题组：《城镇化进程中农村劳动力转移：战略抉择和政策思路》，《中国农村经济》2011年第6期。

就医者不到70%，近一成选择回老家治疗。仅有26.8%已参加医保的流动人口表示可部分报销医疗费，超过六成的流动人口表示需全部自己支付。

——流动儿童入读公立学校比例较低，大龄儿童在流入地完成义务教育存在困难。正在上学的流动儿童中，在流入地入读公立学校的比例仅为69%。学籍管理制度是制约儿童在流入地接受初中教育的主要原因。[①]

报告指出的上述六大问题实质上揭示了长久以来外来流动人口在流入城市所面临的公共福利不足以及社会资源短缺的问题，尤其体现在社会保障、医疗、教育等方面，表现出甚于城市当地居民的外来人口看病难、教育难以及保障难等民生问题。在另一方面也显示出城市公共资源的紧张和社会服务均等化的困难。

**（三）移民化困境——流入地内部的社会不平等**

长期以来，流动的劳动力中以农民工为主，所以在说到移民问题的时候，农民工融入城市社会的市民化问题尤为突出。第一代移民基本上在打工地居住10年以上，“移民化”倾向日益明显。移民化主要是指一部分外来人口在迁入城市定居的事实和现象：第一代农民工在多年的候鸟式迁移之后，举家迁移，想要融入城市社会。然而经济上的差距、制度上的隔离和文化上的区隔造成了城市内部的不平等让外来移民群体成为城市边缘群体，容易导致社会不稳定。外来农民工在成为城市新移民的同时，也逐渐成为大城市里的新贫困人群。当城市经济和社会发展越来越依赖外来务工人员，即出现对外来劳动力的刚性需求之时，移民问题越发凸显。

由于中国在工业化、城镇化进程中无力或不愿支付农民市民化成本，人为地维护并强化了城乡二元制度，外来农民和市民在居住、就业和公共服务等方面享受不同的待遇，使得农民工在城市生活中面对着诸多不平等。

1. 劳动权的不平等

首先，职业歧视。农民工所从事的往往是城市中最苦、最累、污染严重、风险大、劳动强度高、技术含量低的职业，例如，井下矿工、建筑工人、清洁工人、搬运工人、流动摊贩等。据统计，全国建筑业的90%、

① 《中国流动人口发展状况报告》中的数据及资料来源于曾利明《中国流动人口平均27.3岁，生存发展面临6大问题》，http://www.chinanews.com/gn/news/2010/06-27/2365052.shtml，最后访问时间：2013年11月5日。

煤采掘业的80%、纺织业的60%和城市一般服务业的90%的从业人员都是农民工。其次，收入偏低。农民工平均月工资为城镇户籍工人月工资的40%～60%，实际劳动小时工资只有后者的1/4。再次，工作时间长，劳动强度大，不能享受法定的休息权。例如，国家法定的工作时间是每天不超过8小时，但根据有关调查，仅有13.7%的农民工，其劳动时间每天在8小时以内。最后，缺少就业安全。农民工没有完善的法定就业保障，其工作相当不稳定。

2. 居住权的不平等

首先，城镇居民通常享有最低的居住标准，低于这一标准，政府会提供住房帮助；而政府对城里的农民工则根本没有确立最低居住标准，也不提供住房帮助。其次，在取消原先的福利分房后，政府对城镇居民提供专项的购房或租房特别补助和优惠政策，如住房公积金、经济适用房政策、廉租房政策等；而生活在同一城市的农民工则没有资格享受这些住房补助和优惠政策。农民工的住房多集中在交通不方便的城郊地区，建筑密度大、容积率高、通风采光条件差，多数住房内没有专门的厕所和厨房，许多房子还是临时的简易工棚和等待拆迁的危房。

3. 社会福利权的不平等

传统的城市社会救济制度和福利制度基本上不能惠及广大的外来农民工。例如，他们不能享受失业救济，没有养老金，没有最低生活保障。近些年来，在中央政府的要求下，一些城市已经努力为农民工建立养老保险、医疗保险、失业保险、工伤保险和生育保险等，“新移民”开始享受公民的社会福利权，但程度很低，限制很多。

4. 子女受教育权不平等

一些调查发现，与户籍居民的子女相比，这些移民子女在受教育方面也面临极大的不平等。首先是教育机会不平等。在九年义务教育阶段，户籍地居民子女在当地学校拥有入学的优先权，而没有当地户籍的移民子女则必须交纳一般农民工负担不起的高额赞助费才能入学，否则只能选择办学条件较差的农民工子女学校。其次是受教育的过程不平等。农民工子女由于语言、文化、习俗和知识基础的不同，与当地学生之间往往会产生较大的隔阂，甚至受到歧视或其他不公平对待，从而影响这些外来学生的学业和心理。

5. 身份的不平等

农民工虽然生活和工作在城市，有些甚至在城市安家，但在多数情况下其“农民”身份并未改变，“市民”身份离他们依然遥远。农民工也远没有融入城市社会，他们在很大程度上仍被视为“外来者”。更为严重的是，农民工不仅收入低、工作辛苦、生存状况差，还经常会受到当地居民的明显歧视。[①]

一系列对农民工的歧视性制度安排和社会结构减缓了农民工市民化进程，同时户籍制度及与之相关的教育、卫生、社会福利和社会保障体制，将农民工排斥在城市体系之外。不具有市民身份的这一群体要融入城市社会的主观愿望与城市体系对这一群体的客观排斥之间形成了一条巨大的鸿沟。

一项在上海地区的调查指出，大多数农民工对迁入或长期居住的城市持否定的态度，这并非是他们本意的表达，而是一种“自知之明”的理性决策。制度对他们的限制及就业中的不平等与不稳定，使他们不得不成为城市的过客，并在过客心态上形成自身的就业、消费和生活方式。[②] 这种不平等的主客观状态在新生代农民工群体身上继续存在，甚至相较于第一代农民工有加剧的趋势。

在国家统计局住户调查办公室于2011年展开的新生代农民工专项调查中，揭示了“80后”二代农民工的现状和所面临的发展问题。其数据表明，目前，中国新生代农民工总数为8487万人，占外出农民工总数的58.4%。与上一代农民工相比，新生代农民工在外出动因、心理定位、身份认同、发展取向、职业选择等方面都发生了根本性的变化，从亦工亦农向全职非农转变，从城乡流动向融入城市转变，从谋求生存向追求平等转变。在身份认同上，新生代农民工依然处于“农民”和“市民”之间的尴尬境地。一份对新生代农民工自我身份认同的调查显示，高达78.5%的人仍然自认为是“农民”，只有9.1%的人认为自己已经不再是“农民”。

从总体而言，新生代农民工缺乏幸福感。感到“比较幸福”和“非常幸福”的新生代农民工的比例分别只有30.6%和5%，而感到“很不幸福”和“不太幸福”的新生代农民工的比例达到3.2%和7.7%。也就是说，存在11%的新生代农民工感觉很不幸福或不太幸福，他们的心理

---

① 具体请参见俞可平《“新移民运动”：牵动中国社会的大变迁》，http://news.xinhuanet.com/legal/2010-05/31/c_12160390.htm，最后访问时间：2013年9月5日。

② 任远、邬民乐：《城市流动人口的社会融合：文献述评》，《人口研究》2006年第3期。

和精神健康问题需要引起足够的重视。

近一半的新生代农民工有在城市定居的打算，但是从现实的角度来看，新生代农民工要想在城市定居下来还存在诸多困难。调查结果显示，67.2%的新生代农民工认为“收入太低”是制约其在城市定居的重要困难和障碍，63.2%的新生代农民工认为“住房问题”是制约其在城市定居的重要困难和障碍。可见，收入问题和住房问题是目前新生代农民工在城市定居下来所面临的最大困难和障碍。同时，认为“子女教育问题”、“老人无法照料”、“社会保障不完善”、“地位不平等”、“没有归宿感，难以融入城市生活”是制约其在城市定居的重要困难和障碍的比例分别为16%、20.1%、24%、7.8%和13.5%。[①]

一方面，新生代农民工无论是其自身条件，还是所面对的社会环境和制度环境都远远好于第一代流入城市时的情况，如外来人口社会保障制度的完善，工资水平的上升，以及国家相关政策的关注等；但是另一方面，新生代农民工以及新移民依旧在社会融入问题上面临有形或者无形的障碍，这不仅阻碍了劳动力资源的合理配置，同时也催生了各种社会问题。新生代农民工在融入城市时，因这一群体自身的特点和社会环境的作用，形成了更高的流动性，以及与城市、农村的同时断裂关系，产生了新的漂泊感，新的社会问题也随之产生。

庞大的外来人群体，尤其是拥有较少资本的农民工群体在涌入发达城市后，成为城市新贫困群体，城市内不平等问题凸显。没有完成“市民化”的农民工被贴上“二等公民”的身份标签，面对城市对于外来人口的诸多限制和不公平待遇，在工作、生活等各方面依然遭受歧视；农民工在城市中正在成为一种新的阶层，增加了外来人口群体，尤其是农民工群体的不公平感、不平等感。对逐渐成为流动人口主体的新生代农民工而言，他们所面临的社会融入问题并未轻于第一代农民工，相反，他们面临双重割裂，呈现出矛盾的身份认同和短工化的工作趋势。同时，由于教育资源的非均衡配置以及分割的劳动力市场的作用，新生代农民工的问题逐渐转变为“农二代”现象，即在代际流动中社会阶层固定化，形成职业世袭化，进而导致社会结构定型化，进一步扩大社会分化，加剧不公平、不平等，增加潜在的社会矛盾。

---

① 国家统计局住户调查办公室：《新生代农民工的数量、结构和特点》，http://www.stats.gov.cn/tjfx/fxbg/t20110310_402710032.htm，最后访问时间：2013年4月24日。

## 三 “空心化”农村中留守人群问题凸显

对于流出地来说，除了经济发展上的“马太效应”，劳动力大量外出对于当地社会的负面作用更大，对社会整合造成的不良影响逐渐显现。在大量年轻男性劳动力不断外出打工的农村，逐渐呈现“空心化”的人口结构和劳动力结构，农业生产和农村社会发展乏力，更严重的是伴随着劳动力流出现象，在农村社会的大后方所留守的一大批老弱群体，在经济、生活以及心理等各方面出现了种种亟待解决的问题。

在大城市出现移民化问题的同时，由于制度性的融入障碍以及生活成本和心理因素的影响，外来农民工往往很难举家迁入城市，尤其是沿海发达的大城市。独特的城乡二元经济结构和与之相联系的户籍制度，使得上亿农村外出务工人员只能“城乡两栖、往返流动”。“钟摆式”和“候鸟型”人口流动会带来巨大的社会代价，大量人口的异地转移导致农村出现空心化问题。农民从传统的村落关系和家庭关系中抽离出来，并促使家庭关系从特定的场所（村庄和家庭）中解脱出来，进入一个远距离的交往方式之中，因此衍生出庞大的农村留守人口群体——留守儿童、留守妇女和留守老人。

目前，农村“留守人口”问题总体上呈现区域性（在四川、安徽、湖南、河南和江西等人口流动大省较为突出）、长期性、间断性、性别倾斜性、关联性、特殊性以及综合性等几大特征。留守人口面临的各种问题随着流动速度的加快和流动规模的扩大逐渐凸显出其复杂性和严重性：父母的外出使留守儿童无法得到正常亲子家庭所给予的照料、关爱和教育，往往还要过早分担家庭的生计压力，面临各种成长风险；丈夫的外出使留守妇女不得不独自承担生产、抚育和赡养等家庭责任，身心负担较重，长期的两地分离更增加了婚姻关系的不稳定性；子女的外出使养老的载体与对象发生了分离，传统家庭养老的功能受到削弱。①

具体而言，各个群体所面临的具体困境表现在不同方面，其中“留守儿童”问题关涉到代际流动以及二代农民工的形成，可以说其复杂性甚于留守妇女和老人之困境。有研究根据2000年人口普查的数据推断，全国留守儿童数量为2290.45万人，而且这一数字还在随着农村劳动力的

---

① 叶敬忠主编《留守中国——中国农村留守人口研究》，社会科学文献出版社，2010，第279页。

不断转移而攀升。全国妇联发布的《全国农村留守儿童状况研究报告》（2008年2月27日）显示，根据2005年全国1%人口抽样调查的抽样数据，全国农村留守儿童的数量约5800万。北京师范大学教育学院课题组于2001年根据流向城镇的劳动人口的数量和年龄结构推测，我国约有6755万处于义务教育阶段的农村留守儿童。另外，一些地区性的调查报告显示当地留守儿童的比例也都比较大。[①] 留守儿童作为新的弱势群体，其表现出来的社会问题主要体现在以下四个方面。

（1）大部分留守儿童的基本生活照料有所保证，但其内心情感极易被忽视，家庭关爱的缺失使其情感需求难以满足；

（2）留守女童承担着沉重的劳动负担和心理压力，更易成为留守儿童中的脆弱群体；

（3）外出父母在留守儿童成长中并未起到应有的作用，对子女重物质补偿轻亲情关爱；

（4）在社会化过程中，受社会文化的引导，留守儿童的伦理道德、行为规范和价值观念的形成容易产生偏差和混乱。[②]

我国首份"留守儿童健康人格报告"的结论显示，目前农村留守儿童人格问题检出率很高，具有轻度及其以上人格问题的得分率显著高于全国儿童的平均水平。报道还指出，目前，我国因人口流动产生的农村留守儿童高达5800万，占全部农村儿童总数的28.29%。而随着中国城镇化进程加快，农村留守儿童规模还在持续增长，其暴露出来的精神脆弱性以及社会化危机的问题范围也逐渐扩大。[③]

在留守妇女问题上，诸多研究发现，农村男性外出务工使留守妇女在生理上、心理上、家庭上以及个人发展方面面临很多问题和困境。丈夫外出务工对留守家庭的经济贡献很大，务工收入成为留守妇女家庭主要收入来源，但大部分留守妇女仍继续从事农业生产，在生产中面临劳动力不足和生产技术落后等难题。沉重的劳动负担和心理压力导致留守妇女疾患增加，健康状况堪忧，农村医疗无法满足妇女的就医需求。长期分居、聚少

① 李菲：《中国农村留守儿童数量约为5800万人》，http：//news. xinhuanet. com/society/2009-05/26/content_ 11438529. htm，最后访问时间：2013年6月7日。

② 叶敬忠主编《留守中国——中国农村留守人口研究》，社会科学文献出版社，2010，第73~77页。

③ 刘媛媛、马北北：《报告称农村留守儿童人格缺陷问题堪忧》，http：//www. chinanews. com/jk/2012/07-07/4015178. shtml，最后访问时间：2013年4月5日。

离多的婚姻生活导致情感满足等婚姻功能难以实现，留守妇女有强烈的孤独感，常常以哭泣缓解负面情绪。长期夫妻分居造成留守妇女的婚姻“低性满足”，使她们易出现烦躁、焦虑和压抑等负面情绪。而在独自抚育子女的过程中，留守妇女常感到力不从心，无法顺利承担教育孩子的任务，这在一定程度上影响农村儿童的健康发展，也是造成留守儿童社会化困境的缘由之一。①

相关研究表明，2000～2007年，中国农村留守老人由1794万人增加到5000万人左右。绝大多数留守老人的生活条件并没有因子女外出务工而明显改善，生活只能维持温饱，贫困现象非常普遍。农村劳动力的大量流出使农业生产呈现老龄化趋势，加重了留守老人的劳动负担，可能导致农业发展后劲不足。农村青壮年劳动力的外出导致老年人口成为农村生产的主要维持者，目前80.6%的留守老人仍下地干活，其中包括很多中高龄老人。由于缺少子女的协助，很多留守老人的劳动负担沉重不堪。子女赡养重物质而轻精神，留守老人的精神需求在家庭内外均很难得到满足。劳动力外出务工导致留守老人隔代监护现象大量涌现，留守老人的教养负担不堪承受，留守儿童的监护质量令人担忧。同时由于根深蒂固的传统观念及长期以来的政策缺位导致留守老人问题被“家庭化”，留守老人很难获得家庭外的社会支持。此外，看病就医问题依然严峻，应对疾病的脆弱性严重影响到了留守老人的生活质量和心理状态。空巢、女性和丧偶的留守老人的生活处境更为艰难，留守老人问题呈现多元性和复杂性。②

大量的“三留人口”是我国经济社会转型过程中与农民工流动相伴生的一个特殊现象，也是我国工业化和城市化进程中面临的社会代价。根据第五次全国人口普查数据，周福林推算出当时全国的“留守儿童”有2289.2万，其中乡村占86.59%，“留守妇女”有1302.4万，其中乡村占81.93%，“留守老人”有1793.9万，其中乡村占75.72%。不过这一数据只能反映10年前的一个大概状况，对于当前最新情况的统计尚无一个权威的数字，只能大致地用抽样调查对全国“留守人口”基本数据进行估计，但可以确定的是留守人群的数字仍在不断增长中。有相关报告数据显示，在农村人口中，留守儿童有5000多万人，留守老人有4000多万

① 叶敬忠主编《留守中国——中国农村留守人口研究》，社会科学文献出版社，2010，第150～151页。

② 叶敬忠主编《留守中国——中国农村留守人口研究》，社会科学文献出版社，2010，第257～261页。

人，留守妇女有4700多万人。[①] 在留守人口群体中暴露出来的个人及群体问题势必会对其家庭和社区产生深刻影响，这已经不仅仅是农村单个家庭的独立问题，同时对于整个社会稳定以及社会发展存在着深层次的影响。对于人口流出地而言，留守人口问题更是不可忽视的影响地区可持续发展的社会难题。

## 第二节　劳动力市场与移民问题的根源

在蓝海战略下，发展模式战略重心的倾斜导致重东轻西，西部发展滞后。除了纯粹的经济层面，更多地表现在社会发展层面，即地区发展不平衡引致的社会问题。一方面，是由蓝海战略导致部分问题的产生；另一方面，一些问题的产生，如流动人口移民化倾向与二代移民问题暴露出其负面影响，显示出不平衡战略的社会副作用。

本部分将从发展战略的角度对劳动力市场和移民问题产生的机制进行分析。首先对自变量——“非均衡的蓝海战略”这一概念进行解读，然后再具体分析蓝海战略在劳动力市场和移民问题上导致诸如地区发展失衡、沿海城市社会管理难题、移民群体城市化困境以及内陆农村空心化、留守人群问题的作用机制。

从上述对改革以来劳动力市场和移民问题的分析，我们已经可以初步看到，诸多不平等问题实质上根源于改革开放后国家一直采取的非均衡战略。这一系列的发展政策可概括为“蓝海战略”，简言之，是指积极引进外资，利用廉价劳动力的比较优势，集中各种资源在沿海地区发展加工制造业，依靠向发达国家市场的出口带动国内经济增长（高柏，2011）。在这一战略安排下，国家给予东部地区一系列倾斜发展和对外开放的优惠政策，如梯度发展战略、沿海开放战略及经济特区政策等。

在“蓝海战略”下，东部沿海地区是中国经济发展的中心，外商直接投资绝大部分分布在东部沿海地区，制造业也主要分布在这一地区。在规模经济效应的作用下，生产要素以及其他资源向沿海地区高度集中，产业，尤其是对外加工制造业进一步向沿海地区集中，东部地区进入经济快速发展的良性循环轨道。这种地区发展不平衡导致一系列不均衡问题的产

① 杨群：《媒体称中国城市化率过半隐患随行，须防发展失衡》，http://www.chinanews.com/gn/2012/05－23/3910328.shtml，最后访问时间：2013年4月6日。

生：沿海地区的人均GDP和人均收入远远高于中西部，地域之间的两极分化日益严重。城市化向沿海地区的集中使得东部地区的城市化水平远远高于广大的西部偏远地区。

中国改革开放以来的这种区域差距和城乡差距拉大问题，与中国的财政政策和中央政府过去主导的区域发展政策是分不开的。政府主导的区域发展政策，在很大程度上助推了中西部内陆地区成为东部沿海地区的劳动力和原材料供应基地。正因如此，内陆地区在过去的30多年发展过程中逐渐沦为一个低附加值的落后生产地区，进而中西部的人才技术等要素进一步向工业化程度较高的东部沿海地区转移。而这一过程就是非均衡发展的蓝海战略所导致的。那么，在劳动力市场和移民问题上，蓝海战略是如何引致第一节中的种种发展困境和难题？其具体作用机制又是什么？下面将就各具体问题进行阐释。

## 一　优先发展引发的劳动力流动不均衡和地区发展失衡

在优先发展东部地区的战略思路下，东部沿海地区凭借其优越的地理位置吸引了中西部地区大量生产要素向东部流动，同时中央政府一直积极鼓励和支持东部沿海地区进行改革试验，进一步增加了东部地区的经济吸引力。西部地区发展滞后，整体经济环境和就业环境较差，无法吸纳本地的剩余劳动力。同时东重西轻的发展模式赋予了东部优先发展的强大经济优势，投资和生产要素的集中创造了大量劳动岗位，有条件且有能力吸引中西部的剩余劳动力，从而导致劳动力流动的不平衡性，进而引致劳动力流动的不均衡。

如前所述，大量的流动劳动力表现出向东部地区集中的特征，而从劳动力输出的角度进行考察可以看到，中西部地区成为东部劳动力的主要来源地，尤其是河南、湖南、四川等各省常年是劳动力输出大省。2010年第六次全国人口普查资料显示，四川共登记外出半年以上人口2091.37万人（注：离开户口所在地乡镇街道）。其中，流出省外1050.55万人。在流出省外人口中，全国30个省、自治区、直辖市均有分布。最多为广东，占36.88%，其次为浙江，占12.66%。[①]

---

① 数据来源于《四川外出人口总数超过2000万，流出省外1050.55万人》，http://www.sc.gov.cn/10462/10883/11066/2012/5/29/10211636.shtml，最后访问时间：2013年4月5日。

西部地区的经济社会发展落后与人力资源匮乏二者之间形成了恶性循环。由于地理环境艰苦，生活和工作条件差，各类人才留不住和不愿意来的情况十分突出。西部民族地区廉价劳动力源源东流，民间资本因此不会流向西部民族地区，进而也就难以培育西部民族地区经济社会发展的民间力量。

以西部地区的新疆为例。近20年来新疆人才流失达20多万人，流失相当严重，其中高级教师、学术带头人、技术创新骨干、中青年专业技术人才达10万人。新疆近年每年考入内地院校4万多名学生，毕业后大概只有27%的人返回。科研条件和水平的落后、就业机会的缺乏是新疆知识人才流失的重要原因。同时，高技能人才不足的问题较为突出。目前新疆通过职业技能鉴定获得证书的人员中，高级工、技师和高级技师等高技能人才所占比例仅为11%左右，这与全国高技能人才占15%的平均水平还有一定差距。在新疆现有企业职工队伍中，高级工以上的技术技能人员仅占6.7%，中级工也只有30%左右，绝大多数是初级工，还有相当一部分没有技术等级。据调查，在进入劳动力市场求职的大中专毕业生、新生劳动力和下岗失业人员中，有80.6%的人没有技能，有59.5%的人没有技术等级或仅有初级工技能水平。

民族地区有文化的劳动力流向发达地区，导致民族地区科技人才缺乏，技术力量不足，直接影响了劳动生产率的提高，使得地区发展乏力。可以说，市场经济中政府主导的发展经济竞争扩大了市场经济的马太效应，发展快的地区其经济增长更加强劲，发展慢的地区其经济增长更为缓慢。

## 二　流动失衡与流入城市的内部不平等问题和移民化困境

对于流入城市而言，由大量流动人口所带来的社会管理和社会服务难题，以及在城市内部出现的不平等和移民化问题，实质上都直接源于不均衡的劳动力流动格局。庞大的人口过于集中地涌入资源有限的部分城市，而这股流动潮的引发根源还是在于蓝海战略的倾斜式发展路径。同时，与倾斜发展相配套的一系列社会、经济制度和结构安排，进一步加剧了流动劳动力的移民化和再发展问题。

中国的粗放型经济发展模式依赖于丰富的廉价劳动力资源，而廉价劳动力资源源于基数庞大的农村剩余劳动力以及他们集中流入东部地区。改革开放以来，我国经济长期以低劳动成本、高投入、高消耗、高污染的粗放型增长方式来谋求增长和发展。丰富的劳动力资源、劳动供给以及巨大的市场容量带来了经济的高速增长，同时也成为我国粗放型经济增长方式的前提和条件。“中国制造”只见低技术外延式扩张，缺乏高技术的内涵式增长。而阻碍农民工市民化的户籍制度则让中国经济不仅是技术和市场均在外的“外向型经济”，还成为劳动力在外而且频繁流动的“外劳型经济”。这种粗放式的经济发展方式缺乏稳定而持续的内源力量去推动中国的产业升级或转型，就把“中国制造”定格在国际生产分工体系最低端的加工环节，而对于中国劳动力而言，则出现技能养成不足的问题。众多农村劳动力仅仅依靠低水平的受教育程度便可以获取一份工作，其收益大于在家乡务农的收入。劳动力需求旺盛的加工制造业企业源源不断地需要吸收劳动力，对劳动力的文化、技能水平并没有较高要求，这在一定程度上造成了恶性循环。外来劳动力失去了提升个人劳动技能的动力，而对于企业来说也就一直处于仅凭低端加工生产的境地，没有进行产业升级和创新的人才储备。工人群体们，尤其是新生代农民工们，在工作周期上越发呈现出“短工化”的趋势，更加加剧了其融入城市社会、获得真正发展的难度。

同时，我国长期以来实行的城乡二元政策所形成的社会结构，使得大量农民被排斥在城市化进程之外，农村劳动力随着城市工业化的进程而成为一个规模巨大的候鸟式的流动人口。在分割的劳动力市场条件下，农民工的工资长期低下，他们的基本权利得不到保障。而这种由劳动力市场不同部门之间的分割造成的区别待遇，实质上部分源于蓝海发展战略对于廉价劳动力的依赖，压低了生产成本，尤其是人力成本。便宜的劳动力是过去30多年中经济快速增长的关键因素，但它也造成了严重的收入不均，这几年更是愈演愈烈。持久的、越来越严重的不平等可能造成社会危机从而拖累经济增长、降低竞争力。

## 三　外出务工与“留守人口”问题

总体而言，对于广大的中西部劳动力流出地而言，当地农村社区中出现的“留守人口”问题与流动人口问题呈现高度的相关性，且具有多面性和复杂性。东部地区的众多制造业企业提供了大量的劳动岗位，东部较为优越的经济社会条件成为农民外出的直接引力和刺激。农民外出务工收益虽然大于在家乡的收入，但是在东部获得的是低端的、低技能水平的且不具发展前景的工作机会。同时，由于制度性以及经济性障碍农民无法融入当地社会，只能将家庭成员留在后方的老家农村。

我们应该看到，留守儿童问题的出现不仅仅是由父母外出务工导致。在留守之前就存在农村儿童缺少相应教育资源和保护资源（如社会支持网络）的问题，但是留守增加了农村儿童的脆弱性，不仅使原来的问题凸显出来，而且增加了原有问题的复杂性。不仅仅是留守儿童，留守妇女以及留守老人的问题也是在劳动力不断外流的情况下越趋严重。

从制度的角度来说，农村留守人口是城乡二元社会经济结构和体制的产物。客观地讲，农村留守人口的出现与形成，是我国现阶段城乡二元社会经济结构和体制仍然存在的前提下，农村人口自觉追求公平发展机会和生存条件过程中的必然现象。大量研究表明，丈夫外出——妻子留守是家庭和留守妇女理性决策的结果。男人选择外出多与改善家庭经济状况、寻求发展机会等积极主动的动机相连，而选择女人留守或女人选择留守却是在客观条件缺乏和束缚之下的无奈选择。城市生活成本太高无法举家外出，孩子需要学习辅导和生活照料，老人、病人需要照顾，承包土地需要打理和经营，等等。在这些看似个人和家庭理性选择背后存在许多制度性的约束：各种有形无形的城乡二元分割体制，与户籍相关联的住房制度和教育制度、失业保险、贫困救助等社会保障的缺失与滞后，对弱势群体明显失衡的资源分配体制导致的农民工的工资低廉和工作不稳定。这种以分离为主的农村劳动力转移模式催生了农村留守老人、妇女和儿童这些人口发展问题。

## 第三节　战略重心转移与劳动力市场的发展路径

通过上文对问题和原因的分析，可以看到倾斜式发展的模式带来了劳动力流动的不平衡，从而导致一系列问题和困境的出现，而解决问题的关键就在于如何促使劳动力在全国范围内的合理流动，从而有利于生产要素的合理配置和优化组合，使得经济发展在生产要素的不断优化组合和流动过程中实现。劳动力的合理流动一方面能够缓解东部沿海城市，尤其是发达城市的过密化管理压力，另一方面可以利用丰富的人力资源带动西部地区发展，进而解决相关的地区发展不平等以及社会稳定、社会发展问题。

由高铁推动的陆权战略相较于中国长期以来施行的“蓝海战略”来说，其改变的不仅仅是发展中心，从宏观发展层面而言，主要是通过对中亚、中东市场的重视，改变对欧美市场，尤其是美国市场的高度依赖，在广袤的亚洲中西部地区开拓一片更为广阔的市场，进而通过市场向西开放，以及陆路出口的增加，减少对海洋的依赖，在中国西部地区打造一个新的经济增长极，发挥西部地区的经济辐射能力。

高铁带动下的向西开放能够极大地完善我国的路网结构和路网规模，明显提高进出西部通道的运输能力，对拉动沿线经济增长、密切西部与东中部地区及周边国家的经济联系、促进区域经济协调发展有着重要作用。近几年来，在西部大开发政策的带动下，西部地区的投资增多，拉动了当地的基础设施建设，加快了西部铁路交通建设。

据铁道部公布的数据，2009 年西部铁路营业里程已达到 3.27 万公里，2010 年西部路网规模较 2002 年增加了 1 万公里以上。预计 2020 年，西部地区铁路营业里程将达到 5 万公里以上。举例来说，青藏铁路通车 4 年来，共运送旅客 2900 多万人、运送货物 1.3 亿吨，成为青藏两省区的经济社会又好又快发展的强大“引擎”。统计数据显示，2007 年、2008 年、2009 年三年，西藏自治区国内生产总值比上年分别增长 14%、10.1% 和 12.1%，特别是 2009 年西藏自治区国内生产总值突破 400 亿元达到 437 亿元，比通车前的 2005 年增长 59.4%。青海省国内生产总值分别增长 12.5%、12.7% 和 10.1%，2009 年，青海省国内生产总值突破 1000 亿元。[①]

在一系列政策的引导下，加之交通条件的显著改善，众多西部城市发展加速，承接东部产业转移的速度加快，众多企业，尤其是加工制造业企业的内迁，吸引了一部分农民工返乡就地就业。从比较收益上看，农民工在东部和中西部地区就业的比较收益差距正在逐步缩小，而生活成本差距则越来越大。东部地区的吸引力日渐甚微，大量的农民工选择就地就业创业成为新的趋势，农民工就地转移、省内转移的比例上升，近年来东部沿海地区的“民工荒”现象即说明了这一改变。

2011 年我国农民工调查监测报告的数据显示，在中西部地区务工的农民工数量增长较快，中西部地区对农民工的吸纳能力进一步增强。从农民工的就业地区来看，2011 年在东部地区务工的农民工有 16537 万人，比上年增加 324 万人，增长 2.0%，占农民工总量的 65.4%，比上年降低

---

① 娇阳：《中国铁路取得巨大成就 昂首跨入“高铁时代”》，http：//www.ce.cn/xwzx/kj/201010/11/t20101011_ 21878368.shtml，最后访问时间：2013 年 4 月 8 日。

1.5 个百分点；在中部地区务工的农民工有 4438 万人，比上年增加 334 万人，增长 8.1%，占农民工总量的 17.6%，比上年提高 0.7 个百分点；在西部地区务工的农民工有 4215 万人，比上年增加 370 万人，增长 9.6%，占农民工总量的 16.7%，比上年提高 0.8 个百分点。从农民工的就业省份来看，就业地区主要分布在广东、浙江、江苏、山东等省，这 4 个省吸纳的农民工占到全国农民工总数的近一半。

在长三角和珠三角地区务工的农民工比重继续下降。2011 年，在长三角地区务工的农民工为 5828 万人，比上年增加 18 万人，增长 0.3%，在珠三角地区务工的农民工为 5072 万人，比上年增加 7.4 万人，增长 0.1%，在长三角和珠三角地区务工的农民工的增加数量和增加幅度均明显低于上年水平。在长三角和珠三角地区务工的农民工分别占全国农民工的 23.1% 和 20.1%，分别比上年下降 0.9 和 0.8 个百分点。随着中西部地区的快速发展，东中西部地区农民工工资水平日渐趋同，长三角和珠三角地区对农民工的就业吸引力在逐步下降。

跨省外出的农民工数量减少，改变了农民工以跨省外出为主的格局。外出农民工中，在省内务工的农民工有 8390 万人，比上年增加 772 万人，增长 10.1%，占外出农民工总量的 52.9%；在省外务工的农民工有 7473 万人，比上年减少 244 万人，下降 3.2%，占外出农民工总量的 47.1%。在省内务工的比重比上年上升了 3.2 个百分点。2011 年，去省外务工的人数减少，改变了多年来跨省外出农民工比重大于省内务工比重的格局。①

“民工荒”显示出农民工有转回中西部的意愿。劳动力资源的流动是通过市场调节的，其方向的选择主要取决于哪一方的市场价格更有吸引力。但从长期来看，在土地、人力成本上，中西部地区可开发的空间更大一些。

通过高铁带动下的向西开放，利用铁路网络的延伸这一客观条件的改善，在陆权战略的地区均衡发展思路指导下，可以带动劳动密集型产业向中西部转移，进一步打开西部市场，大力促进西部经济、社会发展，改变地区间的不平等，创造较为优越的经济和就业环境，实现劳动力的就地转移，实现全国劳动力市场的良性运行以及劳动力资源的合理配置。通过引

① 国家统计局：《2011 年我国农民工调查监测报告》，http://www.stats.gov.cn/tjfx/fxbg/t20120427_402801903.htm，最后访问时间：2013 年 11 月 12 日。

导形成全国范围内合理、有序的人口流动秩序，减轻东部城市化的压力、实现劳动力的就地转移，改变农民工的“流动”状态，缓解留守人口问题。

## 结　语

我们从战略重心转移的视角来审视长期以来延续至今的劳动力市场和劳动力移民困境。在多年蓝海战略的发展路径下，不均衡的流动模式不仅仅是加剧了地区间的不平等，倾斜的发展战略在长年的运行中，所引致的副作用在社会发展层面尤为严重，催生了诸多关涉社会公平、社会稳定和社会良性运行及发展的社会问题。主要表现在：劳动力移民在集中融入发达城市时遭遇的各类屏障，以及由此催生出的城市社会不平等；其次，大量农村留守人口暴露出的流动不平衡对于农村地区的社会整合和社会稳定的负面影响不容忽视。

在解决上述一系列相关问题时，我们要从国家战略高度把目光转回大西部，利用恰当的政策设计，促进劳动力在全国的合理流动和配置。当由高铁推动的陆权战略发挥作用时，新疆将成为新的经济增长极，带动广大西部，尤其是西北地区的社会经济发展，在工业化和城市化的双重作用下，辐射出人才聚集效应。

然而在思考如何把劳动力和人才资源转移到西部时，我们不得不考虑到新疆地区由于长期以来较为特殊的历史、政治、经济、社会环境条件，在劳动力市场和移民问题上存在的与全国整体相比较为不同的情况。和其他西部省份不同，长期以来，新疆吸纳了大量来自内地的农村劳动力，同时新疆本地的农村剩余劳动力数量庞大，转移压力较大，向区外转移的情况并不乐观。此外，大量的汉族外来劳动力对新疆本地的劳动力市场的冲击十分明显。这就需要我们对新疆问题单独进行讨论，分析陆权战略何以以及如何处理新疆地区的劳动力市场和移民问题。

# 第十四章　新疆地区劳动力市场研究

新疆维吾尔自治区是中国西部欠发达省份之一，又是近年来国家重点发展的西部省份之一，也是国家实施“西出战略”的关键地区。截至目前，兰新铁路是新疆通往内地的主要铁路运输干线，这严重制约了新疆和内地交流的便利性，也是导致新疆经济发展落后缓慢的重要原因。虽然自2010年以来，国家采取了一系列政策措施，加大了对于新疆发展的支持力度，新疆社会经济发展进入一个前所未有的新阶段，但由于其特殊的区位特征，独特社会、民族、文化和资源状况，新疆的社会经济发展，特别是新疆的劳动力市场的发展与内地存在较大的差异。本章将结合新疆的总体情况并以喀什地区[①]为个案展开分析。

## 第一节　新疆劳动力市场现状

### 一　劳动力总量及构成

#### （一）劳动力的供给

新疆自古以来就是多民族聚居的地方，这里有世居的13个主要民族，包括汉族、维吾尔族、哈萨克族、锡伯族等。其中汉族有8746148人，占总人口的40.1%；少数民族有13067186人，占总人口的59.9%。与第五次全国人口普查相比，汉族人口增加了1256229人，增长了16.77%；少数民族人口增加了2097594人，增长了19.12%。[②] 与全国少数民族人口

① 喀什地区是新疆少数民族聚居的主要地区之一，也是新疆经济发展相对较落后的地区，在整个新疆地区具有很强的代表性。

② 《新疆维吾尔自治区2010年第六次全国人口普查主要数据公报》，2011。

占总人口的8.49%相比，新疆的少数民族人口占总人口的比例远远高于全国的平均水平。因此在分析新疆劳动力市场时必须把民族作为重要的分析维度。

## （二）劳动力的需求

从行业分析来看，新疆从事人数最多的前三个行业分别为农林牧渔业（23.48%）、公共管理和社会组织部门（13.88%）和教育业（13.63%）。从事人数最少的三个行业为居民服务和其他服务业（0.88%），信息传输、计算机服务和软件业（0.72%）和住宿和餐饮业（0.23%）（见表14－1）。

**表14－1　2010年新疆全区分行业各单位年底在岗职工人数**

单位：人

| 项目 | 合计 | 国有单位 | 城镇集体 | 其他单位 |
|---|---|---|---|---|
| 总　计 | 2114067 | 1468572 | 29970 | 640765 |
| 农林牧渔业 | 576308 | 569953 | 259 | 6096 |
| 采矿业 | 164719 | 28013 | 621 | 136085 |
| 制造业 | 251144 | 36990 | 3236 | 210918 |
| 电力、燃气及水的生产和供应业 | 59330 | 24710 | 292 | 34328 |
| 建筑业 | 141310 | 32869 | 3563 | 104878 |
| 交通运输、仓储和邮政业 | 99540 | 75310 | 672 | 23558 |
| 信息传输、计算机服务和软件业 | 17756 | 9150 | 4 | 8602 |
| 批发和零售业 | 62007 | 19980 | 4656 | 37371 |
| 金融业 | 58290 | 28918 | 8891 | 20481 |
| 住宿和餐饮业 | 21717 | 10656 | 1116 | 9945 |
| 房地产业 | 22261 | 5893 | 581 | 15787 |
| 租赁和商务服务业 | 46749 | 22402 | 4200 | 20147 |
| 科学研究、技术服务和地质勘查业 | 46118 | 41305 | 60 | 4753 |
| 水利、环境和公共设施管理业 | 48835 | 46121 |  | 2714 |
| 居民服务和其他服务业 | 5700 | 3879 | 227 | 1594 |
| 教育 | 334469 | 332313 | 101 | 2055 |
| 卫生、社会保障和社会福利业 | 131887 | 129630 | 1488 | 769 |
| 文化、体育和娱乐业 | 25927 | 25240 | 3 | 684 |

资料来源：根据《新疆统计年鉴（2011）》（新疆维吾尔自治区统计局编，中国统计出版社，2011）相关数据整理。

地处南疆三地州的喀什地区从业人员比例最高的行业前三名的是教育（84.42%）、公共管理和社会组织（4.91%）和卫生社会保障和社会福利（1.75%）。从业人员比例最低的行业为居民服务和其他服务业（0.02%）、采矿业（0.04%）和住宿和餐饮业（0.15%）（详见表14－2）。

**表 14－2 2009 年喀什地区分县（市）各行业从业人员年末人数**

单位：人

| 指标 | 喀什地区 | 喀什市 | 疏附县 | 疏勒县 | 英吉沙县 | 泽普县 | 莎车县 | 叶城县 | 麦盖提县 | 岳普湖县 | 伽师县 | 巴楚县 | 塔什库尔干县 |
|---|---|---|---|---|---|---|---|---|---|---|---|---|---|
| 农林牧渔业 | 6671 | 747 | 264 | 896 | 224 | 245 | 1415 | 1051 | 271 | 366 | 240 | 453 | 58 |
| 采矿业 | 297 | — | — | — | — | — | 126 | 171 | — | — | — | — | — |
| 制造业 | 7892 | 3990 | 212 | 1744 | 208 | — | 270 | 1041 | 274 | — | 13 | 140 | — |
| 电力、燃气及水的生产和供应业 | 6106 | 4967 | 228 | 83 | 205 | — | 229 | 80 | 41 | 37 | — | 211 | 25 |
| 建筑业 | 10145 | 7358 | 130 | 950 | 298 | 350 | 149 | 255 | 82 | — | — | 582 | — |
| 交通运输、仓储和邮政业 | 4892 | 3370 | 113 | 71 | 126 | — | 665 | 526 | 196 | 104 | 4 | 140 | 18 |
| 信息传输、计算机服务和软件业 | 1582 | 1556 | 26 | — | — | — | — | — | — | — | — | — | — |
| 批发和零售业 | 7027 | 3046 | 204 | 403 | 401 | 509 | 776 | 223 | 407 | 73 | 125 | 783 | 77 |
| 住宿和餐饮业 | 1051 | 912 | — | 8 | 12 | — | 45 | 47 | — | — | — | — | — |
| 金融业 | 4698 | 2082 | 168 | 225 | 213 | 233 | 525 | 310 | 253 | 181 | 211 | 275 | 22 |
| 房地产业 | 1325 | 1176 | — | — | — | — | 95 | — | 54 | — | — | — | — |
| 租赁和商务服务业 | 1108 | 405 | 55 | 21 | 14 | — | 70 | 107 | 73 | — | — | 363 | — |
| 科学研究、技术服务和地质勘查业 | 1939 | 1274 | 121 | — | 6 | 5 | 243 | 75 | 12 | 9 | 74 | 91 | — |
| 水利、环境和公共设施管理业 | 4542 | 1318 | 206 | 228 | — | 20 | 1579 | 41 | 138 | 132 | 215 | 665 | — |
| 居民服务和其他服务业 | 131 | 128 | — | — | — | — | — | — | 3 | — | — | — | — |
| 教育 | 600000 | 8684 | 4531 | 4735 | 3340 | 2458 | 9732 | 5920 | 2803 | 2324 | 4516 | 4201 | — |
| 卫生、社会保障和社会福利业 | 12088 | 3034 | 923 | 557 | 640 | 568 | 2092 | 911 | 609 | 672 | 836 | 1006 | — |
| 文化、体育和娱乐业 | 2315 | 917 | 44 | 114 | 128 | 129 | 317 | 139 | 67 | 150 | 155 | 96 | — |
| 公共管理和社会组织 | 33971 | 6920 | 2730 | 2494 | 2014 | 2424 | 3617 | 2638 | 2544 | 1849 | 2394 | 3164 | — |

资料来源：根据《新疆统计年鉴（2010）》（新疆维吾尔自治区统计局编，中国统计出版社，2010）相关数据整理。

从单位性质来看，喀什地区在事业单位工作的人数占总体工作人数的50.40%，在机关从业人数占总体从业人数的21.18%，在企业单位工作的人数占总体工作人数的28.43%。喀什市在企业工作的人数占总体从业人数的比例最高，疏附县、疏勒县等四个县在事业单位工作的比例最高。比如，疏附县仅有9.94%的人在企业工作，有69.94%的人在事业单位工作（详见表14－3）。上述情况说明新疆，特别是南疆地区劳动者就业的主要去向是事业单位和机关。企业对劳动者的吸纳能力非常有限。因此新疆地区经济发展没有创造出更多的企业工作岗位，同时劳动者也不愿意去企业工作，从而严重阻碍了新疆经济的发展和人民生活水平的提升。

**表14－3　2009年喀什地区分县市单位从业人员年末人数**

单位：人，%

| 指标 | 喀什地区 | 喀什市 | 疏附县 | 疏勒县 | 英吉沙县 | 泽普县 | 莎车县 |
|---|---|---|---|---|---|---|---|
| 总计 | 161655 | 51884 | 9929 | 12555 | 7829 | 6941 | 21945 |
| 企业 | 45951 | 29266 | 987 | 3659 | 1318 | 1270 | 2425 |
| 比例 | 28.43 | 56.41 | 9.94 | 29.14 | 16.83 | 18.30 | 11.05 |
| 事业 | 81470 | 15668 | 6944 | 5659 | 4421 | 3227 | 15837 |
| 比例 | 50.40 | 30.20 | 69.94 | 45.07 | 56.47 | 46.49 | 72.17 |
| 机关 | 34234 | 6950 | 1998 | 3237 | 2090 | 2444 | 3683 |
| 比例 | 21.18 | 13.40 | 20.12 | 25.78 | 26.70 | 35.21 | 16.78 |

| 指标 | 叶城县 | 麦盖提县 | 岳普湖县 | 伽师县 | 巴楚县 | 塔什库尔干县 |
|---|---|---|---|---|---|---|
| 总计 | 13535 | 7820 | 5897 | 8783 | 12170 | 2367 |
| 企业 | 2878 | 1254 | 317 | 345 | 2063 | 169 |
| 比例 | 21.26 | 16.02 | 5.44 | 3.93 | 16.95 | 7.14 |
| 事业 | 7910 | 3985 | 3805 | 6004 | 6887 | 1123 |
| 比例 | 58.44 | 50.91 | 65.30 | 68.36 | 56.59 | 47.44 |
| 机关 | 2747 | 2581 | 1775 | 2434 | 3220 | 1075 |
| 比例 | 20.30 | 32.98 | 30.46 | 27.71 | 26.46 | 45.42 |

资料来源：根据《喀什地区统计年鉴（2010）》（喀什统计局编，新疆人民出版社，2010）相关数据整理。

### （三）人力资本情况

随着义务教育的普及和双语教育的普遍开展，新疆的不识字或识字很少人口占总人口比例大幅下降，由第二次人口普查的34.25%下降到第六次人口普查的2.36%。初中文化程度的人口比例一直处于持续上升阶段，由第二次人口普查的6.93%上升到第六次人口普查的36.10%。高中以及中专的比例由2.13%持续上升到11.58%。大专及大专以上的比例处于持续上升阶段，从第二次人口普查时的0.56%稳步并大幅上升到第六次人口普查时的10.64%（见表14-4）。

**表14-4　新疆人口受教育基本情况**

单位：万人，%

| 指标 | 第二次普查 | 第三次普查 | 第四次普查 | 第五次普查 | 第六次普查 |
|---|---|---|---|---|---|
| | (1964年) | (1982年) | (1990年) | (2000年) | (2010年) |
| 总人口 | 727.01 | 1308.15 | 1515.69 | 1845.95 | 2181.33 |
| 大专及以上 | 4.1 | 8.37 | 27.98 | 94.65 | 231.99 |
| 比重 | 0.56 | 0.64 | 1.85 | 5.13 | 10.64 |
| 高中和中专 | 15.51 | 84.28 | 157.42 | 224.79 | 252.64 |
| 比重 | 2.13 | 6.44 | 10.39 | 12.18 | 11.58 |
| 初中 | 50.37 | 228.63 | 313.51 | 508.59 | 787.37 |
| 比重 | 6.93 | 17.48 | 20.68 | 27.55 | 36.10 |
| 小学 | 197.34 | 442.57 | 552.55 | 699.78 | 656.04 |
| 比重 | 27.14 | 33.83 | 36.46 | 37.91 | 30.08 |
| 不识字或识字很少 | 249.03 | 265.39 | 198.11 | 103.68 | 51.58 |
| 比重 | 34.25 | 20.29 | 13.07 | 5.62 | 2.36 |

资料来源：根据《新疆统计年鉴（2011）》（新疆维吾尔自治区统计局编，中国统计出版社，2011）相关数据整理；《新疆维吾尔自治区2010年第六次全国人口普查主要数据公报》，2011。

## 二　劳动力市场指标

### （一）失业率情况

新疆近十年以来的失业率最高的年份为2005年，达到了3.92%，之后逐渐降低至2010年的3.23%。总体来说，十年间新疆的失业率经历了一个较为平稳的变化（见表14-5）。

分地区来看，2009年到2010年新疆总体城镇登记失业率呈下降态势，但也有5个地州有少量上升。伊犁州直属县（市）失业率由2009年的3.04%上升到2010年的3.97%；阿勒泰地区失业率由2009年的2.65%上升到2010年的2.95%；阿克苏地区失业率由2009年的3.02%上升到2010年的3.53%，克孜勒苏柯尔克孜自治州失业率由2009年的3.93%上升到2010年的4.07%；喀什地区失业率由2009年的3.95%上升到2010年的3.96%（见表14-6）。这几个地州都是少数民族所占比重相对较高的地区，这也在一定程度上反映出少数民族地区的就业形势不容乐观。

**表 14－5　新疆城镇登记失业人员及失业率**

单位：万人，%

| 年份 | 失业人员 | 失业率 |
|---|---|---|
| 2001 | 9.7 | 3.70 |
| 2002 | 9.9 | 3.70 |
| 2003 | 9.9 | 3.50 |
| 2004 | 13.3 | 3.50 |
| 2005 | 11.1 | 3.92 |
| 2006 | 11.6 | 3.90 |
| 2007 | 11.7 | 3.90 |
| 2008 | 11.8 | 3.70 |
| 2009 | 11.9 | 3.84 |
| 2010 | 11.0 | 3.23 |

资料来源：根据《新疆统计年鉴（2011）》（新疆维吾尔自治区统计局编，中国统计出版社，2011）相关数据整理。

**表 14－6　2010 年各地、州、市城镇登记失业率**

单位：%

| 地区 | 2009 年 | 2010 年 |
|---|---|---|
| 平　均 | 3.84 | 3.23 |
| 乌鲁木齐市 | 4.1 | 3.72 |
| 克拉玛依市 | 1.8 | 1.48 |
| 石河子市 | 2.02 | 1.69 |
| 吐鲁番地区 | 3.16 | 2.86 |
| 哈密地区 | 3.61 | 3.24 |
| 昌吉回族自治州 | 3.75 | 3.37 |
| 伊犁州直属县(市) | 3.04 | 3.97 |
| 塔城地区 | 3.23 | 1.96 |
| 阿勒泰地区 | 2.65 | 2.95 |
| 博尔塔拉蒙古自治州 | 3.75 | 3.64 |
| 巴音郭楞蒙古自治州 | 3.31 | 2.85 |
| 阿克苏地区 | 3.02 | 3.53 |
| 克孜勒苏柯尔克孜自治州 | 3.93 | 4.07 |
| 喀什地区 | 3.95 | 3.96 |
| 和田地区 | 4 | 3.2 |

资料来源：根据《新疆统计年鉴（2011）》（新疆维吾尔自治区统计局编，中国统计出版社，2011）相关数据整理。

### （二）工资

改革开放30多年，新疆全部职工平均货币工资增长率、国有单位职工平均货币工资增长率、城镇集体单位职工平均货币工资增长率、其他单位职工平均货币工资增长率全都经历了一个先增加后减少再趋于平稳的过程。各单位以及全部职工平均货币工资从 1978 年后持续增加到 1995 年并达到最大增长率（达到 135.39%），此后开始下降，到 2000 年开始趋于平稳。全部职工平均工资增长率最小年份是 2005 年（7.42%）（见表 14－7）。但是从绝对值上看，2010 年全国的城镇单位的平均工资总额为 36539 元，其中北京 65158 元，上海 66115 元，而新疆只有 32361 元。[①]

**表 14－7　主要年份新疆在岗职工平均货币工资**

| 年份 | 全部职工（元） | 增长率（%） | 国有单位（元） | 增长率（%） | 城镇集体单位（元） | 增长率（%） | 其他单位（元） | 增长率（%） |
|---|---|---|---|---|---|---|---|---|
| 1978 | 717 | — | 726 | — | 614 | — | — | — |
| 1980 | 882 | 23.01 | 904 | 24.52 | 676 | 10.10 | — | — |
| 1985 | 1277 | 44.78 | 1310 | 44.91 | 1038 | 53.55 | 1707 | — |
| 1990 | 2272 | 77.92 | 2345 | 79.01 | 1765 | 70.04 | 2498 | 46.34 |
| 1995 | 5348 | 135.39 | 5431 | 131.60 | 4509 | 155.47 | 5973 | 139.11 |
| 2000 | 8717 | 63.00 | 8731 | 60.76 | 7489 | 66.09 | 9498 | 59.02 |
| 2001 | 10278 | 17.91 | 10145 | 16.20 | 8197 | 9.45 | 11594 | 22.07 |
| 2002 | 11605 | 12.91 | 11435 | 12.72 | 9353 | 14.10 | 12767 | 10.12 |
| 2003 | 13255 | 14.22 | 13199 | 15.43 | 9966 | 6.55 | 13937 | 9.16 |
| 2004 | 14484 | 9.27 | 14477 | 9.68 | 11594 | 16.34 | 14870 | 6.69 |
| 2005 | 15558 | 7.42 | 15364 | 6.13 | 12738 | 9.87 | 16503 | 10.98 |
| 2006 | 17819 | 14.53 | 17704 | 15.23 | 14209 | 11.55 | 18566 | 12.50 |
| 2007 | 21434 | 20.29 | 21369 | 20.70 | 17780 | 25.13 | 21921 | 18.07 |
| 2008 | 24687 | 15.18 | 24016 | 12.39 | 22060 | 24.07 | 26815 | 22.33 |
| 2009 | 27753 | 12.42 | 26872 | 11.89 | 22862 | 3.64 | 30409 | 13.40 |
| 2010 | 32361 | 16.60 | 31390 | 16.81 | 31997 | 39.96 | 34807 | 14.46 |

资料来源：根据《新疆统计年鉴（2011）》（新疆维吾尔自治区统计局编，中国统计出版社，2011）相关数据整理。

从地区来看，2010 年平均工资最高的地区是克拉玛依市，高达 42767 元/年。平均工资最低的地区为塔城地区 23583 元/年。和国家标准相比，达不到全国平均水平的新疆地州市比例占新疆总地州市的 80%。而且这些地州市多分布在边疆少数民族聚居地区，这说明少数民族聚集区多为经济不发达地区，其居民工资水平亟待提高（见表 14－8）。

① 国家统计局编《中国统计年鉴（2011）》，中国统计出版社，2011。

表14－8 2010年各地、州、市在岗职工平均货币工资

单位：元

| 地区 | 在岗职工平均货币工资 |
| --- | --- |
| 平　　均 | 32361 |
| 乌鲁木齐市 | 41529 |
| 克拉玛依市 | 42767 |
| 吐鲁番地区 | 37757 |
| 哈密地区 | 33040 |
| 昌吉回族自治州 | 32196 |
| 伊犁哈萨克自治州 | 24935 |
| 伊犁州直属县(市) | 26438 |
| 塔城地区 | 23583 |
| 阿勒泰地区 | 23976 |
| 博尔塔拉蒙古自治州 | 25157 |
| 巴音郭楞蒙古自治州 | 31468 |
| 阿克苏地区 | 28421 |
| 克孜勒苏柯尔克孜自治州 | 30957 |
| 喀什地区 | 31108 |
| 和田地区 | 31743 |
| 石河子市 | 32221 |
| 阿拉尔市 | 30066 |
| 图木舒克市 | 26746 |
| 五家渠市 | 27564 |

资料来源：根据《新疆统计年鉴（2011）》（新疆维吾尔自治区统计局编，中国统计出版社，2011）相关数据整理。

### （三）贫困人口情况

2011年中国将贫困线调整为年收入2300元，以此为标准，2010年新疆地区农民居民常住人口中的贫困比例高达34.53%①。以喀什地区为例，该地区的平均贫困率为24.32%，贫困人口户数最多的为莎车县、叶城县以及疏附县。2008年这三个县的贫困人口户数分别为63631、39167和30576，其贫困率分别为36.91%、36.69%、37.01%。虽然2009年三个县城的贫困人口数有所下降，但比重仍然很高（详见表14－9）。

① 根据《新疆统计年鉴（2011）》（新疆维吾尔自治区统计局编，中国统计出版社，2011）抽样数据测算。

**表 14－9　2009 年喀什地区各县市贫困人口情况**

单位：人，%

| 县(市)名称 | 年末低收入贫困户数 | | | |
|---|---|---|---|---|
| | 2008 年 | 2009 年 | 变化率 | 贫困比率 |
| 地区合计 | 245333 | 227863 | 7.67 | 24.32 |
| 喀什市 | 3187 | 2717 | 17.30 | 2.07 |
| 疏附县 | 30576 | 28501 | 7.28 | 37.01 |
| 疏勒县 | 23090 | 21239 | 8.72 | 26.40 |
| 英吉沙县 | 19522 | 18101 | 7.85 | 30.41 |
| 泽普县 | 4230 | 3930 | 7.63 | 6.83 |
| 莎车县 | 63631 | 60300 | 5.52 | 36.91 |
| 叶城县 | 39167 | 37014 | 5.82 | 36.69 |
| 麦盖提县 | 5257 | 4837 | 8.68 | 7.91 |
| 岳普湖县 | 12198 | 11078 | 10.11 | 31.44 |
| 伽师县 | 22720 | 20648 | 10.03 | 24.15 |
| 巴楚县 | 18755 | 16635 | 12.74 | 22.23 |
| 塔什库尔干县 | 3000 | 2863 | 4.79 | 28.01 |

资料来源：根据《喀什地区统计年鉴（2010）》（喀什统计局编，新疆人民出版社，2010）相关数据整理。

## 三　农村富余劳动力转移情况

新疆传统上是以农业为主的省份，随着农业生产率的不断提高，农村富余劳动力人数也在不断增加。地处南疆三地州的喀什地区，维吾尔族人口占总人口数的 91.29%，其少数民族农村富余劳动力转移情况极富有代表性。

### （一）农村富余劳动力转移的主要形式

*1. 政府引导，以个人自由流动的形式实现转移*

喀什市是喀什地区的政治、经济、文化中心，也是该地区乃至南疆三地州农村富余劳动集散的中心。2006 年，喀什市政府改造了历史上自发形成的艾提尕尔广场自由劳动力市场，将其移至喀什大巴扎附近，并投资 500 多万建成了新的劳务市场。2007 年 3 月，喀什朝阳劳务派遣服务有限责任公司成立，隶属喀什市人力资源和社会保障局，主要负责新劳务市场的经营管理。新劳务市场上的求职者多属于自由流动。市场管理方主要提供住宿、生活（食堂、洗漱）等服务，费用低廉，同时提供一些简单的培训，如汉语培训、技能培训（如焊工）等。新市场不仅汇集了喀什地区12个县市的农村富余劳动力，也有部分克州、和田等地区的农村富余劳动力，年龄大部分集中在20～45岁。每年的3～4月前来劳务市场寻找工作的人数较多，其中常年找工作有300人左右。

大部分富余劳动力从事的工作为简单的体力劳动，大多是零时性的、季节性的。大部分农民都是独自过来，很少携带家属。虽然形成了专门化的富余劳动力市场，但是在该市场能找到工作的人只有25%左右。很多农民通过劳务市场提供的培训获得了相关的资质，但是由于技术水平不高，很难找到薪酬较高的工作。此外，该劳务市场的求职者来源地比较分散，劳务市场对其进行统一管理，统一派遣的难度也较大，所以大部分都是劳动者和用人单位自己协商确定。

艾尼瓦尔（喀什朝阳劳务派遣服务有限责任公司经理）：

> 每年的三四月份人最多，每天大概三四千人。早上7点多市场就开了，用人单位的人也就来了，大概9点多接近尾声。到这来的人四分之一可以找到事干，找不到活的，就自己出去再找，有的到批发市场批发水果再去街上卖，也有的什么也找不到，就在这里闲待着，没钱交住宿费的（住宿费3元/天），我们就记账给他们。冬天12月、1月、2月，用工单位大多停工，这里也就没什么人了。我们也组织过这些人往乌鲁木齐、石河子等地派遣，主要是拾棉花、摘番茄，或者是当装卸工，但这些人到了用工单位，干不久就自己跑了。一是吃不了苦，二是没有规则，没有守合约的意识。人跑了，我们就给对方单位赔偿，派遣现在也就不搞了。……现在这里上海城、深圳城等建设项目有，主要人员还是那边带过来的。我们这里的一是汉语不通，不好用；另一个是技术上的要求。农民工的素质是主要问题，特别是“双语”，没出去的人，我们免费教他们汉语，每天组织培训，但他们大部分是文盲或者小学毕业，教育、培训都很难，发给他们的本子、笔，经常就不知道哪去了。进行40～45天的电焊、厨师等培训，技术监督局考核通过的就可以拿上岗证，拿上证的也主要是在喀什市里面就业。

2. 由政府统一组织实现劳动力转移就业

新疆的农村富余劳动力主要是由政府统一组织实现转移就业。几乎所有的南疆县市都有专门的劳动力输出办公室，负责统一组织农民外出务工。他们不仅负责帮助农民联系专门的对口企业，而且负责劳动者岗前简单的培训，甚至劳动者的生活，工资都由他们统一进行管理安排。主要输出地包括疆内的经济较发达区（如乌鲁木齐、昌吉等地）和内地沿海城市。2008 年喀什地区疏勒县劳务输出主要面向乌鲁木齐、喀什等地，2009 年向疆外市场的青岛、浙江、东莞等地转移了 6 批 760 余名务工人员。特别是该县政府和东莞兴昂鞋业有限公司签订了 2000 人的用工订单协议，保证每个月都有 100 多人前往东莞务工。截至 2010 年，疏勒县已向广东、浙江等沿海地区有组织地输出农村富余劳动力 2488 人。2008 年疏勒县外出务工人员人均收入 2250 元，而全县农民人均劳务收入只有 467 元。2010 年疏勒县通过劳务输出人均收入达到了 2694. 73 元，而全县农民人均劳务收入只有 906. 14 元。

疏附县富余劳动力的主要输出地也多为广东东莞、山东烟台、江苏常熟等地。2011 年，疏附县通过劳务输出人均收入达到了 6197. 7 元，全县农民人均劳务收入只有 1674. 7 元。截至 2012 年 4 月，疏附县劳务输出收入已占农民人均家庭收入的 40%，并成为农民增收、农村富裕的重要渠道。

3. *就地转移富余劳动力*

就地转移富余劳动力也逐渐成为近几年劳务输出的一种形式，但所占比例不大。2009 年疏勒县向喀什市就近转移劳动力 27980 余人，主要赴阿克苏等地从事捡棉花等季节性劳务活动。

**（二）劳动力转移的产业分布情况**

2011 年，疏附县共转移农村富余劳动力 112502 人。其中，向第一产业转移 14863 人，第一产业中向种植业转移 2202 人，向养殖业转移 1246 人，季节性拾棉花工 9917 人，向林果业转移 1278 人；向第二产业转移 42956 人，其中向工业转移 12003 人，向建筑业转移 24093 人，向手工业转移 5870 人；向第三产业转移 21081 人，其中向商业转移 5417 人，向餐饮与服务业转移 8704 人，向交通运输业转移 3016 人。向三次产业转移的劳动力之比为 19%∶27%∶54%。在向第一产业转移的行业中，季节性拾棉花占了最高的比例，其比例为 66. 72%。在第二产业中，建筑业吸收的劳动力最多，其比例为 56. 09%。在向第三产业转移的劳动力中，餐饮服务业吸收了最多的劳动力，其比例达 41. 29%。农村富余劳动力多向技术含量低、短期性、季节性的工作转移，缺乏相对的稳定性和连续性。

### （三）劳动力培训

当地政府也明确意识到了农村富余劳动力文化水平不高是制约其转移的重要因素，因此各地普遍都对少数民族农民进行培训。以疏勒县为例，2008年疏勒县共培训农业富余劳动力1.5万人，2009年2.3万余人①，2010年1.8万余人，2011年3.14万人。

主要培训模式为以县培训中心、职业中学为主体，对外出务工人员在转移前，统一集中在县职业中学和培训中心进行为期两个月的免费引导性培训。同时，劳动就业、工会、妇联、团委、公安人员在务工人员启程前3天统一进行集中强化培训，涉及法律知识、安全生产知识、劳动合同签订、外出务工保障等内容。

此外还有针对其他人群的各种培训，比如，针对历届、应届初高中毕业生以及35岁以下农业富余劳动力的劳动预备制培训；对35岁以下农村劳动力进行裁剪缝纫培训；对全县贫困户子女的摸底登记与转移就业增收免费培训，并根据专项技能培训情况，在自愿选择工种的基础上开展定向型输出就业；与县农广校签订了对农村富余劳动力以及下岗失业人员的培训协议，委托农广校聘请有专业知识的外地教师或教授，邀请高级技术人员到课堂进行授课，以专题讲座、现场实习动手、多媒体等方式的培训。

政府组织的技能培训多是语言、国家政策以及初级技能方面的培训，比如，疏勒县对外出务工的女性有为期1周左右的语言培训。由于当地政府对企业的工作内容不了解，输出劳动力多是到达企业以后由企业再进行培训。

## 四　新疆劳动力市场的特点及问题

### （一）与全国相比，劳动者收入普遍偏低，特别是少数民族劳动者

首先是劳动者所从事行业多属于低收入行业，如农业、公益性岗位等；其次是他们的受教育水平偏低，特别是汉语水平低影响其选择较高收入职业；最后是就业观念和市场经济不符，很多人宁愿在公益性岗位上领取一份微薄的工资甚至赋闲在家，也不愿选择去收入相对较高的企业工作。

---

① 其中职业技能培训6000多人，劳动预备制培训5100多人，引导性培训1.2万多人。

### （二）劳动者的就业水平低

新疆的大学生群体，特别是少数民族大学生群体就业水平较低。根据《新疆区域经济发展与大学生就业研究》课题组的调查（李全胜等，2011），2003～2009 年共有近 3.98 万名大学毕业生（包括本科生和大专生）回到南疆，通过参加教师招考、公务员考试等形式实现就业。其中已就业 2.49 万人，就业率为 62.69%，失业率为 37.31%。

以本次调查的疏勒县来看，2010 年共有 491 人到疏勒县人才市场报道，其中 39 人至今未找到工作。2011 年共有 533 人报道，74 人至今未找到工作。已经就业的大学生，其主要去向是幼儿园、中小学教师①（比例 40%～50%）、基层公务员（10%）、灵活就业（20%）、私营企业（小于 10%）、三支一扶②（10%）。很多大学生就业的政府公益性岗位项目开始于 2009 年，政府支持的时间为三年。据相关人员介绍，三年合同到期后，政府将不再雇用原来的劳动者。因此，很多公益性岗位的大学生马上面临着再次失业的风险。

刘副局长（疏勒县人力资源和社会保障局副局长）：

> 公益性岗位到了三年期，而自己未积极寻找工作岗位，目前面临失业的问题，县上现在有几百人。三年内自己找到工作的人有，但是很少。他们的心里就认为这应该是政府给我们继续安排。依赖、依靠思想严重。本来是要用手拉他一把，结果变成要背上他走，甚至是他抱着你的腰不让你走，走不动。2009 年以来县公益性岗位 405 个，其中有 380 个是大中专毕业生，安排在 41 各单位，目前大部分都面临到期解除合同失业的问题。

### （三）农村富余劳动力转移多以政府组织为主

新疆的农村富余劳动力转移以政府组织为主，由政府相关部门主动联系企业，或者通过劳务输出中介组织联系企业，统一招募、组织当地的富余劳动力外出务工。究其原因，一是新疆农村富余劳动力（以少数民族为主）有独特的生活习惯，特别是他们对清真食品的要求较高，企业往往无法为个别少数民族劳动者提供饮食、居住等特别服务；二是由于语言、技

---

① 包括新疆的大学生培养计划。

② 包括大学生村官、公益性岗位的政府支持就业项目。

能等原因，自身外出寻找工作较为困难。而集体外出务工便于解决上述问题。以疏勒县的劳务输出工作为例，当地政府组织了几千名维吾尔族女性在一家东莞鞋厂工作。在他们的协调下，企业专门为这些少数民族农民工安排了单独的厨师，为他们提供后勤保障服务，甚至为了满足少数民族的饮食习惯购买了专门的馕坑为他们提供家乡的食物。

## 第二节　新疆劳动力市场问题产生的实质和根源

新疆劳动力市场的上述特点和问题，有其自身发展的原因，同时与国家的发展战略也有直接的联系。具体来说，包括以下几个方面。

### 一　新疆劳动力市场问题的实质是东西发展不平衡

不可否认，自改革开放以来，在国家“先东后西”的发展战略影响下，东部地区的经济发展水平和西部省份的发展水平已经出现了巨大的差距。截至2010年底，新疆的国民生产总值为5437.5亿元，在全国31个省、自治区、直辖市[①]中排名第25位，仅高于贵州、甘肃、海南、宁夏、青海、西藏。与2009年相比增长率为10.6%，全国排第29位。由此可见，新疆的经济总量在全国不仅总量处于末尾，增长速度也远远落后于其他省份。

从产业结构来看，新疆的主导产业以工业为主，第一产业在全国经济中具有重要地位，但是第三产业在全国处于落后地位（详见表14－10）。从三大产业的增加值来看，新疆第二产业在2010年增加最为迅速，为2592.2百万元，增速排名全国第25位，但第二产业主要集中在能源、石油化工、煤化工等领域，多属于资源密集型和资本密集型，对劳动力的吸纳有限。第三产业的增加值为1766.7百万元，增速排名全国第26位，第三产业吸纳劳动就业的能力较弱。由此导致相对较低的工资收入水平，截至2010年底，新疆的城镇居民人均可支配收入为13643.8元，居全国第30位，仅高于甘肃（13188.6元）。在西北五省区中，新疆城镇居民收入水平排名第4位，农民人均收入排名第3位，但都明显低于全国的平均水平（见图14－1）。

---

① 不包括港、澳、台地区。

**表 14－10　全国产业结构（2010 年）**

单位：%

| 全　国 | 第一产业占 GDP 比重 | 第二产业占 GDP 比重 | 第三产业占 GDP 比重 |
|---|---|---|---|
| | 10.2 | 46.8 | 43.0 |
| 北　京 | 0.9 | 24.1 | 75.0 |
| 天　津 | 1.6 | 53.1 | 45.3 |
| 河　北 | 12.7 | 53.0 | 34.3 |
| 山　西 | 6.2 | 56.8 | 37.0 |
| 内蒙古 | 9.4 | 54.6 | 35.9 |
| 辽　宁 | 8.9 | 54.0 | 37.1 |
| 吉　林 | 12.2 | 51.5 | 36.3 |
| 黑龙江 | 12.7 | 49.8 | 37.4 |
| 上　海 | 0.7 | 42.3 | 57.0 |
| 江　苏 | 6.2 | 53.2 | 40.6 |
| 浙　江 | 5.0 | 51.9 | 43.1 |
| 安　徽 | 14.1 | 52.1 | 33.8 |
| 福　建 | 9.5 | 51.3 | 39.2 |
| 江　西 | 12.8 | 55.1 | 32.2 |
| 山　东 | 9.1 | 54.3 | 36.6 |
| 河　南 | 14.2 | 57.7 | 28.1 |
| 湖　北 | 13.6 | 49.1 | 37.3 |
| 湖　南 | 14.7 | 46.0 | 39.3 |
| 广　东 | 5.0 | 50.4 | 44.6 |
| 广　西 | 17.6 | 47.5 | 35.0 |
| 海　南 | 26.3 | 27.6 | 46.1 |
| 重　庆 | 8.7 | 55.2 | 36.1 |
| 四　川 | 14.7 | 50.7 | 34.6 |
| 贵　州 | 13.7 | 39.2 | 47.1 |
| 云　南 | 15.3 | 44.7 | 40.0 |
| 西　藏 | 13.4 | 32.3 | 54.3 |
| 陕　西 | 9.9 | 53.9 | 36.2 |
| 甘　肃 | 14.5 | 48.2 | 37.3 |
| 青　海 | 10.0 | 55.1 | 34.9 |
| 宁　夏 | 9.8 | 50.7 | 39.6 |
| 新　疆 | 19.8 | 47.7 | 32.5 |

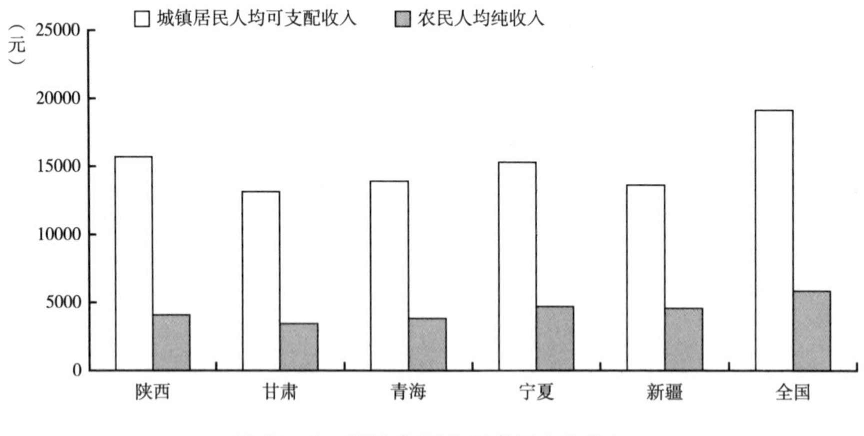


**图 14－1　2010 年西北五省区人均收入**

## 二　国家“重东轻西、以西补东”的区域发展战略是新疆劳动力市场问题产生的历史原因

1978 年 12 月 18 日至 22 日召开的中共十一届三中全会做出了把全党工作的重点从“以阶级斗争为纲”转移到“以经济建设为中心”的决策。1987 年 10 月，中共十三大明确提出“经济特区—沿海开放城市—沿海经济开放区—内地”逐步推进的开放格局。1981～1985 年间中央主要采取的是东部沿海地区优先发展的战略。“六五”计划指出，要“积极利用沿海地区的现有经济基础，充分发挥它们的特长，带动内地经济进一步发展”。

根据这一指导思想，国家采取了一系列措施，实施了向沿海地区倾斜的区域发展政策。1984 年初，中央决定进一步开放沿海 14 个港口城市：大连、秦皇岛、天津、烟台、青岛、连云港、南通、上海、宁波、福州、广州、湛江、北海。1985 年初至 1987 年底，国务院决定把珠江三角洲、长江三角洲、闽南漳－泉－厦三角地区及山东半岛、辽东半岛等开辟为沿海经济开放区。这些特区和开放城市组成了中国沿海开放地带和工业城市群，在工业、农业、交通等方面具有领先优势。中央的政策和资金也向沿海开放地区倾斜。与之相比，内地投资比重下降。例如，1965～1967 年间，第一次三线建设高潮时在四川省的投资占全国的 14.5%，到 1984 年该比值下降到 4.4%。

1986～1992 年间以“三大地带梯度转移战略”为区域经济发展的特

点。1985 年 9 月 23 日通过的《中共中央关于制定国民经济和社会发展第七个五年计划的建议》指出，“要按照经济技术发展水平和地理位置相结合的原则，并适当考虑行政区划的完整性，将全国划分为东部、中部、西部三个经济地带”。1986 年六届全国人大四次会议通过的《中华人民共和国国民经济和社会发展第七个五年计划（1986 ~ 1990）》中进一步界定了东、中、西部三大地带的范围。根据这一特征，“七五”期间，国家选择了三大地带梯度转移战略。根据“七五”计划在三大地带发展方面的指导方针，国家根据各地区的实际，选择了不同的发展举措。东部沿海地区在加强能源、钢铁、石油化工、机械制造、汽车、造船等重工业的同时，大力发展了电子、家电、通信等新的工业部门和行业，大幅度增加了出口工业品的生产。各种类型的经济技术开发区、高新技术园区以及沿海地区的经济特区等成为各地区经济的主要增长点和技术创新的主要基地。西北和西南的能源富集区域，重点发展了能源开发，主要有陕甘宁地区的天然气、晋陕及内蒙古的煤炭、黄河上游、长江上游主要支流和红水河的水能。同时西北和西南还发展了一批基础原材料的生产企业。其中包括酒钢和攀钢等钢铁厂的扩建，在水能丰富的地区新建和扩建了一批有色金属的冶炼和加工企业，等等。

改革开放初期至 90 年代中期实施的区域经济非均衡发展战略，虽然促进了沿海地区特别是东南沿海新兴工业地区的发展，推动了中国全方位对外开放格局的形成和中国经济市场化改革进程，使沿海地区成为最具活力的经济高速增长区，实现了国民经济整体效率的最大化，但是也带来了一定的负面效应，拉大了地区间的发展差距。在 1979 ~ 1995 年的 17 年间，我国经济年均增长速度为 12.8%，而西部地区为 8.7%。在 1995 年的国内生产总值比率中，东部地区则由 1978 年的 5.01% 提高到 57.7%，而西部地区则由 1978 年的 15.6% 下降到 14.0%。东西部人均 GDP 之比由 1978 年的 1∶0.52 扩大到 1995 年的 1∶0.43。[①]

为此，1999 年 6 月 17 日，江泽民在西北五省区国有企业改革发展座谈会上强调，要“抓住世纪之交历史机遇，加快西部地区开发步伐”。2000 年 1 月，国务院西部地区开发领导小组召开西部地区开发会议，研究加快西部地区发展的基本思路和战略任务。2000 年 10 月，中共十五届五中全会通过的《中共中央关于制定国民经济和社会发展第十个五年计

① 国家统计局编《中国统计年鉴（2011）》，中国统计出版社，2011。

划的建议》，把实施西部大开发、促进地区协调发展作为一项战略任务。

2001年3月，九届全国人大四次会议通过的《中华人民共和国国民经济和社会发展第十个五年计划纲要》确定西部地区特指陕西、甘肃、宁夏、青海、新疆、四川、重庆、云南、贵州、西藏、广西、内蒙古等12个省、自治区和直辖市。2006年12月8日，国务院常务会议审议并原则通过《西部大开发“十一五”规划》。2010年7月5日至6日，胡锦涛提出深入实施西部大开发战略，积极扩大内需，促进西部地区又好又快发展，确定西部大开发新10年战略目标。

作为西部重要省份代表和中国经济发展相对较薄弱的省份，中共中央、国务院于2010年5月17日至19日召开新疆工作座谈会。该次会议提出要支持新疆同内地的经济技术合作，加大实施沿边开放力度，努力把新疆打造成我国对外开放的重要门户和基地；着力加强对口支援新疆工作，确立19个省市对口支援新疆发展落后地区，基本涵盖了南北疆的喀什、和田等贫困地区；决定举全国之力建设新疆，设立喀什经济特区，率先在新疆进行资源税费改革，5年后全区人均GDP将达全国平均水平。

总之，由于改革开放以后中国优先发展东部沿海地区的经济发展战略，新疆的经济发展和内地的差距逐渐扩大，并最终导致新疆的经济发展远远落后于内地省份。这导致新疆的劳动力市场的发展和内地也存在较大的差距。只有提高新疆的经济发展水平，新疆的劳动力市场才能得到较好的培育。

## 三　中国向西开放的出口未打开是新疆劳动力市场问题产生的现实原因

从新疆的贸易水平分析，2010年按进出口总额大小排序，新疆的主要贸易伙伴前十位分别为哈萨克斯坦（682821）（单位：万美元，下同）、吉尔吉斯斯坦（258836）、塔吉克斯坦（106057）、阿塞拜疆（35473）、俄罗斯（35348）、蒙古（24908）、乌兹别克斯坦（22966）、巴基斯坦（12534）、土库曼斯坦（10989）、苏丹（8310）。[①] 从2010年进出口总额来看，新疆进出口总额为171.3亿美元，排名居全国第18位，其中出口总额为129.7亿美元，居全国第15位。虽然排名在全国居中，但是考虑到新疆独特的地缘优势（与8个国家接壤，是我国邻国最多、陆地边界

① 新疆维吾尔自治区统计局编《新疆统计年鉴（2011）》，中国统计出版社，2011。

线最长的省份），进出口优势并没有显现出来。与同样以俄罗斯为邻国的黑龙江省相比，新疆的进出口总额更处于劣势地位。以2010年为例，黑龙江省的进出口总额为255.0亿美元，居全国第13位，其中出口总额为162.8亿美元，居全国第12位。

由此可见，新疆独特的地缘优势尚未得到充分发挥，与其对外贸易的通道尚未有效打通存在直接联系。例如，从新疆的口岸建设来看，新疆5600多公里长的边界线上，有哈密、昌吉、阿勒泰、塔城、博州、伊犁、阿克苏、克州、和田等10个边境地（州）的33个边境县（市），其中对外开放的一类边境口岸17个，二类口岸12个。通道虽多，但大部分口岸自然环境差，开放能力受限。除了航运通道和霍尔果斯、巴克图、吉木乃、都拉塔等陆路口岸联系较为便捷之外，其他口岸或处在山坳、达坂地带，山势险峻，海拔较高，或因路况较差，等级较低，无法常年通关。比如，与吉尔吉斯斯坦的通商口岸吐尔尕特，海拔3795米，年均温-3.6℃，最低气温-36.6℃，气候恶劣。和蒙古国相通的大部分口岸甚至没有条件较好的公路。阿拉山口虽然道路条件较好，但是常年大风。总之，新疆有着向西开放的天然优势，但是由于自然条件的限制和基础设施建设的缺乏，至今对外贸易的总量在全国处于较低水平。

新疆不仅在进出口贸易总额上处于劣势，在招商引资方面，新疆合同金额的实际落实情况与起初的合作意向之间存在较大差距。2009年，新疆的大部分城市和地区利用外资的合同资金落实率不到50%（详见表14-11）。2010年随着国家援疆项目的普遍开展，大部分南疆地区的投资情况有所好转。但是仍然存在某些地区在合同金额的基础上没有任何实际投资的情况。比如，吐鲁番2010年招商引资签订合同金额18万美元，和田地区合同签订额264万美元，阿克苏地区3848万美元都没有落实。塔城和博尔塔拉蒙古自治州甚至没有任何投资合同签订。这一方面与新疆整体社会经济发展情况有关，另一方面与物流通道的建设直接相关。

马××（疏勒县南疆齐鲁工业园管委会负责人）：

疏勒县素有“黄金走廊”之称，是“大喀什”经济圈的重要组成部分。喀什作为中国向西开发的重要门户，与巴基斯坦、吉尔吉斯斯坦、塔吉克斯坦等六个国家或地区接壤，疏勒县是喀什通往和田、西藏阿里地区、喀什地区南部八县的必经之路。疏勒县南疆齐鲁工业园毗邻喀什市，已初步成为南疆地区重要的出口加工制造业基地，现已形成南疆地区最大的饲料生产、钢结构加工、药品流通集散地和建材生产基地。物流园仓储贸易区规划面积14平方公里，按照“外引内联、东联西出、西来东去”的开放战略，以及“贸易先行、产业联动”的发展思路，将其建设成为南疆地区人流、物流、资金流、信息流的洼地，面向中西亚的国际商贸物流集散区。但是目前42个落户仓储贸易区的项目实施情况并不乐观，与我们向西开放的铁路等通道尚未打开有直接关系。园区的发展与当地的劳动力转移密切相连，截至2011年底，该工业园区长期稳定就业约4000人，其中疏勒县本地约2000人，主要是农民工。

**表14－11　新疆利用外资情况（分地区）**

| 地区 | 2009年 | | | | 2010年 | | | |
|---|---|---|---|---|---|---|---|---|
| | 签订合同数 | 合同金额（万美元） | 实际利用投资（万美元） | 实际利用率（%） | 签订合同数 | 合同金额（万美元） | 实际利用投资（万美元） | 实际利用率（%） |
| 总计 | 56 | 53333 | 22815 | 71.3 | 56 | 29195 | 27368 | 312.4 |
| 乌鲁木齐市 | 32 | 16943 | 14019 | 82.7 | 28 | 15125 | 5038 | 33.3 |
| 石河子市 | 4 | 2975 | 1497 | 50.3 | 9 | 2683 | 1171 | 43.6 |
| 昌吉回族自治州 | 5 | 4448 | 2934 | 66.0 | 6 | 4418 | 2471 | 55.9 |
| 伊犁哈萨克自治州 | 7 | 17018 | 2143 | 12.6 | 5 | 2781 | 9955 | 358.0 |
| 伊犁州直属县（市） | 5 | 5701 | 1992 | 34.9 | 5 | 2781 | 5908 | 212.4 |
| 巴音郭楞蒙古自治州 | 2 | 6516 | | 0.0 | 2 | 733 | 1764 | 240.7 |
| 克孜勒苏柯尔克孜自治州 | | 71 | 230 | 323.9 | | 661 | 876 | 132.5 |
| 喀什地区 | 1 | －339 | | 0.0 | 1 | 13 | 185 | 1423.1 |

资料来源：根据《新疆统计年鉴（2011）》（新疆维吾尔自治区统计局编，中国统计出版社，2011）相关数据整理。

## 四　新疆劳动力流动的特殊性和复杂性

### （一）传统习俗的制约

维吾尔族传统上是以农业为主的民族，他们往往不愿意离开自己的家乡，对外出务工存在一定的心理排斥。即使当地的土地无法承载富余的劳动力，大部分农民仍然选择就近打工，而且多以季节性和临时性为主。因此新疆劳动力的流动，特别是农村富余劳动力的流动远不如内地频繁和普遍。

此外，内地制造业企业偏好雇用女工。一方面女工在制造业方面存在天然的优势，另一方面她们也比男工更方便管理。但是新疆的少数民族女性劳动者在传统上多以操持家务、抚养孩子为主。社会习俗反对她们抛头露面。远离父母和家乡，前往经济发达的城市务工，和很多不同民族的劳动者群居在宿舍，在很多传统的维吾尔族看来不符合女性（特别是外出务工的15~20岁的年轻女性）的行为规范。因此，外出务工女性及家庭在当地往往承受着巨大的压力。

很多少数民族劳动者的思想观念相对比较保守、封闭，容易有自我满足感。据调查，很多劳动者一年赚上2万~3万块钱，就觉得满足了，不愿意再外出打工。他们会给自己父母甚至亲戚朋友一些自己的收入，其余的全都自己直接消费，很少储蓄，更不会有特别长远的打算。①

外出务工人员返乡后，其辐射示范效应也很有限。维吾尔族女性结婚年龄较早，一般十八九岁多数已经订婚。很多外出务工的女性工作一年之后回乡即考虑结婚等事项。一旦结婚，她们外出工作的可能性几乎为零。因此，即使外出务工的经历让她们普遍体会到了不同的城市生活，但是这一生活方式并不会影响她们继续以前农村的生活方式。“7·5”事件之后，政府对农村富余劳动力输出的工作力度有所减弱。现在政府特别强调就地解决农村富余劳动力的就业问题。因此新疆农村富余劳动力输出工作的进展开始减缓。

**（二）宗教信仰的影响**

少数民族劳动者普遍信仰伊斯兰教。这一传统有着深厚的历史背景和社会影响。宗教已经成为一种文化，渗透到各民族的传统习俗和生活的方方面面。他们对自己的信仰有着强烈的认同感和归属感。一般说来，他们通过和自己的邻居一起做一些定期的宗教活动来显示他们对真主的爱。他们对自己的故乡有着难以割舍的情结，往往认为离开故乡，来到异地会影响自己的宗教活动。

**（三）劳动力异地转移的稳定性差**

受多种复杂因素的影响，由政府统一组织的劳动力异地转移工作头绪繁杂。语言、文化等因素导致异地务工人员与当地人群的交流较少，主要交往对象是在一起的同乡，信息的获取来源也主要是同乡工友和远在新疆的家人。相对单一的信息来源渠道限制了异地务工人员对现实问题的认知，对一些问题的认识缺乏客观性和全面性，喜欢“扎堆”。工友中个别

---

① 这些观点来自与疏附县负责劳务输出工作负责人的访谈。

人的个人问题往往被无限放大，于是可能产生要求集体返乡等现象，务工人员异地就业的相对稳定性难以保证。

### （四）普遍缺少专业技术

很多少数民族农民从农村有限的土地里解放出来，却因为缺乏对现代工业企业的技术和管理规则的了解，迟迟难以适应现代的工业生活。他们大部分很难长期在工业企业里工作。此外，少数民族农村富余劳动力的汉语言能力有限，这严重地限制了他们在企业中和汉族员工的交流，不仅导致他们的生活圈子狭小，信息相对闭塞，而且影响他们接受就业培训，就业机会和晋升的可能性也较低。

总之，由于新疆农村富余劳动力，特别是维吾尔族的思想观念、生活习惯、宗教信仰等特点，新疆的富余劳动力不同于内地农民工全国自由流动，亟须依托当地经济发展实现就地转化。

## 第三节　高铁带动下的向西开放对新疆劳动力市场可能产生的影响

由上述分析可以看出，中国西部（特别是新疆）的经济发展亟须实现向西开放，实现地区间经济均衡发展，不断缩小东、西部之间的差距。高铁是实现向西开放的重要交通条件。通过修建高铁项目，不仅能够实现国家经济战略的向西转移，而且能够进一步缩短中国东部沿海和西部地区（特别是新疆）的物理距离，实现西部地区经济的开放和政治的稳定，其主要影响具体分析如下。

### 一　有助于实现东部沿海地区的产业转移和劳动力的流动

随着金融危机和人民币升值的压力增大，内地很多产业存在产能过剩的问题。此外，内地不断增长的劳动力成本也导致企业的盈利空间被进一步压缩。很多企业期望通过此次援疆工作实现产业的转移。高铁项目的实施有助于内地企业实现人力、设备等各方面的转移。

以疏勒县产业园区建设为例，其仓储贸易区的发展思路为“承接山东、川渝等内地发达地区的产业梯次转移”。山东省作为对口支援省份，确定要把山东钢铁公司的部分产能转移至疏勒县产业园区。如果该企业最终落成投产，将成为疏勒县最大的工业项目，从而加快当地经济的发展。传统上，疏勒县是农业县，主要以生产特色林果（如核桃、红枣等）为主，缺乏煤、石油等重要能源。很多当地政府官员认为高铁项目投产后会带来巨大的辐射效应，他们普遍认为该项目除了能够在一定程度上解决就业外，还能够带动建材企业、房地产行业、物流行业等多个行业的发展。

### 二　对新疆经济的促进作用

高铁项目的实施有助于帮助中国进一步向西开放，对新疆经济的促进作用主要表现在两个方面。一方面降低新疆和内地的物流成本，进一步形成新疆作为贸易中转站的地位；另一方面，通过向西开放可以将其国内路线和国际路线连接，打开新疆很多地区特色优势农产品的出口通道，同时很多缺乏区位优势的县市可以借助方便的物流实现经济的外向发展。特别是南疆县市，农产品等优势产品运往内地路程遥远，但是出口周边国家却有天然的优势。一旦与中亚国家以及巴基斯坦、阿富汗等国家的铁路交通被打通，将提高其产品的竞争力。

### 三　向西开放必须考虑潜在的国家安全风险

向西开放一方面提高了新疆的开放水平，有利于我国和西部周边国家良好关系的建立。但是也必须认识到这一开放过程会给我国带来潜在的安全风险。新疆作为中亚、南亚的近邻，该地区的安全局势及恐怖活动直接对新疆的社会稳定形势产生了影响和示范效应，加之世界各国极端主义的抬头、国际恐怖主义的活跃，无不刺激着新疆境内的“三股势力”，使其分裂破坏活动、暴力恐怖活动进入新的活跃期。① 随着向西的进一步开放，部分分裂分子更容易流入中亚等恐怖组织所在地国家，这可能会对国家边疆安全和政治稳定造成潜在的风险。

## 结语与对策

首先，协调和引导好高铁建设的后续劳动力再就业问题。这次新疆高铁的建设，必然为新疆的一部分富余劳动力带来再就业的机会。但是在项目建设结束后的未来一段时期内，后续新疆劳动力和内地赴疆劳动力也存在着“过剩”再次过剩的可能性。这一问题必须加以重视，做好协调工

① 《2011 年影响新疆社会稳定的突出问题》，http：//www. xjass. com/zt/lps/2012 - 03/20/content_ 225570. htm，最后访问时间：2013 年 4 月 2 日。

作，以免再次引发劳动力过剩的恶性循环。笔者建议通过高铁建设，一方面吸收一部分劳动力参与，另一方面可以考虑在项目结束前的一段时间内，通过政府引导新疆富余劳动力参与中亚和其他国家项目建设以化解此问题。以高铁建设为契机，培养新疆本地富余劳动力从事境外基础设施建设，实现高铁建设为新疆农村富余劳动力带来的前瞻性功效。通过高铁建设，建立起一支能够到境外从事各类基础设施建设的劳动力大军，这对于国家向西开放战略有着特殊意义。

其次，平衡参与高铁建设的人数配比，加大对新疆农村富余劳动力特别是少数民族富余劳动力的培训力度。高铁的建设很有可能缺乏新疆本土，特别是少数民族劳动力的参与。这对新疆社会稳定和经济跨越式发展都是不利的。因此该项目的实施应该保持人数与民族配比上的一致，尽量平衡。对于参与高铁建设的少数民族劳动力要进行考虑、筛选以及加大后续的培养使用。这样才能大大提高新疆少数民族农村富余劳动力就地转移的可行性。少数民族劳动力参与高铁建设乃至到境外参与项目建设和其他贸易活动，有着一定的优势，如懂语言、熟悉风俗习惯等，但是也存在着明显的不足，主要是整体素质、技术和能力的不足。因此应以高铁建设为契机，培养一支高素质的少数民族劳动力队伍，为未来参与中亚乃至以南的劳务输出做好准备。

最后，加快小城镇发展，促进农村富余劳动力的就地转移。新疆处于西部较不发达的地区，和东部城市发展差距比较大，在对口援疆的大力开展下，无论是基础设施的建设还是民生工程的推广在一定程度上都推进了新疆农村富余劳动力的再就业进程。但是新疆现有的发展水平不可能容纳较多的富余劳动力，因此依靠发展小城镇是最快也是最有效的发展方式。小城镇是一个地区的政治、经济、文化交流中心，是城市和农村之间的过渡和纽带。小城镇的建设类似于“格子铺”，在建设过程中可以有效地吸纳农村富余劳动力的就地转移，无论在成本还是人力资源的优化配置上都具有一定的优势。在这些小的“格子铺”发展壮大之后，再进一步向城市发展，形成“农村—小城镇—城市”的发展路径。农村富余劳动力的转移路径也可顺着这一路径形成。针对新疆特殊的地理以及人文条件，小城镇的建设势在必行。通过高铁建设项目，实现物质资源和人力资源的有效高速流动，从而帮助小城镇具备一定的竞争力，并带动新疆农村富余劳动力的就地转移。

# 第十五章　新疆地区城市化发展的可行性

在人类社会的诸多发展与演变过程中，“城市化”作为一种目标和结果已成为人们关注的核心问题。城市是现代主流文明的重要体现，作为人们生活与生产的重要方式和场所，城市的发育和城市化水平的高低直接体现着城市经济社会的发展，城市化已成为一个地区经济社会发展的核心动力。城市化的过程表现在城市人口的迅速增长、交通的发达、城市群的迅速增加以及第三产业人口在城市人口中所占比重的提高等多种形式与内容上。城市化与经济发展，如第二产业、第三产业的互动、换位和协调发展，有着密切联系，具有相关关系，也与人口、环境、社会网络、民族关系、不同文化之间的交流、对话和道德、价值观的融合、变迁等社会现象有密切相关，对城市化关注和研究即是对一个地区的经济社会发展的研究和分析。在中国，少数民族地区城市化问题不仅关涉到该地区社会、经济和文化的整体发展，也触及民族关系、民族认同和各民族之间的均衡发展问题。

## 第一节　作为社会现象的“城市化”

人类城市化的历史漫长而悠久，早在原始社会时期就出现了城市。从古至今，城市化水平的高低是一个地区或城市经济社会发展的一个重要指标，也与一个地区现代化程度直接挂钩。

城市化（urbanization），亦称城镇化，是一个传统乡村社会转变为现代城市社会的自然历史过程。对城市化下一个确切的定义并非易事，关于城市化的定义，学界一直存有争议。但从客观需要看，研究城市化水平和城市的发展、变化，首先应该界定城市化的定义。各学科对城市化有自己的理解和解释，如人口学、地理学、社会学、经济学等学科对于城市化的界定各有侧重，有着不同的解释，同时这些定义都偏重于自己的学科领域，存在一定的局限性。“城市规划学科对城市化的一种代表性定义是：城市化是由第一产业为主的农业人口向第二产业、第三产业为主的城市人口转化，由分散的乡村居住地向城市或集镇集中，以及随之而来的居民生活方式的不断发展变化的客观过程。……现代城市化的概念应包括：①工业化导致城市人口的增加；②城市地域的扩大及城市关系圈的形成和变化；③拥有现代市政服务设施系统；④城市生活方式、组织结构、文化氛围等上层建筑的形成。”[①]

城市化质量的测量指标是十分多元且复杂的系统。城市化问题首先体现在人口的城市化。一般来说，城市化水平是用人口城市化率来衡量。城市化率是区域城市人口占区域总人口的比重，是衡量城市化水平的最基本的指标体系。除此之外，现代城市化是城市建设水平、总体指数的综合反映，具体体现在城市发展水平的方方面面。

在中国，由于传统以来城市发育比较缓慢、滞后，城乡差距比较大，在城市化的理解中人口因素向来是核心议题，人们对城市化的普遍性解释是：“人类生产与生活方式由农村型向城市型转化的历史过程，主要表现为农村人口转化为城市人口及城市不断发展完善的过程”[②]。目前，“中国的城市化率除高于印度以外，要低于印度尼西亚（52%）、菲律宾（65%）、巴西（86%）、南非（61%）等国”[③]。

城市化有其功能。城市功能，是指城市在其运行过程中发挥的作用和效能，这是一个十分复杂的现象。现代区位特征与产业构成不同的城市各有不同的功能。城市功能可分为“有形的”和“无形的”两大类。有形的城市功能是指城市基础设施和公共服务设施所发挥的专项作用和效能，如居住功能、生产功能、公共交通功能等。无形的城市功能则是指由各专项功能作用下汇合提升而成的综合功能，主要是集聚与辐射的功能。

在中国，随着现代化和城市化进程不断加快，西部地区的城市化建设也取得了很大的发展。在对西部地区城市化发展模式的探讨中，不得忽略“特色功能城市”的发展问题，例如，产业特色城市、饮食特色城市、服

---

① 常春华、熊黑钢、温江：《新疆各城市城市化水平比较研究》，《干旱区资源与环境》2007年第2期。

② 徐秋艳：《新疆城市化与经济发展的协调性研究》，《地方经济》2008年第3期。

③ 刘伟：《高速铁路加快城市化进程的作用探析》，《经济论坛》2011年第5期。

饰特色城市、地形地貌特色城市、民族特色城市等。从一定程度来讲，一个城市的特色功能也就是其明显区别于其他城市的个性特征，是该城市在一定的时空条件下，为了自身的生存和发展，以当时所能达到的文明手段，利用自然、改造自然所创造的有别于其他城市的场所和非场所成果的综合表现。在当今城市化发展中，城市的特色功能建设正是以城市经济建设和城市文化特色为基本内涵，以城市客观实际为基点，以城市优势资源为基础，以促进城市拥有强劲的竞争力、生命力和可持续发展为目标的城市发展新模式。在中国西部，城市特色功能建设是一项重要的城镇建设导向与经济手段，是一项对多民族文化遗产的保护措施，关系着区域经济的健康快速发展和多民族文化的继承发扬。具体来说，在西部城市化进程中，“塑造特色城市有如下几方面的重要意义：一是塑造特色功能城市有利于提高西部城市的经济聚集效应和辐射效应；二是保护性地发展历史文化特色功能城市可以降低西部地区现代化和城市化的建设成本；三是全局性经济发展过程中塑造特色功能城市有益西部城市间的协调发展；四是城市特色功能的培育有益于西部城市实现可持续发展战略”①。

鉴于此，分析功能型城市的成因和作用时，需要充分考虑中国西部、中亚各国的经济社会发展状况。从国家总体战略的角度讨论如何加快西部城市化进程，重点讨论如何发展特色功能城市问题。

## 第二节　民族地区的城市化、区域经济与环境协调发展

### 一　城市化改变了少数民族传统生活生产方式

由于少数民族地区传统文化和经济基础主要在农村、牧区的时空中存在和延续，所以城市化所带来的最突出的问题是少数民族传统生活生产方式的变迁。城市化的推进，引发了大量少数民族人口向城市流动，带来了传统生活生产方式的转变，从而改变了少数民族群众的生活状况和价值观念。这些少数民族人口进入城镇后，一部分从事城市工商业生产经营，一部分从事餐饮、运输、食品加工、家政等服务业，还有一部分则进入不同所有制的企事业单位，完全脱离和改变了传统的生活生产方式。他们从原

① 汤洁：《西部特色功能型城市战略》，中央民族大学硕士学位论文，2006。

来的农牧业生产转向非农的第二、三产业后，经济收入大大增加，从一定程度上实现了由农牧业生产向第二、三产业的转移。流动到城镇的少数民族人口，把他们从事第二、三产业劳动的收入反哺农村，改善了农村的生产生活状况，在一定程度上缓解了我国城乡二元利益结构的矛盾，起到了促进少数民族地区发展、促进城乡协调发展的作用。

## 二　城市化增加了民族融合的因素，促进了民族关系的发展

城市化的推进，加强了多民族、多群体之间的联系。大量的少数民族人口转移到城市，在增加了城市少数民族人口的同时，也将少数民族特有的文化带入城市，加强了城市文化的多样性，加深了少数民族与汉族在各个层面上的交往。近十多年来，在新疆乌鲁木齐等地，由于大批从事工商业、餐饮业等服务业的维吾尔族、回族人口的流入，不同民族在饮食文化、服饰文化、艺术等方面的交流日益增多，不同民族群众在各个层面上的交往逐渐扩大，对各自的风俗习惯、宗教信仰有了更进一步的了解。由城市化引发的物流和人流的交往，打破了民族间的壁垒，为多民族之间的交往创造了前所未有的条件，在更广阔的范围和更深入的层面上促进了民族关系的发展。

## 三　城市民族关系逐步成为核心议题

少数民族人口从乡村向城市的流动主要有两种类型：一是有组织的迁移，其中包括扶贫开发性移民、城市化（城镇化）人口转移和劳务输出，二是自发的人口流动。目前，自发的少数民族人口流动呈发展态势。有组织的移民，本身具有城市化的性质，一部分农业人口直接转移为城镇人口，城市化建设中移居出来的农民通过集中定居和建立新的产业形成了新的城市性质的居住地。就自发性的人口流动而言，流入城市的少数民族成员经过一定阶段以后，其中的一部分人会成为城市的“正统”居民，另外一些人也会通过不同的方式在城市居留或来往于城市与乡村之间，成为准市民。

改革开放前，城市少数民族的主要来源是：落实党的民族政策，有计划地征集、调动或招收、分配一些少数民族成员进入国家机关、部队和企事业单位中。在当时的条件下，对每年迁入城市的少数民族人口有严格的指标限制，少数民族人口的迁移，要经过严格的程序和相关部门的批准，少数民族进入城市的人口很少，政府对进入城市的少数民族人口的控制和

管理能力很强。而且，进入城市的大多数少数民族成员文化素质较高，组织程度较高，相当一部分为少数民族干部、知识分子和知名人士。当时的城市民族工作任务相对不是很重，民族工作的重点是在乡村。

随着工业化的发展和城市化的推进，大量的少数民族人口开始流向城市，迅速增加了城市少数民族人口数量。在这个过程中，由于各民族风俗习惯和宗教信仰的差异等各种因素互相作用，城市民族关系和民族问题更具复杂性和敏感性。一是不同文化之间的差异问题。有的是历史遗留和“历史记忆”问题，有的问题属于种族、语言、体质特征的客观性问题，还有一些问题是少数民族传统道德、价值体系和现代主流文化法律、法制问题。二是个体性与群体性，甚至由个体性转向群体性的问题。少数民族流动人口在城市整体人口中所占的比例小，在城市中属于绝对的少数和弱势群体。社会中的少数群体和弱势群体有其自我保护和防范外来挑战的机制和手段。少数群体和弱势群体一旦遇到威胁或遇到挑战时，其内在合作机制与协调功能迅速发挥作用，很容易“抱团”。由此，少数群体和弱势群体往往把涉及个别民族成员的问题看成是本民族整体层面的事情，特别是在极少数人的煽动和推波助澜下，很容易酿成群体性事件。三是地方与政府甚至地方与国家之间的隔阂和矛盾。城市民族关系方面的问题，有的是少数民族成员与当地群众之间的矛盾和纠纷，在一些因素的影响下，也有可能转化为少数民族与代表多数民族的当地政府和有关部门的矛盾，甚至会引发抵触国家制度、怀疑政权合法性的问题。四是扩散范围广，影响力大。城市民族关系方面的一些问题，很容易引起连锁反应，规模由小到大，往往酿成地区、国家，甚至国际性的不安定局势和舆论风波。

### 四　城市民族工作的任务更加繁重

1. 大量少数民族人口进入城市，改变了城市的民族构成，形成了新的城市利益群体

由于城乡差别意识、民族差别意识的存在，进入城市的少数民族成员同原来的城市人口在就业机会、社会认同、思想观念、经济利益等方面存在明显的差异与矛盾。由于在城市复杂的民族关系的背景下，不同民族之间认同感的混乱、信任度的降低，少数民族间的连带感和自我民族意识得到了加强，少数民族常常以亲缘、族缘和地缘为纽带，在城市或城市的边缘形成一定的定居点，进而形成新的城市利益群体。少数民族城市群体在政治表达、参政意识、维护和保障自身利益与权利方面的要求也越来越强

烈，使得城市民族工作在巩固和发展社会主义政治文明、协调不同利益群体的利益关系方面的任务更加繁重。

2. 少数民族人口进入城市，主要的流向是城市的第二、三产业

他们在自身的就业和创业过程中，为城市第二、三产业的发展注入了新的力量和内涵，改变了城市的产业结构水平和城市化水平。在少数民族进入城市从事工商业和服务业的创业过程中，产生了一大批新一代的少数民族工商业代表人士和知名人士。引导城市少数民族经济的发展，做好新一代少数民族代表人士的工作，对城市民族工作提出了新的要求。

3. 大量的少数民族人口进入城市，是引发新的城市民族关系问题和社会问题的潜在因素

在认同意识方面，少数民族在城市语言、文化中的自卑感和在市场与经济发展中的不平等感与被剥夺感使得少数民族不仅与本民族成员，而且与其他少数民族成员联系紧密。他们不仅收到经济、市场方面的信号，也传递着民族关系方面的信息，使得城市少数民族与多数民族，即与汉民族之间的关系问题转化为引发新的社会问题的潜在因素。

## 五　城市民族工作的范围和内容更加扩展

城市化对城市民族工作范围的扩展主要表现在两个方面："一是使城市民族工作的对象范围不断扩大。以往，城市民族工作主要是围绕城市居民中的少数民族展开。如今，进入城市的少数民族人口大量增加，特别是大量从事第二、三产业的非农人口的增加，使城市民族工作对象范围急剧扩大。他们中有的是自主创业的少数民族工商业者，有的是在不同所有制企事业单位就业或从事第二、三产业生产与服务的劳动者，还有的是少数民族和宗教界的代表人士。二是城市民族工作的地域范围扩大。少数民族向城市的流动，使得少数民族与汉族的混居程度进一步提高，城市民族工作实际的地理范围在一定程度上扩展。"①

在城市化的发展过程中，城市民族人口在地域范围和文化层面的扩展和融合，对城市民族工作的内容提出了新的要求和挑战。以往的城市民族工作，工作对象范围狭窄，工作的主要内容是落实党的各项民族政策，实现民族团结和社会稳定。随着城市化的推进，城市民族方面出现了大量新

---

① 陈凤林、陈珏：《城市化对城市民族工作的影响与对策》，《中央社会主义学院学报》2007年第6期。

情况、新问题，要求民族工作要立足于解决这些新情况、新问题。一方面，要对城市化过程中的民族与民族间关系的发展、演变及民族问题的实质做出理解性解释，在社会发展、工业化和城市化的背景下，揭示出城市少数民族文化变迁、人口流动等社会现象的原因和意义，进而在现代民族研究中建构新的理论体系。另一方面，要根据城市少数民族生活生产状况和文化变迁状况，调整和改善党和国家的民族政策，在全面、系统总结城市民族工作经验的基础上，进行民族政策和理念、机制的创新。

### 六　传统城市民族工作的工作模式面临挑战

改革开放前，由于我国社会组织的高度单位化、系统化，城市民族工作的工作模式主要是传统政治体制下的政府单位管理模式。在单位组织体系模式下，城市民族工作的主要手段是行政命令，相关的民族政策大多围绕当时的计划经济体制而定。随着城市化和市场化的推进，新增的少数民族人口成为城市民族工作和民族关系调整的主要内容。大量增加的城市少数民族人口依托于不同所有制的企业、单位、组织，完全游离于政府组织体系之外，传统管理模式下的民族工作的覆盖面已不能涵盖城市的新增人群，出现了执政党履行社会管理职能的真空地带。这种复杂的城市民族工作状况，对城市民族工作提出了管理社会化的要求。

近年来的调查中可以看出这样一种情况：在民族地区的市场运行和经济发展中，民族发展的不平等现象十分突出，尤其是在东西部地域发展、国家与地方发展以及少数民族地区与汉族地区发展中存在的不平等问题，加深了少数民族地区对国家的不信任，甚至使人们疑虑国家在民族关系问题上犯了重大错误，引起了学界的普遍思考。

在城市民族社会管理手段上需要进行创新，要从整合和服务的角度出发，与政治、经济、思想教育、法制、发展文化等手段相互协调，这样才能不断地调整民族关系，促进各民族共同发展。

## 第三节　新疆地区城市化的历史与现状

### 一　新中国成立以来新疆地区城市化进程

与其他地区一样，新疆的城市化进程也经历了漫长而复杂的发展过程。1949～2009 年的六十年中，新疆的城市发展经历了以下五个阶段。

### （一）1949～1957年的起步阶段

1949年新中国成立后，党和政府动员人力、物力、财力，用三年时间恢复了遭到严重破坏的国民经济，新疆的城市化发展也进入一个正常发展的起步阶段。从只有一个乌鲁木齐市，到1952年设立的伊宁市和喀什市，新疆一直保持一个三足鼎立的格局，城镇人口稳定增加，通过部队转业、大批支边参军的内地人口进疆，城镇人口由52.93万增至94.07万以上，增长幅度达170%以上，城镇化水平达16.9%。

### （二）1958～1963年的大起大落阶段

1958年，随着石油的开发，国务院批准设置克拉玛依市，1961年设置哈密市。城市数量虽增加不多，但从1958年开始，在“大跃进”和“人民公社化”的影响下，疆内基本建设膨胀，大量人口涌入城市，城市化速度骤增。至1960年底，全疆城镇人口已达180.04万，比1957年增加85.97万，城镇化水平高达26.2%。从1962年开始，新疆大量压缩城镇人口，撤销了哈密市，1963年城镇人口压缩至120.09万，全区城镇化水平下降至16.9%。

### （三）1964～1978年的停滞阶段

“文化大革命”使城市工业发展受阻，经济建设受到严重破坏。截至1978年新疆共设市7个，包括20世纪50年代的乌鲁木齐、伊宁、喀什和石油城市克拉玛依，70年代设立的奎屯、石河子和东疆的哈密市。从1964～1978年十五年间新疆城市化水平仅仅提高了0.1个百分点，城市化水平始终保持在17%左右。

### （四）1979～2000年的恢复发展阶段

1978年，中共十一届三中全会确立了“一个中心、两个基本点”的基本路线，在此方针的引导下，新疆的工农业发展有了较快的发展，经济发展和城市化建设步入持续稳定的恢复发展阶段。1983年，自治区逐步进行了县改市的工作，至2000年，先后将昌吉、阿克苏、塔城、阿勒泰、吐鲁番、博乐、阿图什、和田、库尔勒、阜康、乌苏、米泉改为县级市，城市数量增加一倍，城市人口达到624万，城市化水平提高到33.75%，城市网络基本完善，空间布局逐步趋于合理。

### （五）2000年至今

进入21世纪以来，随着国民经济的快速发展，新疆的城市化进程也步入了一个快速发展的时期，城市综合实力进一步加强。截至2009年，城市人口达921.88万人，占全区总人口的43.26%。设立城市22个，其中，人口超过100万以上的特大城市1个、20万以上的中等城市15个，人口在20万以下的小城市6个。①

从新疆地区城市化进程的整体情况来看，新中国成立之初新疆地区城市化水平明显提升，但由于政治形势的变化和计划经济体制与特殊的社会环境条件，新疆城市化出现了与全国其他地区一样的下滑现象，到20世纪七八十年代城市化进程才迎来了新的发展时期，2000年以后新疆地区城市发育获得了长足发展。

## 二　新疆地区与中亚国家之间的城市化水平比较

### （一）新疆地区与中亚五国的比较

从古至今，中国新疆地区与中亚各国之间的文化、经济和政治往来十分频繁，在城市与交通发展方面也存在着密切关联与相似性。与中亚五国相比，中国新疆土地面积和GDP仅次于哈萨克斯坦，人口仅次于乌兹别克斯坦，人均GDP和城镇人口比重仅次于哈萨克斯坦和土库曼斯坦（见表15－1）。

**表15－1　2009年中国新疆与中亚五国概况**

| 区域 | 土地面积（平方公里） | 人口数量（万人） | GDP（亿美元） | 人均GDP（美元） | 城镇人口 | | 乡村人口 | |
|---|---|---|---|---|---|---|---|---|
| | | | | | 数量（万人） | 比重（%） | 数量（万人） | 比重（%） |
| 中国新疆 | 166.5 | 2159 | 626 | 2919 | 860 | 39.9 | 1298 | 60.1 |
| 哈萨克斯坦 | 272.5 | 1589 | 1092 | 6870 | 922 | 58.2 | 661 | 41.8 |
| 吉尔吉斯斯坦 | 20.0 | 532 | 46 | 860 | 194 | 36.4 | 338 | 63.6 |
| 塔吉克斯坦 | 4.3 | 695 | 50 | 712 | 184 | 26.5 | 511 | 73.5 |
| 土库曼斯坦 | 48.8 | 511 | 199 | 3904 | 251 | 49.1 | 260 | 50.9 |
| 乌兹别克斯坦 | 44.7 | 2777 | 328 | 1182 | 1022 | 36.9 | 1751 | 63.1 |
| 中亚五国合计 | 400.3 | 6104 | 1715 | 2810 | 2573 | 42.2 | 3521 | 57.8 |

资料来源：World Bank，World Development Indicators，2010－10－16；新疆维吾尔自治区统计局编《新疆统计年鉴（2010）》，中国统计出版社，2010。

中亚五国城市化发展经历了苏联时期和独立（1991年）以后的不同发展时期。哈萨克斯坦土地面积在中亚五国中居第一位，人口排第二位，

① 刘晓岩、张军民、金今钤：《新疆城市化进程中的问题及对策研究》，《湖南商学院学报》2011年第2期。

（在独联体国家居第二位），是一个地广人稀的国家。2009年年底，居民总数为1589万人，人口密度为每平方公里5.8人。1960～2009年的50年间，哈萨克斯坦城镇人口由441.8万人增至922万人，城市化率从35.4%上升至58.5%。

塔吉克斯坦是中亚五国中土地面积最小的国家，其次为吉尔吉斯斯坦。塔吉克斯坦人口在中亚五国中居第三位，人口密度较大。2009年底，塔吉克斯坦居民总数为695万人，吉尔吉斯斯坦人口总数为532万人。

从表15－2可以看出，中国新疆城镇人口比重明显低于哈萨克斯坦和土库曼斯坦。城镇人口比重最小的是塔吉克斯坦。非农产值占GDP比重最高的是哈萨克斯坦（94.7%），其次依次为土库曼斯坦（87.7%）、乌兹别克斯坦（79.1%），中国新疆排在第四位（79.0%）。

**表15－2　2009年中国新疆与中亚五国城市化指标**

| 指标 | 中国新疆 | 哈萨克斯坦 | 吉尔吉斯斯坦 | 塔吉克斯坦 | 土库曼斯坦 | 乌兹别克斯坦 |
|---|---|---|---|---|---|---|
| 城镇人口/总人口（%） | 39.8 | 58.0 | 36.4 | 26.5 | 49.1 | 36.8 |
| 农业产值（亿美元） | 131.5 | 58.3 | 10.2 | 11.2 | 24.4 | 68.6 |
| 非农产值/GDP（%） | 79.0 | 94.7 | 74.2 | 77.6 | 87.7 | 79.1 |
| 城市化水平（%） | 56.1 | 74.1 | 52.0 | 45.3 | 65.6 | 54.0 |

资料来源：世界银行数据库网和《新疆统计年鉴（2009）》（新疆维吾尔自治区统计局编，中国统计出版社，2009）。

由于政治制度、工业化进程、社会经济发展水平与文化背景的千差万别，中国新疆与中亚五国之间的城市化也有十分不同的发展速度和表现形式。整体而言，新疆的城市化水平位于哈萨克斯坦和土库曼斯坦之后，略高于乌兹别克斯坦与吉尔吉斯斯坦。

综上所述，20世纪70～80年代，除了哈萨克斯坦，其他中亚国家城镇人口比重都有所下降。原因有很多，其中最主要的是20世纪90年代以后大量俄罗斯人由于政治原因迁出这些国家，加之这些国家的传统人口稀少，工业化水平十分落后，仍以农业经济为主体，绝大多数人口依然在农村。

**（二）新疆与国内其他地区城市化比较**

从图15－1中看到，1999年新疆城市化率首次突破30%。1989～1999年间，新疆城市化水平净提高了2.34%，平均每年增长0.23个百分点，而同期中国城市化水平净提高了8.57%，平均每年增长0.85个百分点。新疆城市化进程较全国滞后3~4年，城市化增速慢约3.66倍，城市化水平较全国落后约6.23个百分点。2000~2008年间，新疆城市化水平净提高了5.64%，年均增长0.71个百分点，而同期全国城市化水平提高12.46%，年均增长1.56个百分点。新疆城市化进程较全国滞后6~7年，城市化增速慢约2.20倍，城市化水平较全国落后约5.90个百分点。

**表15-3 新疆地区与广东、浙江和全国的城市化率比较**

单位：%

| 年份 | 全国 | 广东 | 浙江 | 新疆 |
|---|---|---|---|---|
| 1995 | 29.00 | 30.00 | 30.90 | 29.20 |
| 1996 | 30.50 | 30.28 | 32.80 | 30.06 |
| 1997 | 31.90 | 30.83 | 33.40 | 29.82 |
| 1998 | 33.40 | 31.07 | 35.92 | 29.84 |
| 1999 | 34.80 | 31.31 | 37.86 | 30.64 |
| 2000 | 36.20 | 27.06 | 39.50 | 28.80 |
| 2001 | 37.70 | 30.72 | 42.00 | 31.61 |
| 2002 | 39.10 | 35.21 | 51.70 | 31.95 |
| 2003 | 40.50 | 46.29 | 53.60 | 32.41 |
| 2004 | 41.80 | 45.74 | 54.00 | 32.62 |

资料来源：林紫荣、张小雷、朱自安、王慧琴《干旱区绿洲生态环境与新疆城市化研究》，《干旱区资源与环境》2007年第12期。

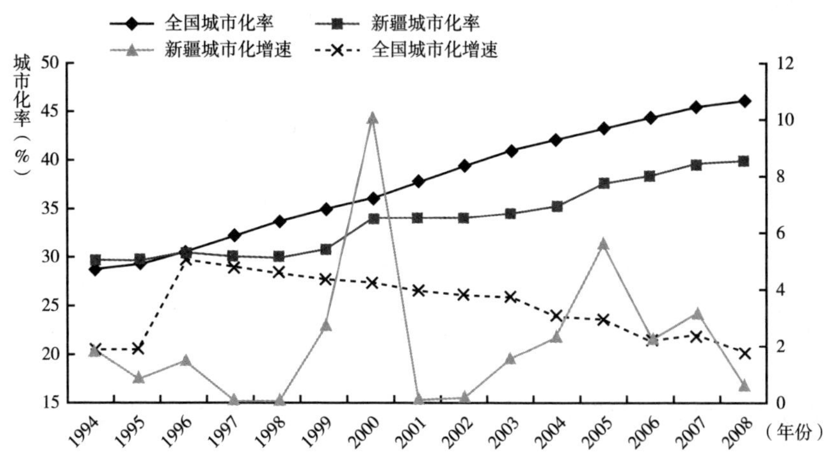


**图15-1 新疆地区与全国城市化率之间的比较**

资料来源：张军民《新疆城市化进程及驱动力研究》，《干旱区资源与环境》2012年第4期。

新疆地区城市化水平明显落后于全国绝大多数地区的原因有很多。其中包括地理位置的边缘性、自然环境的特殊性、文化的差异性及由此客观原因所导致的经济、文化、交通与城市发展的落后。

**（三）新疆各地城市化水平的比较**

新疆各地城市化水平存在明显的区域性和阶段性差异。其中，城市化水平最高的城市和最低的城市的综合得分之间相差悬殊。这些结果表明新疆各城市的城市化水平分布不均衡，已出现严重的两极分化。

新疆地区城市化发展水平呈现出明显的区域差异，从这15年的变化情况来看始终是北疆总体水平高于东疆、南疆地区。从评估结果可以看出，乌鲁木齐市与克拉玛依市城市化水平已超过70%，与内地发达地区总体水平相当，与其后的库尔勒市、喀什市相差超过20%，是发展水平最低的阿图什市、乌苏市的4~5倍。北疆西、北部，如伊犁地区、石河子和克拉玛依地区城市化发展速度较快，发展潜力很大。与此相反，南疆地区城市化水平较低，尤其南疆西部的城市，15年间总体发展较慢。

从以上新疆与中亚五国、新疆与国内其他地区和新疆内部城市之间的比较情况来看，"差异"是最大的特点。换言之，新疆不仅与邻国之间存在差异，与国内其他地区之间存在差异，甚至是在新疆地区内部的差别也十分明显。因此，可将新疆的城市化特点称为"局部"或"区域化"。其原因可归结为：①国与国的政治、经济和文化制度的不同；②国内边缘和核心的差异；③地区内部地理环境、人口结构与工业化程度的差别，等等。

## 第四节　新疆地区城市化的问题及综合评价

### 一　区域经济与环境协调发展研究的几种类型

关于经济、环境和社会协调发展的研究内容丰富、类型众多，涉及城市化的社会、经济效益和文化意义等诸多领域。

聂春霞、刘晏良、何伦志等人在《区域城市化与环境、社会协调发展评价——以新疆为例》一文中系统地介绍了关于区域经济与环境协调发展的主要研究类型。[①]

① 聂春霞、刘晏良、何伦志：《区域城市化与环境、社会协调发展评价——以新疆为例》，《中南财经政法大学学报》2011年第4期。

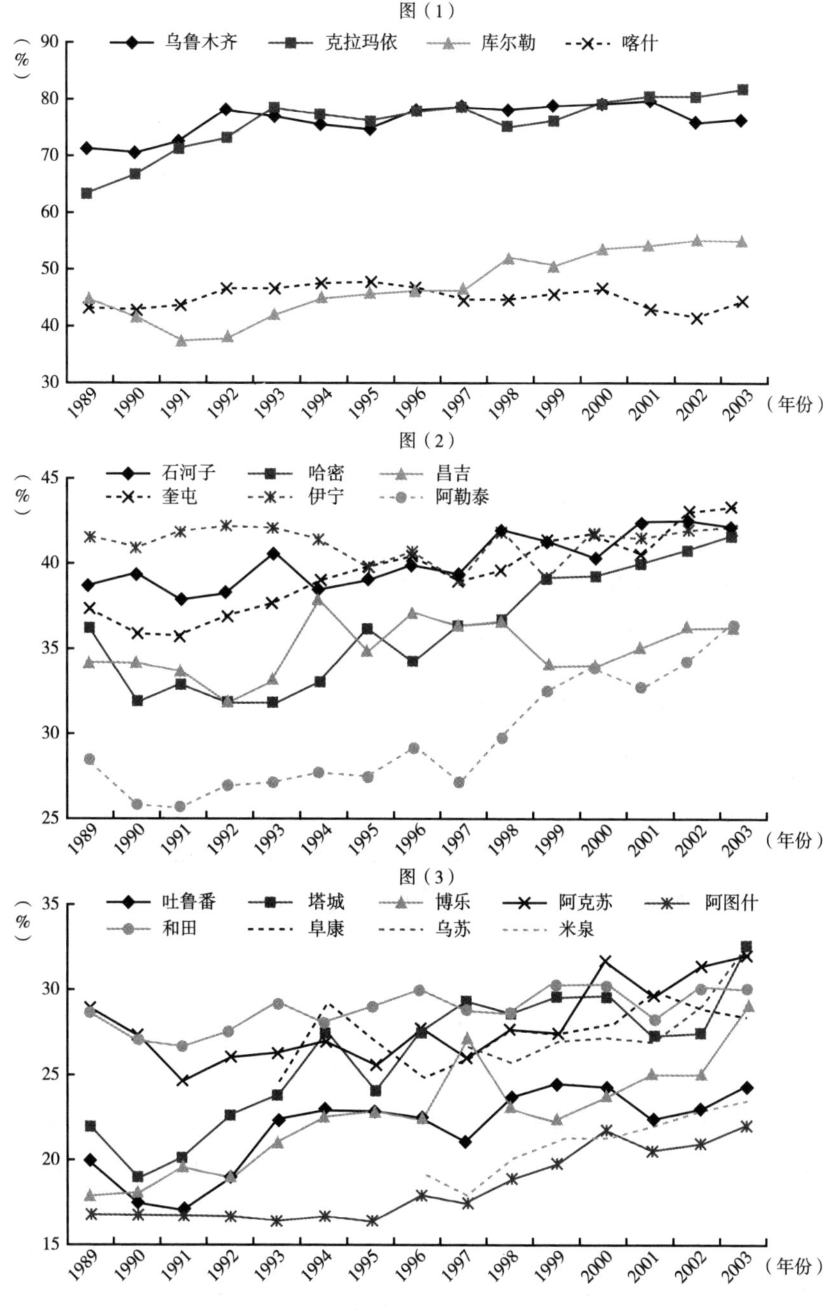


**图 15－2　新疆各地区城市化水平比较图**

资料来源：常春华、熊黑钢、温江《新疆各城市城市化水平比较研究》，《干旱区资源与环境》2007 年第 2 期。

(1) 利用灰色理论和方法建模的分析或预测。例如，史亚琪以灰色系统理论为基础，构建了经济与环境协调评价模型，运用GM (1, 1) 灰色模型预测系统，对未来的城市协调发展状态进行了预测。

(2) 对区域经济与环境协调发展的综合评价。例如，傅朗通过建立区域环境与经济协调发展的评价指标体系，利用系统分析法、层次分析法，对广东省进行了评价。

(3) 关注区域经济增长与环境关系的研究。例如，李国柱从理论上证明了环境库兹涅茨曲线并不是一种必然的规律，证明了经济增长和三大污染物之间不存在协整关系，即使存在，这种关系也不是倒U形的。

(4) 侧重区域协调发展的评价方法研究。例如，袁旭梅构建了区域协调发展的评价指标体系，介绍了模糊分级评价方法，并对天津市经济、资源与环境的协调发展进行了评价。

(5) 关于城市化与生态环境协调发展研究。例如，陈晓红构建了城市化与生态环境协调系统发展的理论体系，探讨了东北地区城市化与生态环境协调系统的作用机制、调控模式及协调对策。

## 二　新疆地区城市化的特点

### (一) 人口规模

在城市化的过程中，人口是最为重要的指标，人口数量的变化直接影响城市化水平，从一定意义上讲城市化即是人口的城市化。从新疆地区的人口总体情况来看，人口基数小，但人口增长速度高于全国平均水平是一直以来的主要特点。

1. 人口结构与分布不均衡

从人口普查资料看，第一次人口普查时（1953年7月1日），新疆总人口为478.36万人，第四次人口普查时（1990年7月1日）新疆人口总数为1515.69万人。在此期间，人口平均年增长率为31.6%，高于全国总人口平均增长率（18.4%）。2010年，第六次全国人口普查显示新疆维吾尔自治区常住人口为2181.3万人。

1980年，新疆地区人口自然增长率为13.6‰，1990年达到18.6‰。由于少数民族计划生育政策的实施，2002年下降为10.9‰，同比增长18.17%。2000～2010年，新疆共增加335.4万人，增长18.17%。

在人口年龄结构上，新疆10～24岁人口数占总人口的35%，表明新疆人口的年龄结构属于典型的增长型结构。

在人口民族结构上，2010 年，新疆汉族人口有 874.6 万人，占总人口的 40.1%，各少数民族人口有 1306.72 万人，占总人口的 59.9%。与 2000 年第五次全国人口普查相比，新疆汉族人口增加了 125.6 万人，增长了 16.77%，各少数民族人口增加了 209.7 万人，增长了 19.12%。

人口在地域分布上呈现出不均衡的态势（见表 15－4），人口向大中城市集聚，一半以上的人口集中在北疆地区，70% 以上的专业人员集中在北疆地区，南疆与产业技术直接相关的科技人员、工程技术人员严重不足。

**表 15－4　2010 年新疆各地人口分布情况**

| 地区 | 人口数 |
| --- | --- |
| 乌鲁木齐市 | 3110280 |
| 克拉玛依市 | 391008 |
| 吐鲁番地区 | 622679 |
| 哈密地区 | 572400 |
| 昌吉回族自治州 | 1428592 |
| 博尔塔拉蒙古自治州 | 443680 |
| 巴音郭楞蒙古自治州 | 1278492 |
| 阿克苏地区 | 2370887 |
| 克孜勒苏柯尔克孜自治州 | 525599 |
| 喀什地区 | 3979362 |
| 和田地区 | 2014365 |
| 伊犁哈萨克自治州 | 2482627 |
| 塔城地区 | 1219212 |
| 阿勒泰地区 | 603280 |
| 自治区直辖县级行政区划 | 770871 |
| 全区合计 | 21813334 |

2. 早期人口城市化水平较高，近期发展速度逐渐放慢

新中国成立以来，新疆城市化水平绝大多数年份居全国前列。1998 年末，市镇总人口占总人口的比重达到 50.1%，城镇非农业人口占总人口的比重达到 30.89%，除北京、天津、上海三个直辖市外，居省区第六位。早期城市化水平的提高主要来自城镇数量的增加。在全疆设市的 19 个城市中，有 7 个是和平解放后至改革开放之前设立的，其他 12 个城市都是在改革开放后设立的。1978～1988 年的 10 年间，新疆新增了 9 个城市，这一时期城镇人口增长率达到 7%，而从 1988 年起至今仅设了 3 个

县级市，城镇人口增长率仅3.1%。

3. 城市发展不平衡，结构不合理

人口最多的乌鲁木齐市，2010年常住人口为311.03万人。新疆有特大城市1个、中等城市5个、小城市及建制镇202个，其中中等城市的非农业人口刚刚超过20万人。与早期不同，新疆的近10年城市结构体系不合理特征日益凸显。

**（二）经济发展**

1. 城市化水平落后于经济发展水平

从近10年的情况看，新疆国民生产总值年均增长速度高达10%左右，而新疆的城市化水平的年均增长速度仅为0.6%。新疆以中小城市为主的特点造成了城市的聚集程度较低，规模效益较差，很难发挥城市的经济文化中心作用。再加上城市自身的结构体系不完善，城市间联系不密切，自然会影响到城市化的发展。

2. 城镇职能类型趋同性强

新疆绝大多数城镇职能专业化特征不突出，多以行政职能为主，高度专业化、工业化的克拉玛依，交通运输专业化的哈密、奎屯、库尔勒等城市有较明显地体现。

新疆的城镇普遍存在着第三产业不发达、资源综合利用差、产业配套发展不力等问题，没有形成较高连带系数的产业链和系列化生产，产品结构单一，附加值不高，难以适应市场的变化。大多数县城和一般建制镇仅仅是为农业人口提供日常生活服务的小区域中心城镇，产业结构单一，缺乏城镇个性和特色。

3. 城镇发展不平衡，产业结构不合理

在新疆，城市及其产业的空间布局在区域上具有集中性。从二、三产业的总体发展情况来看，80%以上的工业企业分布在天山以北地区，占全疆第三产业的60%以上。以乌鲁木齐来说，目前基础设施相对比较完备，交通发达，城市发育十分迅速。但从新疆地区城市整体发展情况来看，工业具有以资源粗加工为主的重型结构特点，对农业和矿产资源的依赖性大，表明新疆处于工业化的起步阶段。

**（三）城市分布**

1. 形成北密南疏的格局

新疆的城市主要分布在北疆、南疆和东疆三个地区。交通干线、盆地边缘以及河谷地带是新疆城市发展的重要空间，城市分布呈串珠状、条带状。北疆、南疆和东疆三个地区之间的城市发展存在很大差距。北疆地区城市分布较为密集，城市数量占全疆的63.3%，已初步形成了特大、中、小等不同等级的城市体系，城市人口占全疆城市总人口的65%，城市经济发展遥遥领先，成为工业化、城镇化的前沿。

相比之下，南疆、东疆两个地区的城市发展则落后许多。这两个地区的城市数量较少，分别占全疆城市总数的26.3%和10.5%，城市人口分别占全疆城市总人口的24.6%和10.4%，两地区之和仍低于北疆。由于城市体系尚未形成，缺乏经济实力雄厚的、可带动区域发展的中心城市，这两个地区城市发展的基础十分薄弱，城市经济效益极低。两地区工业总产值仅占全部城市的17.2%和3.04%。新疆的城市呈现出北多南少，北密南疏的格局。

造成新疆城市分布不均衡、数量少、规模小的主要原因是严酷的自然条件和脆弱的生态环境。在新疆约166万平方千米的土地上，绿洲约7万平方千米。新疆的城市基本上都分布在这些大大小小的绿洲之中。城市的经济活动深受绿洲范围大小的制约，绿洲边界构成了城市辐射波的天然屏障，形成了“绿洲式”的城市分布模式。这种特殊的自然条件制约着城市的数量和人口规模，造成了城市的不平衡分布。

2. 城市间的距离较远

在理论上，城市之间的距离越近，城市之间的引力越大，反之亦然。从乌鲁木齐市到区内各城市的距离最近18公里，最远1509公里，平均距离为540多公里。由此可见，新疆城市之间的引力弱，城市之间的经济、文化交流不畅，这不但制约了城市的发展，也减弱了城市对周围农村地区的辐射力。

### （四）城市建设

1. 城市投资环境普遍较差，基础设施建设的硬环境及软环境都需要极大的改善

与全国绝大多数城镇一样，新疆城市基础设施和社会服务体系不完善，公共服务设施建设亟待加强，城镇生态环境建设亟待改善。随着城市人口规模的不断扩大，城市建成区绿地和空间越来越少，城市环境质量不断下降，牺牲环境来抓短期经济效益的现象时有发生。城市中心区、旧城区超强度开发，环境恶化，特别是一些大中城市中心区人口与建筑过度密集，缺少绿地，居住环境质量下降。市区人流、车流集中，交通拥挤，加重了环境污染。

2. 城市管理落后，投资渠道单一

城市化是人、财、物的聚集过程，其中的难点是资金的聚集，要解决这一难题，最根本的是以市场运作的机制经营城市。市场经济体制下，城乡建设与发展是多元化投资决策和开发建设活动的综合结果，各项建设活动都要接受市场的检验。城市建设的投资主体将呈现多元化的格局，非政府部门的投资意向将成为城市基础设施建设的重要经济要素，政府的投资也正在逐步实现市场化运作。当前新疆的城市建设还没有形成市场运作的机制，在实行土地使用制度改革、面向国际融资和利用外资、实行市政公用设施有偿使用及面向市场筹集城市建设资金等方面还没有取得突破，城市建设的投资主体仍为政府。政府财力有限，而城市建设又需要大量资金。资金缺口比较大，投资严重不足，已成为加快新疆城市化进程中需要解决的一个重要问题。

3. 城市外部自然环境恶劣，城市污染严重

如上所述，新疆的城市处于绿洲之中，绿洲的外部生态环境十分脆弱。除了少数绿洲城市（如伊犁地区、乌鲁木齐市）以外，大部分地区干旱少雨，水资源严重短缺、时空分布严重不均。除了石河子等新兴城市以外，其他城市植被稀少，土地沙化严重，环境容量小，易于受到风沙的侵蚀和人为造成的污染。这些特征决定了新疆城市外部生态环境的脆弱性、不稳定性和累加性，一旦遭受地震、大风等自然灾害和环境破坏，短时间内难以恢复。因此，生态环境问题对新疆城市化提出了一大挑战。

新疆很多城市的地下水质受到了中度污染。由于工业生产与农业生活用水量不断增大，新疆城市地下水位总体呈下降趋势，其中乌鲁木齐等7座城市的地下水持续下降，平均下降幅度为0.06～0.59米。此外，新疆重点城市的空气污染也较为严重，其中，乌鲁木齐市尤为严重，这是新疆城市今后发展必须着力解决的问题。

**（五）城市民族人口结构及居住格局**

新疆是个多民族人口聚集地区。除了汉族人口以外，维吾尔、哈萨克、蒙古、回等多个民族人口世世代代生活在新疆。在城市环境中多民族人口相互来往、交流，在历史与当今社会经济发展进程中形成了独特的生活环境和居住格局，已成为城市化研究的一个重要议题。

1. 乌鲁木齐市与阿克苏市

乌鲁木齐全市常住人口为311.3万人（2010年11月）。汉族人口233.2万人，占总人口的74.91%，各少数民族人口78.1万人，占总人口

的 25.09%。

乌鲁木齐市位于河谷地带。南临天山山脚，北面是沙漠，因此呈现出南北走向的发展态势。地势上南高北低。在民族人口居住格局上形成了“南维北汉”格局。

阿克苏地区常住人口为 237.08 万人（2010 年 11 月），占全疆人口总数的 10.87%，居全疆第 4 位。在阿克苏地区常住人口中，汉族人口为 54.27 万人，占 22.89%，各少数民族人口为 182.81 万人，占 77.11%。总体来看，阿克苏地区呈现出汉族人口比重下降，少数民族人口比重略有提高的特点。与乌鲁木齐一样，以多浪河为界，阿克苏市也呈现出“南维北汉”的民族人口居住格局。

2. *伊宁市*

伊宁市是伊犁哈萨克自治州的首府，位于新疆维吾尔自治区西部，伊犁河谷中部，伊犁河北岸。伊宁市也是多民族聚居地。各族人民在长期的共同生活中文化风俗互相影响、互相吸收，但又各自保持了鲜明浓郁的民族特色。截至 2010 年底，全市总人口 47.1 万人，同比增长 2.7%，其中非农业人口 31.9 万人，占总人口的 67.8%。

全市共有 37 个民族，其中维吾尔族 23.3 万人、汉族 16.4 万人、哈萨克族 2.1 万人、回族 3.5 万人，分别占总人口的 49.4%、34.9%、4.5%和 7.4%。

3. *石河子市*

石河子市区和全垦区的人口分别为 38.01 万人和 64.28 万人（其中八师 63.6 万人），近十年间，石河子市区常住人口年平均增长率为 2.43%，垦区为 0.86%。

在民族人口结构上，石河子市区近十年间汉族人口增加了 7.2 万人，增长了 20.01%，而少数民族人口虽然只增长了 0.91 万人，但增长幅度达到了 42.08%。石河子垦区的情况与石河子市区类似，全垦区汉族人口增加了 4.3 万人，增长了 7.77%，少数民族人口增加了 0.93 万人，增长了 29.02%。石河子市区的少数民族增加人数占全垦区少数民族增长人数的 97.86%。

## 三　城市化与环境、社会协调发展的综合评价

聂春霞、刘晏良、何伦志等人同样在《区域城市化与环境、社会协调发展评价——以新疆为例》一文中也提出了以下几种指标体系和理论

框架，在计算各子系统评价矩阵基础上，计算出新疆城市化与环境、社会协调发展综合评价矩阵（见表15－5）。①

**表15－5　1995～2009年新疆城市化与环境、社会协调发展评价结果**

| 年份 | 1995 | 1996 | 1997 | 1998 | 1999 | 2000 | 2001 | 2002 | 2003 | 2004 | 2005 | 2006 | 2007 | 2008 | 2009 |
|---|---|---|---|---|---|---|---|---|---|---|---|---|---|---|---|
| 等级 | Ⅳ | Ⅳ | Ⅳ | Ⅳ | Ⅲ | Ⅲ | Ⅲ | Ⅲ | Ⅲ | Ⅲ | Ⅲ | Ⅱ | Ⅱ | Ⅱ | Ⅱ |
| 结果 | 轻度失调 | 轻度失调 | 轻度失调 | 轻度失调 | 中度协调 | 中度协调 | 中度协调 | 中度协调 | 中度协调 | 中度协调 | 中度协调 | 良好协调 | 良好协调 | 良好协调 | 良好协调 |

从表15－5中看到，1995～1998年，综合评价结果为轻度失调，1999～2005年综合评价结果为中度协调，2006～2009年综合评价结果为良好协调，1995～2009年新疆城市化与环境、社会呈现日益走上协调、良好发展进程的特点。当然，对此评价结果仍需要做进一步的论证和考察。

## 第五节　新疆地区城市化发展的原动力及前景

通过以上对新疆地区城市化进程的特征及问题的分析，不难看出，虽然新疆城市化在不断发展，但同时一些潜在的问题也在城市化进程中凸显出来，影响了新疆城市化的进一步发展。在这种情况下，如何促进新疆城市化的更进一步发展，以实现提高区域经济社会发展水平和增强区域可持续发展能力，成为目前新疆面临的重要问题。

在一般性意义上，城市化的动力有两种类型，即城市的拉力与农村的推力。一方面，城市集中了大量的资金、工作机会和新的生活方式，工业化大生产效率的不断提高和第三产业的发展也需要更多的人力资源。另一方面，农业生产技术水平的提高使得一部分人必须离开土地，寻求其他生产方式和生活方式。如果说农业生产是城市化的初始动力，那么工业化和市场化是城市发展的根本动力。

民族地区发展的根本动力在于民族地区的生产力。社会发育程度较低的民族地区社会的发展，不仅需要外力的助推，更需要内在的原动力。考察新疆地区城市化进程的未来发展和前景时，应从正确的城市化理论、当

① 聂春霞、刘晏良、何伦志：《区域城市化与环境、社会协调发展评价——以新疆为例》，《中南财经政法大学学报》2011年第4期。

地城市内涵与原动力出发，以经济社会结构调整为主导，充分利用现有地理、历史、文化的有利条件与战略地位，将会看到新疆城市化的美好前景。换言之，新疆地区传统经济、文化、地理条件和历史背景都应成为该地区城市化与社会变迁的原动力。

## 一　新疆地区多元文化与城市化发展

### （一）新疆地区社会文化的多元化条件

社会学对城市化的一个很重要的看法是，城市化是包含价值观念、宗教信仰、伦理道德、社会习俗和生活方式等在内的社会文化的变迁过程。城市向来是一种多元世界，文化多元符合城市形成的基本逻辑，也是城市发展的动力。

新疆的少数民族人口占城市总人口的45.5%，其中和田、喀什、阿图什等城市的少数民族人口占城市总人口的90%以上。这就构成了新疆城市文化的多元性。从一定意义上说，新疆城市化的发展是建立在该地区多民族的社会文化基础之上的，是与其所依赖的社会文化背景密切相联的。

### （二）新疆社会文化多元化的基本特征

（1）传统文化与现代文化并存。在新疆，传统文化与现代文化以既分割又相互覆盖的方式共处，呈现出一种传统与现代交织的状态。

（2）各民族文化并存。新疆各民族在参与社会整体生活时，都保留着本民族的语言、文字、生活方式等，从而表现出自己特有的观念、行为规范和利益。

（3）共享文化与个性文化并存。共同的自然环境、生活方式以及长期的社会交往活动，使各民族文化呈现出相互影响、相互补充、相互融合的趋势。

（4）宗教文化以伊斯兰教为主导。在新疆有62%的人口信仰伊斯兰教。伊斯兰教文化包括了这些民族文化中的哲学、历史、艺术、建筑、医药、天文、历法等精华，伊斯兰教不仅是一种宗教信仰，同时也是一种生活方式，一种维持、管理社会的文化形式。这种宗教文化对新疆城市化发展有着重要的影响。

### （三）多元文化对新疆城市化发展的积极作用

（1）多元文化长期并存、交往、适应，势必培养出一种宽容、团结、互补的对外态度和自省奋进的自我激励精神，有利于促进社会的有机团结。

（2）文化多元化培养出各民族开放性的性格。这种开放性对城市化产生了积极影响，表现在以下三个方面。

第一，对现代文明的接受与吸纳程度有所加强。例如，民族经济不断发展，科技含量大大增加，区域合作、边境贸易也日趋繁荣。

第二，发展文化产业，如旅游业、民族旅游商品业，带来直接的经济效益。

第三，消费观念、消费方式、消费内容的变化。各民族的消费结构从偏重数量的消费向量质兼顾、以质为主的消费需求转变。消费者的总消费支出中，用于满足基本需求以外的娱乐、教育、文化服务性消费支出逐年增加。

（3）在多元文化并存的社会环境里，各种文化无论其影响力强和弱，都能找到自己的活动空间。这种格局不仅有助于活跃思维、丰富生活，也有助于使社会保持开放性。各种文化在相互影响的过程中，有可能融合为一种比较开放的文化，进而促进社会进步。

文化的多元性是文化发展的一种模式。在新疆，一方面多元文化的并存和交融有利于各民族人口之间的相互依存、交流和互动；但另一方面，在文化的交融和沟通不能实现的情况下，文化的多元性很容易引发各民族文化的自闭性，反而成为各民族交流的壁垒。由此，多元文化对城市发展带来丰富的内容和内涵的同时，城市化也为多元文化提供了融合、交流的外部环境，成为多元文化协调发展的基础条件。

## 二　政策的力量与新疆地区城市化发展

1978年以来，伴随着改革开放的不断深入和现代化的迅速推进，中国的城市化进程不断加快，城市化水平由1978年的17.9%提高到2011年末的50%，在统计学意义上，中国已成为“城市化”国家。

中国的城市化发展水平很不平衡，出现了明显的东部与西部之间的地区差别，1998年东部城市化水平为32.7%，西部城市化水平为24.4%。西部落后的城市化水平反映出西部经济和现代化水平的低下。这不仅影响到西部各民族人口的切身利益，而且成为影响整个中国经济发展、社会稳定、民族团结的严峻挑战之一。西部城市化落后的客观现实，要求国家和有关部门在理论上对该区域城市化问题进行深入细致的分析和研究，以便更科学地指导政府决策。

对中国城市化动力机制的理解，可简化为二元理论模式，即“自上而下型”和“自下而上型”。前者指国家（主要由中央政府）有计划投资建设新城市或扩建旧城市以实现乡村向城市转型。后者以乡村集体或个人为投资主体，通过乡村工业化实现乡村城市化。新疆地区的城市化目前仍属“自上而下型”，主要表现如下。

正如格兰诺维特“推拉理论”所阐述的那样，城市化是在来自农村的“推力”和城市的“拉力”这两种力量的合力作用下向前发展的，由于“拉力”和“推力”的作用方向是一致的，因此，二者之间呈良性循环状态。在新中国成立后的30年中，新疆地区来自农村的“推力”很薄弱，城市化发展的动力主要来自城市的“拉力”。但是新疆的这种城市“拉力”，不同于一般的通过中心城市巨大经济能量的辐射扩散而产生的吸引力，在很大程度上是靠外来力量——资金、人才、技术的注入和政策刺激产生的。

新疆城市的发展和兴建深受中央对边境地区建设、国家安全等政策的影响。新中国成立以来，我国采取了均衡的区域发展政策。这种区域平衡发展政策，很大程度上可以说是对西部的倾斜政策。这一时期，中国效仿苏联建立了高度集中的计划经济体制，因而基础性资源配置主要依靠中央指令性计划，借助国家直接投资，通过“自上而下”的行政手段来实现。新疆地区城市的建立和发展正是得益于政府对西部的倾斜政策，在较短的时间内形成了政治中心和经济中心二位一体的城市体系。

**（一）实施重工业为主导的早期工业化战略**

新疆的早期工业化基础主要是在以下三个时期奠定的：1953 年的“一五”外划时期，1958 年的“大跃进”时期和60年代中期的“三线建设”时期。在这三个时期，国家瞄准新疆能源、矿产资源的优势，以及在国防建设中的重要地位，投入了大量的资金。从“一五”到“五五”期间，国家用于新疆基本建设的投资达159.81 亿元，占西部投资比例的9.5%。新疆逐渐形成了以能源、原材料初级产品为主体的重化工业格局。同时，政府资金投向主要集中于城市，是新疆城市兴起与发展的主导推动力量。例如，以石油资源为基础发展起来的克拉玛依市，以加工工业为基础的石河子市和以机械工业为主的乌鲁木齐市，等等。

**（二）以大规模的人口迁入提高新疆城市化水平的中期战略**

为了支援新疆的建设，新中国成立后，国家组织了大批干部、转业军人、知识青年和科技人员进入新疆。新疆是我国人口迁入数量最多的省份之一，曾出现过几次人口迁入的高潮。1949～1953 年进入新疆的部分中国人民解放军部队和起义部队陆续转业，组建了生产建设兵团。之后，北京、天津、武汉、江苏、浙江、湖北、河南、山东等省市33万有一定知识和技术的青壮年入疆。1962～1966年，上海共组织了15万知识青年进入新疆。1949～1984年，国内其他省、区、市迁入新疆的人口统计数总计为306.91万人，推算数为955.65万人，约占新疆总人口数的1/4。大批移民的进入缓和了当时新疆劳动力不足的矛盾，带来了内地先进的技术和文化，使新疆城市人口数量大增。据统计资料显示，1953～1964年新疆城市人口净迁移量为84.63万人，占城市总人口的62.43%，1964～1982年新疆城市人口净迁移量为86.06万人，占城市总人口的32.91%。这就可以解释为什么新中国成立后的30年新疆是城市化水平提高幅度较大的省份之一。

**（三）综合、协调发展的后期“西部大开发”战略**

随着国家政策目标由追求区域平衡转向以效率为主兼顾公平的非均衡发展，在注重调动地方政府积极性的同时，市场调节功能日趋增强。2000年开始，中国政府实施了综合、协调发展的“西部大开发”战略，资源配置由单一指令计划下的国家预算投资转向投资主体的多元化。新疆凭借国家政策条件，利用自身丰富的资源，积极对外开放，大大促进了城市化发展。“在良好的政策环境下，新疆依据实际情况积极开展投资促进工作，不断完善投资软环境，因此在利用FDI工作中取得了一定成绩；外商直接投资规模开始逐年扩大，2000年后的平均规模是254.46万美元，分别比80年代和90年代平均规模扩大89.28万美元和165.87万美元，特别是2004年FDI企业平均规模是348.46万美元，分别比80年代和90年代的平均规模扩大了1.1倍和2.9倍。在亚洲金融危机后，世界经济不景气，各发展中国家争夺外商直接投资日益激烈的情况下，该地区2004年单项规模达到348.46万美元，创2000年以来的新高。到2009年底，新疆外商投资企业平均投资规模超过1000万美元，也创历史新高。”① 在“西部大开发”政策环境及其推进过程中，新疆的城市化动力出现了多元化的发展趋势，以政府为主的单一城市化传统动力开始被多元城市化现代动力替代，这对于新疆城市自我发展能力的增强以及城市化的健康发展，无疑都具有重要意义。

毋庸置疑，政府行为的作用在计划经济时期对新疆城市化发展举足

① 帕丽达·买买提：《外商直接投资与新疆产业发展》，《中国商贸》2011年第9期。

轻重，不可或缺，而且这种政府行为的作用对今后新疆城市化的发展仍将继续起主导作用。与我国东部发达地区城市的发展过程相比，新疆城市化较多的是依靠外部力量发展起来的，而非在工业化或经济发展的基础上逐渐推进的传统或一般的城市化过程。这种城市化过程过多地体现了政府自身的目标，在本质上是政治性的，而非社会性与经济性的，其城市化的发展道路更多地受政府行为左右，而不是受社会经济发展规律的引导。

一个社会发展的最基本动力仍在其主体的内部，而不是外部。在社会主义国家，国家、其他民族能为一个民族地区的发展提供多方面的支援，但受援民族地区的发展要把自力更生和国家以及其他民族的帮助结合起来。

## 第六节　高铁推动的城市化

在城市化进程中，交通对城市聚集以及城市体系的形成和完善始终扮演着重要的角色。工业化、市场化为交通建设提供了技术与条件，交通也对工业化与市场化的进一步深入、升级发展提供了空间与时间动力。具体而言，一方面，交通牵引着城市空间扩展的方向，加强了城市之间的联系，支撑了区域经济的发展；另一方面，城市化进程所带来的人流、物流的增加，城市数量、规模的扩大，为交通体系的进步与发展提供了强劲的动力。特别是在城市集群化发展的阶段，区域城市间人流、物流、信息流等交换量更大、更频繁，城市间的经济联系更为密切，在区域间、区域城市间构建发达的交通大通道，决定了一个国家城市化发展的水平，是关乎经济与社会发展的重大命题。

目前，我国正处于世界上规模最大、速度最快的城市化发展进程中，同时也面临人口众多、耕地匮乏、人均资源短缺和生态环境脆弱等基本国情。这决定了我国在发展城市化的进程中，一方面，必须加快建设现代发达的交通体系，以重点支撑城市集群化的发展，另一方面，必须统筹考虑节能减排、环境保护、节约土地等可持续发展要求。在此发展需求与客观条件下，选择何种交通方式作为未来的优先发展方向，是一个重大战略选择问题。2009 年 8 月，全国人大表决通过的《关于积极应对气候变化的决议》中明确要求，要加快建设低碳型交通体系，创造以低碳排放为特征的新的经济增长点。

## 一　高铁的特点及其优势

在各类交通技术中，轮轨技术具有安全正点、便捷高效和节能环保等比较优势，在世界范围内已被广泛应用于区域间的干线运输和城市中的公共交通，在国土开发、促进区域经济调整与发展、推动城市化进程并改善城市交通状况等诸多方面发挥了重要而积极作用。

在干线运输方面，2008 年，我国铁路运输承担的客运周转量达到 33.53%，货运周转量达到 32.42%，其中煤炭、石油、粮食等国家重点物资运量约占总运量的 90%。在城市轨道交通方面，目前已有北京、上海等 10 个城市开通运营轨道交通，总里程达到 775 公里，到 2008 年底，已获批准的 15 个城市规划在 2015 年前建成 1700 公里的城市轨道交通。

20 世纪 60 年代以来，高速轨道交通方式应运而生，并在欧洲和日本得到迅速发展。高速轮轨技术不仅具有轨道交通的传统优势，而且速度更快（200km/h 以上），运量更大，自动化与智能化程度更高，舒适性更好。高速轮轨技术的发展，改变了城市之间的空间、地域概念，方便了区域之间、城市之间的物资、信息、人才快捷流动，促进了城市分工合作，优化了资源配置与产业对接，成为城市化进程中解决交通问题的发展趋势。

（1）在运输能力方面。高速列车载客量大、速度快、密度高，时速 350 公里/小时高速列车与时速 120 公里/小时的公路大客车相比，前者运输能力是后者的 4.6 倍。根据日本在东海道新干线的统计分析结果，高速铁路的运能约是公路的 5 倍，是航空的 10 倍。

（2）在位移效率方面。从我国城市化发展的总体布局看，邻近城市群或城市圈之间的距离一般不超过 1000 公里；城市群或城市圈的覆盖范围一般不超过 500 公里。在 500 公里的运距范围内，高速列车的运行速度是公路大客车的 3 倍，具有速度优势；在 1000 公里左右的运距范围内，以即将开通的京沪高速铁路为例，北京—上海直达时间 4 小时，旅客“门到门”的出行时间与飞机相当。

（3）在可通达性方面。高速铁路具有较强的环境适应性，即便积雪达到轨面高度列车运行速度仍可保持 200 公里/小时运行，在风速达到 30m/s 时，列车仍能以 120 公里/小时运行；京津城际高速铁路开通一周年，共开行高速列车 42596 列，发送旅客 1870 万人次，相当于北京、天津两大城市一半以上的人口出行，上座率 102%，正点率达到 98%；武广高速铁路开通以来，上座率 86.4%，始发正点率达到 96.5%，终到正点率达到 90.7%。

（4）在可持续发展方面。高速铁路大量节约土地，一般高速铁路的占地是高速公路的 1/3，一条 500km 高速铁路的用地约相当于一个大型机场；我国的高速铁路大量采用全线高架形式，在避免对所经区域空间分割的同时，更加节约土地资源，“以桥代路”每公里减少用地约 45 亩，以京津城际高速铁路为例，仅此一项共节约土地 4590 余亩。高速铁路能耗低、污染小，我国高速列车采用电力牵引的动力分散方式，时速 350 公里的高速列车，每人百公里能耗 5.2 千瓦时，远低于其他交通运输方式。

综合上述分析，在我国的现代交通体系中，航空、铁路、公路、水路等交通方式都有各自的优势。在应对我国城市化进程中所带来的区域间、区域城市间的交通问题挑战，高速铁路具有明显的优势。在我国快速发展的城市化背景与国家提出的低碳经济发展模式要求下，高速铁路将为应对我国城市化进程中的交通问题提供更为积极有效的、可持续的解决方案和手段。

进入 21 世纪以来，为应对人类共同面对的能源短缺、气候变化的严峻挑战，在世界范围内兴起了新一轮高速铁路发展浪潮，欧盟和日本陆续出台了相关战略发展报告与规划，美国也将发展高速铁路列入国家重点发展计划。2009 年 4 月，为落实奥巴马总统提出的“构建达到世界先进水平高速铁路客运网”的建议，美国交通运输部向国会提交了“高速铁路战略规划”（High-Speed Rail Strategic Plan），在规划中明确指出，“为建设更强大的绿色经济，结束对石油能源的依赖，改善全球气候变化，建设适宜居住的紧密联系的城市，高速铁路将是创造性的、行之有效的交通解决方案”。

## 二　高铁对新疆地区城市化的作用

现代“高速铁路”的出现，使得空间和时间大大压缩，对城市之间的连接和互动产生了巨大的影响，催生了城市化的激情。高铁由于其稳定性，不但超越飞机成为长途交通方式，而且最主要的是带动了沿线地区的经济发展。

目前，新疆城市间距离大都较远，城市间引力较弱，经济、文化交流不畅，不但制约了城市的发展，也减弱了对周围农村的辐射力。新疆的城市中北疆经济发展遥遥领先，南疆和东疆发展基础十分薄弱，城市经济效益极低。经济的好坏决定了城市的多少，新疆的城市呈现出明显的“北密南疏”态势，北疆城镇较南疆密集，且规模相对较大。

总之，新疆的地理环境造成了城市的聚集程度较低，规模效益较差，很难发挥城市中心作用，加之城市自身结构体系的不完善，城市间联系不密切，自然会影响到城市化的发展。因此，“高速铁路”的发展一定将为新疆地区的城市化、社会与经济的快速、均衡发展带来新的条件和机遇，将为新疆地区传统经济文化的原动力注入新的“活力”。可想而知，“高速铁路”的发展将会为新疆的社会与经济的发展产生一系列的积极作用和影响力（如图 15－3）。

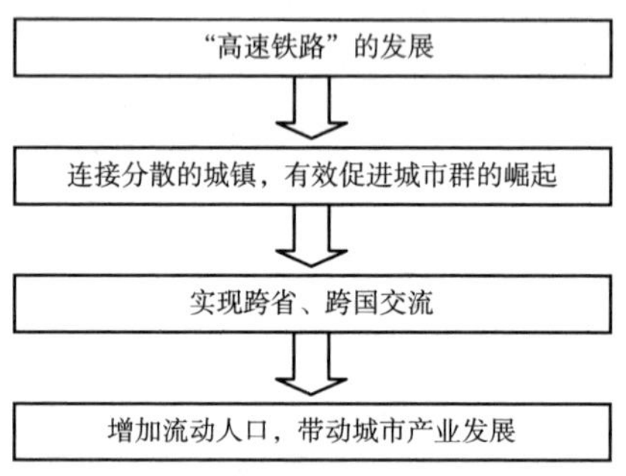


**图 15－3 “高速铁路”作用示意图**

在经济与城市发展过程中交通是不可忽略的核心因素。在新疆地区社会经济与城市发展的重大战略与决策中，必须加快城市建设的脚步，着力解决好城市与经济发展的关系。作为一种新型交通方式，“高速铁路”的运用符合新疆地大物博的自然环境，能够满足经济社会发展的迫切需要。

**（一）连接分散的城镇，有效促进城市群的崛起**

新疆区域内城镇空间总体分布较疏散，绝对密度低，但绿洲相对密度较高，北疆城镇较南疆密集，且规模相对较大。通过对新疆城镇体系的距离矩阵分析发现，新疆城市体系的最短距离为 958.15 公里，通常是我国东南沿海地区的跨省区尺度。乌鲁木齐市到各地州首府城市平均距离为540 多公里。新疆全区平均 1 万平方公里有 0.13 个城市（以 22 个城市计），低于全国平均 0.64 个城市的水平，但按绿洲面积计算，平均 1 万平方公里有 2.65 个城市，几乎是全国平均水平的 4 倍。在如此的地理环境中，“高速铁路”可以直接连接疏散的城镇，缩短城市与城市间的距离，为经济发展提供基础性条件。从新疆的自然地理状况和绿洲经济格局出发，配合增长极战略，新疆可实施交通“网络开发”。实施“网络开发”，就是指在城市相对密集的城市带内大力发展小城镇，以市场为主导，密切城镇联系，加强城乡之间的产业分工与协作，改变产业结构趋同现象，提高新疆县域经济实力，实现小城镇在城市网络中的跨越式发展。

如前所述，新疆城市具有分布不均衡、数量少、规模小等特点。因此，可以提出用“高速铁路”连接塔里木盆地周边城市的规划，推动高铁沿线“城市圈”的形成，进而促进中小城镇的发展，提高和融合新疆各城市之间的互动效果，增强城市辐射力。对此，“高速铁路”有其独特的集聚、扩散效应。

**（二）实现跨省、跨国交流**

新中国成立后，国家不断加强了内地与新疆的联系。1952～1962年建成了开往乌鲁木齐的兰新铁路，1994～1996年增建了双线，成为连接内地和新疆的主要通道。后来不仅在北疆，南疆地区也建立了新的铁路运输网络，大大提高了新疆地区跨省交流水平。未来“高速铁路”的发展（如渝新欧铁路干线）会进一步加强内地与新疆的联系，将为新疆地区城市化建设、社会与经济发展提供更大的动力。

新疆地区“高速铁路”网的建设及其体系的逐步形成，不仅将有效地带动区域经济发展，也将通过庞大的高铁网连接河西走廊、中原和西南，辐射全国，产生“1+1>2”的规模效应，有利于促进西部大开发，促进全国各个区域协调发展，改变大西北与中原、沿海地区之间的互动模式，也将带来城市分布的新格局和国家版图的新意识。

新疆是古代“丝绸之路”的要道，自古以来是通往中亚和欧洲大陆的必经之地，是中国的西大门。在全球性的城市化过程中，新疆的城市化进程与经济社会的发展不仅与国内整体环境有密切关联，也与一衣带水的中亚诸国有割不断的联系，甚至与欧亚大陆经济社会发展、外交关系相连接。

文亚妮、任群罗在《中国新疆与中亚五国城市化水平比较》一文中提出：“根据城镇人口增长时间序列趋势，预计到2015年，中亚五国和中国新疆城镇人口比重都呈明显的上升趋势：哈城镇人口比重最大，可达到60.3%，2020年将达到62.2%；土城镇人口比重增幅处于第二位；中国新疆城镇人口比重增幅处于第三位，2015年将达到45.2%，而2020年预计达到48.8%左右，整体增幅仍不及哈萨克斯坦”①。由此可见，随着中

① 文亚妮、任群罗：《中国新疆与中亚五国城市化水平比较》，《俄罗斯中亚东欧市场》2011年第4期。

亚五国的城市化水平的提高，新疆与这些国家之间的交流和合作可能获得新的发展机遇，为以“高速铁路”连接欧亚大陆的未来“设想”提供了有力支持。

**（三）增加流动人口，带动城市产业发展**

工业化发展到一定程度就会出现一个以第三产业为主要动力的城市化过程。以服务业为主的第三产业是国民经济中最活跃的部门，是城市化的后续推动力。从第三产业内部结构上看，新疆不仅要加大发展传统的批发零售贸易、餐饮业、运输仓储和邮电业，还要借鉴国内外经验，发展以信息咨询、科技服务、金融保险等为主的新兴行业。

从另一角度看，从事第三产业的人口大部分为外来人口，第三产业的发展对外来流动人口的规模和结构具有实质性的影响。新疆地区民族文化十分独特、多样，各民族在语言、饮食、宗教、日常习惯等方面存在一定的差别，形成了特色鲜明的餐饮业和服务业，吸引了区内外大量旅客、观光者和流动人口，同时相继带动了商贸、投资等行业的发展。

“高速铁路”便利的交通条件同样为与原有地域特色相吻合的特色产业提供了强有力的基础条件，强化了在全球化、工业化进程中可能会被弱化的发展特色与功能，如区域旅游业等。新疆地理位置特殊，拥有丰富的旅游资源，旅游业一直是新疆支柱产业之一。“高速铁路”的建设一定会给新疆地区旅游业注入前所未有的生命力，使新疆成为国内外旅客观光、度假的理想地。有学者对新疆地区未来旅游总收入状况进行了预测，“预计到2015年，新疆维吾尔自治区旅游总收入将达到308.19亿元，预计到2025年，新疆维吾尔自治区旅游总收入将达到472.24亿元，而到2050年，新疆维吾尔自治区旅游总收入将达到882.37亿元”①。

从一定意义上说，新疆经济社会战略能否取得成功，在很大程度上取决于新疆城市化是否能够顺利推进。我们应该清醒地认识到城市化在新疆及中国西部发展中的重要地位和作用，根据西部城市化的基本特征制定出有效可行的发展对策，选择适宜的城市化道路，促进整个西部及欧亚大陆的协调发展。

毋庸置疑，当前新疆地区城市化所面临的问题十分严峻、复杂，涵盖

---

① 李莹子、焦黎：《浅析新疆城市化水平对旅游收入的影响》，《皖西学院学报》2011年第4期。

着经济发展、文化变迁、历史背景、地理位置以及民族关系等诸多方面的内容。然而将这一区域的城市化汇入势不可挡并且日渐加快的世界城市化潮流，纳入欧亚大陆共同发展的新规划中，其发展前景是光明的。西部的城市化优势与劣势并存，机遇与挑战同在，新疆城市化、社会与经济的协调、健康发展任重道远。

# 第十六章　新一轮对口支援新疆与国家向西开放战略

2010年3月30日，全国对口支援新疆工作会议在北京闭幕，会议提出了由中央政府动员、组织，国内发达和较发达地区的19个省市和中央政府各个部门对口支援新疆的决策。这是中央政府从1949年以来组织的举全国之力推动和促进新疆现代化发展规模最大的一次制度性举措。在同年5月召开的新疆工作座谈会上，中央再一次从政治、体制、组织和政策上确定了对口支援新疆的机制。2012年至今，19个省市、中央部门和央企，在中央政府的统一领导下，建立起了人才、技术、资金、项目和管理等方面援助新疆的有效机制。一大批援疆项目的实施和完工，改善了新疆多年来在民生和社会发展方面积存的问题，在帮助新疆各民族人民解决就业、教育、住房和医疗卫生条件改善等基本问题上，取得了令人瞩目的成就。同时，一大批以帮助、推动新疆产业发展为目标的项目的实施，使新疆维吾尔自治区党委、政府确定的“新型工业化、农牧业现代化、新型城镇化的‘三化’战略”得到了强大的资金、技术支持，明显加快了新疆新型工业化发展速度，提高了城镇化水平。中央政府主导的对口支援新疆的政治、经济目标，正在逐步地得到落实和实现。新一轮援疆获得了新疆多民族社会广泛的好评，同时也提高了地方政府主导发展的能力和施政公信度。

本章并非是对国家主导的对口支援新疆的模式进行全方位的研究，而是从援疆与国家向西开发的战略实施的角度，利用在新疆有关重点地区调查所获得的资料，提出一些问题，并在此基础上，提出相应的对策建议。①

---

① 本报告使用的涉及新一轮援疆的资料来自新疆维吾尔自治区发展和改革委员会网站·援疆网和课题组成员调查获得的资料。

## 第一节　新疆地缘区位、资源

新疆维吾尔自治区位于中国西北部，地处欧亚大陆中心，是中国从陆地上连接中亚、西亚、南亚以及欧洲的最重要的门户。新疆面积166多万平方公里，约占全国面积的1/6，是我国面积最大的一个省份。在中国版图上，新疆东部连接甘肃、青海两省，南部连接西藏自治区。在世界版图上，新疆与8个国家为邻，东北部与蒙古国毗邻，北部同俄罗斯联邦接壤，西北部及西部分别与哈萨克斯坦、吉尔吉斯斯坦、塔吉克斯坦接壤，西南部与阿富汗、巴基斯坦和印度相邻，边境线长5400多公里，是我国边境线最长、对外口岸最多的一个省份。

新疆是中国重要的自然资源富集地区。新疆可用于农林牧业的土地面积约10.27亿亩，占总面积的41.2%。其中，宜农可垦土地1.4亿亩（北疆占55.2%，南疆占44.8%），现有耕地4600万亩，人均占有耕地2.91亩，为全国人均水平的2倍多，可开垦宜农荒地7300万亩，占全国可开垦荒地面积的13.8%。新疆是全国三大牧区之一，有可利用草地面积56亿亩，仅次于内蒙古、西藏，居全国第3位。

新疆矿产资源种类多，蕴藏量大。全国已发现的162个矿种中，新疆有122种。有60种矿产资源已探明了储量，其中燃料矿产4种，金属矿产27种，非金属矿产35种。新疆矿产资源有6种在国家矿产储量表中居首位，有8种居第二位，有2种居第三位，有7种居第四位，有3种居第五位，有3种居第六位，有3种居第十位。此外，盐、钒、钦、铜、铁、金等都有较高的储量。截至2011年，新疆预测石油资源储量达到209.22亿吨，占全国陆上石油资源总量的25.45%；预测天然气资源储量达到10.79万亿立方米，占全国陆上天然气资源总量的28%；煤炭预测储量2.19万亿吨，占全国预测储量的四成以上。新疆是中国能源资源最富集的地区之一，也是国家能源资源战略接替地区。

新疆历史上曾是欧亚大陆交通和文明交往的重要通道，也是连接古代东西方文明的著名的“丝绸之路”最主要的地区，新疆历史发展呈现出鲜明的多民族并存与融合、多种文化兼容与并蓄的特色。

进入21世纪的新疆，在中国全方位的对外开放战略中的位置越来越重要，如果说20世纪50年代到80年代，由于当时国际国内局势的制约，新疆处于中国的“后院”，这种地缘位置使它的发展受到极大的制约，到了20世纪最后10年，也是由于国际国内局势的变化，新疆成为中国重点发展地区和向西开放的最重要的门户。新疆实现了由封闭、半封闭向全方位开放的历史性转变。到2008年，新疆有国家批准的一类口岸17个，自治区批准的二类口岸12个，辐射周边十几个国家。

## 第二节　历史上的援疆回顾

1949年新疆和平解放，1955年10月1日新疆维吾尔自治区成立。从那时起，中央政府基于新疆社会经济文化发展与内地的差距，开始了可以称之为“援疆”的国家行为。

### 一　第一轮援疆（新中国成立初期至1995年）

20世纪50年代初，新疆没有现代意义上的工业，新疆工业发展水平低下，主要以传统手工业为主。国家为了帮助新疆建立初步的现代工业体系，从内地，特别是工业比较发达的上海、江苏、湖北、山东、北京等地，整体向新疆迁来了一批工厂和技术人员，建立起了新疆的钢铁、能源、电子、纺织、机械、化工工业体系及其他与人民群众生活密切相关的轻工业体系。在新疆，特别是在乌鲁木齐及其周边阿克苏地区、喀什地区、阿勒泰地区建设起了一批现代工矿企业，初步形成了新疆现代工业体系。新疆天山南北相继建立了钢铁、机器制造等颇具规模的重工企业，并建立了国家重点能源基地克拉玛依油田。到1957年，新疆全区工业总产值为4.75亿元，比1952年增长158.4%，原煤产量为111.75万吨，原油产量为9.54万吨，发电量为0.81亿千瓦/小时，钢产量达到1.46万吨，成品钢材产量为1.44万吨。这个时期的“援疆”，除了帮助新疆建立起了一个基础性的现代工业体系雏形外，更为重要的是培养了新疆历史上第一批少数民族产业工人和技术人员，这是新疆在现代化建设中迈出的极其重要的一步。与此同时，新疆传统手工业经过社会主义改造，也成为新疆轻工业体系的主要组成部分。

20世纪50年代中后期，国家根据新疆专业技术人员极度匮乏的情况，启动了大规模的人力资源支边和为新疆培养本土专业技术人员的工作。从内地调来了大批大学教师、科研人员和工程技术人员，参与新疆的经济、文化教育、科学技术事业发展；组织大批中等学校毕业的学生，作为支边青年，来到新疆，成为当时新疆农村和刚组建不久的兵团发展的有生力量，参与新疆的经济、文化教育科研之中；采取特殊政策，组织大批新疆少数民族青年到内地高等学校和苏联的高校学习，为新疆培养了第一批具备现代科学技术、教育能力、医疗卫生知识和技能的本土少数民族人员。上述三项重大援疆举措，也使新疆在20世纪50年代建设起了第一批高等院校（新疆大学、新疆医学院、新疆八一农学院、新疆医学院等）和科研机构（中国科学院新疆分院、新疆农业科学研究所等），为同时期和其后新疆社会、经济、科学技术和文化教育事业的发展奠定了基础，发挥了巨大的作用。

在20世纪80年代中国改革开放的大潮中，国家经济改革的发展使原来建立起来的以公有经济为主体、集体经济为辅的计划经济体系受到了极大的冲击。新疆地区的大多数国有中小型工业企业由于体制、技术水平和市场的原因，陷入极大的困境之中。地方国营和集体企业大批破产、倒闭成为那个时候新疆各地社会经济生活中常见的现象，特别是地区和县一级的地方国营工业企业，几乎“全军覆没”。据不完全统计，在20世纪80、90年代破产和倒闭的地方国营企业占当时新疆同类企业总数的90%～95%。值得注意的是，在50年代末期至70年代末期形成的新疆本土少数民族产业工人队伍，在这个过程中近乎“解体”，绝大多数少数民族工人下岗。在后来得到高速发展的中央企业中，少数民族技术人员和工人人数比例非常之小，这两项是新疆民族社会产生“发展不平等机会”抱怨的重要起因之一。

## 二　第二轮援疆（1996～2009年）

20世纪末期，随着国家“西部大开发战略”的实施，中央政府又启动了历史上第二次由国家主导的援疆举措。1996年，中央做出开展援疆工作的重大战略决策。1997年2月，由北京、天津、上海、山东、江苏、浙江、江西、河南8省市和中央及国家有关部委选派到新疆工作的首批200多名援疆干部陆续抵疆。

这一轮援疆与上一轮不同，“援疆”的目标是为了实施国家确定的新疆经济发展总体战略，是从当时新疆社会出现一系列复杂的问题实际情况出发。

从经济发展来讲，援疆工作主要是围绕把新疆建设成国家的能源战略接替基地和新型工业发展基地的设想展开的。“七五”时期（1986～1990年），新疆第一次提出了“三大基地”计划，即初步建立经济作物基地、畜产品基地、石油和能源基地。从“八五”（1991～1995年）到“九五”

（1996～2000年）期间，最后确定为六大基地：石油和石油化工基地、棉花基地、粮食基地、畜产品基地、优质瓜果基地、糖料基地。

“九五”计划（1996～2000年）起步时，新疆进一步突出了以“一白（棉花）一黑（石油）”为重点的优势资源转换战略，提出要把新疆建设成全国最大的优质棉花生产基地、西北最大的优质纱布生产基地和全国重要的石油和石油化工基地。

“十五”期末，在新的形势下，新疆提出了进一步实施优势资源转化战略，加快推进新型工业化发展，重点发展油、煤、矿、特色产业及适度发展高新技术等五大支柱产业的战略转型的目标。

在这个时期，资源型发展战略并没有对新疆各个民族人们的民生改善起到原来预期的作用，相反，新疆与内地发达地区之间，经济发展的差距进一步拉大，人民收入水平的差距更加拉大，南疆地区贫困状态没有根本的改观。境内外分裂新疆的势力利用这些问题，不断挑起各种事端，制造了一系列暴力恐怖事件，对新疆的社会经济发展、社会稳定造成了巨大的威胁。

第二轮援疆过程中，从中央政府到参与援疆的省市，都把对新疆的扶贫和改善民生作为了重点，通过各类项目资金和人力投入，组织实施了一批扶贫、改善民生、促进教育和文化发展的项目。从1995～2008年的13年中，各援助省市和中央及有关单位累计向新疆无偿援助资金物资折合人民币43亿元，实施合作项目1200多个，到位资金250亿元。

20世纪末由中央政府启动、组织和实施的对口支援新疆举措，一方面加快了新疆的现代化进程，从资金、技术和人力资源等几个方面为新疆的社会经济发展提供了重要的帮助；另一方面，由于各种复杂的原因，包括援疆制度的不健全、援疆项目与地方社会需求和接受有差距、一些项目设计不合理、援疆的方式缺乏对当地社会文化特征的考虑等，并没有从根本上改变新疆社会经济发展滞后、社会矛盾积聚、人民群众收入和生活水平与内地差距继续拉大的状态。

## 第三节 第三轮援疆与新疆发展

2010年3月30日，全国对口支援新疆工作会议召开。5月29日，中共中央、国务院召开新疆工作座谈会，确立了举全国之力对口支援新疆的决策，国家和19个内地省市开始了第三次援疆。这一次援疆无论是从规模、内涵、影响的范围来看，还是从受援对象来看，在国家60年来的援疆历史上都是空前的。

这一次援疆决策，是新形势下中央新疆工作总体部署的重要组成部分，除了政治意义外，从提升新疆社会经济发展的能力和水平来看，具有推动新疆实现跨越式发展的积极意义。

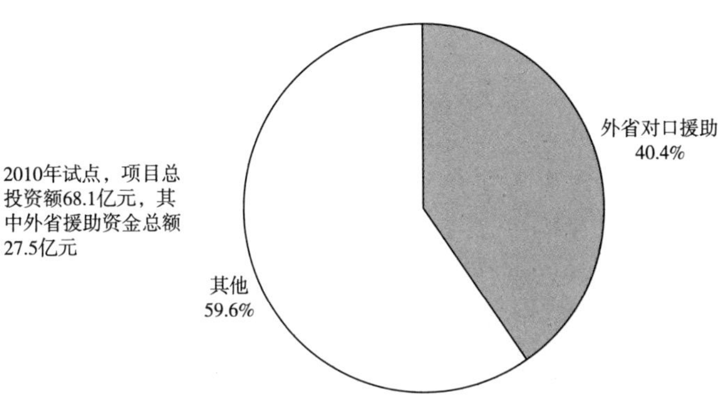


**图16－1　2010年试点项目对口援疆资金比重**

资料来源：新疆维吾尔自治区地图集编纂委员会《新疆资源经济地图》，中国地图出版社，2012。

## 一　民生问题成为重点

中央确定了新一轮援疆的总方针、首要目标和重点任务，指出，“十二五”期间，对口援疆工作要坚持“统筹兼顾、突出重点，全面支持、民生优先，科学规划、有序推进，加强协作、促进互利”的原则，以保障和改善民生为首要目标，以增强自我发展能力为重点任务，以对口援疆建设规划为引导，重点实施好农村安居、农民致富、双语教育、产业园区建设、人才干部五大工程。要求民生工程建设要坚持高起点、高水平、高效益，因地制宜、顺应民意、加快实施，尽快让受援地群众得到实惠。

同时，新一轮援疆决策明确提出，要充分发挥援疆省市的优势，以产业聚集园区为平台，加快优势产业向受援地区转移。坚持“引进来”与“走出去”相结合，通过双向挂职、两地培训和支教、支医、支农等方式，加快为受援地区培养一批紧缺人才。新一轮援疆决策提出的具体目标是，力争在5年内，使新疆特别是南疆地区经济发展明显加快、各族群众生活明显改善、城乡面貌明显改观、公共服务水平明显提高、基层组织建设明显加强。与历次援疆明显不同的是，新一轮援疆把解决新疆过去在民生问题上的“欠账”，改善农村地区，特别是南疆农村地区的民生作为最紧迫和最重要的问题。这个决策在新疆受到了非常高的评价。

乌鲁木齐一位维吾尔族学者认为：

> 过去国家在新疆兴建的一批批工业企业及新垦区，新城镇总伴随着东部大量人口的移入，几乎没有吸收当地少数民族劳动人口。而与此同时没有能够或忽视少数民族聚居的老城镇和乡村的各项投入。在制订地区发展计划，预算分配方面和资源使用等方面，新疆少数民族处于被边缘化的实际不平等的态势。某种意义上讲，新疆少数民族没有很好地分享新疆经济发展的果实。新疆实施的名目繁多的发展计划，实质上不完全是出于新疆经济发展的需要。新疆社会现在存在许多矛盾，过去我们总是从“稳定”上找原因，这是问题的一个方面，但是由于积累了那么多的民生问题，但是在过去没有看到或是忽略了。这一次援疆，中央和各个援疆省市把解决民生问题放在了第一位。我认为是非常正确的，民生问题得到解决，老百姓就认为政府是为他们服务的，人们的生活安定了，后顾之忧越来越少，老百姓就会拥护政府，这样那些搞煽动搞破坏的坏人就在老百姓中失去了影响。所以我觉得这次援疆把改善民生放在最重要的位置是抓住了根本。

喀什市一位退休多年的维吾尔族老干部一直关心着这个城市的发展，也对前些年出现的暴力恐怖事件非常担忧，他认为：

> 过去喀什发展不快，老百姓怨言很多，主要是生活中问题积存得太多了，老百姓困难很多。过去地方政府也想做些事，解决一些问题，但是没有资金，国家的项目也很少，前些年国家加大了对南疆发展的投入，搞了一些项目，但是有些项目设计不合理，也没有与当地社会协商，项目执行的人不得力，搞出来的企业不注意吸收当地人员，结果钱花了，效果不明显，反而引起当地老百姓的怨言。这一次国家看到了问题，援疆的上海、山东和广东，带来的项目第一批基本上都是为了解决常年积存的民生问题，我周围的老人们说，看来这一

次国家是真想解决问题了，是真想为喀什人民做点实际的事了，大家都认为是好事，我们很高兴，孩子们有了工作，学校条件也好了，家里面的人也不为他们发愁了，这样的事谁不拥护？

阿克苏地区柯坪县是一个国家级贫困县，农村人口的收入低，住房、教育、医疗条件和基础设施比较落后。过去县财政收入主要用于支付吃财政饭的人头工资，地方经济发展投入主要靠国家和自治区的拨款。柯坪县生态环境条件差，老百姓常年饮用硫酸盐及氯化物超标、达不到饮水安全标准的水，导致地方病发病率一直处于高发态势。家住玉尔其乡玉拉拉村的一位维吾尔族农民说：

政府每年为了提高我们的收入，都要搞一些新东西，这些东西我们没有见过，也不知道行不行，但是乡里、村里压着我们干，由于技术不过关，没有经验，今年种这个，不行，明年又要我们种那个，折腾来折腾去，我们的收入增加很慢。我们这里水质很差，很多人为此得了病，过去政府一直解决不了这个问题。这一次来援疆的浙江湖州市的，来了没多久就做了两件事，一是开启以盖孜力乡、玉尔其乡和柯坪镇为主的“两乡一镇人饮用水改建工程”，与县政府联合出资1300多万元实施该项目，以彻底解决项目区16个村20494人的饮水安全问题。这个事我们盼了多年了，这次有希望了，改水后自来水通到村里的时候，我想，“活了大半辈子了，喝了几十年的盐碱水，真没想到现在能像城里人一样喝上干净卫生的自来水”。二是这些年政府动员我们种大枣，但是我们的技术不行，湖州的干部群众捐款1500万元，帮我们发展红枣种植业，红枣播种、嫁接、施肥和技术服务全靠湖州支援，这样我们种的红枣的产量和品质也会比以前好，农民的收入也增加了，这些都让我们看到，国家这一次援疆是为我们解决问题的，帮助我们发展的。

当地社会的这些看法可以从2010年后援疆各个省市投入的项目和资金去向得到进一步的证实。如表16－1和表16－2所显示的援疆试点项目以及完工的项目，这些项目涉及公共基础设施建设和规划建设、提高新疆经济与就业水平的项目，如工贸园区、农业示范园区和水利项目等，也有大额援助的关涉当地居民民生生活的项目，如房屋建设、教育卫生等项目。这表明国家对新疆的援助建设更多的指向了改善民生和提高新疆的经济与社会全方位的发展目标。

**表16－1　2010年援疆试点项目分类**

| 2010年对口援疆启动项目情况 | | | 2010年试点项目完工情况 | | |
|---|---|---|---|---|---|
| 项目 | 数量（个） | 援助资金（亿元） | 项目 | 数量（个） | 援助资金（亿元） |
| 城镇基础设施 | 9 | 2.4 | 城镇基础设施 | 3 | 0.6 |
| 房屋建设 | 30 | 5.98 | 房屋建设 | 24 | 5.32 |
| 工贸园区 | 23 | 2.19 | 工贸园区 | 12 | 0.21 |
| 农业示范园区 | 26 | 2.26 | 农业示范园区 | 9 | 0.88 |
| 教育卫生 | 44 | 8.5 | 教育卫生 | 14 | 3.76 |
| 水利项目 | 6 | 0.76 | 水利项目 | 2 | 0.1 |
| 政府公益 | 14 | 2.19 | 政府公益 | 2 | 0.74 |
| 规划建设 | 2 | 0.1 | 新农村建设项目 | 13 | 0.86 |
| 合　计 | 154 | 24.38 | 合　计 | 79 | 12.47 |
| 其中民生项目89个，援助资金17.64亿元 | | | 其中民生项目56个，援助资金10.64亿元 | | |

资料来源：http://www.xjdrc.gov.cn/copy_1_copy_10_second.jsp?urltype=news.NewsContentUrl&wbtreeid=10445&wbnewsid=3468。

**表16－2　2010年援疆完工项目**

| 对口省市 | 计划安排项目（个） | 已开工（个） | 开工率（%） | 计划援助资金（亿元） | 已到位（亿元） | 到位率（%） |
|---|---|---|---|---|---|---|
| 江苏省对口支援伊犁州 | 176 | 159 | 90.3 | 16.9 | 3.25 | 19.2 |
| 辽宁省对口支援塔城地区 | 55 | 47 | 85.5 | 8.9 | 1.4 | 15.9 |
| 吉林省、黑龙江省对口支援阿勒泰地区 | 64 | 37 | 57.8 | 2.2 | 0.3 | 14.4 |
| 湖北省对口支援博州 | 35 | 17 | 48.6 | 1.5 | 0.16 | 10.7 |
| 福建省、山西省对口支援昌吉州 | 57 | 50 | 87.7 | 4.9 | 0.8 | 50 |
| 湖南省对口支援吐鲁番地区 | 43 | 20 | 47 | 2.36 | 0.02 | 0.8 |
| 河南省对口支援哈密地区 | 50 | 39 | 78 | 4 | 1.6 | 40.1 |
| 河北省对口支援巴州 | 17 | 12 | 71 | 4.36 | 1.38 | 31.6 |
| 浙江省对口支援阿克苏地区 | 123 | 91 | 74 | 14.1 | 3.8 | 26.9 |
| 江苏省、江西省对口支援克州 | 63 | 51 | 81 | 6.14 | 4.18 | 68.2 |
| 上海市、山东省、广东省、深圳市对口支援喀什地区 | 287 | 209 | 72.8 | 47.3 | 16 | 33.8 |
| 北京市、天津市、安徽省对口支援和田地区 | 213 | 60 | 28 | 28.7 | 5.5 | 19 |

注：根据新疆维吾尔自治区援疆办提供的资料，截至2011年5月20日，第一批试点项目已完工87个，占试点项目总数的50.3%。

资料来源：新疆维吾尔自治区地图集编纂委员会编著《新疆维吾尔自治区资源经济地图集》，中国地图出版社，2012。

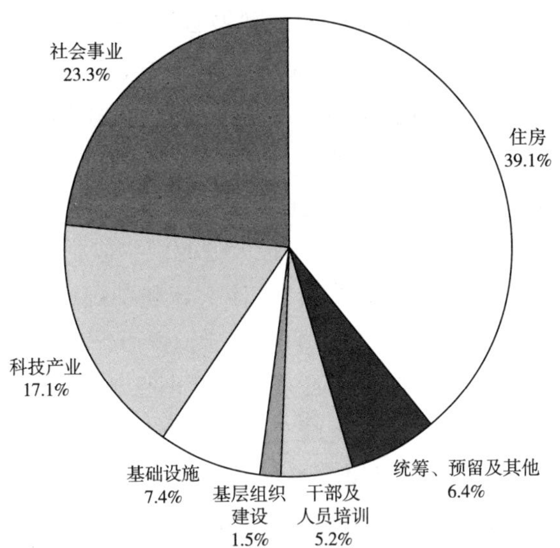


2011年到2015年的5年援疆规划总计援助金额约653.6亿元（包括兵团），其中援助地方资金约569.5亿元。

援助资金主要用于住房、社会事业、科技产业、基础设施、基层组织建设、干部及人员培训、统筹、预留及其他等方面。

**图 16－2　“十二五”援疆规划援助资金投资方向**

资料来源：新疆维吾尔自治区地图集编纂委员会编著《新疆维吾尔自治区资源经济地图集》，中国地图出版社，2012。

随着这些试点项目建设的不断推进，当地各族群众真切看到了援疆工程带来的实惠。比如，由天津市援建的策勒县安居富民工程示范区，使471 户村民告别了过去的土坯房，住进了宽敞明亮的安居富民房；还为每家每户建设了一个暖圈用来饲养牲畜，配套一个 3 分地的蔬菜大棚，实现了每家至少 1 人就业。由江苏省援建的伊宁县整乡推进安居富民工程，使1819 户农民住进了面积 80 平方米、功能齐全的新房。

## 二　改善基础设施，提升新疆产业发展能力

近年来，在国家大力支持和不断增加的投入推动下，新疆的基础设施建设方面已经取得巨大进步。到 2007 年底，全区公路总里程 14.52 万公里，已形成了以乌鲁木齐为中心，东联甘肃、青海，西出中亚、西亚各国，南通西藏的公路交通运输网；全区民用运输机场 13 个，航线 153 条，形成了连接国内 52 个大中城市和国外 43 个城市的空运网；油气管道总里程 6793 公里，成为国家陆上能源安全大通道的重要组成部分。到 2007 年

末，新疆固定电话用户696.20万户，普及率为33.7部/百人；移动电话用户808.30万户，普及率为39.4部/百人；互联网用户157.80万户，以光缆为主、数字微波和卫星通信为辅的现代化传输网络已经覆盖天山南北。

在2010年前10年中，国家和新疆在基础设施建设方面投入的巨资，使全区的基础设施建设方面已经有了很大的改观，但是由于过去在基础设施投入不足以及布局不合理的问题，总体上新疆基础设施依然比较薄弱，特别是在南疆地区直接关系到民生的基础建设方面，更是如此。

2010年中央新疆工作座谈会召开以来，中央政府加大了对新疆基础设施建设的投入。仅2010年，新疆全社会固定资产投资完成3539亿元，同比增长25.2%，新增投资700多亿元；重点项目完成投资1200多亿元，42个重点项目建成投产，32个重点项目开工建设，是新中国成立以来投资额最多、成效最大的一年。全年落实国家基建补助投资359.1亿元，比上年增加139亿元，也是历年来最多的。

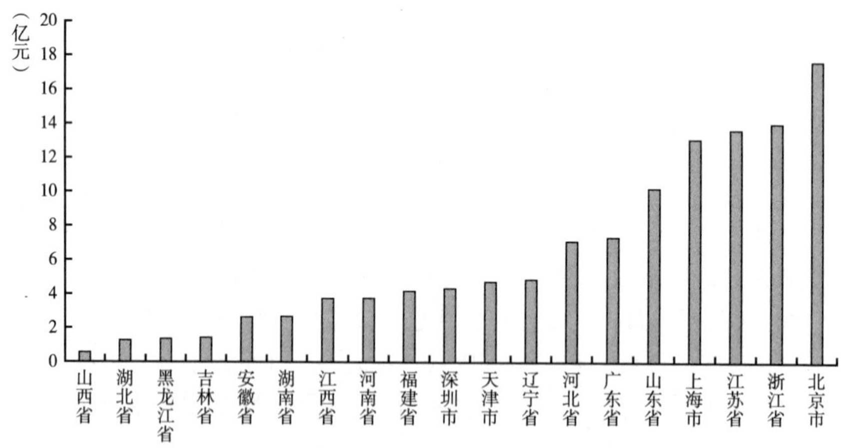


**图16-3　2010~2011年十九省市援疆地方项目累计援助资金**

注：本图数据不包含生产建设兵团。

资料来源：新疆维吾尔自治区地图集编纂委员会编著《新疆维吾尔自治区资源经济地图集》，中国地图出版社，2012。

在新一轮援疆中，无论是承担援疆的19个省市，还是国家有关部门，都把“输血”作为援疆的重点之一，在改善新疆基础设施和提升产业发展能力方面投入了大量的资金和技术。

以北京市援疆项目为例，2011年北京市通过资本金注入方式，搭建园区投融资平台，投入5000万元支持工业园区、物流园区基础设施建设，预计带动资金1.5亿元以上；安排2.3亿元资金，大力推进特色种植、高效节水、防沙治沙、农产品加工、维药加工、地毯丝绸编织等产业援疆项目33项；实施援建5027个大棚带动当地就业增收；组织举办和田玉枣进京等活动，提升了当地特色农产品的市场影响力；积极吸引在京企业进驻和田。初步统计，2011年北京市为新疆引进企业16家，计划投资19.9亿元，完成投资达到7.8亿元。

再以江苏省产业援疆为例，从理念到资金，新一轮援疆启动以来，江苏与新疆两省区达成投资协议总额近2000亿元、项目150多个（不含两省区清洁能源合作项目），走在全国援疆19个省（市）前列。徐矿、雨润、苏宁、徐工、南京医药等江苏一批知名大企业落户新疆，为新疆经济注入强劲活力。

新一轮对口援疆工作开展以来，产业援疆成为重要的内容，19个援疆省市结合受援地州资源禀赋、地缘优势和实际情况，充分发挥技术、资金、人才、管理等优势，广泛深入推进产业援疆。各援疆省市国有企业在产业援疆中发挥了引领带动作用。在“中央企业产业援疆推介会”上，国务院国资委主任王勇宣布，“十二五”期间，中央企业在新疆的投资规模将超过1万亿元，这相当于“十一五”期间的2倍多。2011年，中央企业产业援疆推介会上，33家央企与自治区、兵团签订88个合作协议，概算投资7000多亿元，根据项目需要，目前概算投资总额已追加到10510亿元。截至2012年6月底，中央企业在疆投资已完成1840多亿元，“十二五”期间，中央企业计划在疆投资将超过1.5万亿元。截至目前，各援疆省市在受援地州产业援疆项目已达1101个，已开工项目664个，计划投资5000亿元以上，实际完成投资357亿元。其中，各援疆省市国资系统在受援地州产业援疆项目共51个，已开工项目29个，计划投资2544亿元，实际完成投资104亿元。

据新疆维吾尔自治区国资委统计，截至2010年底，有44户中央企业参与新疆石油石化、煤炭、电力、冶金、建材等行业的投资开发，资产总额达到5739亿元。目前，中央企业对新疆工业增加值的贡献率超过70%，在当地经济发展格局中发挥着“顶梁柱”的作用。

## 三　大力提高新疆人力资源素质

第三轮对口支援新疆决策实施以来，中央政府及有关部门、19个省市及下属有关部门，把提高新疆人力资源、为新疆培训高水平的各类人才作为援疆的重要举措，开展了各种类型和层次的培训活动。

从20世纪90年代中期开始，新疆大中专毕业生就业形势一直十分严峻，少数民族大中专毕业生的就业问题更加严重。据2010年的一项调查，到2010年初，新疆有7.5万名2002年以来的高校毕业生尚未就业，其中全日制本科毕业生1.8万人，少数民族毕业生占80%以上。在南疆三地州，每年因为各种原因不能进入高一级学校学习的少数民族初中毕业生人数占当年初中毕业生总数的70%左右，每年积存在社会中的这一类初中毕业生有60万~70万人之多。

同时，由于新疆教育，特别是高等学校教育中存在的问题，少数民族毕业生整体素质不能适应社会的需要，他们在就业时遇到的困难要比汉族学生多。大批毕业生未能实现就业成为新疆严重的社会问题之一，也成为各民族家长们心头挥之不去的阴影。在这种就业状况的影响下，少数民族社会群众对教育失去了信心，一些地区出现了中小学入学率下降和学生辍学的现象。

第三轮援疆实施以来，新疆利用对口援疆渠道组织，实施了多项旨在提高人力资源素质和技能的项目，主要有：

——通过援疆省市对口支援，把建设职业培训机构、强化职业培训作为援疆的一项重要工作，在新疆14个地州和近70个县建设了职业学校、职业培训中心，并且按照高标准配备了相关的设施。

——各个对口援疆省市及其所属地区，派出职业培训教师赴对口支援地点从事教学工作和指导当地的职业教育。

——帮助对口支援的地州市、县制定了职业培训的规划。这些规划大都从当地产业发展和民生改善的实际需要出发，做到了有的放矢、实用为主。

——在国家有关部门的协调下，新疆与对口援疆的省市共同实施了“新疆高校毕业生赴援疆省市培养计划”。从2011年开始，用两年时间分批选派了2002年以来的2.2万名未就业普通高校全日制本科毕业生赴19个援疆省市培养锻炼。目前，第一批选派培训人员已经回到新疆参加了工作。

——中央有关部门安排国有大型企业，接受新疆对口的有关企业、公司人员到这些企业参加旨在提高专业素质和技能的培训。

第三轮援疆开展的强化新疆人力资源培训的工作，受到了新疆各族人民的热烈欢迎和好评。

和田市伊里奇乡的一位农民，从 1999 年开始有两个孩子分别进入大学和中专学习，孩子毕业后一直没有工作，2007 年课题组成员曾经访谈过他，他讲了这么一番话：

> 我们家每年收入不到 3 万元，两个孩子上大学每年就要花掉 2 万多元，我以为大学毕业了他们可以自己养活自己了，也可以给我一些帮助，可是你们看，大的（孩子）毕业 3 年了，小的毕业也一年多了，一直找不到工作，待在家里，农活也不愿意干，我真不知道为什么政府不管这件事，国家为什么不给这些孩子工作，难道我让孩子上学错了吗？村子里很多人家看到我的情况，产生了不让孩子上学的想法，有些孩子初中还没有毕业就不让上了，这是他们的问题吗？

2012 年 8 月，课题组成员再次到伊里奇乡，又访谈了这位农民。他说：

> 北京的援疆干部来了后，了解了我的困难，今年大孩子参加了考试，通过了，被选上到北京锻炼，政府掏的钱，小孩子嘛，参加了北京派来的老师办的职业训练班，学习电脑，快结束了，政府也答应给他安排个工作。你们上次来的时候我很绝望，这一次我有了希望，中央援疆政策救了我的两个孩子。

吐鲁番胜金乡一位农民家出了 6 个大学生，有 3 个孩子没有工作，“新疆高校毕业生赴援疆省市培养计划”实施以来，他毕业于天津一所大学的小女儿阿旦古丽 · 阿不都热依木被选中去湖南接受为期一年半的学习，阿旦古丽说：

> 因为找不到工作，我很彷徨，找不到工作我会觉得是一种浪费，自己学了那么多东西却没有用处。有人介绍我去乌鲁木齐工作，我想，我要是去乌鲁木齐工作，何必又从天津回来呢？既然回到了吐鲁番，就该像钉子一样定下来。我认为高校毕业生赴对口援疆省市培养计划是一件好事，就像我当年去内地上学一样，可能过一年半之后，周围很多人看待这事挺积极的，和我一起去湖南学习的学员有的人已

> 经结婚了，刚有了小孩，但家里人还是特别支持他们去，他们把很多放不下的事情都放下了去学习。这次学习和上大学不同，实用技术会学到很多，我的目的很明确：好好学习，少点遗憾，少点后悔。我爸爸和我都觉得这是自治区党委、政府给老百姓办的大好事。

第三轮援疆在新疆人力资源素质提升方面所做的工作对于新疆未来的发展有着深远的影响，特别是对于新疆少数民族社会来评，意义更加巨大。因为它不仅极大地缓解了多年来积累的大中专毕业生不能就业的难题，而且通过在线职业培训、赴内地对口省市培训等多种渠道，使大批少数民族青年获得了能够参与新疆现代化发展的技能的同时，拓展了视野，看到了世界和国家发展的现状和前景，这对于新疆未来的发展，特别是农村的发展的作用是不可估量的。

### 四　通过培训和实践提升基层政府执政和发展能力

第三轮援疆把干部人才培训工作作为援疆整体工作的重要组成部分，通过培训和异地实践提高新疆县乡干部的思想水平、行政能力和实践能力。

2010～2012年的三年中，援疆干部在新疆共培训各类人员13.1万人次，其中大多数是各级政府和事业单位的工作人员。各个援疆省市组织新疆干部赴内地培训或挂职1.3万人次，仅在2011年，对口援疆省市积极组织培训新疆各类干部人才就达近15万人次。

同时，对口支援省市和援助单位共选派了七批援疆干部，共计3261名，这些干部中有许多人是地州市、县乡党委和政府部门的领导干部。干部人才培训给这些地区带来了内地先进的执政理念和管理经验。援疆干部担任县（市）委书记试点工作取得新突破，五个试点县市发生了巨大变化，主要经济指标较2009年均有大幅增长，其中，地区生产总值平均增长85%以上，社会固定资产投资总额平均增长148%，地方财政一般预算收入平均增长165%，农牧民人均纯收入平均增长40%。

与此同时，许多援疆省市把培养新疆干部作为了援疆的重点工程，投入了大批资金和人力。比如，江苏省计划5年内，投入4.59亿元培养新疆干部人才，并通过建立“人才特区”、构建干部人才培养教育基地等10项重要措施，为天山南北培养一支永远带不走的队伍；上海市建立了包含649名专家、429名青年人才组成的援疆咨询专家和青年人才库，组织24

名医学、职业教育老专家赴喀什开展“银龄行动”。

到2012年6月，各省市已通过招商引才、项目引才、合作培养等柔性引才方式吸引了6933名各类人才到新疆开展服务。

## 个案1　江苏省对口支援新疆干部培训工作

江苏省对口支援新疆伊犁州前方指挥部按照《干部人才发展规划》的要求，围绕受援地区党政人才队伍建设的需要，组织实施党政人才素质提升工程和“双带型”基层干部人才工程，精心组织，狠抓落实，重点推进县、乡、村三级干部赴苏轮训工作。

截至2011年10月底，伊犁州直县、乡、村三级干部符合赴苏轮训条件的对象共2665人，其中，县（市）党政领导班子成员131人，县（市）直部门主要负责人444人，乡镇（街道）党政领导班子成员1030人，村（社区）党支部书记、主任1060人。

江苏省人社厅、省妇联、各市委组织部等单位，均已将接受新疆受援地基层干部赴苏轮训工作列入了年度计划。伊犁州前方指挥部又及时将该《通知》并2011年县乡村三级干部赴苏轮训的具体任务和具体实施过程中的具体要求等，下发给各个前方工作组参照执行。

将党政人才培训的对象向县乡村符合赴苏轮训对象倾斜，紧紧依托受援地组织部门和江苏省各地的组织、人事部门及相关部门，先后举办了基层干部专题培训班和实地挂职等15期，培训基层干部521人（其中伊犁州直423人）。首先将各县市和乡镇领导班子的县市领导干部和乡镇领导干部共1611人安排赴苏轮训完毕，同时适当安排一部分县市直部门的主要负责人和村主任、村支部书记参加赴苏轮训，为明年村书记和村主任的大规模轮训探索一些经验。2012年底前，已有2132人参加赴苏轮训，其中伊犁州直1516人，占计划轮训总数的56.9%。计划安排资金1309万元。

根据江苏省各地干部培训主体班次和专题班次的内容安排，结合受援地基层干部轮训的不同要求，依托江苏省各级党校和基层干部培训基地，将受援地选派的基层干部赴江苏插入主体班次一起参加培训的同时，从受援地基层实际需要出发，按照“干什么学什么，缺什么补什么”的原则，根据不同培训对象和需求，安排专题辅导、经验介绍、案例分析、现场观摩、交流研讨等多种形式进行专题培训，不断加大基层干部赴苏轮训力度。

江苏省伊犁州援疆前指2011年共组织了521名基层干部“走出去”赴苏培训，同时“请进来”17名专家学者为受援地基层干部和州直干部讲课，有7700余人次参加听讲和培训，进一步开阔了受援地基层干部的眼界，促进了思想的解放。

采取学习考察与挂职锻炼相结合的方式，提高基层干部的工作实践能力。江苏省委组织部下发了《新疆伊犁州、克州基层干部赴江苏轮训工作实施方案》。除了学习考察外，选派了一定数量的基层干部到江苏有关地区挂职，以促进挂职干部的领导能力、工作能力和业务水平的提高。

### 个案2　北京市对口支持新疆和田地区干部培训

北京市对口支援新疆和田指挥部在新一轮对口援疆工作中，把干部人才培训工作作为援疆整体工作的重要组成部分，以大幅度提高和田地区干部人才队伍综合素质与能力水平为目标，为新疆和田地区跨越式发展和长治久安提供了重要的干部人才保障。

2011年全年共培养培训各类干部人才1063人，其中让和田地区的干部与北京各区县、各部门干部享有同样的培训待遇，共选派10名厅级后备干部参加培训。组织和田地区党校县处级领导干部进修班整建制到北京区县党校进行异地教学，共举办了两期，每期在京培训7天，共培训80名处级领导干部。

为提升基层干部综合素质和管理水平，启动了“千名农村党支部书记和社区党组织负责人赴京轮训工程”、“百名组织人事干部轮训工程”、“百名爱国宗教人士轮训工程”等培训工程，全年分四期共组织165人到北京学习考察。

根据和田地区干部成长需求，对为期三个月的挂职班培养模式进行改革，开展“1+2”式培养，即先安排挂职干部在北京市委党校集中培训1个月，之后再到各区县各部门进行2个月的挂职锻炼，共培训60名优秀中青年后备干部。

开展了未就业大学生赴京培养工作。组织673名和田地区未就业大学毕业生赴北京进行为期两年的业务技能培养，并探索“6+X”培养模式，即在组织六所办学特色鲜明的院校具体承担培养任务的同时，组建和田大学生在京培养师资库，组织北京大学、清华大学等国内知名高校和科研院所师资力量参与培养教学工作。

从2010年启动，经过近3年的实施，国家启动的第三次对口支援新疆的决策和实践是多年来支援地域最广、所涉人口最多、资金投入最大、援助领域最全面的一次对口支援，已经给新疆的社会经济发展带来了明显的变化，特别是这次援疆重点放在改善新疆民生问题上的许多举措和项目的实施，使新疆各族人民，特别是少数民族人民看到了国家对于边疆地区人民福祉的关怀和采取的实际行动，也使新疆贫困地区，特别是南疆农村地区的少数民族群众的生活有了很大的改善。这对于今后深入实施“新疆跨越式发展”和“长治久安”无疑具有重要的意义，同时，也为高铁进入新疆所需要的社会、经济和文化条件，打下了一个初步的坚实基础。

新的一轮援疆目前正在深刻地影响着新疆社会发展的方向和格局，援疆项目不仅带来了19个省市的资金、技术和管理方法，同时也带了不同区域的文化，这对于新疆多元文化格局的走向必然产生影响。在看到第三次援疆在过去3年取得的巨大成效的同时，无论是中央政府，还是新疆政府，乃至参与援疆的19个省市、中央各个部门和央企，需要更深层次地考虑援疆的长远目标，考虑援疆可能伴生的一些新问题。

## 第四节　第三轮援疆形成的新疆产业能力与出路

新一轮援疆对于新疆产业能力的提高和现代工业的发展所具有的直接推动作用目前已经端倪可见，这种推动作用可以从近两年来新疆工业布局的变化、增长速度的加快和产值的快速增加看出。

2011年，新疆实现生产产值（GDP）6610.05亿元，比2010年增加了1172.58亿元，突破6000亿大关，按可比价格计算，比2010年增加了12.0%。2011年新疆第二产业投资比2010年增加了47.9%，其中制造业投资1156.82亿元，增长了86.5%；全部工业产值比2011年增加了2700.20亿元，按可比价格计算，比上年增加11.4%。2011年，新疆国有及国有控股企业累计实现营业收入618.7亿元，同比增长38%，实现利润总额53亿元，同比增长40%。

这种增长在新疆南部三地州更为明显。2011年，喀什、和田和克州分别实现地方财政收入78.74亿元、9.32亿元和6.36亿元，同比增长55.37%、47.7%和67.6%。三地州财政支出分别为194.48亿元、156.97亿元和36.75亿元，分别同比增长40.44%、24.41%和51.48%。财政收支状况明显好转。

当地经济界人士指出，带动新疆南部三地州财政收入大幅增长的主要因素有三个：一是援疆项目带动部分税收收入和土地出让收入大幅增长；二是中央转移支付力度不断加大；三是快速发展的地方经济带动增值税、营业税和企业所得税等主要税种快速增长。

在调查中我们注意到，随着新一轮援疆的启动和发展，无论是国家，还是新疆本身，以及参与援疆的19个省市乃至中央有关部门和央企，都在布局新疆未来的产业发展，事实上，从2010年下半年，各个方面已经开始了紧锣密鼓的产业援疆和对工业项目的投资。国资委主任王勇在2011年宣布，“十二五”期间，中央企业计划在疆投资将超过1.5万亿元。

据新疆维吾尔自治区国资委统计，截至2010年底，有44户中央企业参与新疆石油石化、煤炭、电力、冶金、建材等行业的投资开发，资产总额达到5739亿元。目前，中央企业对新疆工业增加值的贡献率超过70%，在当地经济发展格局中发挥着“顶梁柱”的作用。

在依托新疆资源优势和产业的基础上，国家有关部委、19个援疆省市以及大型国有企业将着力从重大基础设施和优势产业项目建设、产业转移、差别化政策等方面加大援疆力度，促进全区煤电业、煤化工、风光电、煤炭生产外运“四大基地”建设。

为实现新型工业化，新疆政府从2010年下半年，加大了对工业的投资，投资额逐年明显上升。而在2012年，新疆计划安排重点项目300项，其中新开工48项，力争全年重点项目投资完成2000亿元以上，高于2011年完成的1650亿元。据新疆维吾尔自治区统计局相关人士介绍，这些投资将继续加大对水利、交通、能源等方面重大基础设施的建设。同时，将加快推动新疆与内地和周边国家紧密联系的铁路、高速公路和国省干线公路等项目的建设。

值得注意的是，援疆带动了内地资本快速流入新疆，这些资本不仅来自中央政府和央企，也来自参与援疆的19个省市。目前，这些资本正在以援助型、合资型或独资型开发的方式建立各类企业。同时，从2011年底开始，19个援疆省市所在地区和其他省区的民营企业开始对新疆，特别是乌鲁木齐、喀什、伊犁、阿克苏、昌吉等地区的资源和现有工业基础进行调研和试探性投资。仅在喀什一地，据估计，已经聚集了200亿~300亿元来自内地民营企业的资金，其中来自对口支援的广东（包括深圳）、山东和上海的占多数。这些资金正在寻觅可投资的项目和行业，有许多瞄准了喀什经济开发区建成后在不远的将来对中亚、西南亚的经济和商贸产生的辐射作用。

### 个案3　山东产业援疆

山东省对口支援的疏勒县2012年第一批重点工程和项目开工投产，疏勒钢铁产业园项目开工。园内集中开工项目有：喀什盈德气体项目、莱芜钢铁机械制造项目、莱钢泰东实业循环经济项目、山东莱钢汽运物流项目等10个项目，总投资14.03亿元，涉及原料、机械制造、焦煤、建材、气体、耐火材料及电器设备制造等领域。

山东省在喀什英吉沙县的援疆产业项目，2012年共有33个产业项目集中动工，总投资19.32亿元。项目涉及机械组装加工、专用车制造、山钢产业配套、新能源新科技、水泥及新型建材、农副产品加工等六大领域。

按照新疆维吾尔自治区“十二五”发展规划，新疆在“十二五”期间，要“坚持高起点、高标准、高效率推进新型工业化，促进特色优势产业集群化、战略性新兴产业高端化，建设国家大型油气生产和储备基地、国家重要的石油化工基地、大型煤炭煤电煤化工基地、大型风电基地和国家能源资源陆上大通道，建成国家绿色农产品生产和加工出口基地。推进优质棉纱、棉布、棉纺织品和服装加工基地建设”。同时“规划”提出了积极培育战略性新兴产业的战略，“重点发展新能源、新材料、节能环保、生物制药等新兴产业，强化政策支持，着力培育形成一批科技创新能力强、具有竞争优势的龙头企业和企业集团，建设国家工程（技术）研究中心、国家重点（工程）实验室和国家高新技术产业化基地，积极抢占新一轮产业竞争的制高点”。

新一轮产业援疆对于新疆实现“十二五”产业发展规划目标有着极为重要的意义。第一，这个产业发展规划目标的实现离不开国家的强有力支持，前述国务院国资委主任王勇宣布的在“十二五”期间，中央企业计划在疆投资将超过1.5万亿元，实则是为这个规划实现最重要的投资资金来源，而“大型油气生产和储备基地、国家重要的石油化工基地、大型煤炭煤电煤化工基地、大型风电基地和国家能源资源陆上大通道”，基本上都是央企主导开发建设的巨型项目。第二，19省市产业援疆的很大一部分项目，是按照新疆“十二五”产业发展规划目标制定或是这些目标中某些具体发展领域的延伸。虽然截至目前19个省市援疆项目主要以解决和改善民生问题而展开，但是我们看到在2012年的项目中，产业园之类的项目数在增加，一些工业企业也已经在施工，有一些已经投产，在其后3年间，可能会出现19省市援疆项目产业类明显增加的趋势，因为各个省市所在地的央企已经在制定它们的援疆项目。第三，如前所述，19个省市及内地其他省市的民营企业已经开始它们进入新疆的投资活动，这些投资活动主要集中在矿产资源开发、工业产业建设，而其中很大一部分都是瞄准了新疆产业进入中亚和西、南亚的巨大潜力。这一部分投资在未来的数量不得而知，就目前已经出现的情况来看，数量不会少于19省市产业援疆的总数。这样一个产业投资趋势，可以为新疆实现它的“十二五”产业发展规划目标提供大量的资金和技术，在很大程度上会促进这个规划所制定的具体目标的实现。

中央政府对新疆工业发展巨量投资、19个援疆省市大规模产业援疆投入以及后续的来自各省市央企、地方企业和民营企业对新疆工业产业的投资效应，在未来几年会极大地加快新疆现代新型工业的发展。这次发展无论从规模上、速度上，还是形成的产能上，都会超越历史上任何时期的发展。

这样就产生了一系列问题，新疆在未来几年后成为中国重要的新型工业产业基地，即将形成的巨大的工业产能的市场会在哪里？而在其发展过程中又有些什么样的制约因素？都是需要认真研究的。

国内内地市场是否能够完全消化这样一个巨大新型工业体系的产能是目前需要认真研究的问题之一。长期以来，由于新疆交通发展的限制，新疆工业产品进入内地受到的局限性非常之大，近些年来国家投入巨资加快了联结内地和新疆的铁路和高速公路的建设，可是运力紧张的问题依然没有从根本上得到解决，在这种情况下，建设通向新疆的高铁的特殊意义就凸显了出来。

更为重要的是，国家已经确定了新疆作为中国向西开放最重要的门户的地位，新疆已经从中国的“后院”变成了向西开放的“桥头堡”和另外一个“大陆桥”，新疆新型工业的发展从两个方面来讲为实现这个目标具有特殊的意义。第一，中亚、西亚、南亚乃至欧洲将来可能是新疆新型工业产能的一个重要的市场。第二，中亚、西亚、南亚可以为新疆新型工业发展提供一部分原料。

如果通过新疆，中国与上述地区建立起一个以高铁为基干的现代运输网络、物流网络、信息网络，必将极大地推动新疆现代新型工业的发展。

建设起一个向西开放的现代工业体系和交通运输体系，这应该是第三次援疆承担的历史任务之一。

## 第五节 援疆与国家向西开放战略的实施

从某种意义上说，第三轮援疆的成果为国家向西开放战略的实施具有非常重要的作用。为了说明这一点，有必要做一些简单的回顾。

在古代，新疆与西亚一直有着密切的贸易关系，古代丝绸之路作为古代东西方之间最重要的商贸通道曾经对古代中国的对外开放格局产生过巨大的影响。近代以前，新疆与中亚、西亚和南亚各国的贸易一直没有中断，被称之为“边贸”的官方和民间贸易曾经有过非常辉煌的岁月，也为新疆的发展做出过积极的贡献。

20 世纪 50 年代后期，由于当时的国际局势和政治地缘的限制国家彻底关上了新疆向西开放的大门，新疆成为中国封闭的“后院”。新疆在过去 60 年的发展中长期处于滞后地位，原因之一在于它的经济是一种封闭的“后院经济”，在国内它只能是初级原材料的提供者，与边界相连的中亚、南亚国家无法建立直接的经济联系，更不用说通过这种联系促进本地区的工业发展了。

20 世纪 70 年代末中国实行改革开放政策以及 20 世纪 90 年代初苏联解体和中亚诸国的独立，为新疆再次向西开放提供了新的可能和机遇。但是由于体制等诸多方面的原因，新疆这个时期的对外开放在促进地区经济发展方面的作用并不十分明显，原因是新疆自身工业水平不高，与周边国家开展的贸易所需的商品大多依赖从内地运输。尽管已经开放了 8 个口岸，但是口岸过货贸易量远不如满洲里口岸。有些口岸在 20 世纪 90 年代“红火”了一阵，便很快沉寂了下来。

1987 年，自治区党委提出“全方位开放，向西倾斜、外引内联的发展战略方针”。这个方针既强调了全方位开放，多元化对外贸易，又根据新疆的地缘优势强调了“向西倾斜”。之后，这个思路不断地得到修改和补充，到了 20 世纪末期和 21 世纪头几年，新疆又提出了“两线开放，贸易先行”、建设西北“国际大通道”和“联合走西口”发展对西贸易的新思路，勾画了以边境沿线为前沿，以铁路沿线为后盾，以“两线”城市开放为重点，形成点线结合、以点带面、辐射全疆的开放格局，明确了以地缘优势带动资源优势，贸易先行促进产业联动，把新疆建成我国向西开放的桥头堡和重要的商品生产出口基地。

由于当时新疆工业产业依然处于一个相对落后的境况，能够参与面向中亚、西南亚贸易和对外投资的经济力量不强。加之从20世纪末开始，新疆社会局势一直受到暴力恐怖主义和境内外分裂主义势力的严重影响，维稳成为新疆地方政府的“头等大事”，所有这些都严重地影响了上述新疆政府已经形成的向西开放战略的整体实施。

2010年中央新疆工作座谈会之后开始的举国之力对口支援新疆决策的实施，给新疆社会经济提供了一个快速发展的极好机遇，同时也需要认识到大规模援疆带来的另外一个机遇，即新疆在高速发展的同时，为落实国家向西开放战略服务，把新疆建设成真正意义上向西开放的桥头堡的时机已经到来。通过援疆和中央政府对新疆的产业发展投资的不断增加，新疆新型工业化建设将为向西开放提供越来越多的“本地产品”和技术，加之新疆与中亚、西南亚相邻诸国在经济发展上的互补性很强，将来从新疆输出到这些地区的不再仅仅是各类商品与产品，还可能是新型工业化技术、管理、信息和各类资本，而从中亚输入的除了传统意义上的原料，还可能包括劳动力。

一位在霍尔果斯口岸工作多年的海关官员认为：

> 新疆在20世纪90年代只重视“过货贸易”，后来增加了让哈萨克斯坦、俄罗斯的人进来购物，通过口岸进来的货物主要是原料，而新疆自己输出的产品很少，而且大多是农副产品。这只能说是“初级贸易”，成不了大气候，加上我们这儿形势一有点动荡，来的人不来了，出去的货物也少了。我考虑主要的因素是新疆自身发展水平不高，自己没有像样的东西输出，靠从内地运来，有诸多制约因素。这几年随着北疆现代农业产业的快速发展，我们输出的东西中水果、蔬菜的比重增加很快，对方也有比较大的需求，这就是说，你有好的东西，距离又近，竞争起来就有力量。我希望看到，在自治区新型工业化发展后，从我们这里出去的东西大件的多，高附加值的多。

显然，实现这样的对外开放格局，新疆如果没有强大的现代工业体系和交通运输条件，是不能实现的。

所以，通过中央政府实施的大规模援疆，新疆民生、产业、基础设施建设等方面出现的快速发展，特别是新型工业产业快速发展以及带来的经济基础的加强，都为进一步实施国家向西开放战略提供了良好的条件，从这个意义上说，新一轮援疆直接推动了新疆进一步的向西开放，也为国家向西开放战略的实施提供了条件。

## 一 第三轮援疆建设中面临的一些主要问题

寄希望于通过新疆新型工业的发展来促进国家向西开发战略的实施，依然存在着一些“瓶颈”问题。根据在调查中从新疆地方决策者、发展开发管理者和从事对外投资、对外贸易的企业家那里获得的资料，这些“瓶颈”问题主要有三个。

第一，虽然国家和新疆都已经制定了向西开放的战略，并且为此做了大量的工作，但是如何把新疆现代新型工业体系的建立与实现国家向西开放的总体战略结合起来，形成国家层面的战略、政策和制度，目前缺乏一个有效的机制保证。新疆地方决策者、外贸企业家对20世纪90年代中期和末期新疆与哈萨克斯坦、吉尔吉斯斯坦和塔吉克斯坦边贸出现的混乱局面记忆犹新，那时“千军万马搞边贸，真货假货一起上，把整个市场搞乱了，而且内讧严重，互相杀价拆台，没有规矩，没有制度管理，至今依然留有后遗症”（原伊宁市负责边贸的副市长语）。因此，现在的向西开放战略实施应该接受这个教训，在国家、新疆两个层面上注重政策和制度的建立。

第二，目前已经有的口岸交通建设，虽然已经有了大的起色，而且中央政府已经对通向中亚、西南亚的高速公路和铁路做了规划，通过援疆项目会进一步改善向西开放的交通基础设施条件，但是只是中国单方面搞基础设施并不能够实现向西开放大通道畅通。

> 看看八个一级口岸，我们这边公路、水电和通信设施都上去了，对方一侧的道路和我们的简直无法相比，其他基础设施更不能提了。唯一的阿拉山口铁路通道由于双方铁轨规格不一，严重地阻碍这个通道功能的完全实现，我们国家和新疆应该考虑把我们的高速公路和铁路，特别是高铁延伸到中亚和西南亚，然后与欧洲的高速公路、铁路贯通起来，真正形成一个一通到底的大通道，才能保证向西开发战略完全实现，我的意思是不能像过去那样，不管基础设施条件如何搞开放。（原新疆高等级公路建设局总工程师语）

第三，新疆现代产业的发展，应该考虑三个市场的培育和发展，即疆内市场、国内市场和国际市场。按照目前的规划，在“十二五”期间建设起来的现代产业形成的产能，光靠新疆市场吸收不现实，新疆人口再过10年也达不到3000万人，这个市场很有限。完全靠国内市场吸收也不可能，因为许多产品内地企业同样在生产。更加重要的是要靠中亚、西南亚乃至欧洲的市场吸收，因为大的欧亚地区现在有很多国家发展也很快，进入了世界新兴经济体，市场广阔。

> 新疆虽然与八个国家为邻，也是通向欧洲的窗口，但是我们对那里的认识不足，对那里经济发展、市场情况缺乏日本人起飞时对世界那种全面精微的认识和研究，这样的向西开放没有后劲，也没有长劲。不考虑西边的那个大市场，没有进入那个市场的足够准备，新疆新型工业发展起来了，会遇到市场狭小的危机，这样说不是耸人听闻，而是一个现实的问题。(新疆华凌集团一位高管语)

可以预料，随着国家加速新疆产业建设战略的落实，随着新一轮援疆对新疆社会、经济和科学教育事业发展的促进，新疆形成一个现代产业体系并不是遥远的事情。但是新疆缺乏具有国际视野、国际经验和谙熟国际市场规则的高级人才，目前国内沿海地区有这样的人才，但是他们并不熟悉中亚、西南亚的情况。对于实施向西开放战略，这种局面同样是一个严重的制约因素。

> 我们历来很重视硬件建设，修路架桥，盖楼建工厂，轻车熟道，快得很。但是轻视“软件建设”的弊病一直没有得到根本改观，特别是人才问题突出。国际机构，比如说世界银行、亚洲开发银行，到新疆搞项目，最头痛就是我们这里的“软件”，人才素质差，能够与他们共同工作的专业人员太少。我认为这次援疆应该把这一条加进去，为新疆培养一些“走西口”的高级人才，不然的话，向西开放战略的实施会缺一条腿。(新疆建设厅原国际项目办公室主任语)

## 二　可能的对策建议

中央确定的新一轮援疆的主要目标是“坚持‘统筹兼顾、突出重点，全面支持、民生优先，科学规划、有序推进，加强协作、促进互利’的原则，以保障和改善民生为首要目标，以增强自我发展能力为重点任务。”针对新疆目前的社会、经济和文化发展现状，这个目标无疑是十分正确的，因为只有把新疆的事办好，使新疆实现跨越式发展和长治久安，才能够为国家向西开放战略的全面实施奠定经济基础，提供一个稳定的社会环境。但是，新一轮援疆应该考虑如何与国家的向西开放战略衔接的问题，这是因为向西开放战略直接关系到未来国家拓展需要的发展空间、资源型能源安全和市场等大问题，也是因为全球发达经济体目前处于一个发展前景不明朗、经济增长前景乏力不确定的状态，更是因为美国重返亚洲战略对我国已经实施多年的“蓝海战略”带来的复杂影响和潜在威胁。

新一轮援疆应该有适应国家向西开放战略的内容。中央承担援疆的部门和沿海发达地区承担援疆的省市，需要在对新疆的对口支援中，适当地根据现在和未来的需要，增加适应国家向西开放战略的内容，包括培养人才、加强国际市场规则和国际合作经验的传授，帮助新疆与有关机构建立起专门针对中亚、西南亚和欧洲社会、经济、贸易、法律等方面的联合研究机构和智库。国家应该把通向新疆的高铁建设和通向中亚、西南亚的高铁建设放到一个大盘子里，通盘考虑，与相关国家一起协商和制订方案，采取国际通行的方式建立起一个横贯欧亚的高铁系统，使之成为我国向西开放和发展战略的有效载体。

# 第十七章　高铁建设与发展所带来的经济与社会效益评估

## 第一节　关于高铁效益评估的讨论：超越狭义层面

### 一　中国高铁的快速发展

目前，世界范围内正式投入运营的高速铁路有近 2.5 万公里，主要分布在中国、日本、法国、德国、意大利等 17 个国家和地区。根据世界银行报告，中国高铁的发展从 2004 年开始提速，到 2008 年出现爆炸性增长，“十一五”期间，中国已建成 5000 公里以上的高速铁路，居世界前列。未来几年，中国高速铁路将进入全面收获时期，中国高铁时代即将全面来临，到 2020 年，将建成 16000 公里的高速铁路，届时中国高速铁路的总里程将位居世界第一。

### 二　关于高铁效益的评估标准：狭义层面

高铁的快速发展，大量新建高铁线路，意味着巨额的投资，“十二五”期间，铁路基建投资将达 2.8 万亿元，这一投资额低于市场此前普遍预期的 3.5 万亿元。同时，高铁运营时速由 350 公里降低到 300 公里。作为高铁投资主体的铁道部目前的负债规模已经达到 1.8 万亿元，资产负债率也从 2006 年的 42.6% 攀升至 56.1%。债务包袱背后是高铁收益率问题。加上 2011 年发生的甬温线动车事故，使得人们对于是否应该大力发展高铁，高铁作为一种新的运输方式是否经济，现有的高铁线路是否能够赢利等问题提出质疑。

一般而言，现有关于高铁效益的讨论往往停留在狭义层面，即主要关注高铁线路本身的成本收益。所谓对高铁的收益率进行狭义上的评估，主要是基于经济层面，即对具体某一条的高铁线路进行成本效益分析，一些评论由此得出结论，认为短期内，大规模、高投资的发展高铁必将背上沉重的债务包袱，发展高铁因而是不经济的。

从成本效益的角度来看，高铁需要支付的成本分为三个部分，即贷款利息、运营费和固定资产折旧。具体而言，当前已经投入运营的高铁线路收益率不尽相同，但总体上都是不经济的。以东部发达地区的武广高铁和中西部欠发达地区的郑西高铁、石太高铁两种类型的高铁线路为例，武广高铁运营首年已经出现正的现金流，但考虑到固定资产折旧计提仍为负数；而郑西高铁、石太高铁等线路则是完全收不抵支，甚至运营收入不能覆盖当年的银行贷款利息以及委托运营费用。

武广高铁 2010 年首年运营最终实现 52 亿元的总收入，其中大部分来自售票，仅有 1 亿元左右来自车站的物业、餐饮等服务收费以及线路使用收入，折算下来，武广高铁第一年的月均收入在 4.3 亿元左右。但是 52 亿元收入并不意味着高铁是赢利的，是否能够实现平衡取决于不同的计算标准。武广高铁需要支付的成本分为三个部分。第一部分是贷款利息。武广高铁整体造价超过 1200 亿元人民币，其中约半数来自银行及信托的贷款，因此武广公司每年需要支付 26 亿元的贷款利息。从今后的支出项目来看，银行的利息会维持在每年 26 亿元的水平，直至还清本金。第二部分是运营费。由于武广高铁是委托给广铁集团和武汉铁路局代为运营，武广高铁的法人代表武广客运专线有限责任公司还需要支付给两路局 20 亿元左右的委托运营费。高铁的委托运营费是由铁道部根据过往线路的工作量资料计算得出，预计以后每年会随着客流量的增加有所增加，但是变化幅度不大。若武广高铁的列车开行对数较早前的 80 对翻番，委托运营费用的增长也就大概从 20 亿元提升至不到 30 亿元。如果仅考虑这两部分支出的成本，武广高铁的现金流可以覆盖。第三部分是固定资产折旧。按照武广高铁最终超过 1200 亿元的建设投资估算下来，武广高铁每年需要计提的折旧费用接近 30 亿元，不同资产折旧率不尽相同，综合算下来，折旧率在 2.5% 左右。在财务上固定资产折旧的计提显示的还是亏损。

客运周转量是衡量客流量的重要技术指标。根据武广高铁早前的可行性报告，整个项目有望在 12 年后收回成本，前 15 年年化的平均收益率在 8% 左右，20 年后，收益率有望达到 20%。而这一 12 年回本的估算依据是，客运周转量每年保持 8% 的增速。

但是，和武广高铁基本同期投入运营的郑西高铁、石太高铁却难以与武广高铁的收益相比较。郑西高铁和石太高铁至今收支不能相抵，主要原因是客流量不足导致售票收入不能支付贷款利息和委托运营费用。其深层原因在于，沿线经过的区域经济发达程度差别比较大。郑西高铁途经的河南、陕西以及石太高铁途经的山西、河北，经济总量要远远低于武广高铁途经的广东、湖南及湖北。

郑西高铁和石太高铁铁路具有不同的特点，情况不尽相同。郑西高铁完全依托旅游等支持，在高铁路网未能贯通的情况下，这种现金流为负的状况预计还将持续；而石太高铁情况有所不同，这一线路当前的收不抵支，与煤炭运输还未上线有关系。石太高铁途经产煤大省山西，最初的定位是以煤炭为主的客运专线。按照规划，石太高铁每年要运送4000万吨的煤，后来因为地面沉陷等问题，运煤的设想暂时未能成真。而实际上，石太高铁100多亿元的建设投资中，约有一半来自社会投资，包括沿线数家电厂每家10亿元左右的投入，一些私人资本也按照每户1亿元左右的规模做了投资。这些资金投入这条线路，并非是看中其客运的属性，而是在于每年4000万吨的煤炭运输。因此，一旦解决好运煤的问题，在相对理想的货运收益补贴下，石太线路的现金流平衡也并非难事。

就高铁线路而言，权衡高铁的经济成本，更高的速度，意味着更高的建设成本以及更高的能耗和运营成本，因此要进一步平衡运营收支，高铁的建设还是要适度超前而非过度超前。从长远来看，高铁的经济成本评价要引入时间维度，综合考虑路网效应下的长期增量，这样现有的高铁线路在今后还是能够盈利的。因为当规划中的高铁网络全面投入运营后，高铁路网的规模效应可能会使得客流量有更明显的增长。以武广为例，现有的武广高铁是规划中的京港高铁的南段，其北段，即北京至武汉段的高铁未能连通，实际上抑制了武广高铁的客流增长。武广高铁等线路收益评估参照了日本新干线的收益，日本的第一条高铁线路东海道仅仅在两年后就实现了盈利，第七年就收回全部投资，但是新干线的其他线路因建设成本和债务负担的加重，盈亏平衡的时间点大幅推迟。而像郑西高铁这类的西部线路也能够在路网效益中受益。因为铁路系统的统一调度完全可以通过人为的调整列车开行方案、提升客流量不大的线路利用率来完成，比如成都到北京的列车，就可能取道郑西高铁。

跳出单一线路，从国民经济全局考量，通过高铁建设实现客货分流、再造中国铁路的新骨架才是当前中国大力发展高铁的最根本目的。实际上，京广线换算密度已经达到了 1 亿吨/公里，远超国际上超繁忙干线的标准，而当前的客货混跑，不仅通过能力有限，而且客车的提速和货车的重载已经形成严重矛盾。发达国家修建铁路总结出来的规律之一，即随着产业结构调整，国家铁路货运量不会永远保持高速增长，将呈现出减速趋势。但中国正处于工业化中期，对于铁路运输的基础性作用十分依赖，高铁导致的新增货运收益不可忽视，以京沪线、京广线为例，高铁的运营可以给既有线路增加每年至少 1 亿吨的运力，按照平均运距 600 公里粗略计算，这就意味着两条线每年将各增加至少 60 亿元的货运收入。首保客运思路下，当前京广线货运能力仅为 4000 多万吨。

所以，如果仅仅就高铁线路和高铁网络自身而言，从长期来看高铁是可以盈利的。但是，本研究关注的问题并不仅仅停留在对高铁自身收益率的考虑，而是要将高铁建设置于国家中长期的国民经济和社会发展的整体规划中进行评估。

## 三　高铁对国民经济与社会发展具有重要作用

高速铁路对经济社会发展的作用体现在诸多方面。第一，高速铁路建设对经济发展的拉动作用，即高速铁路的投资效果；第二，高速铁路建成后的直接经济效果，主要包括节约运输时间、降低运输成本、提高交通安全管理水平等；第三，高速铁路建成后的间接经济效果，主要包括产业布局的变化、城市化进程的加快、交通经济带的形成等；第四，高速铁路建设直接和间接地增加就业机会，增加人们的收入；第五，高速铁路是一个国家经济实力、现代文明和技术进步的体现，能增强一国人民的荣誉感、现代感和民族自信心；第六，高速铁路拉近地区之间、城际之间和城乡之间的距离，提高人们的出行效率，“同城化”效应改变人们的生活方式，提高人们的生活质量；第七，高速铁路增强沿线地区居民的荣耀感和自信心，带来人们文化、习俗、观念等方面的变化；第八，高速铁路建设节约土地资源，高速铁路运输节约能源，符合低碳经济的发展要求。

高速铁路对经济社会发展的作用一般具有如下特征：一是作用的范围广。随着高速铁路规模扩张，不仅对沿线地区而且对全社会的经济社会发展产生作用。二是作用的持续时间长。高速铁路乃百年大计，从建设开始就发挥作用，将持续百年。三是作用的效果越来越大。高速铁路作为基础设施，对经济社会的作用具有放大效应，并逐步释放出来。四是作用巨大但难以量化统计。由于高速铁路的作用是多方面多层次的，尤其是对社会进步的作用难以量化，同时，高速铁路对经济社会的作用既有直接作用也有间接作用，间接作用也难以量化。五是作用机理复杂。高速铁路对经济社会的作用机理不仅表现在高速客运给人们出行带来的高效上，而且表现在既有铁路货运能力释放和货物运输快捷给生产、流通带来的高效上。中国投入运营的7531公里高速铁路已经开始显现“高铁效应”。高铁使铁路旅行时间至少减少一半，降低了旅行时间成本，刺激了沿线客流，促进了沿线服务业的快速发展。天津市商务委的调查显示，京津城际铁路开通后，从北京前往天津旅游的人次比高铁开通前增加了三成。2008年外地到津旅游者消费超过750亿元，其中高铁的贡献率为35%。

高铁满足了人员流动需求，降低了人员流动成本，加速了城镇化进程。目前，全国铁路日均开行动车组约1200列，日均发送旅客99.4万人次，相当于民航运力的1.4倍。如此大的运能，不仅使民航、公路运输纷纷降价三到五成，而且为城镇化带来的大量人口流动提供了强有力的运力支撑。武广高铁开通后，沿线铁路客运量增加逾40%，其中高铁承担的运量达45%，有力地推动了韶关、岳阳等地与省会城市在人员、物资、资金和信息上的交流。

高铁开通还释放了既有铁路线的货运能力，降低了全社会的物流成本。我国已运营的高铁可为货物运输腾出2.3亿吨的年运力。而全社会货运量中，铁路运输比重每提高一个百分点，就可以节约社会物流成本212亿元。

## 四　中国的国情决定了必须大力发展高铁

### （一）高铁发展的国际经验

日本是世界上公认的最早发展高速铁路的国家，早在1964年，连接东京和大阪的东海道新干线就正式通车并投入运营，最高运行时速达到每小时210公里。20世纪70年代初，连接大阪和福冈的山阳新干线开通，这两条新干线构成了日本高速铁路网的主干，将京滨、中京、阪神、北九州四大工业地区有机连接起来，带动沿线静冈、冈山、广岛等县兴建新的工业发展带，形成了日本沿太平洋伸展的“太平洋工业带”。

高铁对日本社会经济发展起到了巨大的推动作用。新干线最直接的效益就是缩短了旅客的出行时间，提高了旅行的舒适度，从而刺激了客流，拉动了沿线城市的经济发展。据日本国土交通省下属的铁路建设交通与技术所所长 Takaatsu Morita 介绍，九州新干线开通运营第三年，沿线旅行者的数量就增加了一倍多，其中上班、上学的通勤人群比开通前增加了11倍。由于旅行时间缩短，赴鹿儿岛观光的中长途旅客也明显增加了10%~15%，带动了当地旅游业的发展。[①] 新干线投入运营后，其沿线的中小城市如广岛、静冈、冈山、京都、岐阜等，与旅游相关的餐饮和零售消费增速高企，1964~1979年间平均增速高达55%，远超新干线建成以前1958~1962年年均19%的增速。新干线沿线的中小城市服务业提供的就业机会大大增加，从业人数增长明显加快。

新干线促进了日本经济平衡发展，缩小了区域发展差距，以高铁为契机形成了“追赶效应”。新干线正式开通后，沿线的传统落后地区如广岛、仙台、名古屋、福冈等地的工业发展出现明显的增速，开始追赶发达地区，不仅高于当时日本全国平均的增长速度，而且显著高于东京、大阪等发达地区。据统计，新干线使得东京、大阪两大中心城市的工业产值占日本全国经济的比重分别从20世纪60年代初的37%和26%下降至70年代初的35%和20%。

高铁的影响并不仅局限于铁路范围内，高铁的发展能够大大优化国家大交通的运力结构，降低居民旅行的综合成本。以法国为例，法国是欧洲最早拥有高速铁路的国家，其TGV高速列车于2007年创造了578.4公里的最高测试时速。由于安全、准时、快捷、低价，法国高铁成网后便抢占了中短途的航空市场，每年的收入达到15亿欧元。后来廉价航空的兴起一度冲击高铁市场，促使高铁运营部门加速创新产品与服务，如通过引入电子商务来降低成本，2012年，50%的高铁车票已经实现通过互联网销售。

很多国家还将高铁视为能源安全与环境保护的“绿色屏障”。高速铁路占地小，有利于耕地保护与城市建设发展。双向4车道高速公路占地面积是高铁的1.6倍；大中型飞机场占地面积相当于建1000公里高铁。高铁的能耗与排放也比其他交通工具更小。日本新干线的人均碳排放量仅是私人小轿车的1/10、公共汽车的1/3、飞机的1/6。此外，高铁项目与相关产业的投入产出比为1∶10。高铁不仅加大了钢铁、水泥、精密仪器、新材料等产业的需求，还创造了大量的就业岗位，对应对国际金融危机冲击、保持经济增长、扩大国内需求，有着显著的作用。

---

① 陆娅楠：《世界高铁看中国》，http：//www.china.com.cn/international/txt/2010-12/16/content_21552655_3.htm，最后访问时间：2010年12月16日。

面对高铁的众多优势，2008年世界金融危机之后，美国、俄罗斯、巴西等国纷纷制定了规模空前的高速铁路发展计划。包括法国在内的传统高铁国家也相继表示将延长高铁运营里程、提升高铁服务品质。预计未来10年，全球高铁里程将至少增加一倍，全球正步入高速铁路发展的黄金年代。

**（二）中国发展高速铁路的优势分析**

高铁的开通使得人类正在从江河时代、海洋时代全面进入路桥时代。中国发展高速铁路不仅符合我国国情，而且具有其他国家不具备的优势。

目前法国、日本等已经发展高速铁路的国家尽管相关技术水平很高，但是在实践中这些技术却无法大规模地运用。主要原因在于高铁对空间的客观要求。日、法等国的领土空间距离小，高速列车难以提速。列车如果提速太快，沿途没有人流，也会导致乘坐率不高，所以这些国家尽管高铁技术水平高，但是跑得太快却是难以为继，在中国不存在这些问题。相反，整个中国的版图，具有长距离加速运行的优势。也正是因为此，中国京沪高铁发展速度预计将提高到380公里/小时。京津线路最高运行速度达到了394.3公里的时速，大大超过了日法等国目前的高铁运行速度。中国由于疆域广阔，国土面积东西南北纵横5000公里，资源和工业布局极不平衡，铁路因其具有运价低、运量大的优势，是实现跨区域物流的首选。同时中国又是人口大国，地区经济、城乡经济发展不平衡，人均收入水平相对较低，大量的中长途旅客运输也主要依靠铁路。此外，中国人口多，人均耕地面积少，石油对外依存度高，要实现资源节约型和环境友好型的可持续发展，高铁及其路网建设能够发挥重要作用。

高铁重塑产业发展格局，以航空业为例，高铁发展对航空业产生了巨大冲击。老京广线的武汉到广州段运行原来需要10个多小时时间，武广高铁作为中国第一条，也是世界上第一条时速350公里的无砟轨道客运专线开通运行后，武汉到广州全长1000多公里的距离按照每小时350公里的运行速度，只需要3个小时左右，缩短了70%的时间。京沪高铁原先预计速度为每小时350公里，后来对外公布的速度提高到每小时380公里，这样做的目的就是使得京沪两地1300多公里距离的正常运行时间控制在4小时以内。4个小时是一个时间点，会促使更多的人改坐火车而不是飞机。而武汉至合肥，成都至重庆的高铁开通后，两地的直线航空基本停飞。根据中国铁路中长期规划，未来中国将有上万公里的高速铁路逐步开通，中国1000公里之内的铁路运输优势，将与航空直接竞争。

反观铁路现状，中国铁路列车平均时速仅为62公里，人均铁路占有量只有5.5厘米。中国铁路以占世界铁路6%的营业里程完成了世界铁路25%的工作量，但是货车满足率依然不足35%，节假日的火车票仍然“一票难求”。通过高铁建设，大力发展高速客运专线，将现有铁路改造为重载货运专线，实现客货分线，这是当下最为科学、最为经济，最适合中国国情的发展之路。

## 五　高铁评估标准的讨论：从狭义收益率转向对高铁经济社会效益的综合考量

究竟应该如何认识高铁？是把它视为单纯的交通工具或是一个应该自负盈亏的单一产业，还是视为一个具有全局意义应该得到大力扶植的战略产业？跳出高铁本身，从国民经济和社会发展的全局角度综合考量高铁的价值就成为一个重要的问题。

我国高铁已经在经济社会生活中产生了巨大的效益。高铁在加快经济发展方式转变、推动产业结构升级、加快城镇化进程中发挥着重要作用。2004～2010年，国家批准新建铁路4万公里以上，总投资达到4万亿元以上。预计《中长期铁路网规划》项目全部实施后，到2020年铁路建设投资总规模将突破5万亿元，铁路营业里程将达到12万公里以上。

自2005年6月，石太客运专线全线开工建设，中国拉开了高铁新线建设的序幕。到2010年底，京津、武广、沪杭等16条新建高铁总里程已达5149公里，加上既有线路提速，截至“十一五”末中国的高铁运营里程已达8358公里，约占世界高铁路网的1/3，在建里程1.7万公里，无论是路网规模还是速度等级，都已跃居世界第一位。

尽管目前对高铁投资、动车事故、高铁降速等问题存在着争议，但一个不争的事实是：中国已逐步成为世界上高速铁路发展最快、系统技术最全、集成能力最强、运营里程最长、运营速度最快、在建规模最大的国家。“十二五”期间，中国高铁发展将不会明显放缓，依然是优先发展的战略性新兴产业。目前我国高铁的路网规模效应还没有体现出来，已经开工和获得批复的高铁项目将在“十二五”期间继续进行下去，届时高铁全新版图的呈现，将更充分地发挥高铁的路网规模效应。

## 第二节 高铁的经济效益评估

### 一 高铁经济效益总体评估

#### （一）高铁拉动投资，在金融危机中的保增长作用明显

交通基础设施属于经济社会发展的先行资本。铁路作为国民经济的大动脉和重要基础设施，在国家发展战略中始终处于优先地位。国家“十一五”规划明确要求“加快发展铁路”，“十二五”规划建议进一步提出“基本建成国家快速铁路网，发展高速铁路”。

经测算，高速铁路建设每投资1元，最高可带动相关产业增长10元。2008年，中国铁路完成基本建设投资3300亿元以上，比上年增加1500亿元以上，增长86%。2009年，铁路完成基本建设投资6000亿元，使用了2000万吨的钢材、1.2亿吨的水泥，创造了600万个就业岗位。2010年，铁路完成基本建设投资7000多亿元。[①] 实践证明，高铁及其产业链的形成和发展是中国在金融危机后走向复苏的最大亮点。

2009年，面对国际金融危机的冲击，政府做出投资4万亿元拉动内需的战略调整，其中增加铁路新项目的投入，成为拉动经济增长的重要举措。2009年当年铁路部门完成建设投资6000亿元。其中仅钢铁、水泥两项，就拉动了2个千万吨级钢厂和12个千万吨级水泥厂全年产量的内销，提供了600万个就业岗位。全年铁路机车车辆购置1000亿元，拉动了500万吨钢铁内需，创造了80万个就业岗位。

以京沪高铁为例，作为世界上一次建成线路最长、标准最高的高速铁路，京沪高铁开工后在施工最紧张时期施工人员近15万，到场机械设备3万台（套），平均每天消耗钢筋1万多吨、水泥3.5万吨、混凝土11万立方米，完成投资2亿元。按照铁路投资与相关产业1∶10比例计算，京沪高铁拉动内需可达1.2万亿元，并且促进沿线地区经济发展的效果也十分明显。据初步测算，京沪高铁建成后，可使沿线省市GDP增长19%～21%。京沪高铁一位施工项目经理算了一笔账：尽管他们负责施工标段才19公里，投资额不足10亿元，从施工开始至2009年底一年半时间，施工所需建材就拉动内需3.6亿元，缴纳当地政府税收2500万元，直接提

---

① 《中国高铁：经济腾飞的新引擎》，《光明日报》2010年12月15日第10版。

供近3000个工作岗位，还带来大量农副产品、服务业等方面的需求。

其他高铁线路也是如此，据不完全统计，全长546公里的石武高铁河南段建设，直接投入人员5.4万人，其中80%以上为当地劳务工，站前工程需要使用的900万吨水泥、250万吨钢材、400万吨粉煤灰、4000万立方米砂石料，绝大部分来自河南，不但拉动了内需，而且促进了地方经济的增长。

铁道部经济规划研究院对“第六次大提速”进行的经济分析评估显示，提速带来的运输成本降低和旅行时间节省所产生的消费者剩余创造的社会效益为每年300多亿元，仅增加周转量就将促进GDP年增200多亿元。

甬温线动车事故后，高铁建设虽然一度放慢，但鉴于其对国民经济的重要作用，2012年3月21日国务院常务会议做出“建成一批重大铁路项目，适时开工一批急需必需项目”的部署后，国务院总理温家宝在广西、福建等地调研经济运行情况时再次表示，“今年铁路5000亿元的投资要到位，使在建的铁路线路开工”。2011年年底，铁道部发债融资，其中有一部分划拨到复工高铁项目中，不过主要是用于偿还拖欠工程款和保证员工工资。2012年则都是按照正常程序走的建设资金。随着资金的落实，各工地普遍复工，全国80%停工铁路复工。津保铁路、大同到西安铁路、云桂高铁、贵广高铁、兰渝铁路，以及黄杭、皖赣等线路，均已由当地政府确认复工。在复工铁路中，很多线路已经是将要完成的。预计2012年12月31日完工的有京石高铁，同样时间完工的有津秦高铁、宁杭铁路，预计5月31日完工的有汉宜铁路。铁路投资情况确实在转好。2012年1~2月铁路完成固定资产投资299.32亿元，同比下降57.7%，其中，基本建设投资207.97亿元，同比下降67.5%。投资显示降幅缩减，基础建设缓慢回暖中。但是相较2008年的同期，还是增加许多。预计3月投资降幅将进一步减缓。

**（二）扩大出口，形成新的出口增长点**

中国高铁产业已经从“引进、消化、吸收”的起步阶段迈向了“输出”阶段，为国家扩大出口提供了新的增长极。目前，中国已系统掌握了时速250公里、350公里及以上速度等级涵盖设计施工、装备制造、系统集成、运营管理等高速铁路成套技术，构建了具有自主知识产权和世界先进水平的高速铁路技术体系。中国不仅是世界上第四个系统掌握时速300公里高铁技术的国家，而且也是掌握系统技术最全的国家。

在这一基础上，中国高铁正向世界延伸，高铁产业对外出口份额不断扩大，成为扩大出口的重要途径。目前铁道部已经成立了中美、中俄、中巴、中沙、中委、中缅、中吉乌、中波、中印等境外合作项目协调组，组织国内有关企业开拓境外铁路工程承包和装备出口市场。高铁项目合作从“技术引进”升级为“联合创新、联手闯市场”。12 月 7 日，铁道部与保加利亚、斯洛文尼亚等 4 国政府，以及阿尔斯通、庞巴迪等跨国企业签署了战略合作协议。“中国不仅是世界上最活跃的高铁市场，也是很优秀的合作伙伴。与中国铁路合作是强强联合。”阿尔斯通董事长兼首席执行官柏珂龙表示，已与铁道部在城际列车、高速列车、机车和信号系统等领域签署长期战略合作协议，目标不仅是中国市场，还有国际市场。“现在与 5 年前不同了，中国车辆厂商已经有了自己的领先技术，但我们并不觉得这样发展空间就小了，我们将通过运用更先进的技术与中国铁道部进行更好的合作，共同开拓国际市场。”

作为中国高铁产业骨干企业的中国南车在 2010 年实现海外签约额近 10 亿美元，不仅包括亚洲、非洲、南美洲等传统市场，而且还包括大洋洲、美洲、欧洲等新兴市场。2011 年 12 月 7 日，美国通用电气公司与中国南车股份有限公司签订合作框架协议，双方将共同投资 5000 万美元在美国成立合资公司，在美国本土合作制造高速列车、中速动车组和城市轨道交通车辆。合资公司有望成为首家为佛罗里达州和加利福尼亚州两个高铁项目提供高铁技术的美国制造商。

**（三）带动相关行业发展，形成高铁产业链**

高铁发展推动形成了庞大的产业链。2010 年中国铁路投资达到 8426 亿元，2011 年 4 月 22 日修订后的“十二五”高铁规划则把 2015 年的高铁目标“十二五”期间新线投产总规模控制在 3 万公里以内，安排基建投资 2. 8 万亿元，到 2015 年全国快速铁路里程 4. 5 万公里左右。大规模投资已经催生出一条庞大的产业链。

中国高速铁路网快速发展推动高速铁路作为国民经济战略性新兴产业的崛起。高速铁路本身不仅意味着各种高新技术的集成，而且高速铁路的发展会形成一条特有的产业链，紧密带动机械、冶金、建筑、橡胶、合成材料、电力、信息、计算机、精密仪器、电子设备、能源工业等相关产业发展，并促进这些产业结构优化升级，促进新材料和信息产业的研发和高铁沿线区域经济布局的调整。据中国铁道科学研究院首席研究员黄强测算，假定某年铁路基本建设投资额为 6000 亿元，能产生 2000 万吨钢材、

1.2 亿吨水泥的实际需求，另有 1000 亿元的机车配置及更新改造投资，还将消耗钢材 500 万吨，同时还将拉动机械、冶金、建筑、橡胶、合成材料、电力、信息、计算机、精密仪器等九大产业的发展。

高铁作为战略性新兴产业，拉动了我国机械、冶金、建筑、土木、材料、电力、计算机、装备制造等数十个领域的产业升级，填补了一批国内技术空白。其创新模式，打破了体制壁垒，整合了科技资源，对国内新药研发、大飞机制造等战略产业的自主创新起到了示范作用。

高铁有力地带动了我国产业结构的优化升级。高铁产业的快速发展和自主创新能力的快速提升，催生了一批高科技创新型企业，高铁产业已发展成为初具规模、潜力巨大的战略性新兴产业。同时，高铁大量采用冶金、机械、精密仪器等行业的高新技术产品，对这些产业的发展产生了强劲的拉动作用，在许多地区已经形成了完整的研发制造产业链。

### （四）有助于区域发展形成“追赶效应”

2004～2009 年间，中国货物运输的年复合增长率为 8.6%，但铁路网络长度增长仅为 2.9%，高速铁路网有助于缓解企业将业务迁往内陆地区的货运紧张状况。随着制造业向内陆转移，沿海省份可集中发展高附加值产业。高速铁路网可助推全国统一市场的发育，加快欠发达城市经济的“追赶效应”。高速铁路可以大大缩短区域间和城乡间的时空距离，促进区域间、城乡间劳动力、信息等要素的快速流动。

### （五）有助于实施西部大开发战略

铁路建设加大投资是一种刚性需求，不是为投资而投资，而是为满足国民经济持续发展的需要。修建一条铁路，带动一方经济。高铁推动西部大开发战略的实施。2010 年，兰渝、贵广、南广、成贵、兰新二线等一大批铁路重点工程正在快马加鞭地建设。按照规划，西部铁路建设投资占铁路建设总投资的 50% 以上，到 2020 年，西部地区铁路营业里程将在 5 万公里以上，西部经济基础设施、投资环境将得到极大改善。

## 二　高铁经济效益的具体分析

### （一）高铁产业：中国形成中的重要的战略性新兴产业

高铁发展正在衍生出中国新的基础产业，即高速铁路装备制造业。评价高铁的作用首先不应该局限于某一条或者某一些具体线路，也不应该仅仅将高铁作为一种普通的社会运输方式。高铁本身代表了一种产业，当前中国高铁产业是一个正在形成并发展壮大的中国最重要的战略性新兴产业。国家已将高铁列为优先发展的战略性新兴产业，高铁在加快经济发展方式转变、推动产业结构升级中的基础性、先导性作用将更为突出。

在科技部印发的《高速列车科技发展“十二五”专项规划》中提出继续“提高列车速度”的目标，以及实现“高速列车谱系化、智能化”的目标，高速列车突破四大技术。为满足顶层战略需求，“十二五”期间，中国高速铁路科技工作将沿如下四个重大技术方向展开：高速铁路体系化安全保障技术；高速列车装备谱系化技术；高速铁路能力保持技术；高速铁路可持续性技术。

1. 中国高铁形成基于产业化的核心技术

中国高铁不仅在关键技术领域取得了一系列重大创新成果，还建立了具有自主知识产权、世界一流水平的中国高铁技术体系。2003 年以来，我国已申请高速铁路相关专利共计 1902 项，其中已经授权 1421 项，正在受理中 481 项。2011 年 12 月 7 日，美国通用电气公司与中国南车股份有限公司签订协议，共同投资在美国成立合资公司。中国高铁将成为首个发展中国家向发达国家输出的战略性高新技术项目。

（1）工程建造。中国高铁发展过程中已攻克了松软土、湿陷性黄土、岩溶地质、冻土等一系列世界性地质难题，开凿了大断面隧道、江河水下隧道、高压富水岩溶隧道等一批高风险长大隧道，架设了大跨度斜拉桥、钢桁拱桥、混凝土连续梁桥等一批新型结构大跨度特殊桥梁。

（2）高速列车技术。中国高铁形成了时速 200～250 公里高速列车系列技术标准体系，自主研制并大批量生产了时速 350 公里高速列车，成功研制生产出新一代时速 380 公里高速列车。2010 年 12 月 3 日，国产“和谐号”380A 新一代高速动车组列车跑出了 486.1 公里的时速，成为历史上地面运行最快的交通工具。中国高铁技术在多个方面达到世界领先，以列车气密强度指标为例，中国的机车装备制造业就领先日本和欧洲 10 年。

（3）高铁客站建设技术。通过坚持“功能性、系统性、先进性、文化性、经济性”的高铁客站建设新理念，针对高铁客站特别是大型客站建设遇到的大量技术难题，大力推进自主创新。新建的高铁客运站点虽然体量大，但节能环保，大量采用了冷热电三联供、热泵、太阳能光伏发电、冰蓄冷等当今最先进的节能环保技术，不仅美观大方，而且能实现零换乘，非常实用。

2. 中国高铁产业形成支柱性企业

高铁的发展推动形成高铁产业的支柱性企业。以高铁机车制造业为例，包括中国南车和中国北车在内的国有企业成为高铁产业发展的受益者，两企业的业绩随着高铁产业的发展稳健增长。中国南车在“十二五”发展规划中提出2015年实现营业收入1500亿元的目标，与2010年相比，翻了一番多，年复合增长率在20%左右。随着高铁的发展，中国南车2008年净利润为13.84亿元，2009年净利润为16.78亿元，2010年净利润更是超过25亿元，2011年一季度净利润为9.46亿元，而2010年同期净利润仅为3.56亿元。中国北车2008～2010年年度净利润分别为11亿元、13亿元、19亿元。中国北车在2008年提出了自己的“三步走策略”：第一步，三年再造一个北车，到2011年实现销售收入700亿元；第二步，四年时间再翻一番，到2015年实现销售收入1400亿元；第三步，2020年前进入世界500强。

3. 高铁产业产生良好的进口替代效应

由于高铁技术属于典型的高端装备技术，对技术要求格外严格，而高铁工程涉及诸多技术环节和领域，正是这种高标准的高铁技术，使得高铁中的各项技术基本代表了本行业的最高水平。高铁技术向外延领域扩展，通过技术移植培育市场空间，产生了良好的进口替代效应。

具体而言，由于中国高铁采取了“引进消化吸收再创新”的发展道路，部分核心零部件需要从国外进口，一旦国内相关企业能够攻克核心零部件技术难关，将会大幅拉低进口核心零部件价格，进口替代效应将会给相关企业带来广阔的增长空间。以绝缘栅双极晶体管为例，其英文名称是IGBT，作为功率半导体器件，它是第三次技术革命的代表性产品，绝缘栅双极晶体管是电机控制和功率半导体器件首选器件，被誉为功率变流装置的“CPU”、绿色经济的“核芯”。在中国南车的大功率IGBT产业化基地启动之前，全球IGBT市场中最主要的供应厂商由国外少数大公司控制，包括日本的三菱公司、东芝公司，德国的英飞凌公司，瑞士的ABB公司。中国的IGBT市场大部分由国外厂商占据，其中IGBT芯片完全依赖进口，关键技术被国外大公司垄断。中国南车的该项目设计年产能力达到8英寸芯片12万片、IGBT模块100万只。中国南车成为国内唯一掌握IGBT“芯片设计－芯片制造－模块封装－系统应用”完整产业链的企业，填补了国内相关技术领域的空白，将打破国外的垄断供应。据介绍，IGBT项目预计2013年正式投产，总投资14亿元，年产值保守估计在20亿元。

高铁技术的崛起，不仅可以将高铁技术延伸到其他领域，而且高铁出口也会赢得大量的海外订单，进口替代效应将会使得更多的高铁配套设备生产企业脱颖而出。

**（二）高铁与物流业**

1. 传统铁路运力与需求的矛盾

中国铁路系统以世界铁路6%的营业里程完成了世界铁路25%的工作量，运输效率位居世界第一。但铁路对国民经济发展的“瓶颈”制约仍然存在，总体运输能力长期不足，限制型运输状况十分严重。面对与日俱增的货运需求，目前铁路把90%以上的运力用于保障关系国计民生的重点物资运输上，全国85%的木材、85%的原油、60%的煤炭、80%的钢铁以及冶炼物资是由铁路运输的。[①] 这已经达到现有铁路在既有能力发挥到最大极限的运量，但是铁路运输却只满足了货运需求的1/3，我国铁路的货物运输请求车满足率一直不足35%。在客运方面，一票难求的局面长期存在。客运方面座席能力不到300万人/天，实际运量平均为410万人/天，高峰时期为636万人/天。春运期间更有极端的停货保客，使铁路货运雪上加霜。

根据大摩预测，中国的物流业在接下来的10年都不会达到顶峰而会一直保持增长。2011～2015年间，物流业的年增长率为23%，2016～2020年，物流业的年增长率为70%，达到425亿元的市场总量。2011～2020年，物流业从长远看将达到平均20%的增长率。而推动物流业发展和持续增长的主要动力是包括高铁在内的基础运输设施的发展。

新建高铁项目都是经济社会发展和人民群众生产生活急需的，主要分为三大类。一是像京沪高速铁路这样的客运专线和城际铁路，以及对既有的京哈、京广、京沪、陇海等繁忙铁路干线进行强化改造，使之成为以货运为主的大能力运输通道，从根本上缓解铁路运输的“瓶颈”制约。二是包头至西安、太原至中卫、准格尔至朔州等煤运通道项目，到2010年建设规模达到近1万公里。这些通道建成后，将大幅度提高西煤东运、新疆煤外运、“三西”煤炭直达华中的运输能力，从根本上缓解煤炭运输尤其是电煤运输紧张的状况。三是贵阳至广州、南宁至广州等资源开发性西部干线铁路项目，到2010年建设规模达到1.5万公里。通过实施这些项目，加上对既有铁路的技术改造，将进一步扩大铁路对国土的覆盖面积，强化中西部交通基础设施，为西部大开发、中部崛起、东北振兴等战略的

① 《中国高铁：经济腾飞的新引擎》，《光明日报》2010年12月15日第10版。

实施提供可靠的运力保障。

2. 客运专线提高客运能力

高铁快速扩充了铁路客运能力，大大缩短了旅客出行时间。一般而言，一条高铁年运量是既有普速铁路的 4～5 倍。自 2008 年第一条高铁开通以来，中国高铁已安全运送旅客 6 亿多人次。2010 年中国铁路旅客发送量比高速列车开行前的 2006 年增长了 33.4%，同时京津、胶济、武广、郑西、沪宁 5 条高铁运营后每年释放的货运能力已达 2.3 亿吨。

目前，全国铁路每天开行“和谐号”动车组 1000 多列，发送旅客 100 多万人，平均上座率达到 120% 以上。自 2007 年 4 月，高速列车正式开行以来，已累计安全走行 3.5 亿多公里，运送旅客 5 亿多人次。2011 年 1～10 月，全国铁路旅客运量完成 14.4 亿人，同比增加 1.3 亿人，增长 9.6%。“十一”期间，铁路部门大量加开动车，10 月 1 日旅客发送量突破了 800 万人，创下继 5 月 1 日突破 700 万人后的又一新高。

以武广高铁为例，2011 年，武广高铁客流量大幅攀升，与 2010 年同期相比，增幅超过 50%。截至 2011 年 6 月 27 日，武广高铁 2011 年的日均客流量达 60182 人，比 2010 年的 38442 人增长一半以上。据武汉铁路局统计，2011 年以来，武广高铁累计发送旅客 1071 万人次，上、下行分别为 552 万人次和 519 万人次，比 2010 年分别增加了 199 万人次和 188 万人次，取得了良好的社会和经济效应。再如京沪高铁，截至 2011 年 7 月 31 日，京沪高铁开通运营一个月以来，共开行动车组列车 5542 列，日均 179 列；运送旅客 525.9 万人，日均 17 万人，平均上座率 107%。京沪高铁和既有京沪线日均合计发送旅客 25.4 万人，较京沪高铁开通前增加 9.4 万人，增长 58.8%。

高铁开行大大缓解了春运的压力。高铁因其安全、方便、快捷、舒适的特点成为人们出行的新选择。武广高铁投入运营后，广东地区的春运发生了极大的改变。2010 年春运，节前高峰期由广州南站开往湖南、湖北方向，节后高峰期由湖北、湖南开往广东方向的“和谐号”高速动车组深受旅客欢迎。213 万旅客乘坐了武广高铁，其中外来务工人员占到四成以上。

3. 客货分流释放货运能力

高铁开通大大节约了社会时间成本和物流成本。据测算，在全社会货物运量中铁路货运比重每提高一个百分点，就可节约社会物流成本 212 亿元。高铁的开通运营有效地增加了铁路货运能力，大大降低了全社会的物流成本，对于提升中国企业经营效益具有重要作用。

高铁开通为客货分线运输创造了条件，高铁主要作为客运专线不但满足了客运的需求，而且逐步实现客货分线，大大释放了既有铁路的货运能力。2010年中国铁路旅客发送量比高速列车开行前的2006年增长了33.4%，同时京津、胶济、武广、郑西、沪宁5条高铁运营后每年释放的既有线货运能力已达2.3亿吨。这5条高铁客运专线开通后，每天就增加货物列车83对，多运货物62万吨，原有的铁路通道都初步实现客货分线，为既有线腾出了一定的货运空间，由此释放出的既有线年货运能力已达2.3亿吨，使全国铁路货运量同比增加6.8%。2011年1~10月，全国铁路货运总发送量完成30.3亿吨，同比增长11.7%，日均装车达到157319车，同比增加15220车，增幅达10.7%。

随着更多高铁线路的贯通，中国主要干线铁路都将实现客货分线，铁路货运能力的提升，满足了市场运输的需求，保障了重点物资的运输，确保了国家促增长、保民生政策措施的顺利实施，为国民经济持续健康发展提供了有力支撑。

4. 高铁的保电作用明显

中国当前正处在工业化中期的重化工业阶段，经济发展对电力的依赖性较强。中国以火电为主，大量的煤矿集中在西部地区，而东部地区经济发达却能源短缺，因此电煤运输是国民经济的重要环节。受益于武广高铁，沿线地区电煤运输有了保证，拉闸限电已成历史。为保证电力迎峰度夏的需要，铁路部门充分利用京广线南段释放的运能，最大限度地保证沿线电煤供应，2011年沿线电厂铁路供煤量达到2000万吨，较上年增加500万吨，同比增长33%。主要钢厂的原材料入厂和产成品外运能力也得到较大提高，预计今年完成4100万吨，较上年增加600万吨，增长17%。

5. 高铁对其他物流业的影响：以钢铁物流业为例

京沪高铁对中国钢铁生产重要区域的北方钢铁业和重要钢铁消费市场的长三角及周边地区的钢铁物流业产生了重要的影响。京沪高铁正式开通以来，原京沪线上的客流部分分流到了京沪高铁，仅仅一个月的时间便使得京沪线年货运能力实现5000万吨的释放，给沿线城市的物流带来了深远影响。作为连接钢铁生产重地环渤海经济圈和钢铁流通重地长三角地区的重要大动脉，京沪线货运能力的释放，会给钢铁物流业带来深远影响。

京沪高铁“拉近”了南北钢材价差。北方环渤海5省市即山东、河北、天津、北京、辽宁，每年的钢铁产能达3亿多吨，几乎占到了全国的一半，但5省市内部只能消费一半左右，其余均要输出到华东、华南地区。但天津、唐山等北方钢铁重地寻求北货快速南下的设想常常因物流难而搁浅。京沪高铁的开通使得老的京沪线逐渐转为以货运为主，高铁开通初期，老的京沪线释放出的运输能力每天可增运货物14万吨，即年增货运能力约5000万吨。增加的5000万吨运能意味着由于京沪高铁对客运的分流，老京沪线的货运能力可提升77%左右。并且，京沪高铁开通后，铁路与汽车运输、水运之间的价格竞争关系再次生变。南北钢材实现快速流通也对南北钢材价差的趋同性带来影响。

与京沪高铁类似，武广高铁的开通也极大地促进了中部地区的钢铁物流业。湖北省武钢集团物流管理公司副总经理陈桥说："武广高铁开通后，进出武钢的原材料产品运输通畅了，物流周转率提高了。"

6. 高铁对不同区域物流带动作用的具体分析

（1）中部到西部：郑西高铁

郑西高铁的投入运营，对实现客货分线运输，缓解陇海铁路运输"瓶颈"，满足中西部地区日益增长的运输需求有着重大意义。

河南是中国的人口大省，是"中部之中"，陕西是矿产资源大省，也是西部大开发的"桥头堡"。但两省省会郑州至西安之间的铁路运输，却长期处于饱和状态。新中国成立初期，由于战争的破坏和当时技术水平的限制，陇海铁路郑州至西安段的列车运行速度平均每小时才20~30公里。随着"一五"期间大批国家重点建设项目布局在陇海铁路沿线的郑州、洛阳、西安等城市，沿线企业快速发展，人口密度迅速增加，陇海铁路的运能很快就难以满足国民经济发展的需要。此后，国家投巨资对陇海铁路进行多次整修和改造，修建了复线，实施了电气化改造。但与快速发展的国民经济和日益增长的客货运输需求相比，陇海铁路运输"瓶颈"并没有得到有效缓解。

2004年，郑州至洛阳之间的客车达到了53对、货车79对，成为整个陇海线运输的"瓶颈"，严重制约了西部地区与中部地区的客货交流。在西安铁路枢纽内，编组站、客运站、货运站纵列式分布在陇海线上，能力利用率达114%。目前，陇海铁路的运输密度是全路平均值的3倍。随着中西部地区的快速发展，客货运输需求更加旺盛。而利用既有陇海线扩能和其他线路改建分流，并不能同时解决提高运输能力和运输质量问题。连接中部与西部的陇海铁路已经成为制约西部地区和中南、华东地区的客货交流的"瓶颈"。

郑西高速铁路运营时速达350公里，是我国中西部地区目前运营速度最快的铁路。铁路全长505公里，把郑州至西安两个城市间列车直达时间由过去的6个多小时缩短到2个小时以内。郑西高速铁路的开通运营，近期可解决既有铁路线陇海线郑州至西安段的客货争能问题，释放既有线的能力；远期通过徐州至兰州客运专线将与京沪、京广客运专线实现连接，将大大缩短中西部地区与中南、华东地区的时空距离，从而促进东中西部经济社会协调发展。

（2）东部发达地区：京沪高铁

京沪高铁沿线的国土面积占全国的6.5%，但总人口却占到全国总人口的1/4，GDP更是占到全国GDP的30%，可以说是中国经济发展为活跃和具潜力的地区。但是长三角的上海、江苏、浙江三地的生产总值和规模以上工业完成增加值等核心经济指标增加速度在2005年均有不同程度的回落，资源瓶颈是造成这一现象的重要原因之一。京沪高铁建成后，与既有京沪铁路实现客货分流，对长三角破解资源紧缺难题具有重要作用。

老的京沪铁路长度仅为全国铁路营运线的2%，但它连接着京津冀与长三角两大经济圈，承担着全国10.2%的铁路客运量和7.2%的货物周转量，其运输密度是全国铁路平均水平的4倍。京沪线既有铁路的利用率已处于超饱和状态，有26%的区段运力利用率达到100%，73%的区段运力利用率达到90%，也就是说，只有3/4的区段还有10%的运输潜力。由于其一直处于超负荷运行状态，因此严重制约了沿线经济发展。受此制约，资源紧缺的长三角一直不能与资源丰富的津冀鲁豫及东北老工业区实现联动发展。

京沪高铁贯通将有利于长三角地区突破资源瓶颈。京沪高铁降低了长三角、环渤海及沿线地区的互动成本，有利于优化资源配置，将产业链上、下游集聚在一起，减少中间环节和物流成本。京沪高铁建成后与老的京沪铁路之间实现了客货分流，重新分工，京沪高铁是客运专线，老的京沪铁路从客货混跑转为以货运为主，大大增加了老的京沪铁路的货运能力，其单向年货运能力达1.3亿吨以上，成为一条新的大能力的货运通道。

京沪高铁运输能力不仅能实现“客货分流”，缓解货运压力。同时，还可以将铁路运输与公路、水路、航空运输结合起来，实现“无缝连接”。京沪高铁投用后，对地方经济社会发展、城乡规划的调整以及建立现代化交通枢纽起到了积极作用。

（3）中部与东部：武广高铁

京广铁路主要面临运能饱和客货争流的问题。既有京广铁路是我国最繁忙的干线之一，运输能力处于超饱和状态，运输质量难以进一步提高。节假日期间，因增开大量旅客列车，货物列车被迫全面停开，严重制约区域经济的发展。

2012 年 1 月至 5 月，武广高铁经铁路运到湖南、广东两省的货物累计 6546 万吨，同比增加 1114 万吨，增长 21%，发送货物累计 4048 万吨，同比增加 668 万吨，增长 20%。在武广高铁调图后，京广铁路武广段比武广高铁开通前增加了 33 对货物列车，日均可增运 4000 车，约 25 万吨。同时，也使原来因京广线能力紧张而调整至焦柳和京九等线运输的日均 1300 车货物，由京广线承担，减轻了京九和焦柳等线运输压力，实现了货运总量的增长。

**（三）高铁对沿线城市房地产业的带动作用**

高铁不仅是一个交通概念，高铁经济能够带动相关产业的发展，尤其是房地产业的发展。内地城市的楼价近年来均有不同幅度上涨，其中不少是因为高铁开通和“高铁经济”的刺激。京津城际高速铁路开通后，2008 年下半年至 2009 年上半年，在天津购房的外地人中有一半来自北京。工作在北京、生活在天津，或者工作在天津、生活在北京已经成为现实。武广高铁途经湖北、湖南、广东三省，将珠三角城市群、长株潭城市群和武汉城市圈串联起来，形成一个“3 小时经济圈”，由此导致的直接结果就是长沙、武汉两市的楼市升温和房地产业发展。武汉主城区成交均价从 2009 年年初的 5000 元左右上涨到 2010 年 3 月的 6278 元/平方米，其中汉口中心区的商品住宅成交均价首次突破了 9200 元。再如京沪高铁，沿线的 21 个站点都试图与北京、上海同城化。苏州的相城区在京沪高铁苏州站寻址之初就提出“换乘中心”口号，规划建设集金融、商务、住宅为一体的“高铁新城”，预期高铁建成后，乘坐高铁到上海的车程将只有 20 分钟，可以实现“工作在上海，居住在苏州”，吸引了大量为高楼价所困扰的上海年轻白领到苏州买房。2009 年 6 月以来高铁苏州站当地的楼价迅速上涨，从每平方米 6000 元人民币陡升至 9800 元人民币。

同样作为京沪高铁站点的无锡也是如此。无锡对高铁站点附近的区域实现了深度开发，房地产价格不断上涨。无锡打造了以高铁站为核心的锡东新城，位于无锡东部，规划总面积 125 平方公里，其中高铁商务区面积 45.62 平方公里，是无锡城市规划中的“五大新城”之一。发展目标是打造成集行政、文化、居住、工业、科技、物流、商贸、金融于一体的未来城市副中心，依托京沪高铁站点，重点发展总部经济、服务外包、休闲旅游、商务居住、国际社区等高端服务业。目前已成功引进搜狐新动力有限公司，知名房地产企业碧桂园正式落户，与大连万达、金科、万科、保利等国内知名公司的合作也正在洽谈之中。另外，Auto-park 汽车城一期项目 9 家企业完成了签约，英菲尼迪、日产、本田等中高端汽车品牌即将入驻。总规划面积超过 45 平方公里，集总部经济、文化创意、休闲旅游、商贸流通等高端产业为一体的锡东新城高铁商务区正在快速发展。

**（四）高铁对旅游业和文化融合的影响**

高铁可以实现旅客随到随走，购票方便快捷，候车温馨优雅，检票畅通无阻，旅行舒适享受。高铁时代人们的旅行生活正在变得简约而明快，一种全新的现代交通风尚正在快速形成。

随着高铁的发展，旅游业将进入黄金时代。预计到 2015 年，中国居民的人均旅行量将翻一倍，旅游业产值将占到 GDP 的 4%。当前，中国人均每年有 1.6 次国内游，美国人均国内游则达到 4.6 次。随着高铁的大规模兴建和国内经济强有力的增长，预计到 2015 年，中国的国内游将由人均每年 1.6 次增加到人均每年 2.4 次，旅游业对 GDP 的贡献将上升到 4.5%。以往的研究表明，出行频率和 GDP 有很大的相关性。

高铁的发展和当地旅游业的发展之间有很强的联系。据国家统计局调查显示，2008 年京津城际高铁的开通对天津旅游业的增长贡献率达到 35%，乘高速铁路的外埠游客用于购物的消费占整个旅游消费的 33.5%。天津免费开放的 6 个博物馆、纪念馆，累计接待外地观众近 80 万人次，其中由北京来天津的旅游团体观众占 90%，比高速铁路开通前增加了 30%。天津各大、小剧场迎来的观众人数超千万，比高速铁路开通前增长了 20%。京津城际高速铁路开通一年来，天津 10 家“狗不理”餐厅的营业额都增加了 20% 以上，增速远高于往年。

武广高铁开通后，2010 年上半年，武汉的旅游业量从 43% 上升到 51%。武广高铁作为客运专线带动了沿线湖北、湖南和广东三省旅游业和房地产业的发展。湖南、广东纷纷推出在景区可享受“车票兑门票”或门票半价优惠等促销活动。2010 年春节黄金周期间，湖南旅游接待人数和旅游收入增幅均超过 30%，广东游客已占到湖北各大景区游客总量的 80%。

武广高铁的开通对沿线小中城市的旅游业起到了极大的推动作用。武广高铁对湖南省湘潭县旅游业的拉动产生了最直接的效应。2011 年上半年，湘潭县共接待游客 110 万余人，实现旅游综合收入 1 亿元，同比分别增长 25% 和 30%，而高铁开通前的 2006～2010 年，县旅游综合收入年平均增长只有 10%，高铁对湘潭县旅游业发展影响显而易见。一是客源市场的改变。以前来湘潭县游客主要以省内游客为主，2011 年以来从武汉、广州等地来的游客明显增多。二是旅行社组团形式的改变。以前湘潭县旅行社主要是组团外出旅游为主，2011 年起地接游业务明显增加。三是游客出行方式的改变。以前游客主要以自驾游、旅行社组团为主，当前乘高铁出游明显增多。

高铁带动着中国正在产生旅游“同城化”效应。高铁使得路途时间缩短，吸引了原来受时间约束、现在借周末及小长假出游的家庭，使省际游变成“同城游”，游客有更多的时间游览景观和休闲娱乐。

高铁对旅游业的促进作用还表现在拉近了东部发达地区和中西部地区的物理距离，为中西部地区发展旅游业提供了重要的契机。中国 50% 的经典旅游景点都坐落在中西部，由于交通的限制，未得到良好的开发，高铁的出现，使得东部片区有经济实力的人更好地走向中西部的旅游景区。郑西高铁就是一条连接中西部历史文化的高速通道。郑西高铁的开通，直接受益的是两省旅游业。沿线的郑州、洛阳、西安等城市，无一不是中华文明历史上产生过影响的历史名城。这些城市既有深厚的历史文化沉淀，也属于当前中西部地区颇具发展潜力和活力的核心城市。高铁沿线分布着少林寺、白马寺、龙门石窟、华山等一批知名的旅游景点，不论从景点的密集度和知名度，还是从交通的便捷上，均可谓是一条中西部旅游的“黄金线路”。

旅游是老百姓追求高品质生活的一种体现。随着高铁时代的到来，人们的活动范围在迅速扩大，自然风光、文化遗产、现代文明都纳入人们的视野。从更高层次来看，高铁不仅促进了旅游业的发展，而且还拓展了人们的文化空间。

“高铁游”实现了“早喝广州茶、午登岳麓山、晚游黄鹤楼”“上午吃泡馍、下午游少林”的旅行体验。郑西高铁只需 2 小时，便可穿越郑州、洛阳、西安三座千年古都，领略从夏商到汉唐的古老文明。随着高铁的发展，在大地上旅行，地域文化的地理界桩在人们的感觉中淡化。“遥远”和“漫长”将在人们的记忆中模糊。地域文化通过高速铁路互补、交融，衍生出新的内涵。武广高铁促进荆楚文化、湖湘文化、南粤文化兼收并蓄，郑西高铁推动中原文化与三秦文化繁荣兴旺，沪杭高铁更让海派文化与吴越文化“零距离”交融。

## 第三节 高铁的社会效益评估

高铁加快了中国的城市化和工业化进程，并在一定程度上有助于解决资源环境问题。高铁最重要的作用是促进了区域经济一体化和城市带的形成。高铁可以大大缩短各区域间和城乡间的时空距离，促进区域间、城乡间劳动力尤其是人才、信息等要素的快速流动，带动相关产业由经济发达地区向欠发达地区的转移，产生区域趋同效应和协同发展，有利于促进中西部地区发展，加快西部大开发。

高铁网的建设使得中国基础设施在全球下一轮竞争中占据优势。同时，高铁所经过的相关区域的一体化趋势将加快，人流、物流、信息流将实现空前的融通，这种综合效应势必催生中国经济新格局。

俗话说“要想富先修路”，一个社会交通的发达程度是与当地经济发展情况成正比的。高铁建设的快速发展和高铁网的完善标志着铁路交通对中国经济社会发展的带动作用将进入一个新的阶段。根据《中长期铁路网规划》，2020年中国铁路营业里程将达到12万公里以上，将建设高速客运专线1.6万公里以上，以“四纵四横”为重点，构建快速客运网的主要骨架，形成快速、便捷、大能力的铁路客运通道，逐步实现客货分线运输。哈尔滨经大连、沈阳到北京，北京到上海，杭州经福州、厦门到深圳，北京经武汉到广州四条南北走向线路为“四纵”。太原经石家庄与京沪高铁接轨再向东到达胶东半岛；西安到郑州、向东与京沪高铁接轨，向西延伸到兰州；武汉向东连接合肥，在南京与京沪高铁接轨，武汉向西沿长江到重庆、成都；长三角地区从杭州沿浙赣线，经南昌、长沙，继续向西，经贵阳到昆明这四条线路为东西走向的“四横”。“四纵”、“四横”把中国的东部、中部和中西部地区大多数城市纳入规划，不但打通了南北东西的大通道，还形成了环渤海城市群、长三角城市群和珠三角城市群的三大以高铁为核心的轨道交通网络。在此基础上，中国未来发展的区域经济格局优势将更加明显，高铁节点城市尤其是核心城市对周边城市的辐射能力将进一步提高，带动区域城市化和周边城市的城市现代化发展，形成以高铁新城为主导的区域经济发展新引擎。

## 一　高铁促进了不同地区城市间的交流和联系①

高速铁路已经成为投资考察的重要指标，京津冀、长三角、珠三角、环渤海经济圈、东北城市群、西安城市群、武汉城市群、中原城市群等区域的经济联系与文化合作正在重新定位。

一般用Hansen的可达性指数（Accessibility index）衡量某个城市与其他所有城市进行经济联系的可能性。中国高铁线路的大量通车将导致一个规模巨大的高铁网络形成，进而对沿线城市的社会经济发展产生深远的影响，其中尤其要重视高铁建设对城市间经济交流可能性的提升及每个城市本身的吸引力。

高铁对西部和内陆城市的促进作用明显，让昆明、重庆、兰州、成都、哈尔滨等城市能够有更多的机会参与中部和东部的经济活动，包括就业、投资、消费等。传统上这些城市只能通过“城市对城市”的普通铁路方式进行对外经济活动，但建设高铁之后，它们可以通过“城市对城市圈”的方式进行对外经济活动，便利性大大提高，并且可以实现原来无法想象的与深港粤地区的对外经济交流。如兰州—郑州—徐州的高铁建成后，兰州将能通过郑州迅速进入“环渤海湾经济带”，通过徐州进入上海、南京、杭州的长三角城市圈。珠三角中心的香港、深圳的发展传统上依赖于国际贸易，高铁开通后通过接入内地1.6万公里的高铁网，可以迅速融入中国内地日益扩大的经济活动。现在从北京到香港九龙的火车需要25个小时，但京港高铁建成后，香港到北京将只需8个小时，香港乘客不需转车就可直达北京、上海、武汉等16个内地城市。

在中部城市中，高铁对长沙、南昌两个城市的经济拉动可能最大。长沙、南昌是与沪宁杭、深港粤经济圈最为临近的两个城市，高铁网络的建设大大拉近了这两个城市与这个重要经济体的距离。

高铁网络建成后，石家庄、杭州、南京三个城市的可达性指数排名有明显上升，主要原因是它们与北京、上海两个大城市的同城效应更为明显。同城效应，是指一个城市与另一个或几个相邻的城市，在经济、社会和自然生态环境等方面资源互补，共同发展。高铁网络建成后，南

---

① 中国三星经济研究：《高铁经济最受益的城市》，http：//news.cnfol.com/100805/101，1280，8160802，01.shtml，最后访问时间：2013年4月2日。

京、杭州到上海的距离缩短到1小时内，石家庄到北京也可以1小时直达，同城效应将拉动南京、杭州、石家庄三个城市房地产、消费等市场的发展。

## 二 高铁有助于促进城市圈内部的整合

高铁在促进城市结构转型和产业升级，推动城市功能完善，促进产业集聚，促进城市经济多元化发展，利用交通优势发展特色产业等方面，具有显而易见的优势。高铁作为城市发展的催化剂，对于城市功能的外拓、产业的升级起到至关重要的作用。以高铁建设发展形成的区域，其城市能级远远大于以其他交通方式形成的城区，因此高铁对于城市发展具有更大的拉动作用。

以长三角城市群为例，长三角地区作为中国最为发达的经济地带，长期以来形成了以上海为核心，以南京、杭州为二线城市，以苏州、无锡、宁波等为三线城市的一个十分完整的城市等级体系。区域内部每一次交通设施的升级和完善都会在一个新的平台上推动区域内部城市等级体系的有效融合和整合发展。沪宁高铁开通后有力地推动了长三角区域产业升级和转型。高铁快速度导致城市与城市之间的通勤时间大大缩短，南京、杭州将逐渐成为上海的副中心城市。由于高铁使沪杭之间的距离“缩短”，增加了沪宁之间的人员流动，将有大量人群转至南京工作，促使人流、物流和信息向南京集中，为南京带来商贸、物流、金融、传媒、酒店、餐饮等行业发展。此外，高铁沿线城市将迎接产业转移的机遇。沪宁高铁沿线地带交通便利，地价相对上海较低，而且劳动力更廉价，大批企业为降低成本，把总部和研发中心留在核心城市——上海，而将生产部门转移至高铁沿线城市，这就带动了沿线城市的经济发展，促进了上海及其他城市的产业升级转型。上海将逐渐形成总部基地集群，而其他城市将形成服务业与制造业集群。

## 三 高铁对整合区域发展的综合作用

高铁时代，使得中国城市之间的同城效应得到体现，铁路沿线形成的走廊产业经济带，有助于扩大地区间的分工。尤为重要的是，高铁提高了国内市场的统一性，有利于解决各地区域规划难协调的问题，中国整体城市化和工业化的进程由此加速。

高铁加快了沿线城市城镇化进程。高铁的开通有助于实现中心城市与卫星城镇的合理布局，发挥中心城市对周边城市的辐射带动作用。城镇化水平的提高必然会带来城际间客运需求的增加，高速铁路快速、安全、大运能的特点可以满足这一需求。

高铁优化了沿线各地的资源配置，带动了沿线城市产业发展。高速铁路的开通将引导人力、技术和资金等生产要素在沿线城市间的合理流动，引导地区产业向土地和劳动力相对廉价的沿线城市进行投资布局。

高铁建立了跨区域的城市圈。高铁网规划中的纵向线路串联起了中国南、北方的所有主要城市，如京沪高速铁路途经江苏、安徽、山东、河北及天津，最后到达北京，将连接中国长江三角和环渤海湾两大城市带。而横向线路则有助于推动中国西部和中部地区更好地与东部发达地区进行城市交流。

高铁引导了地区间产业转移和产业结构升级，推动了区域和城乡的协调发展。高速铁路缩短了城市之间的通行时间，并消除了物流障碍，使中、西部地区与沿海省份的联系更为紧密，促进制造业等向劳动力成本、土地价格较低的内陆地区扩张。主要工业产业以及消费能力从东部向西部转移是长期趋势，跨区域的经济合作日益增多，高铁的建设顺应了这种转移趋势。

## 四 高铁的其他社会效应

### （一）有助于缓解春运压力

在高铁开通之前，春运问题十分严重，有可能从一个人员运输问题变成一个重大的社会问题甚至于政治问题。每年春节期间，南方广州、深圳等城市都会出现大批人员滞留、春运潮等现象。武广专线开通后，武广铁路客运专线正式运营后的运行时间定为 3 小时零 8 分。不仅大大缓解了京广线南段的运输压力，特别是春运压力，而且大大缩短了沿线城市间的时空距离。2011 年广东地区的春运发生了极大的改变。武广动车每节车厢乘坐旅客 80 多人，春运期间，每趟可挂 18 个车厢，两地往返日发送旅客量可达 20 万人次。2010 年春运，节前高峰期由广州南站开往湖南、湖北方向，节后高峰期由湖北、湖南开往广东方向的高速动车组运送了 213 万旅客，其中外来务工人员占到四成以上，从根本上解决了京广铁路武广段运输能力紧张的问题。

### （二）促进就业

高铁项目的施工与建设能够在短时间内吸纳大量的资金与劳动力。2009 年铁路投资 6000 亿元，可以创造 600 万个就业岗位，2009 年安排机车车辆购置投资 1000 亿元，可提供 80 万人的就业岗位。石武客运专线邯郸段和高铁枢纽站区总投资90.5亿元，2010年完成投资14.5亿元。建设期间，施工单位承诺以“本地工、本地材、本地税”为原则，优先使用邯郸市生产的钢材、水泥、沙子、石料等原材料。据初步测算，未来几年间大约需要钢材30万吨，水泥120万吨，河砂256万吨，碎石450万吨，粉煤灰30万吨，临时用工3000多人，可以间接提供近3万人的就业岗位，将缴纳建筑营业税1.7亿元。

**（三）提高生活质量**

高铁发展和高铁网的完善将对发展社会事业、优化社会结构、完善社会服务功能、改善人民生活等社会建设方面起到积极作用，这些作用正在逐渐被人们认识和发掘。比如，沪杭高铁连起了长三角经济最发达地区的上海和杭州，诞生了一座新的“沪杭城”。沪杭两地政府推出了“交通、旅游、医疗、社保、教育、邮政、信息、人才、市场”九项一体化措施，共同构筑沪杭40分钟生活圈、工作圈、经济圈。两地市民可以方便地通用一张公交IC卡、医保卡，共享公共信息平台和商品市场网络等，实现公共服务、社会生活的深度融合。

**（四）促进城乡统筹发展**

研究高速铁路对拉动内需、促进经济增长的贡献，不但要看到其通过较高的上座率实现了自身收益，还要看到高铁项目对区域发展整体上的拉动效应。高铁对拉动内需，加快城市等级体系内部的融合和城乡统筹发展提供了强大支撑，带动了沿线城市旅游、餐饮、购物等相关服务业及住房需求的快速增长。高铁为旅游业的发展提供了极大便利，并有利于打造新的消费中心。高铁开通带来的产业转移和人才流动，促进了当地楼市的价格上涨。高铁开通后带来的同城效应使得在一线城市工作，而在房价和生活成本较低的二、三线城市居住的生活模式成为可能。研究表明，对于已经拥有或拟建设高速铁路的二、三线城市，房地产投资的增长往往超过一线城市。天津市商委的调查显示，京津城际铁路开通后，从北京前往天津旅游的人次比高铁开通前增加了三成。2008年外地到津旅游者消费超过750亿元，其中高铁的贡献率为35%。武广、合武等高铁开通后，不仅使民航、公路运输纷纷降价三至五成，也大大促进了沿线人员、资源的流通，促进了城乡统筹发展。

## 五　高铁对环保的促进作用

铁路是人类社会文明进步的重要产物，也是促进世界经济社会发展的重要基础设施。高速铁路是高新技术在铁路上的集中反映，它使交通运输结构发生了新的重大变化，是当代经济、社会、科技、交通发展的必然产物。它与汽车和民航等运输方式相比较，输送能力大，安全可靠，舒适度高，较少受气候变化的影响，又具有节省石油和土地资源，保护生态环境，摆脱交通堵塞等优势，是解决大通道上大量旅客高速输送问题的最有效途径，已成为世界各国铁路发展的趋势。中国是发展中国家，人均耕地仅有1.4亩，减少、消除过度的或不当的土地利用，节约建设用地非常重要。高铁在环保、节能、节约土地等方面具有巨大优势，发展高速铁路能使土地资源利用既充分又合理。

目前，我国时速350公里的高速列车每百人公里能耗每小时不到6000瓦，是大客车的50%、飞机的18%，是陆路运输方式中最节能的。“逢山开路，遇水搭桥”是人类传统交通建设千年不变的法则，而高铁建设改变了这一传统方式，为节约耕地和保护自然环境而架桥，为保持城区和自然景观的完整而修建城底、河底隧道。由于在中国高铁建设大量采用“以桥代路”的方式，建设1公里的高速铁路可节约44亩土地，所以目前运营的高铁实际节约土地多达33万余亩。跨越华北大平原、长江三角洲平原的京津城际铁路、京沪高铁有五分之四以桥代路。京津、武广、郑西、沪宁、沪杭等14条高铁施工过程中以桥代路的比例达到70%以上，每公里可节约土地44亩，仅一条京沪高铁节约的土地就在万亩以上。

# 附录　各章作者

绪论　（甄志宏　高柏）

第一章　“蓝海战略”与国内、国际发展困局（高柏、马莹、刘长喜、纪世超）

第二章　俄罗斯与中亚的区域经济整合（王雨琼）

第三章　中国与中亚的贸易往来：以中哈为例（沙力）

第四章　上海合作组织在中亚区域经济整合中的作用（连雪君）

第五章　中国与中东及中亚国家贸易结构和中国出口战略研究（王鲁峰）

第六章　欧亚大陆经济整合与中国国际能源新战略（梁波、杨艳文、万颖颖）

第七章　欧亚大陆经济整合与上海转型发展的新路径（张虎祥）

第八章　上海创新驱动、转型发展之物流个案研究（苏亮）

第九章　西部大开发战略评估（余洋、于伟）

第十章　高铁带动下的向西开放与新疆外向型产业发展（李国武）

第十一章　高铁带动下的向西开放与新疆“内生－外向型”产业扶贫政策的选择（臧得顺）

第十二章　产业结构与新疆的水资源短缺（程鹏立）

第十三章　战略重心转移与中国劳动力市场和移民（刘玉照、易茜）

第十四章　新疆地区劳动力市场研究（马海霞、涂伟）

第十五章　新疆地区城市化发展的可行性（常宝）

第十六章　新一轮对口支援新疆与国家向西开放战略（崔延虎）

第十七章　高铁建设与发展所带来的经济与社会效益评估（吴淑凤）

统稿：甄志宏　连雪君

# 主要参考文献

## 主要中文文献


阿班·毛力提汗 等：《新疆农村贫困问题研究》，新疆人民出版社，2006。

白彦锋：《税权配置论——中国税权纵向划分问题研究》，中国财政经济出版社，2006。

白英瑞、康增奎：《欧盟：经济一体化理论与实践》，经济管理出版社，2002。

蔡昉：《人口红利消失之后》，《财经》2010 年 11 月 10 日。

蔡昉：《我国人口总量增长与人口结构变化的趋势》，《中国经贸导刊》2014 年第 13 期。

曹艺、贾亚男：《民族地区基本公共服务均等化内部差异的分析——以新疆维吾尔自治区为例》，《改革与战略》2011 年第 9 期。

常春华、熊黑钢、温江：《新疆各城市城市化水平比较研究》，《干旱区资源与环境》2007 年第 2 期。

常泽鲲、李新华：《美国“倒萨”的战略意图》，《西亚非洲》2003 年第 3 期。

车长波等：《世界石油资源格局及应对策略》，《天然气经济》2003 年第 3 期。

车维汉：《雁行形态——理论研究评述》，《世界经济与政治论坛》2004 年第 3 期。

陈德敏：《论西部大开发中战略重点的抉择》，《中国软科学》2002 年第 2 期。

陈凤林、陈珏：《城市化对城市民族工作的影响与对策》，《中央社会主义学院学报》2007年第6期。

陈卓淳：《外商在华设立科研机构的溢出效应分析》，《石家庄经济学院学报》2006年第6期。

崔颖：《上海合作组织区域经济合作：共同发展的新实践》，经济科学出版社，2007。

道格拉斯·诺思：《理解经济变迁过程》，钟正生等译，中国人民大学出版社，2008。

邓铭江：《新疆水资源战略问题探析》，《中国水利》2009年第17期。

董焰、樊桦：《中国的交通基础设施、增长与减贫》，上海扶贫大会·大规模减贫案例研究，上海，2005年5月25～27日。

杜小敏、陈建宝：《人口迁移与流动对我国各地区经济影响的实证分析》，《人口研究》2010年第3期。

方敏：《新疆农业结构战略性调整探讨》，《石河子大学学报》（哲学社会科学版）2007年第3期。

费孝通：《行行重行行》，宁夏人民出版社，1992。

淦未宇、徐细雄、易娟：《我国西部大开发战略实施效果阶段性评价与改进对策》，《经济地理》2011年第1期。

高柏等：《高铁与中国21世纪大战略》，社会科学文献出版社，2012。

高柏：《高铁可以为中国带来一个陆权战略》，《经济观察报》2010年3月14日。

高美真：《上海合作组织的交通合作》，载邢广程主编《上海合作组织发展报告（2009）》，社会科学文献出版社，2009。

龚仰军：《上海经济发展中的产业结构优化研究》，《上海财经大学学报》2003年第10期。

顾安安：《泛亚高铁网打造黄金通道》，《香港商报》2011年2月11日。

顾华详：《新疆与中亚国家加强经济合作的战略思考》，《新疆社会科学》2006年第3期。

郭界秀：《比较优势理论研究综述》，《社科纵横》2007年第1期。

国家统计局课题组：《中国区域经济非均衡发展分析》，《统计研究》

2007 年第 5 期。

国家统计局农村社会经济调查司编《中国农村贫困监测报告(2000)》，中国统计出版社，2000。

国务院扶贫开发领导小组：《中国扶贫开发报告（2000 年）》，2005 年 4 月 8 日。

哈·麦金德：《历史地理的枢纽》，林尔慰等译，商务印书馆，2010。

哈希莫夫：《上海合作组织与中亚交通运输》，《俄罗斯中亚东欧市场》2004 年第 11 期。

韩玮：《向西开放：高铁为中国带来的战略选择（高柏访谈）》，《时代周报》2012 年 12 月 8 日。

何帆、覃东海：《中国能源政策的国际战略》，《21 世纪经济报道》2005 年 11 月 14 日。

胡俊文：《“雁行模式”理论与日本产业结构优化升级——对“雁行模式”走向衰落的再思考》，《亚太经济》2003 年第 4 期。

胡磊：《我国传统经济发展方式的弊端与转变途径》，《党政干部学刊》2010 年第 9 期。

胡晓鹏、李庆科：《生产性服务业与制造业共生关系研究——对苏、浙、沪投入产出表的动态比较》，《数量经济技术经济研究》2009 年第 2 期。

胡颖、李道军：《中国新疆与中亚诸国贸易竞争力与贸易互补性研究》，《商业研究》2006 年第 17 期。

黄亚生：《“中国模式”到底有多独特?》，中信出版社，2011。

江泽民：《“弘扬‘上海精神’，促进世界和平”——2002 年 6 月 7 日在上海合作组织圣彼得堡峰会上的讲话》，《人民日报》2002 年 6 月 8 日。

姜爱玲：《新疆实现跨越式发展　人力资本是第一推动力》，《财政研究》2011 年第 5 期。

康晓光：《中国贫困与扶贫理论》，广西人民出版社，1995。

康晓光：《中国国内扶贫行动评述》，专题研究报告，1998。

昆都：《丝绸之路的连通和地区运输走廊》，《俄罗斯研究》2013 年第 6 期。

李建民：《独联体经济一体化十年评析》，《东欧中亚研究》2001 年第 5 期。

李金叶：《对新疆农业发展中存在的几个突出问题的思考》，《新疆大学学报》（社会科学版）2004年第3期。

李敏：《西部大开发反思与人力资本优先开发战略》，《开发研究》2010年第4期。

李琪：《“丝绸之路”的新使命：能源战略通道——我国西北与中亚国家的能源合作与安全》，《西安交通大学学报》（社会科学版）2007年第3期。

李琴：《长江三角洲地区发展海铁联运的探讨》，《铁道运输与经济》2009年第5期。

李伟：《上海产业结构调整及产业转移趋势研究》，《科学发展》2011年第6期。

李学军、刘尚希主编《地方政府财政能力研究——以新疆维吾尔自治区为例》，中国财政经济出版社，2007。

李妍：《超万亿资金投入新疆：央企大援疆》，《中国经济周刊》2011年第34期。

连雪君：《传统的发明：“新丝绸之路经济带”观念与实践——社会学新制度主义在地区国际合作中的应用》，《俄罗斯研究》2014年第2期。

连雪君、甄志宏、李华：《中国西进战略：地区治理与经济政策》，《国际政治研究》2013年第3期。

梁波：《权力游戏与产业制度变迁——以中国石油产业外部合作战略转型为例（1988～2008）》，《社会》2012年第1期。

刘华芹：《上海合作组织区域经济合作》，载邢广程主编《上海合作组织发展报告（2009）》，社会科学文献出版社，2009。

刘华芹：《新时期进一步推进上海合作组织区域经济合作的思考与建议》，《国际贸易》2011年第5期。

刘加华、雷俊忠、冉棋文：《推进西部大开发的战略思考》，《经济体制改革》2003年第5期。

刘建蒲：《关于新疆开拓中亚市场的对策研究》，《新疆财经》2000年第1期。

刘军琦：《我国高端物流的现状分析》，《技术与市场》2009年第1期。

刘伟：《高速铁路加快城市化进程的作用探析》，《经济论坛》2011年第5期。

刘志彪：《中国贸易量增长与本土产业的升级——基于全球价值链的治理视角》，《学术月刊》2007年第2期。

刘志彪、于明超：《从GVC走向NVC：长三角一体化与产业升级》，《学海》2009年第5期。

刘志彪、张杰：《全球代工体系下发展中国家俘获型网络的形成、突破与对策——基于GVC与NVC的比较视角》，《中国工业经济》2007年第5期。

卢锋：《中国：探讨第二代农村反贫困策略——北京大学中国经济研究中心（CCER）与世界银行研究院（WBI）“扶贫与发展”系列研讨会述评》，2001年6月。

吕建中、冯连勇：《“9·11”事件后的世界石油形势透视》，《石油大学学报》（社会科学版）2001年第6期。

罗晓云：《试论中国与中亚能源合作的机遇与挑战》，《东南亚纵横》2003年第6期。

马超等：《新疆水环境质量影响因素浅析》，《干旱环境监测》2007年第4期。

马健、葛扬、吴福象：《产业融合推进上海市生产性服务业发展研究》，《现代管理科学》2009年第6期。

马玲玲：《企业结构绩效与路径依赖——以新疆农产品加工企业为例》，经济管理出版社，2008。

麦勇：《中国新疆的特色产业选择与发展战略——与中亚五国的比较研究》，上海财经大学出版社，2010。

明拥军：《新疆贫困地区扶贫研究》，新疆农业大学博士学位论文，2006。

聂春霞、刘晏良、何伦志：《区域城市化与环境、社会协调发展评价——以新疆为例》，《中南财经政法大学学报》2011年第4期。

帕丽达·买买提：《外商直接投资与新疆产业发展》，《中国商贸》2011年第9期。

潘广云：《欧亚经济共同体的经贸合作现状及其前景》，《俄罗斯中亚东欧市场》2010年第5期。

潘广云：《欧亚经济共同体经济一体化及其效应分析》，《东北亚论坛》2010年第7期。

潘家铮主编《西北地区水资源配置生态环境建设和可持续发展战略

研究》，科学出版社，2004。

蒲晓晔：《我国东西部地区经济发展方式转变中的动力结构优化研究》，西北大学博士学位论文，2011。

戚超英、杨雷：《独联体的“独”与“联”探析》，《东北亚论坛》1999年第4期。

钱运春、郭琳琳：《浦东之路：创新发展二十年回顾与展望》，上海人民出版社，2010。

钱正英、陈家琦、冯杰：《中国水利的战略转变》，《城市发展研究》2010年第4期。

秦波、张敏：《对新疆实施大企业大集团战略的再思考》，《新疆财经》2011年第5期。

秦放鸣：《中国新疆与中亚国家区域交通运输合作》，《新疆师范大学学报》（哲学社会科学版）2007年第4期。

秦放鸣：《中亚国家铁路运输的现状、问题与发展探析》，《开发研究》2007年第4期。

仇立平：《非同步发展：上海现代化发展水平和社会阶层结构》，《中国社会科学报》2010年2月23日。

任远、邬民乐：《城市流动人口的社会融合：文献述评》，《人口研究》2006年第3期。

任泽平等：《中国能源消耗的国际比较与节能潜力分析》，《发展研究》2011年第11期。

桑百川：《中国外商投资发展报告（2011)：结构变迁中的外商投资》，对外经济贸易大学出版社，2011。

商务部欧洲司和国际贸易经济合作研究院联合课题组：《上海合作组织区域经济合作研究》，《俄罗斯中亚东欧研究》2004年第1期。

上海财经大学区域经济研究中心：《2008中国区域经济发展报告——西部大开发区域政策效应评估》，上海财经大学出版社，2008。

邵帅、齐中英：《西部地区的能源开发与经济增长：基于“资源诅咒”假说的实证分析》，《经济研究》2008年第4期。

沈利生、王恒：《增加值下降意味着什么?》，《经济研究》2006年第3期。

“十五”上海社会发展课题组：《“十五”上海社会发展：战略与对策》，《社会》2000年第8期。

石婧：《独联体框架内的次区域经济组织发展动态》，《新疆社会科学》2008 年第 3 期。

“石油石化行业税收问题研究”课题组：《我国石油石化行业税收问题研究——以新疆为案例的分析》，《经济研究参考》2007 年第 69 期。

石玉林等编《中国农业需水与节水高效农业建设》（中国可持续发展水资源战略研究报告集），中国水利水电出版社，2001。

石泽：《中亚“逆一体化”给上合带来的挑战》，《环球时报》2013 年 5 月 9 日。

世界银行、国务院发展研究中心：《2030 年的中国：建设现代、和谐、有创造力的高收入社会》，《世界银行报告专刊》，安邦集团研究总部译，2012。

舒先林：《中俄关系中的能源因素》，《国际论坛》2003 年第 4 期。

宋香荣：《新疆产业结构现状分析》，《新疆财经》2006 年第 1 期。

宋祥莉、郭志群：《我国对外贸易结构失衡分析》，《经济评述》2011 年第 2 期。

苏云霞、孙明贵：《上海市商务成本构成趋势对产业转移的影响》，《当代经济管理》2012 年第 2 期。

宿景祥等：《国际石油的战略影响》，《现代国际关系》2003 年第 2 期。

隋舵：《国际石油资源博弈与中国的石油外交战略》，《学习与探索》2005 年第 3 期。

孙斌：《中日能源博弈中的竞争与合作》，《国际经贸》2007 年第 11 期。

孙壮志：《中亚新形势与上海合作组织的战略定位》，载吴思远、吴宏伟主编《上海合作组织发展报告（2011）》，社会科学文献出版社，2011。

谭崇台主编《发展经济学》，上海人民出版社，1990。

唐建、刘志文：《西部地区农村贫困现状、原因及对策探析》，《中国人口·资源与环境》2004 年第 14 卷第 4 期。

田春荣：《2009 年中国石油进出口状况分析》，《国际石油经济》2010 年第 3 期。

汪辉：《大陆－海洋与亚洲的区域化》，《21 世纪经济报道》2012 年 3 月 21 日。

汪三贵：《贫困问题与经济发展政策》，农村读物出版社，1994。

王承武、蒲春玲：《新疆能源矿产资源开发利益共享机制研究》，《经济地理》2011年第7期。

王翠翠、龚新蜀：《新疆农业经济结构与农民收入关系的实证研究》，《市场论坛》2011年第6期。

王桂新：《改革开放以来中国人口迁移发展的几个特征》，《人口与经济》2004年第4期。

王海燕：《中国新疆在中国与中亚诸国经贸合作中的定位》，《俄罗斯中亚东欧市场》2006年第2期。

王宁：《低碳循环经济是新疆新型工业化发展的必由之路》，《新疆师范大学学报》（社会科学版）2010年第3期。

王生贵等：《新疆城镇化发展历程、现状与对策研究》，《新疆农垦经济》2011年第12期。

王生年、范俊逸：《新疆自然资源禀赋与经济发展》，《重庆工商大学学报》（西部论坛）2008年第2期。

王小芹：《上海港发展多式联运存在问题及对策》，《中国水运》2011年第11期。

王晓泉：《俄罗斯对上海合作组织的政策演变》，《俄罗斯中亚东欧研究》2007年第3期。

王新俊、王用林：《独联体十年发展与俄罗斯的选择》，《俄罗斯研究》2001年第4期。

王秀强：《央企加大在新疆投资，煤炭开发再现热潮》，《21世纪经济报道》2011年7月15日。

王燕武等：《基于单位劳动力成本的中国制造业国际竞争力研究》，《统计研究》2011年第10期。

王雨琼：《独联体陆运市场的现状、新动态与发展前景分析》，载上海大学社会发展院主编《世界政治经济社会新动态》，上海大学出版社，2012。

王志远：《中国与中亚贸易关系的实证分析》，《俄罗斯中亚东欧市场》2011年第6期。

王作安：《西部大开发战略理论与模式综述》，《山东大学学报》（哲学社会科学版）2003年第6期。

文亚妮、任群罗：《中国新疆与中亚五国城市化水平比较》，《俄罗斯中亚东欧市场》2011 年第 4 期。

吴宏伟：《中国与中亚五国的贸易关系》，《俄罗斯中亚东欧市场》2011 年第 6 期。

西南财大中国西部经济研究中心：《西部大开发战略前沿研究报告》，2010。

夏义善：《中国国际能源发展战略研究》，世界知识出版社，2009。

肖德：《上海合作组织区域经济合作问题研究》，人民出版社，2009。

新疆社会科学院主编《2011～2012 年：新疆经济社会形势分析与预测》，新疆人民出版社，2011。

新疆维吾尔自治区党委政策研究室课题组编著《新疆贫困状况及扶贫开发》，新疆人民出版社，2010。

新疆维吾尔自治区地图集编纂委员会编著《新疆维吾尔自治区资源经济地图集》，中国地图出版社，2012。

新疆维吾尔自治区扶贫开发领导小组办公室：《新疆维吾尔自治区农村扶贫开发规划（2004～2010 年）》，2004 年 7 月。

新疆维吾尔自治区水利厅：《50 年新中国的新疆水利》，《中国水利》2005 年第 19 期。

邢广成：《中国和新独立的中亚国家关系》，黑龙江教育出版社，1996，第 18 页。

熊聪茹：《资本西进：新疆农业开发条件成熟》，《中国矿业报》2007 年 3 月 6 日，第 C01 版。

熊芳、刘德学：《我国对外贸易失衡的结构分析》，《学习与实践》2012 年第 4 期。

徐秋艳：《新疆城市化与经济发展的协调性研究》，《地方经济》2008 年第 3 期。

徐同凯：《上海合作组织区域经济合作——发展历程与前景展望》，人民出版社，2009。

薛燕：《新疆水问题与对策研究》，《新疆农业科技》2004 年第 4 期。

闫志英：《从梯度推移理论看西部大开发战略》，《理论探索》2004 年第 3 期。

杨洁勉等著《大整合：亚洲区域经济合作的趋势》，天津人民出版社，2007。

杨俊孝、朱亚夫：《新时期新疆石油资源开发用地研究》，新疆人民出版社，2003。

杨雷：《论欧亚经济共同体》，《俄罗斯中亚东欧市场》2004年第11期。

杨世新、江灏锋：《中国与东南亚国家能源合作的脆弱性——从2010年干旱时期谈起》，《湖北经济学院学报》（哲学社会科学版）2010年第5期。

杨荫凯等：《我国区域发展不平衡的基本现状与缓解对策》，《中国经贸导刊》2010年第13期。

姚文英：《新疆“资源诅咒”效应验证分析》，《新疆农业大学学报》2009年第4期。

叶敬忠主编《留守中国——中国农村留守人口研究》，社会科学文献出版社，2010。

曾培炎：《西部大开发决策回顾》，中共党史出版社、新华出版社，2010。

张帆：《论“后雁行模式”时期的东亚区域经济一体化》，《国际贸易问题》2003年第8期。

张恒龙、谢章福：《上海合作组织区域经济一体化的条件与挑战——基于二元响应模型的计量分析》，《俄罗斯研究》2004年第2期。

张洁：《中国能源安全中的马六甲因素》，《国际政治研究》2005年第3期。

张宁：《走出去：中国石油企业的战略思考》，《中国经贸》2009年第6期。

张文木：《中国能源安全与政策选择》，《世界经济与政治》2003年第5期。

张新华、谷树忠、王兴杰：《新疆矿产资源开放效应及其对利益相关者的影响》，《资源科学》2011年第3期。

张耀：《上海合作组织框架内能源合作与中国能源安全》，华东师范大学博士学位论文，2010。

赵宏图：《“马六甲困局”与中国能源安全再思考》，《现代国际关系》2007年第6期。

赵华胜：《中国的中亚外交》，时事出版社，2008。

赵启正：《浦东逻辑：浦东开发与经济全球化》，上海三联书店，2007。

赵宇：《独联体何去何从》，《瞭望新闻周刊》2003年9月29日。

中国工程院西北水资源项目组：《西北地区水资源配置、生态环境建设和可持续发展战略研究项目综合报告》，中国水利水电出版社，2005。

中国人民银行喀什地区中心支行课题组：《新疆喀什与中亚国家周边地区经济互补性的领域项目及金融配套支持情况调查》，《新疆金融》2007年第5期。

中国社会科学院农村发展研究所、国家统计局农村社会经济调查总队：《2001～2002年：中国农村经济形势分析与预测》，社会科学文献出版社，2002。

周黎安：《中国地方官员的晋升锦标赛模式研究》，《经济研究》2007年第7期。

朱兴珊：《莫畏"里海"遮望眼》，《中国石油企业》2003年第6期。

左学金等：《世界城市空间转型与产业转型比较研究》，社会科学文献出版社，2012。

## 主要英文文献

Brian Blackstone, "Germany, Others Saw Fourth - Quarter Decline but Drops Were Smaller Than Expected", *Europe News*, 2012. 2. 16

David Plott, "The Quest for Energy to Grow", *Far Eastern Economic Review*, June 20, 2002.

Evan A. Feigenbaum, "Central Asian Economic Integration: An American Perspective", Remarks to the Central Asia-Caucasus Institute Nitze School of Advanced International Studies Johns Hopkins University, Washington, DC, February 6, 2007.

J. D. Sachs, and Warner, A. M., Natural Resource Abundance and Economic Growth, NBER Working Paper No. 5398, National Bureau of Economic Research, Cambridge, MA, 1995.

Johannes F. Linn, "Central Asia: A New Hub of Global Integration", November 29, 2007.

Li Xing, "East Asian Regional Integration: From Japan-led 'Flying-geese' to China-centred 'amboo Capitalism'", CIS Research Series Working Paper, 2007, No. 3.

L. Pitt, *We Americans, Volume I, Colonial Time To* 1877. Kendall/Hunt

Publishing Company, Dubuque Iowa, 1984, p. 210.

R. Kaplinsky, and M. Morris, "A Handbook for Value Chain Research", Prepared for the IDRC, 2006, http: www. ids. ac. uk/global.

R. M. Auty, *Resource-based Industrialization: Sowing the Oil in Eight Developing Countries*, New York: Oxford University Press, 1990.

Theo Janse Van Rensburg, "East Asia: Growth to Moderate as Economies Hit Full Capacity", 2011.

W. J. Davidsion, *Nation of Nations: A Narrative History of the American Republic*, *Volume I To* 1877. McGraw - Hill, Inc. 1990, p. 345.

World Bank, China: Overcoming Rural Poverty, Joint Report of the Leading Group for Poverty Reduction, UNDP and the World Bank, Report No. 2000, 21105 - CHA.

Yehua Dennis Wei, *Regional Development in China: States Globalization and Inequality*. New York: Routledge, 2000.

图书在版编目(CIP)数据

高铁：欧亚大陆经济整合与中国21世纪大战略/甄志宏等著. —北京：社会科学文献出版社，2015.1
（城市研究. 高铁系列）
ISBN 978-7-5097-6905-8

Ⅰ.①高… Ⅱ.①甄… Ⅲ.①高速铁路-影响-区域经济发展-研究-中国 Ⅳ.①F127

中国版本图书馆 CIP 数据核字（2014）第289370号

城市研究·高铁系列
高铁：欧亚大陆经济整合与中国21世纪大战略

著　　者／甄志宏　高　柏 等

出 版 人／谢寿光
项目统筹／杨桂凤
责任编辑／代立男　赵艳秋　杨桂凤

出　　版／社会科学文献出版社·社会政法分社（010）59367156
地址：北京市北三环中路甲29号院华龙大厦　邮编：100029
网址：www.ssap.com.cn
发　　行／市场营销中心（010）59367081　59367090
读者服务中心（010）59367028
印　　装／三河市东方印刷有限公司

规　　格／开 本：787mm×1092mm　1/16
印 张：31.25　字 数：540千字
版　　次／2015年1月第1版　2015年1月第1次印刷
书　　号／ISBN 978-7-5097-6905-8
定　　价／128.00元